आर. गुप्ता® कृत

पॉपुलर मास्टर गाइड

# DSSSB–शिक्षक
# PGT
# इतिहास

## भर्ती परीक्षा

RPH संपादक मंडल द्वारा सम्पादित

**2027**
EDITION

रमेश पब्लिशिंग हाउस, नई दिल्ली

*प्रकाशक*

ओ.पी. गुप्ता, रमेश पब्लिशिंग हाउस

*प्रशासनिक कार्यालय*

12-H, न्यू दरियागंज रोड, आफिसर्स मेस के सामने,
नई दिल्ली-110002 ✆ 23275224, 23245124

**E-mail:** info@rameshpublishinghouse.com
**For Online Shopping:** www.rameshpublishinghouse.com

*विक्रय केन्द्र*

- बालाजी मार्किट, नई सड़क, दिल्ली-110006 ✆ 23282525 📱 9354373464
- 4457, नई सड़क, दिल्ली-110006



**Book Code: R-1308**

**ISBN: 978-93-5012-007-1**

**मूल्यः ₹ 320**

*मुद्रकः* दीपक ऑफसैट, दिल्ली

# अनुक्रमणिका

# Scheme of Examination

DSSSB will conduct **One Tier Exam** for PGT posts having two section:

## Section-I

| S.No. | Subject | Questions | Marks |
|---|---|---|---|
| 1. | Mental Ability and Reasoning Ability | 20 | 20 |
| 2. | General Awareness | 20 | 20 |
| 3. | English Language & Comprehension | 20 | 20 |
| 4. | Hindi Language & Comprehension | 20 | 20 |
| 5. | Numerical Aptitude & Data Interpretation | 20 | 20 |
| | **Total** | **100** | **100** |

## Section-II

| S.No. | Subject | Questions | Marks |
|---|---|---|---|
| 1. | MCQs pertaining to Post-Graduation qualification and teaching methodology required for the post. | **200** | **200** |

पिछले प्रश्न-पत्र

# दिल्ली अधीनस्थ सेवा चयन बोर्ड (DSSSB)

# PGT (इतिहास) भर्ती परीक्षा, 2025

(Exam held on 31-07-2025)

## विषय ज्ञान – इतिहास एवं शिक्षण विधि

**1.** हड़प्पा सभ्यता पर ब्रिजेट और रेमंड ऑलचिन (Bridget and Raymond) की प्रभावशाली कृति 'भारत और पाकिस्तान में सभ्यता का उदय (The Rise of Civilization in India and Pakistan)', हड़प्पा काल के ऐतिहासिक अध्ययनों में निम्नलिखित में से किस समूह की उपेक्षा को उजागर करती है?

1. खानाबदोश और अर्ध-खानाबदोश पशुपालक
2. मेसोपोटामिया के व्यापारी
3. शहरी सम्भ्रांत वर्ग
4. हड़प्पा के लेखक

**2.** नगर नियोजन और वास्तुकला के संदर्भ में निम्नलिखित में से कौन हड़प्पा सभ्यता की विरासत नहीं है?

1. अनियमित और संकरी गलियाँ
2. कुशल नगर योजना
3. पकी हुई ईंटों का उपयोग
4. सुनिश्चित जलनिकास व्यवस्था

**3.** हर्नान कॉर्टेस द्वारा किस साम्राज्य पर विजय ने अमेरिका में स्पेनिश साम्राज्यिक प्रभुत्व की शुरुआत को चिह्नित किया?

1. माया (Maya)  2. इंका (Inca)
3. एज्टेक (Aztec)  4. ओल्मेक (Olmec)

**4.** पेत्रोग्राद (Petrograd) में बोल्शेविक (Bolshevik) विद्रोह कब शुरू हुआ?

1. 15 फरवरी 1917
2. 13 मार्च 1917
3. 24 अक्टूबर 1917
4. 27 नवम्बर 1918

**5.** ब्रिटिश भारत में पहली बार आधिकारिक तौर पर 'क्रिमिनल ट्राइब्स (Criminal Tribes)' शब्द का प्रयोग किस अधिनियम में किया गया था?

1. क्रिमिनल ट्राइब्स एक्ट, 1871 (Criminal Tribes Act, 1871)
2. पब्लिक सेफ्टी एक्ट, 1919 (Public Safety Act, 1919)
3. क्रिमिनल प्रोसीजर कोड, 1861 (Criminal Procedure Code, 1861)
4. प्रीवेंशन ऑफ क्राइम एक्ट, 1859 (Prevention of Crimes Act, 1859)

**6.** डेसीमल सिस्टम का परिचय किस भारतीय गणितज्ञ ने दुनिया को दिया था?

1. भास्कर  2. नागार्जुन
3. आर्यभट्ट  4. श्रीनिवास रामानुजन

**7.** 'तजकिरात-उल-मुलूक' ग्रंथ किस फारसी यात्री द्वारा लिखा गया था?

1. अब्दुर रज्जाक  2. जियाउद्दीन बरनी
3. मुहम्मद औफी  4. रफीउद्दीन शिराजी

**8.** शास्त्रीय पूंजीवाद के पीछे प्रमुख सिद्धांतकार किसे माना जाता है?

1. डेविड रिकार्डो
2. कार्ल मार्क्स
3. एडम स्मिथ
4. जॉन मेनार्ड कीन्स

**9.** "बिग हिस्ट्री" शब्द का अर्थ है:

1. बड़े पैटर्न या विषयों की तलाश के लिए इतिहास का अध्ययन करने हेतु केवल ब्रह्माण्ड संबंधी दृष्टिकोण।
2. बड़े पैटर्न या विषयों की तलाश के लिए इतिहास का अध्ययन करने हेतु भौगोलिक दृष्टकोण।
3. बड़े पैटर्न या विषयों की तलाश के लिए इतिहास का अध्ययन करने हेतु बहु-विषयक दृष्टिकोण।
4. बड़े पैटर्न या विषयों की तलाश के लिए इतिहास का अध्ययन करने हेतु पुरातात्विक दृष्टिकोण।

**10.** निम्नलिखित में से कौन-से सिक्के भारतीय उपमहाद्वीप में पाए गए सबसे पुराने सिक्के हैं?

1. जीतल (Jittal)
2. टंका (Tanka)
3. मुहर (Muhur)
4. पंचमार्क (Punch Marked)

**11.** निम्नलिखित में से कौन-सा अफगानिस्तान में हड़प्पाकालीन व्यापारिक केंद्र था?

1. शोर्तुघई (Shortughai)
2. धौलावीरा (Dholavira)
3. अल्तिन डेपे (Altyne Depe)
4. उर (Ur)

**12.** निम्नलिखित में से कौन-सी घटना फ्रांसीसी क्रांति से संबंधित नहीं है?

1. फ्रांसीसी क्रांति की शुरुआत नेपोलियन बोनापार्ट ने की थी।
2. 'मानव और नागरिक के अधिकारों की घोषणा' अगस्त 1789 में पारित की गई थी।
3. बैस्टिल पर आक्रमण 14 जुलाई 1789 को हुआ था।
4. राजा लुई सोलहवें को 1793 में गिलोटिन द्वारा मृत्युदंड दिया गया था।

**13.** निम्नलिखित में से किसने 'बिफोर यूरोपियन हेजेमनीः द वर्ल्ड सिस्टम ए.डी. 1250-1350 (Before European Hegemony: The World System A.D. 1250-1350)' पुस्तक लिखी है?

1. जेनेट एल अबू-लुघोड (Janet L Abu-Lughod)
2. इमैनुएल वालरस्टीन (Immanuel Wallerstein)
3. केनेथ पोमेरेन्ज (Kenneth Pomeranz)
4. स्वेन बेकर्ट (Sven Beckert)

**14.** किस इतिहासकार और राजनीतिक समाजशास्त्री ने आधुनिक राज्य को उसके लक्ष्यों या कार्यों के बजाय भौतिक बल के वैध उपयोग पर उसके एकाधिकार के संदर्भ में परिभाषित किया?

1. निकोलो मैकियावेली (Niccolo Machiavelli)
2. मैक्स वेबर (Max Weber)
3. थॉमस हॉब्स (Thomas Hobbes)
4. बेनेडिक्ट एंडरसन (Benedict Anderson)

**15.** ग्रेगरी एल. पॉसेहल ने अपनी पुस्तक 'द इंडस सिविलाइजेशनः ए कंटेम्परारी पर्सपेक्टिव' में सिंधु सभ्यता में शहरी बस्तियों के विकास का वर्णन किस रूप में किया है?

1. एक ही शासक वंश के अधीन आकस्मिक और केंद्रीकृत
2. बाहरी आक्रमणों और व्यापार मार्गों के परिणामस्वरूप
3. अनुक्रमिक और सिंचाई तंत्र से सुदृढ़ता से जुड़ी हुई
4. विभिन्न क्षेत्रों में विविध, अतिव्यापी प्रक्षेप पथों के रूप में

**16.** 10 दिसंबर, 1948 को संयुक्त राष्ट्र महासभा द्वारा स्वीकृत किए गए मानव अधिकारों की सार्वभौमिक घोषणा के संरूपण के लिए उत्तरदायी मसौदा समिति की अध्यक्षता किसने की थी?

1. रेने कैसिन (Rene Cassin)
2. एलेनोर रोसवैल्ट (Eleanor Roosevelt)
3. चार्ल्स मलिक (Charles Malik)
4. पेंग चुन चांग (Peng Chun Chang)

**17.** प्रारंभिक भारतीय कानूनी परंपरा के संदर्भ में, धर्मशास्त्र विधिवेत्ताओं द्वारा मान्यता प्राप्त स्त्रीधन का प्राथमिक महत्व क्या था?

1. इसने शाही घरानों की ओर से पुजारियों द्वारा प्रबंधित मंदिर निधि को निर्धारित किया।
2. यह संयुक्त उत्तराधिकार का रूप था जो पितृवंशीय परिवारों में प्रथा के अनुसार पुत्रियों और पुत्रों को समान रूप से दिया जाता था।
3. इसमें कृषि उपयोग के लिए ग्राम सभाओं द्वारा महिलाओं को आवंटित सामुदायिक भूमि का उल्लेख किया गया था।
4. यह किसी महिला को प्रायः विवाह के समय दी जाने वाली निजी संपत्ति थी, जिस पर उसके सीमित लेकिन मान्यता प्राप्त अधिकार थे।

**18.** 1920-22 में हड़प्पा स्थलों की प्रारंभिक खुदाई के दौरान, निम्नलिखित में से कौन-सा सिंधु नदी पर स्थित था?

1. मोहनजोदड़ो 2. धोलावीरा
3. लोथल 4. हड़प्पा

**19.** इतिहास के विषय-क्षेत्र से संबंधित निम्नलिखित में से कौन-सा कथन सत्य है?

1. इतिहास धार्मिक दृष्टिकोण और प्रकृति का अध्ययन नहीं करता है।
2. इतिहास में सामाजिक, आर्थिक, सांस्कृतिक और राजनीतिक पक्ष शामिल होते हैं।
3. इतिहास केवल युद्धों और राजाओं का वर्णन करता है।
4. इतिहास वर्तमान घटनाओं का विश्लेषण करके अतीत को समझने में सहायता करता है।

**20.** सूची-I को सूची-II से सुमेलित कीजिए और दिए गए कूट विकल्पों में से सही कूट विकल्प का चयन कीजिए।

| सूची-I | सूची-II |
|---|---|
| A. राखीगढ़ी | 1. सौराष्ट्र |
| B. लोथल | 2. हनुमानगढ़ |
| C. कालीबंगा | 3. हिसार |
| D. धौलावीरा | 4. कच्छ |

1. A-1, B-4, C-2, D-3
2. A-3, B-1, C-2, D-4
3. A-2, B-1, C-3, D-4
4. A-1, B-3, C-2, D-4

**21.** पाली कैनन के अनुसार 'निम्नलिखित में से कौन-सा' प्रारंभिक भारत के छह महानगरों (महान शहरों) में सूचीबद्ध नहीं था?

1. तक्षशिला 2. चंपा
3. श्रावस्ती 4. कौशाम्बी

**22.** 'स्याद्वाद (Syadvada)' का सिद्धांत किस धर्म का केंद्र है?

1. हिंदू धर्म 2. बौद्ध धर्म
3. आजीवक 4. जैन धर्म

**23.** वैशाली किस महाजनपद की राजधानी थी?

1. कोशल 2. वज्जि
3. वत्स 4. अवंती

**24.** निम्नलिखित में से कौन-सी चित्राकृति विशेष श्रेणी के सिक्कों पर उत्कीर्णित है, जो चंद्रगुप्त प्रथम और कुमारदेवी को निरूपित करती है?

1. वाकाटकायः 2. लिच्छवयः
3. सातवाहनायः 4. मैत्रक

**25.** निम्नलिखित में से कौन-सा महाजनपद एक गणतंत्र था?

1. वज्जि (Vajji) 2. कोशल (Kosala)
3. अंग (Anga) 4. गांधार (Gandhara)

**26.** साहित्यिक स्रोतों में छठी शताब्दी ईसा पूर्व के शहरों के लिए किस शब्द का उपयोग किया गया है?

1. पुर 2. निगम
3. महाजनपद 4. जनपद

**27.** उस तत्कालीन समकालीन सभ्यता की पहचान कीजिए जिसका हड़प्पा सभ्यता के साथ प्रत्यक्ष व्यापारिक संबंध था।

1. ओल्मेक सभ्यता (Olmec Civilisation)
2. माया सभ्यता (Mayan Civilisation)
3. मेसोपोटामिया सभ्यता (Mesopotamian Civilisation)
4. मिस्र सभ्यता (Egyptian Civilisation)

**28.** प्राचीन भारतीय इतिहास में 'द्वितीयक नगरीकरण' चरण के दौरान, छठी शताब्दी BC के 'पंचमार्क्ड सिक्के (punch-marked coins)' निम्नलिखित में से किससे बने थे?

1. सिल्वर और कॉपर (Silver and Copper)
2. गोल्ड (Gold)
3. टेराकोटा (Terracotta)
4. ब्रोंज (Bronze)

**29.** निम्नलिखित में से कौन-सा छठी शताब्दी ईसा पूर्व के मुद्राविषयक साक्ष्य से संबंधित नहीं है?

1. कर्षापण (Karsapana)
2. कणिका (Kanika)
3. कहापण (Kahapana)
4. पाद (Pada)

**30.** 'हिस्टोरिया एलेक्जेंडरी मैग्नी (हिस्ट्री ऑफ अलेक्जेंडर द ग्रेट)' पुस्तक निम्नलिखित में से किसने लिखी है?

1. एरास्टोस्थनीज (Erastosthenes)
2. कर्टियस रूफस (Curtius Rufus)
3. स्ट्रैबो (Strabo)
4. डियोडोरस सिरकुलस (Diodorus Sirculus)

**31.** निम्नलिखित में से कौन-सा शहर मगंध साम्राज्य की पहली राजधानी थी, जो वर्तमान पटना से लगभग 40 मील दक्षिण-पूर्व में स्थित था?

1. चंपा
2. राजगीर
3. पाटलिपुत्र
4. वैशाली

**32.** हड़प्पा सभ्यता के सभी प्रमुख शहर दो भागों में विभाजित हैं, जिन्हें _____ कहा जाता है।

1. पुजारी और श्रमिक भाग
2. उत्तरी और दक्षिणी भाग
3. धनी और मध्यम वर्गीय भाग
4. दुर्ग और निचला शहर

**33.** निम्नलिखित में से किस हड़प्पा स्थल पर गैंडे के अवशेष पाए गए थे?

1. अमरी (Amri)
2. झुकर (Jhukar)
3. चन्हुदड़ों (Chanhudaro)
4. अल्लाहदीनो (Allahdino)

**34.** हड़प्पा स्थल की खोज सर्वप्रथम किस वर्ष की गई थी?

1. 1924
2. 1921
3. 1928
4. 1917

**35.** निम्नलिखित में से किस काल को प्राचीन भारत में द्वितीय नगरीकरण का युग माना जाता है?

1. 5वीं शताब्दी AD
2. 5वीं शताब्दी BC
3. 6वीं शताब्दी BC
4. 6वीं शताब्दी AD

**36.** नंद वंश का अंतिम राजा कौन था, जिसे चंद्रगुप्त मौर्य ने परास्त किया था?

1. महापद्मनन्द (Mahapadma Nanda)
2. पाण्डुका (Panduka)
3. धन्नानंद (Dhannanand)
4. भूतपाल (Bhutapala)

**37.** अर्थशास्त्र के अनुसार, वर्तमान पाकिस्तान के हजारा जिले में स्थित कम्बोज महाजनपद में किस प्रकार की शासन प्रणाली प्रचलित थी?

1. राजतंत्रीय
2. गणसंघ
3. संघ
4. कुलीनतंत्रीय

**38.** बौद्ध ग्रंथों में सेट्ठी (Setthi) निम्नलिखित में से किसे संदर्भित करता है?

1. ग्वाला
2. कुल का राजनीतिक मुखिया
3. वणिक और व्यापारी
4. कृषक

**39.** किस इतिहासकार ने सिंधु घाटी परंपरा के विकासात्मक चरणों का वर्णन करने के लिए 'क्षेत्रीयकरण युग', 'एकीकरण युग' और 'स्थानीयकरण युग' ('Regionalization Era', 'Integration Era' and 'Localization Era') जैसे शब्दों का प्रयोग किया?

1. ग्रेगरी एल पॉसेहल (Gregory L Possehl)
2. मोर्टिमर व्हीलर (Mortimer Wheeler)
3. जिम जी शेफर (Jim G Shaffer)
4. जॉर्ज एफ डेल्स (George F Dales)

**40.** निम्नलिखित में से कौन मेसोपोटामिया के साथ लापीस लाजुली व्यापार में पतन को हड़प्पा सभ्यता के पतन का एक कारक मानते हैं?

1. मोर्टिमर व्हीलर (Mortimer Wheeler)
2. आर.एल. राइक्स (R.L. Raikes)
3. एम.आर. मुगल (M.R. Mughal)
4. शीरीन रत्नागर (Shereen Ratnagar)

**41.** महरौली लौह स्तंभ राजा चंद्र (जिसे चंद्रगुप्त द्वितीय माना जाता है) की युद्ध उपलब्धि को दर्शाता है, जो उन्होंने निम्नलिखित में से किस क्षेत्र में दुश्मनों को पराजित करके प्राप्त की थी?

1. तमिलनाडु
2. कर्नाटक
3. केरल
4. बंगाल

**42.** निम्नलिखित में से कौन-सा स्रोत राजा रामगुप्त की ऐतिहासिकता को प्रमाणित करता है?

1. नीतिसार 2. देवीचंद्रगुप्तम
3. प्रयाग प्रशस्ति 4. मुद्राराक्षस

**43.** मौर्यकालीन क्षेत्रों और उनकी राजधानियों का निम्नलिखित में से कौन-सा युग्म गलत है?

1. उत्तरापथ – तक्षशिला
2. कलिंग – श्रावस्ती
3. दक्षिणापथ – स्वर्णगिरि
4. प्राच्य – पाटलिपुत्र

**44.** रोमिला थापर की पुस्तक 'अशोक एंड डिक्लाइन ऑफ मौर्य' के अनुसार, मौर्य साम्राज्य के प्रांतों पर शासन किसने किया?

1. उच्च ब्राह्मण पुरोहित
2. क्षेत्रीय सैन्य प्रमुख
3. निर्वाचित स्थानीय नेता
4. राजकुमार या राजपरिवार के सदस्य

**45.** अशोक के किस धर्मादेश में कलिंग युद्ध और उसके नैतिक परिणामों का विस्तृत विवरण मिलता है?

1. महाशिलालेख V
2. महाशिलालेख VII
3. स्तंभ लेख IV
4. महाशिलालेख XIII

**46.** संस्कृत भाषा में लिखे एक अभिलेख में चंद्रगुप्त द्वितीय का वर्णन चंद्र (Chandra) के रूप में किया गया है। उस अभिलेख का नाम क्या है?

1. इलाहाबाद प्रशस्ति
2. जूनागढ़ अभिलेख
3. प्रयाग प्रशस्ति
4. महरौली में लौह स्तंभ

**47.** अशोक के निम्नलिखित शिलालेखों में से किसमें उन्हें 'राजा पियदस्सी' (king piyadassi) कहा गया है तथा सभी संप्रदायों के प्रति उनके सम्मान को व्यक्त किया गया है?

1. शिलालेख V (Rock Edict V)
2. शिलालेख VII (Rock Edict VII)
3. शिलालेख XII (Rock Edict XII)
4. शिलालेख IX (Rock Edict IX)

**48.** गुप्त साम्राज्य को प्रांतों में विभाजित किया गया था, जिन्हें ______ के नाम से जाना जाता था।

1. पाठक 2. भुक्ति
3. विषय 4. विधी

**49.** गुप्त काल के दौरान, प्रांत के ठीक नीचे प्रशासन की इकाई क्या थी?

1. विषय 2. जनपद
3. मंडल 4. भुक्ति

**50.** गुप्त साम्राज्य के निम्नलिखित प्रारंभिक राजाओं में से किसने सर्वप्रथम 'महाराजाधिराज' की उपाधि धारण की थी?

1. घटोत्कच (Ghatotkacha)
2. चंद्रगुप्त प्रथम (Chandragupta I)
3. श्रीगुप्त (Srigupta)
4. समुद्रगुप्त (Samudragupta)

**51.** निम्नलिखित में से किस इतिहासकार ने तर्क दिया कि अत्यधिक कराधान और अंकित सिक्कों के अवमूल्यन ने मौर्य साम्राज्य के पतन में महत्वपूर्ण योगदान दिया?

1. रोमिला थापर, 'अशोक एंड द डिक्लाइन ऑफ द मौर्याज' में
2. डी.डी. कोसंबी, 'एन इंट्रोडक्शन टू द स्टडी ऑफ इंडियन हिस्ट्री' में
3. एच.सी. रायचौधरी, 'पोलिटिकल हिस्ट्री ऑफ एंशिएंट इंडिया' में
4. आर.सी. मजूमदार, 'द हिस्ट्री एंड कल्चर ऑफ द इंडियन पीपल' में

**52.** मौर्य प्रशासन में गोप और स्थानिक तथा उनके कर्तव्यों के संबंध में निम्नलिखित में से कौन-सा कथन सही है?

1. मौर्य काल में वे लोक कल्याण से संबंधित कुछ उत्तरदायित्वों को निभाने के लिए स्वतंत्र प्राधिकारी थे।
2. मौर्य काल में वे भू-राजस्व संग्रहकर्ता थे।
3. मौर्य काल में वे जिला स्तर के अधिकारी थे।
4. मौर्य काल में वे जिला और ग्राम स्तरीय प्रशासनिक इकाई के बीच मध्यस्थ के रूप में कार्य करने वाले अधिकारी थे।

**53.** किस इतिहासकार ने मौर्य साम्राज्य के कमजोर होने में वित्तीय बाधा का सुझाव दिया जो कराधान में अत्यधिक वृद्धि और सिक्कों के अवमूल्यन के रूप में परिलक्षित हुई?

1. डी.डी. कोसंबी  2. डी.एन. झा
3. रोमिला थापर  4. नयाजोत लाहिड़ी

**54.** निम्न में से कौन-सा प्राचीन भारतीय मूल ग्रंथ, स्पष्ट रूप से चंद्रगुप्त मौर्य का 'कुलहीन' कहकर उनके निम्न सामाजिक मूल का वर्णन करता है?

1. महावंश (Mahavamsa)
2. मुद्राराक्षस (Mudrarakshasa)
3. अर्थशास्त्र (Arthashastra)
4. इंडिका (Indica)

**55.** किस इतिहासकार ने गुप्त राजा रामगुप्त की ऐतिहासिकता स्थापित करने के लिए मुद्राविषयक (Numismatic) साक्ष्य दिए?

1. शेखर बंद्योपाध्याय (Sekhar Bandyopadhyaya)
2. बिपिन चंद्रा (Bipin Chandra)
3. सी. परमेश्वर लाल गुप्त (C. Parameshwar Lal Gupta)
4. सतीश चंद्रा (Satish Chandra)

**56.** जूनागढ़ शिलालेख में अभिलिखित सुदर्शन झील की मरम्मत का श्रेय स्कंदगुप्त के अधीन निम्नलिखित में से किस गवर्नर को दिया गया था?

1. चक्रपालित  2. पर्णदत्त
3. भानुगुप्त  4. हरिषेण

**57.** रोमिला थापर ने अपनी पुस्तक 'अशोक एंड द डिक्लाइन ऑफ मौर्याज (Asoka and the Decline of Mauryas)' में मौर्यों के पतन के कारण के रूप में निम्नलिखित में से किसे सूचीबद्ध नहीं किया है?

1. नौकरशाही का अत्यधिक केंद्रीकरण
2. ब्राह्मण अप्रसन्नता
3. विभिन्न क्षेत्रों में सांस्कृतिक और आर्थिक विविधता
4. अधिकारी केवल राजा के प्रति वफादार थे, राज्य के प्रति वफादार नहीं थे

**58.** मौर्य साम्रज्य के विघटन और पतन के तुरंत पश्चात, पुष्यमित्र अपना राजवंश स्थापित करने में सक्षम हुआ, जिसे ______ कहा गया।

1. सातवाहन राजवंश  2. कण्व राजवंश
3. शुंग राजवंश  4. शक राजवंश

**59.** किस शिलालेख में हमें पता चलता है कि स्कंदगुप्त ने हूणों को पराजित किया और सौराष्ट्र क्षेत्र में पर्णदत्त (Parnadatta) को अपना राज्यपाल (गोप्ता) नियुक्त किया?

1. जूनागढ़ शिलालेख
2. मथुरा शिलालेख
3. भीतरी शिलालेख
4. कहौम शिलालेख

**60.** अशोक के धम्म के संबंध में निम्नलिखित में से कौन-सा कथन गलत है?

1. शिलालेख 1 में उत्सव सभाओं के लिए पशुओं की हत्या का वर्णन है, और शाही रसोई के लिए भी इसकी अनुमति है।
2. अशोक ने बौद्ध धर्म के धम्म-विजय के विचार को अपनाया और राजा तथा उसकी सेना को धम्म प्रचारकों से प्रतिस्थापित किया।
3. धम्म, विभिन्न धार्मिक समुदायों के लोगों के बीच परस्पर सम्मान और आचरण का पक्ष-समर्थन करता था।
4. सदाचार और सामाजिक दायित्व, धम्म के सिद्धांत थे।

**61.** 1788 में, गुलाम कादिर ने किस मुगल सम्राट को पराजित कर अंधा कर दिया था?

1. शाह आलम द्वितीय 2. अकबर द्वितीय
3. जहांदर शाह 4. बहादुर शाह प्रथम

**62.** 1540 में कन्नौज का युद्ध _____ के बीच लड़ा गया था।

1. सिकंदर लोदी और बाबर
2. बाबर और राणा सांगा
3. इब्राहिम लोदी और बाबर
4. शेरशाह सूरी और हुमायूँ

**63.** निम्नलिखित में से किस विद्वान ने औरंगजेब के दक्कन अभियानों के लिए 'स्पेनिश अल्सर (Spanish Ulcer)' शब्द का उपयोग किया है?

1. एम. अतहर अली 2. आर.सी. मजूमदार
3. जदुनाथ सरकार 4. इरफान हबीब

**64.** किस ग्रंथ में उल्लेख है कि बाबर के समय में, हिंदुस्तान पर पांच मुस्लिम शासकों, जो दिल्ली (Lodis), गुजरात मालवा, बहमनी और बंगाल पर शासन करते थे तथा दो 'मूर्तिपूजक' शासकों जो मेवाड़ और विजयनगर पर शासन करते थे, का राज था?

1. आईन-ए-अकबरी 2. बाबरनामा
3. अकबरनामा 4. हुमायूंनामा

**65.** निम्नलिखित में से किस विद्वान (scholar) ने बाबरनामा का अंग्रेजी अनुवाद किया है?

1. ए.एस. बेवरिज (A.S. Beveridge)
2. व्हीलर थैक्स्टन (Wheeler Thackston)
3. डब्ल्यू.एच. मोरलैंड (W.H. Moreland)
4. विलियम जोंस (William Jones)

**66.** निम्नलिखित अधिकारियों में से कौन मुगलों के अधीन बंदरगाह का अधीक्षक था?

1. मुतसद्दी (Mutasaddi)
2. करोरी (Karori)
3. अमीन (Amin)
4. कानूनगो (Qanungo)

**67.** निम्नलिखित में से किस मुगल शासक को खफी खान ने 'शाह-ए-बेखबर' की उपाधि दी थी?

1. शाह आलम प्रथम 2. मुहम्मद शाह
3. बहादुर शाह प्रथम 4. फर्रूखसियर

**68.** चंद्रगुप्त प्रथम के शासनकाल के दौरान, निम्नलिखित में से कौन-सा क्षेत्र गुप्त साम्राज्य का हिस्सा नहीं था?

1. मगध 2. उज्जैन
3. प्रयाग 4. साकेत

**69.** मुगल साम्राज्य के पतन के संबंध में 'ग्रेट फर्म सिद्धांत' का प्रतिपादन निम्नलिखित में से किसने किया था?

1. करेन लियोनाई (Karen Leonard)
2. मुजफ्फर आलम (Muzaffar Alam)
3. सी.ए. बेली (C.A. Bayly)
4. इरफान हबीब (Irfan Habib)

**70.** 1540 CE में शेरशाह से अपना राज्य खोने के बाद हुमायूं कितने वर्षों तक निर्वासित रहा?

1. सत्रह वर्ष 2. दस वर्ष
3. पंद्रह वर्ष 4. तेरह वर्ष

**71.** अकबर के शासनकाल के दौरान शुरू की गई जब्त प्रणाली, _____ पर आधारित थी।

1. बाजार कीमत
2. जागीरदारों के निजी लेखों
3. ग्राम प्रधानों के आकलन
4. फसल की पैदावार और क्षेत्रफल का मापन

**72.** अकबर के अधीन मुगल प्रशासन के संदर्भ में, निम्नलिखित में से कौन-सा विकल्प सबसे बड़ी से सबसे छोटी इकाई तक प्रशासनिक प्रभागों का सही पदानुक्रमिक क्रम को निरूपित करता है?

1. सरकार → सूबा → परगना
2. सूबा → सरकार → चकला
3. परगना → सूबा → सरकार
4. सूबा → सरकार → परगना

**73.** अफगान शासक शेरशाह सूरी का मकबरा ______ में स्थित है।

1. चंदेरी   2. सासाराम
3. आगरा   4. चौसा

**74.** निम्नलिखित में से किसने औरंगजेब और उसकी दक्कन नीति के बारे में निम्नलिखित शब्दों में उल्लेख किया है– ''दक्कन उसकी प्रतिष्ठा और उसके शरीर दोनों की कब्रगाह थी।''?

1. वी.ए. स्मिथ   2. वोल्सली हैग
3. सतीश चंद्र   4. ए.एल. श्रीवास्तव

**75.** 1540 में, बिलग्राम का युद्ध किनके बीच लड़ा गया था?

1. अकबर और राणा सांगा
2. हुमायूं और बहादुर शाह
3. हुमायूं और शेरशाह सूरी
4. बाबर और इब्राहिम लोदी

**76.** अकबर के शासन काल के दौरान, लगभग सभी क्षेत्रों को खालिसा और जागीर में विभाजित किया गया था। खालिसा से एकत्र राजस्व ______ को जाता था।

1. जागीरदार   2. मस्जिदों
3. मनसबदारों   4. शाही खजाने

**77.** किस गुप्त शासक ने शक राजा को पराजित किया और साम्राज्य का विस्तार पश्चिमी तट तक किया?

1. चंद्रगुप्त द्वितीय   2. रुद्रसेन द्वितीय
3. चंद्रगुप्त प्रथम   4. समुद्रगुप्त

**78.** प्रयाग प्रशस्ति शिलालेख के अनुसार, समुद्रगुप्त ने अपने दक्षिणी अभियान के दौरान दक्षिणापथ (दक्षिणी क्षेत्र) के कितने शासकों को अपने अधीन किया था?

1. दस   2. बारह
3. चौदह   4. आठ

**79.** किस गुप्त शासक को अपने दरबार में नौ दिग्गजों (नवरत्नों) को बनाए रखने का श्रेय दिया जाता है?

1. समुद्रगुप्त   2. स्कंदगुप्त
3. चंद्रगुप्त द्वितीय   4. रामगुप्त

**80.** किस सिद्धांतकार ने मुगल साम्राज्य के विघटन के लिए मुख्य रूप से इसकी सांस्कृतिक और वैचारिक विफलता को उत्तरदायी ठहराया?

1. सतीश चंद्र   2. एम. अतहर अली
3. करेन लियोनार्ड   4. इरफान हबीब

**81.** निम्नलिखित में से किसने बेसिन की संधि (Treaty of Bassein) पर हस्ताक्षर किए थे?

1. बालाजी विश्वनाथ
2. बालाजी बाजीराव द्वितीय
3. महादजी सिंधिया
4. बालाजी बाजीराव प्रथम

**82.** 1803 में दिल्ली पर नियंत्रण स्थापित करने के बावजूद, ब्रिटिश ईस्ट इंडिया कंपनी ने मुगल सम्राट को मुख्यतः किस कारण से बनाए रखा?

1. मुगलों की सैन्य शक्ति के लिए
2. धार्मिक वैधता के लिए
3. उनके प्रतीकात्मक अधिकार को बनाए रखने के लिए
4. मराठों के विरुद्ध गठबंधन के लिए

**83.** 1210 में इल्तुतमिश के सिंहासन पर पदारोहण (accession) के समय दिल्ली सल्तनत की राजधानी क्या थी?

1. दिल्ली   2. आगरा
3. मुल्तान   4. लाहौर

**84.** निम्नलिखित में से कौन-सी बहमनी साम्राज्य (Bahmani Kingdom) की प्रथम राजधानी थी?

1. बीजापुर   2. दौलताबाद
3. बीदर   4. गुलबर्गा

**85.** निम्नलिखित में से किसने, मुगल साम्राज्य के भू-राजस्व व्यवस्था की दमनकारी प्रकृति को इसके पतन के मुख्य कारकों में से एक बताया है?

1. जदुनाथ सरकार
2. सतीश चंद्रा
3. इक्तिदार आलम खान
4. इरफान हबीब

**86.** मुगल प्रशासनिक पतन के संदर्भ में, किस इतिहासकार ने तर्क दिया कि पादशाह (सम्राट), मनसबदार (उत्कृष्ट सेवा), जमींदार (भूमिधारक) और रैयत (किसान) के बीच तनाव के कारण अवस्था फैल गई और अंततः मुगल सत्ता कमजोर हो गई?

1. जे.एफ. रिचर्ड्स 2. इरफान हबीब
3. सतीश चंद्र 4. पीटर हार्डी

**87.** अपने वृत्तांत तुगलकनामा में अमीर खुसरों ने दिल्ली सल्तनत के किस शासक के सिंहासन पर प्रभुत्व (ascendency) की चर्चा की है?

1. फिरोज शाह तुगलक
2. मुहम्मद बिन तुगलक
3. गयासुद्दीन तुगलक
4. अलाउद्दीन खिलजी

**88.** रॉबर्ट सेवेल द्वारा लिखित पुस्तक "ए फॉरगॉटन एम्पायर (A Forgotten Empire)" में _____ का विवरण है।

1. विजयनगर साम्राज्य (Vijayanagar Empire)
2. सूर वंश (Sur Dynasty)
3. मराठा साम्राज्य (Maratha Empire)
4. बहमनी सल्तनत (Bahamani Sultanate)

**89.** शिवाजी के उदय से कौन चिंतित था और उसने 1659 में अपने सेनापति अफजल खान को शिवाजी के विरुद्ध भेजा था?

1. मुजफ्फर शाह 2. अली आदिल शाह
3. दाउद खान 4. अहमद शाह

**90.** सामान्यतः यह तर्क दिया जाता है कि औरंगजेब की मृत्यु के बाद, मुगल साम्राज्य में निर्बल शासकों का शासन काल आया, जिसके कारण साम्राज्य का विघटन हुआ। औरंगजेब के बाद मुगल गद्दी पर कौन बैठा?

1. बहादुर शाह III 2. बहादुर शाह I
3. बहादुर शाह II 4. जहांगीर

**91.** मुगल प्रशासन व्यवस्था में जागीरदारी संकट का अर्थ क्या था?

1. जागीरों की संख्या में वृद्धि हो गई
2. जागीरें निरस्तीकृत कर दी गईं
3. जागीरों की कमी हो गई
4. जागीरें, किसानों को दे दी गईं

**92.** निम्नलिखित में से किस शासक ने गजपति राजा प्रतापरुद्र देव को हराया था?

1. हरिहर II 2. अच्युत देव राय
3. देव राय I 4. कृष्णदेवराय

**93.** अकबर निम्नलिखित में से किस स्थान पर 1556 में मुगल सिंहासन पर बैठा?

1. कलानौर 2. दिल्ली
3. लाहौर 4. आगरा

**94.** जहाँगीर द्वारा प्रचलित 'दो असपा सिह असपा' शब्द क्या दर्शाता है?

1. जात के पद में बिना किसी बदलाव के सवार के पद में वृद्धि
2. एक मनसबदार के जात और सवार दोनों में वृद्धि
3. जात के पद में वृद्धि
4. एक मनसबदार का राजस्व घाटे वाले क्षेत्र में स्थानांतरण

**95.** निम्नलिखित में से कौन-सा युद्ध बाबर और राणा सांगा के बीच निर्णायक युद्ध था?

1. पानीपत का युद्ध 2. धरमत का युद्ध
3. चंदेरी का युद्ध 4. खानवा का युद्ध

**96.** निम्नलिखित में से किसको मनसबदारी व्यवस्था में "दुह-असपा सिह-असपा (Do-Aspah Sih-Aspah)" की शुरुआत के बाद इसका पहला दर्जा प्राप्त हुआ?

1. शाहजादा खुर्रम 2. नूरजहाँ
3. महाबत खान 4. एतमादुद्दौला

**97.** मराठा प्रशासन में, एक सुमंत (Sumant), जिसे दबीर (Dabir) भी कहा जाता था, ______ के लिए उत्तरदायी होता था।

1. अंतर्देशीय व्यापार
2. राजस्व संग्रह
3. हथियार एवं गोला-बारूद
4. विदेशी मामलों

**98.** निम्नलिखित में से किसने शिवाजी के अधीन मराठा राज्य को हिंदू राष्ट्रवाद और महाराष्ट्र की सांस्कृतिक पहचान की राजनीतिक अभिव्यक्ति के रूप में देखा?

1. जी.एस. सरदेसाई (G.S. Sardesai)
2. ए.आर. कुलकर्णी (A.R. Kulkarni)
3. स्टुअर्ट गॉर्डन (Stuart Gordon)
4. सतीश चंद्रा (Satish Chandra)

**99.** शेरशाह के प्रशासन के अंतर्गत दान और धर्मार्थ अनुदान से संबंधित कार्य की देखरेख किस विभाग द्वारा की जाती थी?

1. दीवान-ए-विजारत 2. दीवान-ए-रसालत
3. दीवान-ए-अर्ज 4. दीवान-ए-इंशा

**100.** सल्तनत काल के दौरान किस राजवंश के आधिपत्य को 'क्रांति' कहा गया है?

1. सैय्यद राजवंश 2. लोदी राजवंश
3. खिलजी राजवंश 4. तुगलक राजवंश

**101.** निम्नलिखित में से कौन-सा विभाग दिल्ली सुल्तानों के प्रशासन के अंतर्गत व्यय का पर्यवेक्षण करता था?

1. दीवान-ए-अमीर कोही (Diwan-i-Amir Kohi)
2. दीवान-ए-मुस्तखराज (Diwan-i-Mustakhraj)
3. दीवान-ए-वकूफ (Diwan-i-Waqoof)
4. दीवान-ए-विजारत (Diwan-i-Wizarat)

**102.** मसूलीपट्टनम में सर्वप्रथम किस यूरोपीय व्यापारिक कंपनी ने अपना किलाबंद अड्डा बनाया था?

1. डच ईस्ट इंडिया कंपनी
2. फ्रेंच ईस्ट इंडिया कंपनी
3. डेनिश ईस्ट इंडिया कंपनी
4. ब्रिटिश ईस्ट इंडिया कंपनी

**103.** 16वीं शताब्दी के आरंभ में किन दो पुर्तगाली यात्रियों ने तुलुव राजवंश के अंतर्गत नायक व्यवस्था का विस्तृत विवरण प्रस्तुत किया तथा नायकों को केंद्रीय सत्ता के एजेंट के रूप में व्याख्यायित किया?

1. मार्को पोलो और इब्न बतूता
2. फर्नाओ नुनिज और डोमिंगो पेस
3. फ्रांकोइस बर्नियर और निकोलो मनुची
4. डुआर्टे बारबोसा और जीन-बैप्टिस्ट टेवर्नियर

**104.** किस प्रकार की हुंडी को समयबद्ध हुंडी भी कहा जाता है और इसमें भुगतान के लिए एक विशिष्ट तिथि निर्धारित की जाती है?

1. बैंक हुंडी (Bank Hundi)
2. शिकमी हुंडी (Shikmi Hundi)
3. मुद्दती हुंडी (Muddati Hundi)
4. दर्शनी हुंडी (Darshani Hundi)

**105.** ऐतिहासिक रूप से किस सुल्तान को 36 राज्य-संचालित कारखानों के अनुरक्षण का श्रेय दिया जाता है, जिनमें से प्रत्येक का पर्यवेक्षण मलिक या खान के पद वाले एक अभिजात द्वारा किया जाता था, जिसे खातों (account) के लिए एक मुतासर्रिफ (mutasarrif) द्वारा सहायता प्रदान की जाती थी, तथा कारखाने के वित्त के प्रबंधन के लिए एक अलग दीवान होता था?

1. सिंकदर लोदी 2. अलाउद्दीन खिलजी
3. फिरोज शाह तुगलक 4. मुहम्मद बिन तुगलक

**106.** निम्नलिखित में से कौन दक्खन में कृषि भूमि को बागायत (बागवानी भूमि) और जिरायत (खेती योग्य भूमि) में वर्गीकृत करने के लिए जाना जाता है, और बाद में इसे चार अलग-अलग श्रेणियों में विभाजित किया गया?

1. निजाम-उल-मुल्क आसफ जाह प्रथम
2. मलिक अंबर
3. सुल्तान महमूद गवन
4. मुबारक शाह

**107.** अकबर के शासनकाल के दौरान शुरू की गई दहसाला व्यवस्था (dahsala system) कितने वर्षों की औसत उपज और कीमतों पर आधारित थी?

1. चौबीस वर्ष 2. पाँच वर्ष
3. दस वर्ष 4. बारह वर्ष

**108.** शेरशाह के राजस्व प्रशासन में कबूलियत (Kabuliyat) क्या थी?

1. सैन्य सेवा के लिए अभिजातों को भूमि का अनुदान
2. कृषक द्वारा भू-राजस्व की शर्तों को स्वीकार करने वाला एक लिखित अनुबंध
3. किसानों से वसूले गए भू-राजस्व का अभिलेख
4. राजा द्वारा जमींदारों को जारी किया गया एक स्वामित्व विलेख (title deed)

**109.** 1857 में आजमगढ़ उद्घोषणा जारी करने के लिए निम्नलिखित में से किसे जाना जाता है?

1. मिर्जा मुगल
2. रानी लक्ष्मी बांई
3. कुँवर सिंह
4. फिरोज शाह

**110.** मुगल केंद्रीय प्रशासन में, मीर बख्शी का आधिकारिक पद अत्यंत महत्वपूर्ण था। उनका कार्य निम्नलिखित में से क्या था?

1. सिक्का उत्पादन से संबंधित सभी मामलों को सँभालना
2. शाही कारखानों से संबंधित सभी मामलों को सँभालना
3. सैन्य प्रशासन से संबंधित सभी मामलों को सँभालना
4. निर्माण से संबंधित सभी मामलों को सँभालना

**111.** गुजरात का पाटन शहर ऐतिहासिक रूप से किस प्रकार की कपड़ा बुनाई के लिए प्रसिद्ध है?

1. कुरैनाडु (Koorainadu)
2. वेंकटगीर (Venkatagir)
3. जामदानी (Jamdani)
4. पटोला (Patola)

**112.** मुगल प्रशासन (अकबर) के अंतर्गत, एक नई औपचारिक प्रादेशिक इकाई शुरू की गई, जिसे निम्नलिखित में से क्या कहा जाता था?

1. सरकार (Sarkar)   2. सूबा (Suba)
3. इकत (Iqat)   4. परगना (Pargana)

**113.** शेरशाह सूरी ने अपने साम्राज्य को कितने विभागों (सरकारों) में विभाजित किया था?

1. 35   2. 29
3. 47   4. 15

**114.** मुगलों के अधीन निम्नलिखित में से कौन-सी जागीर प्रत्येक तीन से चार वर्ष में हस्तांतरित की जाती थी?

1. वतन जागीर (Watan Jagir)
2. मशरूत जागीर (Mashrut Jagir)
3. तन्खा जागीर (Tankha Jagir)
4. अलतमगा जागीर (Altmgha Jagir)

**115.** दिल्ली सल्तनत के अधीन राज्य पत्राचार का प्रमुख निम्नलिखित में से कौन था?

1. दबीर-ए-मुमालिक   2. कानूनगो
3. काजी-उल-मुमालिक   4. कोतवाल

**116.** किस मुगल शासक ने ब्रिटिश ईस्ट इंडिया कंपनी को बंगाल, बिहार, उड़ीसा की दीवानी का अधिकार दिया था?

1. फर्रुखसियर (Farukkhsiyar)
2. शाह आलम द्वितीय (Shah Alam II)
3. मुहम्मद शाह प्रथम (Muhammad Shah I)
4. अकबर द्वितीय (Akbar II)

**117.** बहमनी सल्तनत के प्रशासन में अमीर-उल-उमरा निम्नलिखित में से क्या थे?

1. सेना के कमांडर-इन-चीफ
2. प्रांत के राज्यपाल
3. प्रधानमंत्री
4. न्यायिक प्रमुख

**118.** मुगल राजस्व प्रशासन के अंतर्गत, कौन-से दो फारसी शब्द विशेष रूप से भूमि राजस्व आकलन और वास्तविक संग्रह के चरणों को संदर्भित करते थे?

1. जामा और तशखिस (Jama and Tashkhis)
2. अमल और फसल (Amal and Fasal)
3. बटाई और जबिटाना (Batai and Zabitana)
4. तशखिस और हासिल (Tashkhis and Hasil)

**119.** 1857 के विद्रोह के बाद कौन-सा प्रशासनिक परिवर्तन हुआ था?

1. कंपनी शासन समाप्त कर दिया गया, देश का प्रशासन मराठों ने अपने हाथ में ले लिया।
2. कंपनी शासन समाप्त कर दिया गया, देश का प्रशासन मुगलों ने अपने हाथ में ले लिया।
3. कंपनी शासन समाप्त कर दिया गया, देश का प्रशासन फ्रांसीसी ईस्ट इंडिया कंपनी ने अपने हाथ में ले लिया।
4. कंपनी शासन समाप्त कर दिया गया, देश का प्रशासन ब्रिटिश राज ने अपने हाथ में ले लिया।

**120.** अकबर के शासनकाल में निम्नलिखित में से किस सरदार (noble) को 7000 जात का पद दिया गया था?

1. अबुल फजल 2. राजा टोडरमल
3. राजा मान सिंह 4. मीर बख़्शी

**121.** निम्नलिखित में से किस सामाजिक-धार्मिक सुधारक को औपनिवेशिक भारत के संदर्भ में 'स्वराज' शब्द का प्रयोग करने वाले पहले व्यक्ति होने का श्रेय दिया जाता है, जिससे भारतीय राष्ट्रवाद की वैचारिक नींव में योगदान मिला?

1. स्वामी दयानंद सरस्वती
2. राजा राम मोहन राय
3. सैयद अहमद खान
4. ईश्वर चंद्र विद्यासागर

**122.** निम्नलिखित में से कौन-सा दक्षिण भारत का एक प्रमुख व्यापारी समूह था?

1. कोमाटी 2. वाणी
3. मारवाड़ी 4. खारी

**123.** 16वीं शताब्दी में कृष्णदेव राय द्वारा आमुक्तमाल्यद (Amuktamalyada) की रचना किस भाषा में की गई थी?

1. संस्कृत 2. तेलुगु
3. उर्दू 4. हिंदी

**124.** नरमपंथियों और गरमपंथियों के मध्य तनावपूर्ण माहौल में आयोजित 1906 के कलकत्ता अधिवेशन के लिए समझौतावादी अध्यक्षीय पद के उम्मीदवार के रूप में किसे चुना गया था?

1. दादाभाई नौरोजी 2. फिरोजशाह मेहता
3. लाला लाजपत राय 4. गोपाल कृष्ण गोखले

**125.** मुगल नौकरशाही और अभिलेख-रक्षण का मूल आधार कौन-सा पेशेवर समूह था?

1. मनसबदार 2. कायस्थ
3. सूफी 4. काजी

**126.** कांग्रेस सोशलिस्ट पार्टी (CSP) का गठन _____ में हुआ था।

1. 1939 2. 1928
3. 1934 4. 1942

**127.** भाषा के आधार पर अलग आंध्र राज्य की मांग को लेकर किस स्वतंत्रता सेनानी ने आमरण अनशन किया था?

1. जी. रेड्डी (G. Reddy)
2. एस. गोपाल (S. Gopal)
3. वी.पी. मेनन (V.P. Menon)
4. पोट्टि श्रीरामुलु (Potti Sriramulu)

**128.** गांधीजी ने अखिल भारतीय स्तर पर पहला सत्याग्रह निम्नलिखित में से किसके विरुद्ध प्रारंभ किया था?

1. रॉलेट एक्ट (Rowlatt Act)
2. सैफुद्दीन किचलू की गिरफ्तारी (Arrest of Saifuddin Kitchlew)
3. तिनकठिया प्रणाली (Tinkanthia system)
4. कपास मिल मजदूरों का उत्पीड़न (Oppression of cotton mill workers)

**129.** बर्लिन समिति के नाम से भी जाने जाने वाली भारतीय स्वतंत्रता समिति का गठन निम्नलिखित में से किसने किया था?

1. रास बिहारी बोस 2. एम.एन. रॉय
3. वीरेंद्रनाथ चट्टोपाध्याय 4. सुभाष चंद्र बोस

**130.** निम्नलिखित में से कौन-सा राष्ट्रवादी आंदोलन बंगाल विभाजन का कारण बना था?

1. चंपारण सत्याग्रह
2. स्वदेशी आंदोलन
3. सविनय अवज्ञा आंदोलन
4. भारत छोड़ो आंदोलन

**131.** नालंदा, जो उच्च शिक्षा का एक प्राचीन केंद्र था, वर्तमान में _____ में स्थित है।

1. उत्तर प्रदेश　　2. असम
3. बिहार　　4. मध्य प्रदेश

**132.** मुगल काल के दौरान, उलेमा _____ हेतु उत्तरदायी होते थे।

1. धार्मिक मामलों　　2. राजस्व संग्रह
3. सैन्य मामलों　　4. मनोरंजन

**133.** सत्यशोधक समाज _____ द्वारा प्रारंभ किया गया एक सामाजिक सुधार आंदोलन था।

1. मोतीलाल नेहरू　　2. बी.आर. अम्बेडकर
3. महात्मा गांधी　　4. ज्योतिराव फुले

**134.** चोलों के अधीन सभी करदाता निवासियों सहित किसी गाँव की महासभा निम्नलिखित में से कौन-सी थी?

1. वरियम्स (Variyams)
2. उर (Ur)
3. कुर्रम (Kurram)
4. नगरम (Nagaram)

**135.** भारत में ब्रिटिश द्वारा लागू की गई निम्नलिखित में से कौन-सी भू-राजस्व प्रणाली, कृषिक संबंधों में एक अपरिचित अवधारणा की शुरूआत के माध्यम से भारतीय राष्ट्रवाद के उदय से सबसे अधिक प्रत्यक्ष रूप से संबंधित है?

1. रैयतवाड़ी प्रणाली के अंतर्गत नकद-आधारित लगान की ओर स्थानांतरण
2. जमींदारी, रैयतवाड़ी और महालवाड़ी जैसी प्रणालियों में भूमि के निजी स्वामित्व का निर्माण
3. महालवाड़ी प्रणाली के अंतर्गत कृषि बाजारों का विभाजन
4. जमींदारी प्रणाली के अंतर्गत दूरवासी जमींदारी प्रथा की शुरूआत

**136.** सूफी परंपरा मे, 'समा' शब्द निम्नलिखित में से किसको संदर्भित करता है?

1. संगीत श्रवण (Musical audition)
2. मौन ध्यान (Silent meditation)
3. पवित्र नृत्य (Sacred dance)
4. रात्रि भर प्रार्थना (Night-long prayer)

**137.** निम्नलिखित में से कौन-सी द्रविड़ मंदिरों की एक प्रमुख विशेषता है?

1. प्रवेश द्वारों के ऊपर ऊंचे गोपुरम
2. गोलाकार गुंबद वाली मीनार
3. मधुमक्खी के छत्ते के आकार का शिखर
4. कमल के आकार के गर्भगृह

**138.** निम्नलिखित में से कौन तमिलनाडु में भक्ति आंदोलन के एक प्रमुख शैव संत थे?

1. थिरुनावुक्कारासर (Thirunavukkarasar)
2. अंदल (Andal)
3. बसवा (Basava)
4. नामदेव (Namdev)

**139.** कलकत्ता में ब्रिटिश इंडियन एसोसिएशन की स्थापना किस वर्ष हुई थी?

1. 1860　　2. 1851
3. 1836　　4. 1845

**140.** शैववाद की कौन-सी शाखा वास्तविकता की एकात्मक व्याख्या द्वारा सबसे प्रमुख रूप से चिह्नित है, जो शिव के साथ स्वयं की आत्मा की पहचान पर बल देती है तथा अभिनवगुप्त के दार्शनिक ग्रंथों में निहित है?

1. शैव सिद्धांत (Shaiva Siddhanta)
2. पाशुपत शैववाद (Pashupata Shaivism)
3. कश्मीरी शैववाद (Kashmiri Shaivism)
4. वीर शैववाद (Vira Shaivism)

**141.** 1914 में, ऑस्ट्रिया-हंगरी के विरुद्ध सर्बिया की राष्ट्रवादी आकांक्षाओं में किस देश ने उसका समर्थन किया था?

1. रूस　　2. फ्रांस
3. जर्मनी　　4. ब्रिटेन

142. महाराजा हरि सिंह ने भारत में अधिमिलन पत्र पर कब हस्ताक्षर किए?
1. 31 अक्टूबर, 1951
2. 26 अक्टूबर, 1947
3. 26 जनवरी, 1950
4. 15 अगस्त, 1947

143. संयुक्त राष्ट्र महासभा ने किस वर्ष अफ्रीका में अविकसितता को दूर करने और औद्योगिक विकास को बढ़ावा देने के लिए द्वितीय औद्योगिक विकास दशक की घोषणा की थी?
1. 2000
2. 1990
3. 1989
4. 1970

144. ''असंतुलित शहरीकरण (Lopsided urbanisation)'' निम्न में किसे संदर्भित करता है?
1. संतुलित शहरी वृद्धि
2. असंतुलित शहरी वृद्धि
3. निम्न शहरी वृद्धि
4. उच्च शहरी वृद्धि

145. पर्यावरणीय चेतन और ज्ञान में वृद्धि के उद्देश्य से भारतीय पर्यावरण सोसायटी की स्थापना किस वर्ष की गई थी?
1. 1964
2. 1966
3. 1969
4. 1972

146. जनगणना 2011 के अनुसार, 2001-2011 के बीच की अवधि में शहरी क्षेत्रों में रहने वाली भारत की जनसंख्या में 27.81% वृद्धि होकर यह कितने प्रतिशत हो गई?
1. 31.16%
2. 34.32%
3. 35.67%
4. 36.8%

147. निम्नलिखित में से किस वर्ष, जॉर्ज पार्किन्स मार्श की मौलिक कृति ''मैन एंड नेचर'' प्रकाशित हुई थी, जिसे प्रायः पर्यावरणीय विचारधारा के इतिहास में मूलभूत ग्रंथों में से एक माना जाता है?
1. 1859
2. 1864
3. 1835
4. 1872

148. निम्नलिखित में से किसे 19वीं शताब्दी में आधुनिक यूरोपीय साम्राज्यवाद के लिए एक प्रमुख बौद्धिक औचित्य माना जाता है?
1. उदारतावाद (Liberalism)
2. सामाजिक डार्विनवाद (Social Darwinism)
3. यथार्थपरक राजनीति (Realpolitik)
4. अस्तित्ववाद (Existentialism)

149. निम्नलिखित में से किसने साम्राज्यवाद की गैर-आर्थिक व्याख्या की?
1. रोजा लक्जमबर्ग
2. शुम्पीटर
3. हॉब्सन
4. लेनिन

150. 1919 में लिखे अपने निबंध 'साम्राज्यवाद का समाजशास्त्र (The Sociology of imperialism)' में जोसेफ शुम्पीटर ने साम्राज्यवाद की उत्पत्ति के बारे में क्या कहा?
1. यह नये बाजारों के लिए पूंजीवाद की आवश्यकता का आवश्यक परिणाम है।
2. यह पूर्व-पूंजीवादी योद्धा वर्ग का पूर्वज प्रत्यावर्ती अवशेष है।
3. यह धार्मिक मिशनों और सभ्यता के उत्साह से प्रेरित है।
4. यह अंतर्राष्ट्रीय प्रणाली में राष्ट्रीय प्रतिद्वंद्विता का परिणाम है।

151. किस अकेमेनिड (Achaemenid) शासक ने पसार्गाडे (Pasargadae) में शाही राजधानी को एक नवनिर्मित औपचारिक केंद्र से बदल दिया, जिसे यूनानियों के द्वारा पर्सेपोलिस (Persepolis) के रूप में जाना गया?
1. डेरियस I (Darius I)
2. कैम्बिसेस II (Cambyses II)
3. साइरस II (Cyrus II)
4. जेरेक्सेस I (Xerxes I)

152. मिल्पा कृषि, मेसोअमेरिका में प्रचलित (practiced) एक पारंपरिक प्रणाली है, जिसमें मुख्य रूप से बीन्स और स्क्वाश (beans and squash) के साथ किस फसल की खेती शामिल है?
1. चावल
2. मक्का
3. जौ
4. मिलेट

**153.** जोलवेरिन (Zollverein) मुख्य रूप से निम्नलिखित में से किसके लिए बनाया गया था?

1. जर्मन राज्यों के बीच एक सामान्य मुद्रा स्थापित करने के लिए
2. समस्त जर्मन क्षेत्रों में प्रोटेस्टेंटवाद का प्रसार करने के लिए
3. प्रशिया के अधीन जर्मन राज्यों को सैन्य रूप से एकीकृत करने के लिए
4. आंतरिक शुल्क दर को समाप्त करने और एक सामान्य सीमा शुल्क क्षेत्र बनाने के लिए

**154.** भारत में विस्थापित व्यक्ति (दावा) अधिनियम किस वर्ष पारित किया गया था?

1. 1955 2. 1948
3. 1952 4. 1950

**155.** अकेमेनिड साम्राज्य (Achaemenid empire) के निम्नलिखित शासकों में से किसने ग्रीस पर असफल आक्रमण किया, जो उसके पतन का एक कारण बन गया?

1. डेरियस II 2. जेरक्सेस
3. साइरस II 4. बर्दिया

**156.** प्राचीन यूनानी समाज में, ओइकोस (oikos) शब्द मुख्य रूप से निम्नलिखित में से किसको संदर्भित करता था?

1. धार्मिक स्थल
2. ऐसे घर, जिसमें संपत्ति, परिवार और दास शामिल होते थे
3. राजनीतिक सभा
4. सैन्य इकाई

**157.** सोवियत संघ का विघटन किस वर्ष हुआ था?

1. 1990 2. 1991
3. 1989 4. 1992

**158.** भारतीय संविधान का कौन-सा अनुच्छेद भारत निर्वाचन आयोग की स्थापना का प्रावधान करता है?

1. अनुच्छेद 320 2. अनुच्छेद 326
3. अनुच्छेद 324 4. अनुच्छेद 312

**159.** तेलंगाना राज्य किस राज्य के विभाजन से बना था?

1. तमिलनाडु 2. आंध्र प्रदेश
3. महाराष्ट्र 4. कर्नाटक

**160.** निम्नलिखित में से किस क्रांति ने यूरोप में राष्ट्र-राज्य के विकास का मार्ग प्रशस्त किया?

1. अमेरिकी क्रांति 2. औद्योगिक क्रांति
3. फ्रांसीसी क्रांति 4. रूसी क्रांति

**161.** शहरी समूहन (agglomeration) शब्द का क्या अर्थ है?

1. आस-पास के क्षेत्रों में विकास न होने का निरंतर प्रसार
2. आस-पास के क्षेत्रों में कम विकास का निरंतर प्रसार
3. पूरे देश में शहरी विकास का निरंतर प्रसार
4. आस-पास के क्षेत्रों में शहरी विकास का निरंतर प्रसार

**162.** "राष्ट्रीय एकता" का विचार भारत के किस प्रारंभिक राष्ट्रवादी का केंद्र-बिंदु है?

1. ईश्वर चंद्र विद्यासागर
2. दयानंद सरस्वती
3. बंकिम चंद्र चट्टोपाध्याय
4. राजा राम मोहन राय

**163.** नेपाल संघीय लोकतांत्रिक गणराज्य में अधिकांश लोग किस धर्म का पालन करते हैं?

1. हिंदू धर्म 2. ईसाई धर्म
3. बौद्ध धर्म 4. किरात धर्म

**164.** प्लेटो के 'रिपब्लिक' में कौन-सा पात्र न्याय को "शक्तिशाली का हित" के रूप में परिभाषित करता है?

1. एडेइमेंटस (Adeimantus)
2. थ्रेसिमाचस (Thrasymachus)
3. पोलेमार्चस (Polemarchus)
4. ग्लौकॉन (Glaucon)

**165.** पोप फ्रांसिस का मई 2015 में प्रकाशित कौन-सा पोप-परिपत्र, जलवायु परिवर्तन और पर्यावरणीय निम्नीकरण के मुद्दों पर केंद्रित था?

1. लाउदातों सी' (Laudato Si')
2. लुमेन फिदेई (Lumen Fidei)
3. फ्रेटेली टूटी (Fratelli Tutti)
4. डिलेक्सिट नोस (Dilexit nos)

**166.** निम्नलिखित में से कौन-सी संस्था भारत के प्राच्यवाद आंदोलन (Orientalist movement) से संबद्ध नहीं थी?

1. बनारस संस्कृत कॉलेज (Banaras Sanskrit College)
2. कलकत्ता मदरसा (Calcutta Madrasa)
3. एसियाटिक सोसाइटी ऑफ बंगाल (Asiatic Society of Bengal)
4. हिन्दू कॉलेज, कलकत्ता (Hindu College, Calcutta)

**167.** 16वीं शताब्दी में इंग्लैंड में, अवैध तरीके से लाए गए बाइबिल के किसके द्वारा किए गए अंग्रेजी अनुवाद ने, कैथोलिक सिद्धांतों को चुनौती देने और इंग्लैंड में प्रारंभिक प्रोटेस्टेंट भावना को बढ़ावा देने में महत्वपूर्ण भूमिका निभाई थी?

1. विलियम टिन्डेल (William Tyndale)
2. माइल्स कवरडेल (Miles Coverdale)
3. डेसिडोरियस इरास्मस (Desiderius Erasmus)
4. जॉन कोलेट (John Colet)

**168.** 1956 के राजभाषा अधिनियम संख्या 33 ने निम्नलिखित में से किसकों प्रतिस्थापित करके सिंहली को सीलोन की एकमात्र राजभाषा घोषित किया था?

1. संस्कृत
2. पाली
3. अंग्रेजी
4. तमिल

**169.** निम्नलिखित में से किस राजवंश के शासनकाल के दौरान प्राचीन शहर चांगआन (Changan) का निर्माण प्रारंभ हुआ था?

1. सुई राजवंश (Sui Dynasty)
2. हान राजवंश (Han Dynasty)
3. मिंग राजवंश (Ming Dynasty)
4. तांग राजवंश (Tang Dynasty)

**170.** 'शेर राजा' के नाम से प्रसिद्ध राजा सुंदियाता कीता ने किस शताब्दी में माली साम्राज्य की स्थापना की थी?

1. 15वीं शताब्दी
2. 12वीं शताब्दी
3. 14वीं शताब्दी
4. 13वीं शताब्दी

**171.** सूक्ति संग्रह (Analects) ______ के विचारों का संकलन है।

1. मोहिज्म (Mohism)
2. कन्फ्यूशियस (Confucius)
3. ताओ (Tao)
4. विधिवाद (Legalism)

**172.** अंगकोर के ख्मेर साम्राज्य (Khmer Empire) में राजा को निम्नलिखित में से क्या माना जाता था?

1. प्रजाप्रिये (Prajapriye)
2. देवराज (Devraja)
3. प्रजाराजा (Prajaraja)
4. देशप्रिये (Deshpriye)

**173.** किस वर्ष अयातुल्लाह खुमैनी ने नेतृत्व में ईरानी क्रांति ने पश्चिमी समर्थक शासन को उखाड़ फेंकने में सफलता प्राप्त की थी?

1. 1972
2. 1967
3. 1984
4. 1979

**174.** किस विद्वान ने 1967 के एक लेख में तर्क दिया कि ईसाई धर्मशास्त्र ने आधुनिक पर्यावरणीय संकट में योगदान दिया है?

1. अर्ने नेस (Arne Naess)
2. जेम्स लवलॉक (James Lovelock)
3. रेचल कार्सन (Rachel Carson)
4. लिन व्हाइट जूनियर (Lynn White Jr.)

**175.** सिल्क रूट (Silk route) पर प्राचीन विश्व के एक प्रमुख विश्ववादी महानगर के रूप में उभेर तांग राजवंश की राजधानी क्या थी?

1. चांग'आन (Chang'an)
2. लुओयांग (Luoyang)
3. नानजिंग (Nanjing)
4. हांग्जो (Hangzhou)

**176.** निम्नलिखित में से कौन-सा अध्ययन क्षेत्र प्रकृति और धर्म के बीच संबंधों का अन्वेषण करता है?

1. प्राकृतिक धर्मशास्त्र
2. पारिस्थितिक धर्मशास्त्र
3. जैव धर्मशास्त्र
4. रचनात्मक धर्मशास्त्र

**177.** 1967 के किस निबंध को पर्यावरणीय संकट में योगदान देने में पश्चिमी धार्मिक परंपराओं की भूमिका पर विद्वानों की बहस को उत्प्रेरित करने का श्रेय दिया जाता है?

1. डेविड सुजुकी द्वारा लिखित "द सेक्रेड बैलेंस (The Sacred Balance)"
2. अल गोर द्वारा लिखित "अर्थ इन द बैलेंस (Earth in the Balance)"
3. लिन व्हाइट जूनियर द्वारा लिखित "द हिस्टोरिकल रूट्स ऑफ आवर इकोलॉजिक क्राइसिस (The Historical Roots of Our Ecologic Crisis)"
4. डेविड हॉलमैन द्वारा संपादित "इकोथियोलॉजीः वॉयसेज फ्रॉम साउथ एंड नॉर्थ (Ecotheology: Voices from South and North)"

**178.** श्रीलंका के कंदियन क्षेत्र में कौन-सा अवशेष शाही वैधता और राजनीतिक अनुष्ठान का केंद्र था?

1. बोधि वृक्ष का पौधा
2. बुद्ध का भिक्षापात्र
3. दन्त अवशेष (दलाडा)
4. एडम्स पीक पर पवित्र पदचिह्न

**179.** निम्नलिखित में से कौन-सा उदाहरण तांग राजवंश से पहले प्रारंभिक शाही चीनी शहरों में शहरी शासन को आकार देने में अनुष्ठान स्थान की भूमिका को सर्वोत्तम रूप से दर्शाता है?

1. छठी शताब्दी के अंत में व्यापक मंदिर निर्माण के बाद मुख्य रूप से बौद्ध मठ परिसरों के भीतर अनुष्ठान क्षेत्रों की स्थापना
2. वाणिज्यिक गलियारों के साथ शाही अनुष्ठान वेदियों की स्थापना, पश्चिमी झोउ काल (c. 1046-771 BCE) के दौरान शुरू हुई
3. बाजार क्षेत्रों से राज्य अनुष्ठान परिसरों का सुविचारित स्थानिक पृथक्करण, हान राजवंश (206 BCE-220 CE) के तहत संस्थागत किया गया
4. उत्तर वेई राजवंश (386-534 CE) के दौरान अनुष्ठान, वाणिज्यिक और आवासीय स्थानों को एकल प्रशासनिक इकाई में एकीकृत किया गया

**180.** निम्नलिखित में से किसने 'कट्टरपंथी मानवतावाद' का विचार विकसित किया?

1. विनोबा भावे
2. बी.आर. अम्बेडकर
3. एम.एन. रॉय
4. वी.डी. सावरकर

**181.** प्रारंभिक बाल्यावस्था में, जेंडर समाजीकरण में कौन-सा कारक प्रमुख भूमिका निभाता है?

1. कार्यस्थल
2. परिवार
3. मीडिया
4. पुस्तकालय

**182.** अधिगम उद्देश्य निम्नलिखित में से किसका वर्णन करता है?

1. विद्यार्थी क्या सीखेंगे
2. कौन-सी पुस्तकें जरूरी हैं
3. क्या गृहकार्य दिया गया है
4. शिक्षक क्या करेंगे

**183.** कक्षा में चर्चा के दौरान कौन-से दो कौशल मुख्य रूप से शामिल होते हैं?

1. सुनना और बोलना
2. लिखना और ड्राइंग करना
3. पढ़ना और लिखना
4. पढ़ना और सुनना

**184.** सीखने की संज्ञानात्मक दृष्टिकोण सबसे अच्छा कौन-सा है?

1. दूसरों को देखकर सीखना
2. सुदृढ़ीकरण द्वारा सीखना
3. करके सीखना
4. सोचकर सीखना

**185.** पाठ नियोजन के हेरबर्टियन मॉडल में पहला औपचारिक चरण कौन-सा है?

1. प्रस्तुति
2. तैयारी
3. अनुप्रयोग
4. तुलना

**186.** कौन-सा कथन एक विषय और एक अनुशासन के बीच के अंतर को दर्शाता है?

1. अनुशासन ज्ञान का निर्माण करते हैं; विषय इसे लागू करते हैं।
2. अनुशासन केवल शोध के लिए है; विषय परीक्षा के लिए हैं।
3. विषय संस्कृति पर आधारित हैं, अनुशासन प्रकृति पर।
4. विषय व्यावहारिक हैं, अनुशासन नहीं।

**187.** 'शिक्षा में सिद्धांत' मुख्य रूप से किस पर केंद्रित है?

1. गणित की समस्याओं को हल करना
2. तथ्यों को याद करना
3. व्याकरण के नियमों को सीखना
4. कलात्मक समझ विकसित करना

**188.** कौन-सा शब्द उन बच्चों को संदर्भित करता है जिनकी शारीरिक, मानसिक या भावनात्मक परिस्थितियों के कारण उन्हें विशेष शैक्षिक सहायता की आवश्यकता होती है?

1. तीन अधिगमकर्ता
2. प्रतिभाशली बच्चे
3. विशेष आवश्यकता वाले बच्चे
4. औसत अधिगमकर्ता

**189.** रचनावादी दर्शनशास्त्र का समर्थन करने के लिए शिक्षण संसाधनों के विकास का मार्गदर्शन किस सिद्धांत द्वारा किया जाना चाहिए?

1. संसाधनों को निश्चित उत्तर प्रदान करने चाहिए।
2. संसाधनों को मानकीकृत परीक्षणों के अनुरूप होना चाहिए।
3. संसाधनों को रटने पर ध्यान मॉडल केंद्रित करना चाहिए।
4. संसाधनों को अन्वेषण और सक्रिय अधिगम को बढ़ावा देना चाहिए।

**190.** अधिगम में मूल्यांकन का मुख्य उद्देश्य क्या है?

1. शिक्षण और अधिगम में सुधार करना
2. विद्यार्थियों को दंडित करना
3. पाठ्यविवरण समाप्त करना
4. विद्यार्थियों को लेबल करना

**191.** 'जेन्डर' शब्द मुख्यतः किससे संबंधित है?

1. शारीरिक शक्ति
2. सामाजिक और सांस्कृतिक भूमिकाएँ
3. जैविक अंतर
4. शैक्षिक स्तर

**192.** सीखने का कौन-सा दृष्टिकोण उत्तेजनाओं और प्रतिक्रियाओं की भूमिका पर बल देता है?

1. रचनावादी
2. मानवतावादी
3. व्यवहारवादी
4. संज्ञानात्मक

**193.** वृद्धि और विकास का सिद्धांत निम्नलिखित में से क्या है?

1. आनुवांशिकता
2. पर्यावरण
3. सरलता
4. क्रमिकता

**194.** निम्नलिखित में से कौन-सा विकल्प, बाल विकास में 'वृद्धि' को सर्वोत्तम रूप से परिभाषित करता है?

1. भावनाओं का विकास
2. व्यक्तित्व में गुणात्मक परिवर्तन
3. ऊँचाई और वजन में वृद्धि
4. व्यवहार में सुधार

**195.** रचनावाद के अनुसार, _____ ज्ञान का निर्माण होता है।

1. केवल पाठ्यपुस्तकें पढ़ने से
2. बाह्य पारितोषिक द्वारा
3. सामाजिक अंतःक्रिया और अनुभव द्वारा
4. तथ्यों को दोहराने से

**196.** परियोजना-आधारित शिक्षण में कार्यान्वयन चरण का एक प्रमुख घटक क्या है?

1. मूल्यांकन मानदंड का चयन
2. अधिगम लक्ष्यों की पहचान
3. आवश्यकता विश्लेषण करना
4. नियोजित अधिगम गतिविधियों का क्रियान्वयन

**197.** ब्लूम के वर्गीकरण में कौन-सा संज्ञानात्मक कौशल, विद्यार्थियों में समालोचनात्मक चिंतन को सर्वोत्तम रूप से बढ़ावा देता है?

1. स्मरण (Recalling)
2. विश्लेषण (Analysing)
3. याद रखना (Remembering)
4. बोध (Understanding)

**198.** पाठ्यचर्या विकास को कौन-सा उपागम, विद्यार्थियों की आवश्यकताओं और रुचियों पर फोकस करता है?

1. प्रशासक-केंद्रित उपागम
2. शिक्षार्थी-केंद्रित उपागम
3. विषय-केंद्रित उपागम
4. शिक्षक-केंद्रित उपागम

**199.** कौन-सा सिद्धांत सीखने को सक्रिय ज्ञान निर्माण मानता है?

1. रचनावाद 2. मानवतावाद
3. संज्ञानवाद 4. व्यवहारवाद

**200.** बच्चों की निम्नलिखित श्रेणियों में से किसको संवेदी क्षीणता नहीं माना जाता है?

1. दीर्घकालिक अस्थमा
2. अंधापन
3. सीमित श्रवण दक्षता
4. बधिरता

## उत्तरमाला

| **1** | **2** | **3** | **4** | **5** | **6** | **7** | **8** | **9** | **10** |
|---|---|---|---|---|---|---|---|---|---|
| 1 | 1 | 3 | 3 | 1 | 3 | 4 | 3 | 3 | 4 |
| **11** | **12** | **13** | **14** | **15** | **16** | **17** | **18** | **19** | **20** |
| 1 | 1 | 1 | 2 | 4 | 2 | 4 | 1 | 2 | 2 |
| **21** | **22** | **23** | **24** | **25** | **26** | **27** | **28** | **29** | **30** |
| 1 | 4 | 2 | 2 | 1 | 1 | 3 | 1 | 2 | 2 |
| **31** | **32** | **33** | **34** | **35** | **36** | **37** | **38** | **39** | **40** |
| 2 | 4 | 1 | 2 | 3 | 3 | 2 | 3 | 3 | 4 |
| **41** | **42** | **43** | **44** | **45** | **46** | **47** | **48** | **49** | **50** |
| 4 | 2 | 2 | 4 | 4 | 4 | 3 | 2 | 1 | 2 |
| **51** | **52** | **53** | **54** | **55** | **56** | **57** | **58** | **59** | **60** |
| 2 | 4 | 1 | 2 | 3 | 1 | 2 | 3 | 1, 3 | 1 |
| **61** | **62** | **63** | **64** | **65** | **66** | **67** | **68** | **69** | **70** |
| 1 | 4 | 3 | 2 | 1 | 1 | 3 | 2 | 1 | 3 |
| **71** | **72** | **73** | **74** | **75** | **76** | **77** | **78** | **79** | **80** |
| 4 | 4 | 2 | 1 | 3 | 4 | 1 | 2 | 3 | 2 |
| **81** | **82** | **83** | **84** | **85** | **86** | **87** | **88** | **89** | **90** |
| 2 | 3 | 4 | 4 | 4 | 3 | 3 | 1 | 2 | 2 |
| **91** | **92** | **93** | **94** | **95** | **96** | **97** | **98** | **99** | **100** |
| 3 | 4 | 1 | 1 | 4 | 1 | 4 | 1 | 2 | 3 |
| **101** | **102** | **103** | **104** | **105** | **106** | **107** | **108** | **109** | **110** |
| 4 | 1 | 2 | 3 | 3 | 2 | 3 | 2 | 4 | 3 |
| **111** | **112** | **113** | **114** | **115** | **116** | **117** | **118** | **119** | **120** |
| 4 | 2 | 3 | 3 | 1 | 2 | 1 | 4 | 4 | 3 |
| **121** | **122** | **123** | **124** | **125** | **126** | **127** | **128** | **129** | **130** |
| 1 | 1 | 2 | 1 | 2 | 3 | 4 | 1 | 3 | 2 |

| 131 | 132 | 133 | 134 | 135 | 136 | 137 | 138 | 139 | 140 |
|---|---|---|---|---|---|---|---|---|---|
| 3 | 1 | 4 | 2 | 4 | 1 | 1 | 1 | 2 | 3 |
| **141** | **142** | **143** | **144** | **145** | **146** | **147** | **148** | **149** | **150** |
| 1 | 2 | 3 | 2 | 4 | 1 | 2 | 2 | 2 | 2 |
| **151** | **152** | **153** | **154** | **155** | **156** | **157** | **158** | **159** | **160** |
| 1 | 2 | 4 | 4 | 2 | 2 | 2 | 3 | 2 | 3 |
| **161** | **162** | **163** | **164** | **165** | **166** | **167** | **168** | **169** | **170** |
| 4 | 3 | 1 | 2 | 1 | 4 | 1 | 3 | 2 | 4 |
| **171** | **172** | **173** | **174** | **175** | **176** | **177** | **178** | **179** | **180** |
| 2 | 2 | 4 | 4 | 1 | 2 | 3 | 3 | 3 | 3 |
| **181** | **182** | **183** | **184** | **185** | **186** | **187** | **188** | **189** | **190** |
| 2 | 1 | 1 | 4 | 2 | 1 | 4 | 3 | 4 | 1 |
| **191** | **192** | **193** | **194** | **195** | **196** | **197** | **198** | **199** | **200** |
| 2 | 3 | 4 | 3 | 3 | 4 | 2 | 2 | 1 | 1 |

## व्याख्यात्मक उत्तर

**1.** ब्रिजेट और रेमंड ऑलचिन की प्रसिद्ध पुस्तक "The Rise of Civilization in India and Pakistan" में यह दर्शाया गया है कि हड़प्पा सभ्यता के अध्ययन में अब तक मुख्य रूप से नगरीय और शहरी संस्कृति पर ध्यान दिया गया है, जबकि खानाबदोश और अर्ध-खानाबदोश पशुपालक समुदायों की भूमिका को उपेक्षित किया गया है। इन समूहों ने हड़प्पा सभ्यता के विकास में महत्वपूर्ण योगदान दिया था, विशेषकर कृषि, पशुपालन और क्षेत्रीय व्यापार के माध्यम से। इसलिए यह कृति इन उपेक्षित समूहों की ऐतिहासिक भूमिका पर प्रकाश डालती है।

**2.** हड़प्पा सभ्यता नगर नियोजन की दृष्टि से अत्यंत उन्नत थी। उसके नगरों में सुसंगठित चौड़ी सड़कों का जाल, पक्की ईंटों से बने मकान, सुव्यवस्थित जल निकासी प्रणाली और समानांतर गली व्यवस्था थी। अतः "अनियमित और संकरी गलियाँ" हड़प्पा सभ्यता की विरासत नहीं हैं; यह बाद की असंगठित बस्तियों की विशेषता रही।

**3.** हर्नान कॉर्टेस (Hernán Cortés) एक स्पेनिश विजेता था जिसने 1519-1521 के बीच मेक्सिको में एज़्टेक साम्राज्य पर विजय प्राप्त की। इस विजय ने अमेरिका में स्पेनी उपनिवेशी शासन की नींव रखी। एज़्टेक सम्राट मोन्टेज़ुमा II (Montezuma II) को कैद कर लिया गया और उसके बाद स्पेनी प्रभुत्व स्थापित हो गया। यह घटना अमेरिकी महाद्वीप में यूरोपीय साम्राज्यवाद के विस्तार की शुरुआत मानी जाती है।

**4.** पेत्रोग्राद (अब सेंट पीटर्सबर्ग) में बोल्शेविक विद्रोह 24 अक्टूबर 1917 (ग्रेगोरियन कैलेंडर के अनुसार 7 नवंबर) को शुरू हुआ था। यह रूस की अक्टूबर क्रांति का निर्णायक क्षण था जब व्लादिमीर लेनिन के नेतृत्व में बोल्शेविकों ने अस्थायी सरकार को उखाड़ फेंका और दुनिया के पहले साम्यवादी शासन की स्थापना की।

**5.** ब्रिटिश भारत में पहली बार 'Criminal Tribes' शब्द का आधिकारिक उपयोग क्रिमिनल ट्राइब्स एक्ट 1871 (Criminal Tribes Act, 1871) में किया गया था। इस अधिनियम के अंतर्गत कुछ जनजातियों और समुदायों को जन्म से अपराधी घोषित कर दिया गया था। इस कानून के तहत उन्हें निरंतर निगरानी, पंजीकरण और आवाजाही पर नियंत्रण जैसे अपमानजनक प्रतिबंधों का सामना करना पड़ा। यह अधिनियम औपनिवेशिक नियंत्रण का एक उदाहरण था, जिसे 1952 में स्वतंत्र भारत में समाप्त कर दिया गया।

**6.** दशमलव पद्धति (Decimal System) का विश्व को परिचय भारत के महान गणितज्ञ आर्यभट्ट ने कराया था। उन्होंने 5वीं शताब्दी ईस्वी में 'आर्यभटीय' नामक ग्रंथ में शून्य की

अवधारणा और दशमलव प्रणाली के उपयोग को प्रतिपादित किया। इस प्रणाली ने गणितीय गणनाओं को सरल और वैज्ञानिक बनाया, जिससे आधुनिक गणित की नींव पड़ी।

7. 'तजकिरात-उल-मुलूक' एक फारसी ग्रंथ है, जिसे रफीउद्दीन शिराजी ने लिखा था। यह ग्रंथ 18वीं शताब्दी के प्रारंभ में मुगल प्रशासनिक व्यवस्था, राजस्व प्रणाली और शासन संरचना के वर्णन के लिए प्रसिद्ध है। इसमें मुगल साम्राज्य की नौकरशाही व्यवस्था और उसके कार्यप्रणाली का सजीव विवरण मिलता है।

8. पारंपरिक या शास्त्रीय पूंजीवाद (Classical Capitalism) के प्रमुख सिद्धांतकार एडम स्मिथ माने जाते हैं। उनकी प्रसिद्ध पुस्तक "The Wealth of Nations" (1776) ने पूंजीवाद की बुनियाद रखी, जिसमें उन्होंने 'अदृश्य हाथ' (Invisible Hand) का सिद्धांत दिया। उन्होंने कहा कि व्यक्ति का स्वार्थ समाज की समृद्धि में योगदान देता है, और मुक्त बाजार व्यवस्था आर्थिक विकास का सबसे प्रभावी माध्यम है।

9. "Big History" शब्द इतिहास के अध्ययन के एक ऐसे दृष्टिकोण को दर्शाता है जो मानव इतिहास को केवल राजनीतिक या सामाजिक घटनाओं तक सीमित नहीं करता, बल्कि उसे खगोलशास्त्र, जीवविज्ञान, भूविज्ञान और ब्रह्माण्ड विज्ञान जैसे विषयों से जोड़कर देखता है। इसका उद्देश्य ब्रह्माण्ड की उत्पत्ति से लेकर वर्तमान मानव सभ्यता तक की समग्र कहानी को समझना है।

10. भारतीय उपमहाद्वीप में पाए गए सबसे प्राचीन सिक्के पंचमार्क सिक्के हैं, जिनका उपयोग लगभग 6वीं शताब्दी ईसा पूर्व में महाजनपद काल के दौरान हुआ। ये चाँदी के सिक्के होते थे जिन पर विभिन्न प्रतीक पंच-चिह्न (stamped symbols) के रूप में अंकित रहते थे। इन्हें ढालने के बजाय ठोका या पंचित किया जाता था। ये भारत में मौद्रिक प्रणाली के प्रारंभिक साक्ष्य हैं।

11. अफगानिस्तान में स्थित शोर्तुघई एक प्रसिद्ध हड़प्पा कालीन व्यापारिक केंद्र था। यह स्थल अफगानिस्तान के उत्तरी भाग में अमू दरिया (Oxus River) के तट पर स्थित था और हड़प्पा सभ्यता के व्यापारिक नेटवर्क का एक हिस्सा था। यहाँ से गोदाम, मिट्टी के बर्तन, हड़प्पाई मोहरें और मनके मिले हैं, जो सिंधु घाटी के नगरों से इसके व्यापारिक संबंधों को सिद्ध करते हैं। यह स्थल विशेष रूप से लैपिस लाजुली (लाजवर्द) जैसे कीमती पत्थरों के व्यापार हेतु प्रसिद्ध था।

12. यह कथन गलत है, क्योंकि फ्रांसीसी क्रांति की शुरुआत 14 जुलाई 1789 को बैस्टिल किले पर जन-आक्रमण से हुई थी, जो राजा लुई सोलहवें के दमनकारी शासन के विरुद्ध जनविद्रोह था। नेपोलियन बोनापार्ट बाद में 1799 में सत्ता में आया और उसने क्रांति के पश्चात स्थापित अस्थिर सरकार को समाप्त कर साम्राज्य की स्थापना की। अन्य तीन घटनाएँ – मानव और नागरिक अधिकारों की घोषणा (अगस्त 1789), बैस्टिल पर आक्रमण (14 जुलाई 1789), और लुई सोलहवें का मृत्युदंड (1793) – वास्तव में फ्रांसीसी क्रांति से संबंधित हैं।

13. पुस्तक "Before European Hegemony : The World System A.D. 1250-1350" प्रसिद्ध समाजशास्त्री और इतिहासकार जेनेट एल. अबू-लुघोड द्वारा लिखी गई है। इस ग्रंथ में उन्होंने यूरोपीय प्रभुत्व से पहले के विश्व आर्थिक तंत्र का विश्लेषण किया, जहाँ चीन, भारत, इस्लामी जगत और यूरोप के बीच व्यापारिक व सांस्कृतिक संपर्क का विस्तृत वर्णन मिलता है। उन्होंने यह सिद्ध किया कि वैश्वीकरण की जड़ें यूरोप से पहले ही एशिया-केंद्रित विश्व प्रणाली में मौजूद थीं।

14. जर्मन समाजशास्त्री और राजनैतिक विचारक मैक्स वेबर ने आधुनिक राज्य को परिभाषित करते हुए कहा कि ''राज्य वह संगठन है जो एक निश्चित भौगोलिक क्षेत्र में वैध भौतिक बल के प्रयोग पर एकाधिकार रखता है।'' अर्थात राज्य की विशेषता उसका legitimate monopoly of physical force है। वेबर की यह परिभाषा आधुनिक राजनीतिक समाजशास्त्र की आधारभूत अवधारणा मानी जाती है।

15. ग्रेगरी एल. पॉसेहल ने अपनी प्रसिद्ध पुस्तक "The Indus Civilization : A Contemporary Perspective" में हड़प्पा सभ्यता के शहरी विकास को किसी एक केंद्रीकृत शासन या त्वरित विस्तार का परिणाम नहीं माना। उन्होंने इसे विभिन्न क्षेत्रों में अलग-अलग लेकिन परस्पर जुड़े हुए विकासक्रमों (overlapping trajectories) के रूप में समझाया है। उनके अनुसार हड़प्पा संस्कृति का विकास एक समृद्ध, विकेन्द्रित और क्षेत्रीय विविधता से भरा हुआ क्रम था, जो स्थानीय नवाचारों और क्षेत्रीय अंतःक्रियाओं का परिणाम था।

16. मानव अधिकारों की सार्वभौमिक घोषणा (Universal Declaration of Human Rights) के मसौदे की समिति की अध्यक्षता संयुक्त राज्य अमेरिका की प्रतिनिधि एलेनोर

रोसवेल्ट ने की थी। उन्होंने 1946 से 1948 तक मानवाधिकार आयोग (Commission on Human Rights) का नेतृत्व किया और विभिन्न देशों के प्रतिनिधियों के विचारों को समन्वित कर घोषणा का अंतिम रूप तैयार कराया। यह घोषणा 10 दिसंबर 1948 को संयुक्त राष्ट्र महासभा द्वारा स्वीकार की गई और इसमें समानता, स्वतंत्रता और गरिमा जैसे मूलभूत मानवीय सिद्धांतों को सार्वभौमिक रूप से मान्यता दी गई।

**17.** प्रारंभिक भारतीय कानूनी परंपरा में स्त्रीधन का अर्थ था वह संपत्ति या धन जो किसी महिला को विवाह, उपहार या अन्य अवसरों पर व्यक्तिगत रूप से प्राप्त होता था। धर्मशास्त्रों में इसे महिला की व्यक्तिगत संपत्ति माना गया है, जिस पर पति या ससुराल पक्ष का अधिकार नहीं होता था। यद्यपि इसके उपयोग पर कुछ सामाजिक सीमाएँ थीं, फिर भी यह महिला की आर्थिक सुरक्षा का प्रमुख स्रोत माना गया।

**18.** 1920-22 में सिंधु घाटी सभ्यता की प्रारंभिक खुदाई के दौरान मोहनजोदड़ो स्थल की खोज सिंधु नदी के तट पर हुई थी। यह पाकिस्तान के सिंध प्रांत में स्थित है और हड़प्पा सभ्यता का सबसे सुव्यवस्थित नगर केंद्र था। यहाँ सुव्यवस्थित जल निकासी व्यवस्था, विशाल स्नानागार, और पक्की ईंटों से बनी इमारतें मिलीं, जो उस समय के उच्च स्तरीय नगर नियोजन का प्रमाण हैं।

**19.** इतिहास केवल राजाओं या युद्धों का वर्णन नहीं है, बल्कि यह मानव सभ्यता के समग्र विकास का अध्ययन करता है। इसमें समाज की संरचना, अर्थव्यवस्था, संस्कृति, राजनीति, धर्म, विज्ञान, और कला सभी का अध्ययन किया जाता है। इतिहास अतीत के अनुभवों को समझकर वर्तमान और भविष्य के लिए दृष्टिकोण प्रदान करता है।

**20.**
- **A. राखीगढ़ी – 3. हिसार (हरियाणा):** यह हरियाणा के हिसार जिले में स्थित है और सबसे बड़ा हड़प्पा स्थल माना जाता है।
- **B. लोथल – 1. सौराष्ट्र (गुजरात):** यहाँ प्राचीन डॉकयार्ड (गोदी) मिला था, जिससे यह समुद्री व्यापारिक केंद्र के रूप में प्रसिद्ध है।
- **C. कालीबंगा – 2. हनुमानगढ़ (राजस्थान):** यहाँ अग्निकुण्ड और जले हुए अनाज के साक्ष्य मिले हैं, जो कृषि और धार्मिक प्रथाओं का संकेत देते हैं।
- **D. धौलावीरा – 4. कच्छ (गुजरात):** यह स्थल खाडिर बेट द्वीप पर स्थित है और अपने जल संचयन एवं नगर नियोजन के लिए प्रसिद्ध है।

**21.** पाली कैनन के अनुसार प्राचीन भारत के छह महानगर (महान शहर) थे – चंपा, राजगृह, सावथी (श्रावस्ती), साकेत, कौशाम्बी और वाराणसी। इन छह नगरों में तक्षशिला का उल्लेख नहीं किया गया था, क्योंकि यह आरंभिक बौद्ध ग्रंथों में वर्णित मध्य गंगा क्षेत्र के नगरों की सूची का हिस्सा नहीं था। तक्षशिला उस समय उत्तर-पश्चिमी भारत (गंधार क्षेत्र) का एक प्रमुख शिक्षण एवं व्यापारिक केंद्र था, परंतु इसे पाली कैनन में महानगरों की सूची में शामिल नहीं किया गया।

**22.** स्याद्वाद (Syadvada) जैन दर्शन का केंद्रीय सिद्धांत है। यह "सप्तभंगी न्याय" पर आधारित है, जो कहता है कि किसी भी वस्तु या सत्य का आकलन सात विभिन्न सापेक्ष दृष्टिकोणों से किया जा सकता है। इसका अर्थ है – "किसी भी वस्तु के बारे में कहा जा सकता है कि वह है, नहीं है, दोनों है और नहीं है, इत्यादि, परिस्थितियों पर निर्भर करता है।" यह सिद्धांत जैन धर्म के अनेकांतवाद और नैयायिक सापेक्षता को दार्शनिक रूप से व्यक्त करता है।

**23.** वैशाली प्राचीन भारत के वज्जि महाजनपद की राजधानी थी। यह लिच्छवि, वैदेह और अन्य छोटे गणों का संघ था, जो एक गणतांत्रिक शासन प्रणाली का पालन करते थे। वैशाली में ही भगवान महावीर का जन्म हुआ था और यह बौद्ध धर्म में भी महत्वपूर्ण केंद्र था, जहाँ गौतम बुद्ध ने अपने अंतिम उपदेश दिए।

**24.** गुप्त वंश के संस्थापक चंद्रगुप्त प्रथम और उनकी रानी कुमारदेवी का संयुक्त चित्र एक विशेष स्वर्ण सिक्के (coin type) पर उत्कीर्ण है, जिसे "लिच्छवयः" प्रकार का सिक्का कहा जाता है। इस सिक्के पर कुमारदेवी को "लिच्छवि" वंश की राजकुमारी के रूप में दिखाया गया है, जिससे गुप्तों और लिच्छवियों के वैवाहिक संबंधों का प्रतीकात्मक चित्रण हुआ है।

**25.** वज्जि महाजनपद एक प्रमुख गणराज्य (republican) या गणतंत्र था। इसमें लिच्छवि, वैदेह और ज्ञातृक जैसे कई छोटे गण शामिल थे। इसकी राजधानी वैशाली थी। यहाँ शासन सामूहिक रूप से कई कुलों के प्रतिनिधियों द्वारा किया जाता था, जो सभा प्रणाली के माध्यम से निर्णय लेते थे – यह भारतीय इतिहास में गणतंत्र की प्रारंभिक अवधारणाओं में से एक उदाहरण है।

**26.** छठी शताब्दी ईसा पूर्व के नगरों के लिए साहित्यिक स्रोतों में 'पुर' शब्द का प्रयोग किया गया है। यह शब्द संस्कृत मूल का है, जिसका अर्थ 'किला', 'नगर' या 'शहर' होता है। वैदिक और महाभारत कालीन ग्रंथों में हस्तिनापुर, इंद्रपुर, अयोध्या-पुर, द्वारका-पुर आदि नगरों के नामों में यह प्रत्यय मिलता है। यह शब्द न केवल शहरी बसावट को दर्शाता है, बल्कि उन नगरों की रक्षा-संरचना और राजनीतिक-सांस्कृतिक महत्त्व का भी प्रतीक था।

**27.** हड़प्पा सभ्यता के प्रत्यक्ष व्यापारिक संबंध मेसोपोटामिया सभ्यता से थे। दोनों के बीच व्यापार में कपास, मोती, कीमती पत्थर, धातुएँ और कृषि उत्पाद शामिल थे। मेसोपोटामिया के अभिलेखों में 'मेलुह्हा' नामक क्षेत्र का उल्लेख मिलता है, जिसे अधिकांश विद्वान सिंधु घाटी सभ्यता से जोड़ते हैं। यह व्यापार समुद्री मार्गों और भूमि मार्गों दोनों से होता था।

**28.** प्राचीन भारत के 'द्वितीय नगरीकरण' काल (लगभग 600 ई.पू.) में चलन में आए पंचमार्क सिक्के (Punch-marked coins) मुख्यतः चाँदी (Silver) और ताँबे (Copper) के बने थे। इन सिक्कों पर विभिन्न प्रतीक पंच के रूप में अंकित किए जाते थे। ये राज्य या स्थानीय शक्तियों द्वारा निर्गत किए जाते थे और भारतीय उपमहाद्वीप में मौद्रिक अर्थव्यवस्था की शुरुआत का संकेत देते हैं।

**29.** छठी शताब्दी ईसा पूर्व के मुद्रात्मक साक्ष्य मुख्यतः कर्षापण (Karsapana), कहापण (Kahapana) और पाद (Pada) जैसे रूपों से जुड़े हैं। ये सभी पंचमार्क सिक्कों के प्रकार हैं। जबकि कणिका का उल्लेख इस काल के मुद्राओं से संबंधित नहीं मिलता, अतः यह मुद्रात्मक साक्ष्य से असंबद्ध है।

**30.** "Historiae Alexandri Magni" (History of Alexander the Great) नामक ग्रंथ क्विंटस कर्टियस रूफस (Quintus Curtius Rufus) द्वारा लिखा गया था। यह ग्रंथ रोमन काल का है और इसमें सिकंदर महान के जीवन, अभियानों तथा उनके साम्राज्य-निर्माण का विस्तृत वर्णन मिलता है। यह सिकंदर से संबंधित प्रमुख प्राचीन स्रोतों में से एक है और यूनानी व रोमन इतिहास परंपरा दोनों में महत्त्वपूर्ण स्थान रखता है।

**31.** राजगीर (प्राचीन नाम—राजगृह) मगध साम्राज्य की पहली राजधानी थी। यह वर्तमान बिहार राज्य में स्थित है और पटना से लगभग 40 मील (लगभग 64 किमी) दक्षिण-पूर्व में पड़ता है। प्रारंभिक मगध शासक बृहद्रथ, जरासंध तथा बाद में हर्यंक वंश के शासक बिंबिसार और अजातशत्रु' की राजधानी भी यही थी। यहाँ के चारों ओर पर्वतों से घिरे दुर्ग और गर्म जलकुंड इसके ऐतिहासिक व धार्मिक महत्त्व को दर्शाते हैं।

**32.** हड़प्पा सभ्यता के सभी प्रमुख नगर – जैसे हड़प्पा, मोहनजोदड़ो, धौलावीरा आदि – दो भागों में विभाजित थेः ऊपरी भाग को 'दुर्ग' या 'किला क्षेत्र' कहा जाता था जहाँ प्रशासनिक व धार्मिक वर्ग रहते थे, जबकि निचला भाग आम जनता का आवासीय क्षेत्र था। यह द्विभाजन उस समय के नगर नियोजन और सामाजिक संगठन के उन्नत स्तर को दर्शाता है।

**33.** अमरी हड़प्पा सभ्यता का एक प्रमुख स्थल है जो वर्तमान पाकिस्तान के सिंध प्रांत में स्थित है। इस स्थल की खुदाई के दौरान गैंडे (Rhinoceros) की अस्थियाँ और जीवाश्म प्राप्त हुए हैं, जो दर्शाते हैं कि उस समय इस क्षेत्र का पर्यावरण आर्द्र एवं वन्यजीवों से समृद्ध था। अमरी संस्कृति को पूर्व-हड़प्पा चरण का प्रतिनिधि भी माना जाता है, जिसने बाद में विकसित हड़प्पा सभ्यता के नगर-आधारित स्वरूप को प्रभावित किया।

**34.** हड़प्पा स्थल की खोज सर्वप्रथम 1921 में दयाराम साहनी द्वारा की गई थी। यह स्थल अब पाकिस्तान के पंजाब प्रांत के साहिवाल जिले में स्थित है। इस खोज ने भारतीय पुरातत्व में एक नई दिशा दी और सिंधु घाटी सभ्यता (Indus Valley Civilization) के अस्तित्व का प्रमाण प्रस्तुत किया। इसके अगले ही वर्ष 1922 में आर. डी. बनर्जी ने मोहनजोदड़ो की खोज की, जिससे इस प्राचीन सभ्यता का व्यापक स्वरूप स्पष्ट हुआ।

**35.** प्राचीन भारत में द्वितीय नगरीकरण (Second Urbanization) का वास्तविक काल छठी शताब्दी ईसा पूर्व (6th Century BCE) माना जाता है, जब गंगा के मैदानों में महाजनपदों और नगरों का विकास हुआ। हालाँकि प्रश्न में विकल्पों में "AD" (ईस्वी) दिया गया है, जो एक मुद्रण त्रुटि है, किंतु ''6वीं शताब्दी'' का संदर्भ सही ऐतिहासिक काल – 6th Century BCE – की ओर संकेत करता है। इस काल में लोहे के औजारों का प्रयोग, कृषि उत्पादन में वृद्धि, व्यापारिक गतिविधियों का विस्तार और पंचमार्क सिक्कों का उपयोग प्रारंभ हुआ, जिससे नगरों का पुनरुत्थान संभव हुआ।

इस प्रकार, शताब्दी के आधार पर सही विकल्प 6वीं शताब्दी (BCE) से मेल खाता है, भले ही प्रश्न में "AD" लिखा गया हो।

**36.** धन्नानंद नंद वंश का अंतिम शासक था, जिसे चंद्रगुप्त मौर्य ने परास्त किया था। धन्नानंद अत्यंत धनाढ्य परंतु अलोकप्रिय शासक माना जाता है। चाणक्य (कौटिल्य) की सहायता से चंद्रगुप्त ने मौर्य साम्राज्य की स्थापना की और नंद वंश का अंत किया। यह घटना लगभग 321 ईसा पूर्व के आसपास मानी जाती है और मौर्य साम्राज्य के उदय का प्रारंभिक बिंदु भी यही था।

**37.** अर्थशास्त्र के अनुसार वर्तमान पाकिस्तान और अफगानिस्तान के सीमावर्ती क्षेत्रों में स्थित कम्बोज महाजनपद में गणसंघ (republican confederacy) प्रकार की शासन प्रणाली प्रचलित थी। इसमें सत्ता राजा के बजाय एक सभा या संघ द्वारा संचालित की जाती थी। कम्बोज महाजनपद पशुपालन और घुड़सवारी के लिए प्रसिद्ध था तथा यह उत्तर-पश्चिम भारत के राजनीतिक-सांस्कृतिक संपर्क का महत्त्वपूर्ण केंद्र था।

**38.** बौद्ध ग्रंथों में सेट्ठी (Setthi) शब्द का उपयोग धनाढ्य व्यापारी या वणिक वर्ग के लिए किया गया है। यह वर्ग समाज के समृद्ध नागरिकों में गिना जाता था, जो व्यापार, बैंकिंग और वाणिज्य में संलग्न थे। अनेक बौद्ध जातकों में सेट्ठियों का उल्लेख बुद्ध के उपासक और दानदाता के रूप में मिलता है, जैसे अनाथपिंडिक सेट्ठी।

**39.** जिम जी. शेफर ने सिंधु घाटी परंपरा के विकासात्मक चरणों को स्पष्ट करने के लिए तीन प्रमुख अवधारणाओं – क्षेत्रीयकरण युग (Regionalization Era), एकीकरण युग (Integration Era) और स्थानीयकरण युग (Localization Era) – का प्रयोग किया। उन्होंने इन शब्दों के माध्यम से यह बताया कि सिंधु सभ्यता किसी एक केंद्र से अचानक विकसित नहीं हुई, बल्कि यह एक लंबी सांस्कृतिक प्रक्रिया का परिणाम थी।

- **क्षेत्रीयकरण युगः** इस चरण में विभिन्न क्षेत्रों में स्थानीय संस्कृतियाँ विकसित हुईं, जिन्होंने बाद में मिलकर एक साझा हड़प्पाई संस्कृति का रूप लिया।
- **एकीकरण युगः** इस काल में हड़प्पा सभ्यता ने अपनी चरम अवस्था प्राप्त की, जब नगर नियोजन, लेखन, व्यापार और प्रशासनिक एकरूपता स्पष्ट रूप से दिखाई देती है।
- **स्थानीयकरण युगः** यह सभ्यता के पतन का काल था, जब बड़े नगर टूटकर छोटे ग्रामीण केंद्रों में बदल गए और क्षेत्रीय विशिष्टताएँ पुनः उभर आईं।

इस वर्गीकरण ने हड़प्पा सभ्यता के उत्कर्ष और पतन को एक गतिशील, क्रमिक और सांस्कृतिक रूपांतरण की प्रक्रिया के रूप में समझने में सहायता दी।

**40.** प्रसिद्ध इतिहासकार और पुरातत्वविद् शीरीन रत्नागर ने यह मत दिया कि मेसोपोटामिया के साथ लैपिस लाजुली (Lapis Lazuli) व्यापार के पतन ने हड़प्पा सभ्यता के पतन में एक भूमिका निभाई। उनका मानना था कि जब अंतरराष्ट्रीय व्यापारिक मार्गों में परिवर्तन और बाहरी बाजारों की माँग में कमी आई, तो हड़प्पाई शहरी अर्थव्यवस्था पर गंभीर प्रभाव पड़ा, जिससे वहाँ की नगर संस्कृति धीरे-धीरे विलुप्त होने लगी।

**41.** महरौली लौह स्तंभ के शिलालेख में उल्लेखित ''राजा चंद्र'' को अधिकांश विद्वान चंद्रगुप्त द्वितीय विक्रमादित्य के रूप में पहचानते हैं। इस अभिलेख में कहा गया है कि राजा ने ''वंगा'' देश (अर्थात् बंगाल क्षेत्र) में अपने शत्रुओं को पराजित किया था। ''वंगा'' प्राचीन काल में बंगाल के लिए प्रयुक्त नाम था। यह शिलालेख चंद्रगुप्त द्वितीय की दक्षिण-पूर्वी दिशा में की गई सफल विजयों का प्रमाण देता है और गुप्त साम्राज्य की विस्तारवादी नीतियों तथा सैन्य शक्ति को दर्शाता है।

यह लौह स्तंभ गुप्त काल की धातु-कला की उत्कृष्ट उपलब्धि भी है, जो आज तक जंग-रहित खड़ा है।

**42.** राजा रामगुप्त की ऐतिहासिकता का प्रमाण संस्कृत नाटक ''देवीचंद्रगुप्तम'' से मिलता है, जिसकी रचना विशाखदत्त ने की थी। इस ग्रंथ में रामगुप्त और उनके भाई चंद्रगुप्त द्वितीय की कहानी वर्णित है, जिसमें चंद्रगुप्त अपनी भाभी और राज्य की रक्षा हेतु शत्रु को परास्त करता है। यद्यपि यह नाटक अब आंशिक रूप से उपलब्ध है, इसके अंश और संदर्भों से रामगुप्त का अस्तित्व ऐतिहासिक रूप से पुष्ट होता है।

**43.** मौर्यकालीन क्षेत्रों और उनकी राजधानियों में यह युग्म गलत है। कलिंग की राजधानी तोसली या धौलिगिरि मानी जाती थी, न कि श्रावस्ती। अन्य युग्म – उत्तरापथ-तक्षशिला, दक्षिणापथ-स्वर्णगिरि और प्राच्य-पाटलिपुत्र – सभी सही हैं। अतः गलत युग्म कलिंग-श्रावस्ती है।

**44.** रोमिला थापर की पुस्तक "Ashoka and the Decline of the Mauryas" के अनुसार, मौर्य साम्राज्य के प्रांतों का शासन प्रायः राजकुमारों (viceroys) या राजपरिवार के अन्य सदस्यों द्वारा किया जाता था। इन प्रांतीय शासकों के अधीन स्थानीय प्रशासनिक अधिकारी कार्य करते थे। इस व्यवस्था का उद्देश्य साम्राज्य के दूरस्थ क्षेत्रों पर नियंत्रण बनाए रखना और उत्तराधिकार की तैयारी करना था।

**45.** अशोक के तेरहवें महाशिलालेख (Major Rock Edict XIII) में कलिंग युद्ध और उसके नैतिक परिणामों का विस्तृत वर्णन मिलता है। इस लेख में अशोक ने बताया कि युद्ध के दौरान लगभग 1,00,000 लोग मारे गए और अनेक निर्वासित हुए, जिससे वह गहराई से व्यथित हुए। यही वह घटना थी जिसने अशोक को धर्म और अहिंसा की नीति अपनाने के लिए प्रेरित किया।

**46.** संस्कृत भाषा में लिखे गए अभिलेख में चंद्रगुप्त द्वितीय विक्रमादित्य को ''राजा चंद्र (Chandra)'' के रूप में उल्लिखित किया गया है, और यह अभिलेख महरौली स्थित लौह स्तंभ पर अंकित है। यह शिलालेख उनके दक्षिण और वंगा (बंगाल) क्षेत्रों में प्राप्त युद्ध-विजयों का वर्णन करता है। यह अभिलेख गुप्त काल की धातुकला की उत्कृष्टता का भी प्रमाण है, क्योंकि यह स्तंभ आज तक जंग-रहित खड़ा है।

**47.** अशोक के बारहवें शिलालेख (Rock Edict XII) में उन्हें ''राजा पियदस्सी (King Piyadassi)'' कहा गया है। इस लेख में अशोक ने सभी संप्रदायों (sects) और धर्मों के प्रति सहिष्णुता तथा सम्मान की भावना व्यक्त की है। उन्होंने कहा कि विभिन्न मतों के अनुयायियों को एक-दूसरे की निंदा नहीं करनी चाहिए, बल्कि परस्पर समझ और सद्भाव से रहना चाहिए – यह उनके धार्मिक सहिष्णुता (religious tolerance) के सिद्धांत का प्रतीक है।

**48.** गुप्त साम्राज्य को प्रशासनिक दृष्टि से कई प्रांतों में विभाजित किया गया था, जिन्हें ''भुक्ति'' कहा जाता था। प्रत्येक भुक्ति का शासन एक उपरिक (Uparika) नामक अधिकारी द्वारा किया जाता था, जो सम्राट के अधीन कार्य करता था। भुक्तियों के अंतर्गत स्थानीय इकाइयाँ जैसे विषय और ग्राम आती थीं।

**49.** गुप्तकालीन प्रशासनिक संरचना में भुक्ति (प्रांत) के नीचे की इकाई को ''विषय'' कहा जाता था। विषय का संचालन विषयपति नामक अधिकारी द्वारा किया जाता था, जो राजस्व, न्याय और स्थानीय व्यवस्था का उत्तरदायी होता था। इससे नीचे ग्राम स्तर पर ग्रामिक अधिकारी कार्य करते थे।

**50.** चंद्रगुप्त प्रथम गुप्त वंश के पहले शासक थे जिन्होंने ''महाराजाधिराज'' की उपाधि धारण की। इससे पूर्व उनके पूर्वज केवल ''महाराज'' की उपाधि प्रयोग करते थे। चंद्रगुप्त प्रथम ने लिच्छवि राजकुमारी कुमारदेवी से विवाह कर राजनीतिक गठबंधन किया, जिससे गुप्त साम्राज्य की शक्ति और प्रतिष्ठा में अत्यधिक वृद्धि हुई।

**51.** डी.डी. कोसंबी ने अपनी पुस्तक "An Introduction to the Study of Indian History" में यह तर्क दिया कि अत्यधिक कराधान और अंकित सिक्कों के अवमूल्यन ने मौर्य साम्राज्य के पतन में प्रमुख भूमिका निभाई। उनके अनुसार, अशोक के बाद विशाल साम्राज्य का प्रशासनिक बोझ बढ़ गया और राजस्व प्रणाली पर अत्यधिक दबाव पड़ा, जिससे आर्थिक असंतुलन उत्पन्न हुआ और राज्य की वित्तीय स्थिति कमजोर हो गई।

**52.** गोप और स्थानिक मौर्य प्रशासन में स्थानीय स्तर के अधिकारी थे। गोप ग्रामों की निगरानी, कर-संग्रह और जनगणना से संबंधित कार्य करते थे, जबकि स्थानिक उनसे उच्च स्तर के अधिकारी थे, जो कई ग्रामों का पर्यवेक्षण करते थे। वे जिला और ग्राम के बीच प्रशासनिक समन्वय बनाए रखते थे, जिससे शासन व्यवस्था सुचारु रूप से चल सके।

**53.** मौर्य साम्राज्य की आर्थिक कमजोरी के संदर्भ में डी.डी. कोसंबी ने यह सुझाव दिया कि वित्तीय बाधाएँ साम्राज्य की गिरावट का प्रमुख कारण बनीं। उन्होंने कहा कि करों की अधिकता और सिक्कों का अवमूल्यन इस गिरावट के स्पष्ट संकेत थे। यह स्थिति प्रशासनिक बोझ और विस्तृत साम्राज्य की देखरेख में बढ़ते खर्चों का परिणाम थी।

**54.** संस्कृत नाटक ''मुद्राराक्षस'' (लेखक - विशाखदत्त) में चंद्रगुप्त मौर्य को 'कुलहीन' कहा गया है। यह अभिव्यक्ति उनके निम्न सामाजिक मूल को दर्शाती है, क्योंकि वे मौर्य वंश से थे जो पारंपरिक क्षत्रिय कुलों से भिन्न माने जाते थे। नाटक में यह उल्लेख उस समय की सामाजिक गतिशीलता और वर्गीय विभाजन को स्पष्ट करता है।

**55.** प्रसिद्ध मुद्राविद् सी. परमेश्वर लाल गुप्त ने गुप्त राजा रामगुप्त की ऐतिहासिकता को सिद्ध करने के लिए मुद्राविषयक (Numismatic) साक्ष्य प्रस्तुत किए। उन्होंने ऐसे सिक्कों की पहचान की जिन पर ''रामगुप्त'' नाम अंकित था। इन सिक्कों से यह प्रमाणित होता है कि रामगुप्त एक वास्तविक

ऐतिहासिक व्यक्ति थे, न कि केवल साहित्यिक पात्र जैसा कि देवीचंद्रगुप्तम में वर्णित है।

**56.** जूनागढ़ शिलालेख में यह उल्लेख मिलता है कि गुप्त सम्राट स्कंदगुप्त के शासनकाल में भारी वर्षा के कारण सुदर्शन झील का बाँध टूट गया था। इस झील की मरम्मत का कार्य सौराष्ट्र के राज्यपाल पर्णदत्त के पुत्र चक्रपालित द्वारा सम्पन्न किया गया। अभिलेख में बताया गया है कि चक्रपालित ने इस सार्वजनिक उपयोग की झील का पुनर्निर्माण सावधानीपूर्वक कराया ताकि जल आपूर्ति, कृषि सिंचाई और स्थानीय अर्थव्यवस्था पुनः सशक्त हो सके। यह विवरण गुप्तकालीन शासन की दक्ष प्रशासनिक व्यवस्था और लोककल्याण के प्रति उनकी प्रतिबद्धता का उत्कृष्ट प्रमाण है।

**57.** रोमिला थापर ने अपनी प्रसिद्ध पुस्तक "Ashoka and the Decline of the Mauryas" में यह स्पष्ट किया है कि मौर्य साम्राज्य का पतन केवल धार्मिक या सांप्रदायिक कारणों – जैसे ब्राह्मणों की अप्रसन्नता – से नहीं हुआ था। उन्होंने इस कारण को अपनी सूची में शामिल नहीं किया।

उनके अनुसार, मौर्य साम्राज्य के पतन का वास्तविक कारण प्रशासनिक और संरचनात्मक था। उन्होंने तर्क दिया कि साम्राज्य का अत्यधिक केंद्रीकृत प्रशासन विशाल भौगोलिक क्षेत्र के लिए अनुपयुक्त था। साथ ही, मौर्य शासन में ''एक राष्ट्र'' या साझी राष्ट्रीय भावना की कमी थी, जिससे साम्राज्य के विभिन्न प्रांत और सांस्कृतिक क्षेत्र आपसी रूप से जुड़ नहीं पाए।

रोमिला थापर का विश्लेषण यह दर्शाता है कि पतन का कारण बाहरी आक्रमण या ब्राह्मण विरोध नहीं, बल्कि अंतर्राष्ट्रीय, प्रशासनिक और वैचारिक असंतुलन था, जिसने धीरे-धीरे इस विशाल साम्राज्य की एकता और स्थायित्व को कमजोर कर दिया।

**58.** मौर्य साम्राज्य के विघटन के तुरंत बाद पुष्यमित्र शुंग ने सत्ता संभाली और शुंग वंश की स्थापना की (c. 185 BCE के आसपास)। यह संक्रमण सेनापति-केन्द्रित शक्ति-हस्तांतरण का उदाहरण है, जिसमें केन्द्रीय मौर्य सत्ता से प्रांतीय-सैनिक नेतृत्व उभर कर राजसत्ता ग्रहण करता है। शुंगों के उदय ने गंगा-घाटी के राजनीतिक मानचित्र को पुनर्गठित किया और उत्तर भारत में क्षेत्रीय राजसत्ताओं के लिए मार्ग प्रशस्त किया।

**59.** भीतरी शिलालेख में गुप्त सम्राट स्कंदगुप्त की हूणों पर विजय का स्पष्ट और विस्तृत उल्लेख मिलता है। इस अभिलेख में बताया गया है कि स्कंदगुप्त ने उत्तर-पश्चिम दिशा से आने वाले हूण आक्रमणकारियों को पराजित कर साम्राज्य की सीमाओं की रक्षा की थी। यह विजय गुप्त साम्राज्य की अंतिम बड़ी सैन्य सफलता मानी जाती है और इसने स्कंदगुप्त की वीरता तथा साम्राज्य की एकता को लंबे समय तक बनाए रखा।

साथ ही, स्कंदगुप्त द्वारा सौराष्ट्र क्षेत्र में पर्णदत्त को गोप्ता (राज्यपाल) नियुक्त किए जाने का उल्लेख जूनागढ़ शिलालेख में प्राप्त होता है। इस शिलालेख में बताया गया है कि पर्णदत्त और उनके पुत्र चक्रपालित ने सुदर्शन झील की मरम्मत कराई, जो लोककल्याण की भावना का प्रमाण है।

अतः --

- **हूणों पर विजयः** भीतरी शिलालेख से ज्ञात।
- **पर्णदत्त की नियुक्तिः** जूनागढ़ शिलालेख से ज्ञात।

**60.** अशोक का धम्म अहिंसा, दया, संयम, और परस्पर-सम्मान पर आधारित नैतिक-सामाजिक आचार है। शिलालेखों में पशु-हत्या पर प्रतिबंध/सीमांकन का वर्णन मिलता है—शाही रसोई में प्रतिदिन बलि होने वाले पशुओं की संख्या घटाकर नगण्य कर दी गई और अनावश्यक हिंसा से विरत रहने की सीख दी गई। साथ ही, धम्म-विजय (हथियार-जीत के स्थान पर नैतिक-जीत), संप्रदाय-समादर, वृद्ध-जनों/ब्राह्मणों/श्रमानों के प्रति आदर, तथा सामाजिक दायित्वों (दाता-चर्या, सत्य, शुश्रूषा) पर बल स्पष्ट रूप से प्रतिपादित हैं। इसलिए विकल्प 1 का कथन धम्म के अभिलेखीय साक्ष्यों के विपरीत है।

**61.** सन् 1788 में अफगान सरदार गुलाम कादिर ने मुगल सम्राट शाह आलम द्वितीय को पराजित कर बंदी बना लिया और अत्यंत क्रूरता से उन्हें अंधा कर दिया। यह घटना मुगल सत्ता के पूर्ण पतन का प्रतीक मानी जाती है। गुलाम कादिर ने दिल्ली के लाल किले को लूटा, राजपरिवार का अपमान किया और शासन का नियंत्रण अपने हाथ में ले लिया। बाद में मराठा सेनापति महादजी शिंदे ने शाह आलम को मुक्त कराया, किंतु तब तक मुगल साम्राज्य की वास्तविक शक्ति समाप्त हो चुकी थी।

**62.** सन् 1540 में लड़ा गया कन्नौज का युद्ध (Battle of Kannauj या Battle of Bilgram) शेरशाह सूरी और मुगल सम्राट हुमायूँ के बीच हुआ। इस युद्ध में हुमायूँ की निर्णायक

हार हुई, जिसके परिणामस्वरूप उसे भारत छोड़कर फारस (ईरान) में शरण लेनी पड़ी। इस युद्ध ने मुगल शासन को अस्थायी रूप से समाप्त कर दिया और शेरशाह सूरी के सूरी वंश की स्थापना हुई, जिसने आगे चलकर प्रशासनिक सुधारों की नींव रखी।

**63.** प्रसिद्ध इतिहासकार सर जदुनाथ सरकार ने औरंगजेब के दीर्घकालिक दक्कन अभियानों (Deccan Campaigns) को रूपकात्मक रूप से "Spanish Ulcer" (स्पेनिश अल्सर) कहा। यह उपमा नेपोलियन के स्पेन युद्ध से ली गई थी, जो उसकी शक्ति को धीरे-धीरे कमजोर करता गया था। उसी प्रकार, दक्कन में औरंगजेब के निरंतर युद्धों ने मुगल साम्राज्य की सैन्य, आर्थिक और प्रशासनिक शक्ति को क्षीण कर दिया।

**64.** बाबरनामा, जो बाबर की आत्मकथा है, में यह उल्लेख मिलता है कि उसके समय भारत में पाँच प्रमुख मुस्लिम शासक – दिल्ली (लोदी), गुजरात, मालवा, बहमनी और बंगाल – तथा दो "मूर्तिपूजक" शासक – मेवाड़ और विजयनगर – शासन कर रहे थे। यह विवरण 16वीं शताब्दी के आरंभिक भारत के राजनीतिक परिदृश्य को सजीव रूप में प्रस्तुत करता है और बाबर की रणनीतिक दृष्टि को प्रकट करता है।

**65.** बाबरनामा का अंग्रेजी अनुवाद A.S. Beveridge (एनी स्टेला बेवरिज) ने किया था। मूल ग्रंथ तुर्की (चगताई) भाषा में लिखा गया था, जिसे उन्होंने उत्कृष्ट भाषाई सटीकता के साथ अंग्रेजी में प्रस्तुत किया। बाद में यह अनुवाद मुगल इतिहास और तुलनात्मक मध्य एशियाई अध्ययन के लिए एक महत्त्वपूर्ण स्रोत बना, जिसने बाबर के व्यक्तित्व और उसके युग की गहन समझ विकसित करने में बड़ी भूमिका निभाई।

**66.** मुगल प्रशासन में मुतसद्दी को बंदरगाहों और व्यापारिक केंद्रों का अधीक्षक (Superintendent of Ports) माना जाता था। उसका दायित्व विदेशी व्यापार की देखरेख, राजस्व संग्रह, व्यापारिक शुल्कों का निर्धारण और जहाजों की आवाजाही को नियंत्रित करना था। मुतसद्दी स्थानीय व्यापारियों तथा विदेशी दूतों से संवाद स्थापित कर सम्राट के निर्देशों के अनुसार व्यापारिक नीतियों का पालन सुनिश्चित करता था।

**67.** मुगल इतिहासकार खफी खान ने अपनी प्रसिद्ध कृति "मुन्तखब-उल-लुबाब" में मुगल सम्राट बहादुरशाह प्रथम को "शाह-ए-बेखबर" (अर्थात् "अनजान सम्राट" या "राज्य के विषयों से अनभिज्ञ शासक") की उपाधि दी। यह उपाधि उनके शासनकाल (1707-1712 ई.) की राजनीतिक अस्थिरता और सीमित प्रभावशीलता का द्योतक थी। औरंगजेब की मृत्यु के बाद बहादुरशाह प्रथम को अपने भाइयों के साथ उत्तराधिकार संघर्षों में उलझना पड़ा और वह साम्राज्य की बिखरती हुई प्रशासनिक व्यवस्था को सुदृढ़ करने में असमर्थ रहा। यद्यपि उन्होंने शांतिपूर्ण नीति अपनाने का प्रयास किया, परंतु साम्राज्य का क्षरण उनके काल में और भी तेज हो गया।

**68.** चंद्रगुप्त प्रथम के शासनकाल में गुप्त साम्राज्य का केंद्र मगध, प्रयाग, और साकेत क्षेत्रों में था, जिन्हें उन्होंने अपने शासन के अधीन एकीकृत किया था। जबकि उज्जैन, जो मध्य भारत का प्रमुख नगर था, उस समय गुप्त साम्राज्य की सीमा से बाहर था। उज्जैन बाद में चंद्रगुप्त द्वितीय (विक्रमादित्य) के समय गुप्त साम्राज्य में शामिल हुआ, जब साम्राज्य ने पश्चिमी भारत तक विस्तार किया।

**69.** 'ग्रेट फर्म सिद्धांत (Great Firm Theory)' का प्रतिपादन अमेरिकी इतिहासकार करेन लियोनार्ड ने किया था। इस सिद्धांत के अनुसार, मुगल साम्राज्य के पतन का एक प्रमुख कारण था कि 18वीं शताब्दी में साम्राज्य की राजस्व व्यवस्था और व्यापारिक नियंत्रण धीरे-धीरे निजी व्यापारी कंपनियों या "ग्रेट फर्म्स" के हाथों में चला गया। ये फर्में स्थानीय शासकों और राजस्व अधिकारियों के साथ गठजोड़ कर आर्थिक व प्रशासनिक नियंत्रण करने लगीं, जिससे केंद्रीय सत्ता की पकड़ कमजोर होती चली गई। यह आर्थिक विकेंद्रीकरण अंततः मुगल राजनीतिक संरचना के पतन का आधार बना।

**70.** हुमायूँ को सन् 1540 ई. में कन्नौज के युद्ध में शेरशाह सूरी से पराजय के बाद भारत छोड़ना पड़ा। इसके बाद वह लगभग 15 वर्षों तक निर्वासन में रहा। इस दौरान उसने सिंध, कंधार और फारस (ईरान) में शरण ली। 1555 ई. में फारसी शासक शाह तहमास्प की सहायता से हुमायूँ ने दिल्ली का सिंहासन पुनः प्राप्त किया, लेकिन 1556 ई. में उसकी आकस्मिक मृत्यु हो गई। यह निर्वासन काल उसके जीवन का सबसे कठिन और संघर्षपूर्ण चरण था।

**71.** अकबर के शासनकाल में लागू की गई जब्त प्रणाली (Zabt System) भूमि राजस्व की गणना की एक सुसंगठित पद्धति थी। इसे तोडरमल ने विकसित किया था। यह प्रणाली फसल की औसत पैदावार और भूमि के क्षेत्रफल के मापन

पर आधारित थी। विभिन्न फसलों की औसत पैदावार और कीमत का 10 वर्षों का औसत निकालकर कर दर निर्धारित की जाती थी। इस प्रणाली ने राजस्व वसूली को स्थिर, पारदर्शी और नियमित बनाया, जिससे किसान और राज्य दोनों को लाभ हुआ।

**72.** अकबर के समय मुगल प्रशासनिक संरचना तीन प्रमुख स्तरों में विभाजित थी–

- **सूबाः** यह सबसे बड़ी प्रशासनिक इकाई थी, जिसका प्रमुख सूबेदार होता था।
- **सरकारः** सूबे के अंतर्गत एक मध्यवर्ती इकाई थी, जिसका संचालन फौजदार या शिकदार करते थे।
- **परगनाः** यह सबसे छोटी प्रशासनिक इकाई थी, जिसमें कुछ गाँव शामिल होते थे और इसका संचालन शिकदार तथा अमीन जैसे स्थानीय अधिकारी करते थे।

इस प्रकार क्रम थाः सूबा → सरकार → परगना।

**73.** अफगान शासक शेरशाह सूरी का मकबरा बिहार के सासाराम में स्थित है। यह मकबरा लाल बलुआ पत्थर से निर्मित है और एक सुंदर कृत्रिम झील के बीच टापू पर स्थित है। इसका निर्माण शेरशाह ने स्वयं अपने जीवनकाल में आरंभ कराया था। यह स्थापत्यकला का उत्कृष्ट उदाहरण है, जिसमें अफगान और इंडो-इस्लामिक शैली का अद्भुत मिश्रण दिखाई देता है।

**74.** इतिहासकार वी.ए. स्मिथ ने औरंगजेब की दक्कन नीति पर आलोचनात्मक टिप्पणी करते हुए लिखा कि – "Deccan was the grave of his reputation as well as of his body" अर्थात् – "दक्कन उसकी प्रतिष्ठा और उसके शरीर दोनों की कब्रगाह था।"

यह कथन औरंगजेब के दीर्घकालिक दक्कन अभियानों की विफलता और उनके दुष्परिणामों का प्रतीक है। अपने शासन के अंतिम 26 वर्ष (लगभग 1681-1707 ई.) औरंगजेब ने मराठों, बीजापुर और गोलकुंडा के विरुद्ध दक्कन में युद्ध करते हुए बिताए। ये अभियान अत्यधिक खर्चीले, थकाऊ और अंततः असफल रहे।

- दक्कन अभियानों ने मुगल साम्राज्य की आर्थिक रीढ़ को तोड़ दिया, क्योंकि लम्बे सैन्य खर्चों ने खजाने को खाली कर दिया।
- प्रशासनिक नियंत्रण कमजोर हो गया, क्योंकि सम्राट की दीर्घ अनुपस्थिति से उत्तर भारत में प्रांतीय स्वायत्तता बढ़ गई।
- औरंगजेब की मृत्यु 1707 ई. में अहमदनगर (दक्कन) में हुई, जिससे यह क्षेत्र उसकी राजनीतिक और शारीरिक दोनों "कब्रगाह" बन गया।

यह वाक्य मुगल साम्राज्य के पतन की शुरुआत का प्रतीक है और यह दर्शाता है कि औरंगजेब की कठोर धार्मिक नीतियाँ व अनवरत युद्ध-नीति ने उस विशाल साम्राज्य की नींव को भीतर से हिला दिया।

**75.** बिलग्राम का युद्ध (जिसे कन्नौज का युद्ध भी कहा जाता है) सन् 1540 ई. में हुमायूं और शेरशाह सूरी के बीच लड़ा गया था। इस युद्ध में हुमायूं को निर्णायक पराजय का सामना करना पड़ा और उसे भारत से पलायन कर फारस में शरण लेनी पड़ी। इस विजय के बाद शेरशाह ने सूरी वंश की स्थापना की और प्रशासनिक सुधारों की एक प्रभावशाली श्रृंखला आरंभ की, जिसने आगे चलकर मुगल शासन की नींव को भी प्रभावित किया।

**76.** अकबर के शासनकाल में भूमि राजस्व प्रणाली के अंतर्गत समस्त प्रदेशों को दो वर्गों में बाँटा गया – खालिसा और जागीर। खालिसा भूमि से प्राप्त राजस्व सीधे शाही खजाने (Imperial Treasury) में जमा किया जाता था, जिसका उपयोग सम्राट की प्रशासनिक, सैन्य और दरबारी आवश्यकताओं के लिए होता था। वहीं जागीर भूमि से प्राप्त राजस्व मनसबदारों को उनके वेतन के रूप में दिया जाता था। इस व्यवस्था ने केंद्रीकृत आर्थिक नियंत्रण को सुदृढ़ किया।

**77.** चंद्रगुप्त द्वितीय विक्रमादित्य ने शक शासक को पराजित कर पश्चिमी भारत, विशेषकर मालवा, गुजरात और सौराष्ट्र क्षेत्रों पर अधिकार स्थापित किया। इस विजय से गुप्त साम्राज्य का विस्तार पश्चिमी तट तक हो गया, जिससे समुद्री व्यापार में तीव्र वृद्धि हुई। इस काल में उज्जैन एक महत्त्वपूर्ण व्यापारिक और सांस्कृतिक केंद्र के रूप में उभरा। उनकी इस विजय ने गुप्त साम्राज्य को "स्वर्ण युग" की ओर अग्रसर किया।

**78.** प्रयाग प्रशस्ति शिलालेख (लेखक – हरिषेण) के अनुसार, समुद्रगुप्त ने अपने दक्षिणापथ अभियान में बारह दक्षिणी राजाओं को पराजित किया और उन्हें पुनः उनके राज्यों में राज करने की अनुमति दी, किंतु शर्त यह थी कि वे गुप्त सम्राट की अधीनता स्वीकार करें। यह नीति समुद्रगुप्त की सैन्य शक्ति के साथ-साथ उसकी कूटनीतिक सूझबूझ को भी दर्शाती है।

**79.** चंद्रगुप्त द्वितीय विक्रमादित्य को अपने दरबार में नौ विद्वानों – जिन्हें नवरत्न कहा जाता है – को आश्रय देने का श्रेय दिया जाता है। इन नवरत्नों में कालिदास, वराहमिहिर, धन्वंतरि, अमरसिंह, क्षपणक, वररुचि, घटकर्पर, शंकु और वेतालभट्ट जैसे महान व्यक्तित्व शामिल माने जाते हैं। यह दरबार गुप्त काल की सांस्कृतिक और साहित्यिक उन्नति का प्रतीक था।

**80.** प्रसिद्ध इतिहासकार एम. अतहर अली ने मुगल साम्राज्य के पतन को केवल आर्थिक या प्रशासनिक कारणों से नहीं, बल्कि उसकी सांस्कृतिक और वैचारिक विफलता से जोड़ा। उनके अनुसार, औरंगजेब के काल में धार्मिक असहिष्णुता, सांस्कृतिक समन्वय की कमी और शासकीय दृष्टिकोण की संकीर्णता ने साम्राज्य की वैचारिक एकता को तोड़ दिया। इससे मुगल शासन की नैतिक और सांस्कृतिक नींव कमजोर हुई और साम्राज्य धीरे-धीरे विघटित हो गया।

**81.** बेसिन की संधि (Treaty of Bassein) सन् 1802 ई. में बालाजी बाजीराव द्वितीय (Baji Rao II) और ब्रिटिश ईस्ट इंडिया कंपनी के बीच हस्ताक्षरित हुई थी। इस संधि के तहत पेशवा ने अपनी सुरक्षा के लिए ब्रिटिशों की सहायता स्वीकार की और ब्रिटिश सेना को अपने क्षेत्र में ठहरने की अनुमति दी। इसके बदले पेशवा ने अपनी स्वतंत्र विदेश नीति छोड़ दी। इस संधि ने मराठा संघ की एकता को समाप्त कर दिया और मराठों के पतन की नींव रखी, जिसके परिणामस्वरूप द्वितीय मराठा युद्ध (1803-1805) आरंभ हुआ।

**82.** 1803 में ब्रिटिश ईस्ट इंडिया कंपनी ने दिल्ली पर नियंत्रण स्थापित करने के बाद भी मुगल सम्राट शाह आलम द्वितीय को औपचारिक रूप से सिंहासन पर बनाए रखा। इसका मुख्य कारण यह था कि मुगल सम्राट भारतीय जनता में अब भी वैध सार्वभौम सत्ता का प्रतीक माना जाता था। ब्रिटिशों ने अपने शासन की वैधता और जनस्वीकृति प्राप्त करने के लिए इस प्रतीकात्मक अधिकार को बनाए रखा। इस व्यवस्था ने ब्रिटिश शासन को एक वैध औपचारिक ढाँचा प्रदान किया।

**83.** जब इल्तुतमिश ने सन् 1210 ई. में दिल्ली सल्तनत का सिंहासन ग्रहण किया, उस समय सल्तनत की राजधानी लाहौर थी। यह व्यवस्था कुतुबुद्दीन ऐबक के शासनकाल से चली आ रही थी। इल्तुतमिश ने 1211 ई. में सत्ता संभालने के बाद रणनीतिक और प्रशासनिक कारणों से राजधानी को लाहौर से दिल्ली स्थानांतरित कर दिया। दिल्ली का भौगोलिक स्थान केंद्रीय होने के कारण वह शासन, व्यापार और सैन्य नियंत्रण के लिए अधिक उपयुक्त था। इस निर्णय ने दिल्ली को भारत की दीर्घकालिक राजनीतिक राजधानी के रूप में स्थापित कर दिया।

**84.** बहमनी साम्राज्य की स्थापना सन् 1347 ई. में अलाउद्दीन बहमन शाह ने की थी, और उसकी प्रथम राजधानी गुलबर्ग (वर्तमान में कर्नाटक) थी। बाद में 1425 ई. में राजधानी को बीदर स्थानांतरित किया गया। गुलबर्ग बहमनी शासकों के लिए धार्मिक और प्रशासनिक दोनों दृष्टियों से महत्वपूर्ण केंद्र था और यहीं से दक्षिण भारत में इस्लामी संस्कृति का प्रसार प्रारंभ हुआ।

**85.** प्रसिद्ध इतिहासकार इरफान हबीब ने यह प्रतिपादित किया कि मुगल साम्राज्य की भूमि राजस्व प्रणाली (Land Revenue System) की दमनकारी प्रकृति उसके पतन के प्रमुख कारणों में से एक थी। उन्होंने कहा कि अत्यधिक भूमि-कर, कृषकों पर आर्थिक दबाव और ग्रामीण अर्थव्यवस्था के शोषण ने उत्पादन और कृषि-स्थिरता को कमजोर कर दिया। इससे न केवल कृषक वर्ग असंतुष्ट हुआ, बल्कि साम्राज्य की राजस्व-व्यवस्था भी डगमगा गई, जो दीर्घकाल में मुगल शासन के पतन का आधार बनी।

**86.** प्रसिद्ध इतिहासकार सतीश चंद्र ने अपनी महत्वपूर्ण कृति "Parties and Politics at the Mughal Court" में मुगल साम्राज्य के पतन को मनसबदारी और जागीरदारी प्रणाली की आंतरिक विफलताओं से जोड़ा। उन्होंने तर्क दिया कि औरंगजेब के शासन के अंतिम वर्षों में इन व्यवस्थाओं के असंतुलन ने प्रशासनिक संकट को जन्म दिया।

सतीश चंद्र के अनुसार, मुगल शासन का ढांचा चार मुख्य स्तंभों पर आधारित था – पादशाह (सम्राट), मनसबदार (राजकीय अधिकारी), जमींदार (भूमिधारक वर्ग) और रैयत (किसान वर्ग)। समय के साथ इन चारों वर्गों के बीच आर्थिक और राजनीतिक हितों का टकराव बढ़ा, जिससे केंद्रीकृत नियंत्रण कमजोर हो गया। मनसबदारों को जागीरों से पर्याप्त राजस्व नहीं मिल पा रहा था, जमींदार स्थानीय स्तर पर स्वतंत्र हो रहे थे, और रैयत बढ़ते कर-दबाव से त्रस्त थी।

इस तनावपूर्ण स्थिति ने न केवल प्रशासनिक तंत्र को जर्जर किया, बल्कि साम्राज्य की वैचारिक एकता और आर्थिक स्थिरता को भी तोड़ दिया। इस प्रकार, सतीश चंद्र का

विश्लेषण मुगल पतन को एक संरचनात्मक (structural crisis) के रूप में प्रस्तुत करता है – जहाँ संस्थागत असंतुलन और वर्गीय संघर्ष ही अंतिम विघटन के मूल कारण बने।

**87.** अमीर खुसरो की रचना 'तुगलकनामा' दिल्ली सल्तनत के संस्थापक गयासुद्दीन तुगलक के शासन की प्रशंसा में लिखी गई थी। इस कृति में गयासुद्दीन के उदय, शासन-नीति, सैन्य उपलब्धियों और न्यायप्रिय स्वभाव का वर्णन है। यह ग्रंथ न केवल ऐतिहासिक दृष्टि से मूल्यवान है, बल्कि सल्तनतकालीन साहित्यिक परंपरा का भी महत्वपूर्ण उदाहरण है।

**88.** रॉबर्ट सेवेल द्वारा लिखित पुस्तक "A Forgotten Empire" (1900 ई.) दक्षिण भारत के विजयनगर साम्राज्य का विस्तृत वर्णन प्रस्तुत करती है। यह ग्रंथ पुर्तगाली यात्रियों के विवरणों और पुरातात्त्विक साक्ष्यों पर आधारित है। सेवेल ने विजयनगर को एक उन्नत प्रशासनिक, सांस्कृतिक और आर्थिक केंद्र के रूप में चित्रित किया है, जिसने मध्यकालीन भारत में हिंदू सांस्कृतिक परंपराओं को पुनर्जीवित किया।

**89.** बीजापुर के सुल्तान अली आदिल शाह शिवाजी के तीव्र उभार से चिंतित था। उसने 1659 ई. में अपने सेनापति अफजल खान को शिवाजी के विरुद्ध भेजा। अफजल खान ने धोखे से शिवाजी को मारने की योजना बनाई, किंतु प्रतिकूल परिस्थिति में शिवाजी ने अपनी तलवार 'भवानी' और 'वाघनख' का उपयोग कर अफजल खान का वध कर दिया। यह घटना मराठा इतिहास की निर्णायक मोड़ साबित हुई, जिससे शिवाजी की प्रतिष्ठा अत्यधिक बढ़ी।

**90.** औरंगजेब की मृत्यु 1707 ई. में हुई, जिसके बाद उसके पुत्र बहादुरशाह प्रथम (जिसे शाह आलम प्रथम भी कहा जाता है) मुगल सिंहासन पर बैठा। उसका शासनकाल (1707-1712 ई.) साम्राज्य की आंतरिक कमजोरी और क्षेत्रीय शक्तियों के उदय से चिह्नित था। उसने शांतिपूर्ण नीति अपनाने का प्रयास किया, किंतु मराठों, जाटों और सिखों जैसी शक्तियों के उदय को रोक नहीं सका। उसके काल में मुगल साम्राज्य की केंद्रीय सत्ता नाममात्र की रह गई।

**91.** मुगल प्रशासन में जागीरदारी संकट (Jagirdari Crisis) उस स्थिति को कहा गया जब योग्य मनसबदारों को देने योग्य जागीरों की संख्या घट गई। औरंगजेब के शासन के अंतिम वर्षों में साम्राज्य का विस्तार तो बहुत हुआ, पर स्थायी कृषि भूमि सीमित रही। परिणामस्वरूप नए मनसबदारों के लिए पर्याप्त राजस्व उत्पन्न करने वाली जागीरें उपलब्ध नहीं थीं। इस कमी से मनसबदारों में असंतोष बढ़ा, भ्रष्टाचार फैला, और स्थानीय राजस्व पर दबाव बढ़ा, जिससे प्रशासनिक नियंत्रण कमजोर पड़ गया।

**92.** विजयनगर साम्राज्य के महान शासक कृष्णदेवराय (1509-1529 ई.) ने उड़ीसा के गजपति राजा प्रतापरुद्रदेव को युद्ध में पराजित किया। इस विजय के बाद उन्होंने पूर्वी तट (आंध्र-ओडिशा क्षेत्र) पर अपना प्रभाव स्थापित किया। कृष्णदेवराय ने अपने शासनकाल में दक्षिण भारत में राजनीतिक एकता, सांस्कृतिक उत्कर्ष और आर्थिक समृद्धि का स्वर्ण युग स्थापित किया।

**93.** सम्राट अकबर का राज्याभिषेक सन् 1556 ई. में कलानौर (पंजाब) में हुआ था। उस समय हुमायूँ की मृत्यु के बाद अकबर केवल 13 वर्ष का था और बैरम खाँ उसका संरक्षक था। कलानौर में अकबर के राज्याभिषेक के बाद मुगल शासन का पुनरुत्थान प्रारंभ हुआ, जिसने आगे चलकर एक स्थिर और व्यापक साम्राज्य की नींव रखी।

**94.** जहाँगीर द्वारा शुरू की गई 'दो-असपा सिह-असपा' (Do-Aspa Sih-Aspa) प्रणाली मुगल मनसबदारी व्यवस्था का एक महत्वपूर्ण सैन्य-सुधार था। इसमें 'दो-असपा' का अर्थ था ''दो घोड़े'' और 'सिह-असपा' का अर्थ ''तीन घोड़े''। इस नीति के अंतर्गत किसी मनसबदार के जात (व्यक्तिगत पद) को यथावत रखते हुए, उसके सवार (घुड़सवारों की संख्या) के पद में वृद्धि की जाती थी।

इसका उद्देश्य उन विशिष्ट मनसबदारों को अतिरिक्त सैन्य उत्तरदायित्व देना था जिनकी युद्धक क्षमता और निष्ठा सिद्ध हो चुकी थी। इसके परिणामस्वरूप वे अधिक सैनिक रख सकते थे और उन्हें उसी अनुपात में अधिक वेतन भी मिलता था। इस व्यवस्था ने न केवल सेना की शक्ति बढ़ाई, बल्कि शाही सेवा में योग्य अधिकारियों को प्रोत्साहन देने का भी माध्यम बनी।

**95.** खानवा का युद्ध सन् 1527 ई. में बाबर और ममूंत के राजा राणा सांगा के बीच लड़ा गया। यह युद्ध आगरा के निकट खानवा नामक स्थान पर हुआ था। इस निर्णायक युद्ध में बाबर की जीत ने उत्तर भारत में मुगल सत्ता की नींव को सुदृढ़ किया। उसने इस युद्ध में पहली बार तुर्की तोपखाने और बंदूकों का उपयोग किया, जिससे राजपूत सेना पराजित हुई और बाबर को स्थायी साम्राज्य स्थापित करने का अवसर मिला।

**96.** 'दो-असपा, सिह-असपा' जहाँगीरी मनसबदारी-सुधार था, जिसमें चुने हुए मनसबदारों के सवार (घुड़सवार) पद को गुणात्मक रूप से बढ़ाया जाता था–

- दो-असपा = ''दो घोड़े'': सवार पद का दोगुना प्रभाव (वेतन/रकाबी भी उसी अनुपात में)।
- सिह-असपा = ''तीन घोड़े'': सवार पद का तिगुना प्रभाव।

इसमें जात (व्यक्तिगत दर्जा) अपरिवर्तित रहता था, पर सेना में उपलब्ध करवाए जाने वाले घुड़सवारों की संख्या/वेतन-गणना बढ़ जाती थी, जिससे बिना औपचारिक पदोन्नति के भी सैन्य-क्षमता तुरंत बढ़ाई जा सके।

जहाँगीर ने यह विशेषाधिकार सबसे पहले शाहजादा खुर्रम को प्रदान किया–उसकी सिद्ध निष्ठा, अभियान-सफलताओं और राजकीय भरोसे के पुरस्कार के रूप में। इससे दरबार में उसका सैन्य-प्रतिष्ठा सूचक स्थान ऊँचा हुआ, अधिक और बेहतर घुड़सवार रखने की आर्थिक सामर्थ्य मिली, तथा उत्तराधिकार-राजनीति में उसकी दावेदारी सुदृढ़ हुई।

**97.** मराठा प्रशासन में सुमंत या दबीर का दायित्व विदेशी मामलों का संचालन था। यह पद आधुनिक समय के ''विदेश मंत्री'' के समान था। सुमंत का कार्य अन्य राज्यों और शक्तियों के साथ राजनयिक संबंधों को बनाए रखना, संधियाँ करना, दूत भेजना और सामरिक गठबंधनों का समन्वय करना था। मराठा दरबार में यह पद अत्यंत प्रतिष्ठित माना जाता था, क्योंकि यह राज्य की अंतर-राज्यीय नीति का निर्धारण करता था।

**98.** प्रसिद्ध मराठा इतिहासकार जी. एस. सरदेसाई ने अपने लेखन में शिवाजी के अधीन मराठा राज्य को केवल एक राजनीतिक सत्ता नहीं, बल्कि हिंदू स्वराज्य और महाराष्ट्र की सांस्कृतिक पहचान की राजनीतिक अभिव्यक्ति के रूप में चित्रित किया। उनके अनुसार, शिवाजी का उद्देश्य एक ऐसे शासन की स्थापना करना था जो हिंदू समाज के गौरव, संस्कृति और धर्म की रक्षा करे तथा विदेशी प्रभुत्व से मुक्ति दिलाए।

सरदेसाई ने यह भी माना कि मराठा साम्राज्य का उत्थान महाराष्ट्र की सामूहिक चेतना और स्वाभिमान का प्रतीक था–जहाँ क्षेत्रीय संस्कृति, भाषा और धार्मिक परंपराएँ राज्यनीति के साथ जुड़ीं।

हालाँकि आधुनिक इतिहासकारों जैसे सतीश चंद्र, ए.आर. कुलकर्णी और स्टुअर्ट गॉर्डन ने मराठा राज्य को क्षेत्रीय, राजनीतिक और आर्थिक शक्तियों के समन्वय के रूप में देखा है, फिर भी हिंदू राष्ट्रवाद और सांस्कृतिक पहचान की यह व्याख्या जी.एस. सरदेसाई से सबसे अधिक जुड़ी मानी जाती है।

**99.** शेरशाह सूरी के प्रशासन में दान, धर्मार्थ अनुदान और धार्मिक संस्थाओं से संबंधित मामलों की देखरेख दीवान-ए-रसालत विभाग करता था। यह विभाग धार्मिक और परोपकारी कार्यों के लिए अनुदान देने, मस्जिदों, मदरसों और धर्मशालाओं को सहायता पहुँचाने का कार्य देखता था। यह पद धर्म और समाज सेवा के समन्वय का प्रतीक था, जो शासन को धार्मिक दृष्टि से वैधता प्रदान करता था।

**100.** दिल्ली सल्तनत के इतिहास में खिलजी वंश (1290-1320 ई.) के उदय को एक ''क्रांति'' कहा गया है। इसका कारण यह था कि खिलजी शासक तुर्क-अरिस्टोक्रेसी (तुर्क अभिजात वर्ग) से नहीं थे, बल्कि उन्होंने सल्तनत में गैर-अरब, गैर-तुर्क तत्वों को सत्ता में भागीदारी दी। जलालुद्दीन फिरोज खिलजी के सत्ता में आने से सल्तनत की सामाजिक और राजनीतिक संरचना में बड़ा परिवर्तन हुआ। यह ''खिलजी क्रांति'' भारतीय समाज में नए वर्गीय संतुलन और प्रशासनिक पुनर्गठन की शुरुआत का प्रतीक बनी।

**101.** दिल्ली सल्तनत की प्रशासनिक व्यवस्था में दीवान-ए-विजारत सबसे महत्वपूर्ण वित्त विभाग था। इसका प्रमुख वजीर कहलाता था, जो राज्य की संपूर्ण आय-व्यय की निगरानी करता था।

- इस विभाग का मुख्य कार्य राजस्व संग्रह, सरकारी व्यय की स्वीकृति, कोषागार की सुरक्षा और खातों का लेखा-जोखा रखना था।
- वजीर विभिन्न उप-विभागों, जैसे दीवान-ए-मुस्तखराज (अपूर्ण कर-वसूली) और दीवान-ए-अर्श (सैन्य वेतन) आदि की भी देखरेख करता था।

इस प्रकार दीवान-ए-विजारत सल्तनत का मुख्य आर्थिक मंत्रालय था, जो व्यय के पर्यवेक्षण (audit & control of expenditure) के लिए उत्तरदायी था।

**102.** मसूलीपट्टनम (वर्तमान आंध्र प्रदेश के कृष्णा जिले में) दक्षिण-पूर्वी भारत का प्रमुख बंदरगाह था। यहाँ सबसे पहले डच ईस्ट इंडिया कंपनी ने 1605 ई. में अपना किलाबंद व्यापारिक केंद्र (factory cum fort) स्थापित किया।

- इसका उद्देश्य मसालों, वस्त्रों और नील के व्यापार को नियंत्रित करना था।

- बाद में अंग्रेज, फ्रांसीसी और डेनिश कंपनियों ने भी यहाँ अपने कारखाने खोले, परंतु डचों ने इसकी स्थापना में अग्रणी भूमिका निभाई।

मसूलीपट्टनम उस काल में डचों के लिए भारत-दक्षिण-पूर्व एशिया समुद्री व्यापार का प्रारंभिक केंद्र बन गया।

**103.** 16वीं शताब्दी के प्रारंभ में इन दो पुर्तगाली यात्रियों ने विजयनगर साम्राज्य के तुलुव वंश के अधीन प्रशासन का सजीव विवरण दिया।

- उन्होंने 'नायक प्रणाली' (Nayaka System) का उल्लेख करते हुए बताया कि नायक साम्राज्य के केंद्रीय सत्ताधारी प्रतिनिधि (agents of the central authority) थे, जो स्थानीय प्रशासन, सेना और कर-वसूली संभालते थे।
- उनके विवरणों से यह ज्ञात होता है कि तुलुव वंश के काल में विजयनगर का शासन अत्यंत संगठित था, जहाँ सामंती ढाँचा केंद्र से प्रत्यक्ष रूप से जुड़ा हुआ था।

इस प्रकार नुनिज और पेस के वृत्तांत विजयनगर कालीन राजनीतिक-प्रशासनिक व्यवस्था के प्रामाणिक समकालीन स्रोत हैं।

**104.** व्यापारिक वित्त-प्रणाली में मुद्दती हुंडी को समयबद्ध हुंडी कहा जाता था।

- इसमें भुगतान के लिए एक निश्चित तिथि (maturity date) निर्धारित की जाती थी।
- यह व्यापारिक ऋण या लेन-देन के लिखित दस्तावेज के रूप में कार्य करती थी, जिसे निर्धारित समय पर नगद भुनाया जा सकता था।
- व्यापारी इसे बैंकिंग साधन की तरह उपयोग करते थे और कभी-कभी इसमें ब्याज भी शामिल होता था।

इस प्रकार मुद्दती हुंडी भारतीय व्यापार में साख आधारित वित्तीय साधन थी, जिसने वाणिज्यिक लेन-देन को सुगम और सुरक्षित बनाया।

**105.** दिल्ली सल्तनत के सुल्तान फिरोज शाह तुगलक (1351-1388 ई.) को 36 राज्य-संचालित कारखानों (karkhanas) की स्थापना एवं अनुरक्षण का श्रेय दिया जाता है।

- प्रत्येक कारखाने का पर्यवेक्षण मलिक या खान पद वाले एक वरिष्ठ अभिजात के हाथ में होता था,
- उसके लेखांकन में एक मुतसर्फ (Mutasarrif) सहायता करता था,
- और वित्तीय प्रबंधन हेतु एक पृथक दीवान नियुक्त रहता था।

इन कारखानों में शस्त्र, वस्त्र, आभूषण, फर्नीचर, औजार, और अन्य उपयोगी वस्तुएँ निर्मित की जाती थीं।

यह प्रणाली सल्तनत के केंद्रीय शिल्प-उद्योग, आर्थिक आत्मनिर्भरता और शाही निगरानी की प्रतीक थी, जिससे फिरोज शाह का शासन सांस्कृतिक-आर्थिक उन्नति का काल बन गया।

**106.** दक्खन के प्रसिद्ध प्रशासक मलिक अंबर (1550-1626 ई.) को कृषि भूमि के वर्गीकरण की वैज्ञानिक प्रणाली के लिए जाना जाता है। उन्होंने अपने शासनकाल में भूमि को मुख्यतः दो श्रेणियों में बाँटा–

- **बागायत भूमि (Bagayat):** जहाँ सिंचाई के साधन उपलब्ध थे, जैसे कुएँ या नहरें।
- **जिरायत भूमि (Jirayat):** जो वर्षा आधारित खेती के लिए उपयुक्त थी।

बाद में उन्होंने इन दोनों श्रेणियों को आगे चार उपश्रेणियों में बाँट दिया, ताकि भूमि की उर्वरता, सिंचाई की सुविधा और फसल के प्रकार के अनुसार कर दरें निश्चित की जा सकें।

इस नीति से कृषि उत्पादन बढ़ा और कर प्रणाली अधिक न्यायसंगत बनी, जिससे दक्खन के प्रशासन में स्थायित्व आया।

**107.** अकबर के शासनकाल में वित्तमंत्री राजा टोडरमल ने जो राजस्व व्यवस्था लागू की, उसे दहसाला प्रणाली (Dahsala System) कहा गया।

- इस प्रणाली में प्रत्येक क्षेत्र की भूमि उपज और कीमतों का पिछले दस वर्षों का औसत लेकर राजस्व दर निर्धारित की जाती थी।
- भूमि का वास्तविक मापन किया जाता और प्रत्येक किसान से उसी अनुपात में कर वसूला जाता।
- यह प्रणाली 1580 ई. में लागू हुई और ऐन-ए-अकबरी में विस्तार से वर्णित है।

दहसाला व्यवस्था मुगल कालीन राजस्व प्रशासन की सबसे संगठित प्रणाली थी, जिससे शाही आय नियमित और स्थिर बनी रही।

**108.** शेरशाह सूरी ने अपने प्रशासन में राजस्व व्यवस्था को अत्यंत सुव्यवस्थित किया।

इस व्यवस्था में कबूलियत (Kabuliyat) एक लिखित दस्तावेज था जिसे किसान स्वयं हस्ताक्षरित करता था।

- इसमें किसान यह स्वीकार करता था कि वह राज्य द्वारा निर्धारित दरों पर कर देगा।
- यह अनुबंध किसान और सरकार के बीच एक औपचारिक समझौता था, जिससे पारदर्शिता और उत्तरदायित्व सुनिश्चित होता था।

इसके साथ पट्टा नामक दस्तावेज भी जारी होता था, जिसमें भूमि की सीमा और कर की दरें दर्ज रहती थीं।

इस प्रकार कबूलियत शेरशाही राजस्व प्रशासन का एक प्रमुख घटक था।

**109.** 1857 के विद्रोह के दौरान जारी की गई आजमगढ़ उद्घोषणा (Azamgarh Proclamation) का संबंध मुगल राजकुमार फिरोजशाह से है, जो बहादुरशाह जफर के वंशज थे।

- इस उद्घोषणा में ब्रिटिश शासन के खिलाफ भारतीय जनता को संगठित होने का आह्वान किया गया।
- इसमें किसानों, सैनिकों, व्यापारियों और जमींदारों के हितों की रक्षा का वादा किया गया था, ताकि सभी वर्गों का समर्थन विद्रोह के लिए मिल सके।
- यह उद्घोषणा विद्रोह की राजनीतिक विचारधारा और राष्ट्रवादी भावना का प्रतीक थी।

इस प्रकार, फिरोजशाह ने इसे एक राष्ट्रीय अपील के रूप में प्रस्तुत किया।

**110.** मीर बख्शी मुगल प्रशासन का सैन्य विभाग प्रमुख था और उसका पद अत्यंत प्रभावशाली था।

- वह सेना के संगठन, भर्ती, और वेतन वितरण की निगरानी करता था।
- मनसबदारों की नियुक्ति, पदोन्नति, और सैन्य अनुशासन बनाए रखने की जिम्मेदारी उसी के अधीन थी।
- वह युद्धकालीन अभियानों की तैयारी और सैनिकों की आपूर्ति का भी नियंत्रण करता था।

इस प्रकार, मीर बख्शी मुगल दरबार में सैन्य प्रशासन के सर्वोच्च अधिकारी थे, जो सम्राट और सेना के बीच मुख्य सेतु के रूप में कार्य करते थे।

**111.** गुजरात का पाटन (Patan) शहर ऐतिहासिक रूप से 'पटोला' बुनाई के लिए प्रसिद्ध है। यह भारत की अत्यंत प्राचीन और जटिल डबल इकट (Double Ikat) तकनीक से निर्मित रेशमी वस्त्र कला है।

- पटोला वस्त्रों को एक साथ दोनों धागों – ताना (warp) और बाना (weft) – को रंग कर बुना जाता है, जिससे कपड़े पर दोहरी ओर से समान डिजाइन बनता है।
- ये वस्त्र धार्मिक समारोहों, विवाहों और राजदरबारों में प्रतिष्ठा के प्रतीक माने जाते थे।
- पाटन के सालवी समुदाय ने इस कला को पीढ़ियों तक संरक्षित रखा।

पटोला बुनाई अपनी सटीकता, जीवंत रंगों और ज्यामितीय डिजाइनों के लिए विश्वप्रसिद्ध है और आज भी गुजरात की सांस्कृतिक पहचान का गौरव है।

**112.** अकबर ने अपने शासनकाल में प्रशासनिक पुनर्गठन करते हुए एक नई औपचारिक प्रादेशिक इकाई "सूबा" की स्थापना की।

- ऐन-ए-अकबरी के अनुसार, पूरे साम्राज्य को 15 सूबों में विभाजित किया गया था, जिनमें से प्रत्येक का प्रमुख सूबेदार होता था।
- सूबे के अंतर्गत सरकारें, परगने और गाँव आते थे।
- सूबेदार के अधीन दीवान (राजस्व प्रमुख), बख्शी (सैन्य अधिकारी), और सदार (न्याय अधिकारी) कार्य करते थे।

इस संरचना ने मुगल प्रशासन को केंद्र से लेकर स्थानीय स्तर तक संगठित और अनुशासित रूप दिया।

**113.** शेरशाह सूरी (1540-1545 ई.) ने अपने शासनकाल में प्रशासनिक व्यवस्था को अधिक कुशल और नियंत्रणीय बनाने के लिए साम्राज्य को 47 सरकारों (प्रशासनिक विभागों) में विभाजित किया था।

- प्रत्येक सरकार के अंतर्गत कई परगने आते थे, जिनके प्रशासनिक अधिकारी शिकदार (law and order) और अमीन (revenue) होते थे।
- इस विभाजन से न केवल राजस्व संग्रह की प्रणाली सुचारू बनी बल्कि स्थानीय प्रशासन पर केंद्र का नियंत्रण भी सुदृढ़ हुआ।
- यह व्यवस्था इतनी प्रभावी थी कि बाद में अकबर और टोडरमल ने अपने सूबा-सरकार-परगना ढांचे के निर्माण में इसी मॉडल का उपयोग किया।

इस प्रकार, शेरशाह की 47 सरकारों की प्रणाली भारतीय प्रशासनिक इतिहास में एक संगठित राजस्व और शासन तंत्र की नींव के रूप में जानी जाती है।

**114.** मुगल काल में 'जागीर' उन भू-क्षेत्रों को कहा जाता था जिन्हें मनसबदारों या सैन्य अधिकारियों को उनकी सेवाओं के बदले में दिया जाता था।

इनमें से सबसे सामान्य प्रकार की जागीर 'तन्खा जागीर' थी–

- यह वेतन (salary) के रूप में दी जाती थी, ताकि मनसबदार अपनी सेना और खर्चों का प्रबंधन कर सकें।
- इन जागीरों को प्रत्येक तीन से चार वर्ष में स्थानांतरित (transfer) कर दिया जाता था, ताकि मनसबदार किसी क्षेत्र में स्थायी प्रभाव न बना सकें।
- इस नीति से केंद्रीय नियंत्रण मजबूत हुआ और विद्रोह या भ्रष्टाचार की संभावना कम हुई।

इसलिए 'तन्खा जागीर' मुगल प्रशासन में अस्थायी और नियंत्रण-आधारित भूमि अनुदान प्रणाली का सर्वोत्तम उदाहरण थी।

**115.** दिल्ली सल्तनत के अधीन दबीर-ए-मुमालिक राज्य के पत्राचार और दूतावास संबंधी कार्यों का प्रमुख अधिकारी था।

- उसका कार्य विभिन्न प्रांतों और अन्य शासकों के साथ पत्रों का लेखन, प्राप्ति और रिकॉर्ड रखना था।
- वह सुल्तान के नाम से आदेश पत्र, फरमान, और अंतर-राज्यीय पत्राचार तैयार करता था।
- यह पद 'विदेश विभाग' (Department of State Correspondence) के समान था।

इस प्रकार, दबीर-ए-मुमालिक सल्तनती शासन में राजनयिक और प्रशासनिक संचार का केंद्रीय अधिकारी था, जो शाही आदेशों के संचालन में महत्वपूर्ण भूमिका निभाता था।

**116.** 1765 ई. में मुगल सम्राट शाह आलम द्वितीय ने ब्रिटिश ईस्ट इंडिया कंपनी को बंगाल, बिहार और उड़ीसा की दीवानी (राजस्व वसूलने का अधिकार) प्रदान किया।

- यह अधिकार इलाहाबाद की संधि (Treaty of Allahabad) के अंतर्गत दिया गया था, जो मीर कासिम की पराजय और बक्सर के युद्ध (1764) के बाद हुई थी।
- इसके तहत कंपनी को इन प्रांतों से राजस्व संग्रह का अधिकार मिला, जबकि सम्राट को प्रतिवर्ष 26 लाख रुपये पेंशन के रूप में देने की शर्त रखी गई।
- इस घटना ने भारत में कंपनी के आर्थिक प्रभुत्व की औपचारिक शुरुआत की।

इस प्रकार शाह आलम द्वितीय के शासनकाल में भारत के पूर्वी प्रदेशों में ब्रिटिश सत्ता का मजबूत आधार स्थापित हुआ।

**117.** बहमनी सल्तनत (1347-1527 ई.) के प्रशासन में अमीर-उल-उमरा (Amir-ul-Umara) साम्राज्य के सर्वोच्च सैन्य अधिकारी थे।

- यह पद सेना के कमांडर-इन-चीफ के समान था।
- अमीर-उल-उमरा सेना के संगठन, प्रशिक्षण, अनुशासन और युद्ध संचालन का नियंत्रण रखता था।
- वह सुल्तान के आदेश से युद्ध अभियानों की रणनीति तय करता था और अधीन प्रांतीय सूबेदारों को सैन्य सहयोग प्रदान करता था।

यह पद सल्तनती शासन के सैन्य प्रशासन का केन्द्रबिंदु था और सुल्तान की शक्ति का प्रमुख सहायक माना जाता था।

**118.** मुगल राजस्व प्रशासन के तहत, भूमि राज्य आकलन (निर्धारण) और वास्तविक संग्रह (प्राप्ति) के चरणों को संदर्भित करने वाले दो मुख्य फारसी शब्द निम्नलिखित हैं:

- **तशखिस (Tashkhis)**: यह शब्द राजस्व के आकलन (निर्धारण) को संदर्भित करता था, यानी वह अनुमानित राशि जो सैद्धांतिक रूप से भूमि से प्राप्त होनी चाहिए।
- **हासिल (Hasil):** यह शब्द राजस्व के वास्तविक संग्रह (प्राप्ति) को संदर्भित करता था, यानी वह वास्तविक राशि जो वास्तव में किसानों से सरकारी खजाने में जमा हुई।

**119.** 1857 के विद्रोह के बाद ब्रिटिश संसद ने 1858 का भारत शासन अधिनियम (Government of India Act, 1858) पारित किया।

- इस अधिनियम द्वारा ईस्ट इंडिया कंपनी का शासन समाप्त कर दिया गया।
- भारत का प्रशासन सीधे ब्रिटिश क्राउन (राजा/रानी) के अधीन कर दिया गया।
- भारत सचिव (Secretary of State for India) और उसकी परिषद बनाई गई, जो लंदन से प्रशासनिक नियंत्रण रखती थी।

- इस परिवर्तन से भारत में कंपनी राज की समाप्ति और ब्रिटिश राज की औपचारिक शुरुआत हुई।

**120.** अकबर के शासनकाल में राजा मानसिंह सबसे प्रतिष्ठित मनसबदारों में से एक थे।

- उन्हें 7000 जात और 7000 सवार का पद दिया गया था – जो उस समय किसी गैर-मुस्लिम सरदार को प्राप्त सर्वोच्च मनसब था।
- मानसिंह ने अकबर के लिए बंगाल, उड़ीसा और अफगान सीमाओं में कई सफल अभियानों का नेतृत्व किया।
- उनकी निष्ठा और सैन्य सफलता के कारण वे मुगल दरबार में राजनीतिक, प्रशासनिक और सैन्य – तीनों स्तरों पर अत्यंत प्रभावशाली बने।

इस प्रकार, राजा मानसिंह अकबरकालीन राजपूत नीति के सबसे सफल प्रतीक माने जाते हैं।

**121.** औपनिवेशिक भारत में 'स्वराज' शब्द का सर्वप्रथम प्रयोग स्वामी दयानंद सरस्वती ने किया था।

- उन्होंने 1875 में स्थापित आर्य समाज आंदोलन के माध्यम से भारतीय समाज को आत्मनिर्भरता, वेदों की ओर लौटने, और विदेशी शासन से मुक्ति के विचारों के लिए प्रेरित किया।
- स्वामी दयानंद ने ''भारत भारतवासियों के लिए'' का नारा दिया, जो आगे चलकर भारतीय राष्ट्रीय आंदोलन की वैचारिक नींव बना।
- उनके लिए 'स्वराज' केवल राजनीतिक स्वतंत्रता नहीं, बल्कि सामाजिक, धार्मिक और नैतिक पुनर्जागरण का प्रतीक था।

इस प्रकार, स्वामी दयानंद सरस्वती को भारतीय राष्ट्रवाद की विचारधारा में 'स्वराज' शब्द के प्रथम उपयोगकर्ता के रूप में श्रेय दिया जाता है।

**122.** कोमाटी दक्षिण भारत का एक प्राचीन और प्रमुख व्यापारी समुदाय था।

- यह समुदाय विशेष रूप से आंध्र प्रदेश, तेलंगाना और तमिलनाडु क्षेत्रों में सक्रिय था।
- कोमाटी व्यापारी प्रायः अनाज, कपड़ा, धातु और मसालों के व्यापार में संलग्न रहते थे।
- वे नगरों में व्यापारिक गिल्डों (श्रेणियों) का गठन करते थे, जिनके अपने नियम और संगठनात्मक ढांचे होते थे।

दक्षिण भारत में आर्थिक गतिविधियों और व्यापारिक नेटवर्क के विस्तार में कोमाटी समुदाय का महत्वपूर्ण योगदान रहा।

**123.** कृष्णदेवराय (1509-1529 ई.), जो विजयनगर साम्राज्य के तुलुव वंश के महान शासक थे, ने प्रसिद्ध ग्रंथ 'आमुक्तमाल्यदा (Amuktamalyada)' की रचना तेलुगु भाषा में की थी।

- इस ग्रंथ में उन्होंने राजधर्म और सुशासन के सिद्धांतों का वर्णन किया है।
- विषयवस्तु वैष्णव भक्ति और भगवान विष्णु के भक्तों के जीवन से संबंधित है।
- यह ग्रंथ न केवल साहित्यिक दृष्टि से श्रेष्ठ है, बल्कि प्रशासनिक और नैतिक आदर्शों का भी मार्गदर्शन करता है।

इसी कारण कृष्णदेवराय को ''आंध्रभूमि का सूर्य'' कहा जाता है।

**124.** 1906 के कलकत्ता अधिवेशन में जब नरमपंथियों और गरमपंथियों के बीच तीव्र मतभेद उभरे, तो एक समझौतावादी व्यक्ति की आवश्यकता हुई।

- इस स्थिति में दादाभाई नौरोजी को अध्यक्ष के रूप में चुना गया क्योंकि वे दोनों गुटों द्वारा सम्मानित थे।
- इस अधिवेशन में ही कांग्रेस ने पहली बार 'स्वराज' को राष्ट्रीय लक्ष्य के रूप में स्वीकार किया।
- दादाभाई नौरोजी ने अपने भाषण में कहा कि ''स्वराज मेरा जन्मसिद्ध अधिकार है'' जैसी भावना ही भारत की वास्तविक आकांक्षा है।

इस प्रकार 1906 का अधिवेशन भारतीय राष्ट्रीय आंदोलन में स्वराज की दिशा में एक ऐतिहासिक मोड़ था।

**125.** मुगल नौकरशाही और अभिलेख-रक्षण प्रणाली का मूल आधार कायस्थ समुदाय था।

- यह समुदाय लेखन, लेखा-जोखा, राजस्व और अभिलेखों के कार्यों में दक्ष था।
- मुगल दरबार, सूबों और परगनों में कायस्थ लोग मुनशी, दीवान, और रिकॉर्ड-कीपर के रूप में कार्यरत रहते थे।
- इनकी विशेषज्ञता फारसी भाषा, हिसाब-किताब और प्रशासनिक लेखन में थी, जिससे मुगल शासन की नौकरशाही सुव्यवस्थित बनी रही।

इस प्रकार कायस्थ समुदाय को मुगल प्रशासन के दस्तावेजी ढांचे की रीढ़ कहा जाता है।

**126.** कांग्रेस सोशलिस्ट पार्टी (CSP) का गठन 1934 ई. में हुआ था।

- इसे भारतीय राष्ट्रीय कांग्रेस के भीतर समाजवादी विचारधारा को बढ़ावा देने के लिए स्थापित किया गया था।
- प्रमुख संस्थापक नेता थे – जयप्रकाश नारायण, आचार्य नरेंद्र देव, अच्युत पटवर्धन, राम मनोहर लोहिया और मीनू मसानी।
- इसका उद्देश्य कांग्रेस के ढांचे में रहते हुए समाजवादी सिद्धांतों को अपनाना और गरीबों, किसानों तथा मजदूरों के हितों के लिए कार्य करना था।
- यह पार्टी आगे चलकर स्वतंत्रता संग्राम के दौरान जन आंदोलनों के संगठन में भी महत्वपूर्ण भूमिका निभाती रही।

**127.** भाषाई आधार पर आंध्र राज्य की मांग को लेकर आमरण अनशन करने वाले स्वतंत्रता सेनानी थे पोट्टि श्रीरामुलु।

- उन्होंने 1952 में तेलुगु भाषी क्षेत्र के लिए अलग राज्य की मांग करते हुए अनशन आरंभ किया।
- 58 दिनों तक चले अनशन के बाद उनकी मृत्यु हो गई, जिससे देशभर में व्यापक आंदोलन हुआ।
- इसके परिणामस्वरूप 1953 में आंध्र प्रदेश को स्वतंत्र राज्य के रूप में गठित किया गया।

उनका बलिदान भारत में भाषाई पुनर्गठन की प्रक्रिया की प्रेरणा बना।

**128.** महात्मा गांधी ने अखिल भारतीय स्तर पर पहला सत्याग्रह 1919 ई. में रॉलेट एक्ट के विरुद्ध प्रारंभ किया था।

- रॉलेट एक्ट, 1919 (Anarchical and Revolutionary Crimes Act) को ब्रिटिश सरकार ने राजनीतिक असंतोष और राष्ट्रीय आंदोलनों को दबाने के लिए पारित किया था।
- इस अधिनियम के तहत सरकार को किसी भी व्यक्ति को बिना मुकदमे के दो वर्ष तक हिरासत में रखने और प्रेस पर सेंसर लगाने का अधिकार प्राप्त था।
- गांधीजी ने इसे "काला कानून" कहा और 6 अप्रैल 1919 को इसके विरोध में देशव्यापी हड़ताल और सत्याग्रह का आह्वान किया।
- इस दिन पूरे देश में प्रार्थनाएँ, उपवास और जुलूस निकाले गए – जिससे यह पहला अखिल भारतीय जन-आंदोलन बन गया।
- यद्यपि आंदोलन के दौरान हिंसा भड़क गई और पंजाब में जलियांवाला बाग हत्याकांड (13 अप्रैल 1919) जैसी दुखद घटना घटी, फिर भी इस सत्याग्रह ने भारतीय जनमानस को राजनीतिक रूप से एकजुट किया।

इस प्रकार, रॉलेट एक्ट (1919) के विरुद्ध किया गया सत्याग्रह गांधीजी का पहला अखिल भारतीय आंदोलन था, जिसने स्वतंत्रता संग्राम को राष्ट्रव्यापी स्वरूप प्रदान किया।

**129.** भारतीय स्वतंत्रता समिति (Indian Independence Committee), जिसे बर्लिन समिति (Berlin Committee) भी कहा जाता है, की स्थापना 1915 ई. में वीरेंद्रनाथ चट्टोपाध्याय ने की थी।

- इसका उद्देश्य जर्मनी में रह रहे भारतीय क्रांतिकारियों को संगठित कर भारत में ब्रिटिश शासन के विरुद्ध आंदोलन चलाना था।
- इस समिति के प्रमुख सदस्य थे – चंपक रामन पिल्लै, चंद्रशेखर दासगुप्ता, भूपेंद्रनाथ दत्ता आदि।
- इसका मुख्यालय बर्लिन (जर्मनी) में था और इसे जर्मन सरकार का समर्थन प्राप्त था।

यह संगठन प्रथम विश्व युद्ध के दौरान ब्रिटिश सत्ता को कमजोर करने के उद्देश्य से स्थापित हुआ था।

**130.** 1905 में बंगाल विभाजन (Lord Curzon द्वारा) के विरोध में शुरू हुआ स्वदेशी आंदोलन एक राष्ट्रवादी आंदोलन था।

- इसका उद्देश्य विदेशी वस्त्रों और उत्पादों का बहिष्कार करना और देशी उद्योगों को प्रोत्साहन देना था।
- इस आंदोलन का नारा था – "देशी वस्त्र अपनाओ, विदेशी वस्त्र जलाओ"।
- प्रमुख नेता थे – अरविंद घोष, बिपिन चंद्र पाल, लाला लाजपत राय और बाल गंगाधर तिलक।

इस आंदोलन ने भारतीय राष्ट्रवाद को आर्थिक और जनसांस्कृतिक आधार प्रदान किया तथा स्वतंत्रता संघर्ष को नई दिशा दी।

**131.** नालंदा विश्वविद्यालय प्राचीन भारत का एक प्रसिद्ध उच्च शिक्षा केंद्र था, जो वर्तमान बिहार राज्य में स्थित है।

- इसकी स्थापना 5वीं शताब्दी ईस्वी में कुमारगुप्त प्रथम (गुप्त वंश) के शासनकाल में हुई थी।
- यहाँ ह्वेनसांग (Xuanzang) और इत्सिंग (Yijing) जैसे विदेशी विद्वान भी अध्ययन हेतु आए थे।
- यह बौद्ध, वैदिक, और अन्य शास्त्रीय विषयों का प्रमुख केंद्र था और इसमें नौ विशाल भवन, दस मंदिर और हजारों विद्यार्थी रहते थे।

- इसे 12वीं शताब्दी में बख्तियार खिलजी ने नष्ट कर दिया।

आज इसे युनेस्को विश्व धरोहर स्थल के रूप में पुनर्स्थापित किया गया है।

**132.** मुगल काल में उलेमा (Ulema) वे विद्वान थे जो इस्लामी कानून (शरिया) और धार्मिक सिद्धांतों के विशेषज्ञ माने जाते थे।

- वे दरबार और समाज में धार्मिक एवं न्यायिक मामलों पर परामर्श देते थे।
- इनका मुख्य कार्य था – धार्मिक न्याय देना, धार्मिक कर (जजिया) के मामलों को देखना, और शासक के आदेशों को इस्लामी शिक्षाओं के अनुरूप बनाना।
- कभी-कभी इन्हें काजी या मुफ्ती के रूप में भी नियुक्त किया जाता था।

इस प्रकार उलेमा की भूमिका प्रशासनिक नहीं बल्कि धार्मिक और न्यायिक क्षेत्र तक सीमित थी।

**133.** सत्यशोधक समाज (Satyashodhak Samaj) की स्थापना 1873 ई. में ज्योतिराव गोविंदराव फुले ने की थी।

- इसका उद्देश्य था – जातिगत भेदभाव, ब्राह्मणवादी प्रभुत्व और सामाजिक अन्याय के विरुद्ध संघर्ष करना।
- समाज का नारा था – "सत्य के खोजी बनो"।
- फुले ने महिलाओं की शिक्षा, विधवा पुनर्विवाह और शूद्र-अतिशूद्र वर्गों के अधिकारों के लिए संघर्ष किया।

यह संगठन महाराष्ट्र के सामाजिक पुनर्जागरण और समानता पर आधारित समाज की स्थापना की दिशा में अग्रणी कदम था।

**134.** चोल प्रशासन में किसी गाँव की महासभा को 'उर' (Ur) कहा जाता था।

- यह सभा करदाता निवासियों से बनी होती थी और स्थानीय प्रशासन के कार्य जैसे राजस्व संग्रह, न्यायिक मामलों और सार्वजनिक कार्यों का संचालन करती थी।
- इसके अलावा, ब्राह्मण गाँवों की सभा को 'सभा' कहा जाता था, जबकि व्यापारी नगरों की सभा को 'नगरम' कहा जाता था।

इस प्रकार, सामान्य गाँव की महासभा 'उर' कहलाती थी।

**135.** ब्रिटिशों द्वारा लागू की गई जमींदारी प्रथा (Permanent Settlement, 1793) के तहत भूमि का स्वामित्व जमींदारों को दे दिया गया, जो प्रायः शहरी क्षेत्रों में रहते थे और स्वयं खेती नहीं करते थे।

- इस व्यवस्था ने "दूरवासी जमींदारी (Absentee Landlordism)" की नई अवधारणा को जन्म दिया।
- जमींदार केवल लगान वसूली पर ध्यान देते थे ज़बकि किसान अत्यधिक कर और शोषण के शिकार बने।
- परिणामस्वरूप ग्रामीण गरीबी बढ़ी और भारतीय राष्ट्रवाद का उदय हुआ क्योंकि किसानों में औपनिवेशिक अन्याय के प्रति असंतोष फैल गया।

इसलिए, यह प्रथा भारतीय राष्ट्रवाद के वैचारिक विकास से प्रत्यक्ष रूप से जुड़ी रही।

**136.** सूफी परंपरा में 'समा' (Sama) का अर्थ होता है – ईश्वर-प्रेम और भक्ति की भावना से युक्त संगीत का श्रवण या गायन।

- यह एक आध्यात्मिक अभ्यास है जिसमें कव्वाली, भजन या सूफी गायन के माध्यम से रूहानी आनंद प्राप्त करने का प्रयास किया जाता है।
- 'समा' का उद्देश्य सांसारिक विचारों से ऊपर उठकर ईश्वर से आत्मिक मिलन (फना) की अनुभूति करना है।
- यह विशेष रूप से चिश्ती सिलसिला के सूफियों में अत्यंत लोकप्रिय था, जैसे – ख्वाजा मोइनुद्दीन चिश्ती और अमीर खुसरो।

इस प्रकार, 'समा' सूफी साधना में संगीत और आध्यात्मिक एकाग्रता का संगम है।

**137.** द्रविड़ शैली के मंदिरों की प्रमुख विशेषता होती है – 'गोपुरम', जो मंदिर के मुख्य प्रवेश द्वार पर निर्मित ऊँचा और अलंकृत द्वार टॉवर होता है।

- यह स्थापत्य विशेषता मुख्यतः तमिलनाडु, आंध्र प्रदेश और कर्नाटक के मंदिरों में पाई जाती है।
- गोपुरमों को पत्थरों पर सूक्ष्म नक्काशी, देव मूर्तियों, यक्ष-यक्षिणियों और पौराणिक दृश्यावलियों से सजाया जाता है।
- प्रसिद्ध उदाहरण हैं – मीनाक्षी मंदिर (मदुरै), राजराजेश्वरम मंदिर (तंजावुर) और श्रीरंगम मंदिर (त्रिचनापल्ली)।

यह शैली दक्षिण भारत की धार्मिक एवं स्थापत्य उत्कृष्टता का प्रतीक है।

**138.** थिरुनावुक्कारासर, जिन्हें अप्पर (Appar) नाम से भी जाना जाता है, तमिलनाडु में भक्ति आंदोलन के प्रमुख शैव संतों में से एक थे।

- वे 7वीं शताब्दी ईस्वी में सक्रिय थे और नायनार संप्रदाय के महान संतों में गिने जाते हैं।

- उनकी भक्ति कविताएँ "तेवरम" (Tevaram) नामक शैव भक्ति ग्रंथ में संकलित हैं।
- उन्होंने शैव धर्म के माध्यम से ईश्वर के प्रति व्यक्तिगत भक्ति (भक्त और भगवान के बीच सीधा संबंध) का प्रचार किया।

उनकी रचनाओं ने दक्षिण भारत में भक्ति आंदोलन को सशक्त आधार प्रदान किया।

**139.** ब्रिटिश इंडियन एसोसिएशन (British Indian Association) की स्थापना 1851 ई. में कलकत्ता (अब कोलकाता) में की गई थी।

- इसके संस्थापक सदस्य थे – देबीचरण मित्र, राधाकांत देव और राजकृष्ण मुखर्जी।
- इस संस्था का उद्देश्य ब्रिटिश शासन में भारतीयों के अधिकारों की रक्षा, कर सुधार, न्यायिक समानता और प्रशासनिक सुधारों की मांग करना था।
- यह संगठन भारतीय राष्ट्रीय आंदोलन के प्रारंभिक चरण का अग्रदूत था, जिसने आगे चलकर भारतीय राष्ट्रीय कांग्रेस (1885) की नींव तैयार की।

**140.** कश्मीरी शैववाद वास्तविकता की एकात्मक (Monistic) व्याख्या पर आधारित शैव दर्शन की शाखा है।

- यह मानता है कि आत्मा और शिव दोनों एक ही हैं – भेद केवल अज्ञान के कारण है।
- यह सिद्धांत अद्वैत के समान है, लेकिन इसमें शक्ति और चेतना (चैतन्य) को सृजन का मूल कारण माना गया है।
- इस विचारधारा के प्रमुख आचार्य थे – अभिनवगुप्त, वासुगुप्त, और उत्पलदेव।
- अभिनवगुप्त के ग्रंथ जैसे 'तंत्रालोक' और 'परत्रीशिका-विवरण' इस दर्शन की गहराई को प्रकट करते हैं।

कश्मीरी शैववाद भारतीय दर्शन में "शिव और आत्मा की एकता" का सर्वाधिक सूक्ष्म और दार्शनिक प्रतिपादन है।

**141.** 1914 में जब ऑस्ट्रिया-हंगरी ने सर्बिया पर आक्रमण किया, तब रूस ने सर्बिया की राष्ट्रवादी आकांक्षाओं का समर्थन किया।

- सर्बिया की पैन-स्लाविक (Pan-Slavic) नीति का उद्देश्य स्लाव जनजातियों को एकजुट करना था, और रूस स्वयं को स्लाव लोगों का संरक्षक मानता था।
- रूस के सर्बिया के समर्थन के कारण ही ऑस्ट्रिया-हंगरी और जर्मनी बनाम रूस, फ्रांस और ब्रिटेन के बीच तनाव बढ़ा, जिसने प्रथम विश्व युद्ध (1914) को जन्म दिया।

इसलिए सर्बिया का प्रमुख सहयोगी राष्ट्र रूस था।

**142.** महाराजा हरि सिंह, जो जम्मू-कश्मीर के शासक थे, ने 26 अक्टूबर 1947 को भारत में अधिमिलन पत्र (Instrument of Accession) पर हस्ताक्षर किए।

- उस समय पाकिस्तान-समर्थित कबीलाइ हमलावरों ने कश्मीर में प्रवेश कर लिया था।
- भारत ने सैन्य सहायता देने की सहमति केवल अधिमिलन के बाद दी, जिसके परिणामस्वरूप भारतीय सेना ने श्रीनगर की रक्षा की और कश्मीर को भारत में शामिल किया।
- यह घटना स्वतंत्र भारत के राजनीतिक एकीकरण का एक निर्णायक क्षण थी।

**143.** संयुक्त राष्ट्र महासभा ने 1989 में अपने प्रस्ताव 44/237 के माध्यम से अफ्रीका के लिए द्वितीय औद्योगिक विकास दशक (Second Industrial Development Decade for Africa — 1991-2000) की घोषणा की।

- इसका उद्देश्य था – अफ्रीकी देशों में औद्योगिक अवसंरचना का विकास, रोजगार सृजन और अविकसितता को समाप्त करना।
- इस कार्यक्रम का नेतृत्व संयुक्त राष्ट्र औद्योगिक विकास संगठन (UNIDO) ने किया।
- यह प्रथम औद्योगिक विकास दशक (1980-1990) के पश्चात् आरंभ हुआ, जिसने अफ्रीकी महाद्वीप की आर्थिक स्वावलंबन और औद्योगिक नीति में सुधार की नींव रखी।

**144.** "असंतुलित शहरीकरण (Lopsided Urbanisation)" का तात्पर्य है–

- कुछ चुनिंदा महानगरों में जनसंख्या, उद्योगों और संसाधनों का अत्यधिक केंद्रीकरण, जबकि छोटे और मध्यम शहरों में विकास की धीमी गति।
- यह असंतुलन योजनाबद्ध शहरी विकास के अभाव, ग्रामीण प्रवास और औद्योगिक अवसरों की क्षेत्रीय विषमता से उत्पन्न होता है।
- परिणामस्वरूप, महानगरों में भीड़, आवास संकट, प्रदूषण, यातायात अव्यवस्था और बुनियादी सेवाओं का दबाव बढ़ता है।

अतः यह शब्द असंतुलित शहरी वृद्धि का ही द्योतक है।

**145.** भारतीय पर्यावरण सोसायटी (Indian Environmental Society– IES) की स्थापना 1972 ई. में की गई थी।

- इसका प्रमुख उद्देश्य था – पर्यावरणीय शिक्षा, जन-जागरूकता, और सतत विकास के प्रति वैज्ञानिक दृष्टिकोण को बढ़ावा देना।
- इसकी स्थापना उसी वर्ष हुई जब स्टॉकहोम में पहली वैश्विक पर्यावरण सम्मेलन (UN Conference on the Human Environment) आयोजित हुई थी।
- यह सोसायटी भारत में पर्यावरण नीति, पारिस्थितिकी अनुसंधान, और युवाओं में पर्यावरणीय चेतना के प्रसार में अग्रणी रही है।

इस प्रकार–

- अफ्रीकी औद्योगिक दशकः 1989,
- असंतुलित शहरीकरणः असंतुलित शहरी वृद्धि,
- भारतीय पर्यावरण सोसायटीः 1972 – तीनों उत्तर ऐतिहासिक रूप से प्रमाणित हैं।

**146.** जनगणना 2011 के अनुसार, भारत की शहरी जनसंख्या में 2001-2011 की अवधि के दौरान 27.81% की वृद्धि हुई, जिससे शहरी जनसंख्या का कुल प्रतिशत 31.16% हो गया।

- वर्ष 2001 में भारत की शहरी जनसंख्या 27.81% थी, जो 2011 तक बढ़कर 31.16% हो गई।
- इस वृद्धि का कारण तेज शहरीकरण, ग्रामीण-से-शहरी प्रवास, औद्योगीकरण और महानगरों का विस्तार था।
- भारत में 2011 तक कुल लगभग 37 करोड़ लोग शहरी क्षेत्रों में निवास कर रहे थे।

यह आँकड़ा भारत में तीव्र जनसांख्यिकीय संक्रमण (Demographic Transition) और असंतुलित शहरीकरण की प्रवृत्ति को भी दर्शाता है।

**147.** जॉर्ज पर्किन्स मार्श (George Perkins Marsh) की प्रसिद्ध पुस्तक "Man and Nature" का प्रकाशन 1864 ई. में हुआ था।

- इस कृति को पर्यावरणीय विचारधारा के इतिहास में सबसे प्रारंभिक और मौलिक ग्रंथों में से एक माना जाता है।
- इसमें उन्होंने यह बताया कि मानव गतिविधियाँ – जैसे वनों की कटाई, सिंचाई, और कृषि – प्राकृतिक संतुलन को नष्ट कर सकती हैं।
- यह पुस्तक आधुनिक पर्यावरण विज्ञान (Environmentalism) और मानव-पर्यावरण संबंधों के अध्ययन की नींव रखती है।

मार्श को इस दृष्टि से ''आधुनिक पर्यावरण चेतना का अग्रदूत'' भी कहा जाता है।

**148.** 19वीं शताब्दी में यूरोपीय साम्राज्यवाद के लिए सबसे प्रमुख बौद्धिक औचित्य (Intellectual Justification) था – सामाजिक डार्विनवाद।

- इस सिद्धांत को हर्बर्ट स्पेंसर (Herbert Spencer) ने लोकप्रिय बनाया, जो चार्ल्स डार्विन के "Survival of the Fittest" के विचार पर आधारित था।
- इस विचारधारा के अनुसार, मजबूत राष्ट्रों का कमजोर राष्ट्रों पर प्रभुत्व प्राकृतिक और उचित माना गया।
- इसी के आधार पर यूरोपीय साम्राज्यवादियों ने एशिया और अफ्रीका के उपनिवेशीकरण को ''सभ्यता फैलाने का मिशन'' बताया।

इस प्रकार, सामाजिक डार्विनवाद ने साम्राज्यवाद को नैतिक और वैज्ञानिक रूप से वैध ठहराने का प्रयास किया।

**149.** जोसेफ शुम्पीटर (Joseph Schumpeter) ने साम्राज्यवाद की गैर-आर्थिक व्याख्या (Non-economic Explanation) प्रस्तुत की।

- उनके अनुसार, साम्राज्यवाद पूंजीवाद का आर्थिक परिणाम नहीं, बल्कि पूर्व-पूंजीवादी योद्धा प्रवृत्तियों का अवशेष है।
- उनका तर्क था कि पूंजीवाद मूलतः शांतिप्रिय और व्यापार-आधारित प्रणाली है; साम्राज्यवाद उसमें बाहरी सैन्य प्रवृत्ति के कारण प्रवेश करता है।

यह दृष्टिकोण लेनिन और हॉब्सन के आर्थिक विश्लेषणों के विपरीत था।

**150.** जोसेफ शुम्पीटर ने अपने निबंध "The Sociology of Imperialism" (1919) में कहा कि–
"Imperialism is the atavistic survival of the habits of a pre-capitalist warrior class"

- उनके अनुसार, साम्राज्यवाद की जड़ें पूर्व-पूंजीवादी समाजों की सैन्य मानसिकता में हैं, न कि पूंजीवादी व्यापार की आवश्यकता में।
- पूंजीवादी समाज स्वाभाविक रूप से शांतिप्रिय, तर्कसंगत और उत्पादक होता है, जबकि साम्राज्यवाद उसमें प्राचीन विजय-प्रवृत्ति के रूप में जीवित रहता है।

इस प्रकार, शुम्पीटर ने साम्राज्यवाद को सांस्कृतिक और मनोवैज्ञानिक अवशेष, न कि आर्थिक अनिवार्यता, के रूप में समझाया।

**151.** अकेमेनिड शासक डेरियस प्रथम (Darius I, शासनकालः 522-486 ई.पू.) ने अपनी राजधानी पसार्गाडे (Pasargadae) से स्थानांतरित कर एक नई शाही और औपचारिक राजधानी पर्सेपोलिस (Persepolis) का निर्माण कराया।

- पर्सेपोलिस का निर्माण लगभग 518 ई.पू. में प्रारंभ हुआ और यह अकेमेनिड साम्राज्य की औपचारिक शक्ति और वैभव का प्रतीक बन गया।
- यहाँ के विशाल महलों, स्तंभों और शिलालेखों पर राजा की विजयों और प्रशासनिक नीति का वर्णन मिलता है।
- यह शहर बाद में अलेक्जेंडर महान के आक्रमण (330 ई.पू.) में नष्ट कर दिया गया था।

**152.** मिल्पा कृषि (Milpa Farming) मेसोअमेरिका (आधुनिक मैक्सिको, ग्वाटेमाला आदि) की एक पारंपरिक कृषि प्रणाली है।

- इसमें मुख्य रूप से मक्का (Maize) की खेती की जाती है और इसके साथ बीन्स (Beans) तथा स्क्वाश (Squash) उगाए जाते हैं।
- यह प्रणाली ''तीन बहनों (Three Sisters)'' के नाम से भी जानी जाती है, क्योंकि ये तीन फसलें एक-दूसरे के विकास में सहायक होती हैं–
  - ❑ मक्का चढ़ने के लिए सहारा देता है,
  - ❑ बीन्स मिट्टी में नाइट्रोजन जोड़ती हैं,
  - ❑ स्क्वाश जमीन को ढककर नमी बनाए रखती है।

यह पारंपरिक प्रणाली स्थायी कृषि का उत्कृष्ट उदाहरण है।

**153.** जोलवेरिन (Zollverein) की स्थापना 1834 ई. में प्रशिया (Prussia) के नेतृत्व में की गई थी।

- इसका उद्देश्य जर्मन राज्यों के बीच आंतरिक व्यापारिक करों को समाप्त करना और एक एकीकृत आर्थिक क्षेत्र (Common Customs Union) बनाना था।
- इसने जर्मन राज्यों के बीच आर्थिक एकता स्थापित की, जिसने आगे चलकर राजनीतिक एकीकरण (German Unification) की दिशा में मार्ग प्रशस्त किया।
- यह कदम ओटो वॉन बिस्मार्क की आर्थिक और राजनीतिक रणनीति का आधार बना।

**154.** विस्थापित व्यक्ति (दावा) अधिनियम (Displaced Persons (Claims) Act) भारत में 1950 ई. में पारित किया गया था।

- इसका उद्देश्य विभाजन (Partition) के कारण विस्थापित लोगों को मुआवजा और पुनर्वास प्रदान करना था।
- इस अधिनियम के अंतर्गत पाकिस्तान से भारत आए शरणार्थियों के संपत्ति के दावे, मूल्यांकन, और क्षतिपूर्ति की प्रक्रिया निर्धारित की गई।
- यह कानून स्वतंत्र भारत में पुनर्वास नीति की एक महत्वपूर्ण कड़ी था।

**155.** अकेमेनिड शासक जेरक्सेस I (Xerxes I, शासनकालः 486-465 ई.पू.) ने ग्रीस पर असफल आक्रमण (480 ई.पू.) किया था।

- यह आक्रमण प्रसिद्ध ग्रीको-पर्शियन युद्धों (Grecon-Persian Wars) का हिस्सा था।
- जेरक्सेस की सेना को सलामिस (Salamis) और प्लाटीआ (Plataea) की लड़ाइयों में पराजय का सामना करना पड़ा।
- इस पराजय के बाद अकेमेनिड साम्राज्य का यूरोप में विस्तार रुक गया, और धीरे-धीरे उसका पतन प्रारंभ हुआ।

इसलिए ग्रीस पर असफल आक्रमण जेरक्सेस के शासनकाल की निर्णायक ऐतिहासिक घटना थी।

**156.** प्राचीन यूनानी समाज में ''ओइकोस (Oikos)'' शब्द का अर्थ केवल एक घर नहीं बल्कि एक सम्पूर्ण गृह इकाई से था, जिसमें–

- परिवार के सदस्य (कुटुंब),
- दास (Slaves),
- भूमि और संपत्ति – सभी सम्मिलित होते थे।

यह यूनानी सामाजिक व्यवस्था की आर्थिक और पारिवारिक इकाई थी।

''ओइकोस'' शब्द से ही आगे चलकर "Economy" (Oikonomia = household management) शब्द की उत्पत्ति हुई।

अतः यह यूनानी समाज की मूलभूत आर्थिक-सामाजिक संरचना का द्योतक था।

**157.** सोवियत संघ (Union of Soviet Socialist Republics – USSR) का विघटन 1991 ई. में हुआ।

- 26 दिसंबर 1991 को सोवियत संसद (Supreme Soviet) ने औपचारिक रूप से USSR के अंत की घोषणा की।
- इसके परिणामस्वरूप 15 स्वतंत्र गणराज्य बने, जिनमें रूस (Russia) सबसे बड़ा उत्तराधिकारी राज्य था।

- यह विघटन शीत युद्ध (Cold War) की समाप्ति का प्रतीक था और वैश्विक राजनीति को एकध्रुवीय व्यवस्था (Unipolar Order) की ओर ले गया।

मुख्य कारणों में आर्थिक मंदी, गोर्बाचेव की ग्लासनोस्त व पेरेस्त्रोइका नीतियाँ और राष्ट्रवाद का उदय शामिल थे।

**158.** भारतीय संविधान का अनुच्छेद 324 भारत में निर्वाचन आयोग (Election Commission of India) की स्थापना का प्रावधान करता है।

- यह आयोग लोकसभा, राज्यसभा, राज्य विधानसभाओं, और राष्ट्रपति तथा उपराष्ट्रपति के चुनावों के संचालन और नियंत्रण के लिए उत्तरदायी है।
- इसमें एक मुख्य निर्वाचन आयुक्त (Chief Election Commissioner) और अन्य आयुक्त (Election Commissioners) शामिल होते हैं।
- इसका उद्देश्य स्वतंत्र, निष्पक्ष और पारदर्शी चुनाव सुनिश्चित करना है।

यह अनुच्छेद भारतीय लोकतंत्र की संवैधानिक निष्पक्षता की गारंटी है।

**159.** तेलंगाना राज्य का गठन आंध्र प्रदेश के विभाजन से 2 जून 2014 को हुआ।

- यह भारत का 29वाँ राज्य बना।
- तेलंगाना आंदोलन की शुरुआत 1969 में हुई थी, जिसमें अलग राज्य की मांग की गई थी।
- नए राज्य की राजधानी हैदराबाद को 10 वर्षों तक संयुक्त राजधानी के रूप में रखा गया।

इस विभाजन का उद्देश्य था – क्षेत्रीय असमानता को समाप्त करना और स्थानीय पहचान को मान्यता देना।

**160.** 1789 की फ्रांसीसी क्रांति ने यूरोप में राष्ट्र-राज्य (Nation-State) की अवधारणा को जन्म दिया।

- इसने "जनसत्ता (Sovereignty of the People)", "समानता, स्वतंत्रता और भ्रातृत्व" के आदर्श स्थापित किए।
- इससे सामंती राजशाही और अभिजात वर्ग का अंत हुआ तथा राष्ट्र की संप्रभुता नागरिकों के हाथों में आई।
- इसी विचारधारा से यूरोप के अन्य देशों में राष्ट्रीय एकता और स्वतंत्रता आंदोलनों की प्रेरणा मिली।

इसलिए, फ्रांसीसी क्रांति को आधुनिक राष्ट्रवाद और राष्ट्र-राज्य की जननी कहा जाता है।

**161.** शहरी समूहन (Urban Agglomeration) का अर्थ है किसी मुख्य नगर (core city) के चारों ओर स्थित सन्निकट विकसित क्षेत्रों (adjoining built-up areas) का निरंतर शहरी विस्तार।

- इसमें मुख्य शहर के साथ-साथ उसके आसपास के कस्बे, उपनगर (suburbs) और ग्रामीण क्षेत्र सम्मिलित हो जाते हैं।
- भारत की जनगणना (Census) के अनुसार, Urban Agglomeration वह क्षेत्र है जिसमें एक मुख्य नगर और उससे जुड़े कम से कम एक अन्य शहरी इकाई शामिल होती है।

उदाहरणः दिल्ली, मुंबई, कोलकाता, चेन्नई आदि बड़े शहरी समूहन हैं।

**162.** भारत में राष्ट्रीय एकता (National Unity) की अवधारणा को सबसे पहले बंकिमचंद्र चट्टोपाध्याय ने अपनी रचनाओं के माध्यम से बलपूर्वक प्रस्तुत किया।

- उन्होंने अपने उपन्यास "आनंदमठ" (1882) में "वंदे मातरम्" के माध्यम से भारतीय राष्ट्रवाद का प्रतीकात्मक रूप दिया।
- उनके अनुसार भारत केवल एक भौगोलिक इकाई नहीं बल्कि माँ भारती के रूप में एक जीवंत राष्ट्र है।
- इस विचार ने 19वीं शताब्दी के अंत और 20वीं शताब्दी के आरंभ में भारतीय राष्ट्रवाद के आध्यात्मिक और सांस्कृतिक स्वरूप को परिभाषित किया।

**163.** नेपाल संघीय लोकतांत्रिक गणराज्य में अधिकांश जनसंख्या हिंदू धर्म का पालन करती है।

- 2021 की जनगणना के अनुसार, लगभग 81% से अधिक नेपाली नागरिक हिंदू हैं।
- इसके अलावा लगभग 9% बौद्ध, 4% मुस्लिम, और 3% किरत धर्म के अनुयायी हैं।
- नेपाल को 2008 में राजतंत्र से गणराज्य बनाया गया, परंतु उसकी सांस्कृतिक जड़ें अभी भी गहराई से हिंदू परंपराओं से जुड़ी हैं।

**164.** प्लेटो की प्रसिद्ध कृति 'रिपब्लिक (The Republic)' में थ्रेसिमाचस (Thrasymachus) वह पात्र है जिसने न्याय को "शक्तिशाली का हित (Advantage of the Stronger)" कहा है।

- थ्रेसिमाचस के अनुसार, प्रत्येक राज्य में शासन करने वाला वर्ग अपने लाभ के अनुसार "न्याय" को परिभाषित करता है।

• यह विचार राजनीतिक यथार्थवाद (Political Realism) का प्रारंभिक उदाहरण है।

इसके विपरीत, सुकरात (Socrates) ने न्याय को व्यक्ति और समाज दोनों के लिए सद्गुण और संतुलन के रूप में परिभाषित किया।

**165.** पोप फ्रांसिस का पोप-परिपत्र (Encyclical) "Laudato Si" मई 2015 में प्रकाशित हुआ था।

• इसका उपशीर्षक था – "On Care for Our Common Home"।

• इसमें जलवायु परिवर्तन, पर्यावरणीय विनाश, असमानता, और पारिस्थितिक नैतिकता पर गहन चर्चा की गई है।

• यह मानवता से पर्यावरण की रक्षा हेतु नैतिक और आध्यात्मिक जिम्मेदारी निभाने का आग्रह करता है।

इस परिपत्र को वैश्विक पर्यावरणीय नीति विमर्श में ऐतिहासिक दस्तावेज माना जाता है।

**166.** हिन्दू कॉलेज, कलकत्ता (स्थापनाः 1817) भारत के अंग्रेजीकरण और आधुनिक शिक्षा आंदोलन से जुड़ा था, न कि प्राच्यवाद (Orientalism) से।

• प्राच्यवाद आंदोलन का उद्देश्य भारतीय परंपरागत ज्ञान, संस्कृत और अरबी-फारसी शिक्षा को संरक्षित करना था।

• इसके प्रमुख संस्थान थे –

❑ कलकत्ता मदरसा (1781) – अरबी और इस्लामी अध्ययन हेतु,

❑ बनारस संस्कृत कॉलेज (1791) – संस्कृत अध्ययन हेतु,

❑ एशियाटिक सोसाइटी ऑफ बंगाल (1784) – भारतीय ग्रंथों और संस्कृति के अध्ययन हेतु।

वहीं, हिन्दू कॉलेज पश्चिमी शिक्षा और उदारवादी विचारों के प्रसार से संबद्ध था, जो आगे चलकर अंग्रेजी शिक्षण नीति (Anglicist policy) का आधार बना।

**167.** विलियम टिन्डेल (William Tyndale, 1494-1536) ने 16वीं शताब्दी में बाइबिल का अंग्रेजी अनुवाद किया, जो इंग्लैंड में प्रोटेस्टेंट सुधार आंदोलन का एक प्रमुख आधार बना।

• यह अनुवाद गुप्त रूप से यूरोप में छापा गया और अवैध रूप से इंग्लैंड में पहुँचाया गया।

• टिन्डेल ने कैथोलिक चर्च की शिक्षाओं और पादरी वर्ग के नियंत्रण को चुनौती दी।

• उनके अनुवाद ने बाइबिल को आम जनता के लिए सुलभ बना दिया, जिससे धर्मसुधार (Reformation) को बल मिला।

टिन्डेल को 1536 में राजद्रोह और विधर्म के आरोप में मृत्यु दंड दिया गया, लेकिन उनके कार्य ने अंग्रेजी प्रोटेस्टेंटिज़्म की नींव रखी।

**168.** 1956 का राजभाषा अधिनियम संख्या 33 (Official Language Act No. 33 of 1956) श्रीलंका (तत्कालीन सीलोन) में पारित किया गया था।

• इस अधिनियम ने अंग्रेजी को प्रतिस्थापित कर सिंहली (Sinhala) को देश की एकमात्र आधिकारिक भाषा घोषित किया।

• यह निर्णय तमिल भाषी अल्पसंख्यकों के प्रति भेदभावपूर्ण माना गया और भाषाई-सांप्रदायिक तनाव का कारण बना।

• इसी नीति से आगे चलकर सिंहली-तमिल संघर्ष (Sinhalan-Tamil Conflict) और श्रीलंका के गृहयुद्ध (Civil War) की पृष्ठभूमि बनी।

**169.** प्राचीन चीनी नगर चांग'आन (Chang'an) का निर्माण हान राजवंश (Han Dynasty, 206 BCE – 220 CE) के शासनकाल में प्रारंभ हुआ।

• यह शहर हान साम्राज्य की राजधानी था और चीन के राजनीतिक, सांस्कृतिक और आर्थिक केंद्र के रूप में विकसित हुआ।

• चांग'आन बाद में तांग राजवंश (Tang Dynasty) के समय भी राजधानी बना और रेशम मार्ग (Silk Route) का प्रारंभिक बिंदु रहा।

• आधुनिक चीन में यह स्थान शीआन (Xi'an) के नाम से जाना जाता है।

**170.** सुंदियाता कीता (Sundiata Keita), जिन्हें "शेर राजा (Lion King)" कहा जाता है, ने 13वीं शताब्दी (लगभग 1235 ई.) में माली साम्राज्य (Mali Empire) की स्थापना की।

• उन्होंने सुमांगुरु कांटे को पराजित कर पश्चिम अफ्रीका के विभिन्न जनजातीय राज्यों को एकीकृत किया।

• सुंदियाता के शासनकाल में न्याय व्यवस्था, व्यापार और प्रशासन का सुदृढ़ीकरण हुआ।

• आगे चलकर उनका साम्राज्य मंसा मूसा (Mansa Musa) के काल में विश्वप्रसिद्ध समृद्धि का प्रतीक बना।

अतः माली साम्राज्य की स्थापना का श्रेय 13वीं शताब्दी के सुंदियाता कीता को दिया जाता है।

**171.** सूक्ति संग्रह (Analects) प्राचीन चीनी दार्शनिक कन्फ्यूशियस (Confucius, 551-479 BCE) के उपदेशों, संवादों और विचारों का संकलन है।

- यह उनके अनुयायियों द्वारा उनकी मृत्यु के बाद संकलित किया गया।
- इसमें नैतिकता (morality), शासन, सामाजिक संबंध, शिक्षा और आत्मानुशासन पर उनके विचार शामिल हैं।
- कन्फ्यूशियसवाद (Confucianism) का मूल उद्देश्य समाज में सदाचार (virtue), कर्तव्य (duty) और सामंजस्य (harmony) स्थापित करना था।

सूक्ति संग्रह चीन की राजनीतिक और सांस्कृतिक परंपरा की नैतिक नींव माना जाता है।

**172.** अंगकोर (Angkor) स्थित ख्मेर साम्राज्य (Khmer Empire) में राजा को 'देवराज' (Devaraja) – अर्थात् ईश्वर के समान राजा – माना जाता था।

- यह अवधारणा भारत के देवत्व-राज्य सिद्धांत (Divine Kingship) से प्रभावित थी।
- राजा को शिव का अवतार या प्रतिनिधि माना जाता था, और अंगकोर के मंदिर – जैसे अंगकोर वाट –, इसी विचार के प्रतीक थे।
- इस सिद्धांत के माध्यम से राजा की सत्ता को धार्मिक और नैतिक वैधता प्राप्त होती थी।

यह ख्मेर शासन व्यवस्था की धर्म-राजनीतिक एकता का आधार था।

**173.** ईरानी क्रांति (Iranian Revolution) 1979 में आयातुल्लाह रुहोल्लाह खुमैनी (Ayatollah Khomeini) के नेतृत्व में हुई।

- इस क्रांति ने पश्चिम समर्थक शाह मोहम्मद रजा पहलवी (Shah Mohammad Reza Pahlavi) की राजशाही को समाप्त कर दिया।
- इसके स्थान पर एक इस्लामी गणराज्य (Islamic Republic) की स्थापना हुई।
- यह आंदोलन राजनीतिक, धार्मिक और सामाजिक असंतोष का परिणाम था और इस्लामी विचारधारा को शासन के केंद्र में लाया।

1979 की यह क्रांति विश्व इतिहास में राजनीतिक इस्लाम (Political Islam) के पुनरुत्थान का प्रतीक मानी जाती है।

**174.** लिन व्हाइट जूनियर (Lynn White Jr-) ने अपने 1967 के प्रसिद्ध लेख "The Historical Roots of Our Ecologic Crisis" में यह तर्क दिया कि

ईसाई धर्मशास्त्र (Christian Theology) ने आधुनिक पर्यावरणीय संकट में योगदान दिया है।

- उनका मत था कि ईसाई धर्म ने मनुष्य को प्रकृति पर प्रभुत्व का अधिकार प्रदान किया, जिससे पर्यावरण के दोहन की प्रवृत्ति बढ़ी।
- उन्होंने इस विचारधारा की आलोचना की और प्रकृति के प्रति सहजीवी और सम्मानजनक दृष्टिकोण अपनाने की आवश्यकता पर बल दिया।

यह लेख पर्यावरण इतिहास (Environmental History) और ईको-थियोलॉजी के विकास में एक मील का पत्थर माना जाता है।

**175.** तांग राजवंश (Tang Dynasty, 618-907 CE) की राजधानी चांग'आन (Chang'an) प्राचीन विश्व का एक वैश्विक महानगर (Cosmopolitan City) था।

- यह रेशम मार्ग (Silk Route) का प्रमुख प्रारंभिक बिंदु था, जो चीन को मध्य एशिया, भारत, फारस और यूरोप से जोड़ता था।
- शहर में विभिन्न संस्कृतियों, धर्मों और भाषाओं का सहअस्तित्व था – जिससे यह अंतरराष्ट्रीय व्यापार और सांस्कृतिक आदान-प्रदान का केंद्र बन गया।
- आज का आधुनिक शीआन (Xi'an) वही ऐतिहासिक चांग'आन है।

इसने पूर्व और पश्चिम की सभ्यताओं को जोड़ने में निर्णायक भूमिका निभाई।

**176.** पारिस्थितिक धर्मशास्त्र (Ecotheology) वह अध्ययन क्षेत्र है जो प्रकृति और धर्म के बीच के संबंधों का अन्वेषण करता है।

- यह विषय यह समझने का प्रयास करता है कि धार्मिक विश्वास, पवित्र ग्रंथ, और आध्यात्मिक परंपराएँ पर्यावरण और सृष्टि के प्रति मनुष्य के दृष्टिकोण को कैसे प्रभावित करती हैं।
- इसका उद्देश्य पर्यावरणीय नैतिकता (Environmental Ethics) और आध्यात्मिक जिम्मेदारी के बीच संतुलन स्थापित करना है।

- यह क्षेत्र ईसाई, हिंदू, बौद्ध, और इस्लामी धर्मशास्त्र में प्रकृति की भूमिका का अध्ययन करता है, ताकि एक सतत जीवन-दृष्टि (Sustainable Worldview) विकसित हो सके।

**177.** लिन व्हाइट जूनियर (Lynn White Jr.) द्वारा 1967 में प्रकाशित निबंध "The Historical Roots of Our Ecologic Crisis" ने यह तर्क प्रस्तुत किया कि पश्चिमी धार्मिक परंपराएँ, विशेष रूप से ईसाई धर्म, आधुनिक पर्यावरणीय संकट के लिए जिम्मेदार हैं।

- उन्होंने कहा कि ईसाई धर्म ने मनुष्य को प्रकृति पर प्रभुत्व रखने का अधिकार दिया, जिससे प्राकृतिक संसाधनों के शोषण को वैचारिक समर्थन मिला।
- इस निबंध ने पर्यावरणीय इतिहास, ईकोथियोलॉजी (Ecotheology), और धार्मिक नैतिकता के क्षेत्र में व्यापक बहस को जन्म दिया।
- इसे पर्यावरणीय चिंतन के इतिहास में एक मील का पत्थर (landmark work) माना जाता है।

**178.** श्रीलंका के कंदियन क्षेत्र (Kandyan region) में दन्त अवशेष (Tooth Relic), जिसे स्थानीय रूप में दलाडा कहा जाता है, राजकीय वैधता और धार्मिक अनुष्ठानों का केंद्र था।

- यह बुद्ध के पवित्र दाँत का अवशेष माना जाता है और कैंडी के श्री दलाडा मालीगावा (Temple of the Tooth) में स्थापित है।
- पारंपरिक रूप से यह विश्वास था कि जो शासक इस अवशेष का संरक्षण करता है, वही सिंहासन का वैध उत्तराधिकारी होता है।
- इस प्रकार, दन्त अवशेष न केवल धार्मिक श्रद्धा का केंद्र था, बल्कि राजनीतिक वैधता (Political Legitimacy) का भी प्रतीक था।

**179.**
- प्रारम्भिक शाही चीनी नगर नियोजन में राजकीय/अनुष्ठानिक परिसर (जैसे शेजी—भूमि व अन्न की वेदी, स्वर्ग—पृथ्वी की आहुति वेदियाँ, पूर्वज मंदिर, महल) को नगर की केन्द्रीय धुरी पर रखा जाता था, जो सम्राट की दैवी वैधता (Mandate of Heaven) और शासन की औपचारिक संरचना का केंद्र था।
- हान काल में इस वैचारिकी को संस्थागत रूप दिया गया: अनुष्ठान एवं शाही परिसर को बाजार/वाणिज्यिक मंडियों से अलग, नियत दूरी व परिक्षेत्रों में रखा गया—बाजारों को नियत वार्डेड ग्रिड में उत्तर/पश्चिम की ओर स्थान देकर, शाही—धार्मिक धुरी की पवित्रता व अधिकार सुरक्षित रखी गई।
- यह पृथक्करण दिखाता है कि नगर शासकीय ढाँचे का आयोजन स्वयं अनुष्ठानिक स्थल-व्यवस्था के इर्द-गिर्द होता था; शासन, न्याय व राजकीय समारोह इसी धुरी पर स्थित थे, जबकि व्यापार को नियंत्रित, अलग नागरिक प्रभाग के भीतर संगठित किया गया।
- नतीजतन, अनुष्ठानिक स्थल केवल धार्मिक नहीं, बल्कि शहरी शासन की योजना, नियंत्रण और पदानुक्रम निर्धारित करने वाले स्थापत्य-नोड बन गए—यही तर्क इस विकल्प को तांग से पूर्व के प्रारम्भिक शाही नगरों में अनुष्ठान-स्थलों की शासकीय भूमिका का सबसे उपयुक्त उदाहरण बनाता है।

**180.** मनबेन्द्रनाथ रॉय (M.N. Roy) ने 'कट्टरपंथी मानवतावाद' (Radical Humanism) का सिद्धांत विकसित किया।

- उन्होंने यह विचार प्रस्तुत किया कि मनुष्य स्वयं अपने जीवन का नैतिक और सामाजिक केंद्र है – किसी दैवी या अलौकिक सत्ता का नहीं।
- यह विचारधारा तर्क, विज्ञान और नैतिक जिम्मेदारी पर आधारित थी, जो समाज में स्वतंत्रता और विवेकपूर्ण आचरण को प्रोत्साहित करती है।
- रॉय ने इसे धर्म और साम्यवाद दोनों की सीमाओं से परे एक मानवीय दर्शन के रूप में प्रस्तुत किया।

उनकी पुस्तक "Reason, Romanticism and Revolution" (1952) इस सिद्धांत का मुख्य ग्रंथ मानी जाती है।

**181.** प्रारंभिक बाल्यावस्था में जेंडर समाजीकरण (Gender Socialization) का सबसे प्रमुख कारक परिवार होता है।

- बच्चे अपने माता-पिता, दादा-दादी और भाई-बहनों के व्यवहार, भाषा और भूमिकाओं को देखकर यह सीखते हैं कि लड़कों और लड़कियों से किस प्रकार के कार्य, व्यवहार और भावनाएँ अपेक्षित हैं।
- परिवार बच्चों में ''लड़कियों को गुड़िया से खेलना चाहिए'' या ''लड़कों को बाहर खेलना चाहिए'' जैसे सांस्कृतिक जेंडर-रोल्स को स्थापित करता है।
- इस प्रकार, परिवार बच्चे की लिंग पहचान (Gender Identity) और सामाजिक व्यवहार की प्रारंभिक नींव रखता है।

**182.** अधिगम उद्देश्य (Learning Objectives) यह स्पष्ट करते हैं कि किसी पाठ या इकाई के अंत में विद्यार्थी क्या जानेंगे, समझेंगे और कर सकेंगे।

- ये उद्देश्य शिक्षक को यह दिशा देते हैं कि शिक्षण का लक्ष्य क्या है और मूल्यांकन किन परिणामों पर आधारित होगा।
- उदाहरण के लिए, "विद्यार्थी पौधों के भागों की पहचान कर सकेंगे" – यह एक स्पष्ट अधिगम उद्देश्य है।
- इस प्रकार, अधिगम उद्देश्य शिक्षा प्रक्रिया को लक्ष्य-उन्मुख और मापन योग्य बनाते हैं।

**183.** कक्षा में चर्चा (Class Discussion) के दौरान दो मुख्य कौशल शामिल होते हैं – सुनना और बोलना।

- विद्यार्थी दूसरों के विचारों को ध्यानपूर्वक सुनते हैं और उसके बाद अपने विचार मौखिक रूप से व्यक्त करते हैं।
- यह प्रक्रिया भाषा-कौशल के विकास के साथ-साथ आलोचनात्मक चिंतन (Critical Thinking) और सहभागिता कौशल (Participation Skills) को भी मजबूत करती है।
- प्रभावी चर्चा से विद्यार्थियों में सम्मानपूर्वक असहमति व्यक्त करने और तर्कसंगत संवाद करने की क्षमता भी विकसित होती है।

**184.** संज्ञानात्मक दृष्टिकोण (Cognitive Approach) का केंद्रबिंदु यह है कि अधिगम मन की आंतरिक प्रक्रियाओं, जैसे सोच, समझ, स्मृति और निर्णय पर आधारित होता है।

- इसमें विद्यार्थी केवल सूचना ग्रहण नहीं करते, बल्कि उसे विश्लेषित, संयोजित और व्याख्यायित करते हैं।
- उदाहरणतः, जब विद्यार्थी किसी समस्या को हल करने से पहले तर्कसंगत रूप से सोचते हैं, तो यह संज्ञानात्मक अधिगम कहलाता है।
- इस दृष्टिकोण के अनुसार, प्रभावी सीखना सक्रिय मानसिक संलग्नता (Active Mental Engagement) से होता है, न कि केवल अनुकरण या अभ्यास से।

**185.** हर्बर्टियन मॉडल (Herbartian Model) के अनुसार पाठ नियोजन का पहला औपचारिक चरण "तैयारी" (Preparation) होता है।

- इस चरण में शिक्षक विद्यार्थियों की पूर्व ज्ञान (Previous Knowledge) को सक्रिय करता है ताकि वे नए विषय से जुड़ सकें।
- शिक्षक कुछ प्रश्नों या गतिविधियों के माध्यम से विद्यार्थियों की रुचि और जिज्ञासा को जगाता है।
- यह चरण शिक्षण के लिए एक मनोवैज्ञानिक सेतु (Psychological Bridge) का कार्य करता है, जिससे विद्यार्थी विषयवस्तु को ग्रहण करने के लिए मानसिक रूप से तैयार हो जाते हैं।

**186.** • अनुशासन (Discipline) वह व्यापक अध्ययन क्षेत्र है जिसमें नई अवधारणाएँ, सिद्धांत और सिद्धांतात्मक ज्ञान का निर्माण किया जाता है। जैसे – भौतिकी, समाजशास्त्र या मनोविज्ञान।

- विषय (Subject) अनुशासन के भीतर उस ज्ञान का व्यावहारिक अनुप्रयोग है, जैसे – यांत्रिकी, समाजिक संरचना, या शैक्षणिक मनोविज्ञान।
- इसलिए अनुशासन ज्ञान की सैद्धांतिक नींव प्रदान करता है, जबकि विषय उस ज्ञान को शिक्षण और व्यवहारिक स्तर पर लागू करता है।

**187.** • "शिक्षा में सिद्धांत" का आशय केवल नियमों या तथ्यों को रटाने से नहीं, बल्कि विद्यार्थियों में गहन बौद्धिक और कलात्मक संवेदनशीलता विकसित करने से है।

- यह विद्यार्थियों को सोचने, अनुभव करने, सृजन करने और सौंदर्यात्मक दृष्टिकोण से ज्ञान को आत्मसात करने में सहायता करता है।
- इस प्रकार यह शिक्षा को मानवीय और सृजनात्मक दिशा प्रदान करता है, जो केवल अकादमिक दक्षता तक सीमित नहीं रहती।

**188.** • वे बच्चे जिनके शारीरिक, मानसिक, संवेदी (sensory) या भावनात्मक विकास में विविधता होती है, उन्हें विशेष शैक्षिक सहायता (Special Educational Support) की आवश्यकता होती है।

- उदाहरणः दृष्टिहीन, श्रवण-बाधित, ऑटिज़्म स्पेक्ट्रम, या धीमा सीखने वाले बच्चे।
- ऐसे बच्चों के लिए समावेशी शिक्षा (Inclusive Education) की व्यवस्था की जाती है ताकि वे सामान्य शिक्षण वातावरण में भी सीख सकें।

**189.** • रचनावादी दर्शन (Constructivism) के अनुसार अधिगम तब होता है जब विद्यार्थी स्वयं ज्ञान का निर्माण करते हैं, केवल सूचना ग्रहण नहीं करते।

- इसलिए शिक्षण संसाधन इस प्रकार के होने चाहिए जो विद्यार्थियों को जांचने, प्रश्न पूछने, प्रयोग करने और समस्याओं को सुलझाने के लिए प्रेरित करें।

• ऐसे संसाधन विद्यार्थियों में स्वतंत्र चिंतन, रचनात्मकता और अवधारणात्मक समझ को विकसित करते हैं।

**190.** • मूल्यांकन का मूल उद्देश्य विद्यार्थियों को रैंक या दंडित करना नहीं, बल्कि शिक्षण प्रक्रिया की गुणवत्ता को सुधारना होता है।

• यह बताता है कि विद्यार्थियों ने क्या सीखा, कहाँ कठिनाई हो रही है और शिक्षक अपने शिक्षण में क्या सुधार कर सकते हैं।

• प्रभावी मूल्यांकन शिक्षण को प्रतिपुष्टि (Feedback) प्रदान करता है और अधिगम को निरंतर व प्रगतिशील प्रक्रिया बनाता है।

**191.** • 'जेंडर (Gender)' शब्द का संबंध केवल जैविक अंतर से नहीं, बल्कि समाज द्वारा निर्धारित भूमिकाओं, व्यवहारों, अपेक्षाओं और अवसरों से होता है।

• यह बताता है कि एक समाज पुरुषों और महिलाओं से किस प्रकार के कार्य, वस्त्र, व्यवहार या जिम्मेदारियाँ अपेक्षित करता है।

• अतः जेंडर एक सामाजिक और सांस्कृतिक निर्माण (Social & Cultural Construct) है, जो समय और समाज के साथ बदलता रहता है।

**192.** • व्यवहारवादी दृष्टिकोण (Behaviourist Approach) के अनुसार सीखना उत्तेजना (Stimulus) और प्रतिक्रिया (Response) के संबंध पर आधारित होता है।

• जब किसी क्रिया पर सकारात्मक या नकारात्मक प्रतिक्रिया दी जाती है, तो वह क्रिया दोहराई या छोड़ी जाती है।

• प्रसिद्ध मनोवैज्ञानिक जैसे जॉन बी. वॉटसन और बी. एफ. स्किनर ने इसे प्रतिपुष्टि (Reinforcement) के सिद्धांत से समझाया।

• इस प्रकार व्यवहारवाद अधिगम को बाह्य रूप से देखे जाने वाले व्यवहार परिवर्तन के रूप में परिभाषित करता है।

**193.** • वृद्धि और विकास का सिद्धांत कहता है कि विकास एक क्रमिक (Sequential) प्रक्रिया है, जो एक निश्चित क्रम में आगे बढ़ती है।

• उदाहरणः बच्चे पहले सिर और गर्दन को नियंत्रित करना सीखते हैं, फिर हाथों और पैरों का समन्वय करते हैं।

• यह प्रक्रिया अचानक नहीं होती, बल्कि निरंतरता और क्रम के साथ होती है।

• अतः वृद्धि और विकास में क्रमिकता, निरंतरता और सामंजस्य का सिद्धांत लागू होता है।

**194.** • वृद्धि (Growth) का अर्थ है शरीर के आकार, लंबाई, वजन और अंगों के आकार में मात्रात्मक (Quantitative) परिवर्तन।

• उदाहरणः बच्चे की ऊँचाई, वजन, मस्तिष्क का आकार या हड्डियों का विकास बढ़ना।

• जबकि बिकास (Development) गुणात्मक परिवर्तन जैसे बुद्धि, व्यक्तित्व या भावनाओं के परिपक्व होने को दर्शाता है।

• अतः वृद्धि शरीर के भौतिक परिवर्तन का मापक है।

**195.** • रचनावाद (Constructivism) के अनुसार ज्ञान किसी व्यक्ति को बाह्य रूप से दिया नहीं जाता, बल्कि वह स्वयं अनुभवों, विचारों और सामाजिक अंतःक्रियाओं के माध्यम से उसका निर्माण करता है।

• जीन पियाजे ने इसे व्यक्तिगत अनुभवों पर आधारित बताया, जबकि लेव वायगोत्स्की ने सामाजिक अंतःक्रिया को इसके केंद्र में रखा।

• इस दृष्टिकोण में विद्यार्थी सक्रिय भागीदार होता है, जो सीखने को अपने अनुभवों से जोड़कर नया ज्ञान निर्मित करता है।

**196.** • परियोजना-आधारित शिक्षण (Project-Based Learning) में कार्यान्वयन चरण (Implementation Stage) वह होता है जब विद्यार्थी अपने नियोजित कार्यों को वास्तविक रूप से पूरा करते हैं।

• इस चरण में वे डेटा संग्रह, प्रयोग, साक्षात्कार, मॉडल निर्माण, प्रस्तुति और समूह कार्य जैसी गतिविधियाँ करते हैं।

• यहाँ शिक्षक मार्गदर्शक की भूमिका निभाता है, और विद्यार्थी सक्रिय रूप से सीखने की प्रक्रिया में संलग्न होते हैं।

• यह चरण अनुभव-आधारित और सहयोगात्मक अधिगम को प्रोत्साहित करता है।

**197.** • ब्लूम के संज्ञानात्मक वर्गीकरण (Bloom's Taxonomy) में "विश्लेषण" उच्च-स्तरीय मानसिक कौशल है जो विद्यार्थियों को समालोचनात्मक चिंतन (Critical Thinking) के लिए प्रेरित करता है।

• इस स्तर पर विद्यार्थी तथ्यों, विचारों और संबंधों को विभाजित कर कारण-परिणाम और तर्कों की जांच करते हैं।

- यह सीखने को सतही स्मरण से हटाकर गहन समझ और मूल्यांकन की दिशा में ले जाता है।

**198.** • इस उपागम में पाठ्यचर्या (Curriculum) का विकास विद्यार्थियों की रुचियों, आवश्यकताओं और अनुभवों पर आधारित होता है।

- इसका उद्देश्य शिक्षार्थियों को सीखने की प्रक्रिया का सक्रिय भागीदार बनाना है, न कि केवल निष्क्रिय श्रोता।
- इसमें शिक्षक एक सुविधादाता (Facilitator) के रूप में कार्य करता है और शिक्षण सामग्री को विद्यार्थियों की व्यक्तिगत भिन्नताओं के अनुसार अनुकूलित करता है।
- यह दृष्टिकोण स्व-निर्देशित अधिगम और आत्म-अन्वेषण को बढ़ावा देता है।

**199.** • रचनावादी सिद्धांत के अनुसार सीखना एक सक्रिय प्रक्रिया है, जिसमें विद्यार्थी अपने अनुभवों, पूर्व ज्ञान और सामाजिक अंतःक्रियाओं के माध्यम से नया ज्ञान निर्मित करते हैं।

- यह दृष्टिकोण कहता है कि ज्ञान किसी बाहरी स्रोत से सीधे स्थानांतरित नहीं किया जा सकता, बल्कि उसे व्यक्तिगत समझ और व्याख्या के माध्यम से आत्मसात किया जाता है।
- इस प्रकार, अधिगम ''जानकारी ग्रहण'' नहीं बल्कि अर्थ निर्माण (Meaning Construction) की प्रक्रिया है।

**200.** • संवेदी क्षीणता (Sensory Impairment) का संबंध दृष्टि, श्रवण या अन्य संवेदनात्मक क्षमताओं की कमी से होता है।

- अंधापन, सीमित श्रवण दक्षता और बधिरता सभी संवेदी अंगों की हानि से संबंधित हैं।
- जबकि दीर्घकालिक अस्थमा श्वसन तंत्र (Respiratory System) की समस्या है, जो संवेदनात्मक कार्यों को प्रभावित नहीं करती।
- अतः इसे संवेदी क्षीणता नहीं माना जाता।

YOUR SPACE

पिछले प्रश्न-पत्र (हल सहित)

# दिल्ली अधीनस्थ सेवा चयन बोर्ड

# DSSSB-PGT (इतिहास) भर्ती परीक्षा, 2021 *

## विषय ज्ञान – इतिहास एवं शिक्षण विधि

**1.** गुप्त अवधि के बारे में मुद्राशास्त्रीय ज्ञान के अनुसार, निम्नलिखित में से किस शासक को कुछ सोने के सिक्कों पर वीणा बजाते हुए दर्शाया गया है?

A. चन्द्रगुप्त II
B. समुद्रगुप्त
C. विष्णुगुप्त
D. कुमारगुप्त I

**2.** प्रथम बौद्ध संगीति (483 BCE) निम्नलिखित में से किस शासक के संरक्षण में आयोजित की गई थी?

A. बिन्दुसार
B. अजातशत्रु
C. बिम्बिसार
D. अशोक

**3.** ''इकोनॉमिक हिस्ट्री सोसाइटी'' (EHS) की स्थापना निम्न वर्ष में की गई थी :

A. 1976
B. 1986
C. 1926
D. 1956

**4.** अंतिम महान मौर्य शासक, सम्प्रति, इनमें से किस धर्म के संरक्षक थे?

A. हिन्दू धर्म
B. जैन धर्म
C. शैव
D. बौद्ध धर्म

**5.** चन्द्रगुप्त मौर्य इनमें से किस जैन भिक्षु के शिष्य बने?

A. जिनभद्र
B. जादिवासा
C. भद्रबाहु
D. पूज्यपाद

**6.** रघुवंशम् निम्न की कृति है :

A. तुलसीदास
B. विशाखदत्त
C. हरिषेण
D. कालिदास

**7.** निम्नलिखित में से कौन-सी लिपियों को अशोक के शासन में पूरे मौर्य साम्राज्य में समान रूप से अपनाया गया था?

A. खरोष्ठी लिपि
B. देवनागरी लिपि
C. आरमेइक लिपि
D. ब्राह्मी लिपि

**8.** सिंधु घाटी सभ्यता इतिहास में निम्नलिखित में से किस अवधि से संबंधित है?

A. मध्यपाषाण युग
B. कांस्य युग
C. लौह युग
D. ताम्रपाषाण (तांबा) युग

**9.** मौर्यों ने सेल्युकस निकेटर को किस शासक के शासनकाल में हराया था?

A. बृहद्रथ
B. बिन्दुसार
C. चन्द्रगुप्त मौर्य
D. सम्प्रति

**10.** सिंधु घाटी सभ्यता की ''पशुपति मुहर'' निम्नलिखित में से किस स्थल पर खोजी गई थी?

A. लोथल
B. बरोड़
C. मोहनजोदड़ो
D. भिरड़ाना

**11.** डिमैचस किसके दरबार में राजदूत था?

A. बिन्दुसार
B. अशोक
C. बिम्बिसार
D. सम्प्रति

**12.** इनमें से कौन-सा राजवंश मगध में सत्ता में आने वाला पहला गैर क्षत्रिय राजवंश था?

A. हर्यक राजवंश
B. शुंग राजवंश
C. शिशुनाग राजवंश
D. नंद राजवंश

**13.** इनमें से किस हड़प्पा स्थल पर नालियों और जलाशयों और जल संचयन के माध्यम से परिष्कृत जल संरक्षण की खोज की गई थी?

A. मोहनजोदड़ो
B. मेहरगढ़
C. धोलावीरा
D. लोथल

* Online exam held on 28/06/2021.

14. "दास कैपिटल" जिसे "कैपिटल : ए क्रिटिक ऑफ पॉलिटिकल इकोनॉमी" के रूप में भी जाना जाता है, किसके द्वारा लिखी गई है?

A. हेगेल B. कार्ल पोलनी
C. डेविड रिकार्डो D. कार्ल मार्क्स

15. स्कन्दगुप्त को निम्नलिखित में से किस जनजाति को पराजित करने का श्रेय दिया गया?

A. कंबोज B. हूण
C. किरात D. पारसिक

16. अंग को किस राजा के शासनकाल में मगध में संलग्न किया गया था?

A. बिम्बिसार B. बृहद्रथ
C. उदायिभद्र D. अजातशत्रु

17. निम्नलिखित में से कौन "अष्टाध्यायी" के लेखक हैं?

A. नागार्जुन B. बाणभट्ट
C. भरत मुनि D. पाणिनि

18. सिंधु घाटी सभ्यता के खंडहरों का पहला आधुनिक विवरण किसके द्वारा प्रदान किया गया था?

A. राखालदास बनर्जी
B. अलेक्जैंडर कन्निघम
C. चार्ल्स मेसन
D. रविन्द्र सिंह बिष्ट

19. अशोक के संरक्षण में तीसरी बौद्ध परिषद का नेतृत्व किसके द्वारा किया गया था?

A. नरिन्दभिधज B. मोग्गलिपुत्ततिस्स
C. महाकाश्यप D. महाथेरा जगराभिवंश

20. इनमें से किस शिलालेख के तहत अशोक ने स्वयं को "उपासक" घोषित किया था?

A. लुम्बिनी शिलालेख
B. माइनर रॉक एडिक्ट 3
C. माइनर रॉक एडिक्ट 1
D. मेजर रॉक एडिक्ट 8

21. निम्नलिखित में से कौन बंगाल सल्तनत का जागीरदार राज्य नहीं था?

A. आरकान B. त्रिपुरा
C. मालवा D. ओडिशा

22. इनमें से किस शासक के अधीन "तूतिनामा" को चित्रित किया गया था?

A. हुमायूँ B. शाहजहाँ
C. अकबर D. जहाँगीर

23. ब्रिटिश संसद द्वारा पारित इनमें से किस अधिनियम ने, भारत में साहित्य और विज्ञान के पुनरुद्धार और विकास को बढ़ावा दिया?

A. चार्टर अधिनियम, 1813
B. सरकारी अधिनियम, 1858
C. पिट का भारत अधिनियम, 1787
D. विनियमन अधिनियम, 1773

24. सामान्य सेवा सूची अधिनियम (1856), 1857 के विद्रोह का प्रमुख कारण क्या था?

A. इसने ब्राह्मणों और राजपूतों जैसे उच्च जाति के हिंदुओं में से ही भर्ती को बढ़ावा दिया
B. इसने सिपाहियों के वेतन को कम कर दिया
C. इसमें तैनाती के लिए सिपाहियों को विदेश जाने की आवश्यकता थी जो उन दिनों हिंदुओं के लिए वर्जित था
D. इसने सिपाहियों के दर्जे के बीच नस्लवाद को बढ़ावा दिया

25. बंगाल सती विनियमन अधिनियम, (विनियमन XVII) किस वर्ष में पारित किया गया था?

A. 1829 B. 1812
C. 1798 D. 1817

26. निम्नलिखित में से किस विद्वान द्वारा "डी होमिनिस डिग्निटेट" (मनुष्य की गरिमा पर व्याख्यान, 1486) लिखा गया है?

A. जोवानी पिको देला मीरदेला
B. निकोलो मैकियावेली
C. इरासमस
D. पोगियो ब्रैकिओलिनी

27. इनमें से किस शासक के अधीन "शालीमार बाग" साधिकार किया गया था?

A. अकबर B. जहाँगीर
C. शाहजहाँ D. बाबर

**28.** निम्नलिखित में से कौन सल्तनत काल का पहला राजवंश था?

A. सैयद राजवंश

B. मामलुक राजवंश

C. खिलजी राजवंश

D. लोदी राजवंश

**29.** इनमें से किस महाराज्यपाल के अधीन 'बंगाल का स्थायी बंदोबस्त'' अधिनियम पारित किया गया था?

A. लॉर्ड विलियम बैन्टिक

B. लॉर्ड हेस्टिंग्स

C. लॉर्ड कैनिंग

D. लॉर्ड कॉर्नवालिस

**30.** इनमें से किस विचारक ने तर्क दिया कि, मजबूत सरकार के बिना, समाज का पतन हो जाएगा : ''बेलम ऑम्नियम कॉन्ट्रा ओम्नेस''–''सभी के खिलाफ सभी का युद्ध''?

A. फ्रेडरिक एंगेल्स

B. थॉमस हॉब्स

C. इमाईल दुर्खीम

D. जीन-जक्कुएस रूसो

**31.** मुहम्मद बिन बख्तियार खिलजी निम्नलिखित में से किस स्थल को दूषित करने के लिए जिम्मेदार था?

A. सोमनाथ
B. अजमेर
C. नालंदा
D. द्वारका

**32.** जर्मनी में निम्नलिखित में से किस तिथि को ''सुधार दिवस'' मनाया जाता है?

A. 18 फरवरी
B. 10 नवम्बर
C. 31 अक्टूबर
D. 25 जून

**33.** किसने ''पितृतंत्रात्मक परिवार'' के संबंध में निम्नलिखित का सुझाव दिया : ''यौन ईर्ष्या, शक्ति के माध्यम से लिप्त, पितृतंत्रात्मक परिवार के लिए एक परिभाषा के रूप में काम कर सकती है''?

A. लुईस हेनरी मॉर्गन

B. अर्नेस्ट गेलनर

C. सर हेनरी मेन

D. सिग्मंड फ्रायड

**34.** 1933 में प्रकाशित पैम्फलेट, पाकिस्तान डिक्लेरेशन, जिसका शीर्षक ''अभी या कभी नहीं; क्या हम हमेशा जीवित रहेंगे या नष्ट हो जाएंगे?'' था, किसके द्वारा लिखा गया था?

A. मुहम्मद जफरुल्लाह खान

B. चौधरी रहमत अली

C. अबुल कासिम फजलुल हक

D. मोहम्मद अली जिन्ना

**35.** 1857 के भारतीय विद्रोह के संदर्भ में ''स्वतंत्रता का पहला युद्ध'' शब्द सबसे पहले किसके द्वारा लोकप्रिय हुआ था?

A. विनायक दामोदर सावरकर

B. भीमराव रामजी अम्बेडकर

C. जवाहरलाल नेहरू

D. कार्ल मार्क्स

**36.** मार्टिन लुथर और जॉन केल्विन किसके लेखन से प्रभावित थे?

A. प्लोटिनस

B. हिप्पो का ऍगस्टीन

C. जॉन वाइक्लिफ

D. पॉल द अपोसल

**37.** निम्नलिखित में से किस जोड़े के बीच चौसा का युद्ध हुआ था?

A. बाबर – इब्राहिम लोधी

B. अकबर – राजा हेमू

C. औरंगजेब – दारा शिकोह

D. हुमायूँ – शेरशाह सूरी

**38.** इनमें से किस शासक के अधीन दिल्ली सल्तनत भौगोलिक विस्तार के मामले में अपने चरम पर पहुँच गई थी?

A. ग्यासुद्दीन तुगलक

B. फिरोज शाह तुगलक

C. मुहम्मद बिन तुगलक

D. अबू बक्र शाह

**39.** निम्नलिखित में से किस पापल बैल द्वारा 1521 में पोप, लियो X द्वारा मार्टिन लुथर को बहिष्कृत किया गया था?
A. डीसेट रोमनम पोंटिफिसेम
B. इनजंक्टम नोबिस
C. रेजिमिनी मिलिटेंटिस एक्सेलेसिए
D. एंटिका सैंक्टोरम पैट्रम

**40.** सिपाही विद्रोह, 1857 निम्नलिखित में से किस शहर में शुरू हुआ था?
A. मेरठ
B. ग्वालियर
C. वेल्लूर
D. बैरकपुर

**41.** निम्नलिखित में से किस वायसराय के काल में इल्बर्ट बिल पेश किया गया था?
A. लॉर्ड डफरिन
B. लॉर्ड रिपन
C. लॉर्ड मेयो
D. लॉर्ड लिटन

**42.** निम्नलिखित में से कौन-सा संगठन अखंड भारत की अवधारणा के प्रबल समर्थन में था?
A. अखिल भारतीय मुस्लिम लीग
B. आजाद मुस्लिम सम्मेलन
C. बंगाल प्रांतीय मुस्लिम लीग
D. कृषक श्रमिक पार्टी

**43.** सर फ्रांसिस बेकन की "आगमनात्मक तर्क" के अनुप्रयोग की पद्धति को निम्नलिखित में से किस कार्य में पेश किया गया था?
A. द विस्डम ऑफ द अन्सिएंटस (1609)
B. मेस्कुलस पार्टस टेम्पोरम (1603)
C. नोवम ऑर्गनम (1620)
D. मेडिटेशन्स सक्रई (1597)

**44.** "भारतीय शिक्षा पर मिनट" जिसके कारण अंग्रेजी शिक्षा अधिनियम, 1835 बना, इन अंग्रेज विद्वानों में से किस के द्वारा तैयार किया गया था?
A. थॉमस मैकॉले
B. होरेस विल्सन
C. थॉमस मुनरो
D. विलियम कैम्पबेल

**45.** "राष्ट्रीय स्वयंसेवक संघ" की स्थापना (नागपुर, 1925) किसके द्वारा की गई थी?
A. विनायक दामोदर सावरकर
B. चक्रवर्ती राजगोपालाचारी
C. सरदार वल्लभभाई पटेल
D. केशव बलिराम हेडगेवार

**46.** नीचे दिए गए चार सूचीबद्ध प्रश्नों में से कौन "आंतरिक आलोचना" के अंतर्गत आता है, जैसा कि गैराघन और डेलंगलेज द्वारा वर्णित है?
A. यह किसके द्वारा उत्पादित किया गया था? (लेखकत्व)
B. इसकी सामग्री का साक्ष्य मूल्य क्या है? (विश्वसनीयता)
C. इसका उत्पादन कहाँ किया गया था? (स्थानीयकरण)
D. स्रोत को कब लिखा या अलिखित, निर्मित किया गया था? (तिथि)

**47.** देंग शियाओ पिंग ने चीन की "ओपन डोर पॉलिसी" कब शुरू की?
A. 1986
B. 1978
C. 1988
D. 1976

**48.** निम्नलिखित में से किस विद्वान को "वैज्ञानिक इतिहास का जनक" कहा गया है?
A. सुकरात
B. थ्यूसीडाइड्स
C. प्लेटो
D. हेरोडोटस

**49.** "हिक्की बंगाल गजट या द ओरिजिनल कलकत्ता जनरल एडवरटाइजर", एशिया में छपने वाला पहला समाचार पत्र, किस वर्ष में प्रकाशित किया गया था?
A. 1780
B. 1782
C. 1778
D. 1777

**50.** रंगभेद कानून कब निरस्त किया गया था?
A. 17 अप्रैल, 1992
B. 6 जून, 1990
C. 17 जून, 1991
D. 11 अप्रैल, 1994

**51.** इन विद्वानों में से किसने लुक्रेतिउस के एकमात्र मौजूद कार्य "डे रेरम नेचुरा" की पुनः खोज की?
A. लोरेंजो मेडिसि
B. लियोनार्डो ब्रूनि
C. निकोलो डी निकोलाइ
D. पोगियो ब्रैकिओलिनी

**52.** 1859 के "नील विद्रोह" को अनिवार्यतः प्रभावित करने वाला नाटक, "नीलदर्पण" किसके द्वारा लिखा गया था?

A. माइकल मधुसूदन दत्ता

B. रबींद्रनाथ टैगोर

C. गिरीश चन्द्र घोष

D. दीनबंधु मित्र

**53.** फ्लोरेंस में पुनर्जागरण काल के दौरान बैंकर, इनमें से किस "आर्टे मैगियोरी" (बृहत्तर श्रेणी) से संबंधित थे?

A. द आर्टे डेला सेटा

B. द अर्टे डेई गुइडीसी ए नोटाइ

C. द अर्टे दे मेडिसी ए स्पेजियालि

D. द आर्टे डेल कैम्बियो

**54.** वेटिकन स्टैन्जा डेला सेग्नतुरा में "द स्कूल ऑफ एथेंस", निम्नलिखित में से किस चित्रकार द्वारा चित्रित भित्ति चित्र है?

A. दा विंची

B. राफेल

C. माइकल एंजेलो

D. बोटीसेली

**55.** किस वर्ष में "देशी प्रेस अधिनियम" को निरस्त किया गया था?

A. 1881 B. 1883

C. 1884 D. 1882

**56.** निम्नलिखित में से किस इतिहासकार ने थ्यूसीडाइड्स के लेखन के आधार पर, उनके काम को 20वीं सदी के वैज्ञानिक प्रत्यक्षवाद के तहत वर्गीकृत किया?

A. जैकलीन डी रोमिली

B. रिचर्ड नेड लेबो

C. लियो स्ट्रॉस

D. चार्ल्स नॉरिस कोक्रेन

**57.** निम्नलिखित में से किस इतिहासकार द्वारा "द स्टोरी ऑफ मैनकाइंड (1921)" लिखी गई है?

A. हेंड्रिक वैन लून

B. अर्नोल्ड ज. ट्वानबी

C. ओसवाल्ड स्पेंगलर

D. हर्बट जॉर्ज वेल्स

**58.** इनमें से किस इतिहासकार ने सर्वोत्तम व्याख्या के लिए सफल तर्क हेतु सात शर्तें निर्धारित की हैं?

A. लुईस गोट्सचाक

B. अर्न्स्ट बर्नहीम

C. सी. बेहान मैककुल्लघ

D. गिल्बर्ट गर्राघन

**59.** पश्चिमी दुनिया में "द अननोन वॉर" या "द फॉर्गोटन वॉर" इतिहास में निम्नलिखित मं से किस युद्ध को संदर्भित करता है?

A. अफगान गृहयुद्ध

B. वियतनाम युद्ध

C. कोरियाई युद्ध

D. कारगिल युद्ध

**60.** निम्नलिखित में से कौन महात्मा गांधी के नेतृत्व में पहला "सत्याग्रह" आंदोलन था?

A. चम्पारण सत्याग्रह

B. अहमदाबाद सत्याग्रह

C. नमक सत्याग्रह आंदोलन

D. खेड़ा सत्याग्रह

**61.** इनमें से किस राजवंश के दौरान बुनकरों और व्यापारियों के "कैकोलर" समुदाय को मंदिर प्रशासन और साथ में भूमि स्वामित्व अधिकारों में अधिक भागीदारी दी गई थी?

A. चोल राजवंश

B. चेर राजवंश

C. पांड्य राजवंश

D. चालुक्य राजवंश

**62.** इन मध्यकालीन राज्यों में से किसके अधीन प्रांतों को "भुक्ति, प्रदेश और भोग" में विभाजित किया गया था?

A. गुप्त राज्य

B. पल्लव राज्य

C. चेर राज्य

D. आहोम राज्य

**63.** निम्नलिखित में से किस इतिहासकार ने तर्क दिया कि सभ्यताओं का विकास दोहरावदार उत्थान और पतन की शृंखला का अनुसरण करता है?

A. ओसवाल्ड स्पेंगलर
B. एडवर्ड गिबन
C. जोहान गॉटफ्राइड हेर्डर
D. जोजफ अर्नाल्ड ट्वानबी

64. निम्नलिखित में से किस विद्वान ने ''तत्वबोधिनी पत्रिका'' की स्थापना की थी?
A. रबींद्रनाथ टैगोर
B. राजा राममोहन राय
C. बिपिनचंद्र पाल
D. देवेन्द्रनाथ टैगोर

65. इनमें से कौन प्रत्यक्षवाद के तथ्यवाद के सिद्धांत के संस्थापक थे?
A. आगस्त कॉम्टे
B. जॉन लॉक
C. इमानुएल काण्ट
D. जीन-जक्कुएस रूसो

66. निम्नलिखित में से कौन-सा आंदोलन भारत के लिए स्वतंत्रता प्राप्त करने के लक्ष्य के साथ प्रवासी (भारत के बाहर आधारित) आंदोलन था?
A. खिलाफत आंदोलन
B. असहयोग आंदोलन
C. सविनय अवज्ञा आंदोलन
D. गदर आंदोलन

67. इनमें से किस बौद्ध भिक्षु ने 2014 में संयुक्त राष्ट्र में जलवायु परिवर्तन को संबोधित किया था?
A. तिक न्यात हन्ह
B. दलाई लामा
C. करमापा ओग्येन ट्रिनले दोर्जे
D. छोजे एकोंग टुल्कु रिनपोचे

68. भारतीय राष्ट्रीय कांग्रेस के निम्नलिखित में से किस अधिवेशन में दल चरमपंथियों और नरमपंथियों में विभाजित हो गया?
A. सूरत अधिवेशन
B. कलकत्ता अधिवेशन
C. बनारस अधिवेशन
D. मद्रास अधिवेशन

69. निम्नलिखित में से कि पोप के नेतृत्व में ग्लोबल कैथोलिक क्लाइमेट मूवमेंट की स्थापना की गई थी?
A. पोप जॉन पॉल I
B. पोप फ्रांसिस
C. पोप पॉल
D. पोप बैनेडिक्ट XVI

70. इनमें से किस मुगल सम्राट ने कृषि करों की स्थापना की जिससे साम्राज्यों की सामूहिक संपत्ति में काफी वृद्धि हुई?
A. हुमायूँ
B. अकबर
C. शाहजहाँ
D. बाबर

71. निम्नलिखित में से किसका उल्लेख शब्द ''जिज्या'' या ''खराज-ओ-जिज्या'' करता है?
A. पैगंबर मुहम्मद की प्रक्रिया, कदम रखा हुआ पथ या मार्ग
B. इस्लामी कानून द्वारा गैर-मुस्लिम विषयों पर वित्तीय शुल्क के रूप में लगाया जाने वाला कर
C. इस्लामी सत्ता द्वारा पारित एक गैर-बाध्यकारी कानून
D. एक विशेष कानूनी मुद्दे पर मुस्लिम न्यायविदों के भीतर आम सहमति

72. साप्ताहिक उर्दू भाषीय समाचार-पत्र ''अल-हिलाल'' की स्थापना किसके द्वारा की गई थी?
A. सैयद मुहम्मद शरफुद्दीन कादरी
B. मौलाना अबुल कलाम आजाद
C. आसफ अली
D. खान अब्दुल गफ्फार खान

73. भारत में पश्चिमीकरण का विरोध करने के लिए इन चरमपंथियों में से किसने गणेश और शिवाजी उत्सव शुरू किए?
A. बाल गंगाधर तिलक
B. लाला लाजपत राय
C. ए.के. दत्त
D. वी.ओ.सी. पिल्लै

74. बाल गंगाधर तिलक द्वारा शुरू किया गया मराठी समाचार पत्र ''केसरी'' आज तक प्रसारण में है, की स्थापना किस वर्ष में हुई थी?
A. 1881
B. 1884
C. 1871
D. 1878

75. इनमें से किस चोल राजा के शासनकाल में वंशानुगत जमींदारों की काफी जगह आश्रित अधिकारियों ने ले ली थी?

A. राजेन्द्र चोल I

B. सुंदर चोल

C. राजाराज चोल I

D. गंडरादित्य चोल

76. इनमें से किस राजवंश के शासनकाल में निजी बाजारों को सरकार संचालित बाजारों से बदल दिया गया था, जिसमें सभी वस्तुओं के मूल्यों का सख्त नियमन था?

A. मामलुक राजवंश

B. खिलजी राजवंश

C. लोदी राजवंश

D. सैयद राजवंश

77. रेड्डी राजवंश का कौन-सा राजा उच्च करारोपण के कारण अत्यधिक अलोकप्रिय था?

A. अनावोटा रेड्डी

B. रचा वेमा रेड्डी

C. प्रोलय वेमा रेड्डी

D. कोटया वेमा रेड्डी

78. इनमें से कौन-सा विद्वान ''डी ल'एस्प्रिट डेस लोइक्स'' (1748; द स्पिरिट ऑफ लॉज) के लेखक हैं जिसमें उन्होंने विश्लेषण की तुलनात्मक पद्धति लागू की है?

A. वोल्टेयर

B. मॉन्टेस्क्यू

C. गिआम्बतिसता विको

D. रेने देकार्त

79. इनमें से कौन-से कार्यकर्ता ने लंदन में संयुक्त प्रवर समिति में सार्वभौमिक मताधिकार की हिमायत करने के लिए एनी बेसेन्ट का साथ दिया?

A. सरोजिनी नायडू

B. विजयलक्ष्मी पंडित

C. बेगम हजरत महल

D. उषा मेहता

80. इनमें से किस मुगल सम्राट ने तीर्थ कर को पुनर्जीवित किया?

A. आलमगीर B. बहादुर शाह

C. औरंगजेब D. फर्रूख सियर

81. निम्नलिखित में से किस नेता ने द्वितीय विश्व युद्ध के दौरान थाईलैण्ड को शाही जापान के साथ संबद्ध किया?

A. प्लाक फिबुन्सोंगखराम

B. प्रायुन प्रमोर्नमृति

C. फ्राया सोंगसुरदेत

D. प्रिडी बानोमॉन्ग

82. इनमें से किस सम्राट को नेपाल साम्राज्य को एक ऐसे क्षेत्र के रूप में समेकित और एकीकृत करने का श्रेय दिया जा सकता है जिसे हम आज जानते हैं?

A. पृथ्वी नारायण शाह

B. प्रताप सिंह शाह

C. रुद्र शाह

D. नरभूपाल शाह

83. श्रीलंका में डोनोमोर आयोग सुधार किस वर्ष में पारित किए गए थे?

A. 1941 B. 1911

C. 1921 D. 1931

84. इनमें से कौन-से विद्वान ''लिजी'' पुस्तक के लेखक हैं?

A. जुन्जि B. लिई युकोउ

C. यान हुई D. वांग फू

85. ''सत्यशोधक समाज'' की स्थापना किसके द्वारा की गई थी?

A. ज्योतिराव फुले

B. भीमराव रामजी अम्बेडकर

C. बाल गंगाधर तिलक

D. दादाभाई नौरोजी

86. 20वीं शताब्दी में लोकप्रिय होने से पहले इनमें से किस जापानी दार्शनिक को शिंटो और कंफ्यूशियसी मान्यताओं के सम्मिश्रण का श्रेय दिया जा सकता है?

A. ऐन्निन B. फुजिवारा सीका

C. हायाशी रजान D. निचिरेन

**87.** इनमें से किस इतिहासकार ने इस विचार को सामने रखा कि पश्चिमी ईसाई धर्म समकालीन पर्यावरणीय संकट के लिए ''अपराध का बोझ'' वहन करता है?

A. लिन व्हाइट जूनियर
B. जॉन रॉबर्ट मैकनील
C. विलियम क्रोनोन
D. डोनाल्ड वर्स्टर

**88.** ''ऑपरेशन ड्रैगन किंग'' (1978) म्यांमार सरकार द्वारा संचालित एक सैन्य अभियान था, जिसने इनमें से किस अल्पसंख्यक समूह पर प्रतिकूल प्रभाव डाला?

A. रोहिंग्या B. मोन
C. बमा D. कचिन

**89.** इस्लामी स्वर्ण युग के किस विद्वान को अक्सर–विचारधारा का संस्थापक, तुलनात्मक धर्म का जनक और भारत में पहला मानवविज्ञानी कहा जाता है?

A. अबू हामिद अल-गजालि
B. इब्न शाही
C. अल-बेरुनी
D. अल-बकिलानी

**90.** इनमें से कौन-सा आयोग सीट आरक्षण या कोटा के उद्देश्य से ''सामाजिक या शैक्षणिक रूप से'' पिछड़े वर्गों की पहचान करने के लिए रथापित किया गया था?

A. यू.सी. बनर्जी आयोग
B. खोसला आयोग
C. सरकारिया आयोग
D. मंडल आयोग

**91.** किसके नेतृत्व में ''सिंहला ओनली बिल'' प्रभाव में आया?

A. विजयानन्द दहनायके
B. एस.डब्ल्यू.आर.डी. भण्डारनायक
C. सर जॉन कोटेलवला
D. डुडले सेनानायके

**92.** इनमें से किस संगठन ने नेपाल में राजशाही को पलटाने का पहला प्रयास किया?

A. नेपाल प्रजा परिषद
B. नेपाली कांग्रेस
C. जनता समाजवादी पार्टी, नेपाल
D. नेपाल कम्युनिस्ट पार्टी

**93.** कौन-से युद्ध के बाद वियतनाम फ्रांस का उपनिवेश नहीं रहा?

A. डिएन बिएन फु B. बीट्राइस
C. मांग यांग दर्रा D. ना सन

**94.** किस वर्ष में नेपाल के शाही परिवार की सामूहिक हत्या हुई थी?

A. 1990 B. 2001
C. 1996 D. 1991

**95.** इनमें से किस दार्शनिक ने इस विचार को पेश किया कि पर्यावरणीय संकट को दूर करने के लिए, यह समझ होनी चाहिए कि, ''संपूर्ण प्रकृति उच्च आध्यात्मिक क्षेत्रों से अवतीर्ण हुई है''?

A. सैय्यद हुसैन नस्र B. मूसा अल-सद्र
C. मोर्टेजा मोटाहहारी D. अली शरियती

**96.** ''हिंदू विवाह अधिनियम'' जो महिलाओं को तलाक, पुनर्विवाह के समान अधिकार प्रदान करता है और बहुविवाह, बहुपतित्व और बाल विवाह को भी प्रतिबंधित करता है, किस वर्ष में पारित किया गया था?

A. 1956 B. 1954
C. 1961 D. 1955

**97.** इनमें से किस मामले पर सर्वोच्च न्यायालय द्वारा दिया गया निर्णय, लिंग की परवाह किए बिना संपत्ति के उत्तराधिकार के समान अधिकारों से संबंधित है?

A. लिली थॉमस बनाम भारत संघ
B. विशाखा बनाम राजस्थान राज्य
C. श्रेया सिंघल बनाम भारत संघ
D. मैरी रॉय बनाम केरल राज्य

**98.** इनमें से किस संगठन ने 2013 में सर्वसम्मति से श्रीलंका को तमिलों के खिलाफ नरसंहार का दोषी ठहराया?

A. ह्यूमन राइट्स वाच
B. एमनेस्टी इंटरनेशनल
C. UNROW ह्यूमन राइट्स इम्पैक्ट लिटिगेशन क्लिनिक
D. परमानेन्ट पीपल’स ट्रिब्यूनल

**99.** इनमें से कौन-सा देश ASEAN का सदस्य नहीं है?

A. पूर्व तिमोर B. थाईलैण्ड
C. ब्रुनेई D. सिंगापुर

**100.** "जुन्जी" और "रेन" की अवधारणाओं को किसके द्वारा पेश किया गया था?

A. गाओजि B. कन्फ्यूशियस

C. डोंग झोंगशु D. मेन्सियस

**101.** अंगोला के आदिवासी शिकारी-फरमर समूह का नाम बताइए।

A. नुएर B. बटवा

C. सन D. तुआरेग

**102.** किसने बरहेट बाजार में छापा मारा जो साहूकारों का निवास भी था?

A. गोंड B. भील

C. संथाल D. मुंडा

**103.** किस आदिवासी समुदाय ने 'साफा होर' होने का दावा किया?

A. अंगामी B. खेवड़ा

C. गारो D. कोडव

**104.** भारतीय उपमहाद्वीप में धातु का पहला प्रमाण .......... में मिला था।

A. बिहार B. बलूचिस्तान

C. दक्कन D. अरावली

**105.** किसने तेरहवीं शताब्दी में जीव विज्ञान के क्षेत्र में मृगा-पक्षी-शास्त्र नाम के ग्रंथ का संकलन किया?

A. नरसिम्हा दैवज्ञ B. हम्सदेव

C. नारायण पण्डित D. गणेश दैवज्ञ

**106.** ऑस्ट्रेलिया में माबो निर्णय कब लिया गया था?

A. 1998 B. 1992

C. 1982 D. 1989

**107.** इनमें से किस व्यक्ति ने 1986 में ताजमहल के परिरक्षण और संरक्षण के लिए एक रिट याचिका दायर की, जिसे आमतौर पर "ताज ट्रेपेजियम केस" नाम से जाना जाता है?

A. सुन्दरलाल बहुगुणा

B. अजीत कुमार बनर्जी

C. वंदना शिवा

D. एम.सी. मेहता

**108.** किसने "पॉवर्टी एंड अन-ब्रिटिश रूल इन इंडिया" पुस्तक लिखी है?

A. एडम स्मिथ

B. जवाहरलाल नेहरू

C. दादाभाई नौरोजी

D. मैडम कामा

**109.** पहली रेलगाड़ी (रेलवे) .......... के बीच चली थी।

A. बंबई से पुणे B. पुणे से ठाणे

C. ठाणे से वसई D. ठाणे से बंबई

**110.** किसने "भारत का आर्थिक इतिहास" लिखा था?

A. विलियम डिगबॉय

B. रमेशचन्द्र दत्त

C. दादाभाई नौरोजी

D. चन्दूलाल नगीनदास वकील

**111.** निम्नलिखित में से कौन जापान का आदिवासी समूह है?

A. सोमालिया B. मसाई

C. ऐनु D. याक

**112.** संथाल विद्रोह कब शुरू हुआ?

A. 1852 B. 1855

C. 1845 D. 1859

**113.** किस वर्ष में पहला अकाल आयोग स्थापित किया गया था?

A. 1865 B. 1878

C. 1879 D. 1868

**114.** द्वितीय अकाल आयोग के अध्यक्ष कौन थे?

A. सर जॉन सीली B. सर रिचर्ड स्ट्रैची

C. सर फिलिप हार्टोग D. सर जेम्स लायल

**115.** अकबर द्वारा किसे जालीनूस अल-जमान का खिताब दिया गया था?

A. हकीम अली गिलानी

B. हकीम जैनुद्दीन इब्राहिम इस्माइल

C. हकीम अलवी खान

D. हकीम नूरुद्दीन अब्दुल्ला

**116.** किसने भारतीय शिल्पकारों को बारूद बनाने की तकनीक सिखाई?

A. आर्य B. मुगल

C. मराठा D. मौर्य

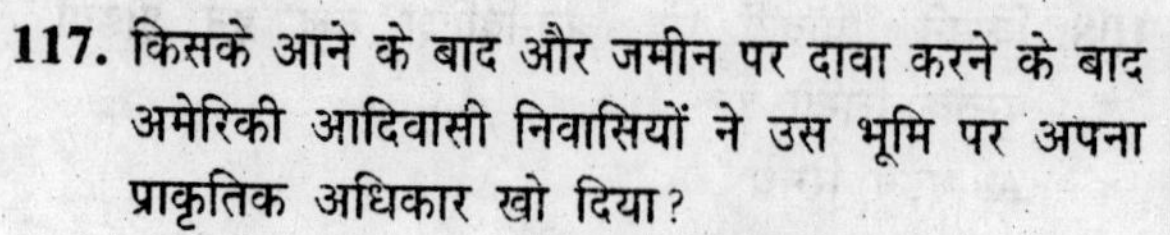

**117.** किसके आने के बाद और जमीन पर दावा करने के बाद अमेरिकी आदिवासी निवासियों ने उस भूमि पर अपना प्राकृतिक अधिकार खो दिया?
A. यूरोपीय B. अफ्रीकियों
C. रूसी D. चीनी

**118.** दक्कन कृषक राहत अधिनियम कब पारित किया गया था?
A. 1880 B. 1895
C. 1879 D. 1885

**119.** निम्नलिखित में से कौन "पांच सभ्य जनजातियों" में से एक है?
A. अंगामी B. चेन्चू
C. चोक्टाव्स D. अपाची

**120.** निम्नलिखित में से कौन जीवन-सिद्धांत को सक्रिय करने, बनाए रखने, पोषण करने और बनाए रखने के मूल तत्वों में से एक नहीं है?
A. वात B. कफ
C. जल D. पित्त

**121.** एकीकृत और व्यापक विकास के साधन के रूप में नियोजन को बढ़ावा देने के लिए कांग्रेस द्वारा निम्नलिखित में से किसे प्रायोजित किया गया था?
A. मौलिक अधिकार और आर्थिक कार्यक्रम पर संकल्पना
B. राष्ट्रीय योजना समिति
C. द्वितीय पंचवर्षीय योजना
D. बंबई योजना

**122.** हिन्दू कोड बिल कब पारित किया गया था?
A. 1970 B. 1940
C. 1950 D. 1960

**123.** सरोजिनी नायडू को अन्य किस नाम से जाना जाता था?
A. भारत कोकिला
B. भारत की कवयित्री
C. स्वतंत्रता का बलस्फोट
D. बा

**124.** किस वर्ष में डच ईस्ट इंडिया कंपनी की स्थापना हुई थी?
A. 1598 B. 1604
C. 1600 D. 1602

**125.** निज-आबाद क्या था?
A. इंडिगो की खेती का एक प्रकार
B. एक जनजाति समुदाय
C. इंडिगो की खेती का एक रूप
D. एक जमींदार समुदाय

**126.** किसने कराची कांग्रेस अधिवेशन, 1931 की अध्यक्षता की?
A. राजेन्द्र प्रसाद
B. सरदार वल्लभभाई पटेल
C. महात्मा गांधी
D. जवाहरलाल नेहरू

**127.** किस जनजाति से बिरसा संबंधित हैं?
A. होस B. मुण्डा
C. कोल D. उरांव

**128.** 12 वर्ष की आयु में, इंदिरा गांधी ने कौन-सी संस्था की स्थापना की?
A. वानर सेना
B. श्री संघ
C. महिला सत्याग्रह संघ
D. महिला भारतीय संघ

**129.** किसने महिला उन्नयन को कांग्रेस के रचनात्मक कार्यक्रम के महत्वपूर्ण भाग के रूप में शामिल किया?
A. कल्पना दत्त B. बीना दास
C. महात्मा गांधी D. जवाहरलाल नेहरू

**130.** भारत का संविधान कब लागू हुआ?
A. 15 अगस्त, 1947
B. 26 जनवरी, 1947
C. 26 जनवरी, 1950
D. 15 अगस्त, 1950

**131.** पहला खरवार आंदोलन कब हुआ था?
A. 1862 B. 1882
C. 1892 D. 1874

**132.** किसने नमक का कानून तोड़ने के समूह को मद्रास के मरीना बीच तक पहुँचाया?
A. हेमा प्रभा B. रमाबाई पंडिता
C. दुर्गाबाई देशमुख D. वायलेट अल्वा

**133.** किसने वाराणसी में केंद्रीय हिंदू महाविद्यालय शुरू किया?

A. रमाबाई पंडिता

B. लीला राय

C. डॉ एनी बेसेन्ट

D. इन्दुमती सिन्हा

**134.** किस प्रथा के तहत प्रत्येक एशियाई जहाज को पुर्तगालियों से पासपोर्ट लेना आवश्यक था?

A. काफिला प्रथा
B. कर्टाज प्रथा
C. इम्पोस्टो प्रथा
D. पैपेल प्रथा

**135.** प्रथम भारतीय महिला मुख्यमंत्री का नाम बताइए।

A. सुचेता कृपलानी
B. कल्पना दत्त
C. रमा देवी
D. बीना दास

**136.** निम्नलिखित में से कौन 1832-33 के कोल विद्रोह का हिस्सा नहीं था?

A. मुंडा
B. टोटो
C. उरांव
D. होस

**137.** पुर्तगाली एशियाई व्यापार का रैसों दीट्रे क्या था?

A. मिर्च
B. केसर
C. जायफल
D. जीरा

**138.** केप ऑफ गुड होप के आसपास एशिया के लिए सीधे समुद्री मार्ग की खोज किसने की थी?

A. झेंग हे

B. क्रिस्टोफर कोलम्बस

C. वास्को द गामा

D. अमेरिगो वेस्पूची

**139.** 15वीं शताब्दी में पूर्व में चीनियों द्वारा छोड़े गए व्यापार अंतराल को किसने भरा?

A. बंगाली
B. गुजराती
C. मराठा
D. राजपूत

**140.** 1510 में किसने बीजापुर सुल्तान से गोवा पर कब्जा किया था?

A. जोआओ डा नोवा

B. एंटोनियो डी अब्रेउ

C. अफोन्सो डी अल्बुकर्क

D. ट्रिस्टो डा कुन्हा

**141.** किसने 1914 में बिहार और उड़ीसा अनुसंधान समाज की स्थापना की?

A. राधाकुमुद मुखर्जी

B. रमेशचन्द्र दत्त

C. राजेन्द्र प्रसाद

D. काशी प्रसाद जायसवाल

**142.** क्षेत्रीय, राष्ट्रीय, महाद्वीपीय और सार्वभौमिक इतिहास ............ पर आधारित इतिहास के प्रकार हैं?

A. पहुंच
B. क्षेत्र
C. समय
D. विशेष रुचि

**143.** किसने 1884 में मोनोग्राफ, 'द अर्ली हिस्ट्री ऑफ द दक्कन' लिखा था?

A. रामकृष्ण गोपाल भंडारकर

B. रमेशचन्द्र दत्त

C. काशी प्रसाद जायसवाल

D. राधाकुमुद मुखर्जी

**144.** धर्मतंत्र इतिहास में क्या शामिल है?

A. धार्मिक आस्था

B. सामाजिक मुद्दे

C. सांस्कृतिक जीवन

D. वैश्विक मामले

**145.** निम्नलिखित में से कौन-सा स्रोतों के निर्माण की एक विधि है?

A. उचित समझ

B. अत्यधिक अवलोकन

C. अंतर्वेशन

D. ध्यान की निपुणता

**146.** 522 ईसा पूर्व में हखामनी साम्राज्य का शासक कौन बना?

A. कम्बुजीय II
B. हिस्टैस्पेस
C. साइरस
D. डेरियस I

**147.** किस वर्ष में ब्रिटिश सरकार ने भारत में कैबिनेट मिशन भेजा था?

A. 1947
B. 1945
C. 1946
D. 1950

**148.** किसने 25वां और 42वां संशोधन बनाया था?
A. राजीव गांधी　B. इंदिरा गांधी
C. राजेन्द्र प्रसाद　D. जवाहरलाल नेहरू

**149.** किस समुदाय ने मेसोपोटामिया में बेबीलोनिया राजवंश की स्थापना में योगदान दिया था?
A. हत्ती लोग　B. मुआबी
C. एमोरियों　D. कनानी

**150.** भारतीय संविधान सभा ने अपना पहला सत्र कब शुरू किया?
A. 12 सितंबर, 1946
B. 9 दिसंबर, 1946
C. 12 सितंबर, 1947
D. 9 दिसंबर, 1947

**151.** एकेमेनिड अभिजात वर्ग की आधिकारिक भाषा क्या थी?
A. अरबी　B. उर्दू
C. प्राचीन फारसी　D. हिब्रू

**152.** निम्नलिखित में से कौन सिगिलोग्राफिक संसाधन नहीं है?
A. सिक्के　B. पदक
C. मुहर　D. चित्रकारी

**153.** लिडियन चांदी और सोने के सिक्कों को क्या कहा जाता था?
A. डारिक्स　B. शेकेल
C. लाइट क्रोएसिड्स　D. मिनाई

**154.** किसने भारतीय सामन्तवाद (1966) लिखा था?
A. महात्मा गांधी
B. दामोदर धर्मानन्द कोसम्बी
C. रामशरण शर्मा
D. राधाकुमुद मुखर्जी

**155.** पुस्तक : ए हिस्ट्री ऑफ द मराठास के लेखक का नाम बताइए।
A. ग्रांट डफ
B. माउंट स्टुअर्ट एल्फिन्स्टन
C. हेनरी इलियट
D. जॉन स्टूवर्ट मिल

**156.** किसने उद्देश्य संकल्प का मसौदा तैयार किया था?
A. जवाहरलाल नेहरू
B. महात्मा गांधी
C. राजेन्द्र प्रसाद
D. सरदार वल्लभभाई पटेल

**157.** राजा अस्तेयज को किसके द्वारा परास्त किया गया था?
A. कैम्बिसिस
B. नबूकदनेस्सर II
C. क्याक्सार्स
D. साइरस

**158.** किसने द हिस्ट्री ऑफ इंडिया, एज टॉल्ड बाय इट्स ओन हिस्टोरियंस नाम की पुस्तक लिखी है?
A. हेनरी इलियट
B. माउंट स्टुअर्ट एल्फिन्स्टन
C. ग्रांट डफ
D. जॉन स्टूवर्ट मिल

**159.** निम्नलिखित में से कौन मार्क्सवादी इतिहास-लेखक है?
A. अलेक्जैंडर कन्निघम
B. विलियम जोन्स
C. जेम्स प्रिंसेप
D. रोमिला थापर

**160.** बाबिल का क्या अर्थ है?
A. देवताओं का घर
B. देवताओं की भूमि
C. देवताओं का द्वार
D. देवताओं की दुनिया

**161.** एडमंड कार्टराईट ने .......... का आविष्कार किया।
A. पावर लूम　B. वॉटर फ्रेम
C. कॉटन जिन　D. फ्लाइंग शटल

**162.** निम्नलिखित में से किसे जजिया कर का भुगतान करना होता था?
A. हिंदू पुरुष　B. महिलाएँ
C. बुजुर्ग　D. बच्चे

**163.** वाणिज्य का मॉन्डियलाइजेशन का क्या अर्थ है?
A. वैश्वीकरण　B. औद्योगीकरण
C. शहरीकरण　D. आधुनिकीकरण

**164.** निम्नलिखित में से कौन इंडियन मार्क्सिस्ट है?

A. योगिन्दर अलाघ

B. दिलीप अब्रेउ

C. बीना अग्रवाल

D. प्रभात पटनायक

**165.** निम्नलिखित में से कौन शाही त्रय का हिस्सा नहीं है?

A. जापान

B. भारत

C. यूरोपीय संघ

D. संयुक्त राज्य अमेरिका

**166.** किसे पूंजीवाद का उच्चतम रूप माना जाता है?

A. यथार्थवाद B. साम्राज्यवाद

C. उदारतावाद D. मार्क्सवाद

**167.** भारत में पहली कपास मिल कहाँ शुरू हुई थी?

A. हैदराबाद B. लखनऊ

C. बंबई D. कलकत्ता

**168.** किसने साम्राज्यवाद को पूंजीवाद के उच्चतम रूप के रूप में पहचाना?

A. कार्ल मार्क्स B. व्लादिमीर लेनिन

C. फ्रेड्रिक हेगेल D. टामस हाब्स

**169.** निम्नलिखित में से कौन बहुपक्षीय वित्तीय संस्थान नहीं है?

A. विश्व बैंक

B. संयुक्त राष्ट्र संगठन

C. अन्तर्राष्ट्रीय मुद्रा कोष

D. विश्व व्यापार संगठन

**170.** आयंगर प्रथा का पालन किस राज्य में किया गया था?

A. विजयनगर B. मैसूर

C. पुणे D. अहमदनगर

**171.** निम्नलिखित में से किसका अर्थ 'शासक के कर्तव्य' से है?

A. मित्रधर्म B. राजधर्म

C. प्रजाधर्म D. धर्मशास्त्र

**172.** टाटा आयरन एंड स्टील कंपनी की स्थापना कब हुई थी?

A. 1907 B. 1925

C. 1922 D. 1915

**173.** किसने दीवान-ए-इंशा का नेतृत्व किया?

A. दाबिर-ए-खास

B. सद्र-उस-सद्र

C. सद्र-ए-जहाँ

D. आमिर-ए-दाद

**174.** किसे कुमार और आर्यपुत्र का उपनाम दिया गया था?

A. राजा के लिए मंत्री

B. शाही खानदान के राजकुमार

C. शाही खानदान की महिलाएं

D. भगवान का पुत्र

**175.** कौन-सा देश शस्त्रीकरण पर दुनिया के लगभग आधे खर्च के लिए जिम्मेदार है (2020 तक)?

A. रूस B. चीन

C. ऑस्ट्रेलिया D. संयुक्त राज्य अमेरिका

**176.** किसने ''वणिकवाद'' शब्द गढ़ा?

A. एडम स्मिथ B. जॉन केय

C. जेम्स हैरग्रेव्स D. एडमंड कार्टराइट

**177.** किस अवधि को ''बीस वर्ष का संकट'' कहा जाता है?

A. 1925-1945

B. 1919-1939

C. 1929-1949

D. 1900-1920

**178.** हुमायूँ की मृत्यु के बाद कौन अकबर को मार्गदर्शन और परामर्श देता था?

A. बैरम खाँ B. शम्सुद्दीन अतगा

C. दारा शिकोह D. अब्दुल रहीम

**179.** स्पिनिंग जेनी का आविष्कार .......... द्वारा किया गया था।

A. सैमुअल क्रॉम्पटन B. जॉन केय

C. एली व्हिटनी D. जेम्स हैरग्रेव्स

**180.** किसने, ''ऑन द प्रिंसिपल्स ऑफ पोलिटिकल इकॉनमी एंड टैक्सेशन (1817)'' लिखा है?

A. थॉमस माल्थस

B. डेविड रिकार्डो

C. जॉन स्टूवर्ट मिल

D. जेरेमी बेन्थम

**181.** विश्लेषणात्मक उपकरण का नाम बताइए जो उन समुदायों द्वारा लिंग मुद्दों की परिभाषा और विश्लेषण को सुगम करने के लिए भागीदारी पद्धति का उपयोग करता है जो उनसे प्रभावित हैं।

A. जेंडर रिलेशनशिप मैट्रिक्स

B. जेंडर डायनामिक्स

C. लिंग असमानता सूचकांक

D. संबंध सूचकांक

**182.** किस प्रकार के प्रश्न में इसकी व्याख्या करने के एक से अधिक तरीके हैं?

A. द्विबीजपत्री प्रश्न

B. दीर्घ-उत्तरीय प्रश्न

C. अम्बिगुयस प्रश्न

D. आकस्मिकता प्रश्न

**183.** ................ विशेष प्रकार की प्रश्नावली है जिसे किसी वस्तु या घटना के बारे में व्यक्ति की भावनाओं की तीव्रता और दिशा (इसके लिए या इसके विरुद्ध) को इंगित करते अंक उत्पन्न करने हेतु तैयार किया गया है।

A. मोटिवेशन स्केल्स    B. चेकलिस्ट

C. रेटिंग स्केल्स    D. ऐटिटूड स्केल्स

**184.** मनोलैंगिक विकास की किस अवस्था में बच्चे का इरोजोनोस जोन जनन क्षेत्र होता है?

A. फैल्लिक स्टेज    B. लेटेंसी स्टेज

C. ओरल स्टेज    D. एनल स्टेज

**185.** संज्ञानात्मक कार्यों के मध्य शारीरिक आंदोलनों के संबंध को कौन दर्शाता है?

A. साइकोमोटर    B. एस्थेटिक

C. इमोशनल    D. मोटिवेशनल

**186.** कौन-सा शब्द जन्मजात और अधिग्रहित दोनों अक्षमताओं सहित कई तरह की निर्योग्यता और स्वास्थ्य संबंधी समस्याएं आवृत्त करता है?

A. विकलांग

B. मानसिक निर्योग्यता

C. आंशिक रूप से निर्योग्यता

D. शारीरिक निर्योग्यता

**187.** 1938 में बुद्धि के समूह कारक सिद्धांत नामक बुद्धि के सिद्धांत को विकसित किया?

A. रॉबर्ट जे. स्टर्नबर्ग

B. चार्ल्स स्पीयरमैन

C. एडवर्ड ली थार्नडाइक

D. लुईस लियोन थर्स्टन

**188.** CCE का पूर्ण प्रपत्र क्या है?

A. कम्प्रेहैन्सिव एंड कंटीन्यूअस इवैल्यूएशन

B. चाइल्ड सेंटर्ड एजुकेशन

C. कंटीन्यूअस एंड कम्प्रेहैन्सिव इवैल्यूएशन

D. चाइल्ड सेंटर्ड इवैल्यूएशन

**189.** शिक्षक को शिक्षार्थी द्वारा प्रदर्शित व्यवहार, कौशल और रणनीतियों की मात्रा या आवृत्ति को इंगित करने की अनुमति कौन देता है?

A. अनेक्टडॉल नोट्स

B. रुब्रिक

C. रेटिंग स्केल्स

D. चेकलिस्ट

**190.** किस निर्योग्यता को जन्मजात और अधिग्रहित के रूप में वर्गीकृत किया जा सकता है?

A. लोकोमोटर निर्योग्यता

B. दृश्य निर्योग्यता

C. श्रवण निर्योग्यता

D. स्नायुशास्त्र निर्योग्यता

**191.** किस मुख्य तकनीक में, रेखीय नाटक उपागम के माध्यम से शिक्षक पाठ क्रिया को रोके बिना कौशल शिक्षण को सुगम बनाता है?

A. स्पॉटलाइटिंग एंड शेयरिंग

B. इम्प्रोविशन

C. स्टोरी टेलिंग

D. साइड कोचिंग

**192.** भारतीय दण्ड संहिता, 1860 की किस धारा के तहत बलात्कार शब्द को कानूनी रूप से परिभाषित किया गया है?

A. 375    B. 376(A)

C. 228A    D. 327(2)

**193.** एडवर्ड ली थॉर्नडाइक द्वारा अधिगम के किस नियम में कहा गया है कि यदि उत्तेजना और प्रतिक्रिया के बीच बनाया गया बंधन खुशी की ओर ले जाता है तो यह बंधन को मजबूत करेगा?

A. प्रभाव का नियम (Law of Effect)
B. अभ्यास का नियम (Law of Exercise)
C. तैयारी का नियम (Law of Readiness)
D. उपयोग और अनुपयोग का नियम (Law of Use and Disuse)

**194.** कौन-सी भाषा, भाषा की एक आदर्श विविधता है जो किसी विशिष्ट क्षेत्र से संबंधित न हो?

A. मौखिक भाषा　B. क्षेत्रीय भाषा
C. मातृ भाषा　D. मानक भाषा

**195.** विकास की प्रक्रिया में अभिव्यक्ति, अमूर्तता, सामान्यीकरण और ............ शामिल है।

A. अवलोकन　B. भाग लेना
C. परीक्षण-त्रुटि विधि　D. विश्लेषण

**196.** एक बच्चा जो ............ डेसीबल से कम पर ध्वनि नहीं सुन सकता, उसे शैक्षिक स्थानन के प्रयोजनों के लिए बधिर माना जाता है।

A. 85　B. 90
C. 105　D. 95

**197.** प्रक्रिया-उन्मुख नाटक उपागम की किस तकनीक में, प्रतिभागी विश्वसनीय और यथार्थवादी पात्रों का निर्माण करते हैं जिनका पात्र में निहित स्वार्थ होता है?

A. सिमुलेशन
B. मेंटल ऑफ द एक्सपर्ट
C. रोल प्ले
D. फैसिलिटेशन

**198.** ............, बढ़ते या घटते आकार, आयतन, भार या कुछ अन्य आयामों के अनुसार तत्वों की शृंखला को मानसिक रूप से व्यवस्थित करने की क्षमता है।

A. डिसेंटरिंग　B. सेरिएशन
C. रेवेर्सिबिलिटी　D. कंजर्वेशन

**199.** ............ उपभाषा अन्य उपभाषाओं के वक्ताओं द्वारा अनुकरण की जाती है।

A. सामयिक　B. प्रतिष्ठा
C. क्षेत्रीय　D. इडियोलेक्ट

**200.** किस वर्ष में प्री-नेटल डायग्नोस्टिक टेक्निक्स के संबंध में रेगुलेशन एंड प्रिवेंशन ऑफ मिसयूज एक्ट लागू हुआ जो भ्रूण के लिंग के निर्धारण पर रोक लगाता है?

A. 1994　B. 1996
C. 1995　D. 1993

## उत्तरमाला

| 1 | 2 | 3 | 4 | 5 | 6 | 7 | 8 | 9 | 10 |
|---|---|---|---|---|---|---|---|---|---|
| B | B | C | B | C | D | D | B | C | C |
| **11** | **12** | **13** | **14** | **15** | **16** | **17** | **18** | **19** | **20** |
| A | D | C | D | B | A | D | C | B | C |
| **21** | **22** | **23** | **24** | **25** | **26** | **27** | **28** | **29** | **30** |
| C | C | A | C | A | A | B | B | D | B |
| **31** | **32** | **33** | **34** | **35** | **36** | **37** | **38** | **39** | **40** |
| C | C | C | B | A | B | D | C | A | A |
| **41** | **42** | **43** | **44** | **45** | **46** | **47** | **48** | **49** | **50** |
| B | B | C | A | D | B | B | B | A | C |
| **51** | **52** | **53** | **54** | **55** | **56** | **57** | **58** | **59** | **60** |
| D | D | D | B | A | D | A | C | C | A |
| **61** | **62** | **63** | **64** | **65** | **66** | **67** | **68** | **69** | **70** |
| A | A | A | D | A | D | A | A | B | B |

| 71 | 72 | 73 | 74 | 75 | 76 | 77 | 78 | 79 | 80 |
|---|---|---|---|---|---|---|---|---|---|
| B | B | A | A | C | B | B | B | A | C |
| 81 | 82 | 83 | 84 | 85 | 86 | 87 | 88 | 89 | 90 |
| A | A | D | B | A | C | A | A | C | D |
| 91 | 92 | 93 | 94 | 95 | 96 | 97 | 98 | 99 | 100 |
| B | A | A | B | A | D | D | D | A | B |
| 101 | 102 | 103 | 104 | 105 | 106 | 107 | 108 | 109 | 110 |
| C | C | B | B | B | B | D | C | D | B |
| 111 | 112 | 113 | 114 | 115 | 116 | 117 | 118 | 119 | 120 |
| C | B | B | D | A | B | A | C | C | C |
| 121 | 122 | 123 | 124 | 125 | 126 | 127 | 128 | 129 | 130 |
| B | C | A | D | C | B | B | A | C | C |
| 131 | 132 | 133 | 134 | 135 | 136 | 137 | 138 | 139 | 140 |
| D | C | C | B | A | B | A | C | B | C |
| 141 | 142 | 143 | 144 | 145 | 146 | 147 | 148 | 149 | 150 |
| D | B | A | A | C | D | C | B | C | B |
| 151 | 152 | 153 | 154 | 155 | 156 | 157 | 158 | 159 | 160 |
| C | D | C | C | A | A | D | A | D | C |
| 161 | 162 | 163 | 164 | 165 | 166 | 167 | 168 | 169 | 170 |
| A | A | A | D | B | B | D | B | B | A |
| 171 | 172 | 173 | 174 | 175 | 176 | 177 | 178 | 179 | 180 |
| B | A | A | B | D | A | B | A | D | B |
| 181 | 182 | 183 | 184 | 185 | 186 | 187 | 188 | 189 | 190 |
| A | C | D | A | A | D | D | C | C | A |
| 191 | 192 | 193 | 194 | 195 | 196 | 197 | 198 | 199 | 200 |
| D | A | A | D | D | B | C | B | B | A |

पिछले प्रश्न-पत्र (हल सहित)

# दिल्ली अधीनस्थ सेवा चयन बोर्ड

# DSSSB-PGT (इतिहास) भर्ती परीक्षा, 2018*

## विषय ज्ञान – इतिहास एवं शिक्षण विधि

**1.** The most important industry at Lothal and Chanu daro was:
A. Metallurgical products
B. Shipbuilding
C. Handlooms
D. Bead making

**2.** A central government Mauryan officer in charge of revenue collection was called:
A. Karmika B. Samaharta
C. Adhyaksha D. Sannidhata

**3.** Harappan weapons were made from:
A. All of the other options
B. Copper
C. Bronze
D. Stone

**4.** Harappan towns were divided into large _____ blocks.
A. semi-circular B. circular
C. rectangular D. square

**5.** Which of the following options represents two important Harappan crops?
A. Rice and lentils
B. Cotton and sugar cane
C. Sesame and mustard
D. Wheat and barley

**6.** Maurya chronology hinges around the date of:
A. Year of Asoka's coronation
B. Buddha's death
C. Alexander's invasion
D. Mahavira's death

**7.** How were the later-day Guptas related to the Imperial Guptas?
A. Through marriage
B. As a junior branch of the imperial family
C. As members of the same line
D. As feudatories

**8.** The state promoted trade in ancient India through:
A. All of the other options
B. Ensuring security on trade routes
C. Maintaining roads
D. Establishing market towns

**9.** Of the sixteen Mahajanapadas referenced, how many were located in the Ganga valley?
A. 15 B. 10
C. 4 D. 7

**10.** The entry port for trade between the Indus trading centres and Mesopotamia was:
A. Elam B. Bahrain
C. Oman D. Afghanistan

**11.** The inhabitants of Anga and Magadha Janapadas were held in contempt because:
A. They traded in certain articles not favoured by the Brahmanical law givers
B. They supported the Buddha
C. They were heretics
D. They were black-skinned

**12.** Which animals was engraved on most Harappan seals?
A. Bison
B. Humpless bull/Unicorn

प्रश्न-पत्र हिन्दी में उपलब्ध नहीं है

* Online exam held on 05/07/2018.

C. Elephant
D. Tiger

**13.** The most important Harappan item(s) of export was/were:
A. Metals and precious stones
B. Foodgrains
C. Pottery
D. Textiles

**14.** Which city was the first metropolis of the Ganga civilisation?
A. Pataliputra B. Kausambhi
C. Vaishali D. Rajgriha

**15.** Which of the following was a reason for Harappans to move from their urban sites?
A. Hydrological changes
B. Foreign invasion
C. Demographic changes
D. Environmental changes

**16.** Any record pertaining to the Gupta empire is NOT available post which of the following dates?
A. 533 CE B. 535 CE
C. 500 CE D. 543 CE

**17.** Copper in Harappan times was obtained from:
A. Mesopotamia B. Baluchistan
C. Khetri mines D. Barbarikon

**18.** Which group first faced Samudragupta's imperial designs?
A. Maghas B. Shakas
C. Nagas D. Satavahanas

**19.** In ancient India, the largest urban centre of the following was:
A. Taxila B. Pataliputra
C. Kausambhi D. Champa

**20.** The Mauryan officer Dandapala was actually a:
A. Spy
B. Royal door keeper
C. Chief commandant
D. Chief punitive officer

**21.** Which of the following was one of the main elements of Akbar's Rajput policy?
A. All of the other options
B. Grant of full autonomy and protection to Rajput polities
C. Establishment of matrimonial alliances
D. Appointment of Rajput chief's as high officials of Mughal government

**22.** The Lodis were:
A. Of pure Afghan origin
B. Ottoman Turks
C. Of pure Turk origin
D. Timurid Turks

**23.** Babur wrote his autobiography *Babur Nama* in:
A. Persian B. Pashto
C. Arabic D. Turki

**24.** From Iltutmish's death until Balban's accession, actual power was wielded by:
A. Army
B. All of the other options
C. Theologians
D. Nobility

**25.** The sophisticated life style of elite urbanites described by Vatsayana indicates:
A. The rise of trade
B. The prevalence of port towns
C. The emergence of a rich urban class
D. The rise of fashion consciousness

**26.** Arikamedu and Barbaricum were:
A. Agrarian centres
B. Intermediate urban centres
C. Famous ancient port-towns
D. Industiral bases

**27.** Which sultan's territory was the largest in the Delhi Sultanate?
A. Alauddin Khilji
B. Muhammad bin Tughlaq
C. Firuz Shah Tughlaq
D. Sikander Lodi

**28.** Which was NOT an important constituent element of Mughal government?
A. Arabic B. Persian
C. Turki D. Indian

**29.** The socio-economic significance of the trading and craft guilds lay in their:

A. Evolving into castes
B. Enforcing social discipline
C. Maintaining business and occupational monopoly of particular *varnas*
D. Providing economic support and organisation to trade and crafts

**30.** At the time of his coronation at Kalanaur, Akbar's age was:
A. Fifteen B. Twenty
C. Eighteen D. Thirteen and half

**31.** Which ancient sect gave women an important place and instituted orders of female ascetics?
A. Tantrics B. Lokayatas
C. Virasaivites D. Ajivikas

**32.** The Jesuit missionary who held discussions with Akbar and wrote about them was:
A. William Rubruck
B. Thomas Roe
C. Antony Monserrate
D. John di Plan Carpini

**33.** The Mughals captured Chittor in 1568 after defeating:
A. Rana Amar Singh B. Rana Ram Singh
C. Rana Uday Singh D. Rana Pratap Singh

**34.** Dinara was a:
A. Type of doorway B. Dinarius coin
C. Silver coin D. Gold coin

**35.** The Bhakti movement was headed by leaders such as:
A. Bindusara
B. Ramanuja and Kabir
C. Makanda Ghosale
D. Sandrocottus and Seleucos

**36.** The first sovereign ruler of the Delhi Sultanate was:
A. Qutb ud din Aibak
B. Iltutmish
C. Nasiruddin Mahmud
D. Aram Shah

**37.** The dynasty founded by Khizr Khan, Timur's nominee, is known as the Sayyid dynasty because:
A. Khizr Khan was a descendant of the Prophet
B. The ruled under the title Sayyid
C. Khizr Khan was a distinguished scholar of theology
D. Khizr Khan belonged to the Sayyid tribe of eastern Turkestan

**38.** Which of the following is true about Sufism?
A. Sufism was against synthesis of Hindu and Muslim culture
B. Sufism made no distinction between creeds and faiths
C. Sufism supported the caste system actively
D. Sufism addressed iteself to specific occupational groups

**39.** After recapturing Delhi and his second coronation, Humayun could rule for only:
A. Six months
B. Two and Half years
C. Two years
D. Fourteen months

**40.** The ancient city of Muziris was situated in:
A. Kabul valley B. Khyber pass
C. Kerala D. Maharashtra

**41.** The largest bridge was built in Akbar's time at:
A. Jaunpur B. Delhi (Barapula)
C. Jajau D. Nurpur

**42.** From the _____ century, several of the mystical and protestant elements were recombined in the Bhakti or devotional movements.
A. late thirteenth B. early fourteenth
C. fourteenth D. fifteenth

**43.** Vasco da Gama was helped by _____ to reach the Malabar coast.
A. Ibn Khurdadhbhi
B. The merchant Suleiman al-Tajir
C. Ibn Majid
D. Ibn Saud

**44.** Who first translated that *Tota Maina* stories into Persian?
A. Jiya Naqshwi B. Amir Khusrau
C. Badauni D. Faizi

**45.** The *sufi* sect of the Chistis was active in _____ India.

A. North-west B. Eastern
C. North D. South

**46.** Who first divided the Mughal empire into provinces?
A. Babur B. Akbar
C. Jahangir D. Humayun

**47.** The European nation that first discovered the sea route to India was:
A. Netherlands under the Spanish Hapsburgs
B. Spain via Manila
C. Portugal under the Aviz dynasty
D. England under the Tudors

**48.** What stylistic novelty is found in the tomb of Khan-i-Jahan Telangani built in Delhi under the Delhi Sultanate?
A. Octagonal shape
B. True arch
C. Double dome
D. Use of white marble against red sandstone

**49.** Who discovered the passage to India by the Cape of Good Hope?
A. Niccolo Conti B. Bartolomeu Diaz
C. Marco Polo D. Vasco da Gama

**50.** Shia *sufi* teachings spread from Sindh and Punjab across north and central India from the _____ century.
A. thirteenth B. twelfth
C. eleventh D. fourteenth

**51.** The first Portuguese settlement in Bengal was at:
A. Baranagar B. Chandernagar
C. Bandel D. Hooghly

**52.** Buland darwaza was built at Fatehpur Sikri by Akbar to:
A. Celebrate the birth of Salim
B. Commemorate his victory of Gujarat
C. Commemorate the completion of twenty five years of rule
D. Celebrate his alliance with Amber and his marriage with Amber princess

**53.** What are the three Gs motivating the European discoveries?
A. God, gluttony and gold
B. God, gold and glory
C. Greed, gourmandise and glory
D. Greed, god and glory

**54.** The giant Qutb Minar within the Quwwat-ul-Islam mosque in Delhi consists of ______ tapering shafts with balconies supported on muqarnas corbels.
A. seven B. six
C. four D. five

**55.** The media used for engraving Sultanate inscriptions was:
A. Lead plates and stone
B. Stone and iron plates
C. Copper plate and stone
D. Copper and iron plates

**56.** The medieval *sufi* sects of the Suhrawardi were active in _____ and the Firdausi were active in _____.
A. Sindh; Bihar
B. Punjab; Bihar
C. East Bengal; Orissa
D. Punjab; Sindh

**57.** Akbar introduced the mansabdari system to:
A. Engender loyalty
B. Satisfy officer's egos
C. Distribute favours
D. Organise nobility and army

**58.** The Portuguese first arrived in India at:
A. Kochi B. Calicut
C. Mangalore D. Kappad

**59.** Which is the correct chronological order of these Bhakti preachers?
A. Nanak, Chaitanya, Kabir
B. Kabir, Nanak, Chaitanya
C. Kabir, Ramdas, Ramjas
D. Chaitanya, Kabir, Nanak

**60.** Foreign traveller(s) who visited during Jahangir's reign was/were:
A. Francisco Pelsaert
B. William Finch and Francisco Pelsaert
C. Ralph Fitch
D. William Finch

**61.** A former Brahmo, Shiv Narayan Agnihotri (1850-1929), formed the Dev Samaj in the Punjab in:

A. 1887 B. 1897
C. 1885 D. 1859

**62.** The French headquarters in South India was at:
A. Arcot B. Pondicherry
C. Arikamedu D. Tanjore

**63.** The greatest bankers in Bengal were:
A. Hazoorimull B. Gyanchand
C. Jagat Seth D. Alamchand

**64.** Which of the following is NOT true about the revolt of 1857?
A. It spread over much of North and Central India.
B. Leaders participating in revolt instituted command structures on the model of the company's army and administration.
C. Leaders participating in revolt established pan-Indian alliances.
D. Leaders participating in the revolt evoked Mughal forms of governance.

**65.** De-industrialisation referred to:
A. Decay of traditional urban centres
B. All of the other options
C. Decline of indigenous crafts
D. Deserted villages

**66.** Who wrote the book *The Indian Musalmans*?
A. Kevin MacDonald B. James Mill
C. S.S. Thorburn D. W.W. Hunter

**67.** Which successive order of Governor-Generals is correct?
A. Hastings, Cornwallis, Barlow, Amherst
B. Hastings, Shore, Cornwallis, Wellesley (Mornington)
C. Cornwallis, Bentinck, Auckland, Ellenborough
D. Warren Hastings, Cornwallis, Sir John Shore, Wellesley (Mornington)

**68.** Which historian claimed that 1757 impact the Indian economy and that the boom continued into the nineteenth century?
A. Morris D Morris B. Angus Maddison
C. C A Bayly D. B R Tomlinson

**69.** The Danes are famous for introducing into Bengal:
A. The printing press
B. Charity work
C. Evangelists
D. Missionary activities

**70.** The Dutch established themselves in Bengal at:
A. Bankibazar B. Serampore
C. Murshidabad D. Chinsurah

**71.** A famous French traveller who visited Chinsurah in the late seventeenth century was:
A. Jean Baptiste Tavernier
B. Robert Challes
C. Francois Bernier
D. Francois Beaulieu

**72.** What is NOT a true statement with regard to the eighteenth century India?
A. Indigenous trade and shipping increased.
B. Traditional towns in India were eclipsed by the dynamism of Calcutta, Madras and Bombay.
C. Towns such as Benaras, Pune, Lucknow, Hyderabad, Mysore or Jaipur experienced growth in the eighteenth century at the expense of Delhi, Agra and Lahore.
D. By 1800, commercially speaking, the capitals of most successor states were towns without a secure future.

**73.** Which of the following is NOT true with regard to the British impact on the Indian economy?
A. The terms of international trade, the conditions of production in India, and the regulations imposed by its European government all turned against Indian entrepreneurs and merchants.
B. Nineteenth-century colonial policy offered protection to Indian-owned and India-based enterprises.
C. In the 1900s, J.N. Tata, after large expenditure, sought to raise capital in London for a proposed steel works plant at Jamshedpur. He found London financiers unwilling to lend to a speculation under Indian management.

D. Secure, profitable and expensive state-backed loans for major railways and canals were raised internationally.

**74.** The first negative effect of British rule in Bengal was seen in:
A. The new market towns established by the British
B. The famine of 1769-70
C. Revenue farming
D. None of the other options

**75.** The first European steam-powered factory producing cotton yarn was established:
A. In Ahmedabad in 1853
B. In Bombay in 1856
C. In Bombay in 1854
D. Near Calcutta in 1817 or 1818

**76.** All European companies established themselves at Surat because:
A. It had a great market
B. It was a great emporium of trade
C. It had good transport links with the interior
D. It was a great emporium of trade and it had a great market

**77.** What was NOT a consideration for European companies to settle in Bengal?
A. Inexpensiveness of items for daily use
B. Power of the local court
C. Good transport links through rivers
D. Diversity and inexpensiveness of trading goods

**78.** The British East India Company could ultimately suppress the 1857 revolt because:
A. Company ships fired cannons on the Indians
B. The Company controlled all land routes
C. The revolt focused upon only a few hubs, such as Delhi or Lucknow, and the leaders failed to consolidate across wider areas except through alliance with lesser centres or power-brokers
D. The Company had large number of British troops

**79.** The French in Bengal reached great heights under:
A. Francis Hardancourt
B. Philippe Caron
C. Robert Lessier
D. Francois Dupleix

**80.** The Dutch lost to the English at the:
A. Battle of Plassey in 1757
B. Battle of Chinsurah or Battle of Biderra in 1759
C. Battle of Jugalkot in 1752
D. Battle of Hooghly in 1758

**81.** The East India Association (1855) was set up in:
A. Calcutta and Nagpur
B. Calcutta and Bombay
C. Madras and Bombay
D. London and Bombay

**82.** The earliest cities of southern Mesopotamia were:
A. Uruk and Kish
B. Nippur and Kish
C. Eridu, Uruk, Bad-tibira, Nippur and Kish
D. Eridu and Babylonia

**83.** In the more recent texts, Oman and the Indus region are known as:
A. Lugalzagesi and Lagash
B. Bad Kimbesh and Meluhha
C. Magan and Meluhha
D. Om Kippur and Tilgrath

**84.** After Dayanand's death, the Lahore Samaj and other societies he had formed across Northern India came together to establish a school in his memory at ____, which was called ____ and whose data of establishment was ____.
A. Lahore; The Dayanand Anglo-Vedic College; 1886
B. Lahore; The Dayanand Vedic College; 1887
C. Bombay; The Dayanand Shaka; 1887
D. Lahore; The Dayanand Vedic Association; 1890

**85.** Rowlatt in 1919, non-cooperation in 1920-22, civil disobedience in 1930-34 were:
A. Both mass movemen by Gandhi, based on 'truth-force' (*satyagraha*) and a Jain-influenced non-violence (*ahimsa*) and

based on Gandhi's activism and idealism, which appealed to young volunteers, local leaders and many established all-India politicians as a means of confronting the British without risking violence or violent reprisals.

B. Mass movements by Gandhi, based on 'truth-force' (*satyagraha*) and a Jain-influenced non-violence (*ahimsa*)

C. Based on Gandhi's activism and idealism, which appealed to young volunteers, local leaders and many established all-India politicians as a means of confronting the British without risking violence or violent reprisals.

D. Urban protests

**86.** Later Mesopotamian urbanisation showed:

A. Small settlements

B. An alomst explosive increase in the size of the buildings

C. Presence of camels

D. Drainage canals

**87.** The raw material that epitomises Mesopotamian civilisation is:

A. Palm leaf B. Stone

C. Clay D. Wood

**88.** Jyotirao Phule established the _____ Samaj (truth-seeking society).

A. Satyapath B. Satyagraha

C. Satyashodhak D. Satyabhama

**89.** The surveys of Robert McCormick Adams and Hans Nissen showed:

A. How the relative size and number of Mesopotamian settlements gradually shifted: the number of small or very small settlements was reduced overall, whereas the number of larger places grew

B. Small or very small settlements grew fast

C. Mesopotamian settlements gradually shifted to urban conglomerates

D. Small settlements suddenly died out

**90.** Motilal Nehru's constitutional consultative committee report (1928) was rejected by the All Indian Muslim Conference in 1929 because the Conference thought that:

A. The Nehru Report generated the broadest possible consensus among Indian opinion and envisaged pan-Indian rights and structures, while the Muslim Conference felt that in view of India's vast extent and divisions, the only form of Government suitable to Indian conditions was a federal system with complete autonomy and residuary powers vested in the constituent states

B. It was too pro-British

C. It marginalised Muslims from decision making

D. It favoured Hindus and would create a Hindu state

**91.** Arya Samaj, which was started in erstwhile Bombay in 1875 and in Lahore in 1877 by Dayanand Saraswati, was also known as:

A. Noble Society

B. Honoured Society

C. Distinguished Society

D. Great Society

**92.** A trans-shipment point for Mesopotamian trade with the Oman coast and the Indus region was:

A. Nishapur

B. Barbarikon

C. The isle of Dilmun (modern Bahrain)

D. Barygaza

**93.** Brahma Sabha (1828), Dharma Sabha (1830) and Landholder's Society (1838) were _____ based societies.

A. Bombay B. Calcutta

C. Patna D. Delhi

**94.** The poem Vande Mataram was written by:

A. Aurobindo Ghosh

B. Bankim Chandra Chatterjee

C. Bipin Chandra Pal

D. Rabindranath Tagore

**95.** When did the Indian Constitution come into force?

A. 25th January, 1950

B. 25th January, 1949

C. 26th January, 1948

D. 26th January, 1950

**96.** The clearest sign of Mesopotamian urbanisation can be seen at:
A. Eridu
B. Uruk Levels VI to IV
C. Uruk and Kish
D. Nippur

**97.** A system of writing first developed by the ancient Sumerians of Mesopotamia is known as:
A. Cuneiform
B. Cueniform
C. Cuneiformal
D. Apsidal

**98.** Mesopotamian temples were:
A. Round in shape
B. Square in shape
C. Rectangular buildings, covering areas as large as 275 by 175 feet
D. Hexagonal in shape

**99.** Which political leader entitled his political autobiography, A Nation in Making (1925)?
A. Motilal Nehru
B. Dadabhai Naoroji
C. M.K. Gandhi
D. Surendranath Banerjee

**100.** Which of the following is a correct statement?
A. Untouchability was neither abolished nor removed under the schedules of the Constitution
B. Untouchability was removed under the schedules of the Constitution
C. Untouchability was declared a crime punishable by law, carrying a prison sentence under the schedules of the Constitution
D. Untouchability was officially abolished, though not removed under the schedules of the Constitution, reinforced by an Act of 1955.

**101.** The Hellenistic Age is the period during which:
A. Greek thought and culture became dominant in the regions under the rule of the four generals among whom Alexander's empire had been divided.
B. The Athenian Empire fought with the Sassanid Empire
C. The early Greeks fought with the Sassanians
D. The later Greeks fought with the Persians

**102.** The Peloponnesian League was:
A. A defensive alliance against the Delian League
B. A league formed to promote Greek commercial interests
C. An alliance of the Greek islands against mainland Greece
D. An offensive alliance of the Greek city states against the Persians

**103.** Which of the following was a city-state hostile to Athens?
A. Knossos
B. Naxos
C. Sparta
D. Rhodes

**104.** Which of the following work was NOT done by the Roman Empire?
A. Encompassing most of continental Europe, Britain, much of Western Asia, northern Africa and the Mediterranean islands
B. Following a mixture of paganism, philosophical beliefs and early Christianity
C. Introducing the western calendar
D. None of the other options

**105.** The year 2350 B.C. was a turning point in the history of Mesopotamia because:
A. Rivers dried up and trade was affected for the first time.
B. For the first time, an empire arose on Mesopotamian soil. The driving force of that empire were the Akkadians.
C. Floods destroyed all its cities.
D. The Mesopotamian civilisation faced constant invasions.

**106.** The power vacuum after the fall of Athens and Sparta was filled by:
A. Philip II of Macedon (382-336 BCE), after his victory over the Athenian forces and their allies at the Battle of Chaeronea in 338 BCE.
B. Alexander I of Macedonia after a devastating flood weakened Greece
C. Philip I of Macedon
D. Anaximander of Macedonia

**107.** The first Roman emperor was:
A. Nero B. Julius
C. Tiberius D. Augustus

**108.** The concept of an atomic universe was first posited in Greece through the work of:
A. Democritus and Leucippus
B. Heraclitus
C. Argon
D. Thales

**109.** The designation *Hellas* is derived from:
A. Hellen, son of Deucalion of Pyrrha, who features in Ovid's tale of the Great Flood in his *Metamorphoses*
B. Helios, the Sun God
C. Hellenic, a mountain in Central Greece
D. Hela, the Greek Goddess of Fortune

**110.** Greece was designated a Protectorate of Rome in:
A. 141 BCE B. 167 BCE
C. 168 BCE D. 146 BCE

**111.** In its character, Mesopotamia was a:
A. Homogeneous
B. Composite civilisation
C. Heterogeneous civilisation, containing many diverse elements and people
D. Centralised empire

**112.** Which civilisation was NOT a part of ancient Greece?
A. Aegean Civilisation
B. Minoan Civilisation
C. Cycladic Civilisation
D. Mycenaean Civilisation

**113.** Early work in physics and engineering was pioneered by:
A. Archimedes of the Greek colony of Syracuse
B. Euclid
C. Democritus
D. Themistocles

**114.** Which sea does NOT surround Greece?
A. Akkadian Sea B. Aegean Sea
C. Mediterranean Sea D. Ionian Sea

**115.** Which of the following is among the many legacies of Roman dominance?
A. The Rome-India trade
B. All of the other options
C. The widespread use of Romance languages (Italian, French, Spanish, Portuguese and Romanian) derived from Latin, the modern Western alphabet, the calendar and the emergence of Christianity as a major world religion
D. Capture of the Red Sea trade

**116.** The Archaic Period (800-500 BCE) in Greece is characterised by:
A. The introduction of republics instead of monarchies (which, in Athens moved towards Democratic rule) organised as a single city-state or polis as well as The institution of a legal framework
B. The introduction of republics instead of monarchies (which in Athens, moved towards Democratic rule) organised as a single city-state or polis
C. A highly statist rule
D. The institution of a legal framework

**117.** Augustus Caesar's original name was:
A. Marcus B. Octavian Caesar
C. Antonius Caesar D. Julius

**118.** In 31 BCE, Octavian Caesar annexed ____ as a province of Rome following his victory over Mark Antony and Cleopatra at the Battle of Actium.
A. England B. Greece
C. Germania D. Gaul

**119.** The Akkadians were contemporary to the:
A. Early Mesopotamians
B. Sumerians
C. Very early Harappans
D. Babylonians

**120.** The first ruler of the Akkadians was:
A. Heraclitus B. Eusebius
C. Sargon D. Tilgrath Pilser

**121.** The sharia (from *shar* or 'the way') is:
A. A system of faith
B. A set of laws
C. Laws inscribed permanently
D. The body of normative guidance that grew out of the original framework, during and after the time of Prophet Muhammad

122. The birthplace of the renaissance is:
A. Spain B. Germany
C. France D. Italy

123. The transition debate refers to:
A. The transition from feudalism to capitalism
B. The transition from republicanism to a monarchical system
C. The transition from agrarian capitalism to commercial capitalism
D. The transition from trade to agriculture

124. Ganshof wrote on:
A. The feudal economic structure
B. Feudal policy
C. The legal aspects of feudalism
D. Feudal religion and morality

125. The middle period of feudalism saw:
A. A monarchical revolution leading to the concentration of power
B. A transport revolution
C. A revolution in technology
D. The appearance of large-scale cities in Europe

126. The Prophet Muhammad (570-632 CE) was tasked with:
A. Putting into place Islam's ethical framework
B. Conveying the revelation
C. Providing economic support and organisation to trade and crafts
D. Conveying the revelation and putting into place Islam's ethical framework

127. The defining aspect(s) of the Prophet's ethical framework at large was/were:
A. The 'pillars' of the faith; bearing witness to God and his prophet, ritual prayer, almsgiving, fasting and pilgrimage
B. Jihad
C. The rule of a just king
D. Trade and commerce as a sacred duty

128. Which of the following monarchs was intimately associated with the early feudal system?
A. Charles V B. Henry Tudor
C. Charlemagne D. Barbarossa

129. The hunting and burning of witches at the stake reached its height during:
A. The late medieval period
B. The seventeenth century
C. The fifteenth century
D. The sixteenth century

130. The Mongols were:
A. Horse rearing nomadic people at inception
B. Horse rearing nomadic people at inception and Pastoralists
C. Pastoralists
D. Agriculturists

131. The renaissance put ____ at the centre of the world.
A. ideas of man B. discoveries
C. nature D. cities

132. Which author has written on Central Asian nomadic culture?
A. Mario Prato B. Owen Lattimore
C. Carlo Nicolo D. Philip Ashton

133. Constantinople fell to the Ottoman Turks on:
A. 3 November, 1492 B. 29 May, 1456
C. 2 June, 1204 D. 29 May, 1453

134. Which of the following books was written by Maurice Dobb?
A. *The Rise of Capitalist Agriculture*
B. *Commercial Capitalism in England*
C. *India in the World Economy*
D. *Studies in The Development of Capitalism*

135. The tax imposed by the medieval church was called:
A. Tithe B. Religiosa
C. Gabelle D. Imperium

136. Which of the following authors wrote on the transition from feudalism to capitalism?
A. Paul M Sweezy B. Fernand Braudel
C. Gabriel Ferrand D. Ronald La Haye

137. What is NOT true with regard to feudalism?
A. It had more villages than towns
B. It made land the basis of all relations
C. It made agriculture the chief activity
D. It adopted western philosophies of monarchism

**138.** The Arab occupation of ____ led to the crusades.
A. Lebanon B. Byzantium
C. Syria D. Jerusalem

**139.** Feudalism is:
A. A patrimonial system
B. A system where the king appropriates all control
C. A land-based social, economic and political system
D. Not hostile to mercantilism

**140.** Feudal relations encompass:
A. The republican spirit
B. Economic relations
C. Social, political, religious, legal and moral spheres
D. Economic relations; and social, political, religious, legal and moral spheres

**141.** Which of the following is true about the Reformation?
A. It heightened popular consciousness of the occult
B. It popularised witch hunting
C. It created many peasant leaders
D. It shaked people's faith in one, unitary Christian Church

**142.** Capitalism was first visible:
A. In Spain with bureaucratic capitalism
B. In France as the feudal system declined
C. In the Portuguese imperial system
D. In England with the rise of capitalist agriculture

**143.** Portugal's map and atlas making tradition was inherited from:
A. The Catalans of Mallorca by way of the Arabs
B. Mathematicians
C. Scientists at Sagres
D. Spain

**144.** Calvin was a ____ reformer.
A. English B. French
C. Swiss D. Belgian

**145.** Which authors coined the term 'proto-industrialisation'?
A. Peter Metcalfe and Hans Humperdink
B. Amos Vanderbilt and Michael Wood
C. Hans Medick, Peter Kriedte, Jurgen Schlumbohm
D. Peter Burke and C H Phillips

**146.** Industrial capitalism was based on:
A. High and protective tariffs
B. Centralised production, as in the factory system
C. High and protective tariffs; and centralised production, as in the factory system
D. Tax-free land

**147.** The Peasant's War in Germany lasted for the duration of:
A. 1524-1525 B. 1528-1530
C. 1525-1530 D. 1526-1530

**148.** Which one of the following is NOT a phase Capitalism?
A. Merchant Capitalism
B. Finance Capitalism
C. Imperial Capitalism
D. Industrial Capitalism

**149.** Which of the following is NOT true about the Protestant Reformation?
A. It believed in massive altar decorations
B. It dispensed with the pomp and pageantry of the Catholic Church
C. It attacked the corruption of bishops and cardinals
D. It believed in direct and personal communion with God

**150.** Mercantilism was:
A. An initial phase in merchant capitalism
B. Based on plunder and protectionism
C. All of the other options
D. A part of national economic strategies

**151.** The artist mantegna painted at the:
A. Sistine Chapel
B. Church in Padua
C. The cout of Gonzagas in Mantua
D. Vatican Church in Rome

**152.** Which of the following is TRUE with regard to the renaissance?

A. It was not hostile to religion but religion was left as a personal matter
B. Majority of renaissance art had a religious theme
C. Portraiture emerged as an art style during the renaissance
D. All of the other options

**153.** Prince Henry of Portugal set up a laboratory for the discovery project at:
A. Tagus B. Lisbon
C. Sagres D. Lagos

**154.** Agrarian capitalism was synonymous with:
A. Improvements in riverine traffic
B. The enclosure movement in the countryside
C. A big transport revolution
D. The use of steam

**155.** The initial preacher of the Protestant Reformation was:
A. Martine Luther B. John of Presbyter
C. John Knox D. Auguste Calvin

**156.** Proto-industrialisation is also known as:
A. Verlag system
B. Industrialisation before industrialisation
C. Kauf system
D. Putting out system

**157.** How is capital different from money?
A. Money is for spending while capital more money
B. Money is for hoarding, while capital is for spending
C. Money is for everyday use, while capital is only for investment
D. Money is for spending while capital creates more money; and Money is for everyday use, while capital is only for investment

**158.** The 'discoveries' of the world beyond Europe were led in the fifteenth century by:
A. Portugal B. Catalan
C. Portugal and Spain D. Spain

**159.** Christopher Columbus's voyage was financed by:
A. Calvi in Corsica
B. Queen Isabella and King Ferdinand of Spain
C. The republic of Genoa
D. King Ferdinand of Aragon

**160.** Merchant capitalism was based on:
A. Sea-borne commerce
B. Overseas trade
C. Trade, plunder and slavery
D. Trade and commerce as duty

**161.** The opium wars were followed by:
A. The Taiping Rebellion
B. The Boxer Movement
C. Muslim revolts in Xinjiang
D. The Hundred Flowers Reform Movement

**162.** Which of the following is NOT true regarding Japan's economy?
A. Japan is subject to earthquakes but has very little rainfall
B. It is the world's top fishing nation
C. It has the greatest number of ports for container and marine shipping concentrated in a small space
D. Rice is its chief crops

**163.** Commodore Perry first landed at Yedo Bay on:
A. 4 February, 1854 B. 21 August, 1853
C. 8 July, 1853 D. 3 July, 1853

**164.** The Sino-Japan war was:
A. A clash between China and Japan for the control of Korea and Manchuria
B. The Outcome of conflicts in Manchuria
C. A clash between China and Japan for the control of Korea
D. The result of an illegal railway line laid by Japan in Hunan

**165.** The immediate background to the establishment of Nationalist China was:
A. Military reforms between 1901-11
B. Anti-Qing feeling in cities
C. The October 1911 Wuhan uprising by the New Army whose officers did not support the Qings
D. Revolutionary Alliance of 1905 by Sun Yat-Sen

**166.** Which is NOT true with regard to the Taiping Rebellion?

A. Hardly any land tax was paid to the Qings after the rebellion
B. It captured all the coastal forts in China
C. It was an anti-imperialist movement
D. It saw the early tremors of Communist 'earthquake' that would engulf China in the 1940s

**167.** The reason(s) behind the Boxer Uprising is/are:
A. None of the other options
B. Imperial designs of Britan and Russia
C. Imperial designs of Britain and Russia, and Severe drought and the disruption caused by the growth of foreign spheres of influence
D. Severe drought and the disruption caused by the growth of foreign spheres of influence

**168.** Which of the following is true about the Anglo-Chinese opium wars?
A. They broke the myth of China's invulnerability
B. They broke the myth of China's invulnerability; and They opened up China, saw inflation and protection to missionaries
C. They opened up China
D. They opened up China, saw inflation and protection to missionaries

**169.** The Taiping movement rose in:
A. Kwangtan province, a remote Southwest corner of China
B. Gansu province
C. The heart of China
D. Szechwan province

**170.** The Eight-Nation Alliance – an international military coalition set up in response to Boxer Rebellion in summer of 1900 – was composed of:
A. Japan, Russia, Britain, France, United States, Germany, Italy and the Portuguese Empire.
B. Japan, Russia, Britain, France, United States, Germany, Italy and the Austro-Hungarian Empire.
C. Japan, Russia, Britain, France, United States, Germany, Italy and Austria.
D. Japan, Russia, Britain, France, United States, Germany, Italy and Spain.

**171.** China faced ____ opium war(s).
A. Two
B. None of the other options
C. Three
D. One

**172.** The leaders of the Taiping Rebellion were:
A. Li Tong and the Society of Righteous Fists
B. None of the other options
C. Li Huang Cho and the Society of the Harmonius Hand
D. Hung Hsiu Ch'uan and his Society of God Worshippers

**173.** Japanese emperor who assumed the title of Meiji, or Enlightened Ruler; was:
A. Mutsuhito B. Masahiro
C. Shigeru Okinawa D. Hirohito

**174** The Qings crushed the Taiping rebellion on:
A. 27th July, 1863
B. 19th July, 1864
C. 18th February, 1865
D. 20th July, 1864

**175.** Which of the following is NOT true with regard to Japan?
A. It transformed from a feudal agricultural society to an industrialised society within a little over 100 years.
B. It adopted western philosophies of liberalism.
C. It adopted western science, technology, constitutional monarchy and military on western lines.
D. It is poor in natural resources, yet it could rise from defeat in World War II through rapid economic development.

**176.** Which is NOT true as regard the May Fourth Movement of 1917-23?
A. It was a peasant movement seen chiefly in the countryside
B. It saw a move from anti-Qing feelings to anti-imperialism

C. It was a precursor of communism with its anti-warlord activities
D. It was a reaction to Treaty of Versailles and the Allies' favourable treatment of Japan

**177.** The Treaty of Kanagawa, signalling the 'opening up' of Japan, was signed on:
A. 28 March, 1854
B. 31 March, 1854
C. 30 March, 1854
D. 2 April, 1854

**178.** Between which duration did the Boxer Uprising take place?
A. 1899-1901 B. 1900-1901
C. 1898-1900 D. 1898-1899

**179.** The Taipings were:
A. Linked with secret societies such as The Triad
B. All of the other options
C. Intent on retaking Nanking as the Treaty of Nanking 1842 was a symbol of Chinese humiliation
D. Influenced by Confucian and Christian doctrines

**180.** Japan consists of 4 large island: Honshu, Hokkaido, Shikoku and Kyushu. Which among them is the seat of Japanese culture and contains its main cities?
A. Honshu B. Kyushu
C. Hokkaido D. Shikoku

**181.** Which of the following distinguishes inclusion from integration?
A. Fitting the child into the system,
B. Modifying the curriculum and setup to suit the child's needs
C. Giving additional information
D. providing material

**182.** According to Bronfenbrenner, government and education council form an important element in this level ____ of child's eco-system.
A. Mezosystem
B. Endosystem
C. Chronosystem
D. Exosystem

**183.** Complete the sentence choosing the correct option.
Simulations as a teaching method allows:
A. Imagination
B. Experiencing a given situation
C. Reading a story
D. Playing a role

**184.** Radha wants children to develop appropriate tone and modulations. Which method should she employ?
A. Listening
B. Singing
C. Simulations
D. Part taking in drama

**185.** Conveying messages through circulars is which form of communication?
A. Oral communication
B. Non-verbal communication
C. Mass communication
D. Personal communication

**186.** Emphasis of curriculum is on the:
A. Material provided
B. Process and skills to be developed
C. Process followed
D. Content to be taught

**187.** A Science teacher of grade 7 wants to state instructional objectives at the Analysis level of Bloom's Taxonomy. What is the correct action word that he/she needs to use?
A. Identify B. Justify
C. Relate D. Describe

**188.** What does the transferability feature of learning improve?
A. Enhances vertical structure of learning
B. Gives scope for spiral structure of learning
C. Makes learning difficult
D. Increases horizontal span of learning

**189.** One of the basic scientific skills is:
A. Observation B. Teaching
C. Listening D. Narrating

**190.** Special educators help the school in implementing inclusion by:
A. Bringing new admissions
B. Providing material for play

C. Creating awareness about the different types of special needs
D. Providing reading activities

**191.** Which one is an example of a URL leading to Search engine?
A. Index.html
B. http.rediff.com
C. Html. google.com
D. www.yahoo.com

**192.** What would Harish endusre by using rubrics to assess reading skills?
A. Validity B. Scaffolding
C. Reliability D. uniformity

**193.** Illustrating boys as active and girls as passive was done in:
A. Policy documents in the 70's
B. In the rural settings
C. Government initiatives in the 80's
D. Textbooks in the 80's and 90's

**194.** Introduction of pre-matric scholarship is an initiative for "Education for Women's equality" proposed by:
A. UNESCO B. NPE
C. ICDS D. UGS

**195.** Online exams are preferred because:
A. They save time
B. Administration is easy
C. Objective tests
D. Malpractices are diminished

**196.** Sheela wants to conduct extra classes for students who scored below 50% in Science. In order to find out who are such students, she would list their information and use the Excel command:
A. Sort B. Sum
C. Average D. Format

**197.** Staying update with current affairs is best possible through:
A. TV and newspapers
B. Gossiping
C. Telephonic conversations
D. TV, internet and newspapers

**198.** Language development starts with:
A. Imitation
B. Cooing
C. Sound discrimination
D. Reading

**199.** What is the right sequence if Rohan wants to add sound effects to his power point presentation?
A. Select picture – insert – clipart
B. Open the slide – animation – custom animation – sound effects
C. Open the slide – animation – transition sound – applause
D. Place the cursor on the content – review – track changes

**200.** What does maintaining a reflective diary help teachers in?
A. Planning lessons
B. Professional development
C. Talking to parents
D. Reporting to management

## ANSWERS

| 1 | 2 | 3 | 4 | 5 | 6 | 7 | 8 | 9 | 10 |
|---|---|---|---|---|---|---|---|---|---|
| D | B | A | C | D | B | D | A | B | B |
| 11 | 12 | 13 | 14 | 15 | 16 | 17 | 18 | 19 | 20 |
| A | B | A | D | A | D | C | C | B | C |
| 21 | 22 | 23 | 24 | 25 | 26 | 27 | 28 | 29 | 30 |
| A | A | D | D | C | C | B | A | C | D |
| 31 | 32 | 33 | 34 | 35 | 36 | 37 | 38 | 39 | 40 |
| A | C | C | D | B | B | A | B | A | C |

| 41 | 42 | 43 | 44 | 45 | 46 | 47 | 48 | 49 | 50 |
|---|---|---|---|---|---|---|---|---|---|
| B | C | C | A | C | B | C | A | B | C |
| **51** | **52** | **53** | **54** | **55** | **56** | **57** | **58** | **59** | **60** |
| D | B | B | D | C | A | D | D | B | B |
| **61** | **62** | **63** | **64** | **65** | **66** | **67** | **68** | **69** | **70** |
| A | B | C | C | B | D | D | C | A | D |
| **71** | **72** | **73** | **74** | **75** | **76** | **77** | **78** | **79** | **80** |
| A | A | B | B | D | D | B | C | D | B |
| **81** | **82** | **83** | **84** | **85** | **86** | **87** | **88** | **89** | **90** |
| D | C | C | A | A | B | C | C | A | A |
| **91** | **92** | **93** | **94** | **95** | **96** | **97** | **98** | **99** | **100** |
| A | C | B | B | D | B | A | C | D | D |
| **101** | **102** | **103** | **104** | **105** | **106** | **107** | **108** | **109** | **110** |
| A | A | C | D | B | A | D | A | A | D |
| **111** | **112** | **113** | **114** | **115** | **116** | **117** | **118** | **119** | **120** |
| C | A | A | A | B | B | B | B | B | C |
| **121** | **122** | **123** | **124** | **125** | **126** | **127** | **128** | **129** | **130** |
| D | D | A | C | C | D | A | C | B | B |
| **131** | **132** | **133** | **134** | **135** | **136** | **137** | **138** | **139** | **140** |
| A | B | D | D | A | A | D | D | C | D |
| **141** | **142** | **143** | **144** | **145** | **146** | **147** | **148** | **149** | **150** |
| D | D | A | C | C | C | A | C | A | A |
| **151** | **152** | **153** | **154** | **155** | **156** | **157** | **158** | **159** | **160** |
| C | D | C | B | A | B | D | C | B | C |
| **161** | **162** | **163** | **164** | **165** | **166** | **167** | **168** | **169** | **170** |
| A | A | C | C | C | B | C | B | A | B |
| **171** | **172** | **173** | **174** | **175** | **176** | **177** | **178** | **179** | **180** |
| A | D | A | B | B | A | B | A | B | A |
| **181** | **182** | **183** | **184** | **185** | **186** | **187** | **188** | **189** | **190** |
| B | D | B | D | C | B | B | B | A | C |
| **191** | **192** | **193** | **194** | **195** | **196** | **197** | **198** | **199** | **200** |
| D | C | D | B | D | A | A | C | C | B |

### पिछले प्रश्न-पत्र (हल सहित)

# DSSSB — इतिहास अध्यापक (पीजीटी) भर्ती परीक्षा, 2015 *

## पोस्ट स्पेसिफिक विषय - संबंधी प्रश्न

**1.** आदि मानव ने पहले क्या सीखा?
A. पहिया बनाना B. जानवरों को पालना
C. आबाद जीवन बिताना D. आग उत्पन्न करना

**2.** आधुनिक प्रकार का मनुष्य—"Homo Sapiens" किस युग में पाया गया?
A. मध्याश्म युग B. ऊर्ध्व पुराणाश्म युग
C. मध्य पुराणाश्म युग D. निम्न पुराणाश्म युग

**3.** पुराणाश्मी मनुष्य का जीवन-निर्वाह किनसे होता था?
1. शिकार
2. मछुवाही
3. खेती
4. अन्न-संग्रहण

सही उत्तर समूह का चयन कीजिए:
A. 1, 2, 3 B. 1, 2, 4
C. 2, 3, 4 D. 1, 3, 4

**4.** रॉबर्ट ब्रुस फूट ने किस वर्ष पुराणाश्मी पाषाण औजार खोज निकाले?
A. 1857 B. 1862
C. 1863 D. 1821

**5.** निम्न जोड़ी बताइये:
(*a*) पुराणाश्म युग 1. पाषाण ताम्र के औजार
(*b*) मध्याश्म युग 2. पॉलिशदार पाषाण के औजार
(*c*) नवप्रस्तर युग 3. कटे हुए पाषाण के औजार
(*d*) ताम्रपाषाण युग 4. सूक्ष्मपाषाण

**कोडः**

| | (*a*) | (*b*) | (*c*) | (*d*) |
|---|---|---|---|---|
| A. | 3 | 2 | 4 | 1 |
| B. | 2 | 3 | 4 | 1 |
| C. | 2 | 3 | 1 | 4 |
| D. | 3 | 4 | 2 | 1 |

**6.** निम्न में से कौन-सी जोड़ी सही नहीं है?
A. मध्याश्म काल – सूक्ष्मपाषाण उद्योग
B. पुराणाश्म काल – भ्रमण जीवन
C. नवप्रस्त काल – आबाद जीवन
D. ताम्रपाषाण काल – अन्न उत्पादन अवस्था

**निर्देश (प्र.सं. 7 से 11):** *निम्न प्रश्नों में दो कथन दिये गये हैं, एक को अभिकथन (A) से अंकित किया गया है और दूसरे को कारण (R)। आपको ये दो कथन ध्यानपूर्वक जाँचने हैं और तय करना है कि, अभिकथन (A) और कारण (R) व्यक्तिगत रूप से सही हैं और यदि हैं तो कारण में दिया गया स्पष्टीकरण अभिकथन के लिए सही है। निम्न दिये गये कोड का उपयोग कर, अपना उत्तर चयन कीजिए:*

A. (A) और (R) दोनों सही हैं और (R), (A) का सही स्पष्टीकरण है।
B. (A) और (R) दोनों सही हैं, लेकिन (R), (A) का सही स्पष्टीकरण नहीं है।
C. (A) सही है, लेकिन (R) गलत है।
D. (A) गलत है, लेकिन (R) सही है।

**7. अभिकथन (A)** : हिमालय पर्वत माला सिंधु-गंगा नदी के पठारों को भीड़ से भरा एक विशाल पानी से सिंचित उद्यान बनाने के लिए जिम्मेदार है।

**कारण (R)** : एशियाई खानाबदोशी का यही कारण था।

* Tier-I

**8. अभिकथन (A)** : कांस्य युग में नगरीकरण हुआ।

**कारण (R)** : धनवान और गरीबों के बीच की असमता बढ़ी।

**9. अभिकथन (A)** : असल में अहर सूक्ष्मपाषाणी औजार, पाषाणी कुल्हाड़ी या धारों का उपयोग नहीं करते थे, लेकिन ताम्र वस्तुओं का करते थे।

**कारण (R)** : अहर के लोगों को ताम्र के स्थानीय रूप से मिलने के प्रारंभ से ही प्रगलन और धातु कर्म की कला अवगत थी।

**10. अभिकथन (A)** : इंडज् (Indus) लोग धातु मुद्रा का उपयोग नहीं करते थे।

**कारण (R)** : उनके पास धात्वीय सिक्के बनाने की तकनीक नहीं थी।

**11. अभिकथन (A)** : इंडज् लोग देवी माता को पूजते थे।

**कारण (R)** : इंडज के कई स्थानों के उत्खनन दर्शाते हैं कि, इंडज् के लोग देवी माता की मृण्मूर्ति को पूजते थे।

**12.** निम्न में से किस तरह से हड़प्पा के विभिन्न स्थलों में समानता पाई जाती है?

A. कृषि की प्रथा B. कारीगरी

C. नगर आयोजन D. मोहर

**13.** स्वतंत्रता के बाद भारत में हड़प्पा के सबसे अधिक स्थल कहाँ खोजे गये?

A. गुजरात B. पंजाब और हरियाणा

C. राजस्थान D. उ.प. उत्तर प्रदेश

**14.** इंडज् घाटी लोगों के द्वारा अत्यधिक उपयोग में लाया गया धातु था

A. तांबा B. काँसा

C. सोना और चांदी D. टिन

**15.** इंडज् लिपि का अर्थ निकालने का काम किसने किया?

A. आई. महादेवन B. एच.डी. संकलिया

C. वी.डी. स्मिथ D. बी.बी. लाल

**16.** निम्न में से कौन इंडज् या हड़प्पा सभ्यता के समकालीन नहीं था?

A. इजिप्ट B. मेसोपोटामिया

C. सुमेर D. ग्रीक

**17.** हड़प्पन जीवन का एक पहलू जो हड़प्पन व्यवस्था का आधार था, लेकिन जिसके बारे में थोड़ा-बहुत या नहीं के बराबर मालूम है

A. ग्रामीण जीवन B. पशुपालन

C. परिवहन और संचार D. जनसांख्यिक पैटर्न

**18.** निम्न में से किसने सुझाव दिया कि आर्यों का मूल स्थान मध्य एशिया था?

A. प्रो. मैकडोनाल्ड B. ब्रैडेनूस्टीन

C. मैक्स मुलर D. सर विलियम जोन्स

**19.** 'दस राजाओं की लड़ाई' किस नदी के तट पर लड़ी गई?

A. सतलज B. झेलम

C. सिन्धु D. रावी

**20.** किस नदी का प्राचीन नाम 'असूकीनी' था?

A. सरस्वती B. ब्यास

C. चेनाब D. घग्गर

**21.** निम्न वेदों में से सबसे पुरातन वेद कौन-सा है?

A. ऋग्वेद B. सामवेद

C. यजुर्वेद D. अथर्ववेद

**22.** निम्न की जोड़ियाँ बनाइयेः

| **वेदांग** | **विषय** |
|---|---|
| (*a*) कल्प | 1. व्युत्पत्ति |
| (*b*) निरुक्त | 2. व्याकरण |
| (*c*) व्याकरण | 3. धर्मविधि |
| (*d*) शिक्षा | 4. उच्चारण |

**कोडः**

| | (*a*) | (*b*) | (*c*) | (*d*) |
|---|---|---|---|---|
| A. | 2 | 3 | 1 | 4 |
| B. | 1 | 2 | 3 | 4 |
| C. | 4 | 3 | 2 | 1 |
| D. | 3 | 4 | 1 | 2 |

**23.** "वेदांत" शब्द कौन-से वैदिक विषय के लिए उपयोग किया जाता है?

A. अरण्यक B. उपनिषद्

C. ब्राह्मण D. स्मृति

**24.** ऋग्वेद के बहुत सारे परिच्छेदों में बताया गया शब्द "अघ्न्य" (जिसे मारा नहीं जाता) इसको लागू होता है:

A. पुरोहित B. स्त्री
C. गाय D. ब्राह्मण

**25.** बड़े बलिदान से जुड़े नियमों के बारे में, कौन-सा सूत्र सम्बन्धित है?

A. धर्मसूत्र B. गृह्यसूत्र
C. सृतसूत्र D. सुल्वसूत्र

**26.** निम्न में जोड़ियाँ बनाइए:

| अधिकारी | कार्य |
|---|---|
| (*a*) सूत | 1. खजांची |
| (*b*) संग्रहित्री | 2. बढ़ई |
| (*c*) भगदुघ | 3. कर संग्राहक |
| (*d*) तक्षण | 4. सारथी |

**कोड:**

| | (*a*) | (*b*) | (*c*) | (*d*) |
|---|---|---|---|---|
| A. | 1 | 3 | 4 | 2 |
| B. | 3 | 2 | 1 | 4 |
| C. | 4 | 1 | 3 | 2 |
| D. | 2 | 4 | 3 | 1 |

**27.** जोती हुई जमीन को वैदिक काल में क्या कहा जाता था?

A. उर्वर B. यव
C. धान्य D. इनमें से कोई नहीं

**28.** समाज के चार प्रकार के भागों को स्पष्ट रूप से किसमें बनाया गया है?

A. यजुर्वेद
B. सतपथ ब्राह्मण
C. हिरण्यगर्भ सुक्त
D. ऋग्वेद का पुरुष-सुक्त

**29.** प्रो. जाकोबी का मत है कि ऋग्वेद को लिखा गया था:

A. ई.पू. 1000 के पहले
B. ई.पू. दूसरी सदी
C. ई.पू. 1200
D. ई.पू. का तीसरा मिलिया

**30.** किस किताब में ब्याज पर पैसे उधार देने की निन्दा की गई है?

A. धर्मसूत्र B. रितिसूत्र
C. बौद्ध पाठ्य D. जैन पाठ्य

**31.** पुराणों के अनुसार मगध राजवंश का संस्थापक कौन था?

A. बिंबिसार B. शिशुनाग
C. बृहद्रथ D. इनमें से कोई नहीं

**32.** नंद राजवंश का आखिरी शासक कौन था, जिसे चन्द्रगुप्त मौर्य ने पराजित किया?

A. उग्रसेन B. धन नंद
C. दास सिद्धक D. महापद्मानंद

**33.** ई.पू. तीसरी सदी के आसपास पहली जैन परिषद् कहाँ आयोजित हुई?

A. वल्लबी B. वैशाली
C. पाटलिपुत्र D. जृंभिकाग्राम

**34.** जैन परम्परा के अनुसार 22वें तीर्थंकर, नेमिनाथ इसके नाते में थे:

A. कृष्ण B. उदयन
C. पारस्वर D. बिंबिसार

**35.** महावीर के पक्के अनुयायी किस नाम से जाने जाते थे?

A. दिगंबर B. श्वेतांबर
C. ब्रह्मचर्य D. उपरोक्त कोई नहीं

**36.** भगवान बुद्ध का वास्तविक नाम निम्न में से कौन-सा था?

A. सिद्धार्थ B. तथागत
C. गौतम D. बौधायन

**37.** बुद्ध धर्म को प्रोत्साहन देने वाला पहला शाही राजा था:

A. बिंदुसार B. चंद्रगुप्त मौर्य
C. अशोक D. इनमें से कोई नहीं

**38.** कौन-सी परिषद् में अभिधम्मपितक की रचना हुई?

A. कश्मीर परिषद् B. राजगृह परिषद्
C. वैशाली परिषद् D. पाटलिपुत्र परिषद्

**39.** बुद्ध के सारनाथ के पहले प्रवचन को कैसे वर्णित किया जाता है?

A. धर्म प्रवर्तन B. धर्म चक्र प्रवर्तन
C. धर्म समागम D. मध्य समागम

**40.** अशोक साम्राज्य में कौन-सा राज्य दक्षिण में स्थित नहीं था?

A. चोल
B. पल्लव
C. पाड्या
D. ये सभी

**41.** किस मौर्य राजा ने अपना सिंहासन छोड़ा और जैन बना?

A. बिंदुसार
B. चन्द्रगुप्त मौर्य
C. दशरथ
D. कुनाल

**42.** अर्थशास्त्र के बारे में निम्न में से कौन-सा/कौन-से कथन सही है/हैं?

1. वह मौर्यों की राजनीतिक अर्थव्यवस्था और प्रशासन पर एक प्रबन्ध है।
2. उसका काल और स्रोत विवाद के परे पूर्ण तरह से साबित हुआ है।
3. वह 15 अधिकरण में विभाजित किया गया है।
4. दुर्भाग्यवश किसी और स्रोत से उसके सबूत की पंरिपुष्टि नहीं की गयी।

निम्न कोड से सही उत्तर चुनिए:

A. 2 और 4
B. 3 और 4
C. 1 और 2
D. उपरोक्त सभी

**43.** मौर्यी लोक सेवकों का आम नाम क्या था?

A. अमात्य
B. रजुक
C. महामात्र
D. लिपिकर

**44.** धम्म चक्र के सही संख्या के आरों को चिह्नांकित कीजिए:

A. 20
B. 32
C. 30
D. 24

**45.** कौटिल्य ने उपयोग किया हुआ शब्द ''धर्मस्थिय'' दर्शाता है:

A. शिक्षा संस्था
B. धार्मिक संस्था
C. न्यायिक कचहरी
D. राजस्व विभाग

**46.** दक्षिण भारत का रोम से व्यापार का सबूत यहाँ की खुदाई से मिलता है:

A. अरिकामेदू और अलगंगुलम्
B. अरिकामेदू और कन्याकुमारी
C. कन्याकुमारी और कोडंगल्लूर
D. अलगंगुलम्, अरिकामेदू और कोडंगल्लूर

**47.** निम्न लेखक और उनकी साहित्य कृति की जोड़ी बनाइए:

(*a*) अश्वघोष — 1. गतसप्तसति
(*b*) पतंजली — 2. सरिपुत्रप्रकरण
(*c*) हल — 3. महाभाष्य
(*d*) भास — 4. स्वप्नवासवदत्त

**कोड:**

| | (*a*) | (*b*) | (*c*) | (*d*) |
|---|---|---|---|---|
| A. | 1 | 2 | 3 | 4 |
| B. | 2 | 1 | 3 | 4 |
| C. | 3 | 2 | 1 | 4 |
| D. | 2 | 3 | 1 | 4 |

**48.** सती हो जाने का (ई.सं. 510) पहला शिलालेखी सन्दर्भ यहाँ से मिला है:

A. इराउ (एम.पी.)
B. प्रयाग (यू.पी.)
C. भिताई (यू.पी.)
D. विदिशा (एम.पी.)

**49.** कौन-सी लौकिक रचना राम का सीलोन पर आक्रमण का वर्णन करता है?

A. गदायुद्ध
B. सेतुबन्ध
C. शपतशतक
D. कर्पूर मंजरी

**50.** संगम साहित्य की भाषा थी

A. संस्कृत
B. तेलुगू
C. तमिल
D. ब्राह्मी

**51.** चट्टान को काटकर बनाया गया दो मंजिला विहार यहाँ बनाया गया:

A. कारले
B. बेडसा
C. भाजा
D. नासिक

**52.** 'प्रशस्ति' क्या है?

A. नीजी वृत्तिदान
B. राज प्रशंसा
C. शाही सनद
D. तांबे की प्लेट

**53.** व्यापार कम होने के कारण गुप्त काल में साधारण सिक्के इसके थे:

A. ताँबा
B. लोहा
C. कौड़ी
D. चाँदी

**54.** सौराष्ट्र का सुदर्शन सरोवर किसने बनवाया?

A. चंद्रगुप्त मौर्य
B. पुष्पगुप्त
C. अशोक
D. तुशाष्प

55. कौन-से वकटक शासक ने चंद्रगुप्त II की बेटी से शादी की?
A. रुद्रसेन II  B. रुद्रसेन I
C. नरेंद्रसेन  D. प्रवरसेन I

56. बेगारों को गुप्त काल में कहते थे?
A. विष्टी  B. शूद्र
C. वैशेषिक  D. वाली

57. कल्हण की राजतरंगिणी एक ऐतिहासिक रचना है?
A. मालवा पर  B. कश्मीर पर
C. वैशाली पर  D. पाटलिपुत्र पर

58. उस नदी का नाम बताइए, जिसके किनारे पर विजयनगर का शहर स्थित है।
A. कावेरी  B. कृष्णा
C. वैनगंगा  D. तुंगभद्रा

59. शतवाहन राजवंश के संस्थापक थे:
A. सिमुख  B. यज्ञश्री सतूकरणी
C. पुलमयी I  D. श्री शतकरणी

60. आखिरकार पांड्यन साम्राज्य किसमें विलीन हो गया?
A. दिल्ली की सल्तनत  B. विजयनगर
C. चेरा  D. मुगल साम्राज्य

61. राष्ट्रकूट किनके उत्तराधिकारी थे?
A. वकटक  B. कल्याणी के चालुक्य
C. बदामी के चालुक्य  D. कांची के पल्लव

62. ऐल्होले में मिले मंदिर हैं:
1. मेगुटी शिवालय
2. लधखन मंदिर
3. जैन मंदिर
4. दुर्गा मंदिर
5. हुचीमल्लीगुडी
सही उत्तर समूह चुनिए:
A. 1, 2, 5  B. 2, 3, 4 और 5
C. 1, 2 और 4  D. 2, 3 और 5

63. खजुराहो के मंदिर किसने बनवाये?
A. चालुक्य  B. चौहान
C. परमार  D. चंदेला

64. कौन-से मुस्लिम हमलावर के साथ अलबेरूनी भारत आया?
A. मोहम्मद गज़नी
B. मोहम्मद गोरी
C. मोहम्मद-बिन-कासिम
D. इनमें से कोई नहीं

65. निम्न में से कौन-से कुलीन के साथ रज़िया निकट थी?
A. कुबाचा
B. जलालुद्दीन याकूत
C. नसीरुद्दीन महमूद
D. इनमें से कोई नहीं

66. तैमूर के हमले के समय भारत में किस राजवंश का शासन था?
A. लोदी  B. तुगलक
C. सईद  D. खिलजी

67. प्रशासन में शेरशाह को अकबर का अग्रदूत मानते हैं क्योंकि:
A. उसकी प्रशासनिक नीतियाँ अकबर ने अपनाई
B. अकबर के पहले उसका शासन था
C. उसने अकबर को प्रशासन में प्रशिक्षित किया
D. उसने अकबर के प्रशासन की देखरेख की

68. चित्तौड़ का अमूल्य स्तंभ (कीर्ति स्तंभ) किसने बनवाया?
A. राणा कुम्भा
B. राणा सांगा
C. राणा मालदेव
D. इनमें से कोई नहीं

69. लाख बक्श किसका खिताब था?
A. ऐबक  B. बलबन
C. इल्तुतमिश  D. जलाल-उद्दीन-याकूत

70. अहमद शाह अब्दाली कौन-से कुल का था?
A. इरानी  B. तुरानी
C. अफगानी  D. दुरानी

71. कृष्णदेवराय किससे सम्बन्ध रखता था?
A. संगम राजवंश  B. सलुवा राजवंश
C. तुलुवा राजवंश  D. अरविडु राजवंश

**72.** बहमनी सुल्तान जिसने राजधानी गुलबर्गा से बिदर बदल दी:

A. मुहम्मद गवान B. अहमद शाह

C. निजाम शाह D. महमूद शाह

**73.** शिवाजी के उत्तराधिकारियों को कालानुक्रमिक शृंखला में सजाइये:

1. शाहू
2. शिवाजी II
3. राजाराम
4. संभाजी
5. राम राजा

सही उत्तर समूह का चयन कीजिए:

A. 4, 3, 2, 1, 5 B. 2, 1, 5, 3, 4

C. 5, 4, 2, 1, 3 D. 1, 2, 3, 5, 4

**74.** निम्न में से कौन 'पेशवा घर' का संस्थापक था?

A. परशुराम त्रिंबक

B. रामचन्द्र पंत

C. बालाजी विश्वनाथ

D. बालाजी बाजीराव

**75.** जब्ती पद्धति के अंतर्गत अत्यंत उपजाऊ जमीन का वर्गीकरण ऐसा होता था:

A. पोलज B. परौती

C. चचर D. बंजर

**76.** वास्कोडीगामा कालीकट किस वर्ष पहुँचा?

A. ई.स. 1498 B. ई.स. 1480

C. ई.स. 1492 D. ई.स. 1463

**77.** सूची-I के साथ सूची-II की जोड़ियाँ बनाइए:

| **सूची-I** | **सूची-II** |
|---|---|
| (*a*) फ्रांसिस्को डी अलमैदा | 1. अपने देशवासियों को भारतीय स्त्रियों से शादी करने को प्रोत्साहित किया |
| (*b*) अलफोंसो डी अलबुकर्क | 2. ब्लू वॉटर नीति |
| (*c*) नीनो डा कुन्हा | 3. पोर्तुगोज राजधानी कोचिन को गोवा स्थानांतरित की |
| (*d*) मार्टिन अलफोंसो डी सौजा | 4. प्रसिद्ध जेसुई संत फ्रांसिस्को जेवियर इसके साथ भारत आया |

**कोडः**

| | (*a*) | (*b*) | (*c*) | (*d*) |
|---|---|---|---|---|
| A. | 2 | 1 | 4 | 3 |
| B. | 3 | 2 | 1 | 4 |
| C. | 1 | 2 | 3 | 4 |
| D. | 4 | 2 | 1 | 3 |

**78.** गुरुनानक की धर्म संकल्पना थी:

A. तीव्र व्यावहारिक B. नीतिपरक

C. A और B दोनों D. केवल आध्यात्मिक

**79.** दिल्ली की जामा मस्जिद किसने बनवायी?

A. अकबर

B. कुतुब-उद्दीन-ऐबक

C. जहांगीर

D. शाहजहाँ

**80.** तानसेन का वास्तविक नाम क्या था?

A. मकरंद पांडे B. बाज बहादुर

C. लाल कलवंत D. रामतनू पांडे

**81.** 'माई एक्सपेरिमेंट्स विद ट्रुथ' के लेखक कौन थे?

A. जवाहरलाल नेहरू

B. महात्मा गांधी

C. राजेंद्र प्रसाद

D. सरदार वल्लभभाई पटेल

**82.** आधुनिक स्थानिक स्वशासन किसने प्रारंभ किया?

A. लॉर्ड इरविन B. लॉर्ड रिपन

C. लॉर्ड कर्जन D. लॉर्ड ऑकलेंड

**83.** किसके कार्यकाल में भारत की राजधानी दिल्ली से कलकत्ता स्थानांतरित की गई?

A. लॉर्ड मिंटो B. लॉर्ड हार्डिंग्ज

C. लॉर्ड कर्जन D. वायकोंट चेम्सफोर्ड

**84.** रॉयल इंडियन नेवी की स्थापना .......... में हुई है।

A. 1930 B. 1931

C. 1934 D. 1936

**85.** 'नील दर्पण' नाटक का रचयिता है:

A. एम.जी. रानाडे

B. दीन बन्धु मित्रा

C. राजा राममोहन राय

D. ईश्वर चंद्र विद्यासागर

**86.** म्प्राची आयोग का सम्बन्ध किससे था?

A. देशी भाषा अखबार

B. अकाल

C. शिक्षा

D. स्थानिक स्वराज्य

**87.** 'वेदों के पीछे जाइए' किसने कहा?

A. दयानंद सरस्वती

B. राजा राममोहन राय

C. विद्यासागर

D. ईश्वर चंद्र विद्यासागर

**88.** मजदूर संघ नियम किस साल पारित किया गया?

A. 1926 B. 1930

C. 1939 D. 1941

**89.** रानी का घोषणा-पत्र 1858 के कौन-से महीने में पारित किया गया?

A. अप्रैल B. जून

C. अगस्त D. सितंबर

**90.** भारत में 1916 में कितने होम रूल संघ बनाये गये थे?

A. 2 B. 4

C. 5 D. कोई नहीं

**91.** निम्न जोड़ियाँ बनाइए :

| | | | |
|---|---|---|---|
| (*a*) भारत छोड़ो आंदोलन | 1. | 1927 |
| (*b*) साइमन कमीशन | 2. | 1920 |
| (*c*) खिलाफत आंदोलन | 3. | 1942 |
| (*d*) मांटेग्यू चेम्सफोर्ड | 4. | 1919 |

**कोडः**

| | (*a*) | (*b*) | (*c*) | (*d*) |
|---|---|---|---|---|
| A. | 1 | 2 | 3 | 4 |
| B. | 3 | 1 | 2 | 4 |
| C. | 4 | 3 | 2 | 1 |
| D. | 3 | 4 | 2 | 1 |

**92.** आईएनए (INA) पर कहाँ मुकदमा निर्धारित किया गया?

A. फोर्ट विलियम, कलकत्ता में

B. लाल किला, दिल्ली में

C. संसद के केन्द्रीय हॉल में

D. युद्ध नौका, मुंबई में

**93.** पंच वार्षिक योजना के पीछे प्रमुख उत्प्रेरणा थी?

A. रूस B. अमेरिका

C. इंग्लैंड D. कोई नहीं

**94.** सूची-I और सूची-II में जोड़ियाँ बनाइएः

| **सूची-I** | **सूची-II** |
|---|---|
| (*a*) एनएएम (NAM) | 1. इंग्लैंड |
| (*b*) अनाक्रमण समझौता | 2. अमेरिका |
| (*c*) एकध्रुवीय विश्व | 3. रूस |
| (*d*) राष्ट्रमण्डल | 4. यूगोस्लाविया |

**कोडः**

| | (*a*) | (*b*) | (*c*) | (*d*) |
|---|---|---|---|---|
| A. | 1 | 2 | 3 | 4 |
| B. | 3 | 4 | 2 | 1 |
| C. | 2 | 3 | 4 | 1 |
| D. | 4 | 3 | 2 | 1 |

**95.** किस वर्ष चीन ने तिब्बत को हड़प लिया?

A. 1950 B. 1957

C. 1959 D. 1960

**96.** बैंकों का राष्ट्रीयकरण किस साल किया गया?

A. 1969 B. 1965

C. 1970 D. 1971

**97.** 'हिन्द स्वराज' किसने लिखीः

A. बाल गंगाधर तिलक

B. विनोबा भावे

C. चंद्रशेखर आजाद

D. एम.के. गांधी

**98.** पंडित नेहरू किसमें विश्वास करते थे?

A. गलगाब B. प्रौढ़ मताधिकार

C. हिन्दू राज्य D. इनमें से कोई नहीं

**99.** भारतीय कृषि को विशेषता है

A. प्रगतिशील

B. जीविका आधारित

C. तकनीकी पूर्ण

D. बाजार के लिए उत्पाद

**100.** भारत और चीन के बीच कौन-से प्रदेश के बारे में विवाद था?

A. बर्मा B. उत्तर प्रदेश

C. तुंजुन पास D. तिब्बत

# उत्तरमाला

| 1 | 2 | 3 | 4 | 5 | 6 | 7 | 8 | 9 | 10 |
|---|---|---|---|---|---|---|---|---|---|
| D | B | B | A | D | D | B | B | C | A |
| 11 | 12 | 13 | 14 | 15 | 16 | 17 | 18 | 19 | 20 |
| C | D | B | A | A | D | A | C | D | C |
| 21 | 22 | 23 | 24 | 25 | 26 | 27 | 28 | 29 | 30 |
| A | B | B | C | C | D | A | D | A | A |
| 31 | 32 | 33 | 34 | 35 | 36 | 37 | 38 | 39 | 40 |
| B | B | C | A | A | A | C | D | B | B |
| 41 | 42 | 43 | 44 | 45 | 46 | 47 | 48 | 49 | 50 |
| B | A | A | D | C | A | D | A | B | C |
| 51 | 52 | 53 | 54 | 55 | 56 | 57 | 58 | 59 | 60 |
| A | B | C | B | A | A | B | D | A | A |
| 61 | 62 | 63 | 64 | 65 | 66 | 67 | 68 | 69 | 70 |
| A | B | D | A | B | C | A | A | A | D |
| 71 | 72 | 73 | 74 | 75 | 76 | 77 | 78 | 79 | 80 |
| C | D | A | C | A | A | A | C | D | D |
| 81 | 82 | 83 | 84 | 85 | 86 | 87 | 88 | 89 | 90 |
| B | B | B | C | B | B | A | A | B | A |
| 91 | 92 | 93 | 94 | 95 | 96 | 97 | 98 | 99 | 100 |
| B | B | A | D | C | A | D | B | B | D |

# इतिहास

# 1. हड़प्पा सभ्यता

- हड़प्पा सभ्यता का प्रथम अवशेष 1856 ई. में करांची से लाहौर तक रेलवे लाइन बिछाने के क्रम में खुदाई से प्राप्त हुआ।
- इस अज्ञात सभ्यता की खोज का श्रेय रायबहादुर दयाराम साहनी को दिया जाता है, जिन्होंने तत्कालीन पुरातत्व सर्वेक्षण विभाग के महानिदेशक सर जॉन मार्शल के निर्देशन में 1921 ई. में इस स्थल की खुदाई करवाई।
- 1922 ई. में राखलदास बनर्जी के नेतृत्व में एक अन्य प्रमुख स्थल मोहनजोदड़ो की खोज हुई। इस नवीनतम स्थल के प्रकाश में आने के बाद यह मान लिया गया कि यह सभ्यता संभवतः सिंधु नदी की घाटी तक ही सीमित है, अतः इसका नाम **'सिंधु घाटी की सभ्यता'** रखा गया।
- इस सभ्यता के लिए साधारणतः तीन नामों का प्रयोग होता है– 'सिंधु घाटी की सभ्यता, 'सिंधु-सभ्यता और 'हड़प्पा सभ्यता' । इन तीनों शब्दों का एक ही अर्थ है। इनमें से प्रत्येक शब्द की एक विशिष्ट पृष्ठभूमि है।
- कालांतर में अनुसंधान से जब यह प्रमाणित हो गया कि यह सभ्यता स्वयं सिंधु घाटी की सीमाओं के पार दूर-दूर तक फैली हुई है (यथा – राजस्थान, हरियाणा, पूर्वी पंजाब और गुजरात आदि) तब इस सभ्यता के सही-सही भौगोलिक विस्तार का संकेत देने के लिए 'सिन्धु घाटी की सभ्यता' शब्दावली अपर्याप्त सिद्ध हुई। अतः इसके लिए **'हड़प्पा सभ्यता'** जैसे गैर-भौगोलिक शब्द के प्रयोग का निर्णय किया गया। पुरातात्विक साहित्य में साधारणतः किसी अज्ञात संस्कृति का नामकरण उस स्थल के नाम पर कर दिया जाता है जहां पहले-पहल उसे पहचाना जाता है। इस सभ्यता का नामकरण 'हड़प्पा सभ्यता' इसी प्रचलित प्रथा का अनुसरण है।
- इस सभ्यता का काल 2500-1800 ई.पू. तक माना गया है।
- भारतीय उपमहाद्वीप में इस सभ्यता के लगभग 1000 स्थलों का पता चला है। इनमें से कुछ हड़प्पा संस्कृति की आरंभिक अवस्था के हैं, कुछ परिपक्व अवस्था के और कुछ उत्तर अवस्था के हैं । इन स्थलों में से केवल 6 को ही नगर की संज्ञा दी गई है जहां परिपक्व और उन्नत हड़प्पा संस्कृति के दर्शन होते हैं। ये 6 स्थल हैं– हड़प्पा, मोहनजोदड़ो, चन्हूदड़ों, लोथल, कालीबंगा, एवं बनवाली हिसार।
- हड़प्पा सभ्यता के सुतकागेंडोर और सूरकोतड़ा जैसे समुद्रतटीय नगरों में भी इस संस्कृति की परिपक्व अवस्था दिखाई देती हैं। इन दोनों की विशेषतः है एक-एक नगर-दुर्ग का होना।
- उत्तर हड़प्पा अवस्था गुजरात के काठियावाड़ प्रायद्वीप में रंगपुर और रोजड़ी स्थलों पर पाई गई है।
- हड़प्पा सभ्यता का समूचा क्षेत्र एक त्रिभुज के आकार का हैं। इसका पूरा क्षेत्रफल लगभग 1,299,600 वर्ग कि.मी. है।
- अब तक इस सभ्यता के अवशेष पाकिस्तान के पंजाब, सिंध और बलूचिस्तान और भारत के पंजाब, गुजरात, राजस्थान, हरियाणा, पश्चिमी उत्तर प्रदेश जम्मू-कश्मीर के भागों में पाए जा चुके हैं।
- इस सभ्यता का **सर्वाधिक** पश्चिमी पुरास्थल सुतकागेंडोर (बलूचिस्तान), पूर्वी स्थल आलमगीरपुर (मेरठ-उ.प्र.) उत्तरी पुरास्थल मांडा (जम्मू-कश्मीर) और दक्षिणी पुरास्थल दायमाबाद (महाराष्ट्र) है।
- हड़प्पा सभ्यता की सर्वाधिक महत्त्वपूर्ण विशेषता थी – इसकी नगर योजना प्रणाली। इस सभ्यता के महत्त्वपूर्ण स्थलों के नगर निर्माण में समरूपता थी। नगरों के भवनों के बारे में विशिष्ट बात यह थी कि ये जाल की तरह विन्यस्त थे।
- यहां के प्राप्त नगरों के अवशेषों से पूर्व और पश्चिम दिशा में दो टीले मिले हैं। पूर्व दिशा में स्थित टीले पर नगर या फिर आवास क्षेत्र के साक्ष्य मिलते हैं जबकि पश्चिम के टीले पर गढ़ी अथवा दुर्ग (Citadel) के साक्ष्य मिले हैं। लोथल एवं सूरकोतड़ा के दुर्ग और नगर क्षेत्र दोनों एक ही रक्षा प्राचीर से घिरे हैं।
- यहां प्राप्त मकानों के अवशेष से स्पष्ट होता है कि प्रत्येक मकान के बीच में एक आंगन होता था। आंगन के चारो ओर चार-पांच कमरे, रसोईघर एवं स्नानागार के साथ बने होते थे। स्नानागार गली की ओर बने होते थे।

- घरों के दरवाजे एवं खिड़किया सड़क की ओर न खुलकर पिछवाड़े की ओर खुलती थी।
- भवन निर्माण में प्रयुक्त ईंटों का आकार तीन प्रकार का था। ईंटों के निर्माण का निश्चित अनुपात 4 : 2 : 1 था। यहां पर मिले भवन अलंकरण रेहित हैं, केवल कालीबंगा में फर्श के निर्माण में अलंकृत ईंट का प्रयोग किया गया है।
- इस सभ्यता में सड़को का जाल नगर को कई भागों में विभाजित करता था। सड़के पूर्व से पश्चिम एवं उत्तर से दक्षिण की ओर जाती हुई एक-दूसरे को समकोण पर काटती थीं। सड़कों का निर्माण मिट्टी से किया गया था। सड़कों के दोनों ओर नालियों का निर्माण पक्की ईंटों द्वारा किया गया था और इन नालियों में थोड़ी-थोड़ी दूर पर 'मेन होल' बनाए गए थे।

| हड़प्पा सभ्यता का क्षेत्रीय विस्तार |
|---|
| 1. **सिंध क्षेत्र** — मोहनजोदड़ो, आमरी, कोटदीजी, रहमान ढ़ेरी, अल्हादीनों, चन्हूदड़ों, अलीमुराद, झूकर , झांगर, गाजीशाह आदि। |
| 2. **बलूचिस्तान** — मेहरगढ़, किली गुल मुहम्मद, राणाघुंडई, डाबरकोट, बालाकोट, अंजीरा आदि। |
| 3. **अफगानिस्तान** — मुंडीगक, सोरतघई/सुर्तघई। |
| 4. **पश्चिम पंजाब** — हड़प्पा, जलीलपुर, संघनवाला, गंवेरीवाला आदि। |
| 5. **गुजरात** — धौलावीरा, लोथल, सूरकोतड़ा, भगवतराव, रंगपुर, रोजड़ी, देसलपुर, प्रभाषपाट्टन/प्रभाषपट्टनम। |
| 6. **राजस्थान** — कालीबंगा, शीशवल, बाड़ा, हनुमानगढ़, मिथल छुपास। |
| 7. **उत्तर प्रदेश** — आलमगीरपुर, मानपुर, बड़गांव, हुलास। |
| 8. **हरियाणा** — बनवाली, राखीगढ़ी, भगवानपुरा। |
| 9. **पंजाब** — रोपड़, सरायखोल, कोटला निहंग खान, बाड़ा, ढ़ेर माजरा आदि। |

- हड़प्पा सभ्यता के धार्मिक जीवन के बारे में हमें अधिकांश जानकारी पुरातात्विक स्त्रोंतों से मिलती है। इन स्त्रोंतों में मुख्य हैं– मूर्तियां, मुहरें, मृदभांड, पत्थर तथा अन्य पदार्थों से निर्मित लिंग तथा चक्र की आकृति, ताम्र फलक, कब्रिस्तान आदि।
- हड़प्पा संस्कृति में कहीं से किसी भी मंदिर के अवशेष नहीं मिले हैं।
- मोहनजोदड़ो एवं हड़प्पा से भारी मात्रा में प्राप्त मृण्मूर्तियों में से एक स्त्री मृण्मूर्ति के गर्भ में से एक पौधा निकलता हुआ दिखाया गया है। ऐसा प्रतीत होता है कि हड़प्पा सभ्यता के लोग धरती को उर्वरता की देवी मानकर इसकी पूजा करते थे।
- मोहनजोदड़ो से प्राप्त एक सील पर तीन मुख वाला एक पुरुष ध्यान की मुद्रा में बैठा हुआ है। उसके सिर पर तीन सींग हैं, उसके बायीं ओर एक गैंडा और भैंसा है तथा दायीं ओर एक हाथी, एक व्याघ्र एवं हिरण है। इस चित्र से ऐसा प्रतीत होता है कि आज के भगवान शिव की पूजा उस समय **पशुपति** के रूप में होती थी।
- हड़प्पा एवं मोहनजोदड़ो से मिले पत्थर के बने लिंग एवं योनि से उनकी पूजा के प्रचलन में होने का भी प्रमाण मिलता है। लिंग-पूजा हड़प्पा काल में शुरू हुई और आगे चलकर हिन्दू समाज में पूजा की एक विशिष्ट विधि मानी जाने लगी।
- वृक्ष-पूजा के प्रमाण मोहनजोदड़ो से प्राप्त एक सील पर बने पीपल की डालों के मध्य देवता से मिलता है। इस वृक्ष की पूजा आज तक जारी है।
- हड़प्पा सभ्यता में पशु-पूजा का भी प्रचलन था। कई पशु सीलों (मुहरों) पर अंकित हैं। इनमें सबसे महत्त्व का है कूबड़वाला सांड। आज भी जब ऐसा सांड गलियों में चलता है तो धर्मात्मा हिन्दू इसे रास्ता दे देते हैं।
- अधिक मात्रा में प्राप्त ताबीजों से ऐसा लगता है कि इस सभ्यता के लोग भूत-प्रेत एवं तंत्र-मंत्र में विश्वास करते थे।
- अग्नि-पूजा के प्रचलन का भी प्रमाण इस सभ्यता से प्राप्त हुआ है। लोथल एवं कालीबंगा में हवन कुंडो एवं यज्ञ वेदियों के साक्ष्य अग्निपूजा की ओर संकेत करते हैं।
- धार्मिक कृत्यों से स्पष्ट होता है कि इस सभ्यता के निवासी वृक्ष, पशु और मानवस्वरूप में देवताओं की पूजा करते थे, परंतु वे अपने इन देवताओं के लिए मंदिर नहीं बनाते थे।
- हड़प्पा सभ्यता के लोगों का आर्थिक जीवन मुख्यतः कृषि, पशुपालन, शिल्प-उद्योग एवं व्यापार-वाणिज्य पर निर्भर था।
- सिंधु तथा उसकी सहायक नदियों द्वारा प्रतिवर्ष लाई गई उपजाऊ जलोढ़ मिट्टी कृषि कार्य हेतु महत्त्वपूर्ण थी।

इन उपजाऊ मैदानों में मुख्य रूप से गेहूँ और जौ की खेती की जाती थी। अभी तक नौ फसलें पहचानी गई हैं– चावल (केवल गुजरात के लोथल से और संभवतः राजस्थान से भी ) जौ की दो किस्में, गेहूँ की तीन किस्में, कपास, खजूर, तरबूज, मटर और एक ऐसी किस्म जिसे **'ब्रासिका जुंसी'** की संज्ञा दी गई है। इसके अतिरिक्त मटर, सरसों, तिल एवं कपास की भी खेती होती थी। लोथल में खुदाई से धान एवं बाजरे की खेती के अवशेष मिले हैं।

- इस काल में खेती के कार्यों में प्रस्तर एवं कांस्य धातु के बने औजार प्रयुक्त होते थे। ऐसा प्रतीत होता है कि हड़प्पा के लोग लकड़ी के हल का प्रयोग करते थे। संभवतः इस सभ्यता के लोंगों ने ही सर्वप्रथम कपास उगाना प्रारंभ किया। इसीलिए यूनानी लोगों ने इस प्रदेश को **'सिंडोन'** कहा । लोथल से आटा पीसने की पत्थर की चक्की के दो पाट मिले हैं। पेड़-पौधों में पीपल, खजूर, नीम एवं केला उगाने के साक्ष्य मिले हैं।
- इस सभ्यता में मुख्य पालतू पशुओं में डील और बिना डील वाले बैल, भैस, गाय, भेड़-बकरी, कुत्ते, गदहे, खच्चर और सुअर, आदि प्रमुख थें । हाथी और घोड़े पालने के साक्ष्य प्रमाणित नहीं हो सके हैं । लोथल एवं रंगपुर से घोड़े की मृण्मूर्तियों के अवशेष मिले हैं। सुरकोतड़ा से सैंधव कालीन घोड़े के अस्थिपंजर के अवशेष मिले हैं। कुछ पशु-पक्षियों जैसे बंदर, खरगोश, हिरण, मुर्गा, मोर, तोता, उल्लू के अवशेष खिलौनों और मूर्तियों के रूप में मिले हैं।
- शिल्प-उद्योग के तहत बड़े पैमाने पर समानांतर फलकों का उत्पादन, मनके बनाने की कला और सेलखड़ी की आयताकार मोहरें बनाने की तकनीक शामिल थी। धातुओं में सोना, चांदी, टिन, सीसा और तांबा ज्ञात थे। इस समय तांबे में टिन मिलाकर कांसा तैयार किया जाता था। संभवतः कास्य शिल्पियों (कसेरों) का समाज में महत्त्वपूर्ण स्थान था। कसेरों के अतिरिक्त राजगीरों एवं आभूषण निर्माताओं का समुदाय भी समाज में सक्रिय था। सैंधव सभ्यता में सूती वस्त्र का भी उल्लेख मिलता है। इस समय कुम्हार के चाक से निर्मित मृदभांड काफी प्रचलित थे, जिन पर गाढ़ी लाल चिकनी मिट्टी पर काले रंग की ज्यामितीय एवं प्रकृति से जुड़े डिजाइन बनाए जाते थें। चन्हूदड़ों तथा लोथल में मनके बनाने का कार्य होता था। चन्हूदड़ों में सेलखड़ी मुहरें तथा चर्ट के बटखरे भी तैयार किए जाते थे। बालाकोट तथा लोथल में सीप उद्योग अपने विकसित अवस्था में था।
- हड़प्पाई लोग सिंधु सभ्यता क्षेत्र के भीनर पत्थर, धातु शल्क आदि का व्यापार करते थे। लेकिन वे जो वस्तुएं बनाते थे उसके लिए जरूरी कच्चा माल उनके नगरों में उपलब्ध नही था। अतः उन्हें ब्राहय देशों से व्यापारिक सम्पर्क भी स्थापित करना पड़ा। तैयार माल की खपत अपने क्षेत्रों में नहीं हो पाती थी। अतः उन वस्तुओं का निर्यात बाह्य देशों को करना पड़ा। इस प्रकार कच्चे माल की आवश्यकता और तैयार माल की खपत की आवश्यकता ने व्यापारिक संबंधों को प्रगाढ़ बनाया।
- इस काल में व्यापार धातु के सिक्कों पर आधारित न होकर वस्तु विनियम प्रणाली पर आधारित था। व्यापारिक वस्तुओं की गांठो पर शिल्पियों एवं व्यापारियों द्वारा आपनी मुहर की छाप होती थी तथा दूसरी ओर भेजे जाने वाले का निशान अंकित होता था। व्यापारिक कार्यों में नाप-तौल एवं वाट-माप का भी प्रयोग होता था। वाट का आकार घनाकार, वर्तुलाकार, बेलनाकार, शंक्वाकार एवं ढोलाकार था। तौल की इकाई संभवतः 16 के अनुपात में थी, जैसे– 16, 64, 160, 320 और 640।
- इस सभ्यता के लोग यातायात के रूप में दो एवं चार पहियों वाली बैलगाड़ी अथवा भैंसागाड़ी का उपयोग करते थे। मोहनजोदड़ो से प्राप्त एक मुहर पर अंकित नाव का चित्र एवं लोथल से मिली मिट्टी की खिलौना नाव से यह अनुमान लगाया जाता है कि इस सभ्यता के लोग आंतरिक एवं बाह्य व्यापार में मस्तूल वाली नावों का प्रयोग करते थे।
- मेसोपोटामिया (इराक) और सिंधु सभ्यता के बीच व्यापारिक संबंधों के विषय में अभिलेखीय साक्ष्य मिलते हैं। मेसोपोटामियाई साहित्य में प्रयुक्त शब्द **'मेलूहा'** सिंधु घाटी क्षेत्र का प्राचीन भाग है।

**विभिन्न क्षेत्रों से आयात किया गया कच्चा माल**

| कच्चा माल | क्षेत्र |
|---|---|
| टिन | ईरान एवं अफगानिस्तान |
| तांबा | खेतड़ी (राजस्थान एवं बलूचिस्तान) |
| चांदी | ईरान एवं अफगानिस्तान |

| | |
|---|---|
| सोना | अफगानिस्तान, फारस एवं दक्षिण भारत |
| लाजबर्त | मेसोपोटामिया (इराक) |
| सेलखड़ी | बलूचिस्तान, राजस्थान एवं गुजरात |
| नीलरत्न | बदख्शां |
| नीलमणि | महाराष्ट्र |
| हरितमणि | दक्षिण एशिया |
| शंख तथा कौड़िया | सौराष्ट्र एवं दक्षिणी भारत |
| सीसा | ईरान, अफगानिस्तान एवं राजस्थान |
| शिलाजीत | हिमालय क्षेत्र |

- स्त्री मृण्मूर्तियां अधिक मिलने से ऐसा अनुमान लगाया जाता है कि सैंधव समाज मातृसत्तात्मक था। इस सभ्यता के लोग युद्ध प्रिय कम शांतिप्रिय अधिक थे।
- इस सभ्यता के लोग भोजन के रूप में गेहूं, जौ, खजूर एवं भेड़, सुअर एवं मछली के मांस को पसंद करते थे। घर में बर्तनों के रूप में मिट्टी एवं धातु से बने दोनों प्रकार के बर्तनों का प्रयोग होता था। वस्त्र के रूप में सूती एवं ऊनी दोनों प्रकार के वस्त्र प्रयोग होने के साक्ष्य मिले हैं।
- स्त्री और पुरुष दोनों वर्ग आभूषण प्रेमी थे। पुरुष वर्ग दाढ़ी एवं मूछ का शौकीन था।
- मनोरंजन के साधनों में मछली पकड़ना , शिकार करना, पशु-पक्षियों को आपस में लड़ाना, चौपड़, पासा खेलना आदि शामिल थे।
- शवों की अत्येंष्टि क्रिया तीन प्रकार से की जाती थी–
  1. पूर्ण समाधिकरण
  2. आंशिक समाधिकरण
  3. दाह संस्कार

  हड़प्पाई लिपि का सर्वाधिक पुराना नमूना 1853 ई. में मिला था पर स्पष्टतः यह लिपि 1923 तक प्रकाश में आई।
- इस लिपि में कुल मिलाकर 250 से 400 तक चित्राक्षर (Pictograph) हैं और चित्र के रूप में लिखा हर अक्षर किसी ध्वनि, भाव या वस्तु का सूचक है। यह लिपि वर्णात्मक नहीं बल्कि मुख्यतः चित्र-लेखात्मक है।
- हड़प्पाई लिपि सभी जगह छोटे आकार में है और साधारणतः यह सेलखड़ी की आयताकार मोहरों, तांबे की गुटिकाओं इत्यादि पर देखने को मिलते हैं। लिखावट सामान्यतया बाईं से दाईं ओर है।
- यह लिपि अभी तक पढ़ी नही जा सकी है। इसका एक कारण यह है कि कहीं कोई द्विभाषिक शिलालेख नहीं मिला है। इस लिपि में प्राप्त सबसे बड़े लेख में करीब 17 चिन्ह हैं।

**हड़प्पा सभ्यता के स्थलों से संबद्ध मुख्य तथ्य**

| क्र.स. | प्रमुख स्थल | खोजकर्ता | वर्ष | नदी/सागर तट |
|---|---|---|---|---|
| 1. | हड़प्पा | माधोस्वरूप वत्स एवं दयाराम साहनी | 1921 | रावी नदी |
| 2. | मोहनजोदड़ो | राखलदास बनर्जी | 1922 | सिंधु नदी |
| 3. | रोपड़ | यज्ञदत्त शर्मा | 1953 | सतलज नदी |
| 4. | लोथल | ए. रंगनाथ राव | 1954 | भोगवा नदी |
| 5. | कालीबंगा | ब्रजवासी लाल एवं अमलानंद घोष | 1953 | घग्घर नदी |
| 6. | रंगपुर | माधोस्वरूप वत्स एवं रंगनाथ राव | 1931-1953 | मांदर नदी |
| 7. | चन्हूदड़ो | एन. गोपाल मजूमदार | 1931 | सिंधु नदी |
| 8. | सुरकोतड़ा | जगपति जोशी | 1964 | ——— |
| 9. | बनवाली | रविंद्र सिंह विष्ट | 1973 | सरस्वती नदी |
| 10. | आलमगीरपुर | यज्ञदत्त शर्मा | 1958 | हिंडन नदी |
| 11. | कोटदीजी | फजल अहमद | 1953 | सिंधु नदी |
| 12. | सुतकागेंडोर | ऑरेल स्ट्राइन एवं जॉर्ज एफ. डेल्स | 1927 | दाशक नदी |

# वस्तुनिष्ठ प्रश्न

1. हड़प्पा के अवशेषों को देखने वाले प्रथम व्यक्ति थे–
   A. चार्ल्स मैसोन B. दयाराम साहनी
   C. डॉ॰ व्हीलर D. एम॰ एस॰ वत्स
2. हड़प्पा में उत्खनन कार्य किसने प्रारंभ करवाया?
   A. दयाराम साहनी B. डॉ॰ व्हीलर
   C. जे॰ पी॰ जोशी D. एम॰ एस॰ वत्स
3. लोथल का गोदीवाड़ा एक नहर के जरिए किस नदी से अच्छी तरह जुड़ा हुआ था?
   A. नर्मदा B. भीमा
   C. भोगव D. ताप्ती
4. निम्नलिखित में से कौन सर्वाधिक मानक हड़प्पाई उत्पाद थे?
   A. मृद्‌भांड B. मृण्मूर्तिकाएँ
   C. ईंटें D. प्रतिमाएँ
5. हड़प्पा संस्कृति का समूचा क्षेत्र है, एक–
   A. वृत्ताकार क्षेत्र B. वर्गाकार क्षेत्र
   C. टेढ़ी–मेढ़ी बनावट D. तिकोना क्षेत्र
6. खेत जोते जाने का साक्ष्य सर्वप्रथम कहाँ से प्राप्त होता है?
   A. हड़प्पा B. कालीबंगन
   C. रोपड़ D. रंगपुर
7. निम्नांकित में से किस हड़प्पाई नगर में घरों के दरवाजे मुख्य सड़कों पर खुलते थे?
   A. लोथल B. सुरकोतड़ा
   C. चन्हुदड़ो D. बनवाली
8. निम्नांकित किस फसल के लिए किसी भी सिन्धु स्थल से कोई प्रमाण नहीं मिला है?
   A. जौ B. गन्ना
   C. चावल D. मटर
9. हड़प्पाई मुहरों के उत्पादन में कौन सी प्रक्रिया प्रयुक्त होती थी?
   A. चाँपना B. गढ़ना
   C. काटना D. ढ़ालना
10. अधिकांश हड़प्पाई मृद्‌भाण्ड थे–
    A. बहुरंगी B. काले चित्रित
    C. लाल चित्रित D. सादे
11. अधिकांश सिन्धु मृणमूर्त्तिकाएँ थीं–
    A. हस्त निर्मित B. एक ही साँचे में निर्मित
    C. आड़ी से कटी D. छेनी से तराशी हुई
12. निम्नांकित कौन सी धातु विश्व में सर्वप्रथम भारत में प्रकट हुई?
    A. ताँबा B. सोना
    C. टिन D. चाँदी
13. ऊँट की हड्डियाँ कहाँ से पायी गयी हैं?
    A. कालीबंगन B. लोथल
    C. हड़प्पा D. मोहनजोदड़ो
14. निम्नांकित किस स्थल से एक गैंडे के वास्तविक अवशेष मिले हैं?
    A. अमरी B. कोटदीजी
    C. सुरकोतड़ा D. बनवाली
15. सिन्धु सभ्यता की धार्मिक मूर्त्तियों में शामिल थीं–
    I. मुहरे एवं मुद्राएँ II. मूर्त्तियाँ और प्रतिमाएँ
    III. मृणमूर्त्तिकाएँ IV. ताबीज और पट्टिकाएँ
    नीचे दिए गए कूटों से उत्तर का चयन कीजिए–
    A. I और II B. I, II और III
    C. I, III एवं IV D. उपर्युक्त सभी
16. निम्नांकित में से हड़पाई मुहरों के प्राचीनतम पूरोगामी कौन थीं?
    A. मेहरगढ़ से प्राप्त मृणमुहरें।
    B. अमरी से प्राप्त प्रस्तर–मुहरें।
    C. कालीबंगन से प्राप्त मृणपट्टिकाएँ।
    D. कोटदीजी से प्राप्त ताम्र पट्टिकाएँ।
17. पुरातत्वविदों को केवल एक सिन्धु स्थल पर मध्य नगर मिला है जो नगर–दुर्ग और निचले नगर से भिन्न है। यह स्थल है–
    A. सुरकोतड़ा B. दैमाबाद
    C. धौलावीरा D. लोथल

**18.** हड़प्पाई स्थलों का अधिकतम संकेन्द्रण है–

A. बलूचिस्तान की अधित्यका में।

B. कच्छ के रण की दलदली भूमियों में।

C. सिन्धु और इसकी सहायक नदियों के मैदान में।

D. हिमालय की तराइयों में।

**19.** हड़प्पा की ईंटें मुख्यत–

A. आड़ी–सदृश औजार से कटी हुई होती थीं।

B. खुले साँचे में बनी होती थीं।

C. हाथ से बनी होती थीं।

D. छेनी से कटी होती थीं।

**20.** अन्नागार (या मालगोदाम) निम्नांकित किस स्थान पर मिले हैं?

I. मोहनजोदड़ो    II. हड़प्पा

III. चन्हुदड़ो    IV. कालीबंगन

V. लोथल    VI. बनवाली

नीचे दिए गए कूटों से सही उत्तर चुनें–

A. I, II एवं V    B. I, II एवं VI

C. I, II, III एवं IV    D. उपर्युक्त सभी

**21.** भारत में खोजा गया नवीनतम सिन्धु स्थल है–

A. मांडा    B. धौलावीरा

C. दैमाबाद    D. रंगपुर

**22.** सूची-I को सूची-II से सुमेलित करें–

| *सूची-I* | *सूची-II* |
|---|---|
| *(a)* मुहरों पर कपड़ें की छाप | 1. आलमगीरपुर |
| *(b)* द्रोण पर कपड़े की छाप | 2. मोहनजोदड़ो |
| *(c)* बुने हुए कपड़े का टुकड़ा | 3. लोथल |
| | 4. हड़प्पा |

निम्नांकित कूटों से सही उत्तर का चयन करें–

| | *(a)* | *(b)* | *(c)* |
|---|---|---|---|
| A. | 3 | 1 | 2 |
| B. | 1 | 4 | 3 |
| C. | 2 | 3 | 4 |
| D. | 1 | 3 | 2 |

**23.** सूची-I को सूची-II से सुमेलित करें–

| ***सूची-I*** *(हड़प्पाई स्थल)* | ***सूची-II*** *(शवाधान रिवाज)* |
|---|---|
| *(a)* हड़प्पा | 1. ईंटनिर्मित प्रकोष्ठ या ताबूत |
| *(b)* लोथल | 2. पेटी में शवाधान |
| *(c)* कालीबंगन | 3. पात्र में शवाधान |
| *(d)* सुरकोतड़ा | 4. दोहरा शवाधान |

निम्नांकित कूटों से सही उत्तर चुनें–

| | *(a)* | *(b)* | *(c)* | *(d)* |
|---|---|---|---|---|
| A. | 2 | 4 | 3 | 1 |
| B. | 4 | 2 | 1 | 3 |
| C. | 2 | 4 | 1 | 3 |
| D. | 1 | 3 | 2 | 4 |

**24.** किस हड़प्पाई स्थल में पत्थर की किलाबंदी है जिसके कोनों पर और लम्बी दीवारों के केन्द्र में वर्गाकार बुर्ज हैं?

A. अमरी    B. सुरकोतड़ा

C. मेहरगढ़    D. सुतकांगेडोर

**25.** सूची-I को सूची-II पर विचार करें–

| *सूची-I* | *सूची-II* |
|---|---|
| I. हिन्द (इंडो)– आर्य | सिन्धु |
| II. यूनानी और रोमन | हिन्दू |
| III. फारसी और अरब | इंडस |

उपर्युक्त में से कौन सही सुमेलित नहीं है?

A. केवल I    B. I और II

C. II और III    D. I, II और III

**26.** हाल ही में खोजे गए हड़प्पाई स्थलों में सर्वाधिक उल्लेखनीय स्थल, जो संभवतः एक व्यापार सीमा–केन्द्र (विशेषकर लाजवर्द प्राप्त करने हेतु) था, स्थित था–

A. उत्तर–पूर्व अफगानिस्तान के शोर्तुगाई में।

B. पश्चिमोत्तर सीमा प्रान्त के मुसाखेल में।

C. दक्षिण अफगानिस्तान के मुंडीगाक में।

D. उत्तर–पूर्व बलूचिस्तान के दम्ब सादात में।

**27.** स्त्री जननांगो के प्रस्तर प्रतीक किस स्थान से प्राप्त हुए हैं?

A. लोथल से    B. हड़प्पा से

C. चन्हुदड़ो से    D. कालीबंगन से

**28.** हड़प्पाई मृद्भांड कई प्रकार से सजाए जाते थे। निम्नांकित में से कौन उन प्रकारों में नहीं थे?
A. मानव चित्र।
B. पशुओं, पक्षियों, सर्पों और मछलियों के चित्र।
C. छकड़े, नाव आदि में चित्र।
D. ज्यामितीय आकृतियाँ।

**29.** पर्याप्त खाद्यान्नों का उत्पादन करने के लिए हड़प्पाई गाँव अधिकांशतः अवस्थित थे–
A. समुद्र तटीय क्षेत्रों में
B. बाढ–मुक्त मैदानी इलाकों में
C. बाढ़–ग्रस्त मैदानी इलाकों
D. सूखे क्षेत्रों में

**30.** हड़प्पावासी अपने बच्चों की काफी परवाह करते थे। यह साबित होता है–
A. बच्चों के चित्रवाली मुहरों से
B. मिट्टी के बने बहुत सारे खिलौनों से
C. खेल के मैदान से
D. उपर्युक्त सभी

**31.** हड़प्पा–कालीन सभ्यता मुख्यतः निम्नांकित किन प्रदेशों में केन्द्रीयभूत थी?
A. पंजाब, राजस्थान और गुजरात।
B. पंजाब, राजस्थान और उत्तर प्रदेश।
C. हरियाणा, राजस्थान और दिल्ली।
D. गुजरात, हरियाणा और पश्चिमी उत्तरप्रदेश।

**32.** निम्नांकित कौन सा एक हड़प्पा–कालीन स्थल समकालीन सामुद्रिक गतिविधियों से संबंधित नहीं है?
A. लोथल B. बालाकोट
C. सुत्कांगेडोर D. देसलपुर

**33.** हड़प्पा सभ्यता की दो सर्वाधिक महत्वपूर्ण फसलें थीं–
A. गेहूँ और जौ B. तिल और सरसों
C. धान और मटर D. कपास और गन्ना

**34.** पकायी गयी ईंटों से निर्मित एक डौकयार्ड, जिसे एक नहर के माध्यम से खंभात की खाड़ी के साथ जोड़ा गया था, निम्नांकित में से किस स्थान में खोजा गया है–
A. सुत्कांगेडोर B. लोथल
C. अमरी D. चन्हुदड़ो

**35.** हड़प्पा–कालीन देवी–देवताओं में किसे परवर्त्ती हिन्दू धर्म में अंगीकार नहीं किया गया?
A. पशुपति महादेव B. सप्त मातृका
C. मिश्रित प्राणी D. एक श्रृंगी जीव

**36.** सिन्धु घाटी सभ्यता के सभी स्थलों की सर्वसामान्य विशेषताएँ क्या थीं?
A. भवन, नगर योजना और शवदाह प्रणाली।
B. जलवायु, वनस्पति, जीव जन्तु और कृत्रिम सिंचाई।
C. मरुभूमि, नदियाँ एवं प्राणी विज्ञान की विशेषताएँ।
D. पकायी गयी ईंटों और मिट्टी के बर्त्तनों का उपयोग, विस्तृत जल–निकास प्रणाली, दलदल और जंगली जानवरों का पाया जाना।

**37.** सिन्धु घाटी के लोगों द्वारा सबसे अधिक प्रयुक्त की जाने वाली धातु थी–
A. ताँबा B. कांस्य
C. स्वर्ण और चाँदी D. टिन

**38.** हड़प्पा के लोगों के सामान्य घरेलू बर्तन किससे बने होते थे?
A. पत्थर
B. चीनी मिट्टी
C. मिट्टी के अच्छी तरह पकाए गए चित्रांकित बर्त्तन
D. ताम्र (ताँबा)

**39.** सिन्धु घाटी के लोग निम्नलिखित में से किस औजार एवं उपकरण का प्रयोग *नहीं* करते थे?
A. हँसिया और हल
B. काँटा और चम्मच
C. सूइयाँ और उस्तरे
D. गेहूँ पीसने की पत्थर की चक्की, सिलबट्टा

**40.** पूर्ण विकसित (परिपक्व) हड़प्पा सभ्यता लगभग कितनी शताब्दियों तक जीवित रही–
A. चार B. सात
C. पाँच D. तीन

**41.** स्वातंत्र्योत्तर भारत में सर्वाधिक संख्या में हड़प्पा युगीन स्थलों की खोज किस प्रान्त में हुई है?
A. उत्तर प्रदेश B. पंजाब और हरियाणा
C. गुजरात D. राजस्थान

**42.** अभी हाल ही में खोदे गए किस स्थान से हड़प्पा–कालीन बस्तियों के तीन चरण (हड़प्पा पूर्व, हड़प्पा और परवर्त्ती–हड़प्पा) पाए गए हैं?
A. रोजदी B. देसलपुर
C. सुरकोतड़ा D. उपर्युक्त सभी

**43.** उपलब्ध प्रमाणों के आधार पर, हड़प्पा सभ्यता ने मानव जाति को जो दो स्थायी उपहार प्रदान किए वे थे–
A. गेहूँ और कपास की खेती।
B. गणित और दशमलव प्रणाली का ज्ञान।
C. ताम्र और कांस्य आगलन प्रौद्योगिकी।
D. सोख्ते और मिट्टी के पाइप बनाना।

**44.** सिन्धु घाटी के लोगों को संभवतः किस प्रसाधन और शृंगार सामग्री की जानकारी *नहीं* थी?
A. ताम्र दर्पण
B. हाथी दाँत के कंघे
C. सुरमा लगाने की सलाइयाँ
D. केश रंग–रोगन

**45.** हड़प्पा के नगर और कस्बे किस आकार के विशाल खंड़ों में विभाजित थे?
A. वर्गाकार B. आयताकार
C. वृत्ताकार D. अर्द्धवृत्ताकार

**46.** निम्नांकित किस संदर्भ में विभिन्न हड़प्पा युगीन स्थलों में सुस्पष्ट एकरूपता पायी जाती है–
A. कृषि संबंधी व्यवसाय B. शिल्पकला
C. नगर–योजना D. मुहरें

**47.** निम्नांकित कौन से पुरावशेष सिंधु घाटी सभ्यता के धार्मिक तथा सामाजिक जीवन का अध्ययन करने में सबसे अधिक सहायक सिद्ध हुए हैं–
A. शवाधान।
B. पक्की मिट्टी से निर्मित आकृतियाँ एवं मुहरें।
C. फर्नीचर और मिट्टी के बर्त्तन।
D. घरों तथा अन्य भवनों के अवशेष।

**48.** हड़प्पा–कालीन लगभग सभी नगरों में विशाल अन्नागार थे क्योंकि–
A. अन्नागार करों के भुगतान के लिए सार्वजनिक कोष थे।
B. गाँवों के अधिशेष उत्पादन को नगरों में रखा जाता था।
C. खाद्यान्नों का संग्रह व्यापार के प्रयोजन से किया जाता था।
D. उपर्युक्त सभी।

**49.** निम्नांकित किस स्थान से आनुष्ठानिक स्नानागारों के निकट निर्मित अग्निवेदियों की कतारें मिली हैं–
A. मोहनजोदड़ो B. हड़प्पा
C. कालीबंगा D. लोथल

**50.** हड़प्पा वासियों द्वारा आयातित सबसे महत्वपूर्ण वस्तु थी–
A. धातु और बहुमूल्य पत्थर
B. खाद्यान्न
C. वस्त्र
D. मिट्टी के बर्त्तन

**51.** कौन सी भारतीय लिपि हड़प्पाकालीन लिपि के सर्वाधिक निकट या समानुरूपी प्रतीत होती है?
A. ब्राह्मी B. द्रविड़
C. खरोष्ठी D. देवनागरी

**52.** हड़प्पा–कालीन लोगों के अस्त्र–शस्त्र किससे बनाए जाते थे?
A. पत्थर B. ताम्र (ताँबा)
C. कांस्य D. उपर्युक्त सभी।

**53.** खुदाई में निम्नलिखित में से कौन से खिलौने *नहीं* पाए गए हैं–
A. गाड़ियाँ और रथ
B. चलने या सर हिलाने वाले पशुओं के खिलौने
C. कंचे (गोलियाँ)
D. शतरंज की बिसात

**54.** हड़प्पा–कालीन लोगों द्वारा समान अन्त्येष्टि प्रणाली का अनुसरण करने की निम्नलिखित में से किस तथ्य की पुष्टि होती है–
A. शव को भूमि में गाड़ने की प्रथा, जिसमें कब्र में शव सिर सामान्यतः उत्तर दिशा में होता था।
B. मृतक के साथ सामान्य उपभोग की वस्तुओं की शवाधि
C. उपर्युक्त (A) और (B) दोनों

D. बैठी हुई मुद्रा में शवाधान

**55.** निम्नलिखित में से कौन सी फसल हड़प्पा–कालीन लोगों द्वारा उत्पादित *नहीं* की जाती थी–

A. जौ B. दाल
C. चावल D. गेहूँ

**56.** निम्नांकित में से कौन सा नगर हड़प्पा–कालीन व्यापारिक गतिविधियों का एक महान केन्द्र था–

A. हड़प्पा B. कालीबंगा
C. लोथल D. सुरकोतड़ा

**57.** निम्नलिखित में से किस विषय के क्षेत्र में हड़प्पा–कालीन सभ्यता में विभिन्नता पायी जाती है–

A. नगर–योजना B. ईंटों का आकार
C. बाट एवं माप प्रणाली D. घरों का आकार

**58.** हड़प्पा–कालीन मुहरों पर किस पशु की आकृति को सबसे अधिक उत्त्कीर्णित किया गया था?

A. कूबड़ रहित साँड़ अथवा एक शृंगी बैल
B. हाथी
C. जंगली साँड़
D. बाघ

**59.** हड़प्पा–कालीन भवनों को पत्थरों के स्थान पर पकायी गयी ईंटों से बनाने का कारण था कि–

A. लोहे के औजारों के अभाव में प्रस्तर–खण्डों को काटना बहुत दुष्कर था।
B. ईंटों से बेहतर बाढ़ सुरक्षा मिलती थी।
C. ईंट नम जलवायु के लिए अधिक उपयुक्त थीं।
D. पत्थर आसानी से उपलब्ध नहीं था।

**60.** आधुनिक हिन्दू धर्म की किन विशेषताओं को हड़प्पा–कालीन धर्म से अंगीकार *नहीं* किया गया?

A. शक्ति पूजा।
B. देवता विशेष के लिए देवालयों का निर्माण।
C. पशुपति के रूप में शिव–पूजा।
D. शिव–लिंग की पूजा।

**61.** हड़प्पा–कालीन लोगों द्वारा सर्वाधिक प्रयुक्त ताम्र धातु कहाँ से लाया जाता था?

A. बलूचिस्तान
B. खेतड़ी की खानें
C. मेसोपोटामिया
D. उपर्युक्त (A) और (B) दोनों

**62.** लोथल और चन्हुदड़ो का सर्वाधिक महत्वपूर्ण उद्योग क्या था?

A. जहाज निर्माण
B. मनका उत्पादन उद्योग
C. हथकरघा वस्त्र उद्योग
D. धातुकर्म उद्योग

**63.** हड़प्पा–कालीन मिट्टी के पकाए गए बर्त्तनों पर निम्नांकित कौन सी विशेषता *नहीं* पायी जाती है–

A. अच्छे पके हुए लाल बर्त्तन।
B. रंगे हुए काले चित्र A
C. बर्त्तनों पर बनी वानस्पतिक और ज्यातिमीय आकृतियाँ।
D. लाल और काले चमकदार बर्त्तन।

**64.** हड़प्पा–कालीन लोग किसके साथ समृद्ध व्यापार करते थे–

A. अफगानिस्तान B. मेसोपोटामिया
C. बहरीन D. उपर्युक्त सभी

**65.** हड़प्पा–कालीन सभ्यता एवं सुमेर, मेसोपोटामिया और मिस्र जैसी अन्य प्राचीन सभ्यताओं के बीच निम्नलिखित में से कौन सी समानता परिलक्षित *नहीं* होती?

A. संगठित नगरीय जीवन
B. अन्त्येष्टि प्रणाली और धार्मिक विश्वास
C. कुम्हार का चाक
D. पशुपालन

**66.** निम्नलिखित में से कौन सी विशेषता हड़प्पा–कालीन भौतिक संस्कृति से संबंधित *नहीं* है?

A. आयताकार नगर योजना
B. नहर प्रणाली द्वारा सिंचाई व्यवस्था का अभाव
C. उपकरणों के लिए ताम्र अथवा कांस्य के साथ–साथ लोहे का प्रयोग
D. मोहनजोदड़ो और हड़प्पा के विशाल अन्नागार।

**67.** हड़प्पा–कालीन सभ्यता मानव इतिहास के किस युग से संबंधित है–

A. पूर्व–पाषाण युग B. नव–पाषाण युग
C. ताम्र–पाषाण युग D. लौह युग

**68.** सर्वाधिक प्रभावोत्पादक अपवहन–तंत्र किस हड़प्पाई स्थल में था?

A. हड़प्पा में  B. बनवाली में
C. धौलावीरा में  D. मोहनजोदड़ो में

**69.** निम्नलिखित में से कौन–सा स्थान पूर्व–सभ्यता संस्कृति से परिपक्व हड़प्पा संस्कृति में पारगमन का सुराग देता है?

A. बनवाली  B. चन्हुदड़ो
C. हड़प्पा  D. अमरी

**70.** हड़प्पा संस्कृति के प्रसार और सुदूर स्थानों में नई बस्तियों की स्थापना का कारण था–

A. अपने धार्मिक दायित्वों का निर्वाह करना।
B. उपनिवेश बनाने की उनकी इच्छा।
C. आबादी का विस्तार।
D. अपने सुरक्षा प्रबन्धों की हिफाजत करना।

**71.** निम्नलिखित में से किस स्थान पर उसके उत्तर हड़प्पाई चरण में "झंगर संस्कृति" नामक संस्कृति थी?

A. कालीबंगन में  B. मोहनजोदड़ो में
C. चन्हुदड़ो में  D. अमरी में

**72.** निम्नलिखित में से कौन सा सिन्धु स्थल आग द्वारा नष्ट हुआ था?

A. लोथल  B. कालीबंगन
C. कोटदीजी  D. अमरी

**73.** निम्नलिखित में से किस स्थान में *गर्त–निवास* का प्रमाण *नहीं* मिला है?

A. बुर्जाहोम  B. सरायखोला
C. जलीलपुर  D. गुफ्कराल

**74.** हड़प्पाई स्थलों के कब्रगाह प्रायः स्थित थे–

A. बस्तियों की परिधि के आसपास
B. नगर–दुर्ग के अन्दर
C. नगरों के मध्य में
D. आवासों के निकट

**75.** निम्नांकित में से कौन सा सिन्धु नगर गुजरात राज्य में *नहीं* है?

A. सुतकांगेडोर  B. सुरकोतड़ा
C. धौलावीरा  D. लोथल

**76.** सूची-I को सूची-II से सुमेलित करें–

| *सूची-I* | *सूची-II* |
|---|---|
| *(a)* ताम्र गैंडा | 1. चन्हुदड़ो |
| *(b)* सर्पदेवी | 2. लोथल और कालीबंगन |
| *(c)* चिकित्सा में विश्वास एवं शल्य दक्षता | 3. गुमला |
| *(d)* बैलगाड़ियों एवं इक्के के कांस्य प्रतिमान | 4. दैमाबाद |

निम्नांकित कूटों से सही उत्तर का चयन करें–

| | *(a)* | *(b)* | *(c)* | *(d)* |
|---|---|---|---|---|
| A. | 4 | 3 | 2 | 1 |
| B. | 1 | 2 | 3 | 4 |
| C. | 2 | 3 | 4 | 1 |
| D. | 3 | 1 | 4 | 2 |

**77.** हड़प्पा अभिलेखों की संख्या अब कितनी बतायी जाती है?

A. 2000  B. 2500
C. 3000  D. 3500

**78.** हड़प्पाई घरों में निम्नलिखित में कौन–से लक्षण थे?

1. आयताकार घर।
2. लकड़ी का व्यापक प्रयोग।
3. ईंट के अस्तर वाले स्नानघर एवं कुएँ।
4. बाहर से लगी सीढ़ियाँ।
5. घरों के बीच में प्रवेश द्वार।

नीचे दिए गए कूटों से उत्तर का चयन कीजिए–

A. केवल 2, 4 और 5  B. केवल 1, 2 और 3
C. केवल 1, 3 और 4  D. केवल 2, 3 और 4

**79.** राख के टीले, जो पुरातत्वविदों के लिए एक रहस्य बने रहे हैं, कहाँ पाए गए हैं?

I. महागार  II. पल्लवय
III. कुपगल  IV. चिरांद
V. उटनूर  IV. कोडेकाल

निम्नांकित कूटों से सही उत्तर का चयन करें–

A. I, II, III, एवं IV  B. II, III, IV एवं V
C. III, IV, V एवं VI  D. II, III, V एवं VI

**80.** नगर–दुर्ग और निचले नगर से भिन्न एक तीसरा छोटा टीला जिसमें अग्नि कुंडों के केवल अवशेष हैं, उत्खनकों को कहाँ मिला है?

A. लोथल में  B. हड़प्पा में

C. धौलावीरा में D. कालीबंगन में

**81.** हड़प्पा–कालीन सभ्यता के सबसे अधिक संभावित प्रणेता कौन थे?

A. सुमेरियाई

B. द्रविड़ अथवा भूमध्य सागरीय

C. आर्य

D. आस्ट्रेलायड

**82.** हड़प्पा–कालीन सभ्यता के पतन के लिए निम्नालिखित में से कौन सा कारण सर्वाधिक संभावित माना जाता है?

A. सिन्धु और रावी नदियों के जलमार्ग में विनाशकारी परिवर्त्तनों के कारण विध्वंसकारी बाढ़ें आयीं।

B. विदेशी आक्रमण।

C. कृषि संबंधी उत्पादन में गिरावट।

D. उपर्युक्त किसी एक अथवा सभी कारणों से लोग अन्यत्र चले गए।

**83.** लोथल और कालीबंगन के धार्मिक विश्वासों में क्या समानता थी?

A. मातृदेवी की पूजा B. अग्नि–पूजा

C. वृक्ष–पूजा D. पशु–पूजा

**84.** ईरान की सीमा के पास स्थित हड़प्पा–कालीन स्थल है–

A. सुरकोतड़ा B. सुत्कागेन्डोर

C. कोटला निहंगखान D. आलमगीरपुर

**85.** निम्नांकित कौन सी सभ्यता सिन्धु अथवा हड़प्पा सभ्यता के समकालीन *नहीं* थीं?

A. मिस्र B. मेसोपोटामिया

C. सुमेर D. यूनानी

**86.** हड़प्पा–कालीन लोगों के आभूषण किस धातु/वस्तु से निर्मित *नहीं* किए जाते थे?

A. सोना और चाँदी

B. हाथी दाँत और हड्डियाँ

C. ताम् और बहुमूल्य पत्थर

D. श्वेत धातु एवं मिश्रित धातु

**87.** सिन्धु सभ्यता की जल–निकास प्रणाली का सबसे बड़ा दोष था–

A. नालियाँ अलग–अलग ईंटों से ढकी हुई थीं।

B. नालियाँ सोख–गड्ढों से जुड़ी हुई नहीं थीं।

C. नालियों कुओं के पास होती थीं।

D. नालियों के ऊपर से जल बहता था।

**88.** हड़प्पा–कालीन लोगों का कौन सा धार्मिक विश्वास अब प्रचलित नहीं है?

A. पशुपति पूजा

B. पीपल पूजा

C. सूर्य पूजा

D. प्रजनन शक्तियों की पूजा

**89.** निम्नलिखित किस हड़प्पा–कालीन स्थल में घोड़े के अवशेष पाए गए हैं?

A. कालीबंगन B. लोथल

C. सुरकोतड़ा D. सुत्कागेन्डोर

**90.** हड़प्पा–कालीन मुहरों पर अंकित शृंग युक्त शिरोवस्त्र पहने और पशुओं से घिरे हुए योगी की निम्नलिखित में से किसके साथ पहचान की गयी है–

A. महायोगेश्वर के रूप में

B. पशुपति शिव के रूप में

C. मुरूगन के रूप में

D. रूद्र के रूप में

**91.** भारत में विशालतम हड़प्पा–कालीन बस्ती कौन सी है?

A. लोथल B. कालीबंगा

C. कुन्तासी D. धौलावीरा

**92.** भारतीय उपमहाद्वीप में चार विशालतम हड़प्पा–कालीन बस्तियाँ हैं–

I. हड़प्पा II. मोहनजोदड़ो

III. राखीगढ़ी IV. गनेरीवाला

V. धौलावीरा VI. कालीबंगन

निम्नांकित कूटों से सही उत्तर का चयन करें–

A. I, II, IV और V B. I, II, III और V

C. II, III, IV और V D. I, II, IV और VI

**93.** कौन सा हड़प्पा–कालीन नगर तीन खण्डों (नगर–दुर्ग, मध्य नगर और निचला नगर) में विभाजित था और उनकी नगर प्राचीरों में भव्य प्रवेश द्वार बने हुए थे?

A. कालीबंगन B. बनवाली

C. धौलावीरा D. कुन्तासी

**94.** हड़प्पा–कालीन जीवन का एक पक्ष जो समकालीन व्यवस्था का आधार था, किन्तु उसके बारे में हम बहुत कम अथवा कुछ भी नहीं जानते, वह है–

A. ग्रामीण जीवन　B. पशुपालन
C. परिवहन और संचार　D. जनसंख्या का स्वरूप

**95.** गुजरात में खोजा गया नवीनतम हड़प्पा–कालीन स्थल कौन सा है?

A. धौलावीर　B. खांडिया
C. कुन्तासी　D. मांडा

**96.** हड़प्पा–कालीन सभ्यता के सर्वाधिक धनी आबादी वाले दो नगर थे–

A. मोहनजोदड़ो और हड़प्पा
B. कालीबंगन और लोथल
C. रोपड़ और रंगपुर
D. लोथल और देसलपुर

**97.** निम्नांकित में से कौन सा हड़प्पा–कालीन नगर पशुपालकों का एक बहुत बड़ा केन्द्र था?

A. नेसदी　B. देसलपुर
C. दैमाबाद　D. रंगपुर

**98.** हड़प्पा–कालीन कृषि व्यवस्था मुख्यतः किस पर आधारित थी?

A. फसल चक्र।
B. वर्षा सिंचित कृषि।
C. गेहूँ तथा सम्बद्ध शीतकालीन फसलें।
D. शुष्क कृषि।

**99.** हड़प्पा में पायी गयी विभिन्न आकार–प्रकार की सुव्यवस्थित भट्ठियाँ किस उद्योग से संबंधित थीं?

A. शैलखड़ी और चीनी मिट्टी
B. धातुकर्म
C. उपर्युक्त (A) और (B) दोनों
D. रत्नाभूषण

**100.** निम्नांकित कौन सा नगर एक प्रमुख हड़प्पा–कालीन औद्योगिक केन्द्र *नहीं था*–

A. लोथल　B. चन्हुदड़ो
C. हड़प्पा　D. कालीबंगन

**101.** पालतू कुत्तों को उनके स्वामियों की कब्रों में रखने की प्रथा जो कि भारतीय प्रथा नहीं थी, का प्रचलन था–

A. मेहरगढ़ में　B. बुर्जाहोम में
C. लोथल में　D. कालीबंगन में

**102.** निम्नलिखित में से कौन हड़प्पा के नगर–दुर्ग के बाहर स्थित नहीं है?

A. अन्नागार　B. कार्यफर्श
C. बैरक　D. 'H' कब्रिस्तान

**103.** किस प्रकार के हड़प्पाई मृद्भांड समूचे विश्व में अपने प्रकार के प्राचीनतम उदाहरण कहे जाते हैं?

A. बहुरंगी　B. चमकीले
C. घुंडीदार　D. छिद्रित

**104.** अस्थि–उपकरण जो भारत में प्रायः नहीं प्रयुक्त होते थे, बड़ी संख्या में पाए गए हैं–

I. चिरांद में　II. गुफ्कराल में
III. मेहरगढ़ में　IV. बुर्जाहोम में

नीचे दिए कूटों से सही उत्तर का चयन करें–

A. I, II एवं IV　B. II, III एवं IV
C. I एवं III　D. II एवं IV

**105.** हड़प्पाईयों की सबसे सुन्दर ईंट–चिनाई कला पायी जाती है–

A. अग्नि कुंडों में　B. गोदीबाड़े में
C. मंदिर सदृश भवन में　D. विशाल स्नानागार में

**106.** निम्नलिखित में से कौन से पशु न तो मुहरों पर चित्र के रूप में और न ही मृण्मूर्तिकाओं के रूप में मिले हैं?

I. गाय　II. घोड़ा
III. शेर　IV. बाघ

निम्नांकित कूटों से सही उत्तर का चयन करें–

A. उपर्युक्त सभी　B. I, II एवं III
C. II, III एवं IV　D. I, II एवं IV

**107.** निम्नलिखित किस सिन्धु स्थल में कुछ लोगों की हिंसात्मक मृत्यु होने का प्रमाण मिला है?

A. लोथल　B. हड़प्पा
C. मोहनजोदड़ो　D. कालीबंगन

**108.** निम्नलिखित में कौन–कौन से निश्चित रूप से सिन्धु लोगों के विश्वास और प्रथाएँ मानी जा सकती हैं?

I. पुरुष और स्त्री जननांगों की पूजा, जैसा कि पत्थर के उनके प्रतीकों से स्पष्ट है।

II. वृक्षों, पशुओं और पक्षियों की पूजा।
III. विभिन्न देवों की मूर्तियों की पूजा।
IV. भूत और प्रेतात्माओं में विश्वास।
V. मृत्यु के बाद के जीवन में विश्वास।
नीचे दिए कूटों से सही उत्तर का चयन करें—

A. I, II एवं III  B. II, III एवं IV
C. I, II, IV एवं V  D. सभी

**109.** निम्नलिखित सभी कालों और युगों को कालानुक्रम में सजाएँ—

I. नवपाषाण काल  II. लौह युग
III. कांस्य युग  IV. पुरापाषाणकाल
V. ताम्र पाषाण काल  VI. मध्य पाषाण काल

नीचे दिए कूटों से सही उत्तर को चुने—

A. II, IV एवं VI  B. I, III, IV एवं V
C. II, III एवं V  D. II, III, IV, एवं VI

**110.** निम्नांकित कौन–सा सिन्धु स्थल आधुनिक गुजरात में स्थित हैं?

I. हड़प्पा  II. लोथल
III. रंगपुर  IV. बनवाली
V. भागत्रव  VI. रोपड़

नीचे दिए कूटों से सही उत्तर का चयन करें—

A. II, IV एवं VI  B. I, III, IV एवं V
C. II, III एवं V  D. II, III, IV एवं VI

**111.** निम्नलिखित में से किन स्थानों में प्राक् हड़प्पा काल में खेत जोते जाने का प्रमाण मिला है?

I. मोहनजोदड़ो  II. कालीबंगन
III. लोथल  IV. बनवाली
V. चन्हुदड़ो

नीचे दिए कूटों से सही उत्तर का चयन करें—

A. I एवं II  B. II एवं iV
C. III एवं IV  D. IV एवं V

**112.** सिन्धु लोगों द्वारा निर्यात की जाने वाली निम्नलिखित चीजों में कौन–कौन सी प्रमुख चीजें थीं?

I. सोना और चाँदी  II. सूती वस्तुएँ
III. पकी मिट्टी की वस्तुएँ  IV. मुहरें
V. मृद्भांड

नीचे दिए कूटों से सही उत्तर का चयन करें—

A. II, III एवं V  B. I, III एवं IV
C. I, II, IV एवं V  D. सभी

**113.** सूची-I को सूची-II से सुमेलित करें और अपनी उत्तर को चयन उन सूचियों के नीचे दिए कूटों का प्रयोग कर करें—

| ***सूची-I*** | ***सूची-II*** |
|---|---|
| *(a)* लोथल | 1. सिन्धु |
| *(b)* रोपड़ | 2. सरस्वती |
| *(c)* चन्हुदड़ो | 3. भोगव |
| *(d)* बनवाली | 4. सतलज |

**कूटः**

| | *(a)* | *(b)* | *(c)* | *(d)* |
|---|---|---|---|---|
| A. | 4 | 3 | 1 | 2 |
| B. | 3 | 4 | 1 | 2 |
| C. | 2 | 1 | 4 | 3 |
| D. | 1 | 4 | 3 | 2 |

**114.** नीचे दिए कूटों से उस विकल्प का चयन कीजिए जो सूची-I और सूची-II के मदों का सही युग्मन बताता है—

| ***सूची-I*** | ***सूची-II*** |
|---|---|
| *(a)* कालीबंगन | 1. पंजाब |
| *(b)* मोहनजोदड़ो | 2. राजस्थान |
| *(c)* हड़प्पा | 3. गुजरात |
| *(d)* सुरकोतड़ा | 4. सिन्ध |

**कूटः**

| | *(a)* | *(b)* | *(c)* | *(d)* |
|---|---|---|---|---|
| A. | 4 | 2 | 3 | 1 |
| B. | 3 | 1 | 2 | 4 |
| C. | 1 | 3 | 4 | 2 |
| D. | 2 | 4 | 1 | 3 |

**115.** निम्नलिखित सिन्धु स्थलों का उनके विशिष्ट लक्षणों के साथ युग्म बनाइए—

| | |
|---|---|
| *(a)* हड़प्पा | 1. सबसे बड़ा सिन्धु स्थल |
| *(b)* चन्हुदड़ो | 2. चावल की भूसी की प्राप्ति |
| *(c)* मोहनजोदड़ो | 3. सबसे पहले खोजा गया सिन्धु स्थल |
| *(d)* रंगपुर | 4. बिना नगर–दुर्ग वाला एकमात्र सिन्धु नगर |

| | (a) | (b) | (c) | (d) |
|---|---|---|---|---|
| A. | 4 | 1 | 3 | 2 |
| B. | 4 | 3 | 1 | 2 |
| C. | 3 | 4 | 1 | 2 |
| D. | 3 | 4 | 2 | 1 |

**116.** निम्नलिखित सिन्धु स्थलों का प्राप्ति के अनुसार सही कालानुक्रम क्या है?

I. रोपड़ II. मोहनजोदड़ो
III. कोटदीजी IV. बनवाली
V. सुरकोतड़ा

नीचे दिए कूटों से सही उत्तर का चयन कीजिए—

A. II, I, III, IV एवं V B. IV, II, III, I एवं V
C. III, IV, V, I एवं II D. II, III, I, V एवं IV

**117.** सिन्धु सभ्यता के काल निर्धारण में निम्नलिखित में से कौन अत्यधिक महत्वपूर्ण सिद्ध हुआ है?

A. सिन्धु नगरों में प्राप्त सिन्धु मुहरें।
B. मेसोपोटामियाई नगरों में प्राप्त सिन्धु मुहरें।
C. सिन्धु नगरों में प्राप्त मेसोपोटामियाई मृद्‌भांड।
D. सिन्धु नगरों में प्राप्त हड़प्पाई मृद्‌भांड।

**118.** हड़प्पाई प्रस्तर मूर्तियाँ प्रायः बनी होती हैं—

I. स्टीयटाइट (मुलायम पत्थर) की
II. कठोर बालू पत्थर की
III. मुलायम चूना पत्थर की
IV. सफेद संगमरमर की

नीचे दिए कूटों से सही उत्तर का चयन करें—

A. I एवं III B. II एवं IV
C. II एवं III D. I एवं IV

**119.** निम्नांकित में कौन–कौन सी फसलें सिन्धु लोगों द्वारा खरीफ (ग्रीष्म) फसलों के रूप में उगायी जाती थीं? कूट में से सही उत्तर का चयन करें—

I. कपास II. जौ
III. मटर IV. गेहूँ
V. सरसों VI. खजूर

**कूटः**

A. I, II, III एवं IV B. II, III, V एवं VI
C. III, IV, V एवं VI D. I, III, V एवं VI

**120.** किन दो स्थानों से सिन्धु लोगों की खोपड़ी की शल्यक्रिया और चिकित्सीय विश्वासों का प्रमाण मिला है?

A. हड़प्पा और अमरी
B. कालीबंगन और बनवाली
C. लोथल और कालीबंगन
D. लोथल और बनवाली

**121.** मोहनजोदड़ो में हुए उत्खननों से प्राप्त साक्ष्यों के आधार पर निम्नलिखित वर्गों को उनकी जनसंख्या के आधार पर आरोही क्रम (न्यूनतम जनसंख्या से अधिकतम जनसंख्या की ओर) में सजाएँ—

I. प्रशासक और व्यापारी
II. जनसाधारण और दास
III. शिल्पकार

नीचे दिए कूटों से सही उत्तर का चयन करें—

A. III, I, II B. I, II, III
C. I, III, II D. II, III, I

**122.** किस जगह फर्श पर टाइलें बिछी होने और प्रारूपी प्रतिच्छेदी वृत्तों के चित्र होने का प्रमाण मिला है?

A. बनवाली B. लोथल
C. कालीबंगन D. मोहनजोदड़ो

**123.** निम्नलिखित में से किस सिन्धु नगर के बाद के चरण में सुरक्षा प्रबंधों को और मजबूत किए जाने का प्रमाण मिला है?

A. हड़प्पा B. मोहनजोदड़ो
C. चन्हुदड़ो D. कालीबंगन

**124.** सिन्धु लोगों को अधिकतम मानकीकरण प्राप्त हुआ—

A. मुहरों में B. मृद्‌भांडों में
C. मूर्तियों में D. ईंटों में

**125.** भारत में मानव का प्राचीनतम प्रमाण मिलता है—

A. नीलगिरि में
B. नल्लामाला पहाड़ियों में
C. शिवालिक पहाड़ियों में
D. नर्मदा घाटी में

**126.** सूची-I को सूची-II से सुमेलित करें और नीचे दिए गए कूटों से उत्तर चुनें—

| *सूची-I* | *सूची-II* |
|---|---|
| (a) आरंभिक पुरापाषाण काल | 1. सूक्ष्माश्म |
| (b) मध्य पुरापाषाण काल | 2. खुरचनी और पत्तर |

| | |
|---|---|
| (c) उच्च पुरापाषाण काल | 3. हस्त–कुल्हाड़ी और विदारक |
| (d) मध्यपाषाण काल | 4. फलक और तक्षणी |

**कूटः**

| | (a) | (b) | (c) | (d) |
|---|---|---|---|---|
| A. | 3 | 4 | 1 | 2 |
| B. | 3 | 2 | 4 | 1 |
| C. | 3 | 4 | 2 | 1 |
| D. | 1 | 2 | 4 | 3 |

**127.** पुरापाषाण कालीन, मध्यपाषाण कालीन और नवपाषाण कालीन संस्कृतियाँ एक के बाद एक क्रम में एक ही स्थान पर कहाँ मिलती हैं?

A. कश्मीर घाटी में  B. शिवालिक पहाड़ियों में
C. बेलन घाटी में  D. कृष्ण घाटी में

**128.** कोटदीजी में पूर्व–हड़प्पा संस्कृति नष्ट हुई–

A. भूकम्प द्वारा  B. बाढ़ द्वारा
C. आग द्वारा  D. उपर्युक्त में कोई नहीं

**129.** निम्नलिखित में से किस सिन्धु नगर में अर्द्ध–चिकने पत्थरों से बनी विशाल किला दीवार हमें मिली है?

A. लोथल में  B. बनवाली में
C. सुत्काण्गेडोर  D. सुरकोतड़ा में

**130.** इस उपमहाद्वीप में स्थायी कृषि का अभी तक उपलब्ध प्राचीनतम प्रमाण मिला है–

A. कालीबंगन से  B. अमरी से
C. मेहरगढ़ से  D. ईमामगढ़ से

**131.** सूची-I को सूची-II से सुमेलित करें और नीचे दिए गए कूटों से सही उत्तर चुनें–

| ***सूची-I*** | ***सूची-II*** |
|---|---|
| (a) दाढ़ी वाला पुरुष | 1. गुमला |
| (b) अग्नि कुंड | 2. लोथल |
| (c) बालू पत्थर की धड़ प्रतिमा | 3. हड़प्पा |
| (d) सर्प देवी | 4. मोहनजोदड़ो |
| | 5. सुरकोतड़ा |

**कूटः**

| | (a) | (b) | (c) | (d) |
|---|---|---|---|---|
| A. | 4 | 5 | 2 | 3 |
| B. | 4 | 5 | 1 | 2 |
| C. | 2 | 1 | 3 | 5 |
| D. | 4 | 2 | 3 | 1 |

**132.** निम्नांकित किन स्थानों में हमें कोई भी स्त्री मृण्मूर्त्तिका नहीं मिली है?

A. लोथल और कालीबंगन में।
B. अमरी और कोटदीजी में।
C. सुरकोतड़ा और बनवाली में।
D. हड़प्पा और अमरी में।

**133.** सिन्धु स्थलों से प्राप्त काले कोयले के टुकड़ों को माना गया है–

A. सौन्दर्य प्रसाधन  B. लिखनेवाली पेंसिल
C. सिलाजीत  D. रंग के टुकड़े

**134.** प्राचीनतम ज्ञात धातु व्यापार हुआ था–

A. सीसे में  B. ताँबा में
C. टिन में  D. चाँदी में

**135.** मोहनजोदड़ो की आबादी कितनी आँकी गयी है?

A. 35,000 – 41,000  B. 50,000 – 70,000
C. 15,000 – 30,000  D. 70,000 – 90,000

**136.** निम्नालिखित में से कौन दैमाबाद में नहीं मिला है?

A. ताम्र गैंडा  B. ताम्र बाघ
C. ताम्र रथ  D. ताम्र हाथी

**137.** हड़प्पा के लोगों के बारे में कौन सी बात सत्य नहीं है?

A. मानकीकरण।
B. सफाई और ध्यान।
C. कला और क्रीड़ा के प्रति प्रेम।
D. दूसरों का अनुकरण।

**138.** पाकिस्तानी पुरातत्वविद् मछुआरों की एक वर्त्तमान जनजाति को मोहनजोदड़ो वासियों के वंशज मानते हैं। उस जनजाति का नाम है–

A. पठान  B. मोहन
C. व्रहुई  D. वाहिका

**139.** कालीबंगन

I. का अर्थ है काली चूड़ियाँ।
II. में प्राक्–हड़प्पाई संस्तरों मे इस–रेखा के प्रमाण हैं।

III. में घोड़े के नियमित प्रयोग का प्रमाण मिला है।
IV. में अग्नि–पूजा के प्रचलन का प्रमाण मिला है।
उपरोक्त में से–
A. I, II और III सत्य हैं। B. II, III और IV सत्य हैं।
C. I, II, और IV सत्य हैं। D. सभी सत्य हैं।

**140.** निम्नलिखित में से कौन सा युग्म सही सुमेलित है?
A. हड़प्पा – गोदीबाड़ा
B. लोथल – मंदिर–सदृश भवन
C. सुरकोतड़ा – घोड़े के अवशेष
D. मोहनजोदड़ो – 'एच' कब्रगाह

**141.** सूची-I को सूची-II से सुमेलित करें–

| *सूची-I* | *सूची-II* |
|---|---|
| *(a)* हड़प्पा (1921) | 1. एम॰ जी॰ मजूमदार |
| *(b)* मोहनजोदड़ो (1931) | 2. आर॰ डी॰ बनर्जी |
| *(c)* चन्हुदड़ो (1935) | 3. एफ॰ ए॰ खान |
| *(d)* कोटदीजी (1935) | 4. दयाराम साहनी |

कूटः

| | *(a)* | *(b)* | *(c)* | *(d)* |
|---|---|---|---|---|
| A. | 4 | 2 | 1 | 3 |
| B. | 1 | 3 | 4 | 2 |
| C. | 3 | 1 | 2 | 4 |
| D. | 2 | 4 | 3 | 1 |

**142.** निम्नांकित किस हड़प्पाई स्थल में पुरातत्वविदों को चार उत्कृष्ट कांस्य मूर्तियाँ प्राप्त हुई हैं?
A. लोथल B. धौलावीरा
C. भागत्रव D. दैमाबाद

**143.** मेसोपोटामिया को निर्यात किए जाने वाले अधिकांश सिन्धु मनके किस चीज के बने होते थे?
A. स्टीयटाइट के B. मिट्टी के
C. कार्नेलियन के D. संगयशब के

**144.** पुरालेखशास्त्र (Epigraphy) होता है–
A. सिक्कों का अध्ययन।
B. अभिलेखों का अध्ययन।
C. अभिलेखों में प्रयुक्त प्राचीन लेखनों का अध्ययन।
D, अतीत के भौतिक अवशेषों का अध्ययन।

**145.** मोहनजोदड़ो की सबसे बड़ी इमारत है–
A. विशाल स्नानागार B. विशाल अन्नागार
C. सभा कक्ष D. आयताकार इमारत

**146.** हड़प्पा में कितने कब्रगाह हैं?
A. दो B. चार
C. छः D. आठ

**147.** निम्नलिखित में से किस सिन्धु–स्थल में एक छोटा पात्र, जो शायद एक दवात (Ink-Pot) रहा होगा, मिला है–
A. मोहनजोदड़ो B. चन्हुदड़ो
C. हड़प्पा D. लोथल

**148.** निम्नांकित किस पालतु पशु की मृणमूर्तिकाएँ किसी भी सिन्धु स्थल से प्राप्त नहीं हुई हैं?
A. भेड़ की B. गाय की
C. भैंस की D. सूअर की

**149.** निम्नांकित किस सिन्धु स्थल से हड़प्पाईयों द्वारा सूती वस्त्रों के प्रयोग का ठोस प्रमाण मिला है?
A. मोहनजोदड़ो से B. रंगपुर से
C. सुत्काण्गेडोर से D. कालीबंगन से

**150.** निम्नालिखित में से किसने सिन्धु सभ्यता को "हड़प्पा सभ्यता" की संज्ञा दी?
A. सर एम॰ ई॰ एम॰ ह्वीलर।
B. डॉ॰ एस॰ आर॰ राव।
C. सर जौन मार्शल।
D. डॉ॰ संखालिया।

**151.** हड़प्पाकालीन नगरों की किलेबन्दी अथवा उन्हें प्राचीरयुक्त करने के पीछे क्या उद्देश्य था?
A. शत्रुओं के शक्तिशाली आक्रमणों से नगरों की सुरक्षा।
B. बाढ़ से नगर की रक्षा।
C. लुटेरों से सुरक्षा।
D. उपर्युक्त (A) और (C) दोनों।

**152.** हड़प्पाकालीन नगरों पर कौन शासन करता था?
A. राजा
B. पुरोहित राजा
C. व्यापारियों का अल्प तंत्र

D. शासन व्यवस्था अज्ञात है

**153.** सिन्धु घाटी के व्यापारिक केन्द्रों और मेसोपोटामिया के बीच प्रमुख व्यापारिक बन्दरगाह कौन था?

A. एलम  B. ओमान
C. बहरीन  D. अफगानिस्तान

**154.** हड़प्पा–कालीन लोगों के किस बाह्य देश के साथ घनिष्ठ सम्बन्ध थे?

A. बहरीन  B. ईरान
C. मेसापोटामिया  D. मिस्त्र

**155.** हड़प्पा–कालीन स्थलों में खोजे गए अन्नागारों से निम्नांकित में से किस तथ्य का आभास *नहीं* होता है?

A. खाद्यान्नों का गुप्त संचय।
B. कृषि संबंधी कुशलता।
C. कृषि अधिशेष।
D. भण्डारण की तकनीकों का ज्ञान।

**156.** हड़प्पा सभ्यता का विस्तार किससे संबद्ध है?

A. गेहूँ उत्पादन क्षेत्र
B. जमीन की उर्वरता
C. सिंचाई सुविधाएँ
D. कच्चे माल और खनिज पदार्थों की उपलब्धता

**157.** हड़प्पा–कालीन सभ्यता लगभग कितने क्षेत्र में फैली हुई थी?

A. 6.5 लाख वर्ग कि॰मी॰  B. 7.5 लाख वर्ग कि॰मी॰
C. 25 लाख वर्ग कि॰मी॰  D. 13 लाख वर्ग कि॰मी॰

**158.** निम्नलिखित किस स्थान से हड़प्पा पूर्व काल की बस्ती *नहीं* पायी गयी है–

A. रंगपुर  B. कोटदीजी
C. कालीबंगन  D. हड़प्पा

**159.** निम्नांकित कौन सी विशेषता लोथल से संबंधित नहीं है?

A. एक गोदी (डॉक यार्ड) की खोज।
B. अग्निवेदियाँ।
C. एक मुहर पर जलयान का चित्रांकन।
D. हल के प्रयोग का प्रमाण।

**160.** निम्नलिखित में कौन सही सुमेलित *नहीं* है–

A. लोथल – एक मुहर पर एक गोदी और जलयान का चित्रण।
B. कालीबंगन – खेत जोतने के प्रमाण।
C. सुरकोतड़ा – एक घोड़े के कंकाल की तथाकथित खोज।
D. हड़प्पा – शवपेटिका की शवाधि।

**161.** हड़प्पा-कालीन सभ्यता की चार सीमी चौकियाँ कौन थीं?

| | उत्तर | दक्षिण | पूरब | पश्चिम |
|---|---|---|---|---|
| A. | मांडा | दैमाबाद | आलमगीरपुर | सुत्काण्गेडोर |
| B. | हुलास | दैमाबाद | मांडा | सुरकोतड़ा |
| C. | मांडा | दैमाबाद | आलमगीरपुर | शोर्तुघई |
| D. | आलमगीरपुर | कायथा | मांडा | कुन्तासी |

## उत्तरमाला

| 1 | 2 | 3 | 4 | 5 | 6 | 7 | 8 | 9 | 10 |
|---|---|---|---|---|---|---|---|---|---|
| A | A | C | C | D | B | A | B | C | D |
| **11** | **12** | **13** | **14** | **15** | **16** | **17** | **18** | **19** | **20** |
| A | D | A | A | D | A | C | C | B | A |
| **21** | **22** | **23** | **24** | **25** | **26** | **27** | **28** | **29** | **30** |
| B | A | C | B | C | A | B | C | C | B |
| **31** | **32** | **33** | **34** | **35** | **36** | **37** | **38** | **39** | **40** |
| A | D | A | B | D | D | B | C | B | C |
| **41** | **42** | **43** | **44** | **45** | **46** | **47** | **48** | **49** | **50** |
| C | D | A | D | B | C | B | D | C | A |
| **51** | **52** | **53** | **54** | **55** | **56** | **57** | **58** | **59** | **60** |
| B | D | D | C | B | C | D | A | D | B |

| **61** | **62** | **63** | **64** | **65** | **66** | **67** | **68** | **69** | **70** |
|---|---|---|---|---|---|---|---|---|---|
| D | B | D | D | B | C | C | D | D | C |
| **71** | **72** | **73** | **74** | **75** | **76** | **77** | **78** | **79** | **80** |
| D | C | C | A | A | A | B | C | D | D |
| **81** | **82** | **83** | **84** | **85** | **86** | **87** | **88** | **89** | **90** |
| B | D | B | B | D | D | C | D | C | B |
| **91** | **92** | **93** | **94** | **95** | **96** | **97** | **98** | **99** | **100** |
| D | A | C | A | A | A | A | C | C | D |
| **101** | **102** | **103** | **104** | **105** | **106** | **107** | **108** | **109** | **110** |
| B | D | B | A | D | B | D | C | C | C |
| **111** | **112** | **113** | **114** | **115** | **116** | **117** | **118** | **119** | **120** |
| B | A | B | D | C | D | B | A | D | C |
| **121** | **122** | **123** | **124** | **125** | **126** | **127** | **128** | **129** | **130** |
| C | C | A | D | C | B | C | C | D | C |
| **131** | **132** | **133** | **134** | **135** | **136** | **137** | **138** | **139** | **140** |
| D | A | C | B | A | B | D | C | C | C |
| **141** | **142** | **143** | **144** | **145** | **146** | **147** | **148** | **149** | **150** |
| A | D | C | B | B | C | B | B | A | C |
| **151** | **152** | **153** | **154** | **155** | **156** | **157** | **158** | **159** | **160** |
| D | D | C | C | A | A | D | A | D | D |
| **161** | | | | | | | | | |
| A | | | | | | | | | |

# 2. वैदिक काल

- सिंधु सभ्यता के पतनोपरांत एक नई सभ्यता प्रकाश में आई जो पूर्णतः एक ग्रामीण सभ्यता थी। इस सभ्यता की जानकारी हमें वैदिक ग्रथों– ऋग्वेद, सामवेद, यजुर्वेद और अथर्ववेद से मिलती है। इसीलिए इस सभ्यता को **'वैदिक युग'** के नाम से जाना जाता है। आर्यों द्वारा प्रवर्तित होने के कारण इसको **'आर्य सभ्यता'** भी कहा जाता है।
- वैदिक युग को दो भागों– 1. ऋग्वैदिक काल (1500 ई० पू०-1000 ई० पू०) एवं 2. उत्तर-वैदिक काल (1000 ई० पू०-600 ई० पू०) में विभाजित किया गया है।

**वैदिक/ऋग्वैदिक काल (1500 ई० पू०-1000 ई०पू०)**

- वैदिक सभ्यता मूलतः ग्रामीण थी। आर्यों का आरंभिक जीवन मुख्यतः पशुचारण का था, कृषि उनका गौण धंधा था।
- आर्य लोग स्थाई या स्थिर निवासी नहीं थे इसलिए अपने पीछे कोई ठोस भौतिक अवशेष नहीं छोड़ गए।
- आर्यों का इतिहास हमें मुख्यतः वेदों से ज्ञात होता है।
- ऋग्वेद भारोपीय (भारत-यूरोपीय) भाषाओं का सबसे प्राचीन निदर्श है इसमें अग्नि, इंद्र, मित्र, वरुण आदि देवताओं की स्तुतियां संग्रहीत हैं।
- ऋग्वेद की अनेक बातें **अवेस्ता** से मिलती हैं। अवेस्ता इरानी भाषा का प्राचीनतम ग्रंथ है।
- आर्यों की आरंभिक इतिहास की जानकारी का मुख्य स्रोत ऋग्वेद है।
- ऋग्वेद में आर्य निवास के लिए सर्वत्र **'सप्त सैन्धव'** शब्द का प्रयोग किया गया है। सप्त सैन्धव का अर्थ सात नदियों के देश से है। ये सात नदियां हैं– सिंधु, सरस्वती, शतुद्रि (सतलज), विपासा (व्यास), परूष्णी (रावी), वितस्ता (झेलम) एवं अस्किनी (चेनाब)।
- सरस्वती और दृशद्वती नदियों के मध्य का प्रदेश अत्यंत पवित्र माना गया है। इस क्षेत्र को **'ब्रह्मवर्त'** कहा गया है।
- ऋग्वेद में हिमालय एवं उसकी चोटी भुजवंत का वर्णन मिलता है।
- ऋग्वेद की सर्वाधिक महत्त्वपूर्ण नदी सिंधु है। इसका वर्णन अनेक बार मिलता है। इस काल की दूसरी सर्वाधिक पवित्र नदी सरस्वती थी।
- सरस्वती को **'नदीतमा'** (नदियों का प्रमुख) कहा गया है।
- पितृसत्तात्मक परिवार आर्यों के कबीलाई समाज की बुनियादी इकाई थी।
- ऋग्वेद में आर्यों के पाँच कबील– अनु, द्रुहय, पुरू, तुर्वस तथा यदु होने के कारण उन्हें **'पंचजन्य'** कहा गया।
- ऋग्वैदिक काल में ग्राम, विश और जन ये उच्चतर इकाई थे। ग्राम संभवतः कई परिवारों के समूह को कहते थे। **'ग्रामणी'** ग्राम का प्रधान होता था।
- विश कई गाँवों का समूह था। इसका प्रधान **विशपति** कहलाता था। अनेक विशों का समूह जन होता था। जन के अधिपति को जनपति या राजा कहा जाता था।
- ऋग्वेद में देश या राज्य के लिए **'राष्ट्र'** शब्द का उल्लेख है किन्तु उस काल में यह प्रकट न हो सका।
- ऋग्वेद में 'जन' शब्द का उल्लेख 275 बार मिलता है जबकि जनपद शब्द का उल्लेख एक बार भी नहीं मिलता।
- ऋग्वेदिक युग में राजा भूमि का स्वामी था। वह प्रधानतः युद्ध का नेता होता था तथा व्यक्ति रूप से युद्धों में भाग लेता था।
- पुरोहित, सेनानी तथा गामीण इन तीनों का उल्लेख ऋग्वेद में मिलता है।
- इस काल में जनतांत्रिक संस्थाओं का विकास हुआ। जिनमें **सभा, समिति तथा विदथ** प्रमुख हैं।
- **सभाः** यह श्रेष्ठ एवं अभिजात लोगों की संस्था थी।
- **समितिः** यह केंद्रीय राजनीतिक संस्था ( सामान्य जनता की प्रतिनिधि सभा) थी। समिति राजा की नियुक्ति, पदच्युत करने व उस पर नियंत्रण रखती थी। समिति का सभापति **'ईशान'** कहलाता था।
- **विदथः** यह आर्यो की प्राचीन संस्था थी। इसे जनसभा भी कहा जाता था।

- ऋग्वैदिक काल में **सामाजिक संगठन** का आधार गोत्र या जन्ममूलक संबंध था। परिवार समाज की आधारभूत इकाई थी। परिवार का प्रधान **कुलप** या गृहपति कहलाता था।
- पितृसत्तात्मक समाज होते हुए भी नारियों को पर्याप्त सम्मान प्राप्त था।
- ऋग्वैदिक काल में **संयुक्त परिवार** की प्रथा थी। परिवार की सम्पन्नता का मानदंड परिवार की **वृहदता** थी।
- ऋग्वैदिक काल में वर्ण-व्यवस्था के चिन्ह ऋग्वेद के 10वें मंडल के **'पुरुष सूक्त'** में मिलता है।
- ऋग्वेद में **वर्ण'** शब्द रंग के अर्थ में प्रयुक्त हुआ है।
- प्रारंभ में तीन वर्णों– ब्रहम, क्षत्र तथा विश का उल्लेख पाते हैं। शूद्र शब्द का उल्लेख सर्वप्रथम ऋग्वेद के 10वें मंडल के पुरुष सूक्त में मिलता है।
- ऋग्वैदिक समाज में 'दास' अथवा दस्युओं का भी उल्लेख मिलता है। इन्हें आर्यों का शत्रु बताया गया है। दास अथवा दस्युओं के लिए **'अमानुष'** शब्द का प्रयोंग किया गया है।
- ऋग्वैदिक काल में मांसाहार तथा शाकाहार दोनों का प्रचलन था।
- स्त्री-पुरुष दोनों आभूषण के शौकीन थे। वेश-भूषा में सूती, ऊनी व रंगीन कपड़ों का प्रचलन था।
- मनोरंजन के साधनों में संगीत-गायन, संगीत-वादन, नृत्य, चौपड़, शिकार, घुड़दौड़ आदि शामिल थे।
- परिवार में एक पत्नी विवाह ही सामान्यतः प्रचलित था। यद्यपि कुलीन वर्ग के लोग कई-कई पत्नियाँ रखते थे। बाल-विवाह की प्रथा नहीं थी। अंतर्जातीय विवाह होते थे। समाज में **नियोग प्रथा** प्रचलित थी। पर्दा-प्रथा का कहीं भी उल्लेख नही मिलता।
- **पुनर्विवाह** भी होते थे, विधवा स्त्री अपने देवर या अन्य पुरुष से विवाह कर सकती थी।
- समाज में सती-प्रथा के प्रचलित होने का साक्ष्य नहीं मिलता। स्त्रियों को राजनीति में भाग लेने का अधिकार था परंतु संपत्ति संबंधी अधिकार प्राप्त नहीं थे।
- ऋग्वैदिक काल में पशुचारण मुख्य वृति थी, कृषि का दूसरा स्थान था। लोग कृषि पर आधारित जीवन व्यतीत न कर कबीलाई जीवन व्यतीत करते थे।
- कृषि योग्य भूमि को **'उर्वरा'** अथवा **'क्षेत्र'** कहा जाता था।
- वास्तव में आर्यों की आर्थिक स्थिति का मूलाधर पशुधन **'गाय'** मुद्रा की भांति समझी जाती थी। अधिकांश लड़ाइयां गायों के लिए लड़ी गई थी।
- इस काल के शिल्पियों में बढ़ई, रथकार, बुनकर, चर्मकार, कुम्हार उल्लेखनीय हैं।
- तांबे एवं कांसे के अर्थ में **'अयस'** शब्द के प्रयोग से प्रकट होता है कि उन्हें धातुकर्म की जानकारी थी।
- गायों की गवेषणा ( गविष्ट ) ही युद्ध का पर्याय माना जाता था।
- पशु ही संपति का मुख्य अंग और मूलतः दक्षिणा के वस्तु समझे जाते थे।
- संपत्ति **(रयि)** की गणना मुख्यतः मवेशियों से ही होती थी।
- **ऋग्वेद में** एक ही अनाज **'यव'** का उल्लेख हुआ है।
- ऋग्वेद संहिता के मूल भाग में कृषि के महत्त्व के लिए केवल तीन ही शब्द– **ऊर्दर, धान्य** एवं **वपन्ति** प्राप्त हैं।
- इस काल में व्यापार वस्तुतः वस्तु विनियम पर आधारित था। विनियम के माध्यम के रूप में **निष्क** का भी उल्लेख हुआ है।
- प्रकृति के प्रतिनिधि के रूप में आर्यों के देवताओं की तीन श्रेणियाँ थी–

  1. आकाश के देवता, 2. अंतरिक्ष के देवता, 3. पृथ्वी के देवता।
- ऋग्वेद में सबसे महत्त्वपूर्ण देवता **'इन्द्र'** था। इंद्र का **'पुरंदर'** रूप में उल्लेख मिलता है। इंद्र की स्तुति में ऋग्वेद में 250 सूक्त हैं।
- इस काल में दूसरे महत्त्वपूर्ण देवता **अग्नि** थे। अग्नि की स्तुति पर ऋग्वेद में 200 सूक्त मिलते हैं।
- इस काल का तीसरा प्रमुख देवता **'वरुण'** था। यह जलनिधि का प्रतीक था। वरुण को **'प्राकृतिक घटना क्रम का संयोजक'** (ऋतस्य गोपा) कहा गया है। वरुण को असुर भी कहा गया है।
- **मरुत** –आंधी-तूफान का देवता था।
- **पर्जन्य** –वर्षा का देवता था।
- ऋग्वेद में उषा, अदिति, सूर्या आदि **देवियों** का भी उल्लेख है।

- ऋग्वैदिक काल में देवताओं को उपासना की मुख्य रीति स्तुतिपाठ करना व यज्ञ बलि अर्पित करना था। स्तुतिपाठ पर अधिक जोर था।
- ऋग्वैदिक काल के लोग अपने देवताओं की उपासना सन्नति, पशु, अन्न, धान्य, आरोग्य पाने की कामना से करते थे।

**उत्तरवैदिक काल (1000 ई.पू.- 600 ई.पू.)**

- भारतीय इतिहास में उस काल को जिसमें सामवेद, यजुर्वेद एवं अथर्ववेद तथा ब्राह्मण ग्रंथों, आरण्यकों एवं उपनिषदों की रचना हुई, को उत्तरवैदिक काल कहा जाता है।
- इस युग की सभ्यता का केंद्र पंजाब से बढ़कर कुरुक्षेत्र (दिल्ली और गंगा-यमुना दोआब का उत्तरी भाग) में आ गया था।
- उत्तरवैदिक काल के अंतिम दौर में 600 ई.पू. के आस-पास आर्य लोग **कोशल, विदेह** एवं **अंग** से परिचित थे।
- उत्तरवैदिक संस्कृति का मुख्य केंद्र मध्य देश था।
- पुरू एवं भरत मिलकर कुरू और तुर्वश एवं क्रिवि मिलकर पांचाल कहलाए।
- मगध व अंग आर्य क्षेत्र से बाहर थे।
- शतपथ ब्राह्मण में उत्तरवैदिक कालीन **'रेवा'** और **'सदानीरा'** नदियों का उल्लेख मिलता है।
- अथर्ववेद में मगध के लोगों को **'व्रात्य'** कहा गया है।
- ऋग्वैदिक काल में कबीले पर शासन करने वाला राजा अब उस प्रदेश पर शासन करने लगा।
- **राष्ट्र** शब्द जो प्रदेश का सूचक है पहली बार इस काल में प्रकट हुआ । आरंभ में पांचाल एक कबीले का नाम था परंतु बाद में वह प्रदेश का नाम हो गया।
- उत्तरवैदिक काल में **पांचाल** सर्वाधिक विकसित राज्य था। शतपथ बाह्मण में इन्हे वैदिक सभ्यता का सर्वश्रेष्ठ प्रतिनिधि कहा गया है।
- उत्तरवैदिक काल में राजतन्त्र ही शासन का आधार था पर कहीं-कहीं पर गणराज्यों के भी उदाहरण मिलते हैं।
- सभा एवं समिति इस समय राजा के निरंकुशता पर रोक लगाती थी।
- ऐतरेय ब्राह्मण में ही राज्य की उत्पत्ति या राजा की दैवी उत्पत्ति संबंधी विवरण मिलता है। अब राजा सामान्य उपाधियों के स्थान पर राजाधिराज, सम्राट, एकराट जैसी उपाधियां धारण करता था।
- अथर्ववेद में परीक्षित को **'मृत्युलोक का देवता'** बताया गया है।
- उत्तरवैदिक काल में नियमित करों की प्रतिष्ठा स्थापित हुई ।
- यजुर्वेद में राज्य के उच्च पदाधिकारियों को **'रत्नी'** कहा गया है। ये राजपरिषद् के सदस्य थे।
- विभागाध्यक्षों में **सेनानी,** सेनापति, **सूत** (रथ सेना का नायक), **ग्रामणी** (गाँव का मुखीया) **संग्रहीता;** कोषाध्यक्ष तथा **भागदुध** (अर्थमंत्री) अर्थ करों को वसूलने वाला आदि के नाम मिलते हैं।
- **स्थपति** तथा **शतपति** नामक दो प्रांतीय पदाधिकारियों के नाम मिलते हैं। स्थपति **सीमांत प्रदेश** का प्रशासक अथवा न्यायाधिकारी तथा शतपति 100 ग्रामों के समूह का अधिकारी था।
- उत्तरवैदिक काल मे जनतांत्रिक संस्थाओं का विकास हुआ। इन संस्थाओं में **सभा तथा समिति** मुख्य थीं।
  - **सभाः यह श्रेष्ठ जनों** की संस्था थी। अथर्ववेद में सभा को **नरिष्ठा** कहा गया है।
  - **समितिः** यह राज्य की **केंद्रीय संस्था** थी। जिसे जनसामान्य की संस्था भी कहते थे। समिति की अध्यक्षता राजा स्वयं करता था। समिति की अध्यक्षता करने वाले को **ईशान** कहा जाता था।
- उत्तरवैदिक काल में विदथ का उल्लेख नहीं मिलता।
- इस काल में राजा कोई स्थायी सेना नहीं रखता था।
- उत्तरवैदिक काल में **बलि** एक **नियमित कर** हो गया जबकि इसके पूर्व यह स्वेच्छाचारी कर था।
- उत्तरवैदिक समाज चार वर्णों में विभक्त था – ब्राह्मण, राजन्य या क्षत्रिय, वैश्य और शूद्र।
- इस काल में यज्ञ का अनुष्ठान अधिक बढ़ने से ब्राह्मणों की शक्ति में अपार वृद्धि हुई ।
- इस काल में वर्ण-व्यवस्था का आधार कर्म पर आधारित न होकर जाति पर आधारित हो गया था तथा वर्णों में कठोरता आने लगी थी।
- समाज में अनेक **धार्मिक श्रेणियों का उदय** हुआ जो कठोर विभिन्न जातियों में बदलने लगी। व्यवसाय

आनुवंशिक होने लगे। इस काल मे केवल **वैश्य** ही कर चुकाते थे। **ब्राह्मण एवं क्षत्रिय** दोनों वैश्यों से राजस्व वसूलते थे।

- **ब्राह्मण, क्षत्रिय** एवं **वैश्य** इन तीनों को **द्विज** कहा जाता था। ये उपनयन संस्कार के अधिकारी थे। चौथा वर्ण (शूद्र) उपनयन संस्कार का अधिकारी नहीं था।
- शिल्पियों में रथकार आदि जैसे कुछ वर्णों का स्थान ऊंचा था और उन्हें **यज्ञोपवीत पहनने** का अधिकार प्राप्त था।
- शतपथ ब्राह्मण में एक स्थान पर क्षत्रियों को ब्राह्मणों से श्रेष्ठ बताया गया है।
- उत्तरवैदिक काल में **गोत्रप्रथा** स्थापित हुई। साथ ही **गोत्र वहिर्विवाह** की प्रथा चल पड़ी।
- इस समय तक अस्पृश्यता की भावना का उदय नहीं हुआ था।
- **वृहदारण्यक** एंव **छंदोग्य उपनिषद** में चांडाल को भी यज्ञ का अवशेष पाने का अधिकारी माना गया है।
- उत्तरवैदिक काल में केवल तीन आश्रमों ब्रह्मचर्य, गृहस्थ तथा वानप्रस्थ की जानकारी मिलती है। चौथा आश्रम संन्यास अभी स्पष्ट नहीं हुआ था। सर्वप्रथम **जाबालोपनिषद्** में चारों आश्रमों का उल्लेख मिलता है।
- इस काल में स्त्रियों की स्थिति में गिरावट आई। उनका **सभा** में प्रवेश **वर्जित** था। साथ ही **पैतृक संपति** से अधिकार छिन गया था। स्त्रियों के लिए उपनयन संस्कार भी प्रतिबंधित हो गया था।
- शतपथ ब्राह्मण में अनेक विदुषी कन्याओं का उल्लेख मिलता है, ये हैं– **गार्गी, गंधर्व, गृहीता एवं मैत्रयी** आदि।
- उत्तरवैदिक काल में कृषि आर्यो का मुख्य व्यवसाय बन गया। **शतपथ ब्राहमण** में कृषि की चार क्रियाओं– जुताई, बुआई, कटाई तथा मड़ाई का उल्लेख मिलता हैं।
- अनाज के रूप में– ब्रीहि (धान), यव (जौ), माण (उड़द) मुद्ग (मूंग), गोधूम(गेहूँ), मसूर आदि का उल्लेख मिलता है।
- उत्तरवैदिक काल में चार प्रकार के बर्तनों (मृदभाडों) से लोग अवगत थे – 1. काले व लाल भांड, 2. काले रंग के भांड, 3. चित्रित धूसर मृदभांड, 4. लाल भांड।
- उत्तरवैदिक काल के लोगों में **लाल मृदभांड** सबसे अधिक प्रचलित था जबकि **चित्रित धूसर मृतभांड** इस युग की विशेषता थी।
- कृषि के अतिरिक्त विभिन्न प्रकार के शिल्पों का उदय भी उत्तरवैदिक कालीन अर्थव्यवस्था की एक अन्य विशेषता थी।
- इन विभिन्न व्यवसायों के अनेक विवरण **पुरुषमेघ सूक्त** में मिलते हैं। इनमें से धातुशोधक, रथकार, बढ़ई, चर्मकार, स्वर्णकार, कुम्हार व्यापारी आदि उल्लेखनीय हैं।
- वाजसनेयी संहिता तथा **तैत्तिरीय ब्राहमण** में भी इस समय के विभिन्न व्यवसायियों की एक लंबी सूची मिलती है।
- स्वर्ण तथा लोहे के अतिरिक्त इस युग में आर्य टिन, तांबा, चांदी, सीसा आदि धातुओं से परिचित हो चुके थे।
- शतपथ ब्राहमण में **महाजनी प्रथा** का पहली बार उल्लेख हुआ है तथा **सूदखोर** को **कुसीदिन** कहा गया है।
- उत्तरवैदिक काल में मुद्रा का प्रचलन हो चुका था परंतु सामान्य लेन-देन में या व्यापार **वस्तु विनिमय** द्वारा होता था।
- **निष्क, शतमान, पाद, कृष्णल** आदि माप की विभिन्न इकाइयां थी। **निष्क** जो ऋग्वैदिक काल में एक आभूषण था अब एक मुद्रा माने जाने लगा। **शतमान** संभवतः चांदी की मुद्रा थी। शतपथ ब्राहमण में दक्षिणा के रूप में इसका वर्णन मिलता है। अथर्ववेद में चांदी का उल्लेख मिलता है।
- व्यापार **प्रपण** द्वारा संपन्न होता था जिसमें लेन-देन का माध्यम गाय एवं निष्क को बनाया जाता था।
- उत्तरवैदिक काल में उत्तरी दोआब ब्राहमणों के प्रभाव में आर्य-संस्कृति का केंद्र स्थल बन गया।
- यज्ञ इस संस्कृति का मूलाधर था। यज्ञ के साथ-साथ अनेकानेक अनुष्ठान और मंत्रविधियां प्रचालित हुई ।

| प्रमुख यज्ञ | |
|---|---|
| **राजसूय** | – राजा के राज्याभिषेक हेतु संपादित होता था। ऐसा माना जाता था कि इससे राजा को दिव्य शक्ति प्राप्त होगी। |
| **अश्वमेघ** | – अन्य राज्यों को चुनौती देने के उद्देश्य से एक अभिषिक्त घोड़े को छोड़कर संपादित किया जाता था जो राजा के प्रभुत्त्व का प्रतीक था। |

| | |
|---|---|
| **वाजपेय** | – राजा रथों की दौड़ का आयोजन करता था। इसका उद्देश्य था प्रजा के मनोरंजन के साथ शौर्य प्रदर्शन। |
| **अग्निष्टोम** | – इस यज्ञ में प्रातः दोपहर तथा शाम को सोम पीसा जाता था तथा अग्नि को पशु बलि दी जाती था। |

- ऋग्वैदिक काल के दो प्रमुख देवता **इंद्र** और **अग्नि** का अब पहले जैसा महत्त्व नहीं रहा। उनके स्थान पर उत्तरवैदिक काल में **प्रजापति** जो देवकुल में **सृष्टि के निर्माता थे** को सर्वोच्च स्थान प्राप्त हो गया।
- पशुओं के देवता **रुद्र** उत्तरवैदिक काल में महत्त्वपूर्ण देवता बन गए और इनकी पूजा **शिव** के रूप में होने लगी।
- विष्णु को **सर्व-संरक्षक** के रूप में पूजा जाता था।
- ऋग्वैदिक कालीन पशुओं के देवता **पूषन** उत्तरवैदिक काल में शूद्रों के देवता के रूप में प्रचलित हुए।
- इस काल में देवताओं के प्रतीक के रूप में कुछ वस्तुओं की भी पूजा प्रचलित हुई अर्थात् कुछ प्रतीक चिन्हों की भी पूजा होने लगी।
- उत्तरवैदिक काल में **मूर्तिपूजा** के आरंभ होने का कुछ आभास मिलने लगता है।
- उत्तरवैदिक काल में ही **बहुदेववाद, वासुदेव संप्रदाय एवं षडदर्शनों** का बीजारोपण हुआ।
- उपनिषदों में स्पष्टतः यज्ञों तथा कर्मकांडो की निंदा की गई तथा ब्रहम की एकमात्र सत्ता स्वीकार की गई ।

| प्रमुख धार्मिक पुरोहित | |
|---|---|
| **होतृ** | – मुख्यतः प्रार्थना करने वाले इन पुरोहितों ने ऋकसंहिता (ऋग्वेद का पुनर्सृज्ञान किया। |
| **उद्गाता** | – ये सामवेद का गायन करने वाले पुरोहित थे। |
| **अध्वर्यु** | – ये यजुर्वेद का मंत्रोचार करने वाले पुरोहित थे। |
| **ब्रह्मा** | – ये सभी यज्ञों को विधिपूर्व संपन्न कराने वाले पुरोहित थे। |

## वस्तुनिष्ठ प्रश्न

**1.** भारत में आर्यों का आगमन किस रूप में हुआ?
A. आक्रमणकारी B. आप्रवासी
C. शरणार्थी D. व्यापारी एवं यायावर

**2.** आर्यों के मूल प्रदेश के संबंध में निम्नलिखित में से किस प्रदेश को सर्वाधिक मान्य स्वीकार किया जाता है?
A. भारत B. केन्द्रीय यूरोप
C. केन्द्रीय एशिया D. अफगानिस्तान

**3.** "भारतीय आर्य" और "भारतीय यूरोपीयन" विशेषण निम्नलिखित में से किस संकल्पना के सूचक हैं?
A. भाषायी B. सांस्कृतिक
C. प्रजातीय D. नृशास्त्रीय

**4.** इनमें से किस भाषा को भारतीय-आर्य भाषा नहीं माना जाता है–
A. अवेस्ता B. अंग्रेजी
C. अरबी D. फारसी

**5.** किस साक्ष्य के आधार पर दक्षिणी रूस (केन्द्रीय एशिया) को आर्यों का मूल प्रदेश माना जाता है?
A नृशास्त्रीय B. भाषाशास्त्रीय
C. प्रजातीय D. पुरातात्विक

**6.** ऋग्वेद कालीन सभ्यता का मुख्य केन्द्र बिन्दु कहाँ था?
A. भारतीय गंगा-घाटी प्रदेश।
B. पंजाब और दिल्ली क्षेत्र।
C. सिन्धु घाटी।
D. स्वात एवं सिन्धु के बीच का क्षेत्र।

**7.** सप्तसिन्धु प्रदेश, जहाँ आर्यों ने अपनी प्रारंभिक बस्तियाँ स्थापित की थीं, की निम्नलिखित में से किससे सही पहचान की जा सकती है?
A. सिन्धु घाटी प्रदेश।

B. पंजाब एवं दिल्ली क्षेत्र।
C. पूर्वी अफगानिस्तान से लेकर गंगा की घाटी तक का क्षेत्र।
D. सिन्धु एवं उसकी सहायक नदियों का देश।

**8.** भारत में आगमन से तत्काल पूर्व भारतीय आर्य निम्नलिखित में से किस भारतीय यूरोपीयन मूल की प्रजाति से संबंधित थे—
A. हिताइत B. टोकारियन
C. हिन्द-ईरानी D. लिथुनियन

**9.** उत्तर वैदिक काल में आर्यों की गतिविधियों का मुख्य केन्द्र था—
A. आर्यावर्त्त।
B. यमुना से लेकर बंगाल की पश्चिमी सीमा तक।
C. पंजाब एवं दिल्ली प्रदेश।
D. उत्तरापथ।

**10.** निम्नलिखित में से किस प्रदेश को हिन्द—ईरानियों का मूल प्रदेश माना जाता है?
A. यूराल एवं डेनिपर के बीच का प्रदेश।
B. विस्तुला नदी के दोनों ओर के भाग।
C. आक्सस एवं जेक्सार्तीज नदियों के मैदान।
D. सप्त सिन्धु।

**11.** उत्तर वैदिक युग में इनमें से कौन सी प्रमुख आर्य जनजाति नहीं थी?
A. भरत B. कुरू
C. पांचाल D. विदेह

**12.** प्रारंभिक आर्यों का भौगोलिक ज्ञान निम्नलिखित में से किस नदी प्रदेश तक ही सीमित था—
A. सिन्धु B. गंगा
C. यमुना D. घग्गर

**13.** प्रारंभिक आर्य आप्रवासियों के मध्य होने वाले जनजातीय युद्धों का मुख्य कारण था—
A. पुरोहितों के षडयंत्र।
B. शक्ति प्रदर्शन हेतु।
C. विदेशी आक्रमणों के रूप में।
D. पशुओं और भूमि संबंधी विवाद।

**14.** उत्तर वैदिक काल में आर्यों को भारतीय भूगोल के किस भाग की जानकारी नहीं थी—
A. दोनों समुद्रों की।
B. हिमालय के विभिन्न पर्वत शिखरों की।
C. कृष्णा नदी—घाटी तक दक्षिण भारत की।
D. सम्पूर्ण गंगा—घाटी की।

**15.** भारत में आर्यों एवं अनार्यों (देशी जनजातियों) के संघर्ष में आर्य लोग किस कारण विजयी रहे?
A. देशीय जनजातियों के मध्य एकता का अभाव
B. आर्यों की बेहतर संगठनात्मक शक्ति
C. आर्यों के उत्तम सैन्य उपकरण
D. सांस्कृतिक श्रेष्ठता

**16.** दसराज्ञ क्या था?
A. विष्णु के दस अवतार।
B. एक पूर्व दास जो शासक बन गया।
C. दस राजाओं का संग्राम।
D. इनमें से कोई नहीं।

**17.** पूर्व वैदिक काल में वह कौन सी सर्वाधिक लोकप्रिय सभा थी जिसमें स्त्रियों को भी पुरुषों के समान अधिकार प्राप्त थे?
A. सभा B. समिति
C. गण D. विदथ

**18.** जब एक क्षत्रिय राजा ययाति ने एक पुजारी की पुत्री देवयानी से विवाह किया तो यह हुआ—
A. प्रतिलोम विवाह B. अनुलोम विवाह
C. सवर्ण विवाह D. नियोग विवाह

**19.** ऋग्वेद हिमवंत अथवा हिमालय पर्वत की एक शिखर मुजवंत का उल्लेख करता है जो स्रोत था—
A. सोम पेय का B. सुरा पेय का
C. कपूर का D. मधु का

**20.** वह कौन सा पुरोहित या जिसने भरत जनजाति के त्रित्सु शासक सुदास द्वारा पदच्युत कर दिए जाने के पश्चात दस राजाओं का संघ बनाया था?
A. वशिष्ठ B. विश्वामित्र
C. याज्ञवल्क्य D. उद्दालक आरूणि

**21.** वह कौन सी सभा थी जो नरिष्ट भी कहलाती थी जिसका अर्थ था कई लोगों की प्रतिज्ञा जो तोड़ी नहीं जा सकती—
A. गण B. विदथ

C. सभा D. समिति

**22.** जन्म आधारित सामाजिक विभाजन के अर्थ में "वर्ण" शब्द का ऋग्वेद में कितनी बार उल्लेख हुआ है?

A. दस B. पाँच

C. एक D. एक बार भी नहीं

**23.** निम्नलिखित ऋग्वैदिक देवताओं में से किसे अक्सर "अतिथि" की उपाधि देकर संबोधित किया जाता था जिसका शाब्दिक अर्थ था—मेहमान?

A. अग्नि B. इन्द्र

C. वरूण D. सोम

**24.** "मैं स्तोत्रों का गायक हूँ, मेरे पिता वैद्य हैं और मेरी माता पत्थरों से अनाज पीसती है। हम लोग विभिन्न कार्यों के जरिए धन पाना चाहते हैं।" यह छन्द ऋग्वेद के किस मण्डल में है?

A. I B. X

C. II D. IX

**25.** ऋग्वैदिक समन संभवतः थे—

A. विभिन्न पारलौकिक पहलुओं पर परिचर्चा करने वाली धार्मिक मंडलियाँ।

B. विभिन्न प्रकार की प्रतियोगिताएँ आयोजित करने वाली लोकप्रिय संस्थाएँ।

C. सांसारिक जीवन को त्याग कर परलोक को महत्व देने वाले संन्यासी।

D. विभिन्न आर्य जनजातियों के बीच होने वाले मुठभेड़।

**26.** ऋग्वेद ने दासों का वर्णन कैसे किया है?

I. अव्रत, अर्थात् जो देवताओं के आदेशों का पालन नहीं करते थे।

II. अक्रतु, अर्थात् जो यज्ञ नहीं करते थे।

III. मृध्रवाचा, अर्थात् जो अप्रियभाषी थे।

IV. कृष्णात्वच अर्थात् जो श्याम वर्ण के थे।

सही उत्तर का चयन निम्नांकित कूटों में से कीजिए—

A. I, II एवं III B. II, III एवं IV

C. II, IV एवं V D. उपर्युक्त सभी

**27.** ऋग्वैदिक शब्द "कुल्य" का अर्थ था—

A. दाँवने की मशीन

B. विशेष प्रकार का एक पोशाक

C. लोहे की एक तलवार

D. सिंचाई के लिए एक नहर

**28.** ऋग्वेद के "हिरण्यपिंड" और "मानस" थे—

A. मृतात्माओं को दिए गए उपहार।

B. निश्चित मूल्य वाले स्वर्ण टुकड़े या आभूषण।

C. याज्ञिक समारोहों के प्रभारी अधिकारी।

D. पापों के शमन के लिए धार्मिक नैवेद्य।

**29.** निम्नलिखित ऋग्वैदिक देवताओं में से किसे खगोलीय, वायुमण्डलीय, एवं पार्थिव तीनों भागों में रखा गया है?

A. त्वश्त्री B. विष्णु

C. वरूण D. द्यौस

**30.** जैन परम्परा द्वारा तेइसवें तीर्थंकर के रूप में ज्ञात पार्श्वनाथ किस राजपरिवार के थे?

A. मगध B. विदेह

C. कोसल D. काशी

**31.** ऋग्वेद का पुरुषसूक्त चतुर्वर्ण व्यवस्था की उत्पत्ति का पहली बार उल्लेख करता है किन्तु एक अन्य वैदिक पुस्तक भी उसी कहानी को दुहराती है। उस पुस्तक का नाम है—

A. अथर्ववेद B. सतपथ ब्राह्मण

C. वृहदारण्यक उपनिषद् D. छांदोग्य उपनिषद्

**32.** उत्तर वैदिक काल के ब्रह्मोदय क्या थे?

A. अपने हितों की रक्षा के लिए ब्राह्मणों के आन्दोलन।

B. विभिन्न पुरोहित वर्गों के बीच वैवाहिक गठबन्धन।

C. आध्यात्मिक शक्तियाँ प्राप्त करने के लिए की गयी तपस्याएँ।

D. राजा जनक जैसे शासकों द्वारा आयोजित वाद-विवाद।

**33.** निम्नलिखित में से कौन सी वैदिक देवीं क्षय, विनाश और मृत्यु की मूर्त्ति थी?

A. अदिति B. निर्ति

C. सावित्री D. आरण्यानी

**34.** ऐतरेय ब्राह्मण में वर्णित निम्नलिखित में से कौन सी अनार्य जनजाति दक्षिण भारत की थी?

I. आन्ध्र II. पुन्ध्र

III. पुलिंड IV. सबर

V. मुतीब

निम्नांकित कूटों में से उत्तर चुनें—

A. उपर्युक्त सभी　B. I, II एवं III
C. I, III एवं IV　D. I, IV एवं V

**35.** संभवतः ईसा पूर्व आठवीं सदी के प्राचीनतम उपनिषद् समूह निम्नलिखित में से कौन–कौन से हैं?

I. वृहदरण्यक　II. छांदोग्य
III. ऐतरेय　IV. तैतिरिय
V. कौशितकी　VI. मांडुक्य
VIII. मैत्री

निम्नांकित कूटों में से उत्तर चुनें—

A. I, II, III, IV, V, एवं VI
B. I, II, III, IV, एवं V
C. III, IV, V, VI एवं VIII
D. सभी

**36.** वैदिक ऋचाओं में आर्यों की भरत नामक जनजाति के शासक सुदास एवं अनार्य नरेश के मध्य लगातार लम्बे समय तक चलने वाले युद्ध का उल्लेख है। उक्त अनार्य नरेश था—

A. पुरन्दर　B. दिवोदास
C. नासत्य　D. मितान्नि

**37.** सबसे प्राचीनतम वेद है—

A. ऋग्वेद　B. सामवेद
C. यजुर्वेद　D. अथर्ववेद

**38.** 1400 ई॰ पू॰ का एक अभिलेख जिसमें वैदिक देवताओं का उल्लेख किया गया है, एशिया माइनर के किस स्थान में मिला है?

A. साइलीशिया　B. बोगाजकोई
C. हित्ती　D. यूफ्रेटाइड

**39.** किस ग्रंथ में गायत्री मंत्र की रचना मूलतः की गयी है—

A. ऋग्वेद　B. यजुर्वेद
C. सामवेद　D. वृहदारण्यक उपनिषद्

**40.** किस वेद को आंशिक रूप से गद्य में लिखा गया है?

A. अथर्ववेद　B. सामवेद
C. यजुर्वेद　D. ऋग्वेद

**41.** आर्यों के प्रसार का क्या परिणाम नहीं हुआ?

A. नवीन भौगालिक क्षेत्रों का विकास।
B. प्रधानतया कृषिजन्य अर्थव्यवस्था का उदय।
C. मगध में लोहे के विशाल भण्डार की खोज से प्रौद्योगिक प्रगति।
D. दस्तकारी विशेष में निपुणता और ज्ञान की विधाओं में विशेषज्ञता के आधार पर जाति व्यवस्था का उदय।

**42.** "जगत ईश्वर है और ईश्वर ही हमारी आत्मा है" इस विचारधारा को निम्नलिखित में से किस ग्रंथ में प्रतिपादित किया गया है—

A. ऋग्वेद　B. ब्राह्मण
C. ब्रह्मसूत्र　D. उपनिषद्

**43.** निम्नलिखित में से कौन से ग्रंथ वेदों या श्रुतियों के अंग नहीं थे—

A. संहिता　B. ब्राह्मण
C. उपनिषद्　D. पुराण

**44.** वैदिक साहित्य के अन्तर्गत आनेवाले निम्नलिखित ग्रंथों में कौन बेमेल है?

A. स्मृतियाँ　B. वेद
C. उपनिषद्　D. आरण्यक

**45.** ऋग्वेद के किस देवता का 250 सूक्तों में वर्णन मिलता है?

A. अग्नि　B. इन्द्र
C. वरूण　D. द्यौस

**46.** ऋग्वैदिक काल में विनिमय के माध्यम के रूप में किसका प्रयोग किया जाता था?

A. अनाज　B. मुद्रा
C. गाय　D. दास

**47.** ऋग्वैदिक युगीन नदी "परूषणी" का महत्व क्यों है?

A. सर्वाधिक पवित्र नदी होने के कारण।
B. ऋग्वेद में सर्वाधिक बार उल्लेख होने के कारण।
C. दाशराज्ञ युद्ध के कारण।
D. उपर्युक्त सभी।

**48.** निम्नांकित में से किसका उल्लेख ऋग्वेद में नहीं मिलता है?

A. कृषि　B. यव
C. ब्रीहि　D. कपास

**49.** ऋग्वेद के दसवें मण्डल में किसका उल्लेख पहली बार मिलता है?

A. योद्धा B. पुरोहित
C. शूद्र D. चाण्डाल

**50.** ऋग्वेद में "जन" और "विश" का उल्लेख क्रमशः कितनी बार हुआ है?

A. 250, 175 B. 275, 175
C. 200, 150 D. 275, 170

**51.** ऋग्वैदिक युग की सर्वाधिक प्राचीन संस्था कौन सी थी?

A. सभा B. समिति
C. विदथ D. परिषद्

**52.** "आर्य" शब्द का शाब्दिक अर्थ है—

A. वीर या योद्धा B. श्रेष्ठ या कुलीन
C. विद्वान D. यज्ञकर्त्ता

**53.** ऋग्वैदिक आर्यों की भाषा क्या थी?

A. द्रविड़ B. प्राकृत
C. संस्कृत D. पालि

**54.** निम्नांकित को कालक्रमानुसार कीजिए।

1. वेद 2. आरण्यक
3. ब्राह्मण ग्रंथ 4. उपनिषद्
5. वेदांग

A. 1, 2, 3, 4, 5 B. 1, 3, 2, 4, 5
C. 1, 3, 4, 2, 5 D. 5, 4, 3, 2, 1

**54.** सूची-I को सूची-II से सुमेलित कीजिए।

| *सूची-I* | *सूची-II* |
|---|---|
| *(a)* मूजवंत | 1. ताँबे एवं कांसे के लिए |
| *(b)* गोहन | 2. न मारने योग्य |
| *(c)* अघन्या | 3. अतिथि को भोजन में गाय का माँस खिलाना |
| *(d)* अयस | 4. हिमालय की चोटी |

| | *(a)* | *(b)* | *(c)* | *(d)* |
|---|---|---|---|---|
| A. | 4 | 3 | 1 | 2 |
| B. | 1 | 2 | 3 | 4 |
| C. | 3 | 4 | 2 | 1 |
| D. | 4 | 3 | 2 | 1 |

**56.** ऋग्वैदिक काल में समाज का स्वरूप किस प्रकार का था?

A. पितृसत्तात्मक B. मातृसत्तात्मक
C. क एवं ख दोनों D. इनमें से कोई नहीं

**57.** वैदिक कालीन लोगों ने सर्वप्रथम किस धातु का प्रयोग किया?

A. लोहा B. काँसा
C. ताँबा D. सोना

**58.** हल संबंधी अनुष्ठान का पहला व्याख्यात्मक वर्णन कहाँ से मिलता है?

A. गोपथ ब्राह्मण में B. शतपथ ब्राह्मण में
C. ऐतरेय ब्राह्मण में D. पंचविश ब्राह्मण में

**59.** वेदान्त किसे कहा गया है?

A. वेदों को B. आरण्यकों को
C. ब्राह्मण ग्रंथों को D. उपनिषदों को

**60.** "असतो माँ सद्गमय" कहाँ से लिया गया है?

A. ऋग्वेद B. सामवेद
C. यजुर्वेद D. अथर्ववेद

**61.** किस उपनिषद् को बुद्ध से भी प्राचीन माना जाता है?

A. कठोपनिषद् B. छांदोग्योपनिषद्
C. वृहदारण्यकोपनिषद् D. मुण्डकोपनिषद्

**62.** उत्तर वैदिक काल के महत्वपूर्ण देवता कौन थे?

A. रूद्र B. विष्णु
C. प्रजापति D. पूषण

**63.** "सत्यमेव जयते" कहाँ से लिया गया है?

A. मुंडकोपनिषद् B. कठोपनिषद्
C. छान्दोग्योपनिषद् D. इनमें से कोई नहीं

**64.** उत्तर वैदिक कालीन ग्रंथों की रचना लगभग 1000 ई॰ पू॰ से 600 ई॰ पू॰ के मध्य किन स्थानों पर की गयी?

A. सैंधव घाटी के मैदान में
B. आर्यावर्त्त के मैदान में
C. गंगा के उत्तरी मैदान में
D. मध्य एशिया के मैदान में

**65.** "सभा और समिति प्रजापति की दो पुत्रियाँ थी" का उल्लेख किस ग्रंथ में मिलता है?

A. ऋग्वेद में B. अथर्ववेद में
C. यजुर्वेद में D. वानप्रस्थ

**66.** उत्तर वैदिक कालीन ग्रंथों में किस आश्रम का उल्लेख नहीं मिलता है?

A. संन्यास B. ब्रह्मचर्य
C. गृहस्थ D. वानप्रस्थ

**67.** वेदों को "अपौरूषेय" क्यों कहा गया जाता है?

A. क्योंकि वेदों की रचना देवताओं द्वारा की गयी है।
B. क्योंकि वेदों की रचना पुरुषों द्वारा की गयी है।
C. क्योंकि वेदों की रचना ऋषियों द्वारा की गयी है।
D. इनमें से कोई नहीं।

**68.** "राष्ट्र" एवं "राजा" शब्द का उल्लेख सर्वप्रथम कब हुआ?

A. सैन्धव काल में B. ऋग्वैदिक काल में
C. उत्तरवैदिक काल में D. महाकाव्य में

**69.** सूची-I को सूची-II से सुमेलित कीजिए।

| ***सूची-I*** | ***सूची-II*** |
|---|---|
| ***(वेद)*** | ***(यज्ञकर्त्ता)*** |
| *(a)* ऋग्वेद | 1. उद्गाता |
| *(b)* यजुर्वेद | 2. ब्रह्मा |
| *(c)* साभवेद | 3. अध्वर्यु |
| *(d)* अथर्ववेद | 4. होतृ |

| | *(a)* | *(b)* | *(c)* | *(d)* |
|---|---|---|---|---|
| A. | 2 | 3 | 1 | 4 |
| B. | 4 | 3 | 1 | 2 |
| C. | 4 | 2 | 3 | 1 |
| D. | 1 | 2 | 3 | 4 |

**70.** सूची-I को सूची-II से सुमेलित कीजिए।

| ***सूची-I*** | ***सूची-II*** |
|---|---|
| *(a)* सांख्य | 1. पतंजलि |
| *(b)* योग | 2. गौतम |
| *(c)* न्याय | 3. कणाद या उलूक |
| *(d)* वैशेषिक | 4. कपिल |

| | *(a)* | *(b)* | *(c)* | *(d)* |
|---|---|---|---|---|
| A. | 1 | 2 | 3 | 4 |
| B. | 3 | 2 | 4 | 1 |
| C. | 1 | 4 | 2 | 3 |
| D. | 4 | 1 | 2 | 3 |

**71.** सर्वप्रथम चारों आश्रमों के विषय में जानकारी कहाँ से मिलती है?

A. जाबालोपनिषद् B. छान्दोग्योपनिषद्
C. मुण्डकोपनिषद् D. कठोपनिषद्

**72.** "गोत्र" व्यवस्था प्रचलन में कब आयी?

A. ऋग्वैदिक काल में B. उत्तर वैदिक काल में
C. सैंधव काल में D. सूत्रकाल में

**73.** षड्दर्शन का बीजारोपण किस काल में हुआ?

A. ऋग्वैदिक काल B. उत्तरवैदिक काल
C. महाकाव्य काल D. सूत्रकाल

**74.** ब्राह्मण ग्रंथों में सर्वाधिक प्राचीन कौन है?

A. ऐतरेय ब्राह्मण B. शतपथ ब्राह्मण
C. पंचविश ब्राह्मण D. गोपथ ब्राह्मण

**75.** निम्नांकित सूचियों में कौन सही सुमेलित है?

| | ***सूची-I*** | | ***सूची-II*** |
|---|---|---|---|
| I. | ब्राह्मण | → | चेहरा |
| II. | क्षत्रिय | → | बाजू |
| III. | वैश्य | → | पैर |
| IV. | शूद्र | → | जाँघ |
| V. | सूर्य | → | मस्तिष्क |
| VI. | चन्द्रमा | → | आँखें |

A. I, III एवं IV B. III, IV, V एवं VI
C. II, III एवं VI D. III एवं IV

**76.** दस राजाओं के संग्राम के पश्चात भरतों के राजा सुदास को राजा भेद के नेतृत्व में तीन अनार्य जनजातियों के गठबन्धन के विरूद्ध युद्ध करना पड़ा। वे तीन जनजातियाँ थीं—

I. अज II. किकात
III. सिग्रु IV. किरात
V. यक्षु VI. सिम्यु

A. I, II एवं III B. II, III एवं IV
C. I, III एवं V D. II, IV एवं VI

**77.** वैदिक साहित्य में इन्द्र को "पुरन्दर" या "पुरों (दुर्गों) का विनाशकर्त्ता" कहा गया है, क्योंकि—

A. आर्यों को दुर्गों या प्राचीर युक्त स्थानों में रहने वाले लोगों से युद्ध करना पड़ा।
B. आर्यों को दुर्गों को तोड़ने या विनाश करने के संबंध में निपुणता प्राप्त थी।

C. आर्यों ने प्राचीरों के निर्माण या किलेबन्दी की तकनीक विकसित की थी।
D. उपर्युक्त में से कोई नहीं।

**78.** सूची-I को सूची-II से सुमेलित कीजिए और नीचे दिए कूटों में से सही उत्तर का चयन करें।

| *सूची-I* | *सूची-II* |
|---|---|
| *(a)* कर्मर | 1. हजाम |
| *(b)* तक्षण या तरत | 2. बढ़ई |
| *(c)* वाप्त या वाप्त्री | 3. लोहार |
| *(d)* चर्माम्ना | 4. सोनार |
| *(e)* हिरण्यकार | 5. चर्मशोधक |

निम्नांकित कूटों से सही उत्तर चुनें–

| | *(a)* | *(b)* | *(c)* | *(d)* | *(e)* |
|---|---|---|---|---|---|
| A. | 4 | 5 | 3 | 1 | 2 |
| B. | 1 | 3 | 2 | 5 | 4 |
| C. | 3 | 2 | 1 | 5 | 4 |
| D. | 1 | 2 | 3 | 4 | 5 |

**79.** सूची-I को सूची-II से सुमेलित करें और दिए गए कूटों में से सही उत्तर का चयन करें।

| *सूची-I (वर्ण)* | *सूची-II (देवता)* |
|---|---|
| *(a)* ब्राह्मण | 1. इन्द्र, वरूण, सोम एवं यम |
| *(b)* क्षत्रिय | 2. इन्द्र, मारूत एवं वसु |
| *(c)* वैश्य | 3. अग्नि एवं वृहस्पति |
| *(d)* शूद्र | 4. अदिति, सावित्रि एवं उषा |
| | 5. पुषण |

| | *(a)* | *(b)* | *(c)* | *(d)* |
|---|---|---|---|---|
| A. | 3 | 1 | 2 | 5 |
| B. | 2 | 3 | 4 | 1 |
| C. | 4 | 5 | 1 | 2 |
| D. | 5 | 4 | 3 | 1 |

**80.** उत्तर वैदिक काल के "सत्र" क्या थे?
A. बौद्धिक वाद-विवाद B. ऋषियों के आश्रम
C. भव्य यज्ञ D. घरेलू त्यौहार

**81.** उत्तर वैदिक काल में "स्वराज्य" और "वैराज्य" शब्द का किस अर्थ में प्रयोग हुआ था?
A. राजतांत्रिक प्रकार की सरकार।
B. जनजातीय प्रकार की सरकार।
C. गणतांत्रिक प्रकार की सरकार।
D. निरंकुश सरकार।

**82.** पहली बार मृत्यु–विषयक चर्चा होती है–
A. ऐतरेय ब्राह्मण में B. सतपथ ब्राह्मण में
C. छांदोग्य उपनिषद् में D. प्रश्न उपनिषद् में

**83.** आर्यों में सांकेतिक सती प्रथा का वर्णन करता है–
A. ऋग्वेद B. यजुर्वेद
C. अथर्ववेद D. ऐतरेय ब्राह्मण

**84.** इनमें से कौन सा युग्म सही सुमेलित नहीं है?
A. सिरा – हल
B. सिता – हल का निशान
C. दात्र – हँसिया
D. सूर्य – कुल्हाड़ी

**85.** सत्तपथ ब्राह्मण में प्रयुक्त "कुसीदीन" शब्द किसके लिए था?
A. सूदखोर B. भाट
C. इत्र-निर्माता D. जाति-बहिष्कृत

**86.** ऋग्वेद के अनुसार "पाणियों" का व्यवसाय था–
A. कृषि B. व्यापार और वाणिज्य
C. हस्तशिल्प D. शिकार और संग्रहण

**87.** उत्तर वैदिक काल के वेद-विरोधी एवं ब्राह्मण-विरोधी धार्मिक शिक्षक कहलाते थे–
A. यजमान B. श्रेष्ठि
C. अथर्वन D. श्रमण

**88.** निम्नलिखित में से कौन–सी वैदिक पुस्तक मूल अनुष्ठान के विकल्प के रूप में "प्राणाग्निहोत्र" का प्रवर्त्तन करती है?
A. कौशितकी आरण्यक B. ऐतरेय आरण्यक
C. छांदोग्य उपनिषद् D. वृहदारण्यक उपनिषद्

**89.** कौन सी जनजातीय सभा संभवतः पुनर्वितरण कार्य करती थी?
A. सभा B. समिति
C. गण D. विदथ

**90.** "सूप शास्त्र" किस विज्ञान की पुस्तक है?
A. कृषि विज्ञान B. उद्यान विज्ञान
C. पाक विज्ञान D. धातु विज्ञान

**91.** आर्यों का प्राचीनतम ज्ञात समूह था–

A. हिट्टाइट B. मितानी
C. कस्साइट D. यूनानी

**92.** निम्नांकित कौन सी संहिता राजा को "विशमत्ता" (कृषकाहारी) की संज्ञा देती है?

A. अथर्ववेद B. सामवेद
C. यजुर्वेद D. ऋग्वेद

**93.** रोदसी के साथ मारूतों का विवाह हुआ–

A. बहु विवाह B. बहुपति विवाह
C. एक विवाह D. नियोग

**94.** वैदिक समाज में किसकी संख्या सर्वाधिक मानी जा सकती है?

A. शूद्रों की B. वैश्यों की
C. क्षत्रियों की D. म्लेच्छों की

**95.** ऋग्, यजुर् और सामवेद एक साथ जाने जाते हैं–

A. संहिताएँ B. श्रुति
C. त्रयी वेद D. त्रिज्ञान

**96.** निम्नलिखित में से कौन प्रथम बार आत्मा के देहांतरण के सिद्धान्त का क्रमबद्ध तरीके से वर्णन करता है?

A. ऐतरेय उपनिषद् B. वृहदरण्यक उपनिषद्
C. छांदोग्य उपनिषद् D. केन उपनिषद्

**97.** "उपनयन संस्कार" का विस्तृत विवरण देने वाली वैदिक पुस्तक है–

A. अथर्ववेद B. ऐतरेय ब्राह्मण
C. सतपथ ब्राह्मण D. तांड्यमहा ब्राह्मण

**98.** "शुल्व सूत्र" किस विषय की सबसे पुरानी पुस्तक है–

A. खगोल शास्त्र B. रसायन शास्त्र
C. ज्यामिति D. औषधि

**99.** जुताई-संबंधी अनुष्ठानों का विस्तृत विवरण देने वाली पुस्तक है–

A. यजुर्वेद संहिता B. सतपथ ब्राह्मण
C. कौशितकी उपनिषद D. अथर्ववेद संहिता

**100.** सूची-I को सूची-II से सुमेलित कीजिए एवं उन सूचियों के नीचे दिए गए कूटों का प्रयोग कर सही उत्तर का चयन करें–

| *सूची-I* | *सूची-II* |
|---|---|
| *(a)* आश्रम व्यवस्था का प्राचीनतम उल्लेख | 1. ऐतरेय ब्राह्मण |
| *(b)* तीन आश्रमों का पहला स्पष्ट उल्लेख | 2. सतपथ ब्राह्मण |
| *(c)* चारों आश्रमों का पहला स्पष्ट उल्लेख | 3. जबाल उपनिषद् |
| | 4. छांदोग्य उपनिषद् |

| | *(a)* | *(b)* | *(c)* |
|---|---|---|---|
| A. | 2 | 4 | 1 |
| B. | 3 | 1 | 4 |
| C. | 1 | 4 | 3 |
| D. | 4 | 2 | 3 |

**101.** सूची-I को सूची-II से सुमेलित कर नीचे दिए गए कूटों का प्रयोग कर सही उत्तर का चयन करें–

| *सूची-I (उत्तर वैदिक राज्य)* | *सूची-II (शासक)* |
|---|---|
| *(a)* गांधार | 1. अश्वपति |
| *(b)* केकय | 2. औपमन्यव |
| *(c)* कम्बोज | 3. भीम |
| *(d)* विदर्भ | 4. नग्नजीत |
| *(e)* निषाद | 5. नल |

| | *(a)* | *(b)* | *(c)* | *(d)* | *(e)* |
|---|---|---|---|---|---|
| A. | 1 | 2 | 3 | 4 | 5 |
| B. | 3 | 5 | 1 | 4 | 2 |
| C. | 2 | 4 | 3 | 5 | 1 |
| D. | 4 | 1 | 2 | 3 | 5 |

**102.** इनमें से कौन सा शिल्पी वर्ग वैदिक काल में जनेउ (यज्ञोपवित) धारण करने का अधिकारी था?

A. रथ निर्माता B. चाँदमार
C. जुलाहा D. सोनार

**103.** इनमें से कौन सही सुमेलित नहीं है?

A. सूत → दरबारी पुरोहित
B. अक्षवाप → लेखा अधिकारी
C. गोवीकर्त्तन → शिकार और वनों का प्रभारी
D. क्षत → खजांची

**104.** उत्तर वैदिक काल की सरकारों के प्रकारों के वर्गीकरण का पहला और निकटतम प्रयास करने वाली वैदिक पुस्तक है–

A. ऐतरेय ब्राह्मण B. सतपय ब्राह्मण
C. वृहदरण्यक उपनिषद् D. कौशितकी उपनिषद्

**105.** "त्रिमूर्त्ति" की संकल्पना का पहली बार वर्णन करने वाला उपनिषद् है–
A. केन उपनिषद् B. मैत्रायण उपनिषद्
C. श्वेताश्वतार उपनिषद् D. मुंडक उपनिषद्

**106.** किस ऋषि को ऋग्वेद संहिता के किसी भी भाग की रचना करने का श्रेय नहीं दिया जा सकता?
A. विश्वामित्र B. वशिष्ठ
C. बाल्मीकि D. भारद्वाज

**107.** सूची-I को सूची-II को सुमेलित करें और उसके नीचे दिए गए कूटों में से सही उत्तर का चयन करें।

| ***सूची-I (ऋग्वेद के भाग)*** | ***सूची-II (रचना काल)*** |
|---|---|
| *(a)* प्रथम एवं दशम मंडल | 1. प्राचीनतम |
| *(b)* द्वितीय एवं सप्तम मंडल | 2. मध्यकाल |
| *(c)* अष्टम एवं नवम मंडल | 3. नवीनतम |

| | *(a)* | *(b)* | *(c)* |
|---|---|---|---|
| A. | 3 | 2 | 1 |
| B. | 1 | 3 | 2 |
| C. | 1 | 2 | 3 |
| D. | 3 | 1 | 2 |

**108.** "अरैया" अथवा "हरैया" शब्द का अभिप्राय था–
A. रिश्तेदार
B. कुलीन व्यक्ति
C. अफगानिस्तान का एक भाग
D. गंगा घाटी

**109.** निम्नांकित में से कौन–सा युग्म सुमेलित नहीं है?
A. सामवेद संहिता – भारतीय संगीत की उत्पत्ति
B. अथर्ववेद संहिता – भारतीय औषधि की उत्पत्ति
C. ऋग्वेद संहिता – प्राचीनतम गद्य
D. यजुर्वेद संहिता – अनुष्ठानों की उत्पत्ति

**110.** कुछ विशेष कोटियों के मनुष्य और पशुओं को बलि के अयोग्य माना गया है–
A. ऐतरेय ब्राह्मण में B. कौशितकी ब्राह्मण में
C. तैतिरीय ब्राह्मण नें D. सतपथ ब्राह्मण में

**111.** ऋग्वेद में "अश्व" और "गो" शब्दों का कितनी बार उल्लेख हुआ है?
A. 375 एवं 250 B. 215 एवं 176
C. 175 एवं 125 D. 150 एवं 115

**112.** सूची-I और सूची-II में कौन सुमेलित नहीं है। नीचे दिए गए कूटों में से सही उत्तर का चयन करें–

| ***सूची-I*** | ***सूची-II*** |
|---|---|
| *(a)* ऋग् | प्रशंसा |
| *(b)* समन | लय |
| *(c)* यजु | जादुई सूत्र |
| *(d)* अथर्व | आनुष्ठानिक सूत्र |

**कूटः**–
A. इनमें सभी B. a, b एवं c
C. c एवं d D. a एवं d

**113.** निम्नलिखित में से कौन वैदिक सूर्य देवता नहीं थे?
A. सवितृ B. विष्णु उरुक्रम
C. सविता D. विश्वकर्मा

**114.** किस वेदांग में श्रोत, गृह्य एवं धर्मसूत्र को शामिल किया गया है?
A. शिक्षा B. कल्प
C. निरूक्त D. छन्द

**115.** ऋग्वेद के रचनाकाल के संबंध में कौन सी तिथि सर्वाधिक मान्य मानी जाती है?
A. 1000 ई॰ पू॰ B. लगभग 4500 ई॰ पू॰
C. 1500 ई॰ पू॰ D. 1500 – 1000 ई॰ पू॰

**116.** ऋग्वेद में जिस अपराध का सबसे अधिक उल्लेख किया गया है, वह था–
A. हत्या B. अपहरण
C. पशु चोरी D. लूट और राहजनी

**117.** निम्नलिखित में से किस विदुषी महिला को वैदिक रचनाओं की रचना करने का श्रेय प्राप्त नहीं है?
A. विश्ववरा B. अपाला
C. घोषा D. स्वयंवरा

**118.** वैदिक आर्यों के मुख्य खाद्य पदार्थ थे–
A. जौ एवं चावल
B. दूध एवं उससे बने पदार्थ
C. चावल एवं दालें

D. सब्जियाँ एवं फल

**119.** दक्षिण भारत का आर्यकरण करनेवाले ऋषि थे–

A. विश्वामित्र B. अगस्त्य
C. वशिष्ठ D. याज्ञवल्क्य

**120.** ऋग्वैदिक काल में प्रयुक्त "दम्पत्ति" शब्द का अर्थ है–

A. पति और पत्नी
B. घर के स्वामी एवं स्वामिनी
C. नव–विवाहित युगल
D. परिवार का प्रमुख

**121.** ऋग्वेद में "अघ्न्या" विशेषण का प्रयोग किसके लिए किया गया है?

A. पुरोहित B. महिलाएँ
C. गाय D. ब्राह्मण

**122.** प्रारंभिक वैदिक काल में आर्य एवं दस्यु समाज के दो प्रमुख वर्ग थे। इन दोनों के मध्य क्या मूलभूत विभिन्नता थी?

A. भाषा संबंधी
B. धर्मविषयक
C. खान-पान के स्वभाव
D. शरीर रचना और वर्ण संबंधी

**123.** वैदिक काल में "जन" शब्द का अर्थ था–

A. जनपद B. जनजाति
C. ग्राम D. सामान्य जन

**124.** वैदिक घरों में अग्नि को लगातार प्रज्वलित रखा जाता था, क्योंकि यह–

A. यज्ञीय अग्नि का प्रतिरूप मानी जाती थी।
B. इन्द्र के बाद अग्नि का ही महत्व था।
C. अग्नि देवताओं एवं मनुष्यों के मध्य सन्देशवाहक (दूत) का कार्य करती थी।
D. उपरोक्त सभी।

**125.** वैदिक समाज द्वारा उच्च आचार एवं नैतिक व्यवस्था का अनुसरण किए जाने की पुष्टि इस तथ्य से होती है कि–

A. अपराध बहुत कम होते थे।
B. अपराधों पर कठोर नियंत्रण रखा जाता था।
C. सत्य बोलना एक धार्मिक कर्त्तव्य था।
D. उपरोक्त सभी।

**126.** वैदिक काल में निम्नलिखित में से किस सामाजिक व्यवहार का पालन नहीं किया जाता था?

A. लोग अपना व्यवसाय बदल सकते थे।
B. अंतर्वर्णीय विवाहों की अनुमति थी।
C. शूद्रों द्वारा पकाया गया भोजन अभक्ष्य माना जाता था।
D. सती प्रथा पूर्णतः अज्ञात थी।

**127.** वैदिक काल में मूल्य की मानक इकाई थी–

A. गाय B. स्वर्णाभूषण (निष्क)
C. उपरोक्त दोनों D. पण

**128.** वैदिक काल में द्विज विशेषण का प्रयोग किस अर्थ में हुआ है?

A. ब्राह्मण B. क्षत्रिय
C. वैश्य D. उपरोक्त सभी

**129.** किस सौरमण्डलीय देवता को प्रसिद्ध गायत्री मंत्र संबोधित है?

A. मित्र B. पूषण
C. सवितृ D. विष्णु उरूक्रम

**130.** वैदिक राजाओं द्वारा अपनी प्रजा से वसूल किए जाने वाले कर का क्या नाम था?

A. बलि B. विधाय
C. वर्मन D. कर

**131.** "युद्ध का प्रारंभ मनुष्यों के मस्तिष्क में होता है", यह प्रसिद्ध वैदिक उक्ति किस ग्रंथ में उल्लिखित है?

A. ऋग्वेद B. सामवेद
C. अथर्ववेद D. मुण्डकोपनिषद्

**132.** ऋग्वेद में वैदिक धर्म से संबंधित किस अमूर्त्त देवता की सर्वाधिक प्रशंसा की गयी है?

A. श्रद्धा (दृढ़ विश्वास)
B. अप्सराएँ (जनपरियाँ)
C. गंधर्व (अंतरक्षीय आत्माएँ)
D. ऊषा (अरूणोदय की देवी)

**133.** निम्नलिखित में से कौन सा महत्वपूर्ण एवं सुसम्पन्न यज्ञ उत्तर वैदिक काल में नहीं प्रचलित था?

A. अग्निहोत्र B. राजसूय
C. वाजपेय D. अश्वमेध

134. हाल ही में किए गए उत्खननों से ऋग्वेद कालीन चित्रित धूसर मृद्भाण्ड हरियाणा के किस स्थान पर प्रकाश में आया है?
A. आलमगीरपुर B. भगवानपुर
C. हस्तिनापुर D. कुरूक्षेत्र

135. ऋग्वैदिक काल में देवों की पूजा का क्या उद्देश्य था?
A. आध्यात्मिक उन्नति करना
B. भौतिक समृद्धि प्राप्त करना
C. उपर्युक्त दोनों
D. मोक्ष प्राप्त करना

136. भारत में आर्यों के आगमन के साथ निम्नलिखित में से किसका प्रचलन हुआ?
A. लौह और घोड़े B. गन्ना और ढालें
C. उपरोक्त दोनों D. जनजातीय गणराज्य

137. वैदिक लोगों के सामाजिक जीवन के बारे में इनमें से कौन सा कथन सत्य नहीं है?
A. सामाजिक विभाजन व्यवसाय पर आधारित थे।
B. एक ही परिवार के लोग भिन्न–भिन्न व्यवसाय अपना सकते थे।
C. दास प्रथा भी प्रचलित थी।
D. समाज समतावादी नहीं था।

138. निम्नलिखित में से कौन सी पुस्तक अस्थियों के दफन और उस पर श्मशान (स्तूप) बनाने का निर्देश देती है?
A. ऋग्वेद B. सतपथ ब्राह्मण
C. अथर्ववेद D. ऐतरेय

139. निम्नांकित कौन सा युग्म सही सुमेलित नहीं है?
A. असिकिनी – चेनाब B. शुतुद्री – सतलज
C. विपाशा – झेलम D. परूषणी – रावी

140. "रत्नहविंशी" समारोह किस यज्ञ का भाग था?
A. सोम B. अश्वमेध
C. वाजपेय D. राजसूय

141. कौन सा उत्तर–वैदिक देवता हड़प्पा सभ्यता के पशुपति महादेव से उद्भूत लगते है?
A. प्रजापति B. रूद्र
C. विष्णु D. पूषण

142. कौन से ऋग्वैदिक देवता ब्रह्मांडीय व्यवस्था के रक्षक थे?
A. इन्द्र B. अग्नि
C. वरूण D. सोम

143. किस "ब्राह्मण" में भारत को पाँच भागों में विभक्त किया गया है?
A. ऐतरेय B. तांड्यमहा
C. जैमिनिय D. कौशितकी

144. निम्नलिखित में कौन प्रथम बार राजसूय, अश्वमेध और वाजपेय यज्ञों का उल्लेख करता है?
A. संहिताएँ B. ब्राह्मण
C. आरण्यक D. उपनिषद

145. निम्नलिखित में प्राचीनतम "कर" कौन था?
A. "भाग" (युद्ध में लूटा माल)
B. "बलि" (स्वैच्छिक उपहार)
C. "विष्टी" (बलात् श्रम)
D. "कर" (अनाज का पारंपारिक हिस्सा)

146. राजत्व की उत्पत्ति का वर्णन करने वाली सबसे प्रथम पुस्तक कौन थी?
A. ऋग्वेद B. ऐतरेय ब्राह्मण
C. छांदोग्य उपनिषद् D. धनुर्वेद

147. आत्मा के पुनर्जन्म सिद्धान्त में विश्वास व्यक्त करता है–
A. संहिताएँ B. ब्राह्मण
C. आरण्यक D. उपनिषद

148. निम्नांकित कौन सा पशु वैदिक लोगों को संभवतः ज्ञात नहीं था?
A. हाथी B. शेर
C. बाघ D. घोड़ा

149. निम्नालिखित में से कौन सा सूत्र इतिहासकारों के लिए रोचक है?
A. निरूक्त सूत्र B. गृह्य सूत्र
C. स्रोत सूत्र D. धर्म सूत्र

150. भारतीय संगीत की उत्पत्ति किस वैदिक संहिता के साथ मानी जाती है?
A. ऋग्वेद B. सामवेद
C. यर्जुवेद D. अथर्ववेद

**151.** कौन सा ब्राह्मण पहली बार पूर्वी और पश्चिमी समुद्रों का उल्लेख करता है?
A. सतपथ ब्राह्मण B. ऐतरेय ब्राह्मण
C. कौशितकी ब्राह्मण D. तैतिरीय ब्राह्मण

**152.** ऋग्वैदिक काल में आर्यों द्वारा पूजे जाने वाले कितने देवता थे?
A. 3 B. 12
C. 24 D. 33

**153.** ऋग्वेद का सबसे नवीन मंडल कौन सा है?
A. प्रथम एवं द्वितीय B. द्वितीय एवं नवम्
C. प्रथम एवं दशम D. नवम् एवं दशम्

**154.** ऋग्वेद का कौन सा मण्ड़ल सोम को समर्पित है?
A. दशम् B. नवम्
C. प्रथम् D. षष्ठम्

**155.** आर्यों के इतिहास के पुनर्निर्माण के प्रयोजन से सबसे कम उपयोगी कौन है?
A. ऋग्वेद B. सामवेद
C. यजुर्वेद D. अथर्ववेद

**156.** ऋग्वेद में प्रयुक्त वर्ण शब्द दो समुंदायों के बीच केवल रंगभेद दर्शाने के उद्देश्य से हुआ है। ये दो समुदाय थे–
A. आर्य एवं दास B. दस्यु एवं आर्य
C. ब्राह्मण एवं क्षत्रिय D. वैश्य एवं क्षत्रिय

**157.** निम्नलिखित में से कौन राजनीतिक इकाइयों को आरोही क्रम में दर्शाता है?
A. कुल, जन, विश, ग्राम, राष्ट्र
B. कुल, जन, ग्राम, विश, राष्ट्र
C. कुल, ग्राम, विश, जन, राष्ट्र
D. कुल, ग्राम, जन, विश, राष्ट्र

**158.** निम्नलिखित स्त्रियों में किसे ऋग्वेद में ऋषि का दर्जा प्राप्त नहीं था?
A. विश्ववरा B. अपाला
C. अरूणधाती D. घोषा

**159.** विदेघ माधव नामक राजा द्वारा पूर्वी भारत का आर्यकरण करने का वर्णन निम्नलिखित में से कौन करता है?
A. ऐतरेय ब्राह्मण B. तांड्यमहा ब्राह्मण
C. जैमिनीय ब्राह्मण D. सतपथ ब्राह्मण

**160.** वर्त्तमान में कुल कितने पुराण हैं?
A. 18 B. 13
C. 15 D. 16

**161.** ऋग्वेदकालीन युग में निम्नलिखित में से किस व्यवसाय और दस्तकारी का प्रचलन नहीं था?
A. बढ़ईगिरी B. बुनाई
C. चर्म–शोधन D. हाथी दाँत का कार्य

**162.** गर्भाधान से अन्त्येष्टि तक विभिन्न सामाजिक अनुष्ठानों और अनेक संस्कारों के निष्पादन का विवरण किस ग्रंथ में दिया गया है?
A. धर्म–सूत्रों में B. श्रौत्र–सूत्रों में
C. गृह्य–सूत्रों में D. उपनिषदों में

**163.** वैदिक आर्य, विज्ञान और प्रौद्योगिकी की निम्नलिखित किस शाखा में प्रवीण नहीं थे–
A. औषधि और शल्य चिकित्सा
B. खगोल विज्ञान
C. गणित
D. रसायन–विज्ञान

**164.** वैदिक राजा की सहायता करने वाला सबसे महत्वपूर्ण अधिकारी था–
A. पुरोहित B. सेनानी
C. ग्रामणी D. ब्रजपति

**165.** वैदिक काल में शासन व्यवस्था का सामान्य स्वरूप क्या था?
A. राजतंत्र B. अल्पतंत्र
C. गणतंत्र D. लोकतंत्र

**166.** वैदिक समाज में राजत्व के विकास का मुख्य कारण था–
A. समाज की पैतृक व्यवस्था
B. युद्ध का भय
C. नए प्रदेश जीतने की इच्छा
D. समाज को व्यवस्थित बनाना

**167.** निम्नलिखित में से कौन सा उत्तर–वैदिक कालीन राज्य महत्त्वपूर्ण नहीं था?
A. कुरू – पांचाल B. गान्धार
C. कोसल D. विदेह

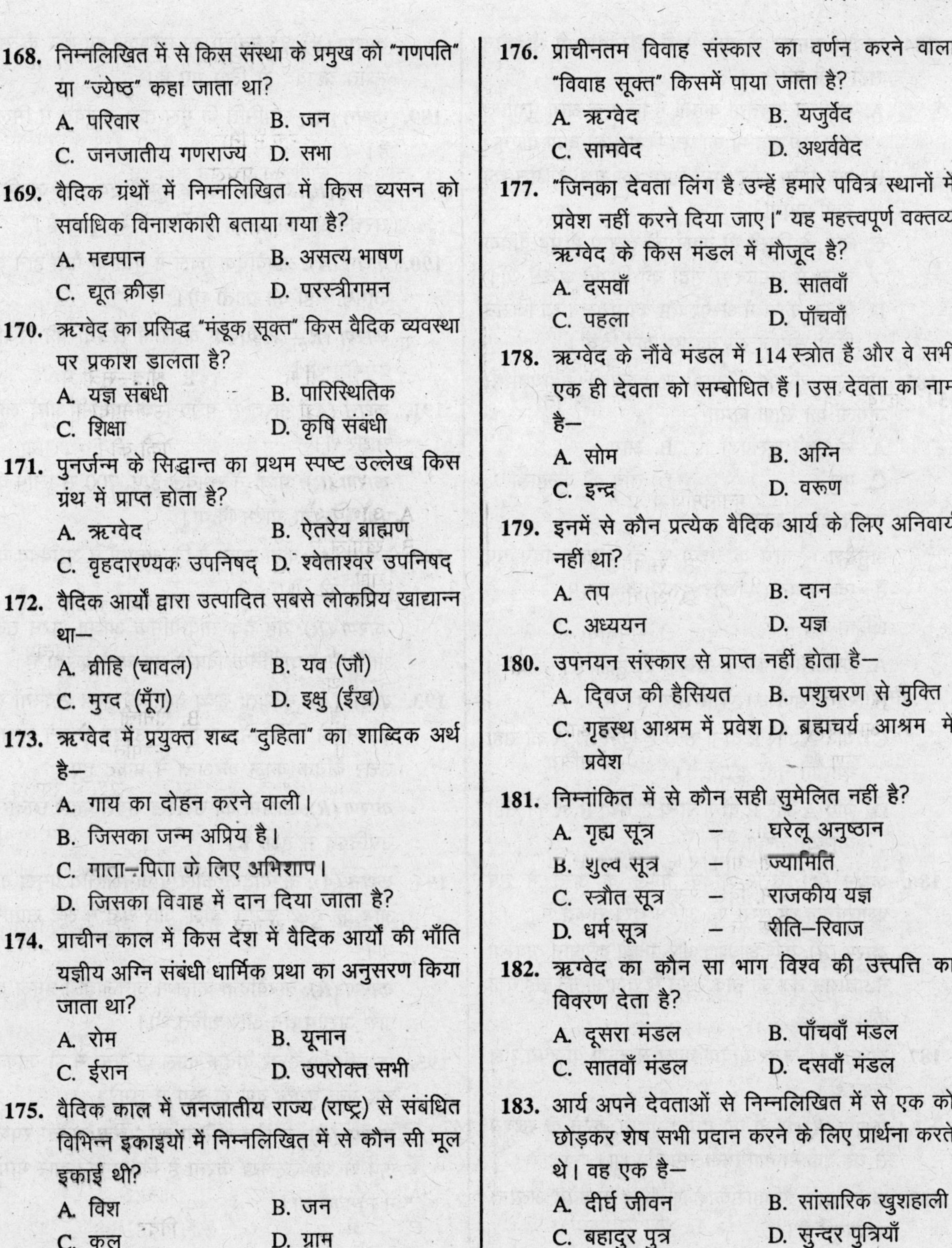

**168.** निम्नलिखित में से किस संस्था के प्रमुख को "गणपति" या "ज्येष्ठ" कहा जाता था?

A. परिवार B. जन
C. जनजातीय गणराज्य D. सभा

**169.** वैदिक ग्रंथों में निम्नलिखित में किस व्यसन को सर्वाधिक विनाशकारी बताया गया है?

A. मद्यपान B. असत्य भाषण
C. द्यूत क्रीड़ा D. परस्त्रीगमन

**170.** ऋग्वेद का प्रसिद्ध "मंडूक सूक्त" किस वैदिक व्यवस्था पर प्रकाश डालता है?

A. यज्ञ संबंधी B. पारिस्थितिक
C. शिक्षा D. कृषि संबंधी

**171.** पुनर्जन्म के सिद्धान्त का प्रथम स्पष्ट उल्लेख किस ग्रंथ में प्राप्त होता है?

A. ऋग्वेद B. ऐतरेय ब्राह्मण
C. वृहदारण्यक उपनिषद् D. श्वेताश्वर उपनिषद्

**172.** वैदिक आर्यों द्वारा उत्पादित सबसे लोकप्रिय खाद्यान्न था—

A. व्रीहि (चावल) B. यव (जौ)
C. मुग्द (मूँग) D. इक्षु (ईंख)

**173.** ऋग्वेद में प्रयुक्त शब्द "दुहिता" का शाब्दिक अर्थ है—

A. गाय का दोहन करने वाली।
B. जिसका जन्म अप्रिय है।
C. माता-पिता के लिए अभिशाप।
D. जिसका विवाह में दान दिया जाता है?

**174.** प्राचीन काल में किस देश में वैदिक आर्यों की भाँति यज्ञीय अग्नि संबंधी धार्मिक प्रथा का अनुसरण किया जाता था?

A. रोम B. यूनान
C. ईरान D. उपरोक्त सभी

**175.** वैदिक काल में जनजातीय राज्य (राष्ट्र) से संबंधित विभिन्न इकाइयों में निम्नलिखित में से कौन सी मूल इकाई थी?

A. विश B. जन
C. कुल D. ग्राम

**176.** प्राचीनतम विवाह संस्कार का वर्णन करने वाला "विवाह सूक्त" किसमें पाया जाता है?

A. ऋग्वेद B. यजुर्वेद
C. सामवेद D. अथर्ववेद

**177.** "जिनका देवता लिंग है उन्हें हमारे पवित्र स्थानों में प्रवेश नहीं करने दिया जाए।" यह महत्त्वपूर्ण वक्तव्य ऋग्वेद के किस मंडल में मौजूद है?

A. दसवाँ B. सातवाँ
C. पहला D. पाँचवाँ

**178.** ऋग्वेद के नौंवे मंडल में 114 स्त्रोत हैं और वे सभी एक ही देवता को सम्बोधित हैं। उस देवता का नाम है—

A. सोम B. अग्नि
C. इन्द्र D. वरूण

**179.** इनमें से कौन प्रत्येक वैदिक आर्य के लिए अनिवार्य नहीं था?

A. तप B. दान
C. अध्ययन D. यज्ञ

**180.** उपनयन संस्कार से प्राप्त नहीं होता है—

A. द्विज की हैसियत B. पशुचरण से मुक्ति
C. गृहस्थ आश्रम में प्रवेश D. ब्रह्मचर्य आश्रम में प्रवेश

**181.** निम्नांकित में से कौन सही सुमेलित नहीं है?

A. गृह्य सूत्र – घरेलू अनुष्ठान
B. शुल्व सूत्र – ज्यामिति
C. स्त्रौत सूत्र – राजकीय यज्ञ
D. धर्म सूत्र – रीति-रिवाज

**182.** ऋग्वेद का कौन सा भाग विश्व की उत्पत्ति का विवरण देता है?

A. दूसरा मंडल B. पाँचवाँ मंडल
C. सातवाँ मंडल D. दसवाँ मंडल

**183.** आर्य अपने देवताओं से निम्नलिखित में से एक को छोड़कर शेष सभी प्रदान करने के लिए प्रार्थना करते थे। वह एक है—

A. दीर्घ जीवन B. सांसारिक खुशहाली
C. बहादुर पुत्र D. सुन्दर पुत्रियाँ

**184.** प्राचीन समाज के बारे में निम्नलिखित में से कौन सही नहीं है?

A. बाद की स्मृतियाँ कहती हैं कि एक आर्य पुरोहित और एक शूद्र माँ का पुत्र निषाद का दर्जा पाएगा।

B. शूद्र पिता और आर्य माता का पुत्र चांडाल का दर्जा पाएगा।

C. बाद के किसी भी काल की तुलना में पूर्व वैदिक काल में समाज में शूद्रों की स्थिति अच्छी थी।

D. वैदिक काल में अस्पृश्यता का प्रचलन था जिसने हिन्दू समाज को बदनाम कर दिया।

**185.** आरंभिक चरणों में आर्यों ने किसकी सहायता से जंगलों को साफ किया?

A. लोहे की कुल्हाड़ी B. आग

C. पशु D. ताँबे की कुल्हाड़ी

**कथन और कारण**

**अनुदेश :-** नीचे के प्रश्नों में दो वक्तव्य दिए गए हैं—एक कथन (A) और दूसरा कारण (R)

अंकित करें—

A. यदि सिर्फ कथन A सत्य है।

B. यदि सिर्फ कारण R सत्य है।

C यदि A और R दोनों सत्य हैं किन्तु R, A की सही व्याख्या नहीं करता है।

D. यदि A और R दोनों सत्य है तथा R, A की सही व्याख्या करता है।

**186.** ***कथन (A):*** उत्तर वैदिक काल के अन्त में हम प्रशासनिक व्यवस्था का आरंभ देख सकते हैं।

***कारण (R):*** कृषि अधिशेष और प्रभावी कराधान व्यवस्था ने प्रशासन तंत्र की नीव रखने में राजाओं की सहायता की।

**187.** ***कथन (A):*** उत्तर वैदिक काल में राजा वाजपेय यज्ञ करते थे।

***कारण (R):*** राजा को देवत्व प्रदान करने के उद्देश्य से यह एक राज्याभिषेक समारोह था।

**188.** ***कथन (A):*** इतिहासकारों के लिए सामवेद अत्यन्त महत्त्वपूर्ण है।

***कारण (R):*** 75 स्तोत्रों को छोड़कर सामवेद के सारे स्त्रोत ऋग्वेद से लिए गए हैं।

**189.** ***कथन (A):*** ज्यामिति के मूल तत्व यजुर्वेद में मिलते हैं।

***कारण (R):*** यजुर्वेद यज्ञ के कुण्डों एवं अन्य ज्यामिति संरचनाओं को बनाने के नियमों से युक्त है।

**190.** ***कथन (A):*** ऋग्वैदिक काल में पुत्री के पैदा होने की कामना नहीं की जाती थी।

***कारण (R):*** ऋग्वैदिक काल में स्त्रियों की स्थिति दयनीय थी।

**191.** ***कथन (A):*** भारत में पहुँचने के पूर्व भी आर्य लोग साक्षर थे।

***कारण (R):*** आर्यों ने संभवतः ई.पू. 700 से लिपि का प्रयोग करना आरंभ किया।

**192.** ***कथन (A):*** कहा जाता है कि अनार्यों ने अथर्ववेद की रचना की थी।

***कारण (R):*** यह वेद सार्वभौमिक आत्मा, परम तत्व आदि जैसे दार्शनिक विषयों पर चर्चा करता है।

**193.** ***कथन (A):*** मुख्यतः उच्च वर्णों के पुरुष सदस्यों के जीवन को विनियमित करने के उद्देश्य से बने आश्रम उत्तर वैदिक काल के अन्त में प्रकट हुए।

***कारण (R):*** आश्रमों का उल्लेख सबसे पहले छांदोग्य उपनिषद् में हुआ है।

**194.** ***कथन (A):*** ऋग्वैदिक काल में जनजातीय प्रमुख की आय का मुख्य स्त्रोत "बलि" और युद्ध में लूटे सामान था।

***कारण (R):*** ऋग्वैदिक काल में जनजातीय प्रमुख के पास असीम धन और शक्ति थी।

**195.** ***कथन (A):*** उत्तर वैदिक काल के अन्त में ही जाकर शूद्र एक पृथक वर्ण के रूप में उभरे।

***कारण (R):*** ऋग्वेद संहिता का "पुरुष सूक्त" स्पष्ट रूप से यह उल्लेख करता है कि समाज चार भागों में विभक्त था।

## उत्तरमाला

| 1 | 2 | 3 | 4 | 5 | 6 | 7 | 8 | 9 | 10 |
|---|---|---|---|---|---|---|---|---|---|
| B | C | A | B | B | B | D | C | B | C |
| 11 | 12 | 13 | 14 | 15 | 16 | 17 | 18 | 19 | 20 |
| A | C | D | C | D | C | D | A | A | B |
| 21 | 22 | 23 | 24 | 25 | 26 | 27 | 28 | 29 | 30 |
| C | D | A | D | B | D | D | B | A | D |
| 31 | 32 | 33 | 34 | 35 | 36 | 37 | 38 | 39 | 40 |
| C | D | B | C | B | B | A | B | A | C |
| 41 | 42 | 43 | 44 | 45 | 46 | 47 | 48 | 49 | 50 |
| D | C | D | A | B | C | C | D | C | D |
| 51 | 52 | 53 | 54 | 55 | 56 | 57 | 58 | 59 | 60 |
| C | B | C | B | D | A | C | B | D | A |
| 61 | 62 | 63 | 64 | 65 | 66 | 67 | 68 | 69 | 70 |
| A | C | A | C | B | A | A | C | B | D |
| 71 | 72 | 73 | 74 | 75 | 76 | 77 | 78 | 79 | 80 |
| A | B | B | B | B | C | A | C | A | C |
| 81 | 82 | 83 | 84 | 85 | 86 | 87 | 88 | 89 | 90 |
| C | B | C | D | A | B | D | A | C | C |
| 91 | 92 | 93 | 94 | 95 | 96 | 97 | 98 | 99 | 100 |
| A | A | B | B | C | B | C | C | D | C |
| 101 | 102 | 103 | 104 | 105 | 106 | 107 | 108 | 109 | 110 |
| D | A | D | A | B | C | D | C | C | D |
| 111 | 112 | 113 | 114 | 115 | 116 | 117 | 118 | 119 | 120 |
| B | C | D | B | D | C | D | A | B | B |
| 121 | 122 | 123 | 124 | 125 | 126 | 127 | 128 | 129 | 130 |
| C | C | B | D | D | C | C | D | C | A |
| 131 | 132 | 133 | 134 | 135 | 136 | 137 | 138 | 139 | 140 |
| C | D | A | B | C | C | D | B | C | D |
| 141 | 142 | 143 | 144 | 145 | 146 | 147 | 148 | 149 | 150 |
| B | C | A | B | A | B | D | C | D | B |
| 151 | 152 | 153 | 154 | 155 | 156 | 157 | 158 | 159 | 160 |
| A | D | C | B | B | A | C | C | D | A |
| 161 | 162 | 163 | 164 | 165 | 166 | 167 | 168 | 169 | 170 |
| D | C | D | A | A | B | B | C | D | C |
| 171 | 172 | 173 | 174 | 175 | 176 | 177 | 178 | 179 | 180 |
| C | B | A | C | C | A | B | A | A | C |
| 181 | 182 | 183 | 184 | 185 | 186 | 187 | 188 | 189 | 190 |
| C | D | D | D | B | D | A | B | D | A |
| 191 | 192 | 193 | 194 | 195 | | | | | |
| B | A | C | A | B | | | | | |

# 3. मगध का उदय एवं महाजनपदों से उसके संबंध

- बुद्ध के समय **16** बड़े-बड़े राज्यों का उल्लेख मिलता है, जिन्हें महाजनपद कहा जाता है। छठी शताब्दी ई. पू. के बड़े-बड़े ये राज्य अधिकतर विंध्य के उत्तर में थे और पश्चिमोत्तर सीमाप्रांत से बिहार तक फैले हुए थे। **सोलह महाजनपदों में अश्मक ही एक ऐसा जनपद था जो दक्षिण भारत में गोदावरी नदी के किनारे स्थित था।**
- इन महाजनपदों का उल्लेख बौद्ध ग्रंथ **अंगुतर निकाय** में भी मिलता है। जैन ग्रंथ **भगवतीसूत्र** में भी इन महाजनपदों का उल्लेख कुछ नामांतर के साथ मिलता हैं।
- सोलह महाजनपदों में मगध, कोशल, वत्स और अवंति संभवतः अधिक शक्तिशाली थे।

**महाजनपदः एक नजर में**

| महाजनपद | राजधानी |
|---|---|
| 1. अंग | चम्पा |
| 2. मगध | गिरिव्रज ( राजगृह ) |
| 3. काशी | वाराणसी |
| 4. कोशल | श्रावस्ती/अयोध्या |
| 5. वज्जि | विदेह एवं मिथिला |
| 6. मल्ल | कुशावती ( कुशीनगर ) |
| 7. चेदि | शक्तिमती |
| 8. वत्स | कौशाम्बी |
| 9. कुरु | इन्द्रप्रस्थ |
| 10. पांचाल | उत्तर पंचाल-अहिच्छत्र<br>दक्षिण पांचाल-कापिल्य |
| 11. मत्स्य | विराट नगर |
| 12. शूरसेन | मथुरा |
| 13. अश्मक | पोतन या पोटली |
| 14. अवन्ति | उत्तरी अवन्ति-उज्जयिनी<br>दक्षिणी अवन्ति-महिष्मती |
| 15. गन्धीर | तक्षशिला |
| 16. कम्वोज | हाटक |

- ये महाजनपद दो प्रकार के थे– राजतंत्रात्मक राज्य एवं गणतंत्रात्मक राज्य। अंग, मगध, काशी, कोशल, चेदि, वत्स, कुरु, पांचाल, मत्स्य, शूरसेन, अश्मक, अवंति, गांधार तथा कंबोज राजतंत्रात्मक राज्य थे जबकि वज्जि और मल्ल गणतंत्रात्मक राज्य थे।
- गणतंत्रात्मक राज्यों का शासन राजा द्वारा न होकर गण अथवा संघ द्वारा होता था। आधुनिक युग में गणतंत्र प्रजातंत्र का समानार्थी है किन्तु प्राचीन युग के गणतंत्र को आधुनिक अर्थ में कुलीनतंत्र या निरंकुश तंत्र कह सकते हैं क्योंकि इसमें शासन की शक्ति संपूर्ण जनता के हाथों में न होकर किसी कुल विशेष के प्रमुख व्यक्तियों के हाथों में होती थी। बौद्ध ग्रंथों में गणतंत्रात्मक राज्यों को गणसंघ भी कहा गया है।

**बौद्ध ग्रंथों में वर्णित गणराज्य**

| | |
|---|---|
| 1. कपिलवस्तु के शाक्य | 2. रामग्राम के कोलीय |
| 3. पावा के मल्ल | 4. कुशीनारा के मल्ल |
| 5. मिथिला के विदेह | 6. पिप्पलीवन के मोरिय |
| 7. सुमसुमारगिरि के भग्ग/मग्ग | 8. अलकप्प के बुलि |
| 9. केसपुत्त के कलाम | 10. वैशाली के लिच्छवि |

- छठी शताब्दी ई. पू. में मगध एक छोटा-सा राज्य था लेकिन यहाँ की प्राकृतिक दशा, भौगोलिक कारण तथा यहां के योग्य एवं महत्त्वाकांक्षी राजाओं ने मगध को एक साम्राज्य के रूप में परिवर्तित कर दिया। इस राज्य के उत्थान में अनेक वंश के राजाओं का योगदान था।
- प्राचीन भारत में जिस साम्राज्यवाद का विकास हो रहा था उस ओर मगध ने सबसे पहले कदम बढ़ाया। इस बात की पुष्टि सभी प्राचीन ब्राह्मण तथा जैन स्त्रोतों से भी होती है।
- मगध के चारों ओर प्राकृतिक सुरक्षा के साधन थे और निकटवर्ती जंगलों में पाई जाने वाली गजसेना से उसे पर्याप्त बल मिला। इसके साथ ही मगध के आस-पास

पाई गई लोहे की खानों से भांति-भांति के अस्त्र-शस्त्र बनाकर आर्य जातियो को ज़ंगलों को साफ करने में सहायता मिली और नए उद्योग-धंधों को बढ़ावा मिला। गंगा नदी के पास होने के कारण व्यापारिक सुविधाएं बढ़ी और आर्थिक दृष्टि से मगध का महत्त्व बहुत बढ़ गया।

- मगध के हिरयण्क वंश (हर्यक वंश) के शासक बिम्बिसार के शासनकाल में मगध ने खूब उन्नति की। वह बुद्ध का समकालीन था। उसके द्वारा विजय और विस्तार की शुरू की गई नीति अशोक की कलिंग विजय के साथ समाप्त हुई। बिम्बिसार ने वैवाहिक संबंधों से भी अपनी स्थिति को मजबूत किया। उसनें तीन विवाह किए। विभिन्न राजकूलों से वैवाहिक संबंधों के कारण बिम्बिसार को बड़ी राजनैतिक प्रतिष्ठा मिली और इस प्रकार मगध ा राज्य को पश्चिम और उत्तर की ओर फैलाने का मार्ग प्रशस्त हो गया।
- मगध की असली शत्रुता अवंति से थी, जिसकी राजधानी उज्जैन में थी। इसके राजा चंडप्रद्योत महासेन की बिम्बिसार से लड़ाई हुई थी, किन्तु दोनों अंत में दोस्त बन गए। गंधार से भी बिम्बिसार के राजनायिक संबंध थे। इस प्रकार विजय और कूटनीति से बिम्बिसार ने मगध को ई. पू. छठी सदी में सबसे अधिक शक्तिशाली राज्य बना दिया।
- मगध की पहली राजधानी राजगीर में थी, उस समय इसे गिरिव्रज कहते थे। यह स्थल पांच पहाड़ियों से घिरा हुआ था और उनके खुले भागों को पत्थरों की दीवारों से चारों ओर से घेर दिया गया था। इस तरह राजगीर एक अभेध्य दुर्ग हो गया था।
- बिम्बिसार के उत्तराधिकारी अजातशत्रु (492–460 ई.पू.) ने अपने समूचे शासनकाल में विस्तार की आक्रामका नीति से काम लिया। उसके शासनकाल में मगध का वैभव अपने चरमोत्कर्ष पर पहुंच गया था। अजातशत्रु ने अनेक समकालीन राज्यों को पराजित किया और उन्हें मगध साम्राज्य में मिला लिया। अजातशत्रु को वैशाली को नष्ट करने में लगभग सोलह वर्ष का लंबा समय, लगा। इस प्रकार काशी जिसे वह पहले ही विजित कर चुका था, और अब वैशाली को जितने के बाद उसका साम्राज्य और विस्तृत हो गया।
- अजातशत्रु की तुलना में अवंति का शासक अधिक शक्तिशाली था। अवंति के राजाओं ने कौशांबी के वत्सों को हराया था और अब वे मगध पर हमला करने की धमकी दे रहे थे। इसी खतरे का सामना करने के लिए अजातशत्रु ने राजगीर की किलेबंदी की। किलेबंदी की दीवारों के अवशेष आज भी देखने मिलते हैं। परंतु अजातशत्रु के जीवनकाल में अवंति को मगध पर हमला करने का अवसर नहीं मिला।
- अजातशत्रु के बाद उदयिन् ( 460 – 440 ई.पू. ) मगध की गद्दी पर बैठा। उसके शासन की महत्त्वपूर्ण घटना यह है कि उसने पटना में गंगा और सोन के संगम पर एक किला बनवाया। इसका मुख्य कारण पटना का मगध साम्राज्य के केंद्र में अवस्थित होना था। एक नए नगर के रूप में पाटलिपुत्र की स्थापना उदयिन् की ही देन है। उदयिन् का उदयभद्र के रूप में भी उल्लेख मिलता है। उदयिन् के बाद यह राजवंश दुर्बल हो गया और सत्ता शिशुनाग वंश के हाथों में चली गई ।
- शिशुनाग वंश ( 412 से 365 ई.पू. ) के शासक शिशुनाग की सर्वाधिक महत्त्वपूर्ण सफलता थी अवंति के शक्ति को तोड़ना। शिशुनाग ने अवंति और वत्सराज को जीतकर मगध साम्राज्य का विस्तार उत्तरी भारत में मालवा से बंगाल तक कर दिया। शिशुनाग ने वैशाली को अपनी राजधानी बनाया।
- शिशुनाग के बाद इस वंश का अगला शासक कालाशोक या काकवर्ण हुआ। इसने वैशाली के स्थान पर पुनः पाटलिपुत्र को अपनी राजधानी बनाया। इसके समय में वैशाली में द्वितीय बौद्ध संगीति का आयोजन हुआ। इसकी मृत्यु के उपरांत इसके उत्तराधिकारियों ने लगभग 22 वर्ष तक शासन किया। शिशुनागों के बाद मगध पर नंद वंश का शासन शुरू हुआ।
- नंद वंशीय शासक मगध के सबसे शक्तिशाली शासक सिद्ध हुए। इनका शासन इतना शक्तिशाली था कि सिकंदर भी इनके साम्राज्य की ओर बढ़ने की हिम्मत न कर सका।
- महापद्मनंद संभवतः शूद्र जाति का था। पुरणों में उसे 'सर्वक्षत्रान्तक (सभी क्षत्रियों का नाश करने वाला)' और 'द्वितीय परशुराम' कहा गया है।

- नंद वंश के सबसे शक्तिशाली शासक महापद्मनंद ने कलिंग को जीत कर मगध की शक्ति को बढ़ाया। विजय स्मारक के रूप मे वह कलिंग से जिन की मूर्ति उठा लाया था।
- इस वंश का अंतिम शासक घनानंद था जिसे चंद्रगुप्त मौर्य ने चाणक्य के सहयोग से अपदस्थ कर मगध पर अपना शासन स्थापित किया।

## वस्तुनिष्ठ प्रश्न

**1.** किस बौद्ध ग्रंथ में सोलह महाजनपद के विषय में जानकारी मिलती है?
A. दिव्यावदान B. महावंश
C. अंगुतर निकाय D. खुद्दक निकाय

**2.** निम्न में से किन राज्यों में गणतंत्रात्मक शासन व्यवस्था थी?
A. वत्स एवं अवंति B. कोशल और मगध
C. कुरू और पांचाल D. वज्जि और मल्ल

**3.** किस शासक को श्रेणिक का जाता था?
A. विम्बिसार B. अजातशत्रु
C. उदयिन D. इनमें से कोई नहीं

**4.** सूची-I को सूची-II से सुमेलित करते हुए दिए गए कूट से उत्तर चुनिए–

| सूची-I (महाजनपद) | सूची-II (राजधानी) |
|---|---|
| A. कंबोज | १. विराटनगर |
| B. मरस्य | २. हाटक |
| C. अवन्ति | ३. काम्पिल्य |
| D. पांचाल | ४. उज्जनिनी |

कूटः

| | *(a)* | *(b)* | *(c)* | *(d)* |
|---|---|---|---|---|
| A. | 2 | 1 | 4 | 3 |
| B. | 1 | 2 | 3 | 4 |
| C. | 3 | 1 | 4 | 2 |
| D. | 4 | 3 | 2 | 1 |

**5.** निम्न में से किस जैन ग्रंथ में सोलह महाजनपदों की जानकारी मिलती है?
A. कल्पसुत्र B. भगवती सूत्र
C. आचारांग सूत्र D. इनमें से कोई नहीं

**6.** निम्न में से किस राज्य को अजातशत्रु ने मगध साम्राराज्य में मिलाना था?
A. काशी तथा वज्यिसंघ
B. वत्स तथा अवनित
C. गांधार तथा शूरसेन
D. अंग और कोशल

**7.** ग्रीक लेखकों द्वारा किस शासक को अंग्रमीज' कहा गया है?
A. बिम्बिसार B. उदयिन
C. महापद्मनंद D. इनमें से कोई नहीं

**8.** किस शासक ने मगध की राजधानी राजगृह से पाटलिपुत्र स्थानांतरित की?
A. अजातशत्रु B. शिशुनाग
C. उदयिन D. धनानंद

**9.** मगध साम्राज्य के उत्कर्ष के निम्न में से कौन-कौन से कारण थे?
A. भौगोलिक स्थिति
B. सामारिक स्थिति
C. योग्य एवं शक्तिशाली शासक
D. उपरोक्त सभी

**10.** शिशुनाग के समय मगध साम्राज्य की राजधानी कहाँ थी?
A. पाटलीपुत्र B. राजगृह
C. वैशाली D. वाराणसी

**11.** मगध के निम्न में से किस शासक ने वैवाहिक संबधों द्वारा अपनी राजनीतिक स्थिति मजबूत की?
A. अजातशत्रु B. बिम्बिसार
C. उदायिन D. शिशुनाग

**12.** अजात शत्रु किस धर्म का अनुयायी था?
A. जैन धर्म B. बौद्ध धर्म
C. हिन्दू धर्म D. शैव धर्म

**13.** पाटलिपुत्र (वर्तमान पटना) की स्थापना का श्रेय किस मगध शासक को है?
A. विम्बिसार B. घनानंद
C. दयानंद D. सर्वानंद

**14.** नंद वंश के किस शासक को 'द्वितीय परशुराम' कहा जाता है?
A. महापद्मनंद B. धनानंद
C. दयानंद D. सर्वानंदद

**15.** नंद वंश के किस शासक को कलिंग पर आक्रमण कर वहां जिन की मूर्ति (जैन मूर्ति) लाने का श्रेय है?
A. धनानंद B. बिम्बिसार
C. महापद्मनंद D. अजातशत्रु

**16.** नंदवंश के किस शासक का पराजित कर चंद्रगुप्त मौर्य ने मगध में मौर्य साम्राज्य की स्थापना की?
A. महापद्मनंद B. धनानंद
C. सर्वानंद D. इनमें से कोई नहीं

**17.** निम्न में से किस वंश को मगध का प्रारंभिक शासक माना जाता है?
A. वृहद्रथ वंश B. ध्र्यक वंश
C. नंदवंश D. शिशुनाग वंश

**18.** निम्न में से कौन-सा महाजनपद गोदावरी नदी के किनारे अवस्थित था?
A. शूरसेन B. अस्मक
C. मल्ल D. गांधार

**19.** पुष्करसारिन निम्न मे से कहा का शासक था?
A. गांधार B. वज्जि
C. कुरू D. कंबोज

**20.** 'आधुनिक वाराणसी' निम्न में से किस मजाजनपद की राजधानी थी?
A. कौशल B. काशी
C. वत्स D. अंग

**21.** निम्न में से कौन-सा महाजनपद आधुनिक रूहेलखंड तथा गंगा-यमुना दोआब में स्थित था?
A. चेदि B. पांचाल
C. कौशल D. काशी

**22.** 'शुक्तिमती' निम्न में से किस महाजनपद की राजधानी थी?
A. अंग B. वत्स
C. चेदि D. मल्ल

**23.** 'मत्स्य महाजनपद' वर्तमान के किस भारतीय राज्य में स्थित है?
A. उत्तर प्रदेश B. गुजरात
C. हरियाणा D. राजस्थान

**24.** निम्न में से किस शासक के काल में काशी मगध का अंग बना?
A. अजातशत्रु B. बिम्बिसार
C. बिंदुसार D. उदायिन

**25.** निम्न में से किस मजाजनपद में महात्मा बुद्ध ने निर्वाण प्राप्त किया?
A. मल्ल B. मगध
C. अग D. अवंति

## उत्तरमाला

| 1 | 2 | 3 | 4 | 5 | 6 | 7 | 8 | 9 | 10 |
|---|---|---|---|---|---|---|---|---|---|
| C | D | A | A | B | A | D | C | D | C |
| **11** | **12** | **13** | **14** | **15** | **16** | **17** | **18** | **19** | **20** |
| B | B | C | A | D | B | A | B | A | B |
| **21** | **22** | **23** | **24** | **25** | | | | | |
| B | C | D | A | A | | | | | |

# 4. नास्तिक संप्रदायों का उदय (विशेषत: जैन एवं बौद्ध संप्रदाय के संदर्भ में)

- उत्तर भारत की मध्य गंगा घाटी क्षेत्र में ई. पू. छठी शताब्दी में अनेक धार्मिक संप्रदायों का उदय हुआ। अनेक मत तथा दर्शनो के प्रादुर्भाव ने बौद्धिक आंदोलन का रूप ग्रहण कर लिया। विभिन्न मतों के अनुयायी संन्यासी घूम-घूमकर अपने जीवन-दर्शन का सामान्य-जन में प्रचार तथा एक-दूसरे के दर्शन का खंडन भी करते थे। इस बौद्धिक आंदोलन का केंद्र मगध था।
- इस काल में जहां एक ओर इस क्षेत्र में विशाल साम्राज्य की नींव पड़ रही थी वहीं दूसरी ओर इसी क्षेत्र में पुरातन जीवन-दर्शन अर्थात् वैदिक जीवन-दर्शन के विरोध में ये धार्मिक आंदोलन चल रहे थे। यह भी कम महत्त्वपूर्ण बात नहीं है कि इसी तरह के बौद्धिक आंदोलन के प्रमाण अन्य देशों, यथा– चीन, ईरान तथा यूनान में भी मिलते हैं, जो पुरातन मान्यताओं को चुनौती दे रहे थे।
- भारत में इस आंदोलन के प्रत्यक्ष एवं परोक्ष कारण थे, जो तत्कालीन, सामाजिक एवं आर्थिक परिवर्तनों में निहित थे। इन परिवर्तनों से प्राचीन वैदिक परंपरा की धार्मिक तथा सामाजिक मान्यताएं तथा जीवन-प्रणाली के अनेक तत्त्व केवल रूढ़ि बनकर रह गए थे एवं सामाजिक विकास में बाधक सिद्ध होने लगे थे।
- ई. पू. छठी शताब्दी में प्रचलित विभिन्न धार्मिक संप्रदायों, यथा- आजीवक/भाग्यवादी, घोर अक्रियावादी, उच्छेदवादी/भौतिकवादी, नित्यवादी, संदेहवादी, जैन और बौद्ध का उदय हुआ। इन धार्मिक संप्रदायों ने पुरातन वैदिक-ब्राहमण धर्म के अनेक दोषों पर प्रहार किया। इसीलिए इन धर्मों को सुधारवादी आंदोलन भी कहा गया है। **इन सुधारवादी धार्मिक आंदोलनों में जैन एवं बौद्ध धर्म अधिक लोकप्रिय एवं चिरस्थायी रहे।**
- जैन शब्द 'जिन' से बना है जिसका अर्थ है–विजेता अर्थात् जिसनें इंद्रियों को जीत लिया है। भगवतीसूत्र, कल्पसूत्र तथा परशिष्ट पर्वन नामक ग्रंथ में प्रारंभिक जैन धर्म का इतिहास मिलता है।
- जैन धर्म में तीर्थंकर का अर्थ संसार सागर से पार कराने के लिए औरों को मार्ग बताने वाला होता है।
- जैन धर्म में कुल 24 तीर्थंकरों के होने की बात कही गई है। ऋषभदेव को जैन धर्म के संस्थापक, प्रर्वतक एवं पहले तीर्थंकर के रूप में जाना जाता है।
- दो जैन तीर्थंकरों पार्श्वनाथ एवं वर्धमान के अतिरिक्त परंपरा में उल्लिखित शेष सभी तीर्थंकर पौराणिक हैं।
- पार्श्वनाथ जैन धर्म के 23वें एवं प्रथम ऐतिहासिक तीर्थंकर थे। इन्हें जैन धर्म को सुनियोजित और सुव्यवस्थित कर उसके ज्ञान एवं दर्शन के तत्त्व को वास्तविक प्रवर्तन का श्रेय प्राप्त है। इनके अनुयायिओं को निर्ग्रथ कहा गया है।
- पार्श्वनाथ ने 4 महाव्रतों का प्रतिपादन किया था, जो इस प्रकार थे– **अहिंसा, सत्य, अपरिग्रह** एवं **अस्तेय**। इनमें सर्वाधिक महत्त्व इन्होने अहिंसा पर दिया। पार्श्वनाथ ने कायाक्लेश एवं तपश्चर्या से ही मोक्ष प्राप्ति की बात कही। इन्होंने भिक्षुओं को सफेद वस्त्र पहनने की सलाह दी । **पार्श्वनाथ के समर्थकों में केशि प्रमुख थे।**
- महावीर स्वामी जैन धर्म के वास्तविक संस्थापक एवं 24वें तीर्थंकर थे। इनके बचपन का नाम वर्धमान था। वे वर्ण के क्षत्रिय एवं जाति के ज्ञातृक/शातृक थे। महावीर स्वामी 23वें तीर्थंकर पार्श्वनाथ के शिष्य थे।
- कैवल्य (ज्ञान) प्राप्त हो जाने के बाद महावीर स्वामी को **'केवलिन' 'जिन' (विजेता), 'अर्हत' (पूज्य/योग्य) एवं निर्ग्रन्थ (बंधन रहित)** जैसी उपाधियां मिली।
- **बौद्ध साहित्य में महावीर स्वामी को निगंठनाथ पुत्र कहा गया है।**
- जैन ग्रंथ आचारंग सूत्र में महावीर स्वामी की तपस्या तथा कायाक्लेश का वर्णन मिलता है।
- अपने पूर्वगामी तीर्थंकर पार्श्वनाथ द्वारा दिए गए 4 महाव्रतों में महावीर ने पांचवा व्रत **ब्रह्मचर्य** जोड़ा।

**जैन धर्म में विभिन्न प्रकार के व्रत**

**पंचमहाव्रत**

1. **अहिंसाः** सभी प्रकार की मानसिक, वाचिक एवं कायिक हिंसा से बचने की बात कही गई है। यह जैन धर्म का सर्वाधिक महत्त्वपूर्ण व्रत है।
2. **सत्य व अमृषाः** इसमें सदा सत्य एवं मधुर बोलने की बात कही गई है।
3. **अपरिग्रहः** इसमें सब प्रकार के सम्पत्ति अर्जन से भिक्षुओं को बचने की बात कही गई है।
4. **अस्तेयः** इसमें अनुमति के बिना किसी दूसरे की संपत्ति ग्रहण करने से बचने की बात कही गई है।
5. **ब्रह्मचर्यः** इसमें भिक्षुओं को पूर्ण ब्रह्मचर्य व्रत का पालन करने की बात कही गई है। गृहस्थ जीवन व्यतीत करने वाले जैनियों के लिए उपर्युक्त व्रतों की कठोरता में कमी करके उसे **'अणुव्रत'** नाम दिया गया।

**तीन गुणव्रत**

1. दिग्विरति
2. अनर्थ-दंडविरति
3. उपभोग-परिभोग परिमाणव्रत।

**चार शिक्षाव्रत**

1. देवविरति,
2. सामायिक व्रत
3. पौपघोपसास व्रत
4. अतिथि संविभाग व्रत।

साधारण श्रावकों या गृहस्थों द्वारा आध्यात्मिक उन्नति लिए चार शिक्षाव्रतों का अनुसरण आवश्यक था।

- जैन धर्म में पूर्व जन्म के कर्मफल को समाप्त करने एवं इस जन्म के कर्मफल से बचने के लिए **त्रिरत्नों** के पालन की बात कही गई है। ये त्रिरत्न हैं–
  1. **सम्यक श्रद्धाः** सत् में विश्वास।
  2. **सम्यक् ज्ञानः** शुद्रूप का शंका विहीन तथा वास्तविक ज्ञान।
  3. **सम्यक् आचरणः** बाह्य जगत के विषयों के प्रति सम दुःख-सुख भाव से उदासीनता ही सम्यक् आचरण हैं।
- उपर्युक्त त्रिरत्नों का पालन करने से कर्मों का जीवों की ओर बहाव रुक जाता है। इसे **संवर** कहते हैं। जब जीव में पहले से किए गए कर्म का प्रभाव समाप्त होने लगता हे तो उसे **निर्झरा** कहते हैं। जब जीव से कर्म की प्राप्ति का अवशेष बिल्कुल समाप्त हो जाता है तब वह मोक्ष की प्राप्ति कर लेता है।
- जैन धर्म में अज्ञानता के कारण जीव का कर्म की ओर आकर्षित होने को **आस्त्रव** कहते हैं।
- जैन धर्म में मोक्ष एवं निर्वाण प्राप्ति के लिए कठिन तपस्या एवं कायाक्लेश की बात की गई है। कायाक्लेश के अंतर्गत् उपवास के द्वारा शरीर को समाप्त करने का विधान **सल्लेखना (आत्महत्या)** कहलाता है।
  इसी विधान द्वारा चंद्रगुप्त मौर्य ने श्रवणबेलगोला में शरीर का परित्याग किया था।
- जैन धर्म में मोक्ष या निर्वाण के उपरांत जीव के जीवन-मरण के चक्र से मुक्त होने की स्थिति को **अंत चतुष्ट्य** कहा गया है। अंत चतुष्ट्य में शामिल तत्त्व हैं– अनंत ज्ञान, अनंत दर्शन, अनंत वीर्य तथा अनंत सुख।

**जैन धर्म में ज्ञान के पाँच स्त्रोत**

1. **मतिः** इंद्रियों द्वारा प्राप्त होने वाला ज्ञान।
2. **श्रुतिः** श्रवण द्वारा प्राप्त होने वाला ज्ञान ।
3. **अवधिः** दिव्य ज्ञान।
4. **मनः पर्यायः** अन्य व्यक्तियों के मन-मस्तिष्क को जान लेने वाला ज्ञान।
5. **केवल कैवल्यः** निर्ग्रंथों एवं जितेंद्रियों को प्राप्त होने वाला पूर्ण ज्ञान ।

- जैन धर्म के अनुसार सृष्टि का निर्माता ईश्वर नहीं है अपितु यह संसार 6 द्रव्यों– जीव, पुद्गल ( भौतिक तत्त्व), धर्म, अधर्म, आकाश एवं काल से निर्मित है। ये द्रव्य विनाश की संभावना से परे एवं शाश्वत हैं।
- जैन दर्शन में ज्ञान के तीन स्त्रोत माने गए हैं– प्रत्यक्ष, अनुमान तथा तीर्थंकरों के वचन।
- ज्ञान संबंधी जैन सिद्धांत की अपनी विशिष्टता है। इसके अनुसार दृष्टिकोण की भिन्नता के कारण हर ज्ञान को सात विभिन्न स्वरूपों में व्यक्त किया जा सकता है– 1. है, 2. नहीं है, 3. है और नहीं, 4. कहा नहीं जा सकता, 5. है किन्तु कहा नही जा सकता, 6. नहीं है और कहा नहीं जा सकता, और 7. है, नहीं है और कहा नहीं जा सकता। इस सप्तभंगी ज्ञान को **स्याद्वाद** तथा **अनेकांतवाद** भी कहते हैं। स्याद्वाद, मूलतः ज्ञान की

सापेक्षता का सिद्धांत (Relative Theory of Knowledge) है।

- महावीर स्वामी ने पावा में अपने 11 ब्राह्मण अनुयायियों के साथ **जैन संघ** की स्थापना की । उन्होंने प्रत्येक गण (समूह) का गणधर (प्रधान) इन्हीं 11 ब्राह्मणों में से एक-एक को बनाया। सभी गणधर अपने समूह के साथ महावीर स्वामी के नेतृत्व में धर्म प्रचार में संलग्न हुए। **जैन संघ** के सदस्य 4 वर्गों में विभक्त थे– प्रथम भिक्षु, दूसरे भिक्षुणी, तीसरे श्रावक तथा चौथे श्राविका। इनमें भिक्षु तथा भिक्षुणी तो संन्यासी होते थें किन्तु श्रावक तथा श्राविका गृहस्थ-जीवन बिताते थे।

**जैन धर्म के श्वेतांबर एवं दिगबर संप्रदाय में अंतर**

1. श्वेतांबर मोक्ष प्राप्त करने के लिए वस्त्र त्याग आवश्यक नहीं मानते थे; जबकि दिगंबर आवश्यक समझते थे।
2. श्वेतांबर इसी जीवन में स्त्रियों को निर्वाण का अधिकारी मानते थें; जबकि दिगंबर इसका निषेध करते थे।
3. श्वेतांबर मत के अनुसार कैवल्य ज्ञान प्राप्ति के बाद भी लोगों को भोजन की आवश्यकता पड़ती हैं; जबकि दिगंबर के अनुसार कैवल्य प्राप्ति के बाद लोग निराहार रह सकते हैं।
4. श्वेतांबर महावीर स्वामी को विवाहित मानते थे जबकि दिगंबर महावीर को अविवाहित मानते थे।
5. श्वेतांबर 19वें तीर्थंकर को स्त्री मानते है; जबकि दिगंबर उसे पुरुष मानते हैं।

- बौद्ध धर्म के प्रवर्तक बुद्ध या सिद्धार्थ का जन्म कपिलवस्तु के लुंबनी नामक ग्राम में शाक्य क्षत्रिय कुल में 563 ई. पू. में हुआ था। इनके पिता सुद्धोधन शाक्य गण के मुखिया थे, माता महामाया कोलियवंशीय थीं। बुद्ध के जन्म के कुछ दिन बाद ही इनकी माता महामाया का देहांत हो गया और इनका पालन-पोषण मौसी प्रजापति गौतमी द्वारा किया गया। 16 वर्ष की अवस्था में सिद्धार्थ का विवाह शाक्य कुल की कन्या यशोधरा से हुआ, जिसके अन्य नाम बिम्वा, गोपा तथा भद्रकच्छा/भद्रकच्छना भी हैं। सिद्धार्थ से यशोधरा को एक पुत्र उत्पन्न हुआ जिसका नाम **'राहुल'** था।
- सांसारिक दुःखों से दुखी होकर सिद्धार्थ ने 29 वर्ष की अवस्था में गृह त्याग दिया। सिद्धार्थ के गृह त्याग की घटना को बौद्ध ग्रंथों में **'महाभिनिष्क्रमण'** कहा गया है। गृह त्याग के बाद सिद्धार्थ सर्वप्रथम सांख्य दर्शन के आचार्य अलारकलांम के वैशाली के नजदीक स्थित आश्रम गए। यहां से सिद्धार्थ पुनः **उरुवेला (बोधगया)** चले गए। उरुवेला में सिद्धार्थ ने बिना अन्न-जल ग्रहण किए 6 वर्ष तक कठिन तपस्या की जिसके बाद 35 वर्ष की आयु में वैशाख पूर्णिमा की रात पीपल के वृक्ष के नीचे उन्हें ज्ञान प्राप्त हुआ। ज्ञान प्राप्ति के बाद सिद्धार्थ को **'बुद्ध'** के रूप में जाना जाने लगा। बुद्ध का एक अन्य नाम **'तथागत'** भी मिलता है जिसका अर्थ है– सत्य है ज्ञान जिसका। महात्मा बुद्ध को शाक्य मुनि के रूप में भी वर्णित किया गया है। बुद्ध के प्रथम शिष्य दो बंजारे- तपस्सु और मिल्लक थे।
- उरुवेला से बुद्ध सारनाथ आए एवं यहाँ पर उन्होंने पाँच ब्राहमण संन्यासियों को अपना **प्रथम उपदेश** दिया, जिसे बौद्ध ग्रंथों में **धर्म चक्र प्रवर्तन** के नाम से जाना जाता है। **सारनाथ में बुद्ध ने इन 5 संन्यासियों के साथ बौद्ध संघ की स्थापना की।** प्रथम पांच शिष्यों के अतिरिक्त अनेक वैश्यों के साथ बनारस (वाराणसी) का यश नामक धनी व्यापारी भी बौद्ध होकर संघ का सदस्य बना। बुद्ध ने संघ के सदस्यों को विभिन्न क्षेत्रों में जाकर धर्म प्रचार करने का आदेश दिया। स्वयं बुद्ध ने भी इसके बाद आजीवन धर्म का प्रचार किया।
- बौद्ध ग्रंथों में मगध के शासक बिंबिसार, अजातशत्रु, कोशल नरेश प्रसेनजित् आदि राजाओं को बुद्ध का अनुयायी बताया गया है। राजपरिवारों के अनेक सदस्यों ने भी बौद्ध धर्म स्वीकार किया। पूर्वोत्तर भारत के अनेक क्षत्रिय गणराज्यों ने उनके धर्म को संरक्षण तथा प्रोत्साहन ही नहीं दिया वरन् उसमें दीक्षित भी हुए।
- बुद्ध के पिता, उनकी मौसी महाप्रजापति गौतमी तथा पत्नी और पुत्र ने भी इनके धर्म को स्वीकार किया। बाद में शाक्य गणराज्य के राजा भद्रिक, उसके सहयोगी आनंद, अनुरुद्ध, उपालि तथा देवदत्त ने भी बौद्ध धर्म अपनाया।
- बुद्ध के नजदीकी शिष्यों में आनंद, उपालि, सारिपुत्र, मौद्गल्यायन एवं देवदत्त थे। आनंद के बहुत आग्रह पर ही महात्मा बुद्ध ने बौद्ध संघ में नारियों के प्रवेश की अनुमति दी। **बौद्ध संघ में प्रवेश पाने वाली पहली**

**नारी महात्मा बुद्ध की मौसी प्रजापति गौतमी थी, जिन्हें वैशाली में बौद्ध संघ में प्रवेश दिया गया।**

- महात्मा बुद्ध ने अपने उपदेश मगध, कोशल, वैशाली, कौशांबी एवं अन्य अनेक राज्यों में दिए, बुद्ध ने अपने जीवन के सर्वाधिक उपदेश कोशल देश की राजधानी **'श्रावस्ती'** में दिए।

महात्मा बुद्ध ने अपने जीवन के अंतिम समय में **'पावा'** में चुंद नामक सुनार के घर भोजन किया। इस कारण वे उदर विकार से पीड़ित हुए। इसी अवस्था में कुशीनगर आए और 480 ई. पू. में 80 वर्ष की अवस्था में इनकी मृत्यु हुई। **उनकी मृत्यु को बौद्ध ग्रंथों में महापरिनिर्वाण की संज्ञा दी गई है।**

- बुद्ध की मुत्यु के बाद इनके शरीर के अवशेषों को आठ भागों में बांटकर उस पर आठ स्तूपों का निर्माण कराया गया।
- बौद्ध धर्म के अंतर्गत् सभी दुःख का कारण मूलरूप से तृष्णा (लालसा या पिपासा) को माना गया है।
- बौद्ध धर्म का मूलाधार **'चार आर्य सत्य'** हैं। इस धर्म के सारे सिद्धांत तथा बाद में विकसित विभिन्न दार्शनिक मतवादों के ये ही आधार हैं। ये चार आर्य सत्य हैं– **दुःख, दुःख समुदाय, दुःख निरोध तथा दुःख निरोध गामिनी-प्रतिपदा (दुःख निवारक मार्ग)।** बुद्ध ने सांसारिक दुःखों से मुक्ति हेतु अष्टांगिक मार्ग की बात कही। ये साधन हैं– 1. सम्यक् दृष्टि 2. सम्यक् संकल्प 3. संम्यक् वाणी 4. सम्यक् कर्मांत 5. सम्यक् आजीव 6. सम्यक् व्यायाम 7. सम्यक् स्मृति और 8. सम्यक् समाधि। बुद्ध के अनुसार इन अष्टांगिक मार्गों के पालन करने के उपरांत मनुष्य की भव-तृष्णा नष्ट हो जाती है और उसे निर्वाण प्राप्त हो जाता है। इस तरह अष्टांगिक मार्ग दुःख निवारक मार्ग (दुःख निरोध-गामिनी प्रतिपदा) है।
- बुद्ध ने अष्टांगिक मार्ग के अंतर्गत् अधिक सुखपूर्ण जीवन व्यतीत करना या अधिक काया-क्लेश में संलग्न होना–दोनों को वर्जित किया है। उन्होंने इस संबंध में **मध्यम प्रतिपदा (मार्ग)** का उपदेश दिया है।
- **'प्रतीत्यसमुत्पाद'** महात्मा के उपदेशों का सार एवं उनकी संपूर्ण शिक्षाओं का आधार-स्तंभ हैं । प्रतीत्य-समुत्पाद का अर्थ है कि संसार की सभी वस्तुएँ कार्य और कारण पर निर्भर करती है। प्रतीत्य (किसी वस्तु के होने पर) समुत्पाद (किसी अन्य वस्तु की उत्पत्ति), प्रतीत्य समुत्पाद का यही दर्शन है।
- बौद्ध धर्म में संसार में व्याप्त हर तरह के दुःखों का सामूहिक नाम **'जरामरण'** दिया गया है। जरामरण के चक्र के 12 क्रम हैं– 1. अविद्या, 2. संस्कार, 3. विज्ञान, 4. नाम–रूप, 5. षडायतन, 6. स्पर्श, 7. वेदना, 8. तृष्णा, 9. उपादान, 10. भव, 11. जाति, और 12. जरामरण। जीवन- चक्र के इन 12. चक्रों में से प्रथम दो पूर्वजन्म से संबंधित हैं तथा अंतिम दो भावी जीवन और शेष वर्तमान जीवन से संबंध रखते हैं।
- बौद्ध धर्म का परम लक्ष्य **'निर्वाण'** है, जिसका अर्थ है **'दीपक का बुझ जाना'** अर्थात्-जीवन-मरण के चक्र से मुक्त हो जाना । महात्मा बुद्ध के अनुसार मनुष्य निर्वाण इसी जीवन में प्राप्त करता है जबकि महापरिनिर्वाण मृत्यु के बाद ही संभव है। महात्मा बुद्ध ने निर्वाण प्राप्ति को सरल बनाने के लिए 10 शीलों पर विशेष बल दिया। ये शील हैं– 1. अहिंसा, 2. सत्य, 3. अस्तेय, (चोरी न करना) 4. व्यभिचार से बचना, 5. शराब का सेवन न करना, 6. असमय भोजन न करना, 7. सुखप्रद बिस्तर पर न सोना, 8. धन संचय न करना, तथा 9. स्त्रियों का संसर्ग न करना।

**जैन एवं बौद्ध धर्म में अन्तर**

**समानता**

1. दोनों धर्मो में यज्ञीय कर्मकांडो, जाति-पांति एवं छूआछूत का विरोध किया गया है।
2. दोनों ही ईश्वर की सत्ता को स्वीकार नहीं करते।
3. दोनों धर्मों ने उपदेश के लिए जनसाधारण की भाषा प्राकृत एवं पाली का प्रयोग किया है।
4. दोनों धर्मों के प्रवर्तक क्षत्रिय कुल के थे।

**असमानता**

1. अहिंसा में दोनों धर्म विश्वास करते थे, पर जैन धर्म इस पर अधिक बल देता था।
2. जैन धर्म में मोक्ष या निर्वाण प्राप्त करना शरीर त्यागने के बाद ही संभव था, पर बौद्ध धर्म में निर्वाण प्राप्ति के लिए शरीर त्यागने की आवश्यकता नहीं थी।

3. जैन धर्म के उपासक **'कायाक्लेश'** के मार्ग को अपनाकर कठोर व्रत का पालन करते थे, जबकि बौद्ध धर्म में मध्यम मार्ग को अपनाने की बात कही गई है।
4. जैन धर्म भारत के बाहर नहीं फैल सका, पर बौद्ध धर्म विश्व के कई देशों में प्रसार पा सका।
5. दोनों धर्मों में मूर्तिपूजा का प्रचलन था, पर जैन मतावलंबी महावीर की नग्न मूर्ति की पूजा करते थे।

- सामान्य लोगों के लिए बुद्ध ने जिस धर्म का उपदेश दिया उसे **उपासक धर्म** कहा गया है। वह भिक्षु धर्म से भिन्न था। बौद्ध ग्रंथ **'दीघनिकाय'** के **'सीहनादसुत'** में इस धर्म (उपासक) का विवरण प्राप्त होता है। बुद्धघोष ने इसे **'गेहविजय'** अर्थात् गृहस्थों के लिए आचरण की संज्ञा दी है। उपासक धर्म के प्रमुख लक्षण हैं– अहिंसा, प्राणियों पर दया, सत्यभाषण, माता-पिता की सेवा, गुरूजनों का सम्मान, ब्राहमणों-श्रमणों को दान, मित्रों, परिचितों, संबंधियों आदि के साथ अच्छा बर्ताव इत्यादि। ये सभी बातें सभी धर्मों में समान रूप से श्रद्धेय मानी जाती है।
- बौद्ध धर्म में संघ का भी महत्त्वपूर्ण स्थान है। यह **त्रिरत्न-बुद्ध, संघ** और **धम्म** का एक अनिवार्य अंग है। बौद्ध संघ का गठन गणतांत्रिक प्रणाली पर आधारित था। संघ में न तो बड़े-छोटे का कोई भेद था और मे ही बुद्ध ने अपना कोई उत्तराधिकारी ही नियुक्त किया, वरन् धर्म तथा विनय को ही शास्ता (शासक) माना।
- संघ के कार्य संपादन के लिए एक निश्चित विधान था, जो गणतांत्रिक आधार पर निर्मित था। संघ की सभा में प्रस्ताव (नत्ति) का पाठ होता था। प्रस्ताव पाठ को **'अनुसावन'** कहते थे। संघ में प्रवेश पाने को **'उपसंपदा'** कहा जाता था। संघ के अधिवेशन के लिए कम-से-कम 20 भिक्षुओं की उपस्थिति आवश्यक थी।
- संघ में प्रवेश के बाद भिक्षु को कुछ समय तक आचार्य के निरीक्षण में रहकर अध्यापन करना पड़ता था। इस काल को **'निस्साय'** कहा जाता था। भिक्षुओं को वस्त्र देने के लिए एक समारोह का आयोजन किया जाता था जिसे **'कंधिन'** कहा जाता था।
- संघ में भिक्षुओं को कठोर नियम के तहत रहना पड़ता है। वे **'कासाय'** (गेरुआ) वस्त्र धारण करते थे। प्रातः काल में भिक्षाटन तथा दिन में धर्म-प्रचार के बाद वे संघ में लौटते थे। किसी पवित्र अवसर पर भिक्षुओं के एकत्र होकर चर्चा करने को **उपोसथ** कहा जाता था।
- समय-समय पर **पातिमोक्ख** विधि-निषेधों का पाठ भिक्षुओं की सभा में किया जाता था। अपराधी भिक्षुओं को **दंड देने** का भी विधान था। भिक्षुओं के अपराध के लिए सामाजिक बहिष्कार का दंड–**'ब्रहमदंड'**, सीमित काल तक संघ का बहिष्कार–**'मानन्त'** तथा सदैव के लिए संघ का बहिष्कार **'परिवास'** कहलाता था। अपराधी को अपील करने की सुविध को **'सन्नि-विनय'** कहा जाता था।
- संघ में अल्पायु, चोर, हत्यारों, ऋणी, व्यक्तियों, राजा के सेवक, दास तथा रोगी व्यक्ति का प्रवेश वर्जित था।
- गृहस्थ जीवन में रहकर बौद्ध धर्म को मानने वाले लोगों को **'उपासक'** कहा जाता था। उपासकों में **व्यापारी वर्ग** के सदस्य काफी थे।

**बुद्ध के जीवन से संबद्ध पाँच प्रतीक**

| क्र.स. | घटना | प्रतीक/महाचिन्ह |
|---|---|---|
| 1. | जन्म | कमल व सांढ़ |
| 2. | गृहत्याग | घोड़ा |
| 3. | ज्ञान | पीपल (बोधिवृक्ष) |
| 4. | निर्वाण | पद चिन्ह |
| 5. | मृत्यु | स्तूप |

- जैन धर्म ने ही सबसे पहले वर्ण-व्यवस्था और वैदिक कर्मकांड की बुराइयों को रोकने के लिए गंभीर प्रयास किया। आरंभ में जैनों ने मुख्यतः ब्राहमणों द्वारा पोषित संस्कृत भाषा का परित्याग किया और अपने धर्मोदेश के लिए आम लोगों की बोलचाल की प्राकृत भाषा को अपनाया।
- बौद्ध धर्म ईश्वर और आत्मा को नहीं मानता है। इस बात को हम भारत के धर्मों के इतिहास में एक क्रांति कह सकते हैं। यह विशेषतः निम्न वर्णों का समर्थन पा सका, क्योंकि इसमें वर्ण-व्यवस्था की निंदा की गई है। ब्राह्मण धर्म की तुलना में अधिक उदार होने के कारण समाज का बड़ा वर्ग इस धर्म की ओर आकर्षित हुआ। आम लोगों की भाषा पालि को अपनाने से भी बौद्ध धर्म को प्रचार को बल मिला। इससे आम जनता में बौद्ध धर्म का प्रचार आसान हुआ।
- ब्राहमण-प्रधान समाज में वैश्यों का स्थान तृतीय कोटि में था, प्रथम और द्वितीय कोटियों में क्रमशः ब्राहमण और क्षत्रिय आते थे। स्वभावतः वे ऐसे किसी धर्म की खोज में

थे जहाँ उनकी सामाजिक स्थिति सुधरे। वैश्यों ने महावीर और गौतम बुद्ध दोनों की उदारतापूर्वक सहायता की।

- दोनों धर्मो में अहिंसा पर जोर दिया गया है। फलतः व्यापार-वाणिज्य में उन्नति का मार्ग प्रशस्त हुआ। जैन धर्म में युद्ध और कृषि दोनों वर्जित है, क्योंकि दोनों में जीवों की हिंसा होती है। फलतः जैन धर्मावलंबियों ने अपना ध्यान व्यापार-वाणिज्य की ओर केंद्रित किया जिससे इस काल मे इसमें उन्नति हुई।
- बौद्ध धर्म के अनुसार दरिद्रता ही घृणा, क्रूरता और हिंसा की जननी है। इन बुराइयों को दूर करने के लिए बुद्ध ने उपदेश दिया कि किसानों को बीज और अन्य सुविधाएँ मिलनी चाहिए, व्यापारियों को धन मिलना चाहिए और श्रमिकों को मजदूरी मिलनी चाहिए। इन उपायों की अनुशंसा सांसारिक दरिद्रता को दूर करने के लिए की गई। बुद्ध के इन उपदेशों ने एक प्रकार से व्यवसायिक वातावरण को तैयार किया।

## वस्तुनिष्ठ प्रश्न

**1.** जैन धर्म का वास्तविक संस्थापक किसे माना जाता है?
A. पार्श्वनाथ B. ऋषभदेव
C. महावीर D. नेमिनाथ

**2.** जैन परम्परा के अनुसार जैन धर्म में कुल कितने तीर्थंकर हुए?
A. 25 B. 23
C. 20 D. 24

**3.** जैन धर्म के प्रथम तीर्थंकर के रूप में किसे जाना जाता है?
A. महावीर स्वामी को B. ऋषभदेव को
C. पार्श्वनाथ को D. अजितनाथ को

**4.** महावीर स्वामी "यती" कब कहलाए?
A. घर त्यागने के बाद
B. इन्द्रियों को जीतने के बाद
C. ज्ञान प्राप्त करने के बाद
D. उपरोक्त में से कोई नहीं

**5.** सूची-I को सूची-II से सुमेलित करें–

| *सूची-I* | *सूची -II* |
|---|---|
| *(a)* महावीर का जन्म | 1. वैशाली |
| *(b)* महावीर की मृत्यु | 2. कुण्डग्राम |
| *(c)* महावीर को ज्ञान की प्राप्ति | 3. पावापुरी |
| *(d)* महावीर का सर्वाधिक प्रभाव | 4. जुम्भिक ग्राम के समीप |

| | *(a)* | *(b)* | *(c)* | *(d)* |
|---|---|---|---|---|
| A. | 1 | 2 | 3 | 4 |
| B. | 2 | 3 | 1 | 4 |
| C. | 2 | 3 | 4 | 1 |
| D. | 2 | 4 | 3 | 1 |

**6.** राजगृह में महावीर स्वामी ने सर्वाधिक निवास किस ऋतु में किया?
A. ग्रीष्म ऋतु B. वर्षा ऋतु
C. शीत ऋतु D. बसंत ऋतु

**7.** "स्याद्वाद" किस धर्म का मूलाधार था?
A. बौद्ध धर्म B. जैन धर्म
C. वैष्णव धर्म D. शैव धर्म

**8.** आदि जैन ग्रंथों की भाषा क्या थी?
A. संस्कृत B. पालि
C. प्राकृत D. अपभ्रंश

**9.** जैन मत का सर्वाधिक प्रचार–प्रसार किस समुदाय में हुआ?
A. शासक वर्ग B. किसान वर्ग
C. व्यापारी वर्ग D. शिल्पी वर्ग

**10.** महावीर के निर्वाण के बाद जैन संघ का अगला अध्यक्ष कौन हुआ?
A. गोशाल B. मल्लिनाथ
C. सुधर्मन D. वज्र स्वामी

**11.** जैन धर्म के पाँच व्रतों में सर्वाधिक महत्त्वपूर्ण व्रत कौन-सा हैं?
A. अहिंसा B. अस्तेय
C. अपरिग्रह D. ब्रह्मचर्य

**12.** जैन धर्म "श्वेताम्बर" एवं "दिगम्बर" सम्प्रदायों में कब विभाजित हुआ?
A. चन्द्रगुप्त मौर्य के काल में
B. अशोक के काल में

C. कनिष्क के काल में
D. इनमें से कोई नहीं

**13.** महावीर स्वामी ने पाँचवे व्रत के रूप में क्या जोड़ा?
A. अहिंसा B. अस्तेय
C. अपरिग्रह D. ब्रह्मचर्य

**14.** महावीर स्वामी का अपने दामाद जामालि से किस सिद्धात पर मतभेद हुआ?
A. अहिंसा B. स्यादवाद
C. क्रियामाणकृत D. ब्रह्मचर्य

**15.** जैन धर्म के विषय में कौन-सा कथन सत्य नहीं हैं?
A. जैन धर्म में देवताओं का अस्तित्व स्वीकार किया गया है।
B. वर्ण व्यवस्था की निन्दा की गयी है।
C. पूर्व जन्म के आधार पर मनुष्य का जन्म उच्च या निम्न कुल में होता है।
D. जैन धर्म ने अपने को स्पष्टतः ब्राह्मण धर्म से अलग नहीं किया।

**16.** महात्मा बुद्ध को किस नदी के तट पर ज्ञान प्राप्त हुआ?
A. निरंजना B. ऋजुपालिका
C. गंगा D. यमुना

**17.** किस शासक ने बोधिवृक्ष को कटवाया था?
A. पुष्यमित्र शुंग B. मिहिरकुल
C. शशांक D. महमूद गजनवी

**18.** भारत में पूजित पहली मानव प्रतिमा कौन सी थी?
A. भगवान बुद्ध की B. इन्द्र भगवान की
C. महावीर स्वामी की D. वासुदेव कृष्ण की

**19.** बौद्ध धर्म के "त्रिरत्न" के बारे में क्या असत्य है?
A. स्तूप B. धम्म
C. संघ D. बुद्ध

**20.** "स्तूप" किसके प्रतीक माने जाते हैं?
A. महाभिनिष्क्रमण B. धर्मचक्र परिवर्त्तन
C. महापरिनिर्वाण D. समाधि

**21.** महाभिनिष्क्रमण के बाद बुद्ध ने सर्वप्रथम किससे उपदेश प्राप्त किया?
A. अलार और कलाम
B. अलार और उद्रक
C. मक्खलि गोशाल
D. उपर्युक्त में से कोई नहीं

**22.** किस बौद्ध-संगीति में बौद्ध धर्म ग्रंथों में संस्कृत का प्रयोग प्रारंभ हुआ?
A. प्रथम B. द्वितीय
C. तृतीय D. चतुर्थ

**23.** किस बौद्ध ग्रंथ में सर्वप्रथम संस्कृत का प्रयोग हुआ?
A. सुत्तपिटक B. विनयपिटक
C. अभिधम्म पिटक D. महावस्तु

**24.** महात्मा बुद्ध ने सर्वाधिक उपदेश कहाँ पर दिया?
A. वैशाली B. श्रावस्ती
C. चम्पा D. राजगृह

**25.** महात्मा बुद्ध द्वारा दिए गए प्रथम उपदेश को क्या कहा गया?
A. महाभिनिष्क्रमण B. धर्मचक्र परिवर्त्तन
C. प्रतीत्य समुत्पाद D. उपसम्पदा

**26.** महात्मा बुद्ध की मृत्यु के बाद उनके शरीर के अवशेषों पर कितने स्तूपों का निर्माण किया गया?
A. 5 B. 6
C. 8 D. 9

**27.** बौद्ध धर्म की किस शाखा में मंत्र, हठयोग एवं तांत्रिक आचारों को प्रधानता दी गयी है?
A. महायान B. हीनयान
C. वज्रयान D. उपर्युक्त सभी

**28.** महात्मा बुद्ध के वर्षाकालीन निवास के लिए वेलुवन एवं जेतवन का निर्माण क्रमशः किसने करवाया था?
A. बिम्बिसार एवं अशोक ने
B. बिम्बिसार एवं जेत राजकुमार ने
C. अजातशत्रु एवं बिम्बिसार ने
D. अशोक एवं जेत राजकुमार ने

**29.** महात्मा बुद्ध के प्रारंभिक अनुयायियों में सर्वाधिक संख्या किसकी थी?
A. क्षत्रियों की B. वैश्यों की
C. ब्राह्मणों की D. शूद्रों की

**30.** बौद्ध धर्म ग्रहण करने वाली प्रथम महिला कौन थी?
A. गौतमी B. महामाया
C. यशोधरा D. बिम्बा

**31.** महात्मा बुद्ध के अष्टांगिक मार्ग के बारे में प्रथम जानकारी कहाँ से प्राप्त होती है?
A. छान्दोग्य उपनिषद् B. तैत्तिरीय उपनिषद्
C. केन उपनिषद् D. कठोपनिषद्

**32.** "अब बौद्ध धर्म" 500 वर्षों से अधिक नहीं पनप सकेगा"— किसकी उक्ति है?
A. गौतमी B. महात्मा बुद्ध
C. कुमारिल भट्ट D. आनन्द

**33.** बौद्ध धर्म के पाँच महाव्रतों का उल्लेख सर्वप्रथम कहाँ से प्राप्त होता है?

A. मुण्डकोपनिषद् B. छान्दोग्योपनिषद्
C. तैतिरीयोपनिषद् D. केनोपनिषद्

**34.** महात्मा बुद्ध के विषय में निम्न में से क्या असत्य है?

A. अनीश्वरवादी थे
B. पुनर्जन्म में विश्वास नहीं करते थे
C. अनात्मवादी थे
D. कर्मकाण्ड एवं पशुबलि के विरोधी थे

**35.** सूची-I को सूची-II से सुमेलित करें–

| ***सूची-I*** | ***सूची-II*** |
|---|---|
| *(a)* प्रथम बौद्ध संगीति | 1. कुण्डलवन (कश्मीर) |
| *(b)* द्वितीय बौद्ध संगीति | 2. पाटलिपुत्र |
| *(c)* तृतीय बौद्ध संगीति | 3. सप्तपर्णी गुफा (राजगृह) |
| *(d)* चतुर्थ बौद्ध संगीति | 4. वैशाली |

| | *(a)* | *(b)* | *(c)* | *(d)* |
|---|---|---|---|---|
| A. | 3 | 4 | 2 | 1 |
| B. | 3 | 4 | 1 | 2 |
| C. | 1 | 2 | 3 | 4 |
| D. | 4 | 3 | 2 | 1 |

**36.** भावी बुद्ध की किस रूप में जन्म लेने की कल्पना की गयी है?

A. सामन्त भद्र B. मैत्रेय
C. काश्यप D. शाक्य मुनि

**37.** सूची-I को सूची-II से सुमेलित करें–

| ***सूची-I*** | ***सूची-II*** |
|---|---|
| *(a)* जन्म | 1. सारनाथ |
| *(b)* महाभिनिष्क्रमण | 2. कपिलवस्तु |
| *(c)* महाबोधि | 3. कुशीनगर |
| *(d)* धर्मचक्र परिवर्त्तन | 4. गया |
| *(e)* महापरिनिर्वाण | 4. लुंबिनी |

| | *(a)* | *(b)* | *(c)* | *(d)* | *(e)* |
|---|---|---|---|---|---|
| A. | 1 | 2 | 3 | 4 | 5 |
| B. | 5 | 2 | 4 | 1 | 3 |
| C. | 5 | 4 | 2 | 1 | 3 |
| D. | 3 | 1 | 4 | 5 | 2 |

**38.** सोलह महाजनपदों के बारे में किस बौद्ध ग्रंथ से जानकारी मिलती है?

A. अंगुत्तर निकाय B. महावस्तु
C. दीपवंश D. महावंश

**39.** सूची-I में बुद्ध के जीवन से संबंधित पशुओं को सूची-II में दिए गए उसके प्रतीकों से सुमेलित करें।

| ***सूची-I*** | ***सूची-II*** |
|---|---|
| *(a)* हाथी | 1. यौवन का प्रतीक |
| *(b)* घोड़ा | 2. समृद्धि का प्रतीक |
| *(c)* साँड़ | 3. बुद्ध के गर्भ में आने का प्रतीक |
| *(d)* शेर | 4. गृहत्याग का प्रतीक |

| | *(a)* | *(b)* | *(c)* | *(d)* |
|---|---|---|---|---|
| A. | 3 | 4 | 1 | 2 |
| B. | 3 | 4 | 2 | 1 |
| C. | 1 | 2 | 3 | 4 |
| D. | 3 | 2 | 4 | 1 |

**40.** भगवान बुद्ध का जन्म ई॰ पू॰ किस वर्ष हुआ था?

A. 623 B. 563
C. 507 D. 543

**41.** बुद्ध का वास्तविक नाम क्या था?

A. सिद्धार्थ B. तथागत
C. गौतम D. बोधायन

**42.** व्यापारिक समुदाय जैन-धर्म की ओर सर्वाधिक आकर्षित हुआ क्योंकि–

A. वे अपनी आर्थिक गतिविधियों का निर्विघ्न रूप से अनुसरण करते हुए धर्मपालन भी कर सकते थे।
B. वैदिक कर्मकाण्ड एवं यज्ञ, व्यापार तथा वाणिज्य में बाधक थे।
C. जैन धर्म की शान्ति और अहिंसा, व्यापार और वाणिज्य के विकास में सहायक थी।
D. जैन धर्म के कर्म के सिद्धान्त का वणिकों और व्यापारियों पर अत्यधिक अनुकूल प्रभाव पड़ा।

**43.** छठी शताब्दी ई॰ पू॰ में प्रचलित वह कौन-सा सम्प्रदाय था जिसने कर्म के सिद्धान्त का इस आधार पर विरोध किया कि "मनुष्य प्रकृति के नियमों के अधीन है"?

A. भागवत B. आजीवक
C. शून्यवादी D. पाशुपत

**44.** आजीवक सम्प्रदाय का प्रतिपादक कौन था?

A. पुराण कस्सप B. पकुध काच्चायन
C. मक्खलि गोशाल D. अजित केशकम्बलिन

**45.** निम्नांकित में किससे दर्शन की वैशेषिक दार्शनिक विचारधारा की उत्पत्ति मानी जाती है?

A. अणुवाद से B. भौतिकवाद से
C. संशयवाद से D. अक्रियावाद से

**46.** निम्नलिखित में किस सम्प्रदाय के अनुयायी अशोक वृक्ष की ईश्वर के रूप में पूजा करते थे तथा अपने हाथों में मोर पंख का गुच्छा रखते थे?

A. पाशुपत B. आजीवक
C. शाक्त D. दिगम्बर जैन

**47.** निम्नलिखित कौन-सी घटना भगवान बुद्ध के जीवन की एक महान घटना नहीं मानी जाती है?

A. विवाह और पुत्र का जन्म
B. सम्बोधि (ज्ञान प्राप्ति)
C. प्रथम धर्मोपदेश
D. निर्वाण

**48.** भगवान बुद्ध की पत्नी का अत्यन्त लोकप्रिय नाम क्या है?

A. सुजाता B. यशोधरा
C. गोपा D. बिम्बा

**49.** बुद्ध का जन्म कहाँ हुआ था?

A. कपिलवस्तु B. राजगृह
C. लुम्बिनी D. उरुवेला

**50.** जातकों में लगभग कितनी कथाएँ हैं?

A. 500 B. 550
C. 750 D. 860

**51.** निम्नलिखित में से कौन बौद्ध कला का द्योतक नहीं है?

A. स्तूप
B. चैत्य
C. विहार
D. बुद्ध के स्मृति चिन्हों से युक्त स्तम्भ

**52.** बुद्ध के जीवन की निम्नलिखित कौन-सी घटना वैशाख माह की पूर्णमासी को नहीं घटी थी?

A. जन्म B. महाभिनिष्क्रमण
C. सम्बोधि D. महापरिनिर्वाण

**53.** निम्नलिखित में से कौन-सा बौद्ध प्रतीक बुद्ध के जीवन की महान घटनाओं से संबद्ध नहीं है?

A. कमल और साँड़ B. अश्व
C. उनके पदचिन्ह D. स्तूप

**54.** बुद्ध के गृहत्याग के उपरान्त उनके पहले गुरु कौन थे?

A. आलार और उद्रक
B. आलार और कलाम
C. आनन्द और अवश्घोष
D. सारिपुत्र और मोदग्गलायन

**55.** निम्नलिखित में से किसे *'धर्मचक्र परिवर्त्तन'* के रूप में जाना जाता है?

A. विहारों में प्रतिदिन प्रातः काल चक्र घुमाने की पद्धति।
B. मृगवन (सारनाथ) में बुद्ध द्वारा दिया गया प्रथम उपदेश।
C. कर्म की समाप्ति से निर्वाण की प्राप्ति होती है।
D. कारण और कार्य के चक्र की भाँति मानव जाति का निरन्तर अस्तित्व का बना रहना।

**56.** तृतीय बौद्ध संगीति का आयोजन किस नरेश ने किया था?

A. अशोक B. कनिष्क
C. मिलिन्द D. हर्ष

**57.** तृतीय बौद्ध संगीति में किस पिटक की रचना हुई?

A. विनय पिटक B. अभिधम्म पिटक
C. धम्म पिटक D. सुत्त पिटक

**58.** किस संगीति के परिणाम स्वरूप बौद्ध धर्म के प्रचार के लिए पहली बार विश्व के विभिन्न देशों में धर्म प्रचारक भेजे गए?

A. प्रथम B. द्वितीय
C. तृतीय D. चतुर्थ

**59.** किस बौद्ध संगीति ने संस्कृत को बौद्ध धर्म ग्रंथों का माध्यम बनाया?

A. प्रथम B. द्वितीय
C. तृतीय D. चतुर्थ

**60.** बुद्ध द्वारा बताए गए चार आर्य सत्यों के अनुसार मानवीय दुःखों का मूलभूत कारण था–

A. दुःख का अस्तित्व।
B. दुःख निरोध।
C. तृष्णा के त्याग से दुःख निरोध सम्भव है।
D. अष्टांगिक मार्ग में दुःख की समाप्ति का मार्ग निहित है।

**61.** बुद्ध ने अपने "अष्टांगिक मार्ग" को मध्यम मार्ग कहा क्योंकि यह एक–

A. सभी धर्मों द्वारा बताया गया मध्यम मार्ग था।
B. सभी धर्मों का मिलन-स्थल (संगम) था।
C. संतुलित जीवन दृष्टि था।

D. सभी धर्मों का शाश्वत सत्य था।

**62.** समकालीन किस ब्राह्मणवादी धार्मिक विश्वास के प्रति बुद्ध ने भी पूर्ण निष्ठा व्यक्त की थी?

A. ईश्वर　　B. कर्म का सिद्धान्त
C. आत्मा का पुनर्जन्म　　D. वर्णाश्रम धर्म

**63.** प्रथम बौद्ध संगीति का अध्यक्ष कौन था?

A. थेर यश　　B. महाकस्सप
C. मोग्गलिपुत्र तिस्स　　D. वसुमित्र

**64.** बुद्ध की मृत्यु के कितने वर्षों बाद दूसरी संगीति आयोजित की गयी थी?

A. 100　　B. 200
C. 300　　D. 400

**65.** बौद्ध धर्म में कर्म के सिद्धान्त का अर्थ क्या है?

A. पूर्वनियति।
B. जीवन में सामाजिक और आर्थिक विषमताओं के प्रति औचित्य।
C. व्यक्ति के कार्य उसके जीवन मार्ग का निर्धारण करते हैं।
D. फल की इच्छा किए बिना अपने कार्य करना।

**66.** चार बौद्ध संगीतियाँ किस उद्देश्य के लिए बनायी गयी थीं?

A. धार्मिक ग्रंथों के संकलन के लिए।
B. धार्मिक विवादों के निदान के लिए।
C. संघ में एकता बनाए रखने के लिए
D. उपर्युक्त सभी।

**67.** बौद्ध धर्म का *सर्वास्तिवादिन सम्प्रदाय* मुख्यतः कहाँ विकसित हुआ?

A. बंगाल
B. मगध
C. पंजाब और उ.प. सीमाप्रान्त
D. महाराष्ट्र

**68.** निम्नलिखित में कौन-सा विश्वास जैन एवं बौद्ध दोनों धर्मों का समान धार्मिक विश्वास नहीं था?

A. कर्म के नियम में विश्वास
B. नास्तिकता में विश्वास
C. अहिंसा के सिद्धान्त में विश्वास
D. कठोर यतित्ववाद पर बल

**69.** निम्नलिखित में से किसे प्राचीनतम रूढ़िवादी बौद्ध सम्प्रदाय माना जाता है?

A. महायानवाद　　B. थेरवाद
C. वैपुल्यवाद　　D. प्रज्ञाप्तिवादिन

**70.** चतुर्थ बौद्ध संगीति द्वारा किस ग्रंथ को बौद्ध धार्मिक ग्रंथों के रूप में स्वीकार किया गया?

A. धम्मपद　　B. जातक
C. टीकाएँ　　D. कथावथ्थु प्रकरण

**71.** किस शासक के काल में बौद्ध धर्म का औपचारिक रूप से विभाजन हुआ?

A. कनिष्क　　B. अजातशत्रु
C. धर्मपाल　　D. अशोक

**72.** जैन धर्म का सर्वाधिक वैज्ञानिक धार्मिक विश्वास था—

A. सभी जीवित (जीव) और निर्जीव वस्तुओं में जीवन है।
B. शारीरिक सहनशक्ति एक मानसिक लक्षण है।
C. सभी पाप व्यक्ति के मन में उत्पन्न होते हैं।
D. प्रकृत्ति के चक्र में विश्वास।

**73.** बौद्ध धर्म ग्रंथों का महानतम टीकाकार कौन था?

A. अश्वघोष　　B. बुद्धघोष
C. वसुमित्र　　D. नागार्जुन

**74.** निम्नलिखित में से कौन बौद्ध धर्म के त्रिरत्न का अंग नहीं है?

A. बुद्ध　　B. धम्म
C. निर्वाण　　D. संघ

**75.** "मिलिन्दपन्हों" का रचनाकार किसे माना जाता है?

A. नागसेन　　B. वसुमित्र
C. बुद्धघोष　　D. धम्मपाल

**76.** बुद्धघोष द्वारा लिखित किस ग्रंथ को प्रारंभिक बौद्ध धर्म का लघु विश्वकोष माना जाता है?

A. सामन्त-पसादिका　　B. मनोरथ पुराणि
C. विसुद्धिमग्ग　　D. सुमंगलविलासिनी

**77.** निम्नलिखित में से कौन महायानी संस्कृत लेखक था जो प्रारंभ में हीनयानी था?

A. नागार्जुन　　B. अश्वघोष
C. वसुबन्धु　　D. असंग

**78.** बुद्ध के अनुसार सभी मानवीय दुःखों का कारण तृष्णा है, जिसका अर्थ है—

A. सांसारिक वस्तुओं की इच्छा।
B. भौतिक सुखों एवं सांसारिक भोग-विलास की इच्छा।
C. मन की अतिशय क्रियाशीलता।

D. सांसारिक या भौतिक अनुरक्ति।

**79.** निम्नलिखित में से किन व्यक्तियों का बौद्ध संघ में प्रवेश निषेध नहीं था?

A. पन्द्रह वर्ष से कम आयु के व्यक्ति।

B. संक्रामक रोगों से पीड़ित व्यक्ति।

C. वह व्यक्ति जिसे दण्डित किया गया हो।

D. वह व्यक्ति जिसने कर्ज नहीं चुकाया हो।

**80.** निम्नलिखित में से कौन-सा ग्रंथ बौद्ध आध्यात्मिक चिन्तन का सर्वाधिक महत्त्वपूर्ण आधार स्तम्भ माना जाता है?

A. महावग्ग B. विनय पिटक

C. सुतविभंग D. जातक कहानियाँ

**81.** निम्नलिखित किस ग्रंथ में भगवान बुद्ध का जीवन चरित वर्णित नहीं है?

A. बुद्ध चरित B. ललित विस्तार

C. महावस्तु D. निदान कथा

**82.** निम्नलिखित में से किस प्रतीक का भगवान बुद्ध एवं उनके जीवन से संबंधित घटनाओं के "स्मृत्ति-प्रतीक" के रूप में प्रयोग नहीं किया जाता था?

A. बोधिवृक्ष B. स्तूप

C. चार सिंह D. पदचिन्ह

**83.** वह कौन-सा बौद्ध ग्रंथ है, जो अनेक जातक कथाओं एवं इस प्रकार की अन्य रचनाओं का स्रोत है?

A. महावस्तु B. कथावस्थु

C. ललित विस्तार D. महावंश

**84.** निम्नलिखित में से किस स्थान पर स्थित बौद्ध संघ का एक महान बौद्ध शिक्षा-केन्द्र के रूप में उदय नहीं हुआ?

A. नालन्दा B. वल्लभी

C. वैशाली D. विक्रमशिला

**85.** बुद्ध के प्रवचनों का संकलन प्रसिद्ध "*धम्मपद*" निम्नलिखित में से किस ग्रंथ का अंग है?

A. सुत्त पिटक B. दीघनिकाय

C. विनय पिटक D. अभिधम्म पिटक

**86.** निम्नलिखित किस प्रसिद्ध स्मारक के साथ बुद्ध के जन्म स्थान की पहचान की गयी है?

A. अशोक का रामपुरवा स्तम्भ

B. अशोक का रूम्मिनदेई स्तम्भ

C. अशोक का सारनाथ स्तम्भ

D. पिपरहवा का घोषिताराम विहार

**87.** सिद्धार्थ की मौसी, जिसने उनका पालन पोषण किया, का नाम था—

A. आम्रपाली B. प्रजापति गौतमी

C. सुजाता D. महामाया

**88.** महायान सम्प्रदाय की अत्यन्त महत्त्वपूर्ण दार्शनिक कृति है—

A. लंकावतार B. अवदानकल्पलता

C. प्रज्ञापरमिता D. ललितविस्तार

**89.** महापरिनिर्वाण-सुत्त, सुत पिटक के किस निकाय का अंग है?

A. दीघ निकाय B. खुद्दक निकाय

C. मज्झिम निकाय D. सम्युत्त निकाय

**90.** बौद्ध संघ में सबसे पहले किस महिला का भिक्षुणी के रूप में प्रवेश हुआ?

A. गौतमी B. यशोधरा

C. सुजाता D. महामाया

**91.** जातक-कथाएँ किस निकाय का अंग है?

A. दीर्घ निकाय B. खुद्दक निकाय

C. अंगुत्तर निकाय D. सम्युत्त निकाय

**92.** भारत एवं श्रीलंका के इतिहास के संबंध में अमूल्य जानकारी देने वाला बौद्ध धर्म का सर्वाधिक प्रसिद्ध गैर-धार्मिक ग्रंथ है—

A. हरिवंश B. अष्ट कथा

C. महावंश D. दीपवंश

**93.** प्रसिद्ध बौद्ध विद्वान अश्वघोष किसके समकालीन थे?

A. कनिष्क B. हर्ष

C. मिनाण्डर D. अशोक

**94.** निम्नलिखित किस स्थान के भिक्षुओं ने चीन में बौद्ध धर्म के प्रचार में प्रमुख भूमिका निभाई?

A. कश्मीर B. कुची

C. खोतान D. तिब्बत

**95.** चीन में बौद्ध धर्म का प्रवेश कब हुआ?

A. प्रथम शताब्दी में

B. प्रथम शताब्दी ई॰पू॰ में

C. तीसरी शताब्दी ई॰पू॰ में

D. तीसरी शताब्दी में

**96.** अशोक की भाँति बौद्ध संघ को कठोर अनुशासन में लाने का प्रयास करने वाला प्रसिद्ध राजकीय संरक्षक था—

A. कनिष्क B. मिनाण्डर
C. धर्मपाल D. हर्ष

**97.** नालन्दा विश्वविद्यालय को सर्वाधिक राजकीय संरक्षण किस राजवंश ने प्रदान किया था?
A. पाल राजा धर्मपाल एवं देवपाल।
B. गुप्त राजा चन्द्रगुप्त द्वितीय विक्रमादित्य।
C. सुमात्रा के राजा बालपुत्रदेव।
D. कन्नौज के राजा हर्ष।

**98.** निम्नांकित कौन–सा बौद्ध विद्वान भारत से तिब्बत नहीं गया था?
A. आचार्य दीपांकार B. आचार्य जित्कारि
C. आचार्य संतरक्षित D. आचार्य कमलशील

**99.** चीन से भारत आने वाले बौद्ध विद्वानों में से निम्नलिखित कौन नहीं था?
A. इत्सिंग B. फाहियान
C. ह्वेनत्सांग D. तायिसुंग

**100.** बौद्ध धर्म का प्रथम महान राजकीय संरक्षक कौन था?
A. अशोक B. कनिष्क
C. अजातशत्रु D. उदयिन

**101.** नागार्जुन किस सातवाहन नरेश के मित्र और समकालीन थे?
A. गौतमीपुत्र शात्तकर्णी B. पुलुमवि द्वितीय
C. यज्ञ श्री गौतमी पुत्र D. पुलुमवि चतुर्थ

**102.** ईसा-पूर्व मध्य एशिया में बौद्ध धर्म का सर्वाधिक प्राचीन केन्द्र था—
A. यारकन्द B. ताशकन्द
C. खोतान D. काशगर

**103.** बौद्ध धर्म जापान में पहली बार कब प्रचलित हुआ?
A. प्रथम शताब्दी में
B. द्वितीय शताब्दी में
C. सातवीं शताब्दी में
D. आठवीं शताब्दी में

**104.** निम्नांकित किस शासक ने जापान में बौद्ध धर्म के लिए सर्वाधिक कार्य किए?
A. राजकुमार शोतोकू B. साम्राज्ञी सुइको
C. हेइना D. कामाकुरा

**105.** निम्नलिखित किस देश में महायान बौद्ध धर्म की प्रसिद्ध शाखा के रूप में प्रचलित नहीं था?
A. म्याँमार B. मलाया
C. वियतनाम D. तिब्बत

**106.** कनिष्क का शासन-काल बौद्ध धर्म के इतिहास की एक युगान्तकारी घटना है, क्योंकि—
A. इसी समय महायान धर्म का उत्थान हुआ।
B. उनके काल में बौद्ध धर्म का प्रवेश चीन और मध्य एशिया में हुआ।
C. उपर्युक्त (A) और (B) दोनों
D. इसी काल में बुद्ध और बोधिसत्त्वों की मूर्तियाँ बनायी जाने लगी थी।

**107.** निम्नलिखित किस महत्त्वपूर्ण विहार की स्थापना बिहार के पाल राजाओं द्वारा नहीं की गयी थी?
A. विक्रमशिला B. नालन्दा
C. ओदन्तपुरी D. सोमपुरी

**108.** अश्वघोष की किस रचना को संस्कृत साहित्य में उपलब्ध सबसे प्राचीन नाट्य ग्रंथ माना जाता है?
A. सौन्दरानन्द B. बुद्ध चरित
C. गण्डिस्तोत्र गाथा D. शारिपुत्र प्रकरण

**109.** नागार्जुन "भारत के आइन्स्टीन" के रूप में प्रसिद्ध हैं, क्योंकि—
A. वह एक महान न्यायविद् थे।
B. उन्होंने आइन्स्टीन के सापेक्षिकता सिद्धान्त की तरह शून्यवाद का सिद्धान्त प्रतिपादित किया।
C. आइन्स्टीन की तरह ब्रह्माण्ड के स्वरूप में उनकी गहन अन्तर्दृष्टि थी।
D. वह अपने समय के एक महान भौतिक-विज्ञानी थे।

**110.** मध्यकालीन न्याय शास्त्र का जनक माना जाने वाला प्रसिद्ध बौद्ध तर्कशास्त्री—
A. भावविवेक B. बुद्ध पालित
C. दिंग नाग D. धर्मकीर्ति

**111.** नालन्दा, विक्रमशिला आदि बौद्ध विश्वविद्यालय वस्तुतः क्या थे?
A. विहारों के शीर्ष निकाय
B. बौद्ध विहारों के शिक्षण केन्द्र
C. बौद्ध महाविहार
D. धर्म निरपेक्ष विश्वविद्यालय

**112.** सम्राट अशोक द्वारा सर्वाधिक महत्त्वपूर्ण प्रचारक मण्डल कहाँ भेजा गया था?
A. म्याँमार B. श्रीलंका
C. बैक्ट्रिया D. कम्बोड़िया

**113.** कुशीनगर में बुद्ध के निर्वाण के समय उनका कौन शिष्य उनके पास उपस्थित था?

A. आनन्द B. नागसेन
C. सारिपुत्र D. अम्बपालि

**114.** बौद्ध धर्म के प्रभाव के परिणामस्वरूप चीनी जन–जीवन पर निम्नलिखित में से कौन-सा प्रभाव नहीं पड़ा?
A. पुनर्जन्म का सिद्धान्त।
B. पुरस्कार एवं प्रतिफल संबंधी विचारधारा।
C. दुर्दैववादी विचारधारा।
D. अहिंसा के सिद्धान्त पर विश्वास।

**115.** बौद्ध जगत को श्रीलंका की महानतम देन क्या है?
A. बुद्ध के दन्तावशेष एवं पवित्र बोधिवृक्ष की रक्षा।
B. दक्षिण-पूर्व एशिया में बौद्ध धर्म का प्रसार।
C. पालि धर्म ग्रंथों का पूर्णरूपेण संरक्षण।
D. बौद्ध धर्म ग्रंथों की पालि टीकाओं के द्वारा बौद्ध धर्म का विकास।

**116.** विभाषा में किस ग्रंथ की तीन खण्डों में टीकाएँ की गयी है ?
A. विनय पिटक B. सुत्त पिटक
C. त्रिपिटकों की टीकाएँ D. अभिधम्म पिटक

**117.** निम्नलिखित में कौन युग्म सही सुमेलित नहीं है ?
A. विनय पिटक → संघ विषयक अनुशासन के नियम।
B. धम्म पद → सारनाथ में बुद्ध का मूल प्रवचन।
C. सुत्तपिटक → बुद्ध के पिछले जन्मों की कथाएँ।
D. अभिधम्मपिटक → बुद्ध की शिक्षाओं का दार्शनिक विवेचन।

**118.** दक्कन में बौद्ध धर्म के महानतम केन्द्र थे–
A. अजन्ता और एलोरा
B. काँची और नेगपत्तनम्
C. अमरावती और नागार्जुन कोण्डा
D. नासिक और कार्ले

**119.** निम्नलिखित में से कौन-सा स्थान बुद्ध के जीवन की चार महत्त्वपूर्ण घटनाओं से संबंधित नहीं है?
A. कसिया B. रूम्मिनदेई
C. सांकास्य D. इसिपतन का मृगवन

**120.** प्रथम शताब्दी ई॰ में चीन जाकर बौद्ध कृतियों का चीनी भाषा में अनुवाद करने वाला भारतीय बौद्ध भिक्षु था–
A. नागार्जुन B. असंग
C. धर्म कीर्त्ति D. कश्यप मातंग

**121.** बोरोबुदूर का सबसे विशाल बौद्ध स्तूप कहाँ पर है?
A. रंगून B. अनुराधापुर
C. मध्य जावा D. अंगकोरवाट

**122.** प्रारंभिक बौद्ध युग में स्तूप निर्माण किस विचारधारा से संबंधित था?
A. ब्रह्माण्ड की अवधारणा B. बुद्ध के निर्वाण
C. बुद्ध का जीवन D. बुद्ध के शरीरावशेष

**123.** मानव रूप में निर्मित बुद्ध की प्रारंभिक प्रतिमाओं का संबंध निम्नलिखित किस शिल्प–शैली से है?
A. गान्धार B. मथुरा
C. शुंग D. मौर्य

**124.** कठोर अनुशासनात्मक नियमों पर विश्वास करने वाला बौद्ध सम्प्रदाय था–
A. थेर B. महासांघिक
C. वज्रयानी D. शून्यवादी

**125.** वह भारतीय कला शैली जो यूनानी-रोमन बौद्ध कला के रूप में प्रसिद्ध है, वह शिल्प कला शैली है–
A. गान्धार (कुषाण) B. मौर्य
C. शुंग D. गुप्त

**126.** श्रीलंका की बौद्धकला की एक सर्वोत्कृष्ट कलाकृति है–
A. अनुराधापुर से प्राप्त ध्यानमग्न मुद्रा में बुद्ध की मूर्ति।
B. श्रीलंका में अवकाना में स्थित बुद्ध की विशालतम प्रतिमा।
C. अजन्ता के चित्रों की भाँति सीगिरिय के गुहा-चित्र।
D. पोलन्नरूवा से प्राप्त बुद्ध के परिनिर्वाण की विशालकाय प्रतिमा।

**127.** बौद्ध कला का महान केन्द्र बामियान कहाँ स्थित है?
A. कश्मीर
B. मध्य एशिया
C. पाकिस्तान का सीमान्त प्रान्त
D. अफगानिस्तान

**128.** बौद्ध धर्म के प्रारंभिक चरण में "चैत्यों" के निर्माण का क्या प्रयोजन था?
A. वे मन्दिरों की भाँति थे।
B. सामाजिक समारोहों के लिए इनका प्रयोग किया जाता था।

C. वे ध्यान या साधना भवन थे।
D. धार्मिक सभाओं एवं सामूहिक प्रार्थनाओं के लिए इनका प्रयोग किया जाता था।

**129.** निम्नलिखित किस स्थान को बौद्ध धर्म की जन्मस्थली कहा जा सकता है?
A. लुम्बिनी B. सारनाथ
C. राजगृह D. कुशीनगर

**130.** पश्चिमी भारत के किस स्थान से बौद्ध विहारों का विशालतम समूह पाया गया है?
A. कार्ले B. जुन्नैर
C. अजन्ता D. कन्हेरी

**131.** बुद्ध की मृत्यु शताब्दी महोत्सव के समय की सबसे महत्त्वपूर्ण घटना थी–
A. दूसरी बौद्ध संगीति का आयोजन।
B. श्रीलंका में बौद्ध धर्म प्रचारक मण्डल भेजना।
C. बुद्ध के उपदेशों का संकलन।
D. बौद्ध धर्म का महायान एवं हीनयान सम्प्रदायों में विभाजन।

**132.** बौद्ध एवं जैन धर्म, दोनों में निम्नलिखित में से कौन सी समरूपता या समानता नहीं है?
A. दोनों अनीश्वरवादी एवं वैदिक विचारधारा के विरोधी थे।
B. दोनों का अहिंसा में समान विश्वास था।
C. दोनों ने बिना किसी जातीय भेदभाव के अनुयायी बनाए।
D. दोनों का कर्म के सिद्धान्त संबंधी विचारों में विश्वास था।

**133.** साँची और भरहुत के स्तूप किसके लिए प्रसिद्ध हैं?
A. लोक कला के साथ धर्म का मिश्रण।
B. अपने सुन्दर तोरण द्वारों के लिए।
C. उनकी वेदिकाओं और तोरण द्वारों पर अत्यन्त सुन्दर शिल्प-कला के लिए।
D. इनमें से कोई नहीं

**134.** निम्नलिखित में से किसके प्रमाण पर महावीर की मृत्यु का वर्ष 468 ई॰पू॰ निर्धारित किया गया है?
A. तारानाथ B. सिद्धसेन
C. हेमचन्द्र D. हरिभद्र

**135.** निम्नलिखित में से किसने जैनधर्म को राजकीय संरक्षण प्रदान नहीं किया?
A. गंग B. सातवाहन
C. गुजरात के चालुक्य D. राष्ट्रकूट

**136.** उस जैन भिक्षु का नाम क्या था जिसके नेतृत्व में बहुत बड़ा जैन समुदाय कर्नाटक चला गया?
A. नागार्जुन B. संघदास
C. हरिभद्र D. भद्रबाहु

**137.** लगभग तीसरी शताब्दी ई॰पू॰ में प्रथम जैन सभा कहाँ आयोजित की गयी थी?
A. वल्लभी B. वैशाली
C. पाटलिपुत्र D. जम्भिक ग्राम

**138.** महावीर की शिक्षाओं का एक धर्म ग्रंथ के रूप में अन्तिम संकलन कब हुआ?
A. छठी शताब्दी ई॰पू॰
B. ग्यारहवीं शताब्दी ई॰
C. पाँचवीं या छठी शताब्दी ई॰
D. तीसरी शताब्दी ई॰ पू॰

**139.** निम्नलिखित में से किसे महानतम जैन विद्वान माना जाता है?
A. हेमचन्द्र B. अमोघवर्ष
C. भद्रबाहु D. स्थूलभद्र

**140.** महावीर द्वारा संस्थापित पंथ का मूल नाम क्या था जो आगे चलकर सामान्यतया जैन के रूप में प्रसिद्ध हुआ?
A. तीर्थंकर B. निर्ग्रन्थ
C. जिन D. केवलिन

**141.** महावीर को "कैवल्य" (सर्वोच्च ज्ञान) की प्राप्ति कहाँ हुई थी?
A. गया B. वैशाली
C. कुण्डग्राम D. जाम्भिक ग्राम

**142.** महावीर का परिनिर्वाण कहाँ हुआ था?
A. कुसीनगर B. राजगीर
C. पावापुरी D. वैशाली

**143.** वैशाली के लिच्छवियों के साथ महावीर के संबंधों के बारे में कौन-सा कथन सत्य है?
A. उनके पिता सिद्धार्थ लिच्छवियों के ज्ञात्रिक वंश के थे।
B. महावीर का विवाह लिच्छवी राज परिवार में हुआ था।
C. महावीर की माता त्रिशला वैशाली के लिच्छवी शासक-वंश से संबंधित चेटक की बहन थीं।

D. महावीर का दामाद जामाली लिच्छवियों का प्रधानमंत्री था।

**144.** महावीर स्वामी के अनुयायी निर्ग्रन्थ के रूप में प्रसिद्ध थे, क्योंकि उन्होंने—

A. अपने वस्त्र त्याग दिए थे।
B. पूर्ण व्यक्ति बन गए थे।
C. महावीर की शिक्षाओं को स्वीकार कर लिया था।
D. सांसारिक बन्धनों से मुक्त हो गए थे।

**145.** किस जैन ग्रंथ का संकलन तीसरी शताब्दी ई॰पू॰ में पाटलिपुत्र में आयोजित प्रथम जैन सभा में किया गया था?

A. पूर्वा B. दस प्रकीर्ण
C. षड्भेदसूत्र D. बारह अंग

**146.** "जैन" शब्द का अर्थ क्या है?

A. इसका तात्पर्य सांसारिक बंधनों से मुक्त व्यक्ति से है।
B. इसकी व्युत्पत्ति 'जिन' शब्द से हुई है जिसका अर्थ विजेता है।
C. इसका तात्पर्य उस व्यक्ति से है जिसने सांसारिक भोग-विलास को त्याग दिया हो।
D. इसका तात्पर्य उस व्यक्ति से है जो सभी विकारों और इच्छाओं से मुक्त हो।

**147.** जैन धर्म ने अपने आध्यात्मिक विचारों को किससे ग्रहण किया ?

A. बौद्ध धर्म B. आजीवक
C. सांख्य दर्शन D. भागवत सम्प्रदाय

**148.** दक्षिण भारत में जैन धर्म का प्रचार किसने किया?

A. भद्रबाहु B. गौतम
C. इन्द्रभूति D. सुधर्मन

**149.** निम्नलिखित में कौन युग्म सुमेलित नहीं है?

A. महावीर की माता – त्रिशला
B. महावीर के पिता – सिद्धार्थ
C. महावीर की पत्नी – यशोधरा
D. महावीर की पुत्री – चेल्लना

**150.** महावीर के बाद जैन धर्म के महान गुरु कौन थे?

A. भद्रबाहु B. संभूति विजय
C. स्थूलभद्र D. हेमचन्द्र

**151.** वह जैन तीर्थंकर कौन थे, जिन्हें भगवान कृष्ण का निकट संबंधी माना जाता है?

A. नेमिनाथ B. ऋषभ
C. पार्श्वनाथ D. महावीर

**152.** किस भाषा के विकास के लिए जैनियों ने महत्त्वपूर्ण योगदान प्रदान नहीं किया?

A. अर्धमागधी B. अपभ्रंश
C. गुजराती D. मलयालम

**153.** जैन धर्म में ग्यारह गणधर थे—

A. जैन धर्म के भावी धर्म गुरु
B. जैन धर्म के महान देवदूत
C. जैन सम्प्रदायों के प्रमुख
D. महावीर के प्रिय शिष्य और धर्म प्रचारक

**154.** निम्नलिखित में से कौन-सा ग्रंथ भागवत् धर्म का स्रोत नहीं है?

A. महाभारत
B. नारद और शाण्डिल्य सूत्र
C. भागवत पुराण
D. विष्णु धर्मोत्तर पुराण

**155.** भागवत सम्प्रदाय के अनुसार सभी मानवीय पापों का कारण है—

A. लोभ B. असत्य
C. अविद्या D. माया

**156.** निम्नांकित कौन-सा दार्शनिक सम्प्रदाय भागवत धर्म की मुख्य शाखा है?

A. साख्य B. वैशेषिक
C. अद्वैत D. विशिष्टा द्वैत

**157.** निम्नलिखित में से कौन प्रमुख भागवत धर्म ग्रंथ नहीं है?

A. स्मृतियाँ B. पुराण
C. उपनिषद् D. ब्राह्मण

**158.** सर्वप्रथम किस उपनिषद् में देवकी पुत्र एवं अंगिरा के शिष्य के रूप में कृष्ण का उल्लेख मिलता है?

A. वृहद्अरण्यक उपनिषद् B. कठोपनिषद्
C. छान्दोग्य उपनिषद् D. तैत्तिरीय उपनिषद्

**159.** "अवतारवाद" का प्रथम उल्लेख कहाँ मिलता है?

A. महाभारत B. रामायण
C. भागवतगीता D. विष्णु पुराण

**160.** भागवत धर्म का प्रधान ग्रंथ निम्न में से कौन था?

A. श्रीमद् भंगवद् गीता B. रामायण
C. महाभारत D. उपर्युक्त सभी

**161.** किस विदेशी दूत ने अपने को "भागवत" घोषित किया?

A. मेगारथनीज

B. हेलियोडोरस
C. प्लूटार्क
D. उपर्युक्त में से कोई नहीं

**162.** कृष्ण का प्रारंभिक नाम वासुदेव किस समय प्रचलन में आया?
A. महाभारत काल B. गुप्त काल
C. मौर्य काल D. पाणिनी काल

**163.** वैष्णव धर्म के प्रवर्त्तक कृष्ण निम्न में से किससे संबधित थे?
A. वैश्य वंशी B. क्षत्रिय वंशी
C. वृष्णि वंशी D. यादव वंशी

**164.** लिंग पूजा का प्रथम स्पष्ट प्रमाण कहाँ से मिलता है?
A. भागवत पुराण B. मत्स्य पुराण
C. विष्णु पुराण D. अग्नि पुराण

**165.** "हरिहर" के रूप में शिव-विष्णु की मूर्त्तियाँ सर्वप्रथम किस काल में बनीं?
A. कुषाण काल B. गुप्त काल
C. शुंग काल D. सातवाहन काल

**166.** विष्णु के दस अवतारों की जानकारी का स्रोत है—
A. भागवत पुराण B. विष्णु पुराण
C. मत्स्य पुराण D. मार्कण्डेय पुराण

**167.** शिव भक्ति के विषय में प्रारंभिक जानकारी कहाँ से मिलती है?
A. सैन्धव सभ्यता से B. वैदिक काल से
C. संगम काल से D. मौर्य काल से

**168.** सर्वाधिक प्राचीन शैव सम्प्रदाय कौन-सा है?
A. कापालिक B. कालामुख
C. पाशुपत D. नाथ

**169.** ऐलोरा स्थित प्रसिद्ध "कैलाश मंदिर" का निर्माण किस वंश के शासकों ने करवाया था?
A. चोल वंश B. पल्लव वंश
C. गुप्त वंश D. राष्ट्रकूट वंश

**170.** वैष्णवमत किन शासकों के संरक्षण में अपने चरमोत्कर्ष पर पहुँचा?
A. गुप्त B. मौर्य
C. शुंग D. कुषाण

**171.** दक्षिण भारत में वैष्णवमत के प्रचार–प्रसार में किन लोगों ने महत्त्वपूर्ण योगदान दिया?
A. कुमारिल भट्ट एवं समर्थकों ने
B. शंकराचार्य एवं समर्थकों ने
C. आलवार सन्तों ने
D. इनमें से कोई नहीं।

**172.** भगवान शिव के अठारह अवतारों में किसे गिना जाता है?
A. नकुलीश B. भैरव
C. वसुगुप्त D. मत्स्येन्द्रनाथ

**173.** ऋग्वेद में शिव का उल्लेख किस रूप में हुआ है?
A. शर्व B. रूद्र
C. पशुपति D. भूपति

**174.** किस विदेशी यात्री ने शिव को "डायोनिसस" कहा है?
A. हेलियोडोरस B. मेगास्थनीज
C. स्ट्रैबो D. इनमें से कोई नहीं

**175.** शिव की मूर्त्ति बनाकर पूजा करने का विवरण किसमें मिलता है?
A. महाभारत B. मत्स्य पुराण
C. अष्टाध्यायी D. महाभाष्य

**176.** "श्रीमद् भागवत" की रचना किसने की?
A. कृष्ण B. महर्षि विश्वामित्र
C. महर्षि वेदव्यास D. संकर्षण

**177.** पंचरात्र मूलतः किसके उपासक थे?
A. नारायण-विष्णु B. पाँच वृष्णि वीरों के
C. कृष्ण और बलराम D. त्रिमूर्त्ति

**178.** निम्नांकित किस ग्रंथ में सर्वप्रथम देवकी पुत्र कृष्ण का उल्लेख किया गया है?
A. छान्दोग्य उपनिषद् B. अथर्ववेद
C. महाभारत D. भागवत पुराण

**179.** पंच रात्र तथा भागवत समातार अन्ततः किसमें विलीन हो गए?
A. वैष्णव धर्म B. शैव धर्म
C. शाक्त धर्म D. तन्त्रवाद

**180.** निम्नलिखित में से कौन-सा नैतिक गुण भागवत धर्म का एक अंग नहीं है?
A. दान B. धर्मपरायणता
C. अहिंसा D. उचित आजीविका

**181.** ब्राह्मण धर्म में किस सम्प्रदाय के उदय के साथ मूर्त्ति पूजा की परम्परा का प्रारंभ हुआ?
A. आजीवक सम्प्रदाय B. भागवत सम्प्रदाय
C. वैष्णव सम्प्रदाय D. शैव सम्प्रदाय

**182.** ब्राह्मण धर्म की किस अवधारणा को भागवत सम्प्रदाय में स्वीकार नहीं किया गया है?

A. वर्णाश्रम धर्म
B. व्यापक याज्ञिक अनुष्ठान
C. संसार संबंधी सिद्धान्त
D. कर्म का सिद्धान्त

**183.** ब्राह्मण धर्म का सर्वाधिक महत्त्वपूर्ण पक्ष क्या था?
A. मंत्र की अवधारणा
B. यज्ञ अनुष्ठान
C. तपश्चर्या का अनुसरण
D. आध्यात्मिक आनन्द की प्राप्ति।

**184.** भागवत धर्म के अनुसार मोक्ष किस प्रकार आश्रित है?
A. ईश्वर के प्रति भक्ति B. अति प्रेम
C. आत्म समर्पण D. ईश्वर की कृपा

**185.** भागवत सम्प्रदाय का वैष्णव धर्म के रूप में उस समय रूपान्तरण हो गया, जब—
A. वासुदेव कृष्ण का वैदिक देवता विष्णु से तादात्मय किया गया।
B. भागवत सम्प्रदाय द्वारा वैदिक सामाजिक कर्मकाण्ड अपना लिए गए।
C. भागवत सम्प्रदाय में नर—नारायण जैसे ब्रह्माण्डीय देवताओं को आत्मसात कर लिया गया।
D. भागवत सम्प्रदाय ने वर्णाश्रम धर्म की अवधारणा को स्वीकार कर लिया।

**186.** व्यक्ति को भगवत् कृपा किसके माध्यम से प्राप्त होती है?
A. भक्ति
B. प्रेम
C. भगवान के प्रति समर्पण
D. कर्त्तव्यों का पालन

**187.** शैव धर्म का प्रारंभ किस काल में माना जा सकता है?
A. मौर्य B. कुषाण
C. उत्तर वैदिक D. हड़प्पा

**188.** दक्षिण पूर्व एशिया के विभिन्न हिन्दू राज्यों में शैव धर्म का प्रसार कहाँ से हुआ?
A. कश्मीर B. पंजाब
C. उत्तर भारत D. दक्षिण भारत

**189.** अनार्य देवता शिव का तादात्म्य किस वैदिक देवता से किया गया?
A. मरूत B. इन्द्र
C. रूद्र D. प्रजापति

**190.** शैव विचारधारा के प्रारंभिक प्रवर्त्तक कौन थे?
A. बासव B. विर्जल
C. लकुल D. शंकराचार्य

**191.** निम्नलिखित में से कौन एक शैव सम्प्रदाय नहीं था?
A. लकुल B. पाशुपत
C. शाक्तवाद D. माहेश्वर

**192.** निम्नलिखित में से कौन-सा प्राचीनतम अवैदिक सम्प्रदाय बाद में ब्राह्मण धर्म का अंग हो गया?
A. भागवत सम्प्रदाय
B. शैव सम्प्रदाय
C. वैष्णव सम्प्रदाय
D. शाक्त सम्प्रदाय।

**193.** शाक्त सम्प्रदाय में किसकी उपासना की जाती थी?
A. दुर्गा के नौ रूपों की उपासना।
B. हड़प्पा की मातृ देवी।
C. वैदिक पार्वती।
D. कन्याकुमारी में स्थित कुमारी कन्या।

## उत्तरमाला

| 1 | 2 | 3 | 4 | 5 | 6 | 7 | 8 | 9 | 10 |
|---|---|---|---|---|---|---|---|---|---|
| C | D | B | A | C | B | B | C | C | C |
| **11** | **12** | **13** | **14** | **15** | **16** | **17** | **18** | **19** | **20** |
| B | A | D | C | B | A | C | A | A | C |
| **21** | **22** | **23** | **24** | **25** | **26** | **27** | **28** | **29** | **30** |
| B | D | C | B | B | C | C | B | C | A |
| **31** | **32** | **33** | **34** | **35** | **36** | **37** | **38** | **39** | **40** |
| A | B | B | B | A | B | B | A | A | B |

| 41 | 42 | 43 | 44 | 45 | 46 | 47 | 48 | 49 | 50 |
|---|---|---|---|---|---|---|---|---|---|
| A | C | B | C | A | B | A | B | C | A |
| 51 | 52 | 53 | 54 | 55 | 56 | 57 | 58 | 59 | 60 |
| D | B | C | A | B | A | B | C | D | A |
| 61 | 62 | 63 | 64 | 65 | 66 | 67 | 68 | 69 | 70 |
| C | B | B | A | C | D | C | D | B | C |
| 71 | 72 | 73 | 74 | 75 | 76 | 77 | 78 | 79 | 80 |
| A | A | B | C | A | C | B | B | C | D |
| 81 | 82 | 83 | 84 | 85 | 86 | 87 | 88 | 89 | 90 |
| C | C | B | C | A | B | B | C | A | A |
| 91 | 92 | 93 | 94 | 95 | 96 | 97 | 98 | 99 | 100 |
| B | C | A | B | A | D | B | B | D | A |
| 101 | 102 | 103 | 104 | 105 | 106 | 107 | 108 | 109 | 110 |
| C | C | C | A | A | C | B | D | B | C |
| 111 | 112 | 113 | 114 | 115 | 116 | 117 | 118 | 119 | 120 |
| C | B | A | D | B | C | B | C | C | A |
| 121 | 122 | 123 | 124 | 125 | 126 | 127 | 128 | 129 | 130 |
| C | D | A | A | A | D | D | D | B | B |
| 131 | 132 | 133 | 134 | 135 | 136 | 137 | 138 | 139 | 140 |
| A | B | C | C | B | D | C | C | A | B |
| 141 | 142 | 143 | 144 | 145 | 146 | 147 | 148 | 149 | 150 |
| D | C | C | D | D | B | C | A | D | B |
| 151 | 152 | 153 | 154 | 155 | 156 | 157 | 158 | 159 | 160 |
| A | D | D | C | C | D | B | C | B | A |
| 161 | 162 | 163 | 164 | 165 | 166 | 167 | 168 | 169 | 170 |
| B | D | C | B | B | C | A | C | D | A |
| 171 | 172 | 173 | 174 | 175 | 176 | 177 | 178 | 179 | 180 |
| C | A | B | B | D | C | A | A | A | D |
| 181 | 182 | 183 | 184 | 185 | 186 | 187 | 188 | 189 | 190 |
| B | B | B | D | A | A | D | D | A | C |
| 191 | 192 | 193 | | | | | | | |
| C | B | A | | | | | | | |

# 5. मौर्य साम्राज्य

- मौर्य वंश की स्थापना, चंद्रगुप्त मौर्य ने चाणक्य की सहायता से अंतिम नंदवंशीय शासक घनानंद को पराजित कर 322 ई.पू. में की।
- मौर्य राजवंश के विषय में जानकारी के प्रमुख स्त्रोत हैं– ब्राहमण साहित्य बौद्ध साहित्य, जैन साहित्य, विदेशी यात्रियों के विवरण एवं पुरातत्त्वा आदि।
- ब्राहमण साहित्य में पुराण, कौटिल्य का अर्थशास्त्र, विशाखदत्ता कृत नाटक मुद्राराक्षसम्, कथासरित्सागर एवं वृहत्कथामंजरी आदि उल्लेखनीय हैं।
- विशाखदत्त कृत गुप्तकालीन ग्रंथ मुद्राराक्षस में चाणक्य द्वारा नंदों को उखाड़ फेंकने में चंद्रगुप्त मौर्य की सहायता का वर्णन हैं। इस ग्रंथ से तत्कालीन सामाजिक एवं आर्थिक दशाओं की भी जानकारी मिलती है।
- सोमदेव के कथासरित्सागर और क्षेमेंद्र के वृहत्कथामंजरी से भी मौर्य इतिहास पर प्रकाश पड़ता है।
- चाणक्य के अर्थशास्त्र से भी मौर्यों के इतिहास पर विस्तृत प्रकाश पड़ता है। अर्थशास्त्र में मौर्यकालीन विभिन्न स्थलों से प्राप्त होने वाली विभिन्न वस्तुओं की भी जानकारी मिलती है। जैसे– कलिंग और अंग जनपद हाथी के लिए प्रसिद्ध थे। काशी सूती वस्त्र के लिए, प्रसिद्ध था, नेपाल कंबल के लिए, कंबोज घोड़ो के लिए मगध बाट बनाने वाले पत्थर के लिए प्रसिद्ध था। अर्थशास्त्र प्रशासन ( राजनीतिशास्त्र ) पर आद्यारित ग्रंथ है। अर्थशास्त्र के रचयिता चाणक्य के कौटिल्य तथा विष्णुगुप्त नाम भी मिलते हैं।
- बौद्ध साहित्य में दीपवंश, महावंश टीका, महाबोधिवंश एवं दिव्यावदान आदि महत्त्वपूर्ण ग्रंथ हैं जो मौर्य साम्राज्य के संबंध में विस्तृत जानकारी देते हैं। बौद्ध ग्रंथ दीण्वंश और महावंश से श्रीलंका में बौद्ध धर्म के प्रसार एवं अशोक की भूमिका पर प्रकाश पड़ता है।
- जैन साहित्य में भद्रबाहु के कल्पसूत्र एवं हेमचंद्र के परिशिष्टपर्वन से चंद्रगुप्त मौर्य के जीवन की कुछ घटनाओं का उल्लेख मिलता है।
- मौर्य साम्राज्य के संदर्भ में जानकारी के अन्य स्त्रोतों में विदेशी यात्रियों के वर्णन भी महत्त्वपूर्ण हैं। इन विदेशी यात्रियों में यूनान और चीन के यात्री महत्त्वपूर्ण हैं।
- यूनानी यात्रियों में स्टैबो, कर्टिअस, डिओडोरस एवं प्लूटार्क, जस्टिन आदि के विवरणों से चंद्रगुप्त के विषय में जानकारी मिलती है। स्टैबो तथा जस्टिन ने चंद्रगुप्त मौर्य को **"सैंड्रोकोट्स"** तथा एरियन एवं प्लूटार्क ने **''एण्ड्रोकोट्स''** कहा है। सर्वप्रथम विलियम जोन्स ने ही सैंड्रोकोट्स की पहचान चंद्रगुप्त मौर्य के रूप में की। चीनी यात्रियों में फाहियान, "ह्वेनसांग एवं इत्सिंग के यात्रा विवरण से मौर्ययुगीन सभ्यता एवं संस्कृति की जानकारी मिलती है। चीनी यात्रियों के यात्रा विवरण भी चंद्रगुप्त के विषय में भी जानकारी देते हैं।
- मौर्यकालीन पुरातात्त्विक साक्ष्यों में अशोक के शिलालेख काफी महत्त्वपूर्ण हैं। अब तक अशोक के लगभग 40 अभिलेख प्राप्त हुए हैं। अशोक के अभिलेखों को तीन वर्गों में बाँटा गया है– (क) शिलालेख (ख) स्तंभलेख (ग) गुहालेख।
- अशोक के शिलालेखों की कुल संख्या 14 है जो विभिन्न स्थानों से प्राप्त हुए हैं। इन्हें वृहद् शिलालेख भी कहा जाता है। सर्वप्रथम 1837 में जेम्स प्रिंसेप ने इन्हें पढ़ने में सफलता प्राप्त की ।

| क्र.स. | शिलालेख | खोज का वर्ष | लिपि |
|---|---|---|---|
| 1. | शहबाजगढ़ी (पाकिस्तान) | 1836 | खरोष्ठी |
| 2. | मानसेहरा (पाकिस्तान) | 1889 | खरोष्ठी |
| 3. | गिरनार (गुजरात) | 1822 | ब्राह्मी |
| 4. | धौली (उड़ीसा) | 1837 | ब्राह्मी |
| 5. | कालसी (उत्तराखण्ड) | 1837 | ब्राह्मी |
| 6. | जौगढ़ (उड़ीसा) | 1850 | ब्राह्मी |
| 7. | सोपारा (महाराष्ट्र) | 1882 | ब्राह्मी |
| 8. | एर्रगुडी (आंध्र प्रदेश) | 1916 | ब्राह्मी |

**नोटः** धौली एवं जौगढ़ के शिलालेखों को **'पृथक कलिंग प्रज्ञापान** अथवा **'पृथक कलिंग शिलालेख'** कहा जाता है। इनसे कलिंग राज्य के प्रति अशोक के शासन की नीति की जानकारी मिलती है।

- लघु शिलालेखों के माध्यम से अशोक के व्यक्तिगत जीवन के इतिहास के बारे में जानकारी मिलती है। ये निम्न स्थानों से प्राप्त हुए हैं – रूपनाथ (जबलपुर–मध्य प्रदेश), गुर्जरा (दतिया–मध्य प्रदेश), अहरौरा (मिर्जापुर –उत्तर प्रदेश ), भब्रू/बैराठ (जयपुर–राजस्थान), सासाराम (बिहार) एर्रगुडी (कर्नूल–आंध्र प्रदेश,) मास्की (रायचूर–आंध्र प्रदेश), राजुल मंडिगिरि (कर्नूल–आंध्र प्रदेश), ब्रहमगिरि, जटिंग रामेश्वर, गोविमठ, सिद्धपुर और पालकि गुंडु (कर्नाटक)।
- मौर्यकालीन जानकारी के लिए अशोक के स्तंभलेख भी महत्त्वपूर्ण हैं। इन स्तंभ लेखों की कुल संख्या छः है जो अलग-अलग स्थानों से प्राप्त हुए हैं–
  1. **प्रयाग स्तंभलेखः** कौशांबी में स्थित इस स्तंभलेख को अकबर ने इलाहाबाद के किले में स्थापित करवाया।
  2. **दिल्ली-टोपरा लेखः** यह स्तंभलेख फिरोज़शाह तुगलक द्वारा टोपरा (पंजाब) से दिल्ली लाया गया। इस पर अशोक के सातों अभिलेखों का उल्लेख है।
  3. **दिल्ली-मेरठ लेखः** मेरठ में स्थित इस स्तंभलेख को फिरोजशाह तुगलक द्वारा दिल्ली लाया गया।
  4. **रामपुरवा लेखः** यह स्तंभ लेख चंपारण (बिहार) में स्थापित है।
  5. **लौरिया अरेरांजः** यह स्तंभलेख भी चंपारण में स्थापित है।
  6. **लौरिया नंदनगढ़**–चंपारण में स्थित स्तंभ का शीर्ष कमलाकार है तथा इसके ऊपर उत्तर की ओर मुँह किए हुए सिंह की मूर्ति उत्कीर्ण है।
- बिहार में जहानाबाद जिला के नजदीक बराबर पहाड़ियों में अशोक के तीन गुहालेख प्राप्त हुए हैं जिनमें गुफाओं को अशोक द्वारा आजीवक सम्प्रदाय के भिक्षुओं को दान में दिए जाने का उल्लेख है। नागार्जुनी गुफा में अशोक के पौत्र दशरथ के तीन गुफा लेख हैं।
- अशोक के अभिलेख खरोष्ठी और ब्राह्मी नामक दो लिपियों में प्राप्त होते हैं।
- खरोष्ठी लिपि उर्दू की भांति दाएं से बाएं लिखी जाती थी ।
- अशोक के अधिकांश अभिलेख ब्राह्मी लिपि में हैं जबकि उसकी भाषा प्राकृत है।
- **ब्राह्मी लिपि** ही भारत की **सबसे प्राचीन लिपि** है। यह बाएं से दाएं लिखी जाती थी।
- मानसेहरा एवं शहबाजगढ़ी (दोनों पाकिस्तान मे स्थित हैं) के शिलालेख **खरोष्ठी लिपि** में हैं।
- कंधार एवं तक्षशिला के शिलालेख **द्विभाषी** है जो ग्रीक एवं आरमाइक लिपि में हैं।
- कंधार के पास **''शार-ए-कुना''** नामक स्थान से ग्रीक तथा आरमाइक में लिखा गया द्विभाषी अभिलेख मिला है।
- अफगानिस्तान के लमगान से **'पुलेदारूत'** आरमाइक भाषा में लिखा हुआ शिलालेख प्राप्त हुआ है।
- नागार्जुन शिलालेख युवराज दशरथ द्वारा लिखवाया गया।
- पटना के समीप कुम्हरार के उत्खनन से चंद्रगुप्त मौर्य के भव्य राजप्रसाद के अवशेष मिले हैं। यह राजप्रसाद लकड़ी से निर्मित था।
- चीनी चात्री फाहियान ने मौर्य राजप्रसाद को **''देवदूतों द्वारा निर्मित''** बताया है।
- यूनानी लेखकों ने पाटलिपुत्र को पोलिब्रोथा के रूप में वर्णित किया है।
- मौर्यकालीन कला का सर्वोत्कृष्ट निदर्शन एक ही प्रस्तर खंड से निर्मित (एकाश्मक) स्तंभ हैं । इन स्तंभों के शीर्ष के ऊपर निर्मित फलक पर विभिन्न पशुओं, पक्षियों एवं धर्मचक्र को उत्कीर्ण किया गया है।
- मौर्यकालीन स्तंभों मे सारनाथ स्तंभ अत्यधिक भव्य है। इस स्तंभ पर चार सिंह पीठ सटाए बैठे हैं। ये चार सिंह एक चक्र धारण किए हुए हैं। यह चक्र बुद्ध द्वारा धर्म-चक्र-प्रवर्तन का प्रतीक है।

  मौर्यकालीन कुछ स्तभों के शीर्ष पर स्थित चौकियों पर चार पशु– सिंह, अश्व, हाथी और बैल (जैसे सारनाथ स्तंभ शीर्ष की चौकी पर) आसीन हैं तथा कुछ पर हंस पंक्तियाँ अंकित है।
- पाटलिपुत्र की खुदाई से मौर्यकाल की अनेक मूर्तियाँ पाई गई हैं। इन मूर्तियों में सबसे प्रमुख यक्षी की मूर्ति है जो पटना के दीदारगंज से प्राप्त हुई है।
- चंद्रगुप्त मौर्य (322–298 ई. पू. ) भारतीय इतिहास में पहला महान सम्राट था। ग्रीक साहित्य में उसे **सैंड्रोकोट्स** के नाम से जाना जाता है। सर्वप्रथम विलियम जोन्स ने **सैंड्रोकोट्स** की पहचान चंद्रगुप्त मौर्य के रूप में की।

- चंद्रगुप्त मौर्य ने अपने गुरु विष्णुगुप्त अथवा चाणक्य की सहायता से नंद वंश के अंतिम शासक घनानंद को हराकर मौर्य साम्राज्य की स्थापना की ।
- मगध के राजसिंहासन पर बैठकर चंद्रगुप्त ने एक ऐसे साम्राज्य की नींव डाली जो पूरे भारत में फैला था।
- चंद्रगुप्त मौर्य ने उत्तर-पश्चिमी भारत को सिकंदर के उत्तराधिकारियों से मुक्त कर, नंदों का उन्मूलन कर , सेल्युकस को पराजित कर संधि के लिए बाध्य कर जिस साम्राज्य की स्थापना की उसकी सीमाएं उत्तर-पश्चिम में ईरान सीमा से लेकर दक्षिण में वर्तमान उत्तरी कर्नाटक एवं पूर्व में मगध से लेकर पश्चिम में सोपारा तथा सौराष्ट्र तक विस्तृत थी।
- बौद्ध ग्रंथ महावंश की टीका में चंद्रगुप्त मौर्य को पूरे जम्बूद्वीप का शासक कहा गया है।
- शक शासक रूद्रदामन के जूनागढ़ अभिलेख से पता चलता है कि चंद्रगुप्त मौर्य के साम्राज्य का विस्तार पश्चिमी भारत में था । इसी अभिलेख में चंद्रगुप्त के गवर्नर पुष्यगुप्त का वर्णन है जिसने सुदर्शन झील का निर्माण कराया था।
- महाराष्ट्र के थाने जिले में सोपारा में स्थित अशोक के शिलालेख से यह पता चलता है कि चंद्रगुप्त मौर्य ने सौराष्ट्र की सीमाओं से परे पश्चिमी भारत की अपनी विजय को कोंकण तक विस्तृत किया था।
- चंद्रगुप्त का साम्राज्य उसके शासन के अंतिम दिनों मे बंगाल से हिन्दुकुश एवं हिमालय से विंध्य तक फैला हुआ था। जिसमें काबुल, हेरात, कंधार, बलूचिस्तान, पंजाब, उत्तर प्रदेश, बिहार, बंगाल, गुजरात, काठियावाड़ तथा विंध्य पार की कुछ सीमाएं शामिल थी।
- बौद्ध साहित्य के अनुसार चंद्रगुप्त मौर्य ने लगभग 24 वर्ष तक शासन किया।
- जैन साहित्य के अनुसार चंद्रगुप्त मौर्य ने अपने पुत्र बिंदुसार को शासन सौंपकर जैन धर्म स्वीकार कर जैन भिक्षु भद्रबाहु के साथ मैसूर (कर्नाटक) चला गया। वहीं श्रवणबेलगोला में 298 ई. पू. में धीरे-धीरे अन्न-जल त्याग कर प्राण छोड़ दिया।
- ब्राहमण साहित्य में चंद्रगुप्त मौर्य को 'शुद्र' तथा बौद्ध एवं जैन ग्रंथ में 'क्षत्रिय कुल' से उत्पन्न बताया गया है। विशाखदत्त कृत मुद्राराक्षस नामक नाट्य ग्रंथ में चंद्रगुप्त मौर्य के लिए **'वृषल'** शब्द का का प्रयोग किया गया है। 'वृषल' शब्द का तात्पर्य निम्न कुल से है।
- इतिहासकार रोमिला थापर के अनुसार, चंद्रगुप्त मौर्य वैश्य जाति का था।
- चंद्रगुप्त मौर्य की दक्षिण भारत की विजय के विषय में जानकारी तमिल ग्रंथ **'अहनानूर'** और **'मुरनानूर'** से मिलती है।
- प्लूटार्क और जस्टिन का कथन है कि चंद्रगुप्त मौर्य ने छः लाख की सेना लेकर संपूर्ण भारतवर्ष को रौंद डाला तथा उस पर अपना अधिकार कर लिया।
- चंद्रगुप्त एक कुशल योद्धा, सेनानायक तथा विजेता के साथ-साथ एक योग्य शासक भी था।
- चंद्रगुप्त के शासनकाल में भारत ने पहली बार राजनीतिक एकता प्राप्त की तथा चक्रवर्ती सम्राट का आदर्श चरितार्थ हुआ। चंद्रगुप्त के मुख्य सलाहकार और गुरु कौटिल्य ने चक्रवर्ती क्षेत्र को साकार रूप दिया। **कौटिल्य के अनुसार चक्रवर्ती क्षेत्र के अन्तर्गत् हिमालय से हिन्द महासागर तक सारा भारतवर्ष है।**
- इसके काल में राजतंत्र के सिद्धांत की विजय हुई । इस युग में गणराज्यों का हास होने लगा और शासन सत्ता अत्यधिक केंद्रित हो गई।
- चंद्रगु'त ने अपने मुख्य सलाहकार कौटिल्य की सहायता से ऐसी शासन-व्यवस्था का निर्माण किया जो उस समय के अनुकुल थी। यह शासन-व्यवस्था एक हद तक मगध के पूर्वगामी शासकों द्वारा विकसित शासन तंत्र पर आधारित थी किन्तु इसका श्रेय चंद्रगुप्त और कौटिल्य की सृजनात्मक क्षमता को जाता है।
- चंद्रगुप्त के शासन की मुख्य विशेषताएं थीं—**सत्ता का अति-केद्रीकरण, विकसित अधिकारी तंत्र, उचित-न्याय-व्यवस्था, नगर-शासन, कृषि, शिल्प उद्योग, संचार, वाणिज्य एवं व्यापार की वृद्धि के लिए राज्य द्वारा किए गए उपाय।**
- चंद्रगुप्त के शासन-प्रबंध का उद्देश्य लोकहित था। अनाथ, दरिद्र, मृत सैनिकों तथा राजकर्मचारियों के परिवारों के भरण-पोषण का भार राज्य के ऊपर था। तत्कालीन मापदंड और परिस्थितियों के अनुसार चंद्रगुप्त का शासन-प्रबंध एक कल्याणकारी राज्य की अवधरणा पर आधारित था।

- चंद्रगुप्त की शासन-व्यवस्था का चरम लक्ष्य कौटिल्य के अर्थशास्त्र में वर्णित राजा के प्रजाहितैषी आदर्श पर आधारित था। **इस प्रजाहितैषी आदर्श के अनुसार -"प्रजा के सुख में ही राजा का सुख है और प्रजा कि भलाई में उसकी भलाई। राजा को जो अच्छा लगे वह हितकर नहीं है बल्कि हितकर वह है जो प्रजा को अच्छा लगे।"**
- चंद्रगुप्त मौर्य का शासन धर्म, व्यवहार, राजनीति और चरित्र से ऊपर था। राज्य के सप्तांग (सात अंग) सिद्धांत- राजा, आमात्य, जनपद, दुर्ग, कोष, दंड एवं मित्र की सर्वप्रथम व्याख्या कौटिल्य ने की। अर्थशास्त्र में आठवें अंग के रूप में शत्रु को भी जोड़ा गया है। किसी भी राज्य को चलाने के लिए उपराक्त्त सभी अंगों का होना आवश्यक है। कौटिल्य के अनुसार इसमें महत्त्वपूर्ण राजा है।
- केंद्रीय शासन प्रणाली राजतंत्रात्मक थी जिसमें राजा समस्त शक्तियों का स्वामी होता था तथा प्रजा को अपने पुत्र के समान समझता था।
- राजा की सहायता के लिए एक मंत्रिपरिषद् की व्यवस्था की गई थी, जिसमें 12, 16 या 20 सदस्य हुआ करते थे। कौटिल्य ने मंत्रिपरिषद को एक वैधानिक आवश्यकता के रूप में वर्णित किया है। मौर्यकालीन मंत्रिपरिषद् के विषय में डायोडोरस, स्ट्रैबो एवं एरियन जैसे यूनानी लेखकों के विवरणों से भी जानकारी मिलती है।
- मंत्रिपरिषद् चंद्रगुप्त के शासन का मेरुदंड था। कौटिल्य के अनुसार राजा को मंत्रिपरिषद् की सलाह से काम करना चाहिए। मंत्रिपरिषद् के सदस्यों में पुरोहित, महामंत्री, सेनापति आदि सर्वाधिक प्रमुख थे।
- राज्य के सर्वोच्च अधिकारी **'मंत्री'** कहलाते थे। ये उच्च कोटि के मंत्री और सलाहकार थे इनकी संख्या तीन या चार थी। मंत्रियों का वेतन 12,000 पण वार्षिक था।
- कौटिल्य के अर्थशास्त्र में मौर्यकालीन ऊंचे स्तर के अधिकारियों के लिए **'तीर्थ'** और **'महामात्र'** शब्द का प्रयोग हुआ है। ऐसे 18 तीर्थो का उल्लेख अर्थशास्त्र में मिलता है।
- सर्वाधिक महत्त्वपूर्ण तीर्थ मंत्री, पुरोहित एंव सेनापति थे। इनका वेतन लगभग 48,000 पण वार्षिक था।

**कुछ प्रमुख अधिकारीः एक नजर में**

1. **समाहर्त्ता :** यह राजस्व विभाग का प्रमुख अधिकारी था। इसका मुख्य कार्य राजस्व इकट्ठा करना, आय-व्यय का व्यौरा रखना एवं वार्षिक बजट तैयार करना था। वेतन के रूप में इसे 24,000 पण वार्षिक मिलता था।
2. **सन्निधाता/कोषाध्यक्षः** यह राजकीय कोष का मुख्य अधिकारी होता था। वेतन के रूप में इसे भी 24,000 पण वार्षिक मिलता था।
3. **प्रदेष्टा :** फौजदारी न्यायालय का न्यायाधीश।
4. **कर्मान्तिक :** साम्राज्य के उद्योग-धंधों का प्रमुख था।
5. **दंडपालः** सेना की सामग्री को एकत्र करने वाला अधिकारी था।
6. **अंतपालः** सीमावर्ती दुर्गों का रक्षक था।
7. **दुर्गपालः** देश के अंदर के दुर्गों का रक्षक था।
8. **आंतर्वेशिकः** राजा की अंगरक्षक सेना का प्रमुख अधिकारी था।
9. **आटविकः** वन विभाग का प्रमुख अधिकारी था।
10. **प्रशास्ताः** राजकीय आदेशों को लिपिबद्ध कराने वाला एवं राजकीय कागजातों को सुरक्षित रखने वाला प्रमुख अधिकारी था।

**नोटः** उपरोक्त प्रथम दो को छोड़कर शेष अधिकारियों को संभवतः 12,000 पण वार्षिक वेतन मिलता था।

- कौटिल्य के अर्थशास्त्र में 27 अध्यक्षों का विवरण मिलता है। ये अध्यक्ष विभिन्न विभागों में मंत्रियों के नीचे कार्य करते थे। संभवतः यूनानी लेखकों ने इन अध्यक्षों को मजिस्ट्रेट की संज्ञा दी है। इन्हें संभवतः 1000 पण वार्षिक वेतन मिलता था।
- इस काल में सबसे बड़ी प्रशासनिक इकाई प्रांत थी। अशोक के समय में प्रशासन की सुविधा के लिए साम्राज्य को प्रांतों में बांटा गया था। प्रांतों को चक्र भी कहा जाता था।
- प्रांतों का प्रशासन राजपरिवार के ही किसी व्यक्ति द्वारा होता था, जिन्हें अशोक के अभिलेखों में **'कुमार'** या **'आर्यपुत्र'** कहा गया है।

**मौर्यकालीन प्रमुख प्रांतः एक नजर में**

| प्रांत | राजधानी |
|---|---|
| 1. उत्तरापथ | तक्षशिला |
| 2. अवंतिराष्ट्र | उज्जैयिनी |
| 3. कलिंग | तोसली |
| 4. दक्षिणापथ | सुवर्णगिरि |
| 5. प्राची (पूर्वी प्रदेश) | पाटलिपुत्र |

- प्रत्येक प्रांत में अनेक मंडल होते थे जिनकी तुलना आधुनिक कमिश्नरियों से की जा सकती है। अर्थशास्त्र में वर्णित **'प्रदेष्टा'** नामक अधिकारी मंडल का प्रधान होता था जिसे अशोक के अभिलेखों में **'प्रादेशिक'** कहा गया है। जिले का प्रशासन **'स्थानिक'** के हाथों में रहता था जो समाहर्त्ता के नीचे काम करता था। स्थानिक के अधीन गोप होते थे जिनके अधिकार क्षेत्र में गाँव होते थे। **प्रदेष्टि का कार्य स्थानिक, गोप एवं ग्राम अधिकारियों के कार्यों की जांच करना था।**
- प्रशासन की सबसे छोटी इकाई **'ग्राम'** थी। गाँव के मुखिया को **'ग्रामिक'** कहा जाता था। मेगस्थनीज के अनुसार, नगर का प्रशासन 30 सदस्यों का एक मंडल करता था। ये मंडल 6 समितियों में बंटे हुए थे। प्रत्येक समिति में 5 सदस्य होते थे।
- चंद्रगुप्त मौर्य की सेना में लगभग 6,00,000 पैदल सैनिक, 50,000 अश्वरोही सैनिक, 9,000 हाथी एवं 8,000 रथ थे। मेगस्थनीज के अनुसार, इस विशाल सेना के रख-रखाव हेतु 6 समितियों का गठन किया गया था, प्रत्येक समिति में 5 सदस्य होते थे।
- प्लूटार्क एवं जस्टिन जैसे यूनानी लेखकों के अनुसार चंद्रगुप्त मौर्य ने नंदों की पैदल सेना से तीन गुनी अधिक संख्या में सेना लेकर संपूर्ण उत्तर भारत को रौंद डाला था।
- सैन्य विभाग का सबसे बड़ा अधिकारी सेनापति होता था, जिसे लगभग 48,000 पण वार्षिक वेतन मिलता था।
- युद्ध क्षेत्र में सेना का नेतृत्व करने वाला अधिकारी **'नायक'** कहलाता था। इसे 12,000 पण वार्षिक वेतन मिलता था।
- कौटिल्य ने **'नवाध्यक्ष'** का उल्लेख किया है। इस तरह यह प्रमाणित होता है कि मौर्यों के पास नौसेना भी थी।
- इस काल में साम्राज्य का सर्वोच्च न्यायाधीश सम्राट होता था। न्यायालय मुख्यतः दो भागों में बंटा था– 1. धर्मस्थीय न्यायालय एवं 2. कंटक-शोधन न्यायालय। धर्मस्थीय न्यायालय का स्वरूप एक तरह से दीवानी अदालतों जैसा था। कंटक-शोधन न्यायालय का स्वरूप एक प्रकार से फौजदारी अदालतों जैसा था। इनके न्याय का विषय राज्य एवं व्यक्ति के बीच विवाद होता था।
- सबसे निचले स्तर पर ग्राम न्यायालय था जहां पर ग्रामीणी एवं ग्राम वृद्ध निर्णय करते थे। 'संग्रहण एवं द्रोणमुख' स्थानीय एवं जनपद स्तर के न्यायालय होते थे। द्रोणमुख न्यायालय के अधीन 400 ग्राम होते थे।
- कौटिल्य ने सामान्य अपराधों के लिए **तीन प्रकार के अर्थदंडों** का उल्लेख किया है–
  1. पूर्व साहसदंड – 48 पण से 96 पण तक,
  2. मध्यम साहसदंड – 200 पण से 500 पण तक तथा
  3. उत्तम साहसदंड – 500 पण से 1000 पण तक।
- इस काल में गुप्तचर विभाग के अस्तित्व का भी पता चलता है। कौटिल्य के अर्थशास्त्र में गुप्तचरों को **'गुढ़ पुरुष'** कहा गया है। मौर्यकाल में दो तरह के गुप्तचर कार्य करते थे– 1. संस्था एवं 2. संचार। 'संस्था गुप्तचर' एक स्थान पर रुककर कार्य करते थे जबकि 'संचार गुप्तचर' एक स्थान से दूसरे स्थान पर भ्रमण करते हुए कार्य करते थे।
- पुरुष गुप्तचर को संती, तिष्णा एवं सरद तथा **स्त्री** गुप्तचर को वृषली, भिक्षुकी एवं परिव्राजक कहते थें।
- शांति व्यवस्था बनाए रखने के लिए अर्थशास्त्र में **'रक्षिन'** अर्थात् पुलिस का उल्लेख किया गया है।
- चंद्रगुप्त के बाद बिंदुसार गद्दी पर बैठा, जिसके शासन की महत्त्वपूर्ण एवं विशेष बात है यूनानी राजाओं के साथ निरंतर संबंध । उसका पुत्र अशोक मौर्य राजाओं में सबसे महान हुआ।
- अशोक पहला भारतीय राजा हुआ जिसने अपने अभिलेखों के सहारे सीधे अपनी प्रजा को संबोधित किया। उसके अभिलेख भारत में प्राकृत भाषा के सबसे पुंराने निदर्श प्रस्तुत करते हैं। ये अभिलेख शिलाओं पर, पत्थर के पॉलिशदार शीर्षयुक्त स्तंभों पर, गुहाओं में और एक मामले में मिट्टी के कटोरे पर भी खुदे हुए हैं । इन अभिलेखों में राजा के आदेश सूचित किए गए हैं।

- प्राकृत में रचित अशोक के ये अभिलेख साम्राज्य भर के अधिकांश भागों में ब्राह्मी लिपि में लिखित हैं। किन्तु पश्चिमोत्तर भाग में ये खरोष्ठी और आरमाइक लिपियों में है और अफगानिस्तान में इनकी भाषा और लिपि आरमाइक और यूनानी दोनों है।
- इन अभिलेखों से अशोक के जीवनवृत, उसकी आंतरिक और परराष्ट्रीय/ अंतर्राष्ट्रीय नीति तथा उसके राज्य के विस्तार की जानकारी मिलती है।
- अशोक की गृह एवं विदेश नीति बौद्ध धर्म के आदर्श से प्रेरित है। गद्दी संभालने के बाद उसने केवल एक युद्ध किया जो कलिंग युद्ध के नाम से प्रसिद्ध है। इस युद्ध में हुए जानमाल की अपार क्षति ने अशोक को द्रवित कर दिया। अतः उसने दूसरे राज्यों पर भौतिक विजय पाने की नीति छोड़कर सांस्कृतिक विजय पाने की नीति अपनाई।
- कलिंग युद्ध के परिणामस्वरूप अशोक बौद्ध हो गया। परंपरा बताती है कि वह बौद्ध भिक्षु हो गया। बौद्धों को अपार दान दिया और बौद्ध धर्म-स्थानों की यात्रा की। उसकी इस यात्रा का संकेत अभिलेखों में आए **धर्मयात्रा** शब्द से भी मिलता है।
- अशोक ने लोगों को **'जियों और जिने दो'** का पाठ पढ़ाया। उसने जीवों के प्रति दया और बांधवों के प्रति सद्व्यवहार की सीख दी। उसके उपदेशों का उद्देश्य सहिष्णुता के आधार पर तत्कालीन समाज-व्यवस्था को बनाए रखना था। इस तरह वह शांतिवादी नीति की ओर अग्रसर हुआ।
- अशोक प्राचीन विश्व के इतिहास का सबसे महान धर्म प्रचारक शासक था। उसने अपनी आस्था के प्रति बड़े ही उत्साह और निष्ठा से काम किया।
- उसने देश में राजनैतिक एकता स्थापित की और एक धर्म, एक भाषा और प्रायः एक लिपि के सूत्र में सारे देश को बांध दिया। उसके लगभग सभी अभिलेख एक ही लिपि ब्राह्मी में हैं। देश के एकीकरण में उसने ब्राह्मी, खरोष्ठी आरमाइक और यूनानी सभी लिपियों का सम्मान किया। स्पष्टतः उसने यूनानी, प्राकृत और संस्कृत जैसी भाषाओं को और विविध धार्मिक संप्रदायों को समन्वित किया।
- अशोक ने धार्मिक सहनशीलता की नीति अपनाई । उसने प्रजा पर बौद्ध धर्म लादने की चेंष्टा नही की, प्रत्युत उसने हर संप्रदाय के लिए दान दिए।
- उसने धर्म प्रचार के कार्य में अपार उत्साह दिखाया। साम्राज्य के सुदूरवर्ती भागों मे भी उसने अपने अधिकारियों को तैनात किया। इससे प्रशासन-कार्य में लाभ हुआ और साथ ही विकसित गंगा के मैदानी क्षेत्रों और पिछड़े दूरवर्ती प्रदेशों के बीच सांस्कृतिक संपर्क बढ़ा।
- इतिहास में अशोक का नाम सबसे बढ़कर उसकी शांति, अनाक्रमण और सांस्कृतिक विजय के कारण है। प्राचीन भारत के इतिहास में इस तरह की नीति अपनाने का कोई आदर्श अशोक के सामने नहीं था और न इस तरह का कोई उदाहरण किसी देश में मिलता है। केवल मिस्त्र इसका अपवाद है, जहां अखनातोन ने ई. पू. 14वीं सदी में शांतिवादी नीति को अपनाया था।
- कौटिल्य की वह सलाह जिसमें कहा गया है कि राजा को शक्ति द्वारा विजय पाने की चेष्टा सर्वदा करनी चाहिए, अशोक ने ठीक उसके विपरीत नीति अपनाई।
- अशोक ने अपने उत्तराधिकारियों से भी विजय एवं आक्रमण की उस नीति को त्याग देने को कहा जिसे मगध के राजा कलिंग युद्ध तक अपनाते चल आ रहे थे। उसने उन्हें शांति की नीति अपनाने की सलाह दी, जो दो सदियों से लगातार चले आ रहे आक्रमणात्मक युद्ध के बाद अत्यंत ही आवश्यक हो गई थी । यद्यपि उसके प्रतिनिधियों एवं सामंतों पर उसकी इस नीति का स्थाई असर नहीं पड़ा।
- मगध साम्राज्य युद्ध पर युद्ध करके प्रबल होता गया, जिसकी चरण परिणिति कलिंग-विजय थी। लेकिन अशोक के 232 ई. पू. में तिरोहित होते ही इसका विघटन शुरू हो गया। मगध साम्राज्य के पतन और ह्रास के कई कारण विद्वानों द्वारा गिनाए जाते हैं।
- अशोक की नीतियों के चलते ब्राह्मणों में प्रतिक्रिया हुई। इसमें संदेह नहीं है कि उसकी मीति में सहिष्णुता थी और उसने लोगों से ब्राह्मणों का आदर करने को भी कहा। परंतु उसने पशु-पक्षियों के वध को निषिद्ध कर दिया और महिलाओं में प्रचलित कर्मकांडीय अनुष्ठानों की खिल्ली उड़ाई । स्वभावतः इससे ब्राह्मणों की आय घटी। बौद्ध-धर्म एवं अशोक के यज्ञ-विरोधी रूख से

ब्राह्मणों को भारी आर्थिक हानि हुई। अतः अशोक की नीति भले ही सहनशील हो, ब्राह्मणों में उसके प्रति विद्वेष की भावना जगने लगी। मौर्य साम्राज्य के खंडहर पर खड़े हुए कुछ नए राज्यों के शासक ब्राह्मण हुए। इन ब्राह्मण शासकों ने वैदिक यज्ञ किए, जिनकी अशोक ने उपेक्षा की थी।

- सेना और प्रशासनिक अधिकारियों पर होने वाले भारी खर्च के बोझ से मौर्य साम्राज्य के सामने वित्तीय संकट खड़ा हो गया। स्त्रोतों के अनुसार प्राचीनकाल में सबसे विशाल सेना मौर्यों की थी और सबसे बड़ा प्रशासन-तंत्र भी उन्हीं का था। अनेक प्रकार के कर लगाने के बावजूद, इतने बड़े ढाँचे को बनाए रखना कठिन था। कहा जाता है कि अशोक ने बौद्ध भिक्षुओं को काफी दान दिया जिससे राजकोष खाली हो गया। अंतिम अवस्था में खर्च को पूरा करने के लिए मौर्यों को सोने की देवप्रतिमाएं तक गलानी पड़ी।
- साम्राज्य के टूटने का एक महत्त्वपूर्ण कारण था प्रांतों मे दमनकारी शासन। अशोक के शासनकाल में इस दमनकारी शासन में कमी आई और दुष्ट अधिकारियों पर कारवाई की गई। कलिंग के अभिलेख से पता चलता है कि अशोक प्रांतों में हो रहे अत्याचारों से चिंतित था। अतः महामात्रों को उसने आदेश दिया कि बिना समुचित कारण के नागरिकों को न सताएं। उसने धर्मयात्रा के क्रम में भी प्रशासन को संवेदनशील बनाने का प्रयास किया पर इतना सारा होने पर भी दूर के प्रांतों में दमन का अंत न हुआ।
- मगध जिस प्रकार अपनी कुछ मूलभूत भौतिक उत्कृष्टताओं के कारण विकसित हुआ था, जब वही उत्कृष्टता के तत्त्व मगध साम्राज्य के विस्तार के कारण दूरवर्ती क्षेत्र में पहुचें तो गंगा का मैदान जो साम्राज्य का हृदय-स्थल था, अपनी सारी उत्कृष्टता खो बैठा। मध्य भारत में शुंगों और कण्वों, कलिंग में चेदियों का और दक्कन में सातवाहनों का उदय इसी उत्कृष्टता के तत्त्वों के कारण हुआ।
- अशोक देश और विदेशों में मुख्यतः धर्म-प्रचार के काम में ही व्यस्त रहा, अतः ध्यान नहीं दे सका कि पश्चिमोत्तर सीमावर्ती दर्रे की रक्षा कैसे हो। ई. पू. तीसरी सदी में मध्य एशिया में कबीलों की जो गतिविधि थी उसे देखते हुए, उसे दर्रे की ओर नजर रखना जरूरी हो गया था। सीथियन शक लोग निरंतर जहां-तहां भटक रहे थे और ये चीन एवं भारत के स्थायी साम्रज्यों के लिए गंभीर खतरा बने हुए थे। चीन के शासक शीह हुआंग ती (247–210 ई.पू) ने शकों के हमलों से अपने साम्राज्य की रक्षा के लिए लगभग 220 ई. पू. में चीनी महादीवार बनवाई। अशोक ने ऐसा कोई उपाय नहीं किया।
- मौर्य साम्राज्य को पुष्यमित्र शुंग ने अंतिम रूप से 185 ई.पू. में नष्ट कर दिया। वह अंतिम मौर्य शासक बृहद्रथ का एक सेनापति था। सूत्रों के अनुसार उसने लोगों के सामने बृहद्रथ को मार डाला और बलपूर्वक पाटलिपुत्र का राजसिंहासन हड़प लिया। शुंग वंश द्वारा पाटलिपुत्र और मध्य भारत में शासन किया गया। इन्होंने (शुंग वंश) ब्राह्मणमार्गीय जीवन-पद्धति का पुनरारंभ दिखाने के लिए कई वैदिक यज्ञ किए।

## वस्तुनिष्ठ प्रश्न

**1.** चन्द्रगुप्त का उल्लेख सबसे पहले किस अभिलेख में मिलता है?
   A. अशोक का बराबर पहाड़ी गुहा अभिलेख
   B. नागार्जुनी पहाड़ी में दशरथ का गुहा अभिलेख
   C. अशोक का जूनागढ़ शिला अभिलेख
   D. रूद्रदामन प्रथम का जूनागढ़ शिलालेख

**2.** निम्नलिखित में कौन सुमेलित नहीं है?
   A. कलिंग–जौगढ़
   B. दक्षिणापथ – सुवर्णगिरि
   C. अवन्तिराठ – उज्जैन
   D. उत्तरापथ – तक्षशिला

**3.** मौर्यकालीन रथों की पताकाओं का रंग क्या था?
   A. सफेद B. नीला
   C. लाल D. हरा

**4.** अशोक के शिलालेखों तथा उनकी ब्राह्मीलिपि के बारे में सर्वप्रथम किसने रहस्योद्घाटन किया?

A. एलेक्जेन्डर कनिंघम B. मैक्समूलर
C. जेम्स प्रिन्सेप D. मार्टिमर व्हीलर

5. अशोक का नवीनतम प्राप्त शिलालेख है?
A. कन्धार द्विभाषी शिलालेख
B. सन्नताई शिलालेख
C. मास्की शिलालेख
D. भाब्रू शिलालेख

6. दशरथ का नागार्जुनी पहाड़ी गुहा अभिलेख किस जगह पर स्थित है?
A. जूनागढ B. नागार्जुनकोंडा
C. बराबर D. राजगीर

7. निम्न में से किस राजा के बारे में कहा जाता है कि उसने **"दोनों समुद्रों के बीच की भूमि"** को जीता?
A. अशोक B. चन्द्रगुप्त मौर्य
C. बिन्दुसार D. अजातशत्रु

8. निम्नलिखित में से किस शिलालेख को अशोक द्वारा प्रसारित नहीं किया गया?
A. जूनागढ़ शिलालेख
B. भाब्रू शिलालेख
C. कलिंग शिलालेख
D. दिल्ली-टोपरा स्तम्भ लेख

9. कन्धार शिलालेख किस लिपि में लिखे गए थे?
A. खरोष्ठी
B. ग्रीक
C. आरमाइक
D. उपर्युक्त (A) और (B) दोनों

10. निम्नांकित में से किस स्थान पर सभी वृहत्त और लघुस्तम्भ लेखों की प्रतिलिपियाँ पायी गयी हैं?
A. साँची B. इलाहाबाद
C. सारनाथ D. रूम्मिनदेई

11. साँची स्तूप का निर्माण कराया था–
A. दशरथ B. संप्रति
C. अशोक D. बिन्दुसार

12. मानशेरा तथा शाहबाजगढ़ी स्थित अशोक के शिलालेखों में प्रयुक्त लिपि क्या है?
A. आरमाइक B. ग्रीक
C. खरोष्ठी D. ब्राह्मी

13. निम्नांकित किस बौद्ध साहित्यिक स्रोत से मौर्यों के बारे में जानकारी नहीं मिलती–
A. महापरिनिब्बान सुत्त B. दीपवंश
C. महावंश D. अशोकावदान

14. मौर्यकालीन साहित्यिक स्रोतों में सर्वाधिक महत्त्वपूर्ण स्रोत कौन है?
A. पुराण
B. विशाखदत्त का मुद्राराक्षस
C. कौटिल्य का अर्थशास्त्र
D. मेगास्थनीज की इण्डिका

15. निम्नलिखित किस क्षेत्र पर चन्द्रगुप्त मौर्य ने विजय नहीं प्राप्त की थी?
A. कर्नाटक B. महाराष्ट्र
C. कलिंग D. आन्ध्र

16. मौर्यों का कालक्रम किस घटना से सम्बद्ध है?
A. सिकन्दर का आक्रमण
B. महावीर की मृत्यु
C. बुद्ध की मृत्यु
D. अशोक का राज्याभिषेक वर्ष

17. नन्द नरेश के साथ चन्द्रगुप्त मौर्य के युद्ध का वर्णन किसमें मिलता है?
A. मुद्राराक्षस B. परिशिष्ठ पर्वण
C. महावंश D. उपर्युक्त सभी।

18. किस जैन ग्रन्थ में वर्णित है कि चन्द्रगुप्त ने अपने जीवन के अन्तिम दिनों में जैनधर्म अंगीकृत कर लिया था?
A. रत्नमालिका B. जयधवल
C. परिशिष्ठ पर्वण D. द्रव्य-संग्रह

19. सौराष्ट्र में चन्द्रगुप्त मौर्य की विजय का प्रमाण मिलता है–
A. रुद्रदामन के जूनागढ़ शिलालेख से
B. अशोक के गिरनार शिलालेख से
C. अशोक के सोपारा शिलालेख से
D. कलिंग शिलालेख से।

20. निम्नलिखित में से किस बौद्ध ग्रंथ में अशोक की **"धम्म यात्राओं"** की चर्चा है?
A. दिव्यावदान B. महावंश

C. वंशथपकाशिनि D. चूलवंश

**21.** दीदारगंज (पटना) जाना जाता है—
A. यक्षी की प्रस्तर प्रतिमा के लिए
B. यक्ष की प्रस्तर प्रतिमा के लिए
C. चौरी उठाने वाले की प्रस्तर प्रतिमा के लिए
D. पत्थर का हाथी के लिए

**22.** **"सत्यमेव जयते"** शब्द कहाँ से लिया गया है?
A. ऋग्वेद B. मत्स्यपुराण
C. मुंडक उपनिषद् D. ऐतरेय ब्राह्मण

**23.** किस तरह के पदाधिकारी मौर्यकाल में सर्वाधिक संख्या में थे?
A. न्यायिक
B. सैनिक
C. लोककल्याण से संबंधित
D. राजस्व से संबंधित

**24.** मौर्य साम्राज्य में प्रचलित मुद्रा का नाम था—
A. पण B. तोल
C. काकणी D. दीनार

**25.** निम्नलिखित किस सम्प्रदाय में बिन्दुसार की धार्मिक रूचि थी?
A. बौद्ध धर्म B. जैन धर्म
C. आजीवक D. लोकायत

**26.** बिन्दुसार की मृत्यु के समय अशोक कहाँ का वाइसराय था?
A. तक्षशिला B. उज्जैन
C. सौराष्ट्र D. तोसाली

**27.** मौर्य प्रशासन के श्रेणी क्रम में प्रादेशिक से ठीक नीचे के अधिकारी को क्या कहा जाता था?
A. राजुक B. स्थानिक
C. समाहर्त्ता D. युक्त

**28.** पश्चिमी प्रान्त के प्रशासक के रूप में अशोक ने किस फारसवासी की नियुक्ति की?
A. तुसस्प B. जस्टिन
C. प्लूटार्क D. सुनासेपाह

**29.** निम्नांकित में से कौन-सा यूनानी शासक अशोक का समकालीन नहीं था?
A. एन्टिगोनस गोनाटस
B. टोलेमी तृतीय फिलाडेल्फस
C. एन्टिओकस प्रथम
D. एन्टिओकस द्वितीय

**30.** निम्नांकित किस मार्ग को नेपाल तक जाने वाला राजकीय मार्ग कहा जाता था?
A. पाटलिपुत्र – वैशाली – चम्पारण – नेपाल
B. पाटलिपुत्र – कपिलवस्तु – काशी – नेपाल
C. पाटलिपुत्र – काशी – वैशाली – नेपाल
D. पाटलिपुत्र – काशी – चम्पारण – नेपाल

**31.** मौर्यकाल के चाँदी के राजकीय पंचमार्क सिक्कों पर निम्न में से कौन-सा प्रतीक-चिन्ह अंकित है?
A. सिंह – पहाड़ी – अर्द्धचन्द्र
B. मोर – पहाड़ी – अर्द्धचन्द्र
C. स्तूप – सिंह – मोर
D. बाघ – मोर – पहाड़ी

**32.** अशोक की मूर्ति को निम्न में से किसने एक भिक्षु के लिबास में देखा?
A. इत्सिंग B. ह्वेनसांग
C. फाहियान D. वांगह्वेनत्से

**33.** मौर्य राज्य का **"अक्षपटलाध्यक्ष"** था—
A. खदानों का अधीक्षक
B. राजपरिवारों से संबंधित मामलों का निरीक्षक
C. महालेखापाल
D. शाही अंगरक्षकों का प्रधान

**34.** मौर्य प्रशासन में **"रूपदर्शक"** था—
A. रंगमंच का प्रबंधक
B. सोना-चाँदी का परीक्षक
C. पंचमार्क सिक्कों का परीक्षक
D. गणिकाओं का अधीक्षक।

**35.** निम्नांकित किस शिलालेख में अशोक के लिए "मगध का प्रियदर्शी राजा" (पियदस्सी राजा मगध) शब्दों का प्रयोग किया गया है?
A. कौशांबी का लघु शिलालेख
B. मास्की शिलालेख
C. भाब्रू शिलालेख
D. सारनाथ स्तम्भ लेख।

**36.** निम्न में से कौन-सा अशोक के धम्म का एक सैद्धान्तिक पक्ष नहीं है—
A. अहिंसा
B. व्यवहार में संयम
C. सभी के साथ समान व्यवहार
D. पापों से भय।

**37.** अशोक की धम्म नीति का मूलमंत्र था—
A. आत्म नियंत्रण B. दया
C. दान D. संयम

**38.** अशोक का धम्म मूलतः था एक—
A. सामाजिक और नैतिक अवधारणा
B. आध्यात्मिक और धार्मिक अवधारणा
C. सामाजिक एकता का प्रयास
D. उपरोक्त में से कोई नहीं।

**39.** अशोक के राज्याभिषेक के कितने वर्ष बाद कलिंग युद्ध हुआ था?
A. प्रथम B. पाँचवें
C. आठवें D. तेरहवें

**40.** अपने राज्यारोहण के कितने वर्षों बाद अशोक ने बोध गया की यात्रा की थी?
A. 10 B. 15
C. 17 D. 20

**41.** अशोक के किस शिलालेख से युद्ध और हिंसा के कारण जनित उसकी व्यथा प्रकट होती है?
A. धौली और जौगढ़
B. शाहबाजगढ़ी और सोपारा
C. मास्की और भाब्रू
D. मानसेहरा और गिरनार

**42.** निम्नलिखित किस अभिलेख में यह घोषणा की गयी है कि **"सभी मनुष्य मेरी सन्तान की भाँति हैं"**?
A. पाँचवा वृहद् शिलालेख
B. छठा स्तम्भ लेख
C. प्रथम पृथक (कलिंग) शिलालेख
D. द्वितीय पृथक (कलिंग) शिलालेख

**43.** किस मौर्य शासक ने नागार्जुनी पहाड़ियों में गुहा लेख उत्कीर्ण कराए?
A. अशोक B. दशरथ
C. बिन्दुसार D. बृहद्रथ

**44.** निम्नांकित में से कौन-सा जोड़ा सही नहीं है?
A. धर्मपाध सुध – न्यायिक अधिकारी
B. अर्थोपाध सुध – राजस्व अधिकारी
C. कामोपाध सुध – लोककल्याण अधिकारी
D. भयोपाध सुध – सैनिक अधिकारी।

**45.** मौर्य काल में पारंपरिक सैनिकों को क्या कहा जाता था?
A. भृतक B. मौल
C. वर्द्धकी D. अटविवाल

**46.** मौर्यकालीन "कंटक शोधन" थे—
A. राजकीय कोषागार B. दीवानी अदालतें
C. फौजदारी अदालतें D. पुलिस थाने

**47.** मौर्य काल में कौन विधि-विधानों का स्रोत नहीं था?
A. धर्म B. प्रजावाक्य
C. राजशासन D. व्यवहार

**48.** मौर्यकालीन **"दौवारिक"** था—
A. राजप्रासाद का रक्षक
B. जेल अधीक्षक
C. विदेश विभाग का प्रमुख
D. इनमें से कोई नहीं।

**49.** निम्नांकित में से किसे रानी का राजकीय लेख कहा जाता है?
A. पाँचवां वृहत स्तम्भ लेख
B. तीसरा लघु स्तम्भ लेख
C. पहला लघु स्तम्भ लेख
D. दूसरा वृहत स्तम्भ लेख।

**50.** मौर्य काल में विभिन्न वस्तुओं के बाजारों को क्या कहा जाता था?
A. खार्वटिक B. वहिकपथ
C. प्रदेश D. पण्यपट्टन

**51.** अशोक के अभिलेखों में बराबर पहाड़ियों का कौन-सा नाम आता है?
A. खालाटिका पहाड़ियाँ B. प्रियदर्शी पहाड़ियाँ
C. नागार्जुनी पहाड़ियाँ D. चण्डाशोक पहाड़ियाँ

**52.** **"अशोकावदान"** में किसे अशोक की माँ कहा गया है?
A. सुभद्रांगी B. कोशलादेवी

C. यशोधरा D. जनपदकल्याणी

**53.** अशोक के अभिलेखों में उसके किस एकमात्र पुत्र की चर्चा की गयी है?

A. महेन्द्र B. तीवर
C. कुणाल D. जालौक

**54.** अशोक ने अपने आप को केवल एक बार **"मगध राज"** कहा है—

A. भाब्रू अभिलेख में B. मास्की अभिलेख में
C. बराबर गुहालेख में D. गुज्जर अभिलेख में

**55.** निम्नांकित में से कौन-सा जोड़ा सही नहीं है?

A. अपरांतक – योन धमरक्खित
B. यौन – महारक्खित
C. स्वर्णभूमि – सोन और उत्तर
D. श्रीलंका – महादेव

**56.** अशोक के किस एकमात्र अभिलेख में कराधान की चर्चा है?

A. छठा वृहत्त शिलालेख
B. रूम्मिनदेई का स्तंभ लेख
C. कलिंग के राजकीय लेख
D. ब्रह्मगिरि का प्रथम लघु शिलालेख

**57.** मौर्य काल में **"परिहारक"** वैसे गाँवों को कहा जाता था जो—

A. कर मुक्त थे।
B. सैनिक आपूर्त्ति करते थे।
C. करों का भुगतान नकद करते थे।
D. इनमें से कोई नहीं

**58.** भारत का वर्त्तमान कौन प्रान्त मौर्य साम्राज्य का अंग नहीं था?

A. केरल B. तमिलनाडु
C. उपरोक्त दोनों D. कश्मीर

**59.** तमिल संस्कृति के प्रति मौर्यों का क्या योगदान रहा?

A. ब्राह्मीलिपि B. प्राकृत भाषा
C. प्रस्तर शिल्पकला D. इनमें से कोई नहीं

**60.** निम्नलिखित कौन-सा परवर्त्ती मौर्य शासक अशोक का उत्तराधिकारी नहीं हुआ—

A. दशरथ B. सम्प्रति
C. शालिशुक D. सुभगसेन

**61.** विभाजित मौर्य साम्राज्य के पश्चिमी भाग में अशोक का उत्तराधिकारी कौन हुआ?

A. कुणाल B. दशरथ
C. सम्प्रति D. बन्धुपालित

**62.** किसके अनुसार अशोक का उत्तराधिकारी जालौक था?

A. बौद्ध परम्परा
B. जैन परम्परा
C. मत्स्य पुराण
D. कल्हण की राजतरंगिणी

**63.** किसने नागार्जुनी पहाड़ियों की गुफाएँ आजीविकों को दान में दी थी?

A. कुणाल B. दशरथ
C. सम्प्रति D. इन्द्रपालित

**64.** किस अन्तिम मौर्य शासक की हत्या उसके मुख्य सेनापति पुष्यमित्र शुंग ने की थी?

A. सम्प्रति B. देववर्मन
C. शतधनवान D. बृहद्रथ

**65.** पुराणों के अनुसार सम्पूर्ण मौर्य वंश का शासन कितने वर्षों तक रहा?

A. 218 वर्ष B. 137 वर्ष
C. 85 वर्ष D. 152 वर्ष

**66.** रिक्त राज्यकोष की पूर्त्ति के लिए परवर्त्ती मौर्य शासकों ने निम्नलिखित में किस उपाय का सहारा लिया?

A. करों में वृद्धि B. नए कर लगाना
C. सिक्कों का खोटापन D. निर्यात् में वृद्धि।

**67.** मौर्य शासन का क्या स्वरूप था?

A. एकतंत्र
B. पूर्ण राजतंत्र
C. कल्याणकारी निरंकुशवाद
D. केन्द्रीयभूत निरंकुशतावादी

**68.** अशोक के अधीन मौर्यकालीन राजतंत्र के संबंध में सर्वाधिक उपयुक्त स्पष्टीकरण क्या होगा?

A. प्रबुद्ध निरंकुशवाद B. केन्द्रीयभूत एकतंत्र
C. पितृवत् निरंकुशवाद D. नियंत्रित राजतंत्र

**69.** मौर्य कालीन प्रशासन में राजस्व संग्रहण का प्रधान अधिकारी कौन था?

A. अध्यक्ष B. सन्निधाता
C. समाहर्त्ता D. कार्मिक

**70.** किस विभाग का संचालन अध्यक्षों (अधीक्षकों) द्वारा नहीं किया जाता था?

A. भण्डार-गृह B. मत्स्यपालन
C. पारपत्र तथा गणिकाएँ D. माप-तौल

**71.** किस अधिकारी को महिलाओं की देखरेख का कार्य सौंपा गया था?

A. धम्म महामात्र B. इतिझक महामात्र
C. अन्त महामात्र D. अन्तःपुर अधीक्षक

**72.** केन्द्रीय सरकार के किस अधिकारी के पास राजकीय आय का नियंत्रण था?

A. सन्निधाता B. कार्मिक
C. समाहर्त्ता D. महामात्त

**73.** मौर्य शासन का वित्तीय वर्ष किस मास में प्रारम्भ होता था?

A. फाल्गुन B. आषाढ़
C. ज्येष्ठ D. पौष

**74.** निम्नांकित मौर्य प्रान्तों में किसका राज्यपाल एक विदेशी यवन था?

A. दक्षिणी प्रान्त – सुवर्णगिरि
B. पूर्वी प्रान्त – तोसाली
C. पश्चिमी प्रान्त – उज्जैनी
D. सौराष्ट्र – जूनागढ़

**75.** मौर्यो के प्रशासनिक अधिकारियों को किस सामान्य नाम से पुकारा जाता था?

A. महामात्र B. राजुक
C. अमात्य D. लिपिकार

**76.** जनपद स्तर पर मौर्य अधिकारियों का सही अवरोही क्रम था–

A. राजुक, प्रादेशिक, युक्त
B. युक्त, राजुक, प्रादेशिक
C. प्रादेशिक, युक्त, राजुक
D. प्रादेशिक, राजुक, युक्त

**77.** जनपद और ग्राम के बीच करों की वसूली के लिए उत्तरदायी था–

A. गोप B. राजुक
C. स्थानिक D. प्रतिवेदक

**78.** राजा को विशेष सूचना देने वाले अधिकारी कौन थे?

A. पुलिसानि B. प्रतिवेदक
C. लिपिकार D. तीर्थ

**79.** नागरक (नगर अधीक्षक) का सर्वाधिक महत्त्वपूर्ण उत्तरदायित्व था–

A. कानून और व्यवस्था B. नगर की सफाई
C. आग से सुरक्षा D. अकाल राहत

**80.** किस स्रोत से यह जानकारी मिलती है कि श्रीनगर को अशोक ने बसाया था?

A. कल्हण की राजतरंगिणी
B. दिव्यावदान
C. महावंश
D. इनमें से कोई नहीं

**81.** कुणाल का पुत्र सम्प्रति किसके द्वारा जैन धर्म में दीक्षित हुआ?

A. हरिषेण B. जयपाल
C. सुहस्तिन D. विमल

**82.** मौर्यों की उत्पत्ति की जानकारी किस बौद्ध ग्रंथ से मिलती है?

A. जातक B. दीघनिकाय
C. वंशथपकासिनी D. दिव्यावदान

**83.** किसने पहली बार अशोक के अभिलेखों को पढ़ा?

A. जौनटावर – 1787
B. हैरी स्मिथ – 1810
C. चार्ल्स मेटकॉफ – 1825
D. जेम्स प्रिन्सेप – 1837

**84.** मौर्यों के शूद्र होने का वर्णन है–

A. पुराण में B. जातक में
C. पूर्वग्रंथ में D. यूरोप के प्राचीन लेखक

**85.** किस मौर्य सम्राट ने यूनानी शासक सेल्यूकस निकेटर के साथ वैवाहिक संबंध कायम किया?

A. चन्द्रगुप्त मौर्य B. अशोक

C. बिन्दुसार D. दशरथ

**86.** किस श्रीलंकाई शासक ने अशोक को अपना आदर्श बनाया?

A. महाबलि B. वीर सिंघे
C. तिस्सा D. रण सिंघे

**87.** किस बौद्ध भिक्षु के प्रभाव में आकर अशोक बौद्ध धर्म का प्रबल समर्थक हो गया?

A. उपगुप्त B. उपालि
C. राधागुप्त D. नागसेन

**88.** अशोक के बाद मौर्य साम्राज्य पश्चिमी और पूर्वी भागों में बँट गया। किस परवर्ती मौर्य शासक के काल में दोनों भागों का फिर से एकीकरण हुआ?

A. दशरथ B. शालिसुक
C. बृहद्रथ D. संप्रति

**89.** अशोक का कौन-सा वृहत्त शिलालेख कुशल प्रशासनिक व्यवस्था पर बल देता है?

A. पहला B. चौथा
C. छठा D. आठवाँ

**90.** निम्न में से कौन-सा मौर्य पदाधिकारी आधुनिक काल के जिलाधीश के समतुल्य है?

A. समाहर्त्ता B. स्थानिक
C. राजुक D. गोप

**91.** निम्न में से कौन नगरक्षेत्रों के न्यायिक प्रशासन के लिए जिम्मेदार था?

A. महामात्य B. नागरिक
C. युक्त D. राजुक

**92.** मेगास्थनीज द्वारा वर्णित भारत में सात वर्गों की सूची में किसकी अनुपस्थिति स्पष्ट नजर आती है?

A. कृषक B. व्यापारी
C. चिन्तक D. शिल्पी

**93.** निम्न में से कौन-सा बृहत्त शिलालेख अशोक के धम्म की व्याख्या और इसका साररूप प्रस्तुत करता है?

A. पहला B. पाँचवां
C. दसवाँ D. ग्यारहवाँ

**94.** निम्न में से कौन-सा बौद्ध स्तूप अशोक द्वारा मूलतः ईंटों से बनवाया गया था?

A. साँची स्तूप B. भरहुत स्तूप
C. अमरावती स्तूप D. नालन्दा स्तूप

**95.** बिन्दुसार ने किस धर्म को संरक्षण दिया?

A. बौद्ध धर्म B. जैन धर्म
C. ब्राह्मण धर्म D. आजीवक सम्प्रदाय

**96.** निम्न में से कौन-सा जोड़ा सही है?

A. जातक – मौर्य शासकों का कालक्रम और वंशवृक्ष।
B. पुराण -- अशोक द्वारा श्रीलंका में बौद्ध धर्म के प्रचार-प्रसार के लिए कार्य।
C. दीपवंश – मौर्यकाल की सामाजिक आर्थिक स्थिति।
D. दीघनिकाय – मौर्य शासन व्यवस्था पर बौद्ध धर्म का प्रभाव।

**97.** अपने अभिलेखों में अशोक ने प्राकृत के किस रूप का लगातार प्रयोग किया है?

A. मागधी B. अर्द्धमागधी
C. शूरसेनी D. महाराष्ट्री

**98.** किस राजलेख को भाब्रू अभिलेख भी कहा जाता है?

A. वैराट लघु शिलालेख
B. ब्रह्मगिरि लघु शिलालेख
C. कलसी वृहत्त शिलालेख
D. बराबर का गुहा अभिलेख

**99.** बराबर की पहाड़ियों में अशोक के कितने गुहा लेख पाए गए हैं?

A. दो B. तीन
C. चार D. छः

**100.** किस मौर्य राजा के बारे में हमें सिर्फ बराबर गुहा अभिलेखों से ही पता चलता है?

A. बिन्दुसार B. कुणाल
C. दशरथ D. बृहद्रथ

**101.** निम्न में से कौन-सा मौर्य सेना का एक अंग नहीं था ?

A. नौसेना B. हस्तिसेना
C. अश्वारोही D. रथ

**102.** कौटिल्य द्वारा वर्णित गुप्तचर प्रणाली में निम्नलिखित कौन सी गुप्तचर शाखा नहीं थी?

A. अपराध शाखा B. विशेष शाखा
C. राजनीतिक शाखा D. विदेशी गुप्तचर शाखा

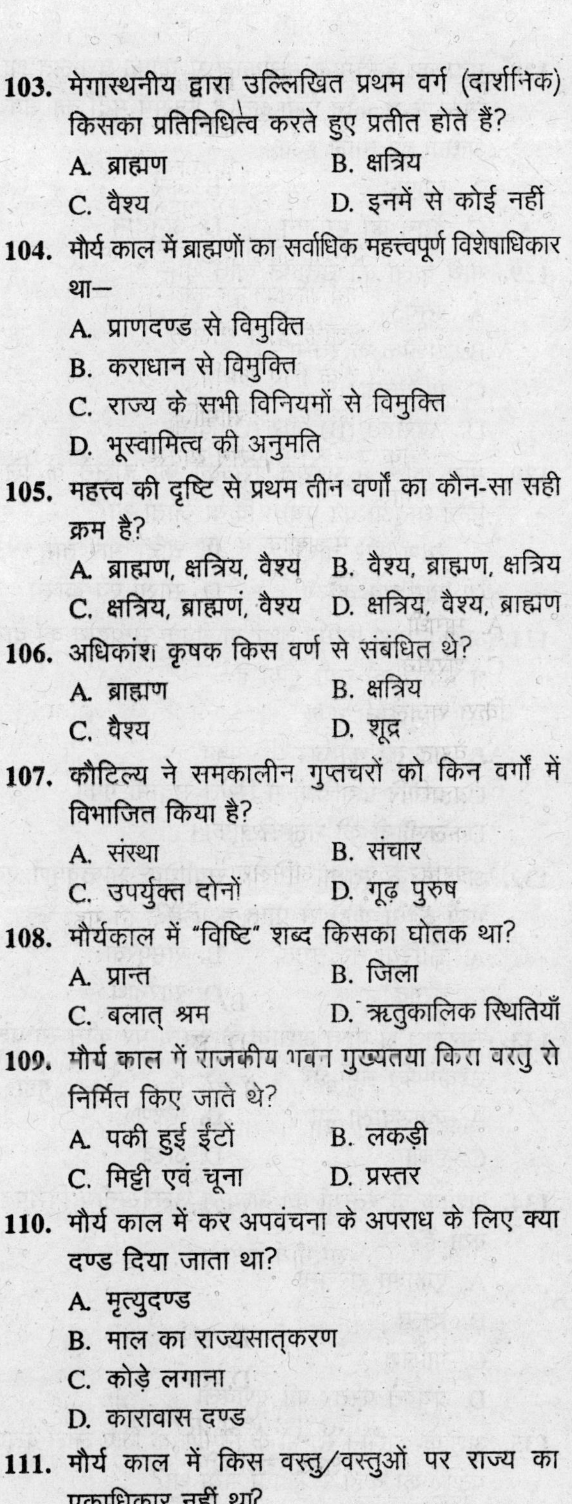

**103.** मेगास्थनीय द्वारा उल्लिखित प्रथम वर्ग (दार्शनिक) किसका प्रतिनिधित्व करते हुए प्रतीत होते हैं?
A. ब्राह्मण B. क्षत्रिय
C. वैश्य D. इनमें से कोई नहीं

**104.** मौर्य काल में ब्राह्मणों का सर्वाधिक महत्त्वपूर्ण विशेषाधिकार था—
A. प्राणदण्ड से विमुक्ति
B. कराधान से विमुक्ति
C. राज्य के सभी विनियमों से विमुक्ति
D. भूस्वामित्व की अनुमति

**105.** महत्त्व की दृष्टि से प्रथम तीन वर्णों का कौन-सा सही क्रम है?
A. ब्राह्मण, क्षत्रिय, वैश्य B. वैश्य, ब्राह्मण, क्षत्रिय
C. क्षत्रिय, ब्राह्मण, वैश्य D. क्षत्रिय, वैश्य, ब्राह्मण

**106.** अधिकांश कृषक किस वर्ण से संबधित थे?
A. ब्राह्मण B. क्षत्रिय
C. वैश्य D. शूद्र

**107.** कौटिल्य ने समकालीन गुप्तचरों को किन वर्गों में विभाजित किया है?
A. संस्था B. संचार
C. उपर्युक्त दोनों D. गूढ़ पुरुष

**108.** मौर्यकाल में "विष्टि" शब्द किसका द्योतक था?
A. प्रान्त B. जिला
C. बलात् श्रम D. ऋतुकालिक स्थितियाँ

**109.** मौर्य काल में राजकीय भवन मुख्यतया किस वस्तु से निर्मित किए जाते थे?
A. पकी हुई ईंटों B. लकड़ी
C. मिट्टी एवं चूना D. प्रस्तर

**110.** मौर्य काल में कर अपवंचना के अपराध के लिए क्या दण्ड दिया जाता था?
A. मृत्युदण्ड
B. माल का राज्यसात्करण
C. कोड़े लगाना
D. कारावास दण्ड

**111.** मौर्य काल में किस वस्तु/वस्तुओं पर राज्य का एकाधिकार नहीं था?
A. खानें और वन
B. सीप से मोती निकालने
C. तरणी एवं सेतु
D. पशुवध गृहों एवं द्यूत गृहों

**112.** अशोक के निम्नलिखित किस शिलालेख में कराधान का विशेष उल्लेख हुआ है?
A. रूम्मिनदेई शिलालेख
B. निगाली सागर शिलालेख
C. कन्धार शिलालेख
D. बराबर गुहा अभिलेख

**113.** मौर्यकाल में शिक्षा का सर्वाधिक प्रसिद्ध केन्द्र था—
A. तक्षशिला B. उज्जैनी
C. नालन्दा D. वल्लभी

**114.** श्रेणियाँ किनके बीच में मध्यस्थ का काम करती थीं?
A. परिवार एवं समाज B. समाज एवं समुदाय
C. जनजाति एवं जाति D. जनजाति तथा समाज

**115.** रूद्रदामन प्रथम के जूनागढ़ शिलालेख के अनुसार चन्द्रगुप्त मौर्य का बहनोई कौन था?
A. वैष्यगुप्त B. पुष्यगुप्त
C. पुरुगुप्त D. राधागुप्त

**116.** **"राजतरंगिणी"** के अनुसार अशोक का प्रिय देवता था—
A. शिव B. विष्णु
C. वासुदेव D. बुद्ध

**117.** किस अभिलेख से यह जानकारी मिलती है कि कलिंग अशोक की एकमात्र विजय थी और इसके बाद वह धम्म विजय के प्रति समर्पित हो गया?
A. दूसरा वृहत्त स्तंभ लेख
B. तेरहवाँ वृहत्त शिलालेख
C. दूसरा लघु शिलालेख
D. ग्यारहवाँ वृहत्त शिलालेख

**118.** बिन्दुसार की मृत्यु के बाद अशोक ने किसकी सहायता से सिंहासन पर कब्जा किया?
A. राधागुप्त B. विष्णुगुप्त
C. विष्णुगोप D. तिष्य

**119.** किस राजकीय अभिलेख में अशोक ने बुद्ध को भागवत कहा है?
A. कलिंग अभिलेख

B. रूम्मिनदेई के लघुस्तंभ लेख

C. मास्की के लघुशिलालेख

D. भाब्रू के लघु शिलालेख

**120.** स्मारकों के लिए आमतौर पर पत्थर का इस्तेमाल शुरू किया?

A. चन्द्रगुप्त मौर्य B. बिम्बिसार

C. बिन्दुसार D. अशोक

**121.** बौद्धों के प्रति अशोक की असाधारण उदारता का किस रानी ने विरोध किया?

A. तिसारक्खा B. असंधिमित्ता

C. पद्नावती D. दिव्यातेजिता

**122.** किस पुस्तक में बिन्दुसार को अभिषिक्त क्षत्रिय कहा गया है?

A. महाभाष्य B. दिव्यावदान

C. महावंश D. मेघदूतम

**123.** अशोक कहता है **"जो सदाचारी है वे.......प्राप्त करेंगे।"**

A. सिद्धशील B. मोक्ष

C. निर्वाण D. स्वर्ग

**124.** **"अत्यधिक बाहुल्य के कारण सही-सही मौर्यकालीन शहरों की संख्या ज्ञात कर पाना असंभव है।"** यह कथन किसका है?

A. एरियन B. जस्टिन

C. हेलियोक्लीज D. मेगस्थनीज

**125.** मेरठ और टोपरा में स्थित अशोक के स्तंभों को दिल्ली लाने वाला सुल्तान कौन था?

A. मुहम्मद बिन तुगलक B. फिरोजशाह तुगलक

C. शेरशाह D. अलाउद्दीन खिलजी

**126.** बिन्दुसार की मृत्यु के समय अशोक कहाँ का वायसराय था?

A. तक्षशिला B. सुवर्णगिरि

C. उज्जैन D. तोशाली

**127.** अशोक के अभिलेखों में **"असिनेव"** के रूप में किसका उल्लेख नहीं है?

A. लालच और वासना B. क्रूरता और क्रोध

C. धम्म और रोष D. ईर्ष्या और प्रतिशोध

**128.** मुद्रा का इस्तेमाल मौर्यकाल में काफी प्रचलित था। निम्न में से कौन ऐसा क्षेत्र है जिसमें मुद्रा का सबसे अधिक इस्तेमाल हुआ?

A. व्यापार B. कर

C. वेतन का भुगतान D. अनुदान

**129.** मौर्य कला की उत्कृष्ट कृति थी–

A. स्तूप

B. अशोक के स्तम्भ

C. मूर्त्तिकला

D. उपरोक्त (B) और (C) दोनों

**130.** मौर्य काल में मुख्यत: सिक्कों को ढालने के लिए किन धातुओं का प्रयोग किया जाता था?

A. स्वर्ण और चाँदी B. चाँदी और ताम्र

C. ताम्र एवं कांस्य D. सीसा एवं कांस्य

**131.** अशोक द्वारा निर्मित तथा आजीवक सम्प्रदाय को दान में प्रदान की गयी गुफा है–

A. नागार्जुनी गुफा

B. राजगृह की जरासंध गुफा

C. बराबर पहाड़ियों में स्थित सुदामा गुफा

D. उज्जैनी की भर्तृहरि गुफा।

**132.** अशोक के स्तम्भों में एक सर्वाधिक सौष्ठवपूर्ण एवं भव्य स्तम्भ कहाँ से प्राप्त हुआ है?

A. लौरिया नन्दनगढ़ B. रामपुरवा

C. बसाढ़ D. सारनाथ

**133.** सारनाथ से प्राप्त अशोक के स्तम्भ पर कौन-सा पशु उत्त्कीर्णित नहीं है?

A. कूबड़वाला वृष B. हिरण

C. हाथी D. अश्व

**134.** अशोक के स्तम्भों की अत्यन्त उल्लेखनीय विशेषता क्या है?

A. एकाश्म संरचना

B. शिल्प

C. पालिश

D. प्रयुक्त प्रस्तर की गुणवत्ता

**135.** अशोक-कालीन स्तम्भों के निर्माण के लिए लाल बलुए पत्थर को कहाँ से खोदा गया था?

A. तक्षशिला

B. चुनार
C. अरावली की पहाड़ियों
D. उपरोक्त (B) एवं (C) दोनों

**136.** मौर्य साम्राज्य का विदेश व्यापार किन देशों के साथ सबसे अधिक होता था?
A. पश्चिम एशियाई देशों B. पश्चिमी यूनानी देश
C. उपरोक्त दोनों D. इनमें से कोई नहीं

**137.** अशोक का इलाहाबाद स्तम्भ मूलतः कौशाम्बी से इलाहाबाद लाया था—
A. समुद्रगुप्त B. हर्षवर्धन
C. अकबर D. जहाँगीर

**138.** अशोक ने निम्नलिखित किस पशु/पशुओं की हत्या पर पूर्ण निषेध लगा दिया था?
A. बकरी के बच्चे B. गैंडे
C. बारहसिंगे D. उपर्युक्त सभी

**139.** इनमें से कौन अशोक का पुत्र नहीं था?
A. तीवर B. कुणाल
C. जालुक D. सुमन

**140.** मौर्यकालीन भारत के प्रत्येक यूनानी लेखक ने एक भारतीय पशु की अतिशय प्रशंसा की है—
A. गाय B. हाथी
C. कस्तूरी मृग D. गैंडा

**141.** मौर्य कालीन प्रधान सिक्का जिसे **"रूप्य रूप"** भी कहते हैं, था—
A. ताम्ररूप B. त्रपु
C. पण D. सुवर्ण

**142.** अशोक ने अपने शिलालेखों में अपने समकालीन दक्षिण के पाँच स्वतंत्र राज्यों का उल्लेख किया है, जो थे—
A. केरल, तमिल, आन्ध्र, कर्नाटक एवं ताम्रपर्णी।
B. चोल, पाण्ड्य, काकतीय, सतियपुत्र तथा ताम्रपर्णी।
C. पाण्ड्य, चेर, सतियपुत्र, चालुक्य और सिंहलद्वीप।
D. चोल, पाण्ड्य, सतियपुत्र, केरलपुत्र एवं ताम्रपर्णी।

**143.** अशोक के राज्याभिषेक के सताईस वर्ष बाद उत्त्कीर्ण किए गए अत्यन्त महत्त्वपूर्ण शिलालेख की स्तम्भ संख्या क्या है?
A. III B. IV
C. V D. VII

**144.** अशोक द्वारा तीन गुफालेखों को उत्त्कीर्ण करवाने का क्या उद्देश्य था?
A. आजीवकों को गुफाएँ अनुदान में देना।
B. बौद्ध संघ ने एकता बनाए रखना।
C. बुद्ध, धम्म और संघ के प्रति सम्मान प्रदर्शित करना।
D. इनमें से कोई नहीं।

**145.** कौन सा यूनानी लेखक मौर्य राजदरबार में राजदूत नहीं था?
A. मेगास्थनीज B. डेर्ममाकस
C. डायोनेसियस D. पेट्रोक्लस

**146.** मौर्यकालीन इतिहास के बारे में सर्वाधिक जानकारी मिलती है—
A. अभिलेखों द्वारा B. बौद्ध ग्रंथों द्वारा
C. तत्कालीन मुद्राओं द्वारा D. पुरातत्त्व द्वारा

**147.** किस ग्रंथ में चन्द्रगुप्त मौर्य के लिए **"वृषल"** शब्द का प्रयोग किया गया है?
A. ब्राह्मण साहित्य B. जैन साहित्य
C. मुद्रा राक्षस D. बौद्ध ग्रंथ

**148.** यूनानी ग्रंथों में चन्द्रगुप्त मौर्य को क्या कहा गया है?
A. अमित्रोचेड्स B. अग्रमीज
C. सैन्ड्रोकोट्स D. अमित्रघात

**149.** अशोक ने किसके सहयोग से मौर्य सिंहासन ग्रहण किया?
A. चाणक्य B. बिन्दुसार
C. खल्लाटक D. राधागुप्त

**150.** किस ग्रंथ में चाणक्य की पत्नी का नाम **"यशोमती"** मिलता है?
A. अर्थशास्त्र B. मुद्राराक्षस
C. वृहत्कथाकोश D. महापरिनिब्बानसुत्त

**151.** बिन्दुसार के शासनकाल में किस प्रान्त में हुए विद्रोह को दबाने के लिए अशोक को भेजा गया?
A. तक्षशिला B. सौराष्ट्र
C. पाटलिपुत्र D. सुवर्णगिरि

**152.** यूनानियों ने किसे **"अमित्रोचेड्स"** कहा?
A. अशोक B. बिन्दुसार
C. चन्द्रगुप्त मौर्य D. इनमें से कोई नहीं

**153.** किस स्थान पर प्राप्त अशोक के अभिलेख (स्तम्भ) के निचले भाग में मयूर का चिन्ह अंकित है?
A. शाहबाजगढ़ी B. लौरियानन्दन गढ़
C. मानसेहरा D. मास्की

**154.** दिल्ली में अशोक के स्तम्भों को खोजने का श्रेय किसे दिया है?
A. जेम्स प्रिंसेप B. मैक्स मूलर
C. रीफेन्थैलर D. अलेक्जेन्डर कनिंघम

**155.** अशोक का सबसे छोटा स्तम्भलेख कौन-सा है?
A. रूम्मिनदेई B. मास्की
C. निगलीवा D. धौली

**156.** अशोक के कुल कितने **"गुहालेख"** अब तक प्राप्त हैं?
A. 5 B. 3
C. 7 D. 14

**157.** मौर्यकालीन गुफाओं में सर्वाधिक प्राचीन गुफा कौन है?
A. नागार्जुनी गुफा B. बरावर की गुफा
C. एलीफैण्टा की गुफा D. इनमें से कोई नहीं

**158.** किस ग्रंथ में शूद्रों के लिए "आर्य" शब्द का प्रयोग हुआ है?
A. अर्थशास्त्र B. मुद्राराक्षस
C. अष्टाध्यायी D. वृहत्कथामंजरी

**159.** अशोक का सबसे लम्बा स्तम्भ लेख कौन-सा था?
A. तीसरा B. तेरहवाँ
C. सातवाँ D. चौथा

**160.** अशोक का कौन-सा अभिलेख दो भाषाओं में प्राप्त हुआ है?
A. शहबाजगढ़ी B. मानसेहरा
C. कालसी D. शार-ए-कुना

**161.** किसने **"पाटलिपुत्र"** को **"पोलिब्रोथा"** कहा है?
A. मेगस्थनीज B. स्ट्रैबो
C. प्लूटार्क D. एरियन

**162.** अशोक ने अपने शासन काल में तक्षशिला में हुए विद्रोह को दबाने के लिए किसे भेजा?
A. कुणाल B. दशरथ
C. राधागुप्त D. इनमें से कोई नहीं

**163.** अशोक ने कलिंग पर कब आक्रमण किया?
A. 260 ई॰ पू॰ में B. 261 ई॰ पू॰ में
C. 261 ई॰ में D. 273 ई॰ पू॰ में

**164. "इण्डिका" की रचना किसने की?**
A. फाहियान B. प्लिनी
C. मेगस्थनीज D. चाणक्य

**165.** मौर्य साम्राज्य के बाद **"शुंग वंश"** की स्थापना किसने की?
A. अग्निमित्र B. पुष्यमित्र
C. वसुमित्र D. सुज्येष्ठ

**166.** अशोक द्वारा सौराष्ट्र के प्रशासक के रूप में नियुक्त फारसवासी कौन था?
A. जस्टिन B. प्लूटार्क
C. डायमेकस D. तुसस्प

**167.** अशोक का कथन **"सव्वे मुनिषे पजा नाम"** किस वृहत शिलालेख में पाया जाता है?
A. पाँचवा B. नवम्
C. छठा D. तेरहवाँ

**168.** इनमें से किसके अनुसार बिन्दुसार ने **"दो समुद्रों की बीच की भूमि" को जीता?**
A. मेगस्थनीज B. तारानाथ
C. कौटिल्य D. विशाखदत्त

**169.** अर्थशास्त्र में वर्णित **"अन्तपाल"** किसके अधीक्षक थे?
A. वाणिज्य B. कताई–बुनाई
C. महसूल D. बूचड़खाना

**170.** इनमें से कौन यूनानी राजदूत मौर्य दरबार में नहीं रहा?
A. मेगस्थनीज B. डायोडोरस
C. डायमेकस D. डायोनायासियस

**171.** इनमें से कौन-सा युग्म सही नहीं है?
A. नागलक्यिहालक – शहर के दंडाधिकारी।
B. गणिकाध्यक्ष – वेश्याओं के अधीक्षक।
C. अथिझाख महामात्य – अन्तः पुर का अधीक्षक।
D. सुराध्यक्ष – कृषि का अध्यक्ष।

**172.** अपने भाइयों के विरूद्ध उत्तराधिकार की लड़ाई में अशोक की मदद किस मंत्री ने की?
A. विष्णुगुप्त B. राधागुप्त
C. वसुगुप्त D. उपगुप्त

**173.** किस बौद्ध ग्रंथ में अशोक की **"धम्म यात्राओं"** की चर्चा है?
A. दित्यावदान B. महावंश
C. वंशथपकासिनि D. चूलवंश

**174.** किस वृहत शिलालेख में पशु हत्या और पर्व त्यौहारों पर मेलों को प्रतिबंधित करने की बात कही गयी है?
A. चौथा B. छठा
C. पहला D. सातवाँ

**175.** किस साहित्यिक कृति ने मगध में 12 वर्ष लम्बे अकाल का जिक्र है?
A. वंशथपकाशिनी B. परिशिष्ट पर्वन
C. दिव्यावदान D. कल्पसूत्र

**176.** वंशथपकाशिनि किस ग्रंथ की टीका है?
A. सूतपिटक B. विनय पिटक
C. महावंश D. दीपवंश

**177.** पश्चिमी भारत में गिरनार के नजदीक एक नदी पर किसने बाँध बनवाया?
A. राधागुप्त B. पुष्यगुप्त
C. विष्णुगुप्त D. उपगुप्त

**178.** ब्राह्मणों और श्रमणों के प्रति सार्वजनिक उदारता की सलाह अशोक अपने किस वृहत शिलालेख में देता है?
A. पाँचवाँ B. नौवां
C. तीसरा D. चौथा

**179.** अशोक को बौद्ध धर्म में दीक्षित करवाने वाला उपगुप्त था–
A. महाकश्यप B. सबाकामी
C. मोगलपुत्रतिस्सा D. वसुमित्र

**180.** मौर्य दरबार में मिस्र के राजा टॉलेमी फिलाडेल्फस का दूत कौन था?
A. डायोनेसियस B. डेईमाकस
C. मेगस्थनीज D. डियोडोरस

**181.** अपने सिंहासन का परित्याग कर जैन सन्त भद्रबाहु के साथ दक्षिण जाने वाला शासक था–
A. चन्द्रगुप्त मौर्य B. बिन्दुसार
C. दशरथ D. सम्प्रति

**182.** वृहद्रथ की हत्या करने वाला पुष्यमित्र शुंग कौन था?
A. मौर्यों का प्रधानमंत्री B. मौर्यों का सेनापति
C. उपरोक्त दोनों D. इनमें से कोई नहीं

**183.** बिन्दुसार की मृत्यु के समय अशोक कहाँ का वाइसराय था?
A. तक्षशिला B. उज्जैन
C. सौराष्ट्र D. तोसाली

**184.** बिन्दुसार के शासनकाल में किस विद्रोह का दमन अशोक ने किया?
A. सौराष्ट्र B. तक्षशिला
C. दक्कन D. उज्जैन

**185.** चन्द्रगुप्त मौर्य ने जीवन के अन्तिम समय में किस धर्म में दीक्षा ली थी?
A. बौद्ध धर्म B. जैन धर्म
C. वैष्णव धर्म D. शैव धर्म

**186.** इनमें से कौन-सा प्रान्त मौर्य साम्राज्य से बाहर था?
A. कलिंग B. सौराष्ट्र
C. कश्मीर D. असम

**187.** अशोक के किस लघुशिलालेख में "बुद्धशाक्य" तथा "अशोक" नाम मिलता है?
A. गुर्जरा लघु शिलालेख
B. मास्की लघु शिलालेख
C. एर्रगुडी लघु शिलालेख
D. सहसाराम लघु शिलालेख

**188.** अशोक ने किससे बौद्ध धर्म की दीक्षा ली?
A. निग्रोथ B. नागार्जुन
C. उपगुप्त D. इनमें से कोई नहीं

**189.** मौर्य काल में "एग्रनोमोई" किसे कहा जाता था?
A. भवन निर्माण अधिकारी
B. सड़क निर्माण अधिकारी
C. कृषि विभाग का अधिकारी
D. माप–तौल का अधिकारी

**190.** मौर्यकाल में गुप्तचरों को क्या कहा जाता था?
A. गूढ़ पुरुष B. गुप्तचर
C. संस्था D. संचार

**191.** मौर्य-वंश का अन्तिम शासक कौन था?
A. बिम्बिसार B. कनिष्क
C. पुष्यमित्र शुंग D. वृहद्रथ

## उत्तरमाला

| **1** | **2** | **3** | **4** | **5** | **6** | **7** | **8** | **9** | **10** |
|---|---|---|---|---|---|---|---|---|---|
| D | A | A | C | B | C | C | A | D | B |
| **11** | **12** | **13** | **14** | **15** | **16** | **17** | **18** | **19** | **20** |
| C | C | D | C | C | C | D | C | A | A |
| **21** | **22** | **23** | **24** | **25** | **26** | **27** | **28** | **29** | **30** |
| A | C | D | A | C | B | A | A | C | A |
| **31** | **32** | **33** | **34** | **35** | **36** | **37** | **38** | **39** | **40** |
| B | A | C | C | C | D | D | A | C | A |
| **41** | **42** | **43** | **44** | **45** | **46** | **47** | **48** | **49** | **50** |
| A | C | B | C | B | C | B | A | B | D |
| **51** | **52** | **53** | **54** | **55** | **56** | **57** | **58** | **59** | **60** |
| A | A | B | A | D | B | A | C | A | D |
| **61** | **62** | **63** | **64** | **65** | **66** | **67** | **68** | **69** | **70** |
| A | D | B | D | B | C | C | C | C | B |
| **71** | **72** | **73** | **74** | **75** | **76** | **77** | **78** | **79** | **80** |
| B | A | B | D | C | D | C | A | A | A |
| **81** | **82** | **83** | **84** | **85** | **86** | **87** | **88** | **89** | **90** |
| C | C | D | A | A | C | A | D | C | C |
| **91** | **92** | **93** | **94** | **95** | **96** | **97** | **98** | **99** | **100** |
| A | B | D | A | D | D | B | A | B | C |
| **101** | **102** | **103** | **104** | **105** | **106** | **107** | **108** | **109** | **110** |
| A | C | A | B | A | D | C | C | B | A |
| **111** | **112** | **113** | **114** | **115** | **116** | **117** | **118** | **119** | **120** |
| D | A | A | C | B | A | B | A | D | D |
| **121** | **122** | **123** | **124** | **125** | **126** | **127** | **128** | **129** | **130** |
| A | B | D | A | B | C | A | B | A | B |
| **131** | **132** | **133** | **134** | **135** | **136** | **137** | **138** | **139** | **140** |
| C | A | B | C | D | C | C | D | D | B |
| **141** | **142** | **143** | **144** | **145** | **146** | **147** | **148** | **149** | **150** |
| C | D | D | A | D | A | C | C | D | C |
| **151** | **152** | **153** | **154** | **155** | **156** | **157** | **158** | **159** | **160** |
| A | B | B | C | A | B | B | A | C | D |
| **161** | **162** | **163** | **164** | **165** | **166** | **167** | **168** | **169** | **170** |
| A | A | B | C | B | D | C | B | C | B |
| **171** | **172** | **173** | **174** | **175** | **176** | **177** | **178** | **179** | **180** |
| D | B | A | C | B | C | B | C | C | A |
| **181** | **182** | **183** | **184** | **185** | **186** | **187** | **188** | **189** | **190** |
| A | B | B | B | B | D | B | C | B | C |
| **191** | | | | | | | | | |
| D | | | | | | | | | |

# 6. गुप्त साम्राज्य

- मौर्य साम्राज्य के विघटन के पश्चात् दो बड़ी राजनैतिक शक्तियाँ- सातवाहन और कुषाण उभरीं। सातवाहनों ने दक्कन और दक्षिण मे तथा कुषाणों ने उत्तर में स्थायित्व लाने का काम किया। इन दोनों ने रोमन साम्राज्य के साथ चले अपने व्यापार के बल पर राजनैतिक एकता और आर्थिक प्रगति प्राप्त की । इन दोनों साम्राज्यों का ईसा की तीसरी सदी के मध्य में अंत हो गया।
- कुषाण साम्राज्य के अवशेष पर एक नए साम्राज्य का प्रादुर्भाव हुआ, जिसने अपना आधिपत्य कुषाण और सातवाहन दोनों के पिछले राज्य-क्षेत्रों के बहुत बड़े भाग पर स्थापित किया। यह था गुप्त साम्राज्य।
- गुप्त साम्राज्य मौर्य साम्राज्य के जैसा विशाल तो नहीं था, फिर भी इसने सारे उत्तर भारत को लगभग एक सदी से उपर (335 ई. से 455 ई.तक) राजनैतिक एकता के सूत्र में बाँधे रखा। संभवतः गुप्त शासकों के लिए बिहार की अपेक्षा उत्तर प्रदेश अधिक महत्त्व वाला प्रांत था, क्योंकि प्रारंभिक गुप्त मुद्राएं और अभिलेख मुख्यतः इसी राज्य में पाए गए हैं। ऐसा अनुमान लगाया जाता है कि गुप्त शासक अपनी सत्ता का केंन्द्र प्रयाग को बनाकर पड़ोस के इलाके में फैलते गए।
- संभवतः गुप्त लोग कुषाणों के सामंत थे, और ऐसा प्रतीत होता है कि कुछ ही दिनों में वे उनके उत्तराधिकारी बन बैठे। बिहार और उत्तर प्रदेश में अनेक स्थानों पर कुषाण पुरावशेषों के ठीक बाद गुप्त पुरावशेष मिले हैं।
- गुप्तों के कार्यकलाप का मुख्य क्षेत्र मध्य देश की उर्वर भूमि था, जिसमें बिहार और उत्तर प्रदेश आते हैं। उन्होंने मध्य भारत और दक्षिण बिहार (वर्तमान का झारखंड राज्य) के लौह-अयस्क का उपयोग भी किया। इसके अतिरिक्त पूर्वी रोमन साम्राज्य (बिजेंटाइन साम्राज्य) के साथ रेशम का व्यापार करने वाले उत्तर भारत के क्षेत्र इनके पड़ोस में अवस्थित थे, अतः वे इस निकटता का भी लाभ उठा सके। इन अनुकुल स्थितियों के बल पर गुप्त शासकों ने अपना आधिपत्य मध्य गंगा मैदान, प्रयाग, साकेत और मगध पर स्थापित किया। कालक्रमेण यह राज्य एक भारतव्यापी साम्राज्य बन गया।
- गुप्तवंश का पहला प्रसिद्ध शासक चंद्रगुप्त प्रथम था। चंद्रगुप्त प्रथम एक महान शासक था, क्योंकि उसने 319-20 ई. में अपने राज्यारोहण के स्मारक के रूप में गुप्त संवत् चलाया। बाद के कई अभिलेखों में काल-निर्देश इस संवत् में किया गया।

**गुप्त वंशः एक नजर में**

| प्रमुख शासक | शासनकाल |
|---|---|
| चंद्रगुप्त प्रथम | 319-335 ई. |
| समुद्रगुप्त | 335-375 ई. |
| रामगुप्त | 375-375 ई. |
| चंद्रगुप्त द्वितीय | 375-414 ई. |
| कुमारगुप्त महेंद्रादित्य | 414-455 ई. |
| स्कंदगुप्त | 455-467 ई. |
| पुरुगुप्त | 467-476 ई. |

- गुप्तकाल को स्वर्ण-युग (Golden Age), क्लासिकल युग (Classical Age) एवं पैरीक्लीन युग (Periclean Age) कहा जाता है। अपनी जिन विशेषताओं के कारण गुप्तकाल को 'स्वर्णकाल' कहा जाता है, वे इस प्रकार हैं– साहित्य, विज्ञान एवं कला के उत्कर्ष का काल, भारतीय संस्कृति के प्रचार-प्रसार का काल, धार्मिक सहिष्णुता एवं आर्थिक समृद्धि का काल, श्रेष्ठ शासन व्यवस्था एवं महान सम्राटों के उदय का काल एवं राजनैतिक एकता का काल।
- गुप्तकाल के स्वर्ण युग संबंधी उपर्युक्त विशेषताओं को कुछ विद्वानों, जैसे आर. एस. शर्मा, डी. डी. कोशांबी एवं डॉ. रोमिला थापर ने निराधार सिद्ध किया है, क्योंकि उनके अनुसार यह काल सामंतवाद की उन्नति, नगरों के पतन, व्यापार एवं वाणिज्य के पतन तथा आर्थिक अवनति का काल था।
- गुप्तकाल को संस्कृत साहित्य का स्वर्ण युग माना जाता है। इस काल को श्रेष्ठ कवियों का काल मना जाता है। गुप्तकाल के कवियों को दो भागों में बांटा गया है, प्रथम भाग में वे कवि आते हैं जिनके विषय में हमें अभिलेखों से जानकारी मिलती है, इनकी किसी भी कृति के विषय में हमें जानकारी नहीं है। इस श्रेणी में हरिषेण,

शाव (वीरसेन), वत्सभहि एवं वासुल आते हैं। द्वितीय श्रेणी में वे कवि आते हैं जिनकी रचनाओं के बारे में ज्ञान है, जैसे– कालिदास, भारवि, भट्टि, मातृगुप्त, भतृश्रेष्ठ और विष्णु शर्मा आदि।

- गुप्तकाल लौकिक साहित्य की सर्जना के लिए स्मरणीय है। भास के तेरह नाटक इसी काल के हैं। शूद्रक का लिखा नाटक **मृच्छकटिकम्,** जिसमें एक निर्धन ब्राह्मण के साथ एक वेश्या का प्रेम वर्णित है, प्राचीन नाटकों में उत्कृष्टतम कोटि का माना जाता है। परंतु जिसको लेकर गुप्तकाल का सबसे ऊँचा नाम है वह है कालिदास की कृति **अभिज्ञानशाकुंतलम्** । इसमें राजा दुष्यंत और शकुंतला के प्रेम की कथा चित्रित है, जिनका पुत्र भरत एक नामी राजा हुआ। अभि-शाकुंतलम् प्रथम भारतीय रचना है जिसका अनुवाद यूरोपीय भाषाओं में हुआ। कालिदास की यह कृति विश्व की सौ उत्कृष्टतम साहित्यिक कृतियों में से एक है।
- भारत में गुप्तकाल में लिखें गए नाटकों के बारे में दो बातें उल्लेखनीय है। पहली बात यह है कि ये सभी नाटक सुखांत हैं। दुखांत नाटक एक भी नहीं मिलता। दूसरी बात यह है कि उच्च एंव निम्न वर्गों के लोग भिन्न-भिन्न भाषाएं बोलते है। इन नटकों में स्त्री और शूद्र प्राकृत बोलते हैं जबकि भद्रजन संस्कृत।

**गुप्तकालीन नाटक एवं नाटककार**

| **नाटक** | **नाटककार** | **नाटक का विषय** |
|---|---|---|
| मालविकाग्निमित्रम् | कालिदास | अग्निमित्र एवं मालविका की प्रणय-कथा पर आधारित। |
| विक्रमोर्वशीयम् | कालिदास | सम्राट पुरुरवा एवं उर्वशी अप्सरा की प्रणय-कथा पर आधारित। |
| अभिज्ञानशाकुन्तलम् | कालिदास | दुश्यन्त तथा शकुन्तला की प्रणय-कथा पर आधारित । |
| मुद्राराक्षसम् | विशाखदत्त | इस ऐतिहासिक नाटक में चंद्रगुप्त मौर्य के मगध के सिंहासन पर बैठने की कथा का वर्णन है। |
| देवीचंद्रगुप्तम् | विशाखदत्त | इस ऐतिहासिक नाटक में चन्द्रगुप्त द्वारा शकराज का वध कर ध्रुवस्वामिनी से विवाह का वर्णन है। |
| मृच्छकटिकम् | शूद्रक | इस नाटक में नायक चारुदत्त, नायिका वसंतसेना के अतिरिक्त राजा, ब्राह्मण, जुआरी, व्यापारी, वेश्या, चोर, धूर्तदास आदि का वर्णन है। |
| स्वप्रवासवदत्तम् | भास | इसमें महाराज उदयन एवं वासवदत्ता की प्रेमकथा का वर्णन किया गया है। |
| प्रतिज्ञायौगंधरायणम् | भास | इसमें महाराज उदयन किस तरह यौगंधरायण की सहायता से वासवदत्ता को उज्जैयिनी से लेकर भागता है, का वर्णन है। |
| चारुदत्तम् | भास | इस नाटक का नायक चारुदत्त मूलतः भास की कल्पना है। |

**गुप्तकालीन तकनीकी ग्रंथ**

| **रचनाकार** | **रचना** |
|---|---|
| चन्द्रगोमिन | चन्द्र व्याकरण |
| अमरसिंह | अमरकोष (संस्कृत का प्रामाणिक कोश) |
| कामन्दक | नीतिसार (कौटिल्य के अर्थशास्त्र से प्रभावित ) |
| वात्स्यायन | कामसूत्र |

- गुप्तों का समय ब्राह्मण व हिंदू धर्म के पुनरुत्थान का समय माना जाता है। हिन्दू धर्म विकास यात्रा के इस चरण में कुछ महत्त्वपूर्ण परिवर्तन देखने को मिले, जैसे– मूर्तिपूजा हिन्दू धर्म का सामान्य लक्षण बन गई, यज्ञ का स्थान उपासना ने ले लिया एवं गुप्तकाल में ही वैष्णव एवं शैव धर्म के मध्य समन्वय स्थापित हुआ।

ईश्वर के भक्ति को महत्त्व दिया गया। तत्कालीन महत्त्वपूर्ण सम्प्रदाय के रूप में वैष्णव एवं शैव सम्प्रदाय प्रचलन में थे।

- वैष्णव धर्म गुप्त शासकों का व्यक्तिगत धर्म था। अनेक गुप्त राजाओं ने 'परमभागवत्' की उपाधि धारण की। इन राजाओं ने अपनी राजाज्ञाएं, गुरुड़ध्वज से अंकित करवाई। चंद्रगुप्त द्वितीय एवं समुद्रगुप्त द्वारा जारी किए गए सिक्कों पर विष्णु के वाहन गरुड़ की आकृति खुदी मिली है। शंख, चक्र, गदा, पद्म, लक्ष्मी का अंकन भी गुप्तकालीन सिक्कों पर मिलता है। स्कंदगुप्त का जूनागढ़ एवं बुध गुप्त का एरण अभिलेख विष्णु स्तुति से प्रारंभ हुए हैं। गुप्तकालीन कुछ अभिलेखों में विष्णु को **'मधुसूदन'** कहा गया है।
- गुप्त राजाओं की धार्मिक सहिष्णुता की भावना के कारण शैव धर्म का विकास भी इस काल में हुआ, जबकि गुप्तों का व्यक्तिगत धर्म वैष्णव धर्म था। चंद्रगुप्त विक्रमादित्य का सेनापति वीरसेन प्रकांड शैव विद्वान था। उसने उदयगिरि पहाड़ी के अंदर शैवों के निवास के लिए गुफा का निर्माण करवाया। कालिदास के 'मेघदूत' के वर्णन में उज्जैयिनी में एक महाकाल मंदिर का वर्णन है। 'वाम्न पुराण' के वर्णन के अनुसार गुप्तकाल में चार शैव संप्रदायों का प्रचलन था– 1. शैव, 2. पाशुपत, 3. कपालिक, 4. कालामुख।
- गुप्तकाल में सूर्योपासक लोगों का भी संप्रदाय था। विक्रम संवत् 529 के मंदसौर शिलालेख के प्रारंभिक कुछ श्लोकों में सूर्य भगवान की स्तुति की गई है। उत्तर प्रदेश के बुलंदशहर जिले के **'मांडारयात'** नामक स्थल पर सूर्य मंदिर होने के साक्ष्य मिले हैं। **इस काल के अभिलेखों में सूर्य के अनेक नामों में से लोकार्क, भास्कर, आदित्य, वरुणास्वामी एवं मार्तण्ड नाम मिलते हैं।**
- गुप्त शासकों ने बौद्ध धर्म को संरक्षण प्रदान नहीं किया, फिर भी यह धर्म विकसित हुआ। इस काल में बौद्ध धर्म के मुख्य केंद्र के रूप में गया, मथुरा, कौशांबी एवं सारनाथ प्रसिद्ध थे। गुप्तों के समय में ही प्रसिद्ध बौद्ध विहार नालंदा की स्थापना की गई। सांची के लेख के अनुसार चंद्रगुप्त द्वितीय ने किसी आम्रकादव नाम के बौद्ध धर्म के अनुयायी को अपने राज्य में ऊंचे पद पर नियुक्त किया था। गुप्तकाल के प्रसिद्ध बौद्ध आचार्य वसुबंधु, असंग एवं दिङ्नाग थे। इन आचार्यों ने अपनी विद्वता के द्वारा भारतीय ज्ञान के विकास में सहयोग किया। चीनी यात्री फाह्यान के अनुसार गुप्तकाल में बौद्ध धर्म अपने स्वाभाविक रूप में विकसित हो रहा था। आर्यदेव का 'चंतुश्शतक,' एवं असंग का 'महायान संग्रह', 'योगाचार भूमिशास्त्र' तथा 'महायान सूत्रालंकार' जैसे ग्रंथ इस काल में ही रचे गए।
- गुप्तकाल में जैन धर्म का भी विकास हुआ। गुप्तों के समय में ही मथुरा (313 ई.पू.) एवं वल्लभी (453 ई.) में जैन सभाएं आयोजित की गई। इस समय मूर्तियों के निर्माण के अंतर्गत् महावीर एवं अन्य तीर्थंकरों की सीधी, खड़ी हुई एवं पालथी मारकर बैठी हुई मूर्तियाँ निर्मित की गई। इस काल मे जैन धर्म मध्यमवर्गीय लोगों एवं व्यापारियों में खूब प्रचलित था। 'कहौम लेख' से स्पष्ट होता है कि स्कंदगुप्त के समय मद्र नाम के व्यक्ति ने पाँच जैन तीर्थंकरों– आदिनाथ, शांतिनाथ, नेमिनाथ, पार्श्वनाथ एवं महावीर की मूर्तीयों की स्थापना कराई। इस समय जैन धर्म मगध से लेकर कलिंग, मथुरा, उदयगिरि, तमिलनाडु तक फैला था।
- इस काल में ही सांख्य, योग, न्याय, वैशेषिक, पूर्व एवं उत्तर मीमांसा (वेदांत) की महत्त्वपूर्ण कृतियों की रचना हुई।
- गुप्तकाल में कला के विविध विधाओं जैसे वास्तु, स्थापत्य, चित्र-कला, मृदभांड कला आदि में अभूतपूर्व प्रगति देखने को मिलती है। गुप्तकालीन स्थापत्य कला के सर्वोच्च उदाहरण तत्कालीन मंदिर थे। मंदिर निर्माण काल का जन्म यहीं से हुआ। इस समय के मंदिर एक ऊंचे चबूतरे पर निर्मित किए जाते थे, चबूतरे पर चढ़ने के लिए चारों ओर से सीढ़ियाँ बनाई जाती थी। देवता की मूर्ति को गर्भगृह (Sanctuary) मे स्थापित किया जाता था और गर्भगृह के चारों ओर ऊपर से आच्छादित प्रदक्षिणा मार्ग का निर्माण किया जाता था। गुप्तकालीन मंदिरों के पार्श्वों पर गंगा, यमुना, शंख व पद्म् की आकृतियाँ बनी होती थीं। गुप्तकालीन मंदिरों की छतें प्रायः सपाट बनाई जाती थीं पर शिखर युक्त मंदिरों के निर्माण के अवशेष भी पाए गए हैं।

- गुप्तकालीन मंदिर कला का सर्वोत्तम उदाहरण देवगढ़ का दशावतार मंदिर है। इस मंदिर में गुप्त कला अपने पूर्ण विसर्जित रूप में दृष्टिगोचर होती है। संभवतः मंदिर निर्माण के इतिहास में शिखर का पहली बार प्रयोग दशावतार मंदिर में ही किया गया । अन्य मंदिरों के एक मंडप की तुलना में दशावतार के इस मंदिर में चार मंडपों का प्रयोग हुआ है। यह मंदिर सुंदर मूर्तियों से जड़ित है, इनमें झाकंती हुई आकृतियाँ, उड़ते हुए पक्षी व हंस, पवित्र वृक्ष, स्वास्तिक, फूल-पत्तियों की आकृतियाँ, प्रेमी युगल एवं बौनों की मूर्तियाँ निःसंदेह मन को लुभाते हैं।

| गुप्तकालीन मंदिरः एक नजर में | |
|---|---|
| महत्त्वपूर्ण मंदिर | स्थान |
| 1. विष्णु मंदिर | तिगवां (जबलपुर, म, प्र.) |
| 2. शिव मंदिर | भूमरा (नागौद, म. प्र.) |
| 3. पार्वती मंदिर | नचना–कुठार (म. प्र.) |
| 4. शिव मंदिर | खोह (नागौद, म. प्र.) |
| 5. लक्ष्मण मंदिर (ईंटों से निर्मित) | भीतरगाँव (कानपुर, उ. प्र.) |
| 6. दशावतार मंदिर | देवगढ़ (झांसी, उ. प्र.) |

- गुप्तकाल का सर्वोतम पक्ष उसकी मूर्तिकला है। इनकी अधिकांश मूर्तियाँ हिन्दू देवी-देवताओं से संबंधित हैं। इस काल की मूर्तियों में कुषाणकालीन नग्नता एवं कामुकता का पूर्णतः लोप हो गया है। गुप्तकालीन मूर्तिकारों ने शारीरिक आकर्षण को छिपाने के लिए मूर्तियों में वस्त्रों के प्रयोग को प्रारंभ कर दिया था। गुप्तकालीन बुद्ध की मूर्तियों में सारनाथ की बैठे हुए बुद्ध की मूर्ति, मथुरा में खड़े हुए बुद्ध की मूर्ति एवं सुल्तानगंज की कांसे की बुद्ध मूर्ति उल्लेखनीय है।
- सर्वप्रथम गुप्तकाल में ही 'एकमुखी' एवं 'चतुर्मुखी शिवलिंग' का निर्माण हुआ। शिव के 'अर्द्धनारीश्वर' रूप की रचना भी इसी समय की गई। विष्णु की प्रसिद्ध मूर्ति देवगढ़ के दशावतार मंदिर में स्थापित है।
- गुप्तकाल में चित्रकला उच्च शिखर पर पहुँच चुकी थी। गुप्तकालीन चित्रों के उत्तम उदाहरण महाराष्ट्र के औरंगाबाद में स्थित अजंता की गुफाओं तथा ग्वालियर के समीप बाघ पर्वत से प्राप्त होते हैं। ये सभी चित्र समाज में प्रचलित तत्कालीन धार्मिक व्यवस्था से प्रभावित हैं। साथ ही इन चित्रों से उस समय की सामाजिक व्यवस्था को भी समझा जा सकता है।
- पूना स्थित प्रभावती गुप्त के ताम्रपत्र अभिलेख में श्रीगुप्त का उल्लेख गुप्त वंश के 'आदिराज' के रूप में किया गया है। इनका शासनकाल 240 से 280 ई. तक रहा। श्रीगुप्त ने महाराज की उपाधि धारण की । लगभग 280 ई. में श्रीगुप्त ने घटोत्कच को अपना उत्तराधिकारी बनाया। इसने भी महाराज की उपाधि धारण की। प्रभावती गुप्त के पूना एवं रिद्धपुर ताम्रपत्र अभिलखों में घटोत्कच को गुप्तवंश का प्रथम राजा बताया गया है। इसका राज्य संभवतः मगध के आस-पास तक ही सीमित था।
- गुप्तवंश का प्रथम प्रसिद्ध शासक चंद्रगुप्त प्रथम था। घटोत्कच के उत्तराधिकारी के रूप में सिंहासनारुढ़ चंद्रगुप्त प्रथम एक महान शासक था, क्योंकि उसने 319–20 ई. में अपने राज्यारोहण के स्मारक के रूप में 'गुप्त संवत' चलाया। बाद के कई अभिलेखों में काल-निर्देश इस संवत् में किया गया।
- चंद्रगुप्त प्रथम के बाद उसका पुत्र समुद्रगुप्त राजगद्दी पर बैठा। समुद्रगुप्त अशोक की शांति एवं अनाक्रमण की नीति के विपरीत हिंसा एवं आक्रमण में विश्वास करता था। समुद्रगुप्त के दरबार में प्रसिद्ध कवि हरिषेण रहता था, जिसने इलाहाबाद (प्रयाग) के प्रशस्ति लेख में समुद्रगुप्त के विजय अभियानों का उल्लेख किया है। यह अभिलेख उसी स्तंभ पर खुदा है जिस पर अशोक का स्तंभ लेख है।
- समुद्रगुप्त अपनी विजयों की उदघोषणा हेतु 'अश्वमेघ यज्ञ' सम्पन्न करवाया था। उसके प्राप्त सिक्कों में कुछ पर 'अश्वमेघ पराक्रम' खुदा है एवं उस पर उसे वीणवादन करते हुए दिखाया गया है। समुद्रगुप्त ने 6 प्रकार की स्वर्ण मुद्राएं (गरुड़, धनुर्धर, परशु, अश्वमेघ, व्याघ्रहंता एवं वीणासरण) चलवाया, जिनमें गरुड़ मुद्राएँ सर्वाधिक लोकप्रिय थीं। अपने सिक्कों पर समुद्रगुप्त ने अप्रतिरथ, व्याघ्रपराक्रम, पराक्रमांक जैसे विरूद धारण किए।
- समुद्रगुप्त ने पृथ्वी को बांधना (धरणिबंध) अपना बास्तविक लक्ष्य बनाया। समुद्रगुप्त द्वारा जीते गए क्षेत्रों को पाँच

भागों में बांटा जा सकता है– **प्रथम भाग में**-गंगा-यमुना के दोआब क्षेत्रः **द्वितीय भाग में**– हिमालय के पूर्वी भाग जैसे- नेपाल, असम (असोम), बंगाल **तृतीय भाग में**– विंध्य क्षेत्र में पड़ने वाले आटविक राज्य, **चतुर्थ भाग में**– पूर्वी दक्कन एवं दक्षिण भारत के वे 12 शासक शामिल हैं जिन्हें समुद्रगुप्त ने अपनी अधीनता में लेकर मुक्त कर दिया था। **पंचम भाग में** – इसमें शकों एवं कुषाणों के क्षेत्र शामिल हैं।

- समुद्रगुप्त की प्रतिष्ठा और प्रभाव भारत के बाहर भी फैला। एक चीनी स्त्रोत के अनुसार, श्रीलंका के राजा मेघवर्मन ने गया में बुद्ध का मंदिर बनवाने की अनुमति प्राप्त करने के लिए समुद्रगुप्त के पास एक दूत भेजा था। समुद्रगुप्त द्वारा उसे अनुमति दी गई और मंदिर एक विशाल बौद्ध-विहार के रूप में विकसित हो गया। समद्रगुप्त को भारत का **'नेपोलियन'** भी कहा जाता है।
- सभी गुप्त शासको में समुद्रगुप्त का पुत्र चंद्रगुप्त-II (375-414 ई.) सर्वाधिक शौर्य एवं वीरोचित गुणों से संपन्न था। उसने वैवाहिक संबंध और विजय दोनों तरह से साम्राज्य की सीमा बढ़ाई। उसने अपनी पुत्री प्रभावती का विवाह वाकाटक नरेश रूद्रसेन-II से किया, रूद्रसेन की मृत्यु के बाद चंद्रगुप्त-II ने अप्रत्यक्ष रूप से वाकाटक राज्य को अपने राज्य में मिलाकर उज्जैन को अपनी दूसरी राजधानी बनाई।
- चंद्रगुप्त-II के समय में ही चीनी यात्री फाहियान (399-414 ई.) भारत आया था उसने यहाँ के लोगों के जीवन के बारे में विशद विवरण लिखा है।
- चंद्रगुप्त-II ने शकों को पराजित करने की स्मृति में चाँदी का विशेष सिक्का जारी किया। उसे देवराज एवं देवगुप्त के नाम से भी जाना जाता था। चंद्रगुप्त-II ने विक्रमादित्य की उपाधि धारण की।
- चंद्रगुप्त-II का उज्जैन स्थित दरबार बड़े-बड़े विद्वानों से सुशोभित था। इन विद्वानों को चंद्रगुप्त के नवरत्न के नाम से जाना जाता है। इन विद्वानों के नाम हैं– 1. कालिदास, 2. धन्वंतरि, 3. शंकु 4. बेतालभट्ट, 5. घटकर्पर, 6. क्षपणक, 7. अमरसिंह, 8. वराहमिहिर, 9. वररुचि।
- चंद्रगुप्त-II के बाद उसका पुत्र कुमारगुप्त गद्दी पर बैठा। इसने बड़ी संख्या में मुद्राएं जारी करवायीं। इनमें **'मयूर शैली'** की मुद्राएं विशेष महत्त्वपूर्ण थी। चीनी यात्री ह्वेनसांग ने कुमारगुप्त का नाम शक्रादित्य बताया है। नालंदा विश्वविद्यालय का संस्थापक कुमारगुप्त को माना जाता है। स्कंदगुप्त के भीतरी स्तंभलेख के अनुसार, कुमारगुप्त महेंद्रादित्य को अपने शासन के अंतिम समय में पुष्यमित्र जातियों के विद्रोह का सामना करना पड़ा। यहाँ से गुप्त साम्राज्य विघटन की ओर अग्रसर हुआ।
- स्कंदगुप्त ( 455-467 ई.) को राजसिंहासन पर बैठते ही जूनागढ़ अभिलेख में म्लेच्छ के रूप में वर्णित हुणों के आक्रमण का सामना करना पड़ा। इस कार्य में उसे सफलता मिली। कहौम स्तंभलेख में 'शंक्रोपम' एवं जूनागढ़ अभिलेख में 'परिक्षिप्रवृक्षा के रूप में स्कंदगुप्त का उल्लेख किया गया है। इसकी स्वर्णमुद्राओं पर इसकी उपाधि विक्रमादित्य मिलती है। स्कंदगुप्त ने गिरनार पर्वत पर स्थित सुदर्शन झील का पुनरुद्धार करवाया था।
- गुप्त सम्राटों के समय में गणतंत्रीय राजव्यवस्था का पतन हुआ। गुप्त प्रशासन राजतंत्रात्मक व्यवस्था पर आधारित था। देवत्व का सिद्धांत गुप्तकालीन शासकों में प्रचलित था। राजपद वंशगत था, परंतु राजसत्ता ज्येष्ठाधिकार की अटल प्रथा के अभाव में सीमित थी। राजगद्दी हमेशा ज्येष्ठ पुत्र को ही नहीं मिलती थी।
- गुप्त सम्राट न्याय, 'सेना एवं दीवानी विभाग का प्रधान होता था। प्रजा अपने राजा को पृथ्वी पर ईश्वर के प्रतिनिधि के रूप में स्वीकार करती थी। प्रयाग प्रशस्ति में समुद्रगुप्त को पृथ्वी पर शासन करने वाला ईश्वर का प्रतिनिधि कहा गया है। गुप्त सम्राट परमदेवता, परमभट्टारक, महाराजाधिराज, पृथ्वीपाल, परमेश्वर, सम्राट, एकाधिकार एवं चक्रवर्तिन, जैसी उपाधियाँ धारण करते थे। इससे संकेत मिलता है कि गुप्त राजाओं ने अपने साम्राज्य के अंदर छोटे-छोटे राजाओं पर शासन किया। साम्राज्य के अधिकतर भाग सामंतों के अधीन थे। वे सम्राट के दरबार में स्वयं उपस्थित होकर सम्मान निवेदन करते, नजराना चढ़ाते और विवाहार्थ अपनी पुत्री समर्पित करते। इसके बदले उन्हें अपने क्षेत्र पर अधिकार का सनद मिलता था।
- गुप्तकाल में रानियों को परमभट्टारिका, परमभट्टारिकाराज्ञी एवं महादेवी जैसी उपाधियां दी गईं।
- प्रशासन के कुशल संचालन हेतु सम्राट द्वारा एक मंत्रिमंडल गठित किया जाता था।

**गुप्तकालीन प्रमुख अधिकारीः एक नजर में**

| | |
|---|---|
| 1. **सर्वाध्यक्ष** | – राज्य के सभी केंद्रीय विभागों का प्रमुख अधिकारी था। |
| 2. **प्रतिहार** | – सम्राट से मिलने की इच्छा रखने वालों को आज्ञापत्र देता था। यह अंतःपुर के रक्षक के रूप में भी कार्य करता था। |
| 3. **महाप्रतिहार** | – राजमहल के रक्षकों का मुखिया होता था। |
| 4. **कुमारामात्य** | – पदाधिकारियों का सर्वश्रेष्ठ वर्ग था। इन्हें उच्च से उच्च पद पर नियुक्त किया जा सकता था। |
| 5. **महासांधि विग्रहिक** | – युद्ध और शांति का मंत्री था। |
| 6. **महासेनापति** | – सेना का सर्वोच्च अधिकारी था। |
| 7. **महापीलुपति** | – गजसेना का अध्यक्ष था। |
| 8. **महाश्वपति** | – अश्वसेना का अध्यक्ष था। |
| 9. **दंड पाशिक** | – पुलिस विभाग का मुख्य अधिकारी था। |
| 10. **विनय स्थिति स्थापक** | – धार्मिक मामलों का प्रमुख अधिकारी था। |

- कुशल प्रशासन के लिए विशाल गुप्त साम्राज्य को कई प्रांतों में बांटा गया था। **प्रांतों को देश, भुक्ति अथवा अवनी कहा जाता था।**
- भुक्ति के प्रशासक को 'उपरिक' व 'उपरिक महाराज' कहा जाता था। सीमा प्रांतो के प्रशासक 'गोप्ता' कहलाते थे। इन पदों पर राजकुमार या राजवंश से संबंधित व्यक्ति को ही नियुक्त किया जाता था। इनकी नियुक्ति प्रांतों में पाँच वर्ष के लिए की जाती थी।
- भुक्ति का विभाजन जनपदों में किया गया था। जनपदों को 'विषय' कहा जाता था, जिसका प्रधान अधिकारी 'विषयपति' होता था। विषयपति के सहयोग हेतु एक समिति होती थी। इनके सदस्यों को 'विषयमहत्तर' कहा जाता था, जिनमें निम्न वर्ग के लोग सदस्य होते थे 1. नगर श्रेष्ठि (पूँजीपति वर्ग का नेता), 2. सार्थवाह (विषय के व्यापारियों का नेता), 3. प्रथम कुलिक (शिल्पियों व व्यवसायियों का मुखिया), 4. प्रथम कायस्थ (मुख्य लेखक )। अभिलेखों को सुरक्षित रखने वाले अधिकारी को 'प्रस्तपाल' कहा जाता था। विषय वीथियों में बंटें थे और वीथियों गाँवों में।
- नगरों का प्रशासन नगर महापालिकाओं द्वारा चलाया जाता था। 'पुरपाल' नगर का मुख्य अधिकारी होता था। नगर के शासन के लिए नियुक्त समिति को संभवतः 'पौर' कहा जाता था।
- प्रशासन की सबसे छोटी इकाई 'ग्राम' होती थी। ग्राम के प्रशासन का संचालन 'ग्राम सभा' द्वारा होता था। ग्राम सभा का मुखिया 'ग्रामिक' कहलाता था एवं सदस्यों को 'महत्तर' कहा जाता था। 'महत्तर' ग्राम के प्रतिष्ठित एवं कुलीन व्यक्तियों का प्रतिनिधित्व करते थें। **कुछ गुप्तकालीन अभिलेखों में ग्राम सभा को 'ग्राम जनपद' एवं 'पंचमंडली' कहा गया है।**
- गुप्तकाल में सम्राट साम्राज्य का सर्वोच्च न्यायाधीश होता था। इसके अतिरिक्त मुख्य न्यायाधीश एवं अनेक न्यायाधीश होते थे । इस काल में अनेक विधि-ग्रंथ संकलित किए गए । पहली बार दीवानी और फौजदारी कानून भली-भाँति परिभाषित और पृथक्कृत हुए।
- व्यापारियों एवं व्यवसायियों की श्रेणी होती थी। ये श्रेणियाँ श्रेणी धर्म के आधार पर अपने विवादों का निपटारा करती थीं।
- **'पूग'** नगर में निवास करने वाली विभिन्न जातियों की समिति होती थी। **'कुल'** समान परिवारों के सदस्यों की समिति होती थी। समितियाँ राज्य द्वारा मान्यता प्राप्त थीं। ये समितियाँ आपसी विवाद में निर्णय देती थीं।
- इस काल के प्रशासन की एक मुख्य विशेषता यह थी कि इस समय वेतनों की अदायगी नकद में न देकर समान्यतः भूमि अनुदान के रूप में की जाती थी। गुप्तकाल में नकद वेतन केवल सैनिक सेवाओं के लिए दिया जाता था।
- इस काल में दो प्रकार का भूमि अनुदान प्रचलन में था। ***प्रथम प्रकार* का भूमि अनुदान** अग्रहार कहलाता था एवं केंवल ब्राह्मणों को दिया जाता था। इसके तहत आनेवाली भूमि कर-मुक्त होती थी। **दूसरे प्रकार का भूमि अनुदान** वह होता था जिसे राजा अपने अधिकारियों को उनकी सेवा के बदले उपहार के रूप में देता था।

- ***राजस्व के स्त्रोत*** – गुप्तकाल में राजकीय आय के प्रमुख स्त्रोंत कर थे, जो निम्नलिखित हैं–
**भागः** राजा को भूमि के उत्पादन से प्राप्त होने वाला छठा (1/6) हिस्सा।
**भोगः** संभवतः राजा को प्रत्येक दिन फल–फूल एवं सब्जियों के रूप में दिया जाने वाला कर।
**उपरिकर एवं उद्रंगकरः** यह एक प्रकार का भूमि कर होता था। भूमि कर की अदायगी 'हिरण्य' (नकद) या 'मेय' (अन्न) दोनों रूपों में की जाती थी।

**भूमि के प्रकारः एक नजर में**

1. **क्षेत्र भूमिः** ऐसी भूमि जो खेती के योग्य होती थी।
2. **वास्तु भूमिः** ऐसी भूमि जो निवास के योग्य होती थी।
3. **चारागाह भूमिः** पशुओं के चारा के योग्य भूमि।
4. **सिलः** ऐसी भूमि जो जोतने योग्य नहीं होती थी।
5. **अग्रहतः** ऐसी भूमि जो जंगली होती थी।

- अमर सिंह कृत 'अमरकोष' में 12 प्रकार की भूमि का उल्लेख है–
1. उर्वरा, 2. ऊसर, 3. मरु, 4. अप्रहत, 5. सद्वल, 6. पंकिल, 7. जल प्रायमनुपम, 8. कच्छ, 9. शर्करा, 10. शर्कावती, 11. नदीमातृक और 12. देवमातृक।
- कृषि से जुड़े कार्यों को महाक्षपटलिक एवं कारणिक देखता था।
- इस काल में सिंचाई के साधनों का अभाव था। अधिकांश कृषि वर्षा पर आधारित थी। स्कंदगुप्त के जूनागढ़ अभिलेख में उसके द्वारा सुदर्शन झील के मरम्मत की चर्चा की गई है। सिंचाई में 'रहट' या घंटीयंत्र का प्रयोग होता था।
- गुप्तों के समय ब्राह्मण धर्म व हिन्दू धर्म का पुनः उत्थान हुआ। इस काल में हिन्दू धर्म के विकास यात्रा में महत्त्वपूर्ण परिवर्तन हुए, जैसे- मूर्तिपूजा हिन्दू धर्म का सामान्य लक्षण बन गई, यज्ञ का स्थान उपासना ने ले लिया एवं वैष्णव व शैव धर्म का समन्वय हुआ।
- वैष्णव धर्म गुप्त शासकों का व्यक्तिगत धर्म था। वैष्णव या भगवत संप्रदाय का मुख्य तत्त्व **है** भक्ति और अहिंसा। भक्ति का अर्थ है प्रेममय निष्ठा का निवेदन और अहिंसा का अर्थ है किसी जीव का वध नहीं करना।
- गुप्तकाल वैष्णव संप्रदाय/धर्म ने महायान बौद्ध धर्म को दबा दिया। इसमें अवतारवाद का उपदेश है। इतिहास विष्णु के दस अवतारों के चक्र के रूप में प्रतिपादित हैं। विष्णु का प्रत्येक अवतार धर्म के उद्धार के लिए आवश्यक माना जाता है।
- छठी सदी में आकर विष्णु की गणना शिव और ब्रह्मा के साथ त्रिदेव में होने लगी। फिर भी वह अपने आप में एक प्रमुख देवता रहा।
- गुप्तकाल में कुछ राजा शिव के उपासक हुए, जो संहार या प्रलय के देवता हैं। लेकिन शिव का उत्कर्ष बाद में हुआ। इस काल की प्रारंभिक अवस्था में शिव उतने महत्त्वपूर्ण नहीं थे जितने विष्णु।
- गुप्तकाल से मूर्ति-पूजा हिन्दू धर्म का एक सामान्य लक्षण हो गई । अनेक पर्व-त्योहार मनाए जाने लगे।
- गुप्तवंशी राजाओं ने विभिन्न धार्मिक संप्रदायो के प्रति सहनशीलता का मार्ग अपनाया।
- इस काल में व्यापार एवं वाणिज्य अपने उत्कर्ष पर था। उज्जैन, भड़ौच, प्रतिष्ठान, विदिशा, प्रयाग, पाटलिपुत्र, वैशाली ताम्रलिप्ति, मथुरा एवं कौशांबी आदि महत्त्वपूर्ण नगर थे। इन सभी में उज्जैन सर्वाधिक महत्त्वपूर्ण व्यापारिक स्थल था, क्योंकि देश के हर कोने से मार्ग उज्जैन की ओर आते थे । स्वर्णमुद्राओं की अधिकता के कारण ही संभवतः गुप्तकालीन व्यापार विकास कर सका।
- गुप्त शासकों ने सर्वाधिक स्वर्ण मुद्राएं जारी की, इनकी स्वर्णमुद्राओं को अभिलेखों में दीनार कहा गया है। इनकी स्वर्णमुद्राओं में स्वर्ण की मात्रा कुषाओं की स्वर्ण मुद्राओं की तुलना में कम थी।
- कुषाण काल के विपरीत गुप्तकाल में आंतरिक व्यापार में ह्रास के लक्षण दिखते हैं। ह्रास के कारणों में गुप्तकालीन मौद्रिक नीति की असफलता भी एक महत्त्वपूर्ण कारण थी क्योंकि गुप्तों के पास ऐसी कोई सामान्य मुद्रा नहीं थी जो उनके जीवन का अभिन्न अंग बन सकती थी। चीनी चात्री फाहियान के अनुसार गुप्तकाल में साधारण जनता दैनिक जीवन के (विनिमय (Exchange)) में वस्तुओं के आदान-प्रदान या फिर कौड़ियों से काम चलाती थी।

- गुप्तकाल में विदेशी व्यापार भी पतन की ओर बढ़ रहा था क्योंकि तीसरी शताब्दी ई. के-बाद रोम साम्राज्य निरंतर हूणों के आक्रमण से कमजोर हो गया था। रोमन जनता ने लगभग छठी शताब्दी के मध्य चीनियों से रेशम उत्पादन की तकनीक सीख ली थी। चूँकि रेशम व्यापार ही भारत और रोम के मध्य व्यापार का मुख्य आधार था। अतः भारत का विदेशी व्यापार और प्रभावित हुआ।
- पूर्व में भारत का व्यापार चीन से हो रहा था। इन दोनों के मध्य मध्यस्थ की भूमिका सिंहलद्वीप (आधुनिक श्रीलंका) निभाता था। भारत व चीन के मध्य होने वाला व्यापार संभवतः वस्तु विनिमय प्रणाली पर आधारित था। भारत चीन को रत्न, केसर, सुगंधित पदार्थ, सिले-सिलाए सुंदर वस्त्र आदि निर्यात करता था।
- भारत के पूर्वी तट पर ताम्रलिप्ति, घंटशाला एवं कदूरा बंदरगाह से गुप्त शासक दक्षिण-पूर्व-एशिया से व्यापार करते थे। पश्चिमी तट पर स्थित भड़ौच (ब्रौच), कैंबे, सोपारा, कल्याण आदि बंदरगाह से भूमध्य सागर एवं पश्चिम एशिया के साथ व्यापार सम्पन्न होता था।
- इस समय भारत में चीन से रेशम (चीनांशुक), इथोपिया से हाथी दांत, अरब, ईरान एवं बैक्ट्रीया से घोड़ों आदि का आयात होता था।
- गुप्तों के समय वस्त्र उद्योग सर्वाधिक महत्त्वपूर्ण उद्योगों में से एक था। रेशमी वस्त्र, मलमल, केलिकों, लिनन, ऊनी एवं सूती वस्त्रों की मांग की अधिकता के कारण इनका बड़े पैमाने पर उत्पादन किया जाता था। इस काल के अंतिम चरण में पाटलिपुत्र, मथुरा, सोनपुर, सोहगौर एवं गंगा-घाटी के कुछ नगरों का पतन हुआ।

## वस्तुनिष्ठ प्रश्न

**1.** किस शासक ने शकों का उन्मूलन कर विजय के उपलक्ष्य में सर्वप्रथम चाँदी के सिक्के जारी किए?

A. चन्द्रगुप्त विक्रमादित्य B. कनिष्क
C. मिनान्डर D. गोन्दोफिर्नस

**2.** गुप्त किसके सामन्त थे?

A. मौर्यों के B. कुषाणों के
C. सातवाहनों के D. इनमें से कोई नहीं

**3.** गुप्त वंश के किस शासक ने सर्वप्रथम "महाधिराज" की उपाधि धारण की?

A. श्रीगुप्त ने B. चन्द्रगुप्त प्रथम ने
C. घटोत्कचगुप्त ने D. समुद्रगुप्त ने

**4.** गुप्त वंश का संस्थापक कौन था?

A. घटोत्कचगुप्त B. चन्द्रगुप्त प्रथम
C. श्री गुप्त D. राम गुप्त

**5.** स्कन्दगुप्त को किस स्तंभ लेख में "शक्रोपम" कहा गया है?

A. प्रयाग प्रशस्ति B. मन्दसौर लेख
C. जूनागढ़ अभिलेख D. कन्नौज स्तंभलेख

**6.** "भारत का नेपोलियन" किसे कहा गया?

A. चन्द्रगुप्त विक्रमादित्य B. समुद्रगुप्त
C. स्कन्दगुप्त D. रामगुप्त

**7.** "महरौली का स्तम्भ लेख" किस शासक से संबंधित है?

A. अशोक B. समुद्रगुप्त
C. चन्द्रगुप्त द्वितीय D. चन्द्रगुप्त मौर्य

**8.** दीवानी एवं फौजदारी से सम्बन्धित ग्रंथ की रचना सर्वप्रथम कब हुई?

A. गुप्त काल में B. गुप्तोत्तर काल में
C. कुषाण काल में D. मौर्यकाल में

**9.** सूची-I को सूची-II से सुमेलित करें–

| *सूची-I* | *सूची-II* |
|---|---|
| *(a)* प्रयाग प्रशस्ति अभिलेख | 1. समुद्रगुप्त |
| *(b)* विलसंड स्तंभ लेख | 2. कुमारगुप्त |
| *(c)* भितरहवा स्तंभलेख | 3. स्कन्दगुप्त |
| *(d)* मंदसौर लेख | 4. बन्धुवर्मन |

| | (a) | (b) | (c) | (d) |
|---|---|---|---|---|
| A. | 1 | 2 | 3 | 4 |
| B. | 2 | 1 | 4 | 3 |
| C. | 3 | 4 | 2 | 1 |
| D. | 4 | 3 | 2 | 1 |

**10.** गुप्त काल की सोने की मुद्रा को क्या कहा जाता था?
A. दीनार B. निष्क
C. कर्षापण D. काकिनी

**11.** गुप्त काल के सर्वाधिक लोकप्रिय देवता कौन थे?
A. शिव B. विष्णु
C. बुद्ध D. सूर्य

**12.** मन्दिर निर्माण कला का जन्म सर्वप्रथग कब हुआ?
A. मौर्य काल में B. कुषाणकाल में
C. गुप्त काल में D. सैन्धवकाल में

**13.** समुद्रगुप्त के किस अभिलेख में "भारतीय नेपोलियन" की विजयों का विस्तृत विवरण मिलता है?
A. एरण अभिलेख B. प्रयाग प्रशस्ति
C. गढ़वा अभिलेख D. इनमें से कोई नहीं

**14.** किस गुप्तकालीन शासक को "कविराज" कहा गया?
A. श्रीगुप्त B. स्कन्दगुप्त
C. चन्द्रगुप्त द्वितीय D. समुद्रगुप्त

**15.** अजन्ता की गुफाओं में से किन गुफाओं का निर्माण गुप्त काल में हुआ?
A. गुफा संख्या 14, 15 एवं 16
B. गुफा संख्या 2, 4 एवं 6
C. गुफा संख्या 16, 17 एवं 19
D. सभी गुफाओं का

**16.** सर्वप्रथम किस गुप्त सम्राट के समय के अभिलेख उत्तरी बंगाल से मिले थे?
A. कुमारगुप्त प्रथम B. चन्द्रगुप्त प्रथम
C. चन्द्रगुप्त द्वितीय D. समुद्रगुप्त

**17.** गुप्तकालीन जनपदों की सूची में प्रथम जनपद का सम्मान निम्न में से किसे दिया गया?
A. मालवा B. मगध
C. प्रयाग D. इनमें से कोई नहीं

**18.** अमरकोश में कुल कितने प्रकार की भूमि का वर्णन मिलता है?
A. 16 B. 12
C. 15 D. 14

**19.** समुद्रगुप्त ने पूर्वी दक्कन एवं दक्षिण भारतीय विजय अभियान के समय कुल कितने शासकों को पराजित किया?
A. 12 B. 15
C. 13 D. 14

**20.** चीनी यात्री "ईत्सिंग" द्वारा वर्णित "चीन का मन्दिर" किस गुप्त सम्राट द्वारा बनवाया गया था?
A. समुद्रगुप्त B. स्कन्दगुप्त
C. श्रीगुप्त D. चन्द्रगुप्त द्वितीय

**21.** "अमरकोश" के लेखक अमर सिंह किस शासक के दरबार से जुड़े थे?
A. समुद्रगुप्त B. चन्द्रगुप्त प्रथम
C. स्कन्दगुप्त D. चन्द्रगुप्त द्वितीय

**22.** गुप्त स्थापत्य कला का सर्वोत्कृष्ट मंदिर निम्नांकित में से कौन है?
A. भीतरगाँव का मंदिर।
B. देवगढ़ का दशावतार मंदिर।
C. भूमरा का शिव मंदिर।
D. तिगवा का विष्णु मंदिर।

**23.** श्रीलंका के राजा मेघवर्मन ने किस स्थान पर भगवान बुद्ध का मंदिर बनवाने के लिए समुद्रगुप्त से अनुमति माँगी थी?
A. प्रयाग B. अमरावती
C. बोधगया D. कुशीनगर

**24.** चन्द्रगुप्त द्वितीय ने विक्रमादित्य की "उपाधि" कब धारण की?
A. शकों का उन्मूलन कर।
B. गुप्त सिंहासन पर बैठने के बाद।
C. चाँदी के सिक्के जारी करने पर।
D. उपर्युक्त सभी।

**25.** किस गुप्त शासक के काल में फाहियान भारत आया था?
A. समुद्रगुप्त B. स्कन्दगुप्त
C. चन्द्रगुप्त प्रथम D. चन्द्रगुप्त द्वितीय

**26.** गुप्त काल में रेशम बुनकरों द्वारा सूर्य मंदिर निर्माण (437-38 ई॰) का उल्लेख किस अभिलेख में मिलता है?

A. मंदसौर अभिलेख B. जूनागढ़ अभिलेख
C. कन्नौज अभिलेख D. प्रयाग प्रशस्ति

**27.** फाहियान द्वारा रचित ग्रंथ "फो-कुओ-की" में निम्नांकित में से किसका विवरण नहीं मिलता है?

A. गौतम बुद्ध के उपदेशों का।
B. बौद्ध राज्यों का।
C. बौद्ध धर्म के सिद्धान्तों का।
D. बौद्ध मंदिरों, स्तूपों एवं विहारों का।

**28.** सती प्रथा का प्रथम उल्लेख कहाँ से मिलता है?

A. भीतरगाँव लेख से B. भितरी स्तंभ लेख से
C. विलसड़ स्तंभ लेख से D. एरण अभिलेख से

**29.** यूरोपीय भाषा में अनुवादित प्रथम भारतीय ग्रंथ कौन-सा है?

A. कुमार संभव B. कामसूत्र
C. भगवद्गीता D. अभिज्ञानशाकुन्तलम्

**30.** गुप्त काल को प्राचीन भारत का "क्लासिकल युग" क्यों कहा जाता है?

A. व्यापार में अभूतपूर्व प्रगति के कारण।
B. प्रचुर मात्रा में स्वर्ण-सिक्के चलाये जाने के कारण।
C. कला एवं साहित्य के चरमोत्कर्ष पर पहुँचने के कारण।
D. उपर्युक्त सभी के कारण।

**31.** गुप्त काल का प्रसिद्ध खगोलशास्त्री कौन था?

A. आर्यभट्ट B. वराहमिहिर
C. भास्कराचार्य D. ब्रह्मगुप्त

**32.** गुप्त संवत (319-320) को प्रारंभ करने का श्रेय किसे दिया जाता है?

A. श्रीगुप्त B. चन्द्रगुप्त प्रथम
C. समुद्रगुप्त D. कुमार गुप्त

**33.** गुप्त काल के अन्तिम दिनों में किस नगर का पूर्ण पतन हो गया?

A. कन्नौज B. उज्जैन
C. पाटलिपुत्र D. इनमें से कोई नहीं

**34.** गुप्त वंश के किस शासक ने हूणों को परास्त किया?

A. रामगुप्त B. स्कन्दगुप्त
C. समुद्रगुप्त D. चन्द्रगुप्त द्वितीय

**35.** ह्वेनसांग ने किस गुप्त शासक को नालन्दा विश्व विद्यालय का संस्थापक माना?

A. शक्रादित्य B. स्कन्दगुप्त
C. समुद्रगुप्त D. इनमें से कोई नहीं

**36.** हरिषेण किस शासक का दरबारी कवि था?

A. कनिष्क B. अशोक
C. समुद्रगुप्त D. चन्द्रगुप्त द्वितीय

**37.** सर्वाधिक स्वर्ण-सिक्के किस काल में चलाए गए?

A. कुषाण काल में
B. मौर्यकाल में
C. यूनानियों के भारतीय शासन काल में
D. गुप्त काल में

**38.** गुप्त कालीन सिक्कों का सबसे बड़ा ढ़ेर कहाँ से प्राप्त हुआ है?

A. बयाना (भरतपुर) B. तिगवाँ (मध्य प्रदेश)
C. देवगढ़ (झाँसी) D. भूमरा (मध्य प्रदेश)

**39.** सारनाथ के "घमेख स्तूप" का निर्माण किस काल में हुआ?

A. मौर्य B. कुषाण
C. शुंग D. गुप्त

**40.** निम्नलिखित गुप्त शासकों को कालक्रमानुसार कीजिए—

1. समुद्रगुप्त 2. चन्द्रगुप्त प्रथम
3. घटोत्कच गुप्त 4. श्रीगुप्त
5. स्कन्द गुप्त 6. चन्द्रगुप्त विक्रमादित्य

A. 1, 2, 3, 4, 5, 6 B. 4, 3, 2, 6, 1, 5
C. 4, 3, 2, 1, 6, 5 D. 4, 3, 5, 1, 6, 2

**41.** गुप्त काल में भगवान बुद्ध की कांस्य निर्मित प्रतिमा कहाँ से प्राप्त हुई है?

A. सुल्तानगंज B. बोधगया
C. अजन्ता D. मथुरा

**42.** धन्वंतरि निम्नांकित किस कारण प्रसिद्ध थे?

A. गणितज्ञ होने के कारण।
B. प्रसिद्ध राजनीतिज्ञ होने के कारण।
C. आयुर्वेद के विद्वान चिकित्सक होने के कारण।

D. ज्योतिष का प्रसिद्ध ज्ञाता होने के कारण।

**43.** भारत से रोमन साम्राज्य को निर्यात की जाने वाली मुख्य वस्तुएँ क्या थीं?
A. कृषि से संबंधित उत्पाद।
B. उद्योगों के लिए कच्चा माल।
C. विलासिता पूर्ण वस्तुएँ।
D. पूँजीगत माल।

**44.** रोमन साम्राज्य के पहली बार व्यापारिक संबंध स्थापित करने वाले थे–
A. कुषाण  B. तमिल और चेर राज्य
C. पश्चिगी शक  D. गुप्त-वाकाटक वंश

**45.** प्राचीन भारतीय इतिहास में सही रूप से व्यापार का आरंभ कब हुआ?
A. हड़प्पा युग  B. उत्तरवैदिक युग
C. बौद्ध काल  D. मौर्य काल

**46.** प्रारंभिक प्राचीन भारत का सबसे बड़ा नगरीय केन्द्र कौन था?
A. कौशाम्बी  B. तक्षशिला
C. चम्पा  D. पाटलिपुत्र

**47.** मध्य एशिया में निम्नलिखित किस स्थान पर व्यापारिक केन्द्र अथवा बौद्ध विहार स्थापित नहीं किए गए थे?
A. यारकन्द  B. काबुल
C. मीरान  D. काशगढ़

**48.** निम्नलिखित कौन-सा नगर भारत के साथ सड़क या थल मार्ग से नहीं जुड़ा हुआ था?
A. सूसा  B. सेल्युसिया
C. एलेक्जेन्ड्रिया  D. पर्सीपोलिस

**49.** निम्नलिखित में कौन-सा नगर महान राजमार्ग पर स्थित नहीं था?
A. वाराणसी  B. विदिशा
C. कौशाम्बी  D. मथुरा

**50.** "पंचमार्क सिक्कों" के बारे में सबसे रोचक बात यह है कि–
A. वे लगभग पाँच शताब्दियों तक प्रचलन में रहे।
B. उत्तर और दक्षिण दोनों क्षेत्रों में उनका प्रचलन था।
C. उन पर विभिन्न धार्मिक प्रतीक–चिन्ह अंकित थे।
D. उन पर किसी शासक का नाम अभिलिखित नहीं था।

**51.** कम्बोडिया में भारतीय संस्कृति का प्रचार किसने किया?
A. कौण्डिन्य  B. क्षेमेश्वर
C. कुमारगुप्त  D. खारवेल

**52.** सर्वाधिक प्रसिद्ध, पाटलिपुत्र-तक्षशिला राजमार्ग का निर्माण किसने करवाया था?
A. कुषाण शासकों ने  B. शक शासकों ने
C. मौर्य शासकों ने  D. गुप्त शासकों ने

**53.** मौर्य काल में सर्वाधिक सामान्य रूप में प्रयुक्त सिक्के थे–
A. निष्क  B. कार्षापण
C. सुवर्ण  D. काकिणी

**54.** कार्षापण सिक्कों को किस धातु में ढ़ाला जाता था?
A. स्वर्ण एवं चाँदी  B. सीसा
C. ताँबा  D. चाँदी एवं सीसा

**55.** निम्नलिखित में से कौन से सिक्के चाँदी में ढ़ालकर प्रसारित किए गए?
A. शतमान  B. काकिणी
C. पाल  D. निष्क

**56.** निम्नलिखित किस नगर की श्रेणी ने अपने सिक्के प्रसारित नहीं किए?
A. तक्षशिला  B. प्रयाग
C. कौशाम्बी  D. विदिशा

**57.** रोमन मुद्रा–प्रणाली के अनुरूप अपने सिक्कों का प्रसारण करने वाला प्रथम भारतीय शासक था–
A. कुषाण  B. हिन्दू–यूनानी
C. शुंग  D. गुप्तवंशीय

**58.** किस देश के व्यापारियों का रेशम व्यापार पर एकाधिकार था?
A. अरबी  B. चीनी
C. ईरानी  D. सिंहली

**59.** "दुकूल" नाम से प्रसिद्ध उत्तम कोटि के वस्त्र किससे बनाए जाते थे?
A. रेशम  B. कपास
C. कृत्रिम रेशम  D. किसी पौधे के रेशे से

**60.** गुप्त कालीन सिक्के मुख्यतः किस धातु में ढ़ालकर प्रसारित किए जाते थे?

A. सोना B. ताँबा
C. चाँदी D. लोहा

**61.** फाहियान के अनुसार विनियम का सामान्य माध्यम क्या था?

A. निष्क B. कौड़ियाँ
C. कर्षापण D. काकिणी

**62.** गुप्त काल में विशाल संख्या में स्वर्ण के सिक्कों का प्रसारण किस तथ्य का द्योतक है?

A. स्वर्ण की नई खानों की खोज।
B. मुद्रा-स्फीति की ऊँची दर।
C. गुप्त सम्राटों द्वारा स्वर्ण का आयात।
D. विदेश व्यापार के विस्तार के परिणामस्वरूप स्वर्ण का अधिक अंतः प्रवाह।

**63.** "यवनप्रिया" नाम से किस भारतीय उत्पाद का उल्लेख संस्कृत साहित्य में मिलता है?

A. मलमल
B. काली मिर्च
C. अगरू एवं चन्दन की लकड़ी
D. दालचीनी के वृक्ष के पत्ते

**64.** गुप्त कालीन चाँदी के सिक्कों को क्या कहा जाता था?

A. कर्षापण B. शतमान
C. रूप्यक D. दीनार

**65.** "स्वर्णद्वीप" किसका सामान्य नाम था?

A. मलय प्रायद्वीप B. म्यांमार
C. इंडोनेशियाई द्वीप D. उपरोक्त सभी

**66.** गुप्त काल का संभवतः सर्वाधिक विकसित उद्योग क्या था?

A. वस्त्र उद्योग B. रत्नाभूषण
C. मृद्भाण्ड D. धातुकर्म

**67.** उत्तर भारत के किस नगर को सर्वोत्तम रेशम उत्पादन केन्द्र माना जाता था?

A. तक्षशिला B. पाटलिपुत्र
C. कौशाम्बी D. वाराणसी

**68.** निम्नांकित किस प्रकार के कपड़ों का उत्पादन गुप्त काल में नहीं किया जाता था?

A. मलमल B. सूती कपड़ा
C. रेशमी D. छपे हुए वस्त्र

**69.** कुछ विद्वानों ने गुप्तोत्तर काल में मुद्रा अर्थव्यवस्था के पतन की व्याख्या करते हुए, इसे किस तथ्य का द्योतक माना है?

A. प्रतिव्यक्ति आय में कमी।
B. चाँदी एवं स्वर्ण के मूल्य में कमी।
C. सामन्तवाद का उदय।
D. अर्थव्यवस्था का स्थानीयकरण।

**70.** गुप्त काल में ब्याज की दरें कम होने के संबंध में निम्नांकित कौन-सा कारण सत्य नहीं है—

A. सामुद्रिक व्यापार के प्रति सम्वर्द्धित विश्वास।
B. वित्त की प्रभूत आपूर्त्ति।
C. उत्पादित माल की अधिक उपलब्धता।
D. साहूकारी से अर्जित धन "कलंकित" या "काला धन" कहा जाता था।

**71.** चाँदी के सिक्के चलाने वाला प्रथम गुप्त शासक कौन था?

A. चन्द्रगुप्त प्रथम
B. रामगुप्त
C. चन्द्रगुप्त द्वितीय विक्रमादित्य
D. समुद्रगुप्त

**72.** चन्द्रगुप्त द्वितीय विक्रमादित्य ने किसके चाँदी के सिक्कों की प्रतिकृति पर अपने चाँदी के सिक्कों को प्रसारित किया?

A. हिन्द–यूनानी नरेशों।
B. आहत सिक्कों।
C. उज्जयिनी के राजा विक्रम।
D. केन्द्रीय एवं पश्चिम भारत के शकों।

**73.** गुप्तोत्तर-कालीन सिक्कों में खोटेपन एवं स्वर्ण के सिक्कों का धीरे-धीरे विलुप्त हो जाना किस तथ्य का द्योतक है?

A. ब्यापार का पतन।
B. स्वर्ण का अभाव।
C. मुद्रा अर्थव्यवस्था का पतन।
D. वस्तुओं की कीमतों में गिरावट।

**74.** गुप्त काल में "पूग" शब्द का तात्पर्य क्या था?
A. हस्तशिल्पियों की श्रेणी।
B. एक ही नगर के निवासियों का समूह।
C. व्यापारियों का समूह।
D. श्रेणियों का संघ।

**75.** निम्नलिखित में से कौन पश्चिमी तटवर्ती महत्वपूर्ण बन्दरगाह नहीं था?
A. बारबैरिकम B. कल्याण
C. सोपारा D. भरूकच्छ

**76.** निम्नांकित में से कौन पूर्वी तटवर्ती सबसे महान व्यापारिक केन्द्र था?
A. ताम्रलिप्ति B. कालीकट
C. भरूकच्छ D. कल्याण

**77.** निम्नांकित में से कौन बैंकरों या साहूकारों के रूप में कार्य करते थे?
A. नागरक B. श्रेष्ठिन
C. नगर-श्रेष्ठिन D. सार्थवाह

**78.** गुप्त काल में निम्नलिखित में से किस महत्वपूर्ण व्यापारिक माल का निर्यात नहीं किया जाता था?
A. मोती एवं बहुमूल्य रत्न।
B. चावल।
C. चन्दन की लकड़ी और नील।
D. काली मिर्च, मसाले और जड़ी-बूटियाँ।

**79.** गुप्त काल में निम्नांकित किस धातु का श्रीलंका एवं अफगानिस्तान से व्यापक रूप से आयात किया जाता था?
A. लोहा B. चाँदी
C. सीसा D. ताँबा

**80.** निम्नलिखित में से कौन-सा बन्दरगाह सिन्धु नदी के मुहाने पर स्थित था?
A. मुजिरिस B. बैरीगाजा
C. ताम्रलिप्ति D. बारबैरिकम

**81.** निम्नलिखित किस बन्दरगाह पर एक विस्तृत रोमन बस्ती एवं रोमन व्यापारिक केन्द्र के अवशेष प्राप्त हुए हैं?
A. अरिकमेडु B. ताम्रलिप्ति
C. कावेरीपत्तनम् D. मुजिरिस

**82.** प्राचीन काल में राज्य द्वारा व्यापार का विकास किस माध्यम से किया जाता था?
A. नगरों में बाजारों की स्थापना।
B. सड़कों का निर्माण एवं अनुरक्षण।
C. व्यापारिक मार्गों की सुरक्षा।
D. उपरोक्त सभी।

**83.** प्राचीन भारतीय व्यापार एवं वाणिज्य के विकास एवं विस्तार में किसका योगदान सर्वाधिक रहा?
A. शुंग।
B. हिन्द-यूनानी, शक, कुषाण आदि वंशों का।
C. मौर्य वंश।
D. साम्राज्यवादी गुप्त सम्राटों का।

**84.** भारत एवं पश्चिम एशिया के मध्य मुख्य स्थल मार्ग कहाँ से गुजरता था?
A. खैबर एवं बोलन दर्रों।
B. खैबर दर्रा और काबुल की घाटी।
C. काबुल और बामियान।
D. तक्षशिला, पेशावर और काबुल।

**85.** मेगस्थनीज द्वारा वर्णित महान राजमार्ग कहाँ से कहाँ तक जाता था?
A. सिन्धु से पाटलिपुत्र B. प्रयाग से उज्जयिनी
C. पाटलिपुत्र से तक्षशिला D. पाटलिपुत्र से प्रयाग

**86.** निम्नलिखित में से किसका लौह स्त्रोतों पर एकाधिकार था?
A. कलिंग B. काशी
C. मगध D. वत्स

**87.** निम्नलिखित में से कौन सी वस्तु दक्षिण भारत का मुख्य उत्पाद नहीं था?
A. केशर और कस्तूरी
B. चन्दन की लकड़ी
C. मसाले
D. सोना और बहुमूल्य रत्न

**88.** "सिंध सौवीर" प्राचीन भारत में किस लिए प्रसिद्ध था?
A. ऊनी वस्त्र उद्योग।
B. घोड़ों एवं खच्चरों के व्यापार।
C. चमड़ों की वस्तुओं के उत्पादन।
D. उत्तम तलवारों एवं कटारों के उत्पादन।

**89.** गुप्त काल में अपने निर्यात के बदले भारत रोमन साम्राज्य से किस वस्तु का आयात नहीं करता था?
A. लिनन वस्त्र B. मदिरा
C. लोहा D. टिन और सीसा

**90.** ईसा की प्रारंभिक शताब्दियों में निम्नलिखित में से किस देश के साथ भारत का व्यापारिक संबंध नहीं था?
A. मलाया प्रायद्वीप B. रोमन साम्राज्य
C. उत्तर-पूर्वी अफ्रीका D. जापान और कोरिया

**91.** गुप्त काल में निम्नांकित किस सामग्री का रोमन साम्राज्य को निर्यात नहीं किया जाता था?
A. इत्र एवं मसाले
B. रत्न एवं कीमती पत्थर
C. बाल रंगने की सामग्री
D. उत्तम कोटि के कपड़े

**92.** मौर्य एवं मौर्योत्तर युग में पश्चिम भारत में व्यापार का सबसे महत्वपूर्ण व्यापारिक केन्द्र कौन था?
A. भरूकच्छ B. कल्याण
C. चोल D. सुर्पारक

**93.** कौटिल्य के अर्थशास्त्र का "कंटक शोधन" संबंधी अध्याय मुख्यतः किसका वर्णन करता है?
A. राज्य द्वारा व्यापारियों एवं हस्तशिल्पियों के हितों की सुरक्षा के उपाय।
B. शासन द्वारा व्यापारियों एवं दस्तकारों पर कठोर नियंत्रण।
C. वस्तुओं में मिलावट के विरूद्ध अधिनियम।
D. लाभांश, मजदूरी और कीमतों के विनियमन।

**94.** गुप्तकाल में कपड़े की किस किस्म का उत्पादन मथुरा में होता था?
A. क्षौम B. सटक
C. चीनांसुक D. दुकूल

**95.** प्राचीन भारत में दस्तकारों की अत्यधिक संख्या वृद्धि का क्या परिणाम हुआ?
A. वस्तुओं का अधिक उत्पादन।
B. उत्पादन की प्रविधियों में अधिक विशिष्टता।
C. उपर्युक्त (A) और (B) दोनों।
D. दस्तकारों में कड़ी प्रतिस्पर्धा।

**96.** निम्नलिखित किस वर्ग के हस्तशिल्पियों की स्थिति निम्न मानी जाती थी?
A. जो दैनिक मजदूरी पर अछूतों को नियुक्त करते थे।
B. जो कच्चे माल के रूप में क्षयशील पदार्थों का उपयोग करते थे।
C. जो निर्धन लोगों के उपयोग के लिए वस्तुओं का उत्पादन करते थे।
D. जिनका हस्तशिल्प हिंसा पर आधारित था।

**97.** निम्नलिखित किस स्थान से महान राजमार्ग की शाखा भड़ौच बन्दरगाह की ओर जाती थी?
A. कौशाम्बी B. मथुरा
C. तक्षशिला D. वाराणसी

**98.** उत्तर पश्चिम में किस स्थान से सड़कें भारत के बाहर विभिन्न देशों की ओर गयी थीं?
A. शाकल B. कान्धार
C. काबुल D. तक्षशिला

**99.** प्रसिद्ध रेशम मार्ग पर किस राजवंश का नियंत्रण था?
A. कुषाण B. शक
C. गुप्तवंश D. पार्थियन

**100.** निम्नलिखित में से कौन-सी हस्तशिल्प श्रेणी महत्वपूर्ण नहीं थी?
A. कुम्भकार B. धातुकर्मी
C. प्रस्तर शिल्पकार D. काष्ठकर्मी

**101.** दस्तकार एवं शिल्पकार मुख्यतः किस वर्ण से संबंधित होते थे?
A. वैश्य B. वेण
C. रथकार D. शूद्र

**102.** "श्रेणि" के सदस्यों के आचरण को किसके द्वारा नियंत्रित किया जाता था?
A. ज्येष्ठक B. श्रेणि न्यायालय
C. श्रेणि आचरण समिति D. श्रेणि व्यवस्था परिषद

**103.** एक प्रारंभिक प्राचीन भारतीय नगर, जो पूर्व एवं पश्चिम तथा उत्तर एवं दक्षिण की ओर जाने वाले व्यापारिक मार्गों का संगम स्थल था?
A. प्रतिष्ठान B. मथुरा
C. उज्जयिनि D. विदिशा

**104.** गुप्त काल में भारत द्वारा सर्वाधिक निर्यातित धातु थी—

A. ताँबा B. स्वर्ण
C. पीतल D. लोहा और इस्पात

**105.** निम्नलिखित में से कौन बैंकरों या साहूकारों के रूप में कार्य नहीं करता था?

A. राजकोष B. विशाल मंदिर
C. व्यापारिक निगम D. ग्राम सभाएँ

**106.** सर्वाधिक संख्या में रोमन सिक्के कहाँ से पाए गए हैं?

A. केरल B. तमिलनाडु
C. पश्चिम बंगाल D. बिहार

**107.** प्रारंभिक प्राचीन भारत में निम्नलिखित में से कौन-सा नगर प्रसिद्ध वाणिज्यिक नगर नहीं था?

A. भड़ौच B. पाटल
C. मलायिमण्डलम् D. पुष्कलावती

**108.** भारत के मिस्त्र के साथ किस सामुद्रिक मार्ग के माध्यम से व्यापारिक संबंध थे?

A. लाल सागर B. फारस की खाड़ी
C. हिन्द महासागर D. भूमध्य सागर

**109.** गुप्तोत्तर काल में निम्नलिखित किस नगर का महत्व समाप्त हो गया?

A. मथुरा B. कन्नौज
C. पाटलिपुत्र D. वाराणसी

**110.** पश्चिमी जगत से भारत में आयातित सर्वाधिक महत्वपूर्ण वस्तु क्या थी?

A. उत्तम वस्त्र, ऊनी कपड़े, इत्र एवं सीसा।
B. मदिरा, बहुमूल्य रत्न, औषधियाँ और जड़ी-बूटियाँ।
C. सोना-चाँदी, काँच के बर्तन, रंजक एवं रसायन।
D. घोड़े, रसायन, सूखे मेवे एवं नारियल, बादाम, सुपारी।

**111.** निम्नांकित कौन-सा देश गुप्त काल में पूर्वी और पश्चिमी देशों के साथ होने वाले व्यापार का केन्द्र-स्थल था?

A. श्रीलंका B. बर्मा
C. भारत D. उत्तरी अफ्रीका

**112.** गुप्तकाल में हाथी-दाँत कहाँ से आयात किए जाते थे?

A. चीन B. अरब देश
C. दक्षिण-पूर्वी एशिया D. इथोपिया

**113.** गुप्तोत्तर काल में विदेश व्यापार का निम्नलिखित में से क्या प्रभाव नहीं पड़ा?

A. अनेक हस्तशिल्प पूर्णतः विनष्ट हो गए।
B. श्रेणियों का महत्व समाप्त हो गया।
C. सामान्यतः प्रयुक्त सिक्कों का अभाव।
D. व्यापारियों द्वारा देश के एक भाग से दूसरे भाग में आवागमन के संबंध में ठहराव।

**114.** निम्नलिखित में किस उद्देश्य के लिए दैनिक मजदूरी वाले श्रमिकों का उपयोग किया जाता था—

A. कृषि
B. राजा की व्यक्तिगत सुरक्षा
C. पशुपालन
D. उद्योग एवं व्यापार

**115.** रोमन साम्राज्य के साथ भारतीय व्यापार के अन्त होने के बाद भारतीय व्यापारियों ने किस क्षेत्र की ओर अपने व्यापार की दिशा का निर्धारण किया?

A. चीन B. श्रीलंका
C. दक्षिण-पूर्व एशिया D. अफ्रीका

**116.** श्रेणियों द्वारा निम्नलिखित में से किस विषय के संबंध में नियमों का निर्धारण नहीं किया जाता था—

A. उत्पादित माल के विक्रय।
B. उत्पादित माल के मूल्य।
C. सामाजिक व्यवहार एवं प्रथाएँ।
D. वस्तुओं की गुणवत्ता।

**117.** ईसा की प्रारंभिक शताब्दियों में भारतीय और पश्चिमी व्यापारियों का सबसे बड़ा व्यापारिक संगम स्थल कौन था?

A. तक्षशिला B. पालमायरा
C. एलेक्जेन्ड्रिया D. देडेसिया

**118.** निम्नलिखित में से कौन-सा स्थान शिल्पकारों की श्रेणी से संबंधित महत्वपूर्ण केन्द्र नहीं था?

A. उत्तर में मथुरा क्षेत्र।
B. पूर्व में मगध।
C. पश्चिमी दक्कन में गोवर्धन।

D. केन्द्रीय भारत में मन्दसौर।

**119.** गुप्त काल में आन्तरिक व्यापार के विकास का मुख्य कारण क्या था?

A. गुप्तकाल में शान्ति एवं व्यवस्था।

B. लोगों की सुसम्पन्नता।

C. श्रेणियों का उत्तम संगठन।

D. उत्पादन के तरीकों में प्रगति।

**120.** पश्चिम एशिया के साथ होने वाले अधिकांश भारतीय व्यापार का संचालन करने वाला विशालतम व्यापारिक केन्द्र, जो पश्चिमी समुद्रतट पर स्थित था–

A. बैरीगाजा B. बारबैरिकम

C. पाटल D. सुर्पारक

## उत्तरमाला

| 1 | 2 | 3 | 4 | 5 | 6 | 7 | 8 | 9 | 10 |
|---|---|---|---|---|---|---|---|---|---|
| A | B | B | C | D | B | C | A | A | A |
| **11** | **12** | **13** | **14** | **15** | **16** | **17** | **18** | **19** | **20** |
| B | C | B | D | C | A | C | B | A | C |
| **21** | **22** | **23** | **24** | **25** | **26** | **27** | **28** | **29** | **30** |
| D | B | C | A | D | A | B | D | D | C |
| **31** | **32** | **33** | **34** | **35** | **36** | **37** | **38** | **39** | **40** |
| A | B | C | B | A | C | D | A | D | C |
| **41** | **42** | **43** | **44** | **45** | **46** | **47** | **48** | **49** | **50** |
| A | C | C | B | A | D | B | A | B | D |
| **51** | **52** | **53** | **54** | **55** | **56** | **57** | **58** | **59** | **60** |
| A | C | B | D | A | B | A | C | C | A |
| **61** | **62** | **63** | **64** | **65** | **66** | **67** | **68** | **69** | **70** |
| B | D | B | C | D | A | D | A | C | B |
| **71** | **72** | **73** | **74** | **75** | **76** | **77** | **78** | **79** | **80** |
| C | D | A | C | A | A | C | B | B | D |
| **81** | **82** | **83** | **84** | **85** | **86** | **87** | **88** | **89** | **90** |
| A | D | B | B | A | C | A | B | C | D |
| **91** | **92** | **93** | **94** | **95** | **96** | **97** | **98** | **99** | **100** |
| C | A | B | B | C | D | A | C | A | C |
| **101** | **102** | **103** | **104** | **105** | **106** | **107** | **108** | **109** | **110** |
| D | B | D | D | A | B | C | A | C | B |
| **111** | **112** | **113** | **114** | **115** | **116** | **117** | **118** | **119** | **120** |
| A | D | A | B | C | A | C | B | A | A |

# 7. समाज एवं अर्थव्यवस्था (वैदिक से 7वीं सदी तक)

- सिंधु घाटी की सभ्यता के पतन के बाद भारत के विभिन्न भागों में भिन्न-भिन्न संस्कृतियों का उदय हुआ। इनमें सबसे महत्त्वपूर्ण आर्यों की सभ्यता या वैदिक सभ्यता थी।
- वैदिक काल में समाज पितृसत्तात्मक था। समाज की सबसे छोटी इकाई परिवार थी। कुलपति का परिवार के सदस्यों पर प्रभाव एवं नियंत्रण रहता था। परिवार ज्यादातर संयुक्त होते थे, एकात्मक परिवार का उल्लेख नहीं मिलता है। पितृसत्तात्मक तत्त्व की प्रधानता होते हुए भी परिवार में महिलाओं को यथोचित आदर एवं सम्मान दिया जाता था। ऋग्वेद से अनेक सामाजिक नियमों एवं संस्थानों की भी जानकारी मिलती है। विवाह का प्रचलन आरंभ हो चुका था, फिर भी कुछ आदिम प्रथाओं के उदाहरण भी मिलते हैं। विवाह अधिकतर एकात्मक होते थे, परन्तु बहु–विवाह के भी प्रमाण यदा-कदा मिलते हैं। विवाह एक धार्मिक कृत्य समझा जाता था। बाल-विवाह का प्रंचलन नहीं था व्यस्कता प्राप्त करने के बाद ही विवाह होते थे। सती-प्रथा का प्रचलन नहीं था, परंतु **नियोग** की व्यवस्था प्रचलित थी।
- ऋग्वेदकालीन समाज समतावादी अथवा वर्णविहीन समाज नहीं था। आर्यो का प्रारंभिक सामाजिक वर्गीकरण वर्ण एवं कर्म के आधार पर हुआ था। आर्यों के तीन प्रमुख वर्ग थे– ब्राह्मण, क्षत्रिय और वैश्य। यह वर्गीकरण जातिगत या जन्मजात न होकर कर्म के आधार पर निश्चित किया गया था। इस समय अनार्यो को भी वैदिक समाज में शामिल किया जा रहा था। इस समय अनार्यों को वैदिक समाज का अंग मानते हुए भी रक्त की शुद्धता के आधार पर नीचा दर्जा प्रदान किया गया। इस प्रकार समाज में चतुर्थ वर्ण का भी उदय हुआ।
- वैदिक काल में वर्ग-विभाजन के बावजूद सामाजिक वर्गीकरण की व्यसस्था कठोर नहीं थी। व्यवसाय, खान-पान एवं विवाह इस समय तक वर्ण-व्यवस्था की कठोरता से बचे हुए थे।
- ऋग्वैदिक समाज में 'दास' अथवा 'दस्युओं' का भी उल्लेख मिलता हैं। इन दासों की पहचान निश्चित नहीं है, यद्यपि आर्यों से इनके संघर्ष की चर्चा ऋग्वेद में हुई है। अनेक पाश्चात्य इतिहासकारों की मान्यता है कि 'दास' अथवा 'दस्यु' (अनार्य) भारत के मूल निवासी थे, परंतु दास शब्द का व्यापक अर्थ लिया जाना चाहिए। दासों की तुलना में दस्युओं को आर्यों का प्रबल शत्रु बताया गया है।
- ऋग्वैदिक काल में भोजन के रूप में अनाज, दूध एवं दही से बनी वस्तुएं और फल का उपयोग किया जाता था। इस काल में मांसाहार का भी प्रचलन था। स्त्री-पुरुष 'वास' और अधिवास वस्त्र पहनते थे। वस्त्र सूती एवं ऊनी दोनों होते थे। वस्त्रों को रंगने और उस पर कशीदाकारी करने की भी कला प्रचलित थी। स्त्री-पुरुष दोनों आभूषण पहनते थे। मनोरंजन के साधनों में नृत्य-गान, रथदौड़ एवं द्यूत-क्रीड़ा प्रमुख रूप से प्रचलन में था।
- वैदिक काल के लोगों का निवासस्थान लकड़ी, बांस और फूस का बना होता था। इस काल के लोगों को ईटों के व्यवहार का ज्ञान नहीं था।
- वैदिक काल के लोग स्वास्थ्य एवं नैतिक जीवन पर अधिक जोर देते थे। औषधि के रूप में जड़ी-बूटियों का व्यवहार किया जाता था। शिक्षा की इस काल में समुचित व्यवस्था थी। पारिवारिक शिक्षा प्राप्त करने के पश्चात् विद्यार्थियों को गुरुकुल में रहकर शिक्षा प्राप्त करना होता था। शिक्षा का कार्य ब्राह्मण करते थे।
- आर्यों का भौतिक जीवन मुख्यतः पशुचारण, कृषि एवं कुटीर उद्योग-धधों पर आधारित था। व्यापार-वाणिज्य का विकास इस समय नहीं हो सका था। फलतः उनकी अर्थव्यवस्था ग्रामीणी अर्थव्यवस्था थी। ऐसी व्यवस्था में न तो नगरों का उदय हो सका और न ही व्यापार-वाणिज्य या सिक्कों का प्रचलन हो सका। इसका प्रमुख कारण था कि इस समय आर्यो का जीवन घुमंतू था।

- पशुपालन आर्यों का मुख्य व्यवसाय था। उनके लिए पशु ही सबसे महत्त्वपूर्ण संपति थी। पशु-संपदा की वृद्धि की कामना ऋग्वेद के अनेक मंत्रों में की गई है। देवताओं से इनकी रक्षा करने का भी अनुरोध किया गया है। चूंकि पशु ही सबसे महत्त्वपूर्ण धन थे, इसलिए उनकी बराबर चोरी होती थी। इसके कारण कबीलाई युद्ध भी होते थे। पशुओं में गाय सबसे प्रमुख थी। इसकी चोरी सबसे अधिक होती थी। गाय का धार्मिक महत्त्व भी था। गाय के अतिरिक्त आर्य भेंड़, बकरियाँ, कुत्ते और घोड़े भी पालते थे । इनका आर्थिक जीवन में बहुत महत्त्व था। इन पालतू पशुओं के अतिरिक्त आर्य ऊंट, हाथी, बाघ सिंह आदि जानवरों से भी परिचित थे।
- आर्य कृषि से भी परिचित थे यद्यपि ऋग्वेद में कृषि-कर्म की चर्चा बहुत ही कम पाई जाती है। पशुचारण की तुलना में कृषि का महत्त्व कम था। कृषि के साथ-साथ अन्य व्यवसायों से भी आर्य परिचित थे। पशु-पक्षियों का आखेट जीविकोपार्जन का एक अन्य साधन था। कपड़ा बुनाई, कर्मकारी एवं आभूषण निर्माण का कार्य भी इस समय किया जाता था।
- ऋग्वैदिक युग में समुद्र का उल्लेख मिलता है लेकिन इससे विदेशी व्यापार की पुष्टि नहीं होती। समुद्र शब्द का व्यवहार संभवतः बड़ी नदियों या संचित जल के लिए किया गया है। इस समय की अर्थव्यवस्था मूलतः निर्वाह (Subsistence Economy) अर्थव्यवस्था थी।।
- वैदिकोत्तर अथवा उत्तरवैदिक काल में सर्वाधिक महत्त्वपूर्ण सामाजिक परिवर्तन था- वर्ण-व्यवस्था का जटिल होना। अब कर्म के स्थान पर वर्ण महत्त्वपूर्ण हो गया। यह विभाजन ऐसा था, जिसमें उत्पादन से संबंध नही रखने वाला वर्ग (ब्राह्मण एवं क्षत्रिय) समाज के सर्वश्रेष्ठ, सुविधा एवं विशेषाधिकार प्राप्त वर्ग बन गए। ये सिर्फ उत्पादन के नियंत्रक थे। इसके विपरीत उत्पादक वर्ग (वैश्य एवं शूद्र) सुविधाविहिन वर्ग थे। इन चारो वर्णों में सबसे बुरी अवस्था शूद्रों की ही थी। चारो ही वर्णो के आचार-विचार, खान-पान और विवाह संबंधी नियम अलग-अलग थें। शूद्रों पर अनेक प्रतिबंध आरोपित था। उनका संसर्ग एवं स्पर्श निंदनीय और अवांछनीय माना गया।
- उत्तर-वैदिक काल में व्यक्तिगत संपत्ति के उदय से सामाजिक असमानता की स्थिति उत्पन्न हुई । यद्यपि इस समय भी भूमि पर सामूहिक स्वामित्व ही माना जाता थी, तथापि इस काल के साहित्य में भूमि के दान एवं खरीद का भी उल्लेख मिलता है। इस व्यवस्था ने व्यक्तिगत स्वामित्व, संपत्ति एवं सामाजिक असमानता की भावना उत्पन्न कर दी।
- वैदिकोत्तर काल में आर्थिक रूप से कमजोर व्यक्तियों की सामाजिक स्थिति दयनीय हो गई, उनकी स्वतंत्रता समाप्त हो गई, वे दूसरों पर आश्रित बन बैठे। फलतः पूर्व-वैदिक/ऋग्वैदिक काल की सामाजिक समानता समाप्त हो गई और सामाजिक असमानता फैल गई।
- पारिवारिक जीवन में उत्तरवैदिक काल में कोई विशेष परिवर्तन देखने को नहीं मिलता। परिवार का मुखिया अब भी सम्मानीय व्यक्ति था। खान-पान, वस्त्र-आभूषण तथा आमोद-प्रमोद के साधन भी पूर्ववत ही बने रहे; परन्तु इस काल में पितृसत्तात्मक तत्त्व ज्यादा प्रबल होते चले गए। इसका सीधा परिणाम स्त्रियों की अवस्था पर पड़ा। उनकी स्थिति में गिरावट स्पष्ट तौर पर दृष्टिगोचर होती है।
- उत्तर-वैदिक कालीन सामाजिक जीवन में **आश्रम-व्यवस्था** का भी उदय हुआ। इसके तहत व्यक्ति की आयु को 100 वर्ष मानकर उसे चार बराबर भागों में विभक्त कर निश्चित कार्य करने को कहा गया। **आश्रम-व्यवस्था की स्थापना के पीछे दो मूल उद्देश्य थे– प्रथमतः** मनुष्य इस व्यवस्था द्वारा चार प्रकार के ऋणों (देवताओं ऋषियों, पितरों एवं मानव-जाति के प्रति ) से उऋण मुक्त हो सके। **द्वितीय,** इस व्यवस्था द्वारा मनुष्य मानव-जीवन के चार महान पुरुषार्थो-धर्म, अर्थ, काम और मोक्ष-की प्राप्ति कर सके। यह व्यवस्था भी उच्च वर्णो के लिए ही सुरक्षित रखी गई।
- वैदिकोत्तर युग में शिक्षा की प्रगति भी हुई। विद्यार्थियों के लिए उपनयन संस्कार आवश्यक बना दिए गए, परंतु शुद्र और स्त्री यह संस्कार नहीं कर सकते थे। विद्यार्थी को गुरुकुल में रहते हुए गुरु की सेवा कर शिक्षा प्राप्त करनी पड़ती थी। शिक्षा की मौखिक व्यवस्था थी। शिक्षण-संस्थाएँ अनुदान से चलती थीं।
- उत्तर-वैदिक युग आर्थिक क्रांति का युग था। इस काल में आर्यो के आर्थिक जीवन में महत्त्वपूर्ण परिवर्तन आए।

इस काल में लोग घुमंतू जीवन त्याग कर स्थाई रूप से ग्रामीण बस्तियों में निवास करने लगे। अतः उनके जीवन में स्थायित्व आया। फलतः इस काल में लोग पशुचारण की अपेक्षा अब कृषि कार्य पर अधिक ध्यान देने लगे।

- उत्तर-वैदिक काल में लोगों के आजीविका का मुख्य आधार कृषि बन गया। संभवतः लौह-तकनीक के ज्ञान ने कृषि के विकास में महत्त्वपूर्ण भूमिका निभाई। साहित्यिक ग्रंथों से भी धातु या लोहे के कृषि में प्रयोग का प्रमाण मिलता है।
- साहित्यिक स्त्रोतों में कृषि की महत्ता को प्रदर्शित करने वाले अनेक प्रसंग है। शतपथ ब्राह्मण में कृषि-कर्म की विशद् विवेचना की गई है। चावल, गेहूँ, जौ एवं जंगली किस्म के गन्ने की खेती का प्रमाण कुछ स्थलों (अतरंजीखेड़ा व हस्तिनापुर–उ. प्र.) से मिला है। इसके अतिरिक्त विभिन्न प्रकार के दलहन, सब्जी इत्यादि भी उपजाए जाते थे। खेतों की उर्वरता बढ़ाने के लिए गोबर की खाद का व्यवहार किया जाता था। खेतों की सिंचाई का भी प्रबंध किया गया था।
- यद्यपि उत्तर-वैदिक काल में कृषि आर्यों का मुख्य व्यवसाय बन गया, तथापि इससे पशुपालन का महत्त्व कम नहीं हुआ। कृषि एवं पशुपालन के अतिरिक्त इस काल में अनेक प्रकार के व्यवसायों का भी उल्लेख मिलता है। वाजसनेयी संहिता में मछुआ, सारथी, गड़ेरिया, स्नर्णकार, टोकरी बुननेवाले, धोबी, लूहार, जुलाहा, रंगसाज, कुंभकार, आदि व्यवसायियों का उल्लेख मिलता है। विभिन्न प्रकार के व्यवसायों के विकास ने प्रारंभिक व्यापार-वाणिज्य को भी प्रश्रय दिया। इन महत्त्वपूर्ण आर्थिक परिवर्तनों के बावजूद आर्यो की अर्थव्यवस्था अब भी ग्रामीण ही थी।
- छठी सदी ई. पू. (बुद्धकालीन) में भारतीय सामाजिक-आर्थिक व्यवस्था की जानकारी के लिए पालिग्रंथ, सूत्र-साहित्य और पुरातात्त्विक स्त्रोंत मुख्य आधार हैं। उत्तर-वैदिक काल से ही सामाजिक आर्थिक व्यवस्था में जो परिवर्तन दृष्टिगोचर हो रहे थे उनकी जड़ें गहराई तक छठी सदी ई.पू. में जम गई। फलतः इस काल में उत्तरी भारत की स्थिति उत्तर-वैदिक युग से पूर्णतः बदल गई।
- इस काल के सामाजिक जीवन की सबसे प्रमुख विशेषता थी वर्णव्यवस्था की जटिलता का बढ़ाना। अब व्यवसाय के आधार पर नहीं अपितु जन्म के आधार पर जाति एवं वर्ण निर्धारित होने लगे। ब्राह्मणग्रंथों में अब भी समाज को चार प्रमुख वर्णो–ब्राह्मण, क्षत्रिय, वैश्य और शूद्र–में विभक्त दिखाया गया है। बौद्ध ग्रंथ भी इस वर्ण-विभाजन का उल्लेख करते हैं, परंतु पालि-साहित्य में ब्राह्मणों को सर्वोच्च स्थान नहीं देकर क्षत्रियों को दिया गया है। इससे प्रतीत होता है कि ब्राह्मण एवं क्षत्रिय सामाजिक सर्वोच्चता प्राप्त करने के लिए एक-दूसरे के प्रतिद्वंद्वी बन गए थे।
- वर्ण और जाति को ध्यान में रखते हुए ही दीवानी और फौजदारी कानून बनाए गए। एक ही अपराध के लिए ब्राह्मण को कम, जबकि शूद्र को अधिक दंड दिया जाता था। अस्पृश्यता की भावना प्रबल थी। चाण्डालों एवं अन्य हीन जातियों का स्पर्श एवं संसर्ग वर्जित था। किसी भी व्यक्ति को जाति-परिवर्तन का अधिकर नहीं था। विभिन्न वर्णो एवं जातियों के लिए संबोधन, विवाह, भोजन और स्पर्श के दृढ़ नियम बने हुए थे।
- दास-प्रथा भी प्रचलित थी। शासक एवं व्यापारी वर्ग तथा अन्य संपन्न व्यक्ति बड़ी संख्या में दास-दासियां रखते थे। उनकी स्थिति शूद्रों एवं अस्पृश्यों से बेहतर थी। उनके साथ साधारणः मानवीय व्यवहार किया जाता था।
- बुद्धकाल में सामाजिक एवं भौतिक जीवन सुखी था। भोज्य पदार्थो में चावल, गेहूँ, साग-सब्जी, फल, दूध इत्यादि प्रमुख थे। मांस और मदिरा का भी व्यवहार किया जाता था। वस्त्र रंगीन और सादे दोनों प्रकार के होते थे। सूती, ऊनी एवं रेशमी वस्त्र धारण किए जाते थे। इस समय के निवासी सुंदर एवं भव्य भवनों में रहते थे। मकान में पक्की ईंटों का व्यवहार आरंभ हो गया था। नृत्य, संगीत, नाटक, शतरंज, आखेट, तमाशे द्वारा लोगों का मनोरंजन होता था।
- स्त्रियों की अवस्था में पहले की अपेक्षा अब और अधिक गिरावट आई। नए धर्मों के बढ़ते प्रभाव से स्त्रियों को सुरक्षित रखने के लिए लड़कियों की शादी कम उम्र में ही की जाने लगी। स्त्रियों की स्वतंत्रता पर पाबंदी लगा दी गई । विवाह अभिभावकों की इच्छानुसार ही होते थे। उच्च वर्ग में बहु-विवाह की भी प्रथा प्रचलित थी, परंतु

अभी तक सती-प्रथा विकसित नहीं हो सकी थी। स्त्रियों की दशा सुधारने के लिए ही बुद्ध ने उन्हें संघ में प्रवेश की अनुमति दी।

- छठी सदी ई.पू. आर्थिक प्रगति के दृष्टिकोण से महत्त्वपूर्ण युग था। पुरातात्विक शब्दावली में यह युग उत्तरी काली पॉलिशवाले मृदभांडो(NBPWs) का काल था। इस संस्कृति के अंतर्गत् लोहे के उपकरण पकाई गई ईंटें, सिक्के, मंडलकूप (Ringwells) इस संस्कृति के मध्य से मिलते हैं, जो एक नई और सुविकसित अर्थव्यवस्था की तरफ इशारा करते है। इसी काल में शहरीकरण का दूसरा चरण (Second urbanization) आरम्भ हुआ। इन नगरों की आधारशिला एक सुविकसित ग्राम्य व्यवस्था थी।
- भारत की अधिकांश जनता अब भी ग्रामों में रहती थी। यहाँ का वातावरण सुख एवं शांति का था। अधिकांश ग्राम कृषि प्रधान थे, यद्यपि कुछ गांव व्यवसायियों के भी होते थे। पालि-साहित्य में तीन प्रकार के गांवों का उल्लेख मिलता है। विभिन्न जातियों और व्यवसायियों के गांव, अर्द्ध-शहरी (कस्बानुमा) गांव, जहां विभिन्न कारीगरों की प्रधानता थी तथा सीमांत गांव। गांवों की आर्थिक व्यवस्था कृषि एवं कुटीर उद्योगों पर आधारित थी। इस समय तक संभवतः कृषि में भी लोहे के हथियारों का प्रयोग होने लगा था। अतः कृषि उत्पादन में वृद्धि हुई।
- ग्राम अर्थव्यवस्था के ठीक विपरीत नगरीय अर्थव्यवस्था थी। इस व्यवस्था की मुख्य विशेषताएँ थीं नगरों का उदय, उद्योग-धंधों एवं गैर-कृषि व्यवसायों का उदय, व्यावसायिक संगठनों की प्रधानता, व्यापार-वाणिज्य एवं सिक्कों का प्रचलन तथा सूद एवं कर्ज की प्रथा का विकास। पालि-साहित्य से इस विषय पर महत्त्वपूर्ण प्रकाश पड़ता है।
- बुद्धकाल में शहरीकरण का दूसरा चरण आरंभ हुआ। पालि-साहित्य में बुद्धकालीन भारत के 60 नगरों का उल्लेख मिलाता हैं। इसी समय पहली बार पकाई गई ईंटों के व्यवहार का प्रमाण मिलता है। नगरों के विकास को अनेक कारणों ने प्रभावित किया। ये नगर सुदृढ़ ग्रामीण अर्थ-व्यवस्था एवं अतिरिक्त उत्पादन के आधार पर विकसित हुए। नगर व्यापार-वाणिज्य एवं और गैर-कृषि व्यवसायों के केंद्र थे।
- इस काल में शिल्प एवं उद्योगों के विकास तथा शहरों के उदय ने व्यापार-वाणिज्य को भी प्रश्रय दिया। प्रमुख बाजार शहर के रूप में स्थापित हो गए, जहाँ विभिन्न नगरों से व्यापारी अपना सामान बेचने आते थे। व्यापारी अनेक प्रकार के थे। शिल्पियों एवं व्यवसायियों ने अपने आर्थिक हितों की रक्षा के लिए अपने-अपने संघ, संगठन या श्रेणी (Guilds) बना रखे थे। बौद्ध ग्रंथ जातक में 18 श्रेणियों का उल्लेख किया गया है।
- मौर्यकालीन समाज एवं संस्कृति के जानकारी के मुख्य स्त्रोत कौटिल्य का अर्थशास्त्र, अशोक के अभिलेख, मेगास्थनीज की इंडिका एवं अन्य पुरातात्त्विक साक्ष्य हैं।
- अर्थशास्त्र के अनुसार वर्णव्यवस्था ही सामाजिक संगठन का आधार है। अत: प्रत्येक वर्ण की स्थिति और उनके कर्त्तव्यों का ब्योरा अर्थशास्त्र में दिया गया है। वर्णव्यवस्था की रक्षा करना राजा का प्रमुख कर्तव्य था। वर्णव्यवस्था भंग होने से संपूर्ण सामाजिक व्यवस्था नष्ट हो जाती, जिसका प्रभाव राज्य के अस्तित्व पर भी पड़ता। इसलिए, राजा को वर्णाश्रम की स्थापना की सलाह दी गई।
- इस काल में चारों वर्णों के व्यवसाय निर्धारित थे, जिनका पालन करना उनके लिए आवश्यक था। समाज में अब भी ब्राह्मण विशिष्ट स्थान रखते थे। वे समाज के बौद्धिक और धार्मिक नेता थे। पुरोहित तथा शिक्षक के रूप में, राजा के मंत्री और कानूनी सलाहकार के रूप में वे राज्य तथा प्रशासन में महत्त्वपूर्ण भूमिका निभाते थे। दूसरा वर्ग क्षत्रियों का था। यह वर्ग राजकाज, प्रशासन और सैनिक वृत्ति से संबद्ध था। वैश्य कृषि कार्य और व्यापार करते थे। शूद्रों की स्थिति में इस सयं महत्त्वपूर्ण परिवर्तन देखे गए। उन्हें शिल्पकला और सेवावृत्ति के अतिरिक्त, वैश्यों के सहायक के रूप में अथवा स्वतंत्र रूप से भी कृषि पशुपालन तथा व्यापार करने की अनुमति मिली। इस काल (मौर्यकाल) में ही नई स्थापित बस्तियों में शुद्रों को पहली बार जमीन दी गई।
- मौर्यकाल में शूद्रों की स्थिति में परिवर्तन का प्रमाण इस बात से भी लगता है कि अर्थशास्त्र में "शूद्र को आर्य कहा गया है और उसे म्लेच्छ से भिन्न माना गया है।" **अर्थशास्त्र में लगभग 15 मिश्रित जातियों का भी उल्लेख किया गया है। इन्हें अंतवासिन कहा गया है।**

- कौटिल्य ने पारंपरिक चार वर्णों के अतिरिक्त अनेक वर्णसंकर जातियों का भी उल्लेख किया है। इनकी उत्पत्ति धर्मशास्त्रों की भांति विभिन्न वर्णों के अनुलोम और प्रतिलोम विवाहों से बताई गई है।
- मेगास्थनीज भी अपने यात्रा-विवरण में भारत में प्रचलित जाति-प्रथा एवं सामाजिक वर्गीकरण का उल्लेख करता है, परंतु उसका विवरण अर्थशास्त्र से भिन्न है। मेगास्थनीज की इंडिका के अनुसार भारतीय समाज सात जातियों- 1. दार्शनिक( दार्शनिक दो प्रकार के थे- ब्राह्मण एवं श्रमण), 2. किसान, 3.अहीर, 4. कारीगर या शिल्पी, 5. सैनिक,
6. निरीक्षक, 7. सभासद तथा अन्य शासक वर्ग।
- अर्थशास्त्र में 9 तरह के दासों का वर्णन इस काल में मिलता है, जबकि यूनानी लेखकों व मेगास्थनीज के अनुसार, भारत में सभी स्वतंत्र एवं समान हैं तथा उनमें कोई भी दास नहीं है। वस्तुत: ऐसी स्थिति नहीं थी। दासों की उपस्थित का प्रमाण बौद्धग्रंथों से मिलता है।
- मौर्यकाल में पारिवारिक एवं सामाजिक जीवन सुख-शांति का था। संयुक्त परिवार की प्रथा ज्यादातर प्रचलित थी। सामाजिक नियमों के पालन पर बल दिया जाता था। सामाजिक अपराधों, अपहरण, बलात्कार इत्यादि को रोकने के उपाय किए गए थे एवं अपराधियों को कड़ी सजा दी जाती थी। विवाह की संस्था पूरी तरह स्थापित हो चुकी थी। अधिकांश विवाह एकात्मक ही होते थे, यद्यपि बहु-विवाह के भी उदाहरण मिलते हैं।
- परिवार में स्त्रियों की स्थिति स्मृतिकाल की अपेक्षा अब अधिक सुरक्षित थी। उन्हें पुनर्विवाह तथा नियोग की अनुमति थी । किन्तु फिर भी मौर्यकाल में स्त्रियों की स्थिति को अधिक उन्नत नहीं कहा जा सकता । उन्हें बाहर जाने की स्वतंत्रता नहीं थी और पति की इच्छा के विरुद्ध वे कोई कार्य नहीं कर सकती थीं।
- मौर्यकालीन भारतीय अच्छा, खाने एवं पहनने के शौकीन थे। चावल मुख्य भोज्य पदार्थ था। मांस-मछली एवं मदिरा का भी व्यवहार होता था। शराब के उत्पादन एवं इसकी बिक्री पर राज्य का नियंत्रण था। घरों का निर्माण पक्की ईंटों से होता था। लकड़ी का भी मकान बनाया जाता था।
- मौर्यकाल में नगरों का जीवन ग्रामों की अपेक्षा अधिक जीवंत एवं कोलाहलपूर्ण था। नर्तक, गायक, वादक, नट, तमाशा दिखाने वाले, रस्सी पर नाचने वाले तथा मदारी गाँवों और नगरों में अपनी कला का प्रदर्शन करते थे। इन कलाकारों के गांव में प्रवेश पर निषेध था किंतु नगरों में ऐसा प्रतिबंध नहीं था।
- मौर्यकाल में राज्य की अर्थव्यवस्था कृषि, पशुपालन और वाणिज्य-व्यापार पर आधारित थी। इनको सम्मिलित रूप से **'वार्ता'** अर्थात्-आजीविका का साधन कहा गया है। इस तरह मौर्यां ने मिश्रित अर्थव्यवस्था (Mixed Economy) अपनाई, जिसके अतर्गत् कृषि, व्यवसाय एवं व्यापार-वाणिज्य की प्रगति हुई और जिसके कारण इस काल में आर्थिक संपन्नता बढ़ी।
- मेगास्थनीज और कौटिल्य, दोनों के विवरण से ज्ञात होता है कि मौर्य-साम्राज्य कृषि पर यथेष्ट ध्यान देता था। कृषि पर राज्य का नियंत्रण था। इस युग में अधिक-से-अधिक भूमि को कृषि योग्य बनाया गया। विभिन्न प्रकार की भूमि प्रणालियों का जिक्र कौटिल्य ने किया है। राज्य की ओर से सिंचाई की सुविधा उपलब्ध कराने का विवरण भी इस काल में मिलता है।
- कृषि के साथ-साथ पशुपालन पर भी ध्यान दिया जाता था। मेगास्थनीज के अनुसार तीसरा सामाजिक वर्ग चरवाहों का था। ये पशुओं की देखभाल किया करते थे। पशुओं के लिए चारागाह की व्यवस्था राज्य की तरफ से की जाती थी। चारागाह के साथ-साथ वन भी थे, जिन पर राज्य का अधिकार था। अर्थशास्त्र में विभिन्न प्रकार के वनों का उल्लेख है। वन-संपदा के आधार पर अनेक कारखाने स्थापित किए गए थे। इनमें निर्मित समान को बेचकर राज्य धन प्राप्त करता था।
- मौर्यकाल में कृषि-कर्म और पशुपालन के अतिरिक्त अनेक शिल्पों एवं उद्योगों, यथा-मिट्टी का बर्तन निर्माण, लकड़ी का काम करना, वस्त्र बुनना, विभिन्न प्रकार के धातु, पत्थर एवं शीशे का सामान तैयार आदि करने का कार्य भी किया जाता था।
- मौर्यकाल में आर्थिक सम्पन्नता में व्यापार-वाणिज्य की भी महत्त्वपूर्ण भूमिका थी। राज्य की ओर से व्यापार की प्रगति के लिए भरपूर प्रोत्साहन दिया जाता था। राज्य में आर्थिक हितों की सुरक्षा, जनसाधारण और व्यापारियों की सुविधा के लिए व्यापार-वाणिज्य संबंधी अनेक नियम बनाए गए थे। देश के प्रमुख व्यापारिक मार्गों पर मौर्यों

का नियंत्रण था। प्रमुख राजमार्ग राजधानी पाटलिपुत्र से उत्तर-पश्चिम में तक्षशिला और पूर्व में ताम्रलिप्ति तक विस्तृत था। अर्थशास्त्र में विदेशी और आंतरिक व्यापार के संदर्भ में आयात-निर्यात किए जाने वाले वस्तुओं का उल्लेख मिलता है।

- मौर्यकाल में मुद्रा का प्रचलन हो चुका था। मुद्रा के निर्माण एवं संचालन पर राज्य का एकाधिकार था। यद्यपि इस समय के निश्चित सिक्के नहीं मिलते, जिन्हें प्रमाणिक तौर से मौर्य-शासकों का माना जा सके, तथापि **आहत सिक्के (Punch marked Coins)** मौर्यकालीन स्थलों से भारी संख्या में मिले हैं, जिनसे सिक्कों के प्रचलन की पुष्टि होती है। अर्थशास्त्र में भी विस्तृत मुद्रा-प्रणाली की चर्चा मिलती है। मुद्रा-प्रणाली की व्यवस्था ने व्यापार एवं सूदखोरी की प्रथा को भी बढ़ावा दिया।
- मौर्योत्तर काल में भी सामाजिक व्यवस्था का मूल आधार परंपरागत वर्ण-व्यवस्था और जाति-व्यवस्था ही था, परंतु विभिन्न वर्णों की स्थिति में कुछ परिवर्तन भी दृष्टिगोचर होते हैं। राजनीतिक और आर्थिक परिवर्तनों ने वर्णव्यवस्था के लिए एक प्रकार का संकट उत्पन्न कर दिया था जिसके समाधान का प्रयास मनुस्मृति में किया गया। शुंग-कण्वों ने तथा सातवाहन शासकों ने ब्राह्मणों की सामाजिक और राजनीतिक प्रतिष्ठा पुनर्स्थापित की। इस पुनर्स्थापना में वैदिक या ब्राह्मण धर्म की प्रमुख भूमिका थी। यज्ञ और बलि की प्रथा पुनः आरंभ हुई जिसने ब्राह्मणों को समाज का सर्वशक्तिशाली वर्ग बना दिया।
- इस काल में ब्राह्मणों ने क्षत्रियों का कार्य-राज्य शासन भी अपना लिया। ब्राह्मणों ने अनेक राजवंशों की स्थापना की, जैसे शुंग, कण्व भारशिव नाग, वाकाटक आदि। ब्राह्मणों द्वारा शस्त्रधारण को धर्मसम्मत माना गया। ब्राह्मण राजवंशों की स्थापना ने ब्राह्मण वर्ग और ब्राह्मण धर्म को अधिक प्रभावशाली बना दिया।
- मौर्योत्तर काल में शूद्रों और वैश्यों की स्थिति में भी परिवर्तन आया। मौर्यकाल में शूद्रों को उत्पादन कार्य में लगाने की जो प्रक्रिया आरंभ हुई थी उसके परिणाम-स्वरूप समाज में कारीगरों और शिल्पियों के रूप में शूद्रों का महत्त्व बढ़ गया। उन्हें कुछ व्यक्तिगत एवं आर्थिक सुरक्षा मिली। परिणामस्वरूप शूद्रों की आर्थिक स्थिति सुधरी तथा वे वैश्यों के समकक्ष होने लगे। इससे शूद्रों एवं वैश्वों के बीच का अंतर कुछ कम हुआ।
- इस काल में क्षत्रियों की स्थिति में भी परिवर्तन देखने को मिलता है। ऐसा लगता है कि ब्राह्मणों द्वारा राजसत्ता ग्रहण करने से क्षत्रियों के लिए योद्धा का कार्य ही बचा रहा।
- व्यापार और उद्योगों के विकास तथा नगरीकरण की प्रगति से वैश्यों की आर्थिक संपन्नता और अधिक बढ़ी।
- राजनीतिक और आर्थिक परिवर्तनों के परिणामस्वरूप परंपरागत वर्ण-व्यवस्था पर उस समय काफी गंभीर खतरा उत्पन्न हो गया जब आक्रमणकारी के रूप में यवन, पार्थियन, शक एवं कुषाण आदि विदेशी शासकों का भारतीय समाज में प्रवेश हुआ। राजनीतिक एवं आर्थिक रूप से शक्ति संपन्न इन विदेशी शासकों की उपस्थिति वर्ण-व्यवस्था के लिए संकट उत्पन्न कर रही थी। ब्राह्मण म्लेच्छ कहकर उनकी उपेक्षा नहीं कर सकते थें। इस कारण स्मृतिकारों ने इन्हें निम्न कोटि अथवा द्वितीय कोटि क्षत्रिय का दर्जा प्रदान किया । अनेक वर्णसंकरो को भी वर्णव्यवस्था के अंतर्गत् रखा गया। वर्णसंकर की परिकल्पना और ब्राह्मण धर्म का सहारा लेकर वर्ण-व्यवस्था को बनाए रखने का प्रयास किया गया।
- इस काल में जहाँ तक विदेशियों के एकीकरण का प्रश्न है, वर्णसंकर की परिकल्पना के अतिरिक्त धर्म का भी आश्रय लिया गया। वैष्णव, शैव, बौद्ध एवं सभी धर्मों ने अपने द्वार विदेशियों के लिए भी खोल दिए।
- मौर्योत्तर युग को आर्थिक संपन्नता का युग माना गया है। लौह-तकनीक के विकास और कृषि के विस्तार की पूर्व प्रक्रिया इस समय भी चलती रही। फलतः कृषि के अधिशेष(Surplus) उत्पादन ने अनेक उद्योगों एवं शिल्पों को विकसित स्थिति में ला दिया। साहित्यिक एवं पुरातात्विक स्त्रोतों से शिल्पों, शिल्पियों, शिल्पी संगठनों के विषय में जानकारी मिलती है। मध्य एशिया से राजनीतिक संबंध ने व्यापार, विशेषतः रोमन व्यापार को प्रश्रय दिया। मौद्रिक अर्थव्यवस्था भी विकसित हुई। परिणामस्वरूप शक-कुषाण-सातवाहन युग में पुराने नगरों की समृद्धि बढ़ी तथा अनेक नए नगरों का उदय हुआ।

- कुषाणकालीन कृषि व्यवस्था के संबंध में स्पष्ट और विस्तृत जानकारी नहीं मिलती, परंतु ऐसा लगता है कि उत्तरी भारत में पहले की कृषि परंपरा बनी रही। जमीन संबंधी कोई भी कुषाण अभिलेख नहीं मिला है लेकिन समकालीन भारतीय साहित्य में कृषि-कर्म, विभिन्न फसलों की उपज से संबद्ध उल्लेख मिलते हैं।
- इस काल में दक्कन में सातवाहनों के अधीन विस्तृत कृषि का प्रमाण मिलता है। दक्षिण और पश्चिमी, समुद्रतटीय प्रदेशों में विभिन्न मसालों की खेती बड़े पैमाने पर होती थी। अतः गर्म-मसालों का भारी मात्रा में निर्यात किया जाता था। सातवाहन राज्य और सूदूर दक्षिण के राज्यों में चावल और कपास की खेती भी बड़े पैमाने पर होती थी।
- मौर्योत्तरयुगीन अर्थव्यवस्था का आधार उस समय के विकसित उद्योग-धंधे थे। इस काल में सातवाहनों और कुषाणों के अधीन अनेक शिल्पों एवं व्यवसाओं का उदय हुआ। सातवाहनों के अधीन लोहे के समान बनाने का उद्योग अत्यंत विकसित स्थिति में था। इसी प्रकार स्वर्णकार और मणिकार का व्यवसाय भी उन्नत स्थिति में था।
- कुषाणकालीन साहित्यिक स्त्रोतों–जैसे मिलिन्दपण्हो, महावस्तु, दिव्यवदान, अवदानशतक, अंगविज्जा–में अनेक शिल्पों, व्यावसायियों एवं उनके संघों का वर्णन है। मनु, याज्ञवल्क्य और विष्णु स्मृतियों में भी, जिनका रचनाकाल ई.पू. 200 सदी से ई. की चौथी सदी मानी जाती है, विभिन्न वर्णों के लिए व्यवसायों एवं उद्योगों का वर्णन मिलता है। कुषाणकालीन स्थालों के उत्खननों से बड़ी संख्या में मिट्टी के बर्तन, मूर्तियाँ, धातु के सामान, हाथी दांत और शीशा के सामान प्राप्त हुए हैं। इनसे विभिन्न शिल्पों एवं उद्योगों की विकसित स्थिति का ज्ञान प्राप्त होता है।
- उद्योग-धंधों के विकास ने आंतरिक एवं विदेशी व्यापार का बढ़ावा दिया। व्यापार के विकास में कुषाणों द्वारा मध्य एशिया से गंगा घाटी तक, शकों द्वारा पश्चिमी क्षेत्र में और सातवाहनों द्वारा दक्कन में राजनीतिक स्थिरता स्थापित करने से भी सहायता मिली। इन्हीं क्षेत्रों से होकर उत्तरापथ और दक्षिणापथ गुजरते थे। उत्तरापथ आगे चलकर मध्य एशिया में प्रसिद्ध व्यापारिक मार्ग 'सिल्क मार्ग' (Silk Route) से जुड़ जाता था। उत्तरापथ और दक्षिणापथ से जुड़े हुए अनेक व्यावसायिक और व्यापारिक केंद्र थे, जैसे– तक्षशिला, मथुरा, पुष्कलावती, उज्जैन, पैठान इत्यादि। मौनसूनी हवा की खोज के बाद भारत और पश्चिम एशियाई देशों के बीच समुद्री मार्ग से व्यापार और अधिक सुगम हो गया।
- इस काल में व्यापार का विकास बड़े पैमाने पर धातु के सिक्कों के प्रचलन से भी हुआ। कुषाणों ने बड़ी संख्या में सोने और तांबे के सिक्के चलवाए। शक-सातवाहनों द्वारा भी सिक्के चलाए गए । इस काल के स्मृतिकारों ने भी व्यापार संबंधी अनेक नियम बनाए जिनसे व्यापार के विकास को बढ़ावा मिला।
- इस युग में स्थल मार्ग से भारत का आंतरिक व्यापार होता था। कुषाण अभिलेखों में व्यापारियों के विभिन्न वर्गों जैसे, वणिक, सेठ्ठी और सार्थवाह का उल्लेख किया गया है। आंतरिक व्यापार में दो प्रकार की वस्तुओं का व्यापार होता था। प्रथम प्रकार की कुछ वस्तुएं वैसी थी जिनका बाजार सीमित था तथा दूसरे प्रकार की वस्तुएं वैसी थी जिनका बाजार विस्तृत था।
- व्यापार में धातु के सिक्कों का व्यवहार होता था। अभिलेखों और साहित्य में दीनार, पुरण तथा कर्षापण जैसे सिक्कों का उल्लेख मिलता है। कुषाणों और सातवाहनों के सिक्कों तथा सिक्के ढालने के ढांचे (Coin-Moulds) उत्तरी और दक्षिणी भारत से मिले हैं।
- मौर्योत्तर भारत का व्यापारिक संबंध समुद्री मार्ग द्वारा रोमन साम्राज्य से था। रोम में भारत की वस्तुओं की मांग सर्वाधिक थी। अतः दक्षिण और पश्चिमी तट के बंदरगाहों से भारत का रोमन साम्राज्य से व्यापार विकसित हुआ। भारत के विदेशी व्यापार, प्रमुख बंदरगाहों, आयात-निर्यात की वस्तुओं की जानकारी टॉलमी के ज्योग्रॉफी, प्लिनी की नेचुरल हिस्ट्री और पेरिप्लस ऑफ दी एरिथ्रीयन सी से भी मिलती है।
- इस समय भारत का मध्य एशिया, चीन और दक्षिण-पूर्व एशियाई देशों से संबंध बढ़ा। मध्य एशिया और गंधार प्रदेश स्थल मार्ग से जुड़े हुए थे जिनसे विभिन्न वस्तुओं का आदान-प्रदान होता था। चीन से चीनी रेशम (Chinese Silk) भारत लाकर रोम को भेजा जाता था।

दक्षिण-पूर्व-एशिया से भारत खनिज, मसाले, सुगंधित पदार्थ इत्यादि मंगवा कर रोम को भेजता था। इस व्यापार में (मध्य एशियाई और दक्षिण-पूर्वीय) संभवतः भारतीयों की सीधी भागीदारी थी।

- भारत के विकसित विदेशी व्यापार का प्रमाण पुरातात्त्विक साक्ष्यों से मिलता है। दक्षिण और पश्चिम भारत के अनेक उत्खनित स्थलों से इंडो-रोमन व्यापार का प्रमाण मिलता है।
- इस काल में उद्योग और व्यापार के विकास ने समुचित उत्पादन और वितरण जैसी समस्या भी खड़ी कर दी। अतः इसके समाधान के लिए कारीगरों, शिल्पियों और व्यापारियों ने संघ या संगठन पर बल दिया। फलतः श्रेणियों (शिल्पियों का संगठन) और निगमों (व्यापारिक संघ) की संख्या पहले से अधिक बढ़ गई । ये संगठन (श्रेणी और निगम ) स्थानीय शासन, विशेषकर नगर प्रशासन में भी महत्वपूर्ण भूमिका निभाते थे। उनमें से कुछ अपनी मुद्राएं एवं सिक्के भी चलाते थे। श्रेणी और निगम बौद्ध संघों को उदारतापूर्वक दान भी देते थे।
- मौर्योत्तर युग–विशेषकर शक-सातवाहन और कुषाण काल नगरों के उत्थान एवं उनकी समृद्धि के लिए भी प्रसिद्ध है। नगरों के उत्थान के अनेक कारण थे, लेकिन उनमें सबसे अधिक महत्त्वपूर्ण आर्थिक कारण थे। उद्योग-धंधों के विकास, व्यापार-वाणिज्य की प्रगति, मुद्रा अर्थव्यवस्था की प्रधानता ने पुराने नगरों की समृद्धि एवं नए नगरों के उदय का मार्ग प्रशस्त कर दिया। उत्तरी भारत और दक्कन में सातवाहन-कुषाणकालीन अनेक नगरों का अस्तित्व पुरातात्त्विक स्त्रोतों से प्रकाश में आया है। ये सभी नगर मुख्यतः औद्योगिक और व्यापारिक केंद्र थे तथा उत्तरापथ और दक्षिणापथ से जुड़े हुए थे।
- गुप्तयुगीन समाज में वर्ण-व्यवस्था पूर्णरूपेण प्रतिष्ठित थी। भारतीय समाज के परंपरागत चार वर्णो–ब्राह्मण, क्षत्रिय वैश्य एवं शूद्र के अतिरिक्त कुछ अन्य जातियां भी अस्तित्व में आ चुकी थी। चारो वर्णो की सामाजिक स्थिति में विभेद किया जाता था। वाराहमिहिर के अनुसार, ब्राह्मण, क्षत्रिय, वैश्य तथा शूद्र के घर क्रमशः पांच, चार, तीन तथा दो कमरे वाले होने चाहिए। विभिन्न वर्णों की स्थिति के अनुसार भेद-भाव बरते जाने का विधान मिलता है।
- समाज के सभी वर्णों एवं जातियों में ब्राह्मणों का प्रतिष्ठित स्थान था। यद्यपि उनका मुख्य कर्म धार्मिक एवं साहित्यिक था तथापि कुछ ब्राह्मणों ने अपने जातिगत पेशों को छोड़कर अन्य जातियों की वृत्ति को अपना लिया था। इसी प्रकार क्षत्रिय जाति के लोगों ने भी व्यापार एवं औद्योगिक वृत्ति अपना ली थी। यद्यपि वैश्य का मुख्य कर्म कृषि और व्यवसाय था तथापि वैश्य क्षत्रिय का व्यवसाय भी अपनाते थे। शूद्रों सेवावृत्ति के अतिरिक्त शिल्प, व्यवसाय-वाणिज्य भी कर सकते थे। कुछ शूद्रों के तो सैनिक कार्य भी किए जाने का उल्लेख मिलता है। शूद्रो की स्थिति अब पहले से अच्छी थी। इस काल में अनेक मिश्रित एवं नई जातियों का भी उदय हुआ। नई जातियों में भूमि-अनुदान की प्रथा के विकास के कारण कायस्थों का उदय हुआ। अस्पृश्यता की भावना बलवती थी। अछूतों का स्पर्श वर्जित था।
- इस काल के सामाजिक-व्यवस्था में सभी वर्गों की वृत्तियों में शिथिलता आती जा रही थी। ऐसा लगता है कि वर्ण-व्यवस्था की सुचारू परंपरा इस काल में कायम न रही। संकटकाल में निर्धारित व्यवसाय को छोड़कर दूसरा व्यवसाय अपनाने की अनुमति इस काल के स्मृतिकारों ने दी।
- गुप्तकाल में भी दास-प्रथा प्रचलित थी, लेकिन दासों को अब आर्थिक कार्यो में न लगाकर मुख्यतः घरेलू कार्यो में लगाया गया। **नारद-स्मृति में 15 प्रकार के दासों का उल्लेख हुआ है।** इतना सब होने के बावजूद इस काल में दासो की स्थिति पहले की अपेक्षा अधिक खराब हो गई थी। इस युग में दास-प्रथा कमजोर हो गई।
- स्त्रियों की अवस्था में भी गुप्तकाल में गिरावट आई। यद्यपि साहित्यिक स्त्रोतों में पत्नी और प्रेमिका के रूप में उनका महत्त्व दिखाया गया है, तथापि उनकी स्वतंत्रता समाप्त हो गई । अपने जन्म से मृत्यु तक उन्हें पुरुष की संरक्षकता स्वीकार करने को बाध्य किया गया। यद्यपि इस युग में भी उच्च वर्ग की स्त्रियाँ शिक्षा प्राप्त करती थी, कुछ राजनीति में भी भाग लेती थीं, तथापि सामान्यतः उनके कार्यकलापों को घर की चारदीवारी के अंदर बांध दिया गया।
- गुप्तकालीन आर्थिक व्यवस्था भूमि पर आधारित थी। अतः कृषि ही आर्थिक व्यवस्था की आधारशिला थी। भूमि

पर बढ़ते दबाव के कारण भूमि-संबंधी विस्तृत व्यवस्था स्थापित की गई। आर्थिक उपयोगिता के आधार पर जमीन का वर्गीकरण किया गया। **अमरकोष में 12 प्रकार की भूमियों का उल्लेख मिलता है।** जमीन के हस्तांतरण और भूमि-अनुदानों के कारण जमीन छोटे-छोटे टुकड़ों में बँटने लगी। इस काल में अधिकांश संख्या छोटे-छोटे किसानों की थी यद्यपि कुछ बड़े भूपति भी होते थे।

- इस काल में विभिन्न शिल्प एवं व्यवसायों का भी विकास हुआ। इस समय मिट्टी के बरतन एवं मृण्मूर्तियाँ बनाने तथा पत्थर-धातु के सामान तैयार करने का उद्योग भी विकसित हुआ। सोना, चाँदी, लोहा और तांबे से क्रमशः आभूषण, बरतन और अन्य उपयोगी सामान तैयार किए जाते थे। महरौली का लौहस्तंभ गुप्तकालीन धातु निर्माण कला का सर्वोत्कृष्ट नमूना है।
- इतना सब होने के बावजूद गुप्तकालीन आर्थिक अवस्था बहुत उन्नत नहीं मानी जा सकती है। भूमि पर बढ़ते दबाव के कारण एवं भूमिदान की प्रथा ने समाज में नए भूमिपति-वर्ग को जन्म दिया। किसानों और शिल्पियों की स्थिति बिगड़ गई। कृषि-अर्द्धदासों या बंधुआ मजदूरों का उदय हुआ। उनकी गतिशीलता समाप्त हो गई। किसान और शिल्पी विभिन्न करों एवं बेगार के बोझ से दब गए। आत्मनिर्भर ग्रामों के उदय ने उद्योग-धंधों और व्यापार-वाणिज्य को प्रभावित किया। फलतः सिक्कों का प्रचलन कम हो गया।
- सातवीं शताब्दी का भारतीय समाज वर्ण और जाति-प्रथा के आधार पर संगठित था। चारो वर्णों ( ब्राह्मण, क्षत्रिय, वैश्य, शूद्र) में धार्मिक अनुष्ठान जनित पवित्रता थी। ब्राह्मण अपना अधिकांश समय धार्मिक कार्यों में व्यतीत करते थे। क्षत्रिय निर्दोष, सरल, पवित्र, सीधे-सादे और मितव्ययी थे। वे दयालु और परोपकारी थे। क्षत्रिय राजन्यवर्ग के थे, जो सदियों से शासन करते चले आ रहे थे। व्यापारी वैश्य जाति के थे। शूद्र शिल्प और भृति के अतिरिक्त कृषि कर्म भी करते थे। कुछ क्षेत्रों में शूद्र शासक भी होते थे। शूद्रों की अनेक उपजातियां भी थी।
- इस काल में अस्पृश्यता की भावना भी बलवती थी। चीनी यात्री ह्वेनसांग का कथन है कि चांडाल, मेहत्तर आदि अछूत जातियाँ नगर के बाहर ऐसे मकानों में रहती थीं, जिन्हें विशेष चिन्हों से पहचाना जा सकता था। उनका स्पर्श और संसर्ग वर्जित था।
- इस काल में भी विवाह सामान्यतः सजातीय होते थे। अंतर्जातीय विवाहों पर प्रतिबंध था, परतु अनुलोम और प्रतिलोम विवाह भी होते थे। बहु-विवाह, बाल-विवाह, सती-प्रथा जैसी कुरीतियां समाज में व्याप्त थीं। उच्च वर्ग की स्त्रियां शिक्षा प्राप्त करती थी । उनमें परदा-प्रथा नहीं थी। सिर्फ वैश्य और शूद्र स्त्रियाँ ही पुनर्विवाह करती थीं। विधवाएं श्वेत वस्त्र धारण करती थीं। नगरों में वेश्याएं भी होती थीं। जनसाधारण का जीवन सादा और सात्विक था, परंतु नगरों और राजसभाओं में विलासिता थी।
- इस काल के आर्थिक अवस्था का भी विस्तृत उल्लेख ह्वेनसांग ने किया है। इस समय कृषि, उद्योग एवं व्यापार अच्छी दशा में थे। उपज अच्छी होती थी। राज्य की भूमि चार भागों में विभक्त थी। इससे प्राप्त होनेवाली आय राजकीय खर्च, वेतन, पुरस्कार एवं दान-पुण्य के कामों मे खर्च होती थी। राज्य उपज का छठा अंश (1/6 भाग) कर के रूप में वसूलता था। राज्य को सीमा-शुल्क एवं चुंगी से भी आमदनी होती थी।
- उद्योग-धंधों में सबसे महत्त्वपूर्ण वस्त्रोद्योग था। सूत और ऊन को मिलाकर कौषेय नामक वस्त्र बनाया जाता था। मलमल का भी निर्माण होता था। आभूषण एवं प्रसाधन के अन्य सामान बनाए जाते थे। कारीगरों के अपने संघ होते थे।
- मुद्रा के रूप में सोना-चाँदी की मुद्रा के अतिरिक्त कौड़ियों एवं मोतियों का भी व्यवहार होता था।
- भारत दक्षिण-पूर्व एशियाई देशों से व्यापार अपने पूर्वी एवं पश्चिमी बंदरगाहों से करता था। विदेशों को कपड़ा, चंदन, गर्म-मसाला, मोती, एवं हाथी-दांत की बनी वस्तुएं भेजी जाति थीं तथा वहां से सोना-चाँदी, हींग और घोड़े का आयात होता था। इस काल में कन्नौज एक संपन्न नगर के रूप में विकसित हुआ जबकि अनेक नगर अपना पूर्व महत्त्व खोकर उजाड़ और वीरान बन चुके थे।

# वस्तुनिष्ठ प्रश्न–I

**1.** वाकाटक राजवंश की स्थापना किसने की?
A. विन्ध्यशक्ति B. प्रवरसेन प्रथम
C. रूद्रसेन D. पृथ्वीसेन

**2.** किस वाकाटक नरेश ने चार बार अश्वमेध यज्ञ किया?
A. सर्वसेन B. रूद्रसेन द्वितीय
C. प्रवरसेन प्रथम D. प्रवरसेन द्वितीय

**3.** वाकाटकों के बासीम शाखा की स्थापना किसने की?
A. नरेन्द्र सेन B. सर्वसेन
C. हरिषेण D. इनमें से कोई नहीं

**4.** हरिविजय नामक प्राकृत काव्य ग्रंथ की रचना किस वाकाटक नरेश ने की?
A. प्रवरसेन प्रथम B. प्रवरसेन द्वितीय
C. पृथ्वीसेन प्रथम D. सर्वसेन

**5.** हर्ष थानेश्वर का राजा कब बना?
A. 606 ई॰ B. 600 ई॰
C. 606 ई॰ पू॰ D. 598 ई॰

**6.** हर्ष की बहन राज्यश्री का विवाह किस राजवंश में हुआ था?
A. कदम्ब B. मौखरी
C. वाकाटक D. बल्लभी

**7.** हर्ष को और किस नाम से जाना जाता है?
A. धर्मादित्य B. शिलादित्य
C. आदित्य D. उपरोक्त सभी

**8.** गुप्तोत्तर कालीन अंतिम हिन्दू प्रतापी शासक कौन था?
A. हर्षवर्धन B. धर्मपाल
C. ईश्वरवर्मन D. पुलकेशिन द्वितीय

**9.** हर्षवर्धन का दरबारी कवि कौन था?
A. भारवि B. दिवाकर
C. बाणभट्ट D. इनमें से कोई नहीं

**10.** निम्नांकित कौन-सी रचना बाणभट्ट की है?
A. कादम्बरी B. हर्षचरित
C. उपरोक्त दोनों D. इनमें से कोई नहीं

**11.** हर्ष को पराजित करने वाला शासक कौन था?
A. पुलकेशिन द्वितीय B. सिंध नरेश
C. ध्रुवसेन द्वितीय D. इनमें से कोई नहीं

**12.** प्राकृत काव्य ग्रंथ "सेतुबन्ध" की रचना किस वाकाटक नरेश ने की थी?
A. प्रवरसेन प्रथम B. प्रवरसेन द्वितीय
C. दामोदर सेन D. पृथ्वीसेन प्रथम

**13.** गुप्तवंश की प्रभावती गुप्त का विवाह किस वाकाटक शासक के साथ हुआ था?
A. रूद्रसेन प्रथम B. रूद्रसेन द्वितीय
C. प्रवरसेन प्रथम D. सर्वसेन

**14.** 630 से 634 ई॰ के बीच हर्ष और पुलकेशिन द्वितीय के बीच किस नदी के तट पर युद्ध हुआ था?
A. ताप्ती B. गोदावरी
C. रेवा D. इनमें से कोई नहीं

**15.** हर्ष के समय भारत यात्रा पर आए बौद्ध यात्री ह्वेनसांग का प्रवास काल क्या था?
A. 606-612 ई॰ B. 630-645 ई॰
C. 635-647 ई॰ D. इनमें से कोई नहीं

**16.** वाकाटक वंश का एकमात्र शासक, जिसे सम्राट की उपाधि मिली, था—
A. सर्वसेन B. विन्ध्यशक्ति
C. प्रवरसेन प्रथम D. प्रवरसेन द्वितीय

**17.** हर्षवर्धन ने अपनी राजधानी थानेश्वर से कहाँ स्थानान्तरित की?
A. प्रयाग B. कौशाम्बी
C. उज्जयिनी D. कन्नौज

**18.** हर्षवर्धन के शासन वाले किस क्षेत्र को दानक्षेत्र के नाम से जाना गया?
A. प्रयाग B. कन्नौज
C. इलाहाबाद D. कश्मीर

**19.** महामोक्ष परिषद् में किसकी पूजा की जाती थी?
A. बुद्ध B. शिव
C. सूर्य D. उपरोक्त सभी

**20.** निम्नलिखित में किसकी रचना हर्षवर्धन ने नहीं की?
A. नागानंद B. हर्षचरित
C. प्रियदर्शिका D. रत्नावली

**21.** हर्षवर्धन का समकालीन शासक, जिसने बोधिवृक्ष को कटवा दिया था—
A. शशांक B. पुलकेशिन द्वितीय
C. ध्रुवसेन द्वितीय D. उपरोक्त कोई नहीं

**22.** गुप्तोत्तर काल में कृषि कार्य सामान्यतः किसका व्यवसाय था?
A. वैश्य B. शूद्र
C. उपरोक्त दोनों D. दास

**23.** सर्वप्रथम किस विदेशी यात्री ने कृषि कार्य को शूद्रों का व्यवसाय बताया?
A. ह्वेनसांग B. अलबरूनी
C. फाहियान D. इत्सिंग

**24.** गुप्तोत्तर काल में किस भूमि को परती भूमि के अन्तर्गत शामिल नहीं किया जाता था?
A. अप्रहत B. क्षेत्र
C. खिल, अर्धखिल D. भूमि छिद्रन्याय

**25.** दक्षिण भारत में सर्वाधिक भूमि अनुदान में प्राप्त हुई—
A. ब्राह्मणों को।
B. मंदिरों को।
C. उपरोक्त दोनों।
D. राज्य के कर्मचारियों को।

**26.** निम्नलिखित प्राकृतिक साधनों में किसे राजा अनुदान के रूप में देता था?
A. वनभूमि B. खान
C. तालाब D. उपरोक्त सभी

**27.** गुप्त एवं गुप्तोत्तर काल की महत्वपूर्ण आर्थिक घटना थी—
A. भू-व्यवस्था के सामंतीकरण की प्रक्रिया।
B. विदेशी व्यापार एवं मुद्रा अर्थव्यवस्था।
C. कृषि का वाणिज्यीकरण।
D. उपरोक्त सभी।

**28.** गुप्तोत्तर काल में धर्मनिरपेक्ष भूमि अनुदान प्रदान किया जाता था—
A. अधिकारियों को नकद वेतन के बदले।
B. उत्सवों के अवसर पर उपहार के रूप में।
C. सैनिकों एवं अन्य लोगों को पारितोषिक के रूप में।
D. उपरोक्त सभी।

**29.** प्रकट में भूमिदान अथवा जागीर धार्मिक आधार पर ही दी जाती थी, पर इसमें अन्तर्निहित उद्देश्य कुछ और ही था—
A. ब्राह्मणों को खुश कर ईश्वर की कृपा प्राप्त करना।
B. ब्राह्मणों को अपने अनुकूल करना।
C. राजकोष पर व्यय भार कम करना।
D. दान पाने वाले को कृषि द्वारा उपज अधिक बढ़ाने हेतु प्रेरित करना।

**30.** गुप्तोत्तर काल में सामंतवाद के उदय से जुड़ी विचारधारा का किस आधार पर खण्डन किया जाता है?
A. सभी भूमि अनुग्रह में नहीं प्रदान की गयी।
B. भूमि पर व्यक्तिगत स्वामित्व भी था और किसानों की स्थिति कृषक दासों जैसी नहीं थी।
C. उपरोक्त (A) और (B) दोनों।
D. ब्राह्मणों एवं शासक वर्ग के बीच गठबन्धन का अभाव था।

**31.** गुप्तोत्तर काल में दैवदेय भूमि अनुदान में दी जाती थी—
A. ब्राह्मणों को।
B. सरकारी कर्मचारियों को।
C. मंदिरों एवं बौद्ध मठों को।
D. राजपरिवार के लोगों को।

**32.** निम्नलिखित किस ग्रंथ में भूमि अनुदान का अधिकार केवल राजा को दिया गया है?
A. मनुस्मृति B. मिताक्षरा
C. दायभाग D. उपर्युक्त सभी

**33.** जिस भूमि अनुदान के अन्तर्गत ब्राह्मणों को सम्पूर्ण ग्राम अनुदान के रूप में दिया जाता था, उसे क्या कहते थे?
A. अग्रहार B. ब्रह्मग्राम
C. ब्रह्मदेय D. उपरोक्त सभी

34. गुप्तोत्तर काल में राजा द्वारा प्रदान किए गए भूमि अनुदान से संबंधित आज्ञापत्र को किस नाम से पुकारा जाता था?
A. प्रसाद पत्र
B. शासन पत्र
C. आज्ञापत्र
D. उपरोक्त सभी

35. गुप्तोत्तर कालीन किस ग्रंथों में भूमि व्यवस्था के बारे में जानकारी नहीं मिलती है?
A. मिताक्षरा
B. दायभाग
C. कादम्बरी
D. राजतरंगिणी

36. दक्षिण भारत में सरकारी भूमि किराए या लगान पर दी जाती थी–
A. मुक्त काश्तकारों को।
B. स्थायी काश्तकारों को।
C. अस्थायी काश्तकारों को।
D. उपरोक्त में से कोई नहीं।

37. गुप्तोत्तर काल में व्यक्तिगत लोगों द्वारा प्रदत्त भूमि अनुदान प्रलेख को क्या कहा जाता था?
A. लौकिक लेख
B. कार्यलेख
C. उपरोक्त दोनों
D. उपरोक्त कोई नहीं

38. गुप्तोत्तर कालीन भूमि व्यवस्था के विरुद्ध किस सम्प्रदाय का जन्म हुआ?
A. लिंगायत
B. वज्रायन
C. तांत्रिक
D. इनमें से कोई नहीं

39. निम्नलिखित में से किसका प्रयोग गुप्तोत्तर काल में भूमि की पैमाइश के लिए नहीं किया जाता था?
A. केदार
B. विशोपाक
C. निवर्तन
D. कुल्यावाप

40. गुप्त एवं गुप्तोत्तर काल में अक्षयनीवि शब्द का प्रयोग किया गया–
A. स्थायी रूप से प्रदत्त धर्मदाय दान को।
B. स्थायी रूप से प्रदत्त भू-राजस्व के दान को।
C. उपरोक्त (A) और (B) दोनों।
D. भूमि हस्तांतरण को।

41. गुप्तोत्तर कालीन करों में सर्वाधिक कष्टप्रद कर कौन था?
A. विष्टि
B. भाग
C. उपरिकर
D. हिरण्य

42. निम्नलिखित कौन-सा युग्म गलत है?
A. केसर → हिमालय की तराई
B. सुगन्धित चावल → मगध
C. कटहल → पुण्ड्रवर्धन
D. ईख → कौशाम्बी

43. गुप्तोत्तर काल में किसका उत्पादन सर्वाधिक होता था?
A. गेहूँ
B. चावल
C. ईख
D. दालें

44. गुप्तोत्तर काल में राज्य की ओर से कर की वसूली कौन करता था?
A. गौल्मिक
B. शौल्किक
C. पंचकुल समिति
D. पुस्तपाल

45. गुप्तोत्तर काल में वैश्यों द्वारा कृषि कार्य क्यों स्वीकारा गया?
A. अर्थव्यवस्था के स्थानीयकरण के कारण।
B. मुद्रा अर्थव्यवस्था के पतन के कारण।
C. व्यापार एवं वाणिज्य के पतन के कारण।
D. उपरोक्त सभी।

46. कृषि उत्पाद से जुड़ा गुप्तोत्तरकालीन महत्वपूर्ण उद्योग क्या था?
A. कपास धुनाई
B. शक्कर उद्योग
C. तेल उद्योग
D. इनमें से कोई नहीं

47. गुप्तोत्तर काल में खालिक चक्र किसे कहा गया?
A. सिंचाई यंत्र को।
B. तेल पेरने वाले कोल्हू को।
C. भूमि मापने की इकाई को।
D. इनमें से कोई नहीं।

48. कृषि उपज में राजा सामान्यतः कितना हिस्सा भूराजस्व के रूप में वसूल करता था?
A. छठे से दसवें भाग के बीच।
B. आठवें से दसवें भाग के बीच।
C. तिहाई से चौथाई के बीच।
D. इनमें से कोई नहीं।

49. निम्नलिखित युग्मों में कौन-सा असत्य है?
A. भाग – कृषि उत्पादन में राजा का हिस्सा।
B. कर – अतिरिक्त कर।

C. हिरण्य – नकद भूमिकर।

D. भोग – राजा को यह कर सब्जी, लकड़ी और पुष्प आदि के रूप में दिया जाता था।

**50.** गुप्तोत्तर काल में कृषि अर्थव्यवस्था पर दबाव बढ़ा, क्योंकि–

A. कृषि अधिशेष का अधिकतर हिस्सा भूमिकर एवं अन्यकरों को अदा करने में समाप्त हो जाता था।

B. व्यापार एवं वाणिज्य के विनाश के कारण नगरों में रहने वाले शिल्पी एवं दस्तकार गाँवों की ओर पलायन कर गए।

C. राज्य एवं भूमि मध्यस्थों का भार कृषक वर्गों पर आ गया।

D. उपरोक्त सभी।

**51.** गुप्तोत्तर काल में कुछ लोग करारोपण से पूर्णतः मुक्त थे। निम्नलिखित में से कौन इस विशेषाधिकार से वंचित था?

A. दास B. ब्राह्मण
C. महिलाएँ D. विद्यार्थी

**52.** "विष्टि" शब्द का अर्थ है–

A. भूमिहीन श्रमिक।

B. मुफ्त श्रम के रूप में कर का आंशिक भुगतान।

C. बंधुआ मजदूरी।

D. उपरोक्त (B) एवं (C) दोनों।

**53.** भूमि-अनुदान प्राप्त करने वाले व्यक्तियों/संस्थाओं का सर्वाधिक महत्वपूर्ण विशेषाधिकार था–

A. कर भुगतान से छूट।

B. करारोपण का अधिकार।

C. अनुदान में प्राप्त भूमि प्रशासन की व्यवस्था।

D. उपरोक्त सभी।

**54.** संतानहीन व्यक्ति की मृत्यु के बाद उसकी सम्पत्ति को राजकोष में अधिग्रहीत कर लेने की प्रथा को किस शासक ने समाप्त किया?

A. गुजरात के कुमारपाल B. मालवा के भोज परमार
C. कन्नौज के मिहिर भोज D. बंगाल के वल्लाल सेन

**55.** कृषि उत्पादन में राजा का अंश सामान्यतः क्या कहलाता था?

A. कर B. भोग
C. हिरण्य D. भाग

**56.** *मल्लकर* एवं *तुरुष्कदण्ड* क्या थे?

A. भारत में अनधिकृत रूप से रहने वाले विदेशियों पर आरोपित कर।

B. लूटमार करने वाली जनजातियों से सुरक्षा के लिए केन्द्रीय शासन द्वारा आरोपित पथकर।

C. कर अपवंचन करने वाले करदाताओं पर आरोपित अर्थदण्ड।

D. आक्रमणकारी तुर्कों के विरूद्ध युद्ध की तैयारियों के लिए वसूल किया जाने वाला सामूहिक कर।

**57.** इस काल में सामान्थतः करारोपण का स्वरूप कैसा था?

A. औसत।

B. उत्पीड़क।

C. अधिक तथा भेदभाव पूर्ण।

D. बलात् वसूल किया जाने वाला।

**58.** गुप्तोत्तर काल में किस प्रदेश की कराधान प्रणाली सर्वाधिक उत्पीड़क थी?

A. गुजरात B. बंगाल और बिहार
C. कश्मीर D. मालवा

**59.** गुप्तोत्तर काल में भूमि का वर्गीकरण किस आधार पर किया गया था?

A. कृषि–योग्य और बंजरभूमि।

B. सिंचित और असिंचित।

C. भूमि पर उत्पादित फसलों।

D. उपरोक्त सभी।

**60.** इस काल में कृषकों की दुर्दशा का निम्नलिखित में से कौन-सा कारण नहीं था?

A. भारी करारोपण।

B. बेगार।

C. कृषि ऋणों पर ब्याज की उच्च दरें।

D. भूमि मध्यस्थों की संख्या में वृद्धि।

## उत्तरमाला

| 1 | 2 | 3 | 4 | 5 | 6 | 7 | 8 | 9 | 10 |
|---|---|---|---|---|---|---|---|---|---|
| A | C | B | D | A | B | B | A | C | C |
| 11 | 12 | 13 | 14 | 15 | 16 | 17 | 18 | 19 | 20 |
| A | B | B | C | B | C | D | A | D | B |
| 21 | 22 | 23 | 24 | 25 | 26 | 27 | 28 | 29 | 30 |
| A | C | D | B | C | D | A | D | A | C |
| 31 | 32 | 33 | 34 | 35 | 36 | 37 | 38 | 39 | 40 |
| C | B | C | B | C | C | C | A | A | C |
| 41 | 42 | 43 | 44 | 45 | 46 | 47 | 48 | 49 | 50 |
| A | D | B | A | C | A | B | A | B | D |
| 51 | 52 | 53 | 54 | 55 | 56 | 57 | 58 | 59 | 60 |
| A | D | A | A | D | B | C | C | D | C |

## वस्तुनिष्ठ प्रश्न–II

**1.** बादामी के चालुक्य वंश की स्थापना किसने की?
A. रणराग B. जयसिंह
C. पुलकेशिन प्रथम D. पुलकेशिन द्वितीय

**2.** चालुक्य वंश की राजधानी कहाँ थी?
A. मान्यखेत B. वातापी/बादामी
C. काँची D. इनमें से कोई नहीं

**3.** बादामी के किस चालुक्य नरेश ने "सत्याश्रय" की उपाधि धारण की?
A. विक्रमादित्य प्रथम B. मंगलेश
C. पुलकेशिन प्रथम D. पुलकेशिन द्वितीय

**4.** चालुक्य विक्रम संवत् की स्थापना किसने की?
A. विक्रमादित्य प्रथम B. विक्रमादित्य द्वितीय
C. विक्रमादित्य षष्ठ D. पुलकेशिन द्वितीय

**5.** हिन्दू विधि की पुस्तक "मिताक्षरा" की रचना किसके द्वारा की गयी?
A. विज्ञानेश्वर B. अपरार्क
C. जिमूतवाहन D. इनमें से कोई नहीं

**6.** किस बादामी शासक ने "वल्लमेश्वर" की उपाधि ग्रहण कर अश्वमेध यज्ञ किया?
A. कीर्तिवर्मा B. पुलकेशिन द्वितीय
C. पुलकेशिन प्रथम D. मंगलेश

**7.** पुलकेशिन द्वितीय ने किसे परास्त कर सत्ता प्राप्त किया था?
A. मंगलेश B. पुलकेशिन प्रथम
C. कीर्तिवर्मा D. विक्रमादित्य प्रथम

**8.** किसके द्वारा पराजित होकर पुलकेशिन द्वितीय मार डाला गया?
A. हर्षवर्धन।
B. पल्लव नरेश नरसिंह वर्मन।
C. पल्लव नरेश महेन्द्रवर्मन।
D. इनमें से कोई नहीं।

**9.** निम्नलिखित में से कौन विक्रमादित्य षष्ठ के दरबार को सुशोभित करते थे?
A. विज्ञानेश्वर B. विल्हण
C. उपरोक्त दोनों D. भवभूति

**10.** ईरान के शाहखुसरो से पुलकेशिन द्वितीय का किस प्रकार का संबंध था?
A. व्यापारिक B. वैवाहिक
C. कूटनीतिक D. उपरोक्त सभी

**11.** किस चालुक्य नरेश ने "कांचिकोंड" की उपाधि धारण की?
A. विक्रमादित्य द्वितीय B. विक्रमादित्य प्रथम

C. विक्रमादित्य षष्ठ D. इनमें से कोई नहीं

12. पल्लव शासक सिंह विष्णु ने किसे परास्त कर "अवनी सिंह" की उपाधि धारण की?
A. चोल शासक।
B. बादामी के चालुक्य शासक।
C. पाड्यों को।
D. इनमें से कोई नहीं।

13. सिंह विष्णु के दरबार में संस्कृत का महान कवि था—
A. दण्डी B. भवभूति
C. भारवि D. कालिदास

14. महेन्द्र वर्मन ने किस प्रसिद्ध नाटक की रचना की?
A. डमिमालय B. गुणबहार
C. मत्तविलास प्रहसन D. भगवदंज्जुकीयम्

15. चीनी बौद्ध यात्री ह्वेनसांग किस पल्लव शासक के समय में काँची आया था?
A. नरसिंह वर्मन प्रथम B. नरसिंह वर्मन द्वितीय
C. परमेश्वर वर्मन प्रथम D. महेन्द्र वर्मन प्रथम

16. नरसिंह वर्मन प्रथम के दरबार में संस्कृत का महान विद्वान रहता था—
A. दण्डी B. भारवि
C. उपरोक्त दोनों D. इनमे से कोई नहीं

17. नरसिंह वर्मन द्वितीय ने अपने राजदूत भेजे—
A. लंका B. अरब
C. चीन D. ईरान

18. चट्टानों को तराश कर मंदिर निर्माण की परम्परा की शुरुआत किस पल्लव शासक के समय में प्रारंभ हुआ?
A. सिंह विष्णु B. महेन्द्र वर्मन
C. परमेश्वर वर्मन D. नरसिंह वर्मन प्रथम

19. पल्लव शासक नरसिंह वर्मन प्रथम ने निम्नलिखित किस मंदिर का निर्माण करवाया?
A. महाबलीपुरम् के तटीय मंदिर।
B. कांचीपुरम् का कैलाशनाथ मंदिर।
C. महाबलीपुरम् का सात पैगोडा या रथ मंदिर।
D. उपरोक्त सभी।

20. सिंहली राजा मानवाम्मा की सहायता से नरसिंह वर्मन प्रथम ने किस चालुक्य शासक को परास्त किया?
A. पुलकेशिन प्रथम B. पुलकेशिन द्वितीय
C. मंगलेश D. डबराल

21. कहाँ के शासक ने पल्लव सेना को "अरब और तिब्बतियों का दमन करने वाली सेना" कहा?
A. चीन के B. लंका के
C. ईरान के D. इनमें से कोई नहीं

22. राष्ट्रकूट वंश के शासक किसके सामंत थे?
A. काँची के पल्लव B. बादामी के चालुक्यों
C. कल्याणी के चालुक्यों D. वाकाटक

23. राष्ट्रकूट वंश का संस्थापक किसे माना जाता है?
A. ध्रुव B. अमोघवर्ष
C. दंतिदुर्ग D. इनमें से कोई नहीं

24. राष्ट्रकूट किस राजवंश का उत्तराधिकारी राजवंश था?
A. काँची के पल्लव B. वाकाटक
C. बादामी के चालुक्य D. कल्याणी के चालुक्य

25. वह राष्ट्रकूट राजा, जिसकी तुलना उदार तथा विद्वानों के संरक्षक के रूप में विख्यात राजा विक्रमादित्य से की गयी है?
A. कृष्ण तृतीय B. अमोघवर्ष
C. ध्रुव चतुर्थ D. गोविन्द तृतीय

26. किस राष्ट्रकूट नरेश ने परान्तक प्रथम को पराजित करके चोलों को अस्थायी रूप से दुष्प्रभावित किया?
A. गोविन्द तृतीय B. अमोघवर्ष प्रथम
C. इन्द्र तृतीय D. कृष्ण तृतीय

27. किस राजवंश के ध्वंसावशेषों पर चोल साम्राज्य की स्थापना हुई थी?
A. काँची के पल्लव B. मदुरा के पाण्ड्य
C. वेंगी के चालुक्य D. कल्याणी के चालुक्य

28. राष्ट्रकूट ने अपनी राजधानी कहाँ स्थापित की?
A. काँची B. कल्याणी
C. बादामी D. मान्यखेट

29. राष्ट्रकूट शासक कृष्ण प्रथम द्वारा पराजित शासक थे—
A. बादामी के चालुक्य B. मैसूर के गंग
C. वेंगी के चालुक्य D. उपर्युक्त सभी

**30.** राष्ट्रकूट शासक अमोघवर्ष ने किस धर्म को अपना संरक्षण प्रदान किया?

A. शैव B. बौद्ध
C. जैन D. शाक्त

**31.** किस विदेशी यात्री ने इन्द्र तृतीय को तत्कालीन भारतीय सम्राटों में सर्वश्रेष्ठ बताया?

A. अलमसूदी B. सुलेमान
C. अलमंसूर D. अलहज्जात

**32.** "अकालवर्ष" की उपाधि ग्रहण करने वाला राष्ट्रकूट नरेश था—

A. इन्द्र तृतीय B. कृष्ण तृतीय
C. कृष्ण द्वितीय D. अमोघवर्ष द्वितीय

**33.** सम्पूर्ण "दक्षिण पथ का स्वामी" होने का गौरव किस राष्ट्रकूट शासक को प्राप्त था?

A. ध्रुव B. इन्द्र तृतीय
C. कृष्ण तृतीय D. अमोघवर्ष

**34.** निम्नलिखित किस ग्रंथ की रचना अमोघवर्ष द्वारा की गयी?

A. कविराजमार्ग B. गणितसार संग्रह
C. कर्पूर मंजरी D. उपरोक्त सभी

**35.** कविराज मार्ग की रचना की गयी—

A. संस्कृत में B. पाली में
C. कन्नड़ में D. तेलगू में

**36.** राष्ट्रकूटों द्वारा निर्मित ऐलोरा पहाड़ियाँ के गुहा मंदिर कहाँ पर स्थित हैं?

A. नासिक B. औरंगाबाद
C. ग्वालियर D. जबलपुर

**37.** ऐलोरा स्थित प्रसिद्ध "कैलाश मंदिर" का निर्माण किस राष्ट्रकूट नरेश ने करवाया?

A. कृष्ण प्रथम B. कृष्ण तृतीय
C. इन्द्र तृतीय D. अमोघवर्ष

**38.** मालवा के परमार शासक सीयक ने किस राष्ट्रकूट शासक के समय में राजधानी मान्यखेट को लूटा?

A. कृष्ण तृतीय B. कर्क तृतीय
C. खोटिट्ग D. इनमें से कोई नहीं

**39.** चोल किसके सामन्त थे?

A. कांची के पल्लव B. बादामी के चालुक्य
C. राष्ट्रकूट D. इनमें से कोई नहीं

**40.** लगभग 850 ई॰ में किसके द्वारा चोल सत्ता का पुनरुत्थान किया गया?

A. करिकाल B. आदित्य प्रथम
C. परान्तक प्रथम D. विजयालय

**41.** किस चोल शासक ने पाण्ड्यों की राजधानी मदुरा पर अधिकार करके "मदुरैकोण्ड" की उपाधि धारण की?

A. सुन्दरचोल B. परान्तक प्रथम
C. अरमोलिवर्मन D. आदित्य प्रथम

**42.** चोल राज्य के वास्तविक संस्थापक "अरमोलिवर्मन" को और किस नाम से जाना जाता था?

A. राँजाराज प्रथम B. मुम्माडि चोलदेव
C. जयगोण्ड D. उपरोक्त सभी

**43.** राजाराज प्रथम ने निम्नलिखित द्वीपों में किसको जीता?

A. मालद्वीप B. लक्षद्वीप
C. उपरोक्त दोनों D. जावाद्वीप

**44.** पल्लवों से तंजौर को छीनकर अपनी राजधानी बनाने पर चोल नरेश विजयालय द्वारा धारण की गयी उपाधि थी—

A. नर केसरी B. चोलमार्तण्ड
C. तंजावुरकोण्ड D. मदुरैकोण्ड

**45.** "सुन्दरचोल" के नाम से जाना गया—

A. परान्तक प्रथम B. परान्तक द्वितीय
C. आदित्य द्वितीय D. इनमें से कोई नहीं

**46.** राजाराज प्रथम का महानतम ऐतिहासिक योगदान था—

A. एक स्थायी सेना एवं विशाल नौसेना का गठन।
B. भूमि की पैमाइश।
C. स्थापत्य कला के क्षेत्र में महत्वपूर्ण योगदान।
D. अभिलेखों को ऐतिहासिक प्रशस्ति के साथ लिखवाने की परम्परा की शुरुआत करवाना।

**47.** राजेन्द्र प्रथम का महत्वपूर्ण सैन्य अभियान था?

A. गंगा घाटी में किया गया सैन्य अभियान।
B. श्री विजय साम्राज्य के विरूद्ध।

C. पश्चिमी चालुक्यों, केरलों एवं पाण्ड्यों के विरूद्ध अभियान।
D. उपरोक्त सभी।

**48.** राजेन्द्र प्रथम द्वारा गंगा घाटी, मुख्यतः बंगाल, के विरूद्ध किए गए सैन्य अभियान का मुख्य उद्देश्य क्या था?
A. साम्राज्य विस्तार।
B. गंगा घाटी पर अधिकार।
C. चोलों की शक्ति का प्रदर्शन।
D. गंगा के पवित्र जल को प्राप्त करना।

**49.** "प्रकेसरी" की उपाधि धारण करने वाला चोल शासक था–
A. राजाधिराज B. राजेन्द्र द्वितीय
C. वीर राजेन्द्र D. अधि राजेन्द्र

**50.** अण्डमान निकोबार, अराकान एवं पीगू को जीतने का रेय किस चोल शासक को दिया जाता है?
A. राजाराज प्रथम B. परान्तक प्रथम
C. राजेन्द्र प्रथम D. विक्रमचोल

**51.** चोल साम्राज्य में एकल इकाई के रूप में शामिल ग्रामों को क्या कहा जाता था?
A. नाडु B. कुर्रम
C. कोट्टम D. तनियुर

**52.** कम्बोडिया के खमेर राजा ने किस चोल नरेश के साथ मित्रता की थी?
A. राजराज B. राजेन्द्र प्रथम
C. अधि राजेन्द्र D. कुलोत्तुंग प्रथम

**53.** चोलों की राजधानी थी–
A. वातापी B. मदुराई
C. तंजौर D. प्रतिष्ठान

**54.** चोल शासन काल में "उर" का अर्थ था–
A. राजदरबार B. ग्राम साधारण सभा
C. पैदल सैनिक D. विद्वानों की मंडली

**55.** "गंगै कोंड चोल" की उपाधि धारण करने वाला शासक था–
A. राजाधिराज B. राजाराज प्रथम
C. राजेन्द्र प्रथम D. करिकाल चोल

**56.** किस चोल शासक ने चीन के लिए दो बार व्यापारिक दूत मंडल को भेजा?
A. राजेन्द्र प्रथम B. कुलोत्तुंग प्रथम
C. राजेन्द्र द्वितीय D. राजाराज प्रथम

**57.** निम्नलिखित चोल शासकों में किसने लंका को विजित नहीं किया?
A. विजयालय B. परान्तक
C. राजेन्द्र प्रथम D. राजाराज प्रथम

**58.** निम्नलिखित में से कौन सी समिति चोल प्रशासन के अन्तर्गत व्यापारियों के हितों की रक्षा करती थी?
A. महासभा B. पेरूनगुरी
C. कुरी D. नगरम्

**59.** "कोप्पम की लड़ाई" निम्नांकित के बीच हुई थी–
A. पश्चिमी चालुक्य और पल्लव।
B. पश्चिमी चालुक्य और चोल।
C. चोल और होयसल।
D. पांड्य और सीलोन के शासक।

**60.** निम्नलिखित में से किस एक की अन्य तीन से भिन्न गुणार्थकता है?
A. सभा B. नगरम्
C. मुक्ति D. उर

**61.** "कडारकोण्ड" किसकी उपाधि थी?
A. राजाराज प्रथम B. राजेन्द्र प्रथम
C. राजेन्द्र द्वितीय D. वीर राजेन्द्र प्रथम

**62.** दक्षिण भारत में चोलों एवं उनके उत्तराधिकारियों के काल में कृषकों के रांप का अभिगान था–
A. आलुमगणम् B. नानादेसी
C. चित्रिरमेलि D. एनर्रुबर

**63.** निम्नलिखित मंदिरों में से किसका संबंध चोलों से है?
A. ऐलोरा का कैलाश मंदिर।
B. भुवनेश्वर का लिंगराज मंदिर।
C. तंजौर का वृहदेश्वर मंदिर।
D. खजुराहो का कन्दरिया महादेव मंदिर।

**64.** निम्नलिखित में से किसने सर्वप्रथम दक्षिण पूर्वी एशिया के विरूद्ध नौसैनिक अभियान चलाया था?
A. राजाधिराज B. राजाराज प्रथम
C. राजेन्द्र प्रथम D. वीर राजेन्द्र

**65.** किस चोल शासक ने राष्ट्रकूटों से तोण्डैमण्डलम् छीन लिया था?
A. परान्तक प्रथम B. सुन्दरचोल
C. राजराज प्रथम D. कुलोत्तुंग प्रथम

**66.** चोल प्रशासकीय व्यवस्था में सभा—
A. ग्राम अदालत थी।
B. अग्रहारों में वयस्क लोगों का समुदाय था।
C. मंदिर की व्यवस्था के लिए सभी जातियों के लोगों की एक समिति थी।
D. नाट्टारों की एक समिति थी।

**67.** निम्नलिखित चोल शासकों में से कौन मूलतः वेंगी का चालुक्य राजकुमार था?
A. परान्तक B. राजाधिराज प्रथम
C. वीर राजेन्द्र प्रथम D. कुलोत्तुंग प्रथम

**68.** राजेन्द्र चोल द्वारा विजित कोसलै-नाडु की स्थिति किस नदी के तट पर थी?
A. गोदावरी B. सरयू
C. महानदी D. ताप्ती

**69.** निम्नलिखित में से कौन चोल राजा नहीं है?
A. करिकाल B. आदित्य प्रथम
C. परान्तक प्रथम D. कोक्किल विक्रमादित्य

**70.** निम्नलिखित में से कौन-सा मंदिर चोलों से संबंधित नहीं है?
A. वृहदीश्वर B. कैलाशनाथ
C. कोरंगनाथ D. ऐरावतेश्वर

**71.** चोल देश में वीर-पत्तनों का तात्पर्य था?
A. वीर वलंजु व्यापारियों की बस्तियाँ।
B. वीरों के नगर।
C. नगर रक्षकों की बस्तियाँ।
D. काफिला रक्षकों की बस्तियाँ।

**72.** किस चालुक्य नरेश के साथ वीर राजेन्द्र ने अपनी पुत्री का विवाह किया?
A. जयसिंह B. सोमेश्वर द्वितीय
C. विक्रमादित्य षष्ठ D. इनमें से कोई नहीं

**73.** तमिल रामायण का रचनाकार "कम्बन" किस चोल शासक के राजदरबार की शोभा बढ़ाता था?
A. कुलोत्तुंग द्वितीय B. कुलोत्तुंग तृतीय
C. राजाराज द्वितीय D. इनमें से कोई नहीं

**74.** दक्षिण भारत के इतिहास में वह कौन एकमात्र राजनीतिक शक्ति थी, जिसने समुद्र-पार देशों के विरुद्ध सफल नौसैनिक अभियान किया?
A. चोल B. पल्लव
C. राष्ट्रकूट D. पाण्ड्य

**75.** किस चोल शासक के शासन काल में शक्तिशाली चोल नौसेना के कारण बंगाल की खाड़ी "चोलों" की झील बन गयी थी?
A. राजाराज प्रथम B. परान्तक प्रथम
C. वीर राजेन्द्र D. राजेन्द्र प्रथम

**76.** चोल शासन का स्वरूप क्या था?
A. गणतंत्रात्मक।
B. राजतंत्रात्मक वंशानुगत।
C. निरंकुश राजतंत्र।
D. सैन्य शक्ति पर आधारित केन्द्रीयकृत।

**77.** चोल शासक राजाराम के समय मण्डलों की कुल कितनी संख्या थी?
A. 8 B. 10
C. 12 D. 15

**78.** निम्नलिखित जोड़ों में कौन सही नहीं है?
A. पेरून्दनम् — उच्चाधिकारी।
B. औलनायकम् — मुख्य सचिव।
C. शिरूदनम् — छोटे अधिकारी।
D. उड़नकूट्टम — राजा के सुरक्षाकर्मी।

**79.** "उड़नकूट्टम" नामक अधिकारी किसे कहा जाता था?
A. राजा के व्यक्तिगत सुरक्षाकर्मियों को।
B. राजा के प्रमुख सलाहकार को।
C. राजा के समीप रहने वाले उच्चाधिकारियों को।
D. इनमें से कोई नहीं।

**80.** निम्नलिखित में किससे चोल साम्राज्य के प्रशासनिक प्रभागों का सही अवरोही क्रम ज्ञात होता है?
A. मण्डलम्, वालनाडु, कुर्रम।
B. मण्डलम्, कोट्टम, नाडु।
C. नाडु, कुर्रम, तनियुर।

D. कुर्रम, नाडु, कोट्टम।

81. चोल शासकों द्वारा प्रायः युवराज नियुक्त किया जाता था–
A. सर्वाधिक प्रिय पुत्र को।
B. सर्वाधिक योग्य पुत्र को।
C. ज्येष्ठ पुत्र को।
D. राज्य के किसी भी योग्य व्यक्ति को।

82. चोल शासन प्रणाली की महत्वपूर्ण विशेषता थी–
A. प्रशासन का ग्रामीण स्तर पर विकेन्द्रीकरण।
B. प्रशासन का ग्रामीण स्तर पर केन्द्रीकरण।
C. ग्रामीण स्तर पर एक सशक्त और विकसित स्थानीय स्वायत्त शासन प्रणाली की शुरुआत।
D. उपरोक्त सभी।

83. चोल कालीन तीन प्रकार की ग्राम समितियों में कौन एक सही नहीं है?
A. उर B. सभा या महासभा
C. नगरम् D. वरियम्

84. चोलकालीन व्यापारिक समुदाय की महत्वपूर्ण प्रशासकीय सभा थी–
A. नगरम् B. उर
C. सम्बत्सर वरियम् D. इनमें से कोई नहीं

85. चोल सम्राटों ने स्थानीय प्रशासन हेतु ग्रामीण समितियाँ बनायी जिन्हें कहा जाता था–
A. वरियम् B. कुर्रम्
C. उर D. उपरोक्त सभी

86. "नगरम्" नामक संस्था का महत्वपूर्ण कार्य था–
A. नगर का प्रशासन।
B. विभिन्न व्यापारी वर्गों, प्रतिष्ठानों तथा उद्योगों पर कर लगाना एवं उनकी वसूली करना।
C. उपरोक्त दोनों।
D. कृषि एवं उद्योग विभाग की देख-रेख।

87. चोलकालीन ग्राम सभा की बैठकें प्रायः कहाँ होती थी?
A. गाँव के मंदिर
B. गाँव के तालाब
C. वाटिका में वृक्ष के नीचे
D. उपरोक्त सभी

88. चोलकालीन ग्राम सभाओं द्वारा निम्नलिखित कौन-सा कार्य नहीं किया जाता था?
A. कर लगाना।
B. भू-राजस्व की वसूली।
C. भूमि सर्वेक्षण।
D. मंदिरों का निर्माण एवं उनका जीर्णोद्वार।

89. चोल काल में भू-राजस्व की वसूली की जाती थी–
A. ग्राम सभाओं द्वारा B. केन्द्र सरकार द्वारा
C. सामन्तों द्वारा D. इनमें से कोई नहीं

90. चोल काल में भू-राजस्व के निर्धारण का आधार क्या था?
A. सिंचाई की सुविधा B. भूमि की उर्वरता
C. वार्षिक फसल चक्र D. उपरोक्त सभी

91. चोल काल में करों की वसूली की जाती थी–
A. सरलता से B. मानवीय आधार पर
C. कठोरता से D. उपरोक्त सभी

92. चोल काल में "वरित्पोत्तगक्क" था–
A. राजस्व विभाग का प्रमुख अधिकारी।
B. भू-राजस्व विभाग।
C. प्रमुख सैन्य अधिकारी।
D. सिंचाई कर।

93. चोल काल में उपज का कितना हिस्सा भू-राजस्व के रूप में वसूल किया जाता था?
A. एक चौथाई B. एक तिहाई
C. आधा हिस्सा D. छठा भाग

94. चोल सेना का मुख्य संगठित हिस्सा था–
A. नौ सेना B. अश्वसेना
C. गज सेना D. पदाति सेना

95. चोल सेना के प्रमुख अंगों में कौन सही नहीं है?
A. पदाति B. रथारोही
C. हस्तिसेना D. अश्वारोही

96. चोलकालीन सैन्य टुकड़ी के मुखिया को क्या कहा जाता था?
A. नायक B. महादण्डनायक
C. सेनाध्यक्ष D. प्रधान सेनापति

**97.** चोल सम्राट राजाराज प्रथम और उनकी पत्नी लोक महादेवी की प्रतिमाएँ किस चोलकालीन मंदिर के प्रांगण में स्थापित की गयी हैं?
A. कोरंगनाथ के मंदिर।
B. वृहदेश्वर मंदिर।
C. नटराज मंदिर।
D. गंगैकोण्डचोलपुरम् के मंदिर।

**98.** चोल कालीन स्वर्ण मुद्राएँ क्या कहलाती थी–
A. कुरूंगाशु B. कलंजु या पोन्
C. काशु D. इनमें से कोई नहीं

**99.** तमिल कवि कंबन ने किस चोल शासक के समय में तमिल साहित्य के महाकाव्य तमिल रामायण की रचना की?
A. कुलोत्तुंग प्रथम B. कुलोत्तुंग तृतीय
C. राजेन्द्र तृतीय D. विक्रम चोल

**100.** चोलकालीन साहित्य की महत्वपूर्ण घटना थी दक्षिण भारत में प्रादेशिक भाषाओं का विकास, जिसका श्रेय दिया जाता है–
A. चोल शासकों को।
B. तत्कालीन धार्मिक मठों को।
C. नयनार एवं आलवार संतों को।
D. उपरोक्त सभी।

**101.** तंजौर स्थित "वृहदेश्वर मंदिर" का निर्माण किस चोल शासक ने करवाया?
A. राजाराज प्रथम B. राजाराज द्वितीय
C. राजेन्द्र प्रथम D. इनमें से कोई नहीं

**102.** वृहदेश्वर मंदिर समर्पित है–
A. विष्णु को B. शिव को
C. गोविन्दराज को D. कार्तिकेय को

**103.** चोलकालीन तमिल शिल्प को किस नाम से जाना जाता था?
A. तमिल शिल्प B. चोल शिल्प
C. द्राविड़ शिल्प D. बेसर शिल्प

**104.** चोलों द्वारा मंदिर निर्माण के लिए अपनायी गयी "द्राविड़ शैली" की मुख्य विशेषता क्या थी?
A. गोपुरम् B. गर्भगृह
C. शिखर D. विमान

**105.** चोल नरेश किस धर्म के संरक्षक थे?
A. शैव B. वैष्णव
C. बौद्ध D. शाक्त

**106.** चोल कालीन प्रसिद्ध वैष्णव मत के आचार्य थे–
A. नाथमुनि B. कुलोत्तुंग द्वितीय
C. रामानुज D. इनमें से कोई नहीं

**107.** चोल काल में निर्मित कांस्य प्रतिमाओं में सर्वोत्कृष्ट प्रतिमा है–
A. नटराज B. विष्णु
C. वेंकटेश्वर D. भगवान बुद्ध

**108.** चोल काल में निम्नलिखित किस स्थान पर बौद्ध धर्मानुयायी रहते थे?
A. श्रीमूलवास B. काँची
C. नेगापत्तनम् D. उपरोक्त सभी

**109.** चोल कालीन समाज में गैर ब्राह्मणों में सर्वश्रेष्ठ जाति थी–
A. क्षत्रिय B. वैश्य
C. शूद्र D. अत्यन्त पिछड़ी जाति

**110.** चोल काल में "सत्त शूद्र" कहा जाता था–
A. सत्यवादी शूद्रों को।
B. बेल्लालों को।
C. वैश्यों को।
D. निम्नकुल के क्षत्रियों को।

**111.** चोल काल में निम्नलिखित किस व्यापारिक पत्तन का महत्व नहीं था?
A. अरिकामेडु B. कोरकई
C. क्विलोन D. महाबलीपुरम्

**112.** निम्नलिखित देशों में किससे चोलों के व्यापारिक संबंध नहीं थे?
A. रोम B. चीन
C. श्रीलंका D. अरब

**113.** चोल काल में "काशु" का संबंध था–
A. माप-जोख की इकाई से।
B. विनियम की इकाई से।
C. मुद्रा से।
D. इनमें से कोई नहीं।

**114.** चोल कालीन महत्वपूर्ण निर्यातक वस्तुओं में कौन असत्य है?

A. खाद्यान्न B. घोड़ा
C. चन्दन की लकड़ी D. सुगंधित वस्तुएँ

**115.** निम्नलिखित वस्तुओं में किसका चोल काल में विदेशों से आयात नहीं किया जाता था?

A. कपूर B. घोड़ा
C. सोना D. बहुमूल्य रत्न

**116.** चोल काल में ग्रामीण क्षेत्रों में विनियम की महत्वपूर्ण इकाई के रूप में प्रयोग किया जाता था—

A. गाय का B. धान का
C. स्वर्ण मुद्राओं का D. ताम्र मुद्राओं का

**117.** चोल काल में शैक्षणिक प्रयोजनों के लिए किस प्रकार के भूमि-अनुदान प्रदान किए जाते थे?

A. शाला भोग B. ब्रह्मदेय
C. देवदान D. सर्वमान्य

**118.** वह कौन चोल राजा था, जिसकी कुद्ध विद्रोही भीड़ ने हत्या कर डाली थी?

A. वीर राजेन्द्र B. अधि राजेन्द्र
C. राजाधिराज D. राजेन्द्र द्वितीय

**119.** चोल काल में ग्राम सभा को उसके कार्यों में सहायता प्रदान करने वाले वेतन भोगी कर्मचारियों के वर्ग का क्या नाम था?

A. नायक B. आयगार
C. सेनगुन्डार D. मध्यस्थ

**120.** चोल काल में कर-मुक्त भूमि की श्रेणियों में निम्नलिखित कौन-सी श्रेणी शामिल नहीं थी?

A. आवासीय भूखण्ड।
B. दान में प्रदत्त भूमि।
C. मंदिर तथा श्मशान भूमि।
D. तड़ांग और सिंचाई नहरें।

## उत्तरमाला

| 1 | 2 | 3 | 4 | 5 | 6 | 7 | 8 | 9 | 10 |
|---|---|---|---|---|---|---|---|---|---|
| C | B | D | C | A | C | A | B | C | A |
| **11** | **12** | **13** | **14** | **15** | **16** | **17** | **18** | **19** | **20** |
| A | A | C | C | A | A | C | B | C | D |
| **21** | **22** | **23** | **24** | **25** | **26** | **27** | **28** | **29** | **30** |
| A | B | C | B | B | D | A | D | D | C |
| **31** | **32** | **33** | **34** | **35** | **36** | **37** | **38** | **39** | **40** |
| A | B | C | A | C | B | A | C | A | D |
| **41** | **42** | **43** | **44** | **45** | **46** | **47** | **48** | **49** | **50** |
| B | D | C | A | B | D | A | C | B | C |
| **51** | **52** | **53** | **54** | **55** | **56** | **57** | **58** | **59** | **60** |
| D | B | C | B | C | B | A | D | B | C |
| **61** | **62** | **63** | **64** | **65** | **66** | **67** | **68** | **69** | **70** |
| B | C | C | C | A | B | D | C | D | B |
| **71** | **72** | **73** | **74** | **75** | **76** | **77** | **78** | **79** | **80** |
| A | C | B | A | D | B | A | D | C | A |
| **81** | **82** | **83** | **84** | **85** | **86** | **87** | **88** | **89** | **90** |
| C | C | D | A | A | B | C | D | A | D |
| **91** | **92** | **93** | **94** | **95** | **96** | **97** | **98** | **99** | **100** |
| C | A | B | D | B | A | B | B | B | C |
| **101** | **102** | **103** | **104** | **105** | **106** | **107** | **108** | **109** | **110** |
| A | B | C | D | A | C | A | D | C | B |
| **111** | **112** | **113** | **114** | **115** | **116** | **117** | **118** | **119** | **120** |
| A | A | C | B | D | B | A | B | B | B |

# 8. सल्तनत काल (हिन्दू राज्यों की पराजय एवं दिल्ली सल्तनत की स्थापना)

- 11-12वीं शताब्दी में भारतीय इतिहास की सर्वाधिक महत्त्वपूर्ण घटना है भारत पर तुर्क-आक्रमणकारियों का आक्रमण तथा भारत में तुर्की सत्ता की स्थापना। इस अभियान के नेता महमूद गजनवी तथा मुहम्मद गौरी थे।
- तुर्क आक्रमणकारियों ने आक्रमण एवं विजय की जो प्रक्रिया आरंभ की उसकी परिणति अंततः भारत में तुर्की-राज्य, जिसे दिल्ली सल्तनत के नाम से जाना जाता है कि स्थापना था।
- तुर्क आक्रमणकारियों ने भारतीय राजाओं को पराजित कर उनके राज्यों पर अपना आधिपत्य स्थापित कर लिया। यद्यपि तत्कालीन राजपूत राजाओं ने तुर्क आक्रमणकारियों का वीरतापूर्ण युद्ध में सामना किया, तथापि उन्हें पराजित होना पड़ा। भारत में तुर्क आक्रमणकारियों की सफलता और राजपूत राजाओं की असफलता के लिए अनेक कारण बताए जाते हैं।
- इतिहासकारों ने तुर्क आक्रमणकारियों के विजय के संबंध में अनेक प्रकार के मत व्यक्त किए हैं। इनमें से अनेक मत पूर्वाग्रह से ग्रस्त हैं। वास्तविकता यह है कि तुर्कों की विजय और राजपूतों की पराजय के लिए अनेक राजनीतिक, सामाजिक, धार्मिक तथा सैनिक कारण उत्तरदायी थे।
- राजपूत राज्यों की पराजय का मुख्य कारण भारत की तत्कालीन राजनीतिक परिस्थिति थी। संपूर्ण भारत विभिन्न राज्यों में विभक्त था। इन राज्यों में आपसी प्रतिद्वंद्विता एवं विद्वेष की भावना विद्यमान थी। ये राज्य एक-दूसरे को संदेह की दृष्टि से देखते थे, एवं सदैव आपस में संघर्षरत रहते थे। इन राज्यों में राजनीतिक दूरदर्शिता का सर्वथा अभाव था। अतः विपत्ति के समय भी ये राज्य पूर्णतया संगठित नही हो सके। सामंती व्यवस्था ने इन राज्यों को और दुर्बल बना दिया था।
- वर्ण-व्यवस्था एवं जाति-प्रथा पर आधारित भारतीय सामाजिक दुर्बलता ने भी राजपूतों की पराजय में योगदान दिया। संपूर्ण भारतीय समाज विभिन्न जातियों और वर्गो में विभक्त था, अस्पृश्यता की भावना एवं उच्च वर्गवालों द्वारा निम्न वर्ग के शोषण की प्रक्रिया ने भारतीय समाज को अंदर से खोखला कर दिया था। राजपूत अपनी जातिगत, वंशगत और राजनीतिक श्रेष्ठता के कारण अहंकारी, झगड़ालू और जिद्दी प्रवृति के बन गए थे। उनके सामाजिक और व्यक्तिगत जीवन में अनेक बुराइयां प्रविष्ट हो गई थीं। इसका दुष्परिणाम राजनीति, प्रशासन और सेना पर भी पड़ा।
- धार्मिक कारणों से भी तुर्कों की विजय और राजपूतों की पराजय हुई। तुर्क आक्रमणकारी धर्म के नाम पर भी युद्ध करते थे। तुर्कों का नए राज्यों की विजय के अतिरिक्त एक अन्य उद्देश्य व्यापक रूप से इस्लाम धर्म का प्रचार करना भी था। इसलिए, वे पूरे मनोयोग और एकता के साथ युद्ध करते थे। इसके विपरीत, भारतीय धर्म विभिन्न संप्रदायों में विभक्त था। बौद्ध एवं जैन धर्म अहिंसा की नीति का प्रचार करते थे, तो ब्राह्मण धर्म कर्म की अपेक्षा भाग्य को अधिक महत्त्वपूर्ण मानता था। ब्राह्मण धर्म के संरक्षक हिन्दू राजा नियतिवाद और भाग्यवाद पर विश्वास कर अकर्मण्य एवं विवेकहीन हो गए जिसका दंड उन्हें तुर्कों के हाथों पराजय के रूप में भुगतना पड़ा।
- भारत पर तुर्की विजय का प्रधान कारण तुर्कों की सैनिक श्रेष्ठता थी। तुर्कों की रणनीति तथा युद्ध प्रणाली राजपूतों की तुलना में अधिक अच्छी थी। तुर्कों के पास बेहतर अस्त्र-शस्त्र भी थे। इसके विपरीत राजपूत सेना सामंती व्यवस्था के दुर्गुणों से बुरी तरह ग्रस्त थी। वीर योद्धा होने के बावजूद राजपूतों में रणकुशलता नहीं थी। राजपूत बिना कुछ सोचे-समझे युद्ध करते थे। आवश्यकता पड़ने पर भी युद्ध क्षेत्र से हटना वे अपना अपमान समझते थे। सबसे बड़ी बात तो यह थी कि सामंती सेना राजा के प्रति पूर्णरूप से निष्ठावान नहीं थी। इन सैनिक दुर्बलताओं ने तुर्क-आक्रमणकारियों की विजय को सुगम बना दिया।

- 1206 से 1290 ई. के मध्य 'दिल्ली सल्तनत' पर जिन तुर्क शासकों ने शासन किया उन्हें 'गुलाम वंश' का शासक माना जाता है। इस काल के दौरान दिल्ली सल्तनत पर शासन करने वाले राजवंश थे– कुतुबुद्दिन ऐबक 'कुत्बी', इल्तुतमिश और 'शम्शी' बलबन 'बलबनी', लेकिन इन शासकों को गुलाम वंश का शासक कहना उचित नहीं है क्योंकि इन तीनों तुर्क शासकों का जन्म स्वतंत्र माता-पिता से हुआ था। इसलिए इन्हें प्रारंभिक तुर्क शासक या ममलूक कहना अधिक उचित होगा। ऐबक, इल्तुतमिश एवं बलबन में इल्तुतमिश एवं बलबन **'इल्वारी तुर्क'** थे।
- सल्तनत काल में भारत में एक नई प्रशासनिक व्यवस्था की शुरुआत हुई। यह व्यवस्था मुख्य रूप से अरबी-फारसी पद्धति पर आधारित थी। इस काल की प्रशासनिक व्यवस्था पूर्णतः इस्लाम धर्म पर आधारित थी।
- यद्यपि तुर्क सुल्तानों ने स्वयं को बगदाद के अब्बासी खलीफा का स्वामिभक्त उत्तराधिकारी घोषित किया और खुतबे में भी उनके नाम को शामिल किया तथापि खलीफा को वैधानिक शासक नहीं माना जाता था। खलीफा के पद को सर्वोच्च मान्यता प्रदान कर, दिल्ली के सुल्तान केवल यह प्रदर्शित करना चाहते थे कि वे भी इस्लामी दुनिया के अंग है।
- दिल्ली सल्तनत में सुल्तान का पद सर्वाधिक महत्त्वपूर्ण था। उसमें राजनैतिक, कानूनी और सैनिक सभी अधिकार निहित थे। उस पर राज्य की सुरक्षा का उत्तरदायित्व था। इस उत्तरदायित्व की पूर्ति के लिए वह न्यायाधीशों की नियुक्ति करता था। सल्तनत के अधिकारियों की मनमानी के विरुद्ध सीधे उससे फरियाद की जा सकती थी। न्याय देना प्रत्येक शासक का अत्यंत महत्त्वपूर्ण कार्य माना जाता था।
- दिल्ली सल्तनत के शासकों में बलबन ने न्याय के लिए अपने संबंधियों को भी नहीं बख्शा था। जबकि मुहम्मद बिन तुगलक ने इस सिद्धांत को धार्मिक वर्गों (उलेमा) पर भी लागू किया। उसके पूर्व उलेमा कठोर दंड से मुक्त थे।
- सल्तनत काल में उत्तराधिकार का कोई निश्चित नियम नहीं था, पर सुल्तान को यह अधिकार होता था कि वह अपने बच्चों में किसी एक को भी अपना उत्तराधिकारी चुन सकता था। सुल्तान द्वारा चुना गया उत्तराधिकारी यदि अयोग्य है तो ऐसी स्थिति में सरदार नए सुल्तान का चुनाव करते थे। कभी-कभी शक्ति के प्रयोग से भी सिंहासन पर अधिकार किया जाता था।
- दिल्ली सल्तनत में सूल्तान पूर्णरूप से निरंकुश होता था। उसकी संपूर्ण शक्ति सैनिक बल पर निर्भर करती थी। सुल्तान सेना का सर्वोच्च सेनापति एवं न्यायालय का सर्वोच्च न्यायाधीश होता था। सुल्तान **'शरीयत'** के अधीन ही कार्य करता था।
- यद्यपि सत्ता की धुरी सुल्तान होता था फिर भी विभिन्न विभागों के कार्यों के कुशल संचालन हेतु उसे एक मंत्रिपरिषद् की आवश्यकता पड़ती थी, जिसे सल्तनत काल मे **'मजलिस-ए-खलवत'** कहा जाता था। मंत्रिपरिषद् की सलाह मानने के लिए सुल्तान बाध्य नहीं था। वह इनकी नियुक्ति एवं पदमुक्ति अपनी इच्छानुसार कर सकता था।
- **सल्तनतकालीन मंत्रिपरिषद् में चार मंत्री महत्त्वपूर्ण थे। वे निम्नलिखित हैः-**

1. **वजीर (प्रधानमंत्री ):** मंत्रिपरिषद् में वजीर शायद सर्वाधिक महत्त्वपूर्ण था। उसके पास अन्य मंत्रियों की अपेक्षा अधिक अधिकार होता था और वह अन्य मंत्रियों के कार्यो पर नजर रखता था। मुख्यतः वजीर राजस्व विभाग का प्रमुख होता था, उसे लगान, कर व्यवस्था, दान, सैनिक व्यय आदि की देखभाल करनी पड़ती थी।
2. **दीवान-ए-आरिजः** यह सैन्य विभाग था। इसका मुख्य अधिकारी आरिज-ए-मुमालिक कहलाता था। इसका महत्त्वपूर्ण कार्य सैनिकों की भर्ती करना, सैनिकों एवं घोड़ों का हुलिया रखना, रसद की व्यवस्था करना, सेना का निरीक्षण करना एवं सेना की साज-सज्जा की व्यवस्था करना होता था। इस विभाग की स्थापना बलबन ने की थी।
3. **दीवान-ए-इंशाः** यह बिभाग **'दवीरे मुमालिक'** के अंतर्गत् था। शाही पत्र-व्यवहार के कार्य का भार इस विभाग पर था। दवीर अथवा दबीर व लेखक इसके सहयोगी होते थे।
4. **दीवान-ए-रसालतः** इस विभाग के कार्यों के बारे में विवाद है। लेकिन ऐसा माना जाता है कि यह विभाग

विदेशों में पत्र-व्यवहार तथा विदेशों को जाने वाले राजदूतों की देखभाल करता था।

**सल्तनतकालीन कुछ अन्य मंत्री**

**नाइब (नाइब-ए-मुमलिकत):** इस पद की स्थापना बहरामशाह के समय में उसके सरदारों द्वारा की गई। इस पद का महत्त्व अयोग्य सुल्तानों के समय में अधिक रहा, ऐसी स्थिति में यह पद सुल्तान के बाद माना जाता था। इस पद का अधिक प्रयोग बलबन ने किया।

**सद्र-उस-सद्रः** यह धर्म एवं दान विभाग का प्रमुख होता था। मुसलमानों से लिए जाने वाले कर 'जकात,' पर इसका अधिकार होता था। यह मस्जिदों, मकतबों एवं मदरसों के निर्माण के लिए धन मुहैया कराता था।

**काजी-उल-कुज्जातः** यह सुल्तान के बाद न्याय का सर्वोच्च अधिकारी होता था। प्रायः यह पद सद्र-उस सुदूर के पास ही रहता था।

**वरीद-ए-मुमालिकः** यह गुप्तचर विभाग का प्रधान अधिकारी होता था इसका विभाग दीवान-ए-वरीद कहलाता था।

- दिल्ली सल्तनत अनेक प्रांतों में बंटा था जिसे **'इक्ता'** कहा जाता था। यहां का शासन **'नायब वली'** व **'मुक्ति'** द्वारा संचालित किया जाता था।
- प्रशासनिक सुविधा के लिए इक्ताओं (प्रांतों) को शिकों (जिलों) में बांटा गया था। यहां का शासन अमील या नजीम अपने अन्य सहयोगियों के साथ करता था।
- शासन की सर्वाधिक छोटी इकाई गांव होता था, जहां का शासन पंचायतें करती थी। गांवों में मुकद्दम (मुखिया), पटवारी व कारकून होते थे।
- तुर्की शासन व्यवस्था मुख्यतः सैन्य शक्ति पर आधारित थी। एक विशाल, संगठित, शक्तिशाली सेना की आवश्यकता सुल्तान को रहती थी। ऐसी सेना की आवश्यकता के कारणों में तुर्की अमीरों, सरदारों द्वारा किए गए विद्रोह को कुचलने, राजपूत राजाओं की विद्रोहात्मक प्रवृति से निपटने, मंगोलों के आक्रमण को रोकने एवं सुल्तानों की साम्राज्य विस्तार की नीति को सफल बनाना आदि शामिल थे।
- सल्तनतकालीन सैन्य व्यवस्था के अंतर्गत् इल्तुतमिश द्वारा स्थापित सेना को हश्म-ए-कल्ब (केंद्रीय सेना) या कल्ब-ए-सुल्तानी कहा जाता था जबकि सामंतों व प्रांतपतियों की सेना को 'हश्म-ए-अतराफ' कहा जाता था। सल्तनतकालीन सेना का ढांचा राष्ट्रीय **नहीं था**, बल्कि इसमें तुर्क, अमीर, ईरानी, मंगोल, अफगान एवं भारतीय मुसलमान शामिल थे।
- सल्तनतकालीन सेना मुख्यतः तीन भागों में विभक्त थी– 1. घुड़सवार सेना, 2. गज सेना और 3. पैदल (पदाति) सेना या 'पायक' सेना। संख्या की दृष्टि से पैदल सेना सबसे बड़ी होती थी परंतु सामरिक दृष्टिकोण से सेना का महत्त्वपूर्ण भाग घुड़सवार सेना होती थी।
- मंगोल सेना के वर्गीकरण की दशमलव प्रणाली को सल्तनतकालीन सैन्य व्यवस्था का आधार बनाया गया। सल्तनत काल में सेना का गठन, पदों का विभाजन आदि दशमलव प्रणाली पर ही आधारित थे।

**सेना का दशमलव वर्गीकरणः एक नजर में**

10 अश्वारोही = 1 सर-ए-खेल
10 सर-ए-खेल = 1 सिपहसालार
10 सिपहसालार = 1 अमीर
10 अमीर = 1 मलिक
10 मलिक = 1 खान

- सल्तनत काल में बारूद की सहायता से गोला फेंकने की मशीन को **'मंगलीक'** और **'अर्रादा'** कहा जाता था। सुल्तान के पास नावों का एक बेड़ा होता था। नावों के बेड़ों का संचालन **'मीर-बहर'** नामक अधिकारी के नेतृत्व में होता था।
- सैन्य सुधार की दृष्टि से अलाउद्दीन खिलजी का काल सर्वाधिक महत्त्वपूर्ण माना जाता है। अलाउद्दीन अपने सैनिकों को नकद वेतन देने के साथ ही 6 महीने का वेतन इनाम के रूप में देता था। अलाउद्दीन ने घोड़ो को दागने की और सैनिकों का हुलिया रखने की प्रथा चलाई। अलाउद्दीन ने इक्ता प्रथा को समाप्त कर दिया था परंतु फिरोजशाह तुगलक के समय में सैनिकों को नकद वेतन के स्थान पर इक्ता देने की प्रथा पुनः प्रारंभ कर दी गई। कालांतर में सैनिकों का पद आनुवंशिक हो गया। इस व्यवस्था का दुष्परिणाम फिरोजशाह तुगलक के शासनकाल में देखने को मिला।
- सल्तनतकाल में सुल्तान सर्वोच्च न्यायाधीश होता था। इस समय न्याय इस्लामी कानून शरीयत, कुरान एवं हदीस पर आधारित था।

- मुस्लिम कानून के चार महत्त्वपूर्ण स्त्रोत थे– कुरान, हदीस, इजमा एवं कयास।
- सल्तनतकालीन वित्त व्यवस्था सुन्नी विधिविज्ञों की हनीफी शाखा के वित्त सिद्धांतों पर आधारित थी। इस काल में धार्मिक एवं धर्मनिरपेक्ष दोनों प्रकार के कर लिए जाते थे। इन करों का विवरण निम्न प्रकार है –
  1. **जकातः** मुसलमानों से लिया जाने वाला यह धार्मिक कर था। यह सम्पन्न वर्ग के मुसलमानों से लिया जाता था। यह कर 2.5% लिया जाता था।
  2. **उश्रः** यह केवल मुसलमानों से लिया जाने वाला भूमि उपज कर था। यह कर प्राकृतिक साधनों से सिंचित भूमि की उपज का $\frac{1}{10}$ भाग तथा मनुष्यकृत साधनों कसे सिंचित भूमि की उपज का $\frac{1}{5}$ भाग लिया जाता था।
  3. **जजियाः** यह गैर मुसलमानों से वसूल किया जाने वाला कर था। यह कर संपन्न वर्ग से 40 टंका, मध्यम वर्ग से 20 टंका एवं सामन्य वर्ग से 10 टंका प्रतिवर्ष लिया जाता था।
  4. **खुम्सः** यह लूट का धन होता था। इस धन का $\frac{1}{5}$ भाग राजकोष में तथा $\frac{4}{5}$ भाग सैनिकों में बांट दिया जाता था। परंतु अलाउद्दीन खिलजी तथा मुहम्मद तुगलक के समय $\frac{4}{5}$ भाग राजकोष में तथा $\frac{1}{5}$ भाग सैनिकों में वितरित कर दिया जाता था।
- अलाउद्दीन खिलजी ने मकान एवं चारागाह पर तथा फिरोजशाह तुगलक ने सिंचाई के साधनों पर कर लगाया।
- सल्तनत काल में बंटाई लगान निर्धारित करने की एक प्रणाली थी जिसमें राज्य की ओर से प्रत्यक्ष रूप से जमीन की पैदावार से हिस्सा लिया जाता था। इस काल में मुख्यतः तीन प्रकार की बंटाई विधि प्रचलन में थी–
  1. **खेत बंटाईः** खड़ी फसल या बुवाई के बाद ही खेत बांटकर कर का निर्धारण करना ।
  2. **लंक बंटाईः** खेत काटने के बाद खलिहान में लाए गए अनाज से भूसा निकाले बिना ही कृषक एवं सरकार के बीच बंटवारा हो जाता था।
  3. **रास बंटाईः** खलिहान में अनाज से भूसा अलग करने के बाद सरकारी हिस्से को निर्धारित किया जाता था।
- सल्तनत काल में लगान निर्धारण की मिश्रित प्रणाली को **'मुक्ताई'** कहा जाता था। इस काल में भूमि की नाप-जोख करने के उपरांत उसके क्षेत्रफल के आधार पर उपज का लगान निश्चित किया जाता था। नाप-जोख की इस प्रणाली को **'मसाहत'** कहा जाता था। इस प्रणाली की शुरुआत अलाउद्दीन खिलजी ने की थी।
- सल्तनत काल में राज्य की समस्त भूमि चार वर्गों– 1. खालसा भूमि, 2. इक्ता की भूमि, 3. सामंतों की भूमि 4. इनाम व वक्फ में विभाजित थी।

## वस्तुनिष्ठ प्रश्न–I

**1.** हर्ष की मृत्यु के बाद-730 ई॰ के करीब कनौज पर शासन करने वाले किस महान शासक के बारे में जानकारी मिलती है?

A. यशोवर्धन B. अर्जुन

C. आदित्यसेन D. वत्सराज

**2.** यशोवर्धन ने अपने समकालीन किस विदेशी शासक से राजनैतिक सम्बन्ध स्थापित किया?

A. ईरान B. लंका

C. चीन D. सुमात्रा

**3.** त्रिपक्षीय संघर्ष की शुरुआत किसने की?

A. पाल वंश के धर्मपाल ने

B. राष्ट्रकूट वंश के ध्रुव ने

C. गुर्जर-प्रतिहार वंश के वत्सराज ने

D. तीनों शक्तियों ने एक साथ।

4. त्रिपक्षीय संघर्ष में अंतिम सफलता मिली—
A. गुर्जर-प्रतिहार B. पाल
C. राष्ट्रकूट D. उपर्युक्त कोई नहीं

5. त्रिपक्षीय संघर्ष में हिस्सेदार राज वंशों में सर्वाधिक शक्तिशाली थे—
A. गुर्जर-प्रतिहार B. राष्ट्रकूट
C. पाल D. उपर्युक्त कोई नहीं

6. इतिहास में "राजपूतों का काल" कहा जाता है?
A. 750 से 1200 ई॰ के मध्य के समय को
B. 600 से 1200 ई॰ के मध्य के समय को
C. 800 से 1200 ई॰ के मध्य के समय को
D. 850 से 1200 ई॰ के मध्य के समय को

7. इतिहासकार वी॰ए॰ स्मिथ ने राजपूतों की उत्पत्ति माना है—
A. शकों और हूणों से B. सीथियन जाति से
C. प्राचीन क्षत्रियों से D. कुषाणों से

8. उज्जैयिनी के प्रतिहार वंश के शासकों में प्रथम शासक कौन था?
A. हरिशचन्द्र B. वत्सराज
C. नागभट्ट प्रथम D. उपर्युक्त कोई नहीं

9. भोज की राजनैतिक और सैनिक सफलताओं का उल्लेख किस ग्रंथ में मिलता है?
A. राजतरंगिणी (कल्हण)।
B. सुलेमान (अरब सौदागार) के यात्रा विवरण से।
C. उपरोक्त दोनों।
D. पृथ्वी राज विजय।

10. किस विदेशी यात्री ने मिहिर भोज की सैनिक और प्रशासनिक क्षमता की प्रशंसा की?
A. अलमसूदी B. सुलेमान
C. इत्सिंग D. अल्बरुनी

11. निम्नलिखित कृतियों में किसकी रचना राजशेखर ने नहीं की?
A. विद्वसाल भंजिका B. नवसाहसांक चरित्र
C. कर्पूर मंजरी D. काव्यमीमांसा

12. राजशेखर अपने जीवन के अंतिम दिनों में किस राजवंश की शरण में चला गया?
A. कलचुरी B. पाल
C. सेन D. राष्ट्रकूट

13. महिपाल के समय में कौन विदेशी भारत यात्रा पर आया?
A. सुलेमान (अरब) B. अलमसूदी (बगदाद)
C. A और B दोनों D. उपर्युक्त कोई नहीं

14. गहड़वाल वंश के शासक जाने जाते थे—
A. कन्नौज नरेश के रूप में।
B. काशी नरेश के रूप में।
C. पवित्र स्थानों के रखवाले के रूप में।
D. उपर्युक्त सभी।

15. 'तुरुष्कदंड' नामक कर जो संभवतः मुस्लिम आक्रमण को रोकने के लिए सेना के खर्च हेतु वसूला जाता था; को किसने वसूला?
A. चन्द्रदेव B. गोविन्द चन्द्र
C. जयचन्द्र D. विजय चन्द्र

16. शाकम्भरी (साँभर) के चाहमान वंश के शासक किसके सामंत थे?
A. गुर्जर-प्रतिहार B. गड़हवाल
C. राष्ट्रकूट D. पाल

17. चाहमान वंश का संस्थापक किसे माना जाता है।
A. अजय राज
B. वासुदेव
C. सामन्तराज
D. विग्रह राज चतुर्थ बीसलदेव

18. अजयमेरू अथवा अजमेर नगर की स्थापना किस चाहमान वंशी शासक ने की?
A. गोपेन्द्रराज B. विग्रह राज चतुर्थ
C. अजयराज D. दुर्लभराज

19. विग्रह राज के दरबारी कवि 'सोमदेव' द्वारा रचित ग्रंथ है—
A. हम्मीर काव्य B. ललित विग्रह राज
C. हरेकेलि नाटक D. वीसलदेव चरित

20. पृथ्वी राज तृतीय को 'राय पिथौरा' किसके द्वारा कहा गया?
A. चन्दरवरदाई
B. मुसलमानों द्वारा
C. समकालीन गुजरात के शासक द्वारा

D. उपर्युक्त कोई नहीं।

**21.** पृथ्वी राज तृतीय के दरबार को सुशोभित करने वाले महत्वपूर्ण कवि थे—

A. जयानक भट्ट B. चन्दरवरदाई
C. विद्यापति गौड़ D. चारण पृथ्वी भट्ट

**22.** चंदेल सामंत थे—

A. पालों के B. गहड़वालों के
C. गुर्जर प्रतिहारों के D. उपर्युक्त कोई नहीं

**23.** चंदेल साम्राज्य का नाम जेजाक भुक्ति क्यों पड़ा?

A. जेजाक और भुक्ति नामक नदियों के मध्य स्थित क्षेत्र पर शासन करने के कारण।
B. प्रारंभिक शासक जेजाक या जय शक्ति।
C. जेजाक और मुक्ति नामक क्षेत्र में ही सर्वप्रथम चंदेलों ने गुर्जर-प्रतिहारों के सामंत के रूप में शासन शुरू किया।
D. उपर्युक्त कोई नहीं।

**24.** चंदेल वंश का संस्थापक किसे माना जाता है?

A. हर्षदेव B. यशोवर्मा
C. नन्नुक D. धंगदेव

**25.** चंदेलों की राजधानी कहाँ पर थी?

A. महोबा B. कलिंजर
C. खजुराहो D. आजमगढ़

**26.** धग द्वारा निर्मित मंदिर था—

A. शंभु मंदिर
B. जिननाथ का मंदिर (जैन)
C. बैकुण्ठनाथ का मंदिर
D. उपर्युक्त सभी

**27.** परवर्ती चंदेल शासकों में महत्वपूर्ण था—

A. कीर्तिवर्मा B. परमार्दि या परिमल
C. मदनवर्मा D. उपर्युक्त सभी

**28.** मालवा के परमार वंश का स्वतंत्र संस्थापक कौन था?

A. उपेन्द्र राय B. वाक्पति
C. सीयक हर्ष D. उपर्युक्त कोई नहीं

**29.** 'परमार' शब्द का शाब्दिक अर्थ है—

A. श्रेष्ठ B. शत्रु का मारक
C. योद्धा D. उपर्युक्त कोई नहीं

**30.** पाल वंश के पतन के बाद बंगाल में किस शक्तिशाली वंश का शासन हुआ?

A. चन्द्र वंश B. सूर वंश
C. यादव वंश D. सेन वंश

**31.** गुजरात के चालुक्य सोलंकी राजपूत थे। इनका वातापि या बादामी के चालुक्य वंशों से कोई सम्बन्ध नहीं था। गुजरात के चालुक्य वंश की स्थापना किसके द्वारा की गई?

A. मूलराज प्रथम B. चामुण्डाराज
C. भीम प्रथम D. दुर्लभ राज

**32.** मूलराज द्वारा स्थापित चालुक्य (गुजरात) वंश की राजधानी कहाँ पर थी?

A. लाट B. काठियावाड़
C. अन्हिलवाड़ D. अजमेर

**33.** कुमार पाल को जैन धर्म में दीक्षित करने वाला जैन विद्वान था—

A. हेमचन्द्र B. रामचन्द्र
C. देवसुरि D. उपर्युक्त कोई नहीं

**34.** कुमार पाल की जीवनी पर आधारित 'कुमार पाल चरित' की रचना किसने की?

A. जयसिंह सूरि B. हेमचन्द्र
C. सोमेश्वर D. रामचन्द्र

**35.** चालुक्य वंश का अंतिम महान शासक भीम द्वितीय (1176-1238 ई.) अभिनव सिद्ध राज हुआ। उसने 1178 ई. में आबू पर्वत के समीप किस शासक को पराजित किया?

A. कुतुबुद्दीन ऐबक B. मुहम्मद गोरी
C. पृथ्वीराज तृतीय D. उपर्युक्त कोई नहीं

**36.** किस चालुक्य नरेश ने सोमनाथ के मंदिर का पुनर्निर्माण कराया?

A. सिद्धराज जयसिंह B. कुमार पाल
C. भीम प्रथम D. भीम द्वितीय

**37.** गोपाल ने कहाँ पर एक विहार का निर्माण कराया?

A. ओदंतपुरी B. मुंगेर
C. विक्रमा पुरा D. सोम पुरा

**38.** धर्मपाल ने निम्नलिखित में कहाँ पर एक स्तूप का निर्माण कराया?

A. पहाड़पुर (सोमपुर)
B. ओदंतपुरी (बिहार शरीफ)
C. भागलपुर
D. गया

**39.** निम्नलिखित में किसके पुनर्जीवन के लिए धर्मपाल ने 200 गांवों का अनुदान दिया?
A. विक्रमशिला विश्वविद्यालय के लिए
B. नालंदा विश्वविद्यालय के लिए
C. नालंदा में स्थापित एक बौद्ध मठ के लिए
D. धर्मख स्तूप (सारनाथ) के लिए।

**40.** देवपाल से कहाँ के शासक ने नालदा में बौद्ध विहार बनवाने की अनुमति माँगी?
A. श्री लंका B. जावा तथा सुमात्रा
C. तिब्बत D. जापान

**41.** पाल साम्राज्य को किसने 'रूहमा' कहा?
A. अलमसूदी B. बौद्ध तारा नाथ
C. सुलेमान D. उपर्युक्त कोई नहीं

**42.** पालों के समय में किसने चित्रकार, मूर्तिकार एवं शिल्पकार के रूप में ख्याति अर्जित की?
A. धीमान B. वीतपाल
C. (A) और (B) दोनों D. उपर्युक्त कोई नहीं

**43.** बौद्ध धर्म के किस स्वरूप का विकास पालों के समय में हुआ?
A. हीनयान B. महायान
C. तांत्रिक D. भौतिक

**44.** सामंतसेन ने किस स्थान पर सेन वंश की स्थापना की?
A. मुंगेर B. गया
C. राढ़ D. दीनाजपुर

**45.** वल्लास सेन द्वारा सेन साम्राज्य में शामिल किया गया?
A. मिथिला B. उत्तरी बिहार
C. A और B दोनों D. उपर्युक्त कोई नहीं

**46.** काश्मीर का क्रमबद्ध इतिहास निम्नलिखित ग्रंथों में किससे मिलता है?
A. राज तरंगिणी B. विक्रमांकदेव चरित
C. हर्ष चरित D. उपर्युक्त सभी

**47.** पूर्व मध्य काल में उड़ीसा पर शासन करने वाले राज वंशों में प्रमुख थे—
A. भुवनेश्वर के केसरी B. कलिंग के पूर्वी गंग
C. A और B दोनों D. पश्चिमी गंग

**48.** कलचुरी वंश के शासक किसके सामंत थे?
A. राष्ट्रकूटों के B. गुर्जर-प्रतिहारों के
C. पालों के D. उपर्युक्त कोई नहीं

**49.** कलचुरी वंश का संस्थापक किसे माना जाता है?
A. कोकल्लदेव B. लक्ष्मण राज
C. शंकर गण D. गांगेयदेव

**50.** कलचुरी वंश के किस शासक ने प्रयाग, काशी, कुंतल आदि को जीतकर विक्रमादित्य की उपाधि धारण की?
A. गांगेयदेव B. कर्णदेव
C. केमूर वर्ष D. उपर्युक्त कोई नहीं

**51.** भारत में सामान्तवादी व्यवस्था के पनपने के क्या कारण थे?
A. किसी केन्द्रीय सामान्य का न होना।
B. राजपूत का उदय और राज्य विस्तार।
C. राजाओं द्वारा भूमि को पट्टे पर दिया जाना।
D. उपर्युक्त सभी।

**52.** पूर्व मध्य काल में किस वर्ग/जाति का उल्लेख सर्वप्रथम हुआ?
A. कायस्थ B. राजपूत
C. मागध D. मोदक

**53.** अलबरुनी ने अपनी पुस्तक 'किताबुलहिन्द' में ब्राह्मणों की कितनी उपजातियों का उल्लेख किया है?
A. 4 B. 8
C. 16 D. 12

**54.** अलबरुनी के अनुसार अश्पृष्य की श्रेणी में निकृष्टतम थे—
A. चमार B. चण्डाल
C. डोम D. बधाऊत

**55.** पूर्व मध्यकाल में सर्वाधिक महत्वपूर्ण वर्ण संकर जाति कौन थी?
A. वैध B. कायस्थ
C. गुर्जर D. उपर्युक्त कोई नहीं

**56.** पूर्व मध्यकाल में 'कृषक शूद्रों' के लिए किस विद्वान ने 'कुतुम्बिन' शब्द का प्रयोग किया?

A. अलबरुनी B. जीमूतवाहन
C. हेमचन्द्र D. विज्ञानेश्वर

**57.** पूर्व-मध्यकाल में प्रचलित कर प्रणाली का सबसे असामान्य लक्षण क्या था।
A. तीर्थ स्थलों और मंदिरों पर कर।
B. वेश्यावृति में लिप्त महिलाओं पर कर।
C. मनोरंजन के साधनों पर कर।
D. कारीगरों द्वारा बनाई जाने वाली वस्तुओं पर कर।

**58.** पूर्व-मध्यकाल में बौद्ध धर्म में तांत्रिक प्रभाव के कारण किस सम्प्रदाय का उदय हुआ?
A. महायान B. हीनयान
C. वज्रयान D. उपर्युक्त सभी।

**59.** वज्रयान सम्प्रदाय के लोग किसकी उपासना करते थे?
A. अवलोकितेश्वर B. तारा
C. (A) और (B) दोनों D. बुद्ध

**60.** 'अघोरी' और 'लिंगायत' नामक उप सम्प्रदाय किस प्रधान सम्प्रदाय के अंग थे?
A. वैष्णव B. शैव
C. बौद्ध D. शाक्त

**61.** निम्नलिखित में किसे भारत का प्रथम 'भारत शास्त्री' कहा जाता है?
A. कल्हण B. ह्वेनसांग
C. अलबरूनी D. अलमसूदी

**62.** पूर्व मध्यकाल में प्रचलित मंदिर निर्माण की शैलियाँ थी–
A. बेसर B. नागर
C. द्राविड़ D. उपर्युक्त सभी

## उत्तरमाला

| 1 | 2 | 3 | 4 | 5 | 6 | 7 | 8 | 9 | 10 |
|---|---|---|---|---|---|---|---|---|---|
| A | C | C | A | B | A | A | A | C | B |
| 11 | 12 | 13 | 14 | 15 | 16 | 17 | 18 | 19 | 20 |
| B | A | B | B | A | A | B | C | B | B |
| 21 | 22 | 23 | 24 | 25 | 26 | 27 | 28 | 29 | 30 |
| D | C | B | C | C | D | B | C | B | D |
| 31 | 32 | 33 | 34 | 35 | 36 | 37 | 38 | 39 | 40 |
| A | C | A | A | B | B | A | A | B | B |
| 41 | 42 | 43 | 44 | 45 | 46 | 47 | 48 | 49 | 50 |
| C | C | C | C | C | A | C | B | A | B |
| 51 | 52 | 53 | 54 | 55 | 56 | 57 | 58 | 59 | 60 |
| C | B | C | D | B | C | A | C | C | B |
| 61 | 62 | | | | | | | | |
| C | D | | | | | | | | |

## वस्तुनिष्ठ प्रश्न–II

**1.** दिल्ली सल्तनत के इतिहास का अध्ययन कब से कब तक किया जाता है?
A. 1178 ई॰ — 1226 ई॰ B. 1206 ई॰ — 1526 ई॰
C. 1000 ई॰ -- 1226 ई॰ D. 1205 ई॰ — 1526 ई॰

**2.** दिल्ली सल्तनत के अन्तर्गत कुल कितने राजवंशों ने शासन किया?
A. तीन B. चार
C. दो D. पाँच

**3.** गोरी की मृत्यु के बाद किस उपाधि के साथ ऐबक सिंहासन पर बैठा?

A. मलिक  B. सिपहसालार
C. A और B दोनों  D. वलीअहद

4. ऐबक ने प्रारंभिक दिनों में 'लाहौर' को अपनी राजधानी क्यों बनाया?
A. सुरक्षा की दृष्टि से।
B. गजनी और भारत पर एक साथ शासन करने के लिए।
C. लाहौर की जनता की माँग के कारण।
D. उपर्युक्त सभी।

5. ऐबक ने अपनी स्थिति को मजबूत करने के लिए अपने प्रतिद्वन्द्वियों के साथ किस तरह का सम्बन्ध स्थापित किया?
A. वैवाहिक  B. कूटनीतिक
C. राजनीतिक  D. उपर्युक्त सभी

6. निम्नलिखित खेलों में किसे खेलते हुए कुतुबुद्दीन ऐबक 1210 ई॰ में मृत्यु को प्राप्त हो गया?
A. घुड़दौड़  B. पासा
C. चौगान  D. उपर्युक्त कोई नहीं

7. निम्नलिखित इतिहासकारों में किसने ऐबक को 'हातिमताई' कहा?
A. अलबरुनी  B. मिनहाज
C. इब्नबतुता  D. अफीका

8. निम्नलिखित विद्वानों में किसे कुतुबुद्दीन ऐबक का संरक्षण प्राप्त था?
A. हसननिजामी  B. फक्र–ए–मुदब्बिर
C. A और B दोनों  D. इब्नबतुता

9. ऐबक द्वारा बनवाई गई इमारतों को कालक्रमेण कीजिए—
1. कुव्वत-उल-इस्लाम मस्जिद
2. कुतुबमीनार
3. अढ़ाई दिन का झोपड़ा।
A. 1, 2, 3  B. 1, 3, 2
C. 3, 2, 1  D. 2, 1, 3

10. ऐबक की अकस्मात् मृत्यु के बाद लाहौर के तुर्क अधिकारियों ने किस तथाकथित ऐबक के पुत्र को राजसिंहासन पर बिठाया?
A. अरामशाह  B. बहरामशाह
C. इल्तुतमिश  D. नासिरुद्दीन

11. इल्तुतमिश और अरामशाह की सेनाओं के मध्य उत्तराधिकारी के लिए संघर्ष हुआ—
A. ग्वालियर  B. बदायूँ
C. बनारस  D. जूद के मैदान में

12. जीवन के प्रारम्भिक दिनों में इल्तुतमिश किसका गुलाम था?
A. ऐबक का  B. मुहम्मद गोरी का
C. अरामशाह का  D. उपर्युक्त सभी का

13. इल्तुतमिश को दासता से किसने मुक्ति दी?
A. ऐबक  B. मुहम्मद गोरी
C. बगदाद के खलीफा  D. अरामशाह

14. दिल्ली को स्थायी राजधानी बनाने का श्रेय दिया जाता है—
A. कुतुबुद्दीन ऐबक  B. इल्तुतमिश
C. मुहम्मद गोरी  D. अरामशाह

15. इल्तुतमिश द्वारा स्थापित 'तुर्कान-ए-चिहालगानी' क्या था?
A. चालीस अतिविश्वसनीय तुर्क सरदारों का संगठन।
B. चालीस सदस्यी मंत्रीमंडल।
C. चालीस अतिविश्वसनीय गुलाम तुर्क सरदारों का सगंठन।
D. उपर्युक्त कोई नहीं।

16. इल्तुतमिश ने अपने विरोधियों से निपटने के लिए किस नीति का प्रयोग किया?
A. शक्ति और संधि  B. लौह और रक्त
C. A और B दोनों  D. वैवाहिक सम्बन्ध

17. इल्तुतमिश सल्तनत का प्रथम शासक था जिसने शुद्ध अरबी पद्धति पर आधारित चलाया—
A. त्योहार  B. सिक्का
C. लिपि  D. उपर्युक्त सभी

18. इल्तुतमिश द्वारा चलाया गया तांबे का सिक्का कहा जाता था—
A. जीतल  B. टंका
C. दाम  D. मुहर

19. इल्तुतमिश द्वारा चलाया गया चांदी का टंका कितने ग्रेन का होता था?

A. 172 ग्रेन B. 170 ग्रेन
C. 175 ग्रेन D. 165 ग्रेन

**20.** इल्तुतमिश ने निम्नलिखित में किस स्थान को जीतने के बाद अपनी पुत्री 'रजिया' के नाम टंका जारी किया?
A. बनियान B. ग्वालियर
C. रणथम्भौर D. उज्जैन

**21.** इल्तुतमिश को खलीफा द्वारा सुल्तान का सम्मान कब प्राप्त हुआ?
A. 1221 ई॰ में B. 1229 ई॰ में
C. 1230 ई॰ में D. 1235 ई॰ में

**22.** इल्तुतमिश के दरवार में किस विद्वान को संरक्षण प्राप्त था?
A. मिनहाजुसिराज B. मलिक ताजुद्दीन
C. A और B दोनों D. उपर्युक्त कोई नहीं

**23.** 1236 ई॰ में इल्तुतमिश की मृत्यु कहाँ पर हुई?
A. बनियान B. दिल्ली
C. लाहौर D. अजमेर

**24.** इल्तुतमिश के बारे में कौन-सा कथन सही है?
A. वह दिल्ली सल्तनत का पहला प्रभुता सम्पन्न शासक था।
B. उसका शासन प्रबंध वंशानुगत तथा नौकरशाही पर आधारित था।
C. A और B दोनों।
D. उसने एक शक्तिशाली सेना की आधार शिला रखी।

**25.** इल्तुतमिश ने अपनी मृत्यु से पूर्व किसे अपना उत्तराधिकारी चुना?
A. रजिया B. रुकनुद्दीन फिरोज
C. नासिरुद्दीन महमूद D. उपर्युक्त कोई नहीं

**26.** इल्तुतमिश की मृत्यु के बाद किसे दिल्ली सल्तनत पर अधिकार करने में सफलता मिली?
A. नासिरुद्दीन B. रुकनुद्दीन
C. रजिया D. गयासुद्दीन बलबन

**27.** सुल्तान के पद और प्रतिष्ठा में वृद्धि हेतु रजिया ने पर्दा त्याग कर धारण किया—
A. कुबा (कोट) B. कुलाह (टोपी)
C. A और B दोनों D. पुरुष शासकों के वस्त्र

**28.** रजिया ने अपने किस विद्रोही सरदार से कालान्तर में विवाह कर लिया?
A. कबीर खाँ B. याकूत
C. आल्तूनिया D. उपर्युक्त कोई नहीं

**29.** यदि रजिया स्त्री न होती तो उसका नाम भारत के महान मुस्लिम शासकों में होता। उपर्युक्त कथन किसका है?
A. सिराज B. इब्नबतूता
C. एलफिंस्टन D. प्रो॰ के॰ ए॰ निजामी

**30.** पहली बार दिल्ली सल्तनत की सीमाओं में घुस कर आक्रमण किया—
A. अफगानों ने B. ख्वारिज्म शासकों ने
C. मंगोलों ने D. दक्षिण के शासकों ने

**31.** सर्वप्रथम मंगोलों ने दिल्ली सल्तनत के किस प्रदेश पर 1241 ई॰ में आक्रमण किया?
A. लाहौर B. पंजाब
C. चंदेरी D. उपर्युक्त कोई नहीं

**32.** 1260 ई॰ में किस मंगोल नेता के दूत का बलबन ने दिल्ली में स्वागत किया?
A. हलाकू B. सलदी
C. तर्गी D. तगर

**33.** निम्नलिखित में किसे भारतीय मुसलमान कहा गया?
A. कुतलुग खाँ B. किचलू खाँ
C. एतगीन D. रायहान

**34.** सुल्तान नासिरुद्दीन की मृत्यु के बाद कौन दिल्ली के तख्त पर बैठा?
A. जलालुद्दीन खिलजी B. गयासुद्दीन बलबन
C. शम्सुद्दीन अली D. उपर्युक्त कोई नहीं

**35.** बलबन इल्बारी तुर्क जाति का था। वह अपने को किसका वंशज बताता था?
A. मंगोल B. इबारी
C. अफरासियाब D. उपर्युक्त कोई नहीं

**36.** बलबन का वास्तविक नाम था—
A. उलुग खाँ B. बहाद्दीन
C. गयासुद्दीन D. बलबन

**37.** निम्नलिखित में बलबन किसका गुलाम था?
A. नासिरुद्दीन महमूद B. बहरामशाह
C. रजिया D. इल्तुतमिश

**38.** बलबन ने अपनी किस समस्या के समाधान को प्राथमिकता दी?
A. आतंरिक विद्रोह।
B. आतंरिक संगठन।
C. मंगोल आक्रमण से साम्राज्य की सुरक्षा।
D. तुर्क (गुलाम) सरदारों के संगठन 'चालीसा' का दमन।

**39.** बलबन ने सीमांत प्रदेशों की सुरक्षा के लिए किसे नियुक्त किया?
A. शेर खाँ B. बुगरा खाँ
C. मुहम्मद खाँ D. उपर्युक्त सभी

**40.** किस मंगोल आक्रमणकारी ने 1285 ई॰ में लाहौर और दिपालपुर पर आक्रमण कर लूटपाट की?
A. हलाकू B. तर्गी
C. तैमूर खाँ D. सलदी

**41.** बलबन के किस पुत्र की मृत्यु मंगोलों से युद्ध करते समय हुई?
A. बुगरा खाँ B. मुहम्मद खाँ
C. खुसरो D. उपर्युक्त में कोई नहीं

**42.** बलबन के समय में महत्वपूर्ण विद्रोह हुए—
A. मेवातियों के
B. गंगा यमुना दोआब के क्षेत्र में
C. A और B दोनों
D. दिल्ली में

**43.** बलबन के शासन काल में हुए सर्वाधिक भंयकर विद्रोह को तुगरिल खाँ ने नेतृत्व प्रदान किया, यह विद्रोह कहाँ पर हुआ?
A. पंजाब
B. बंगाल
C. बदायूँ
D. दिल्ली के निकटवर्ती क्षेत्र

**44.** निम्नलिखित विभागों में किसका गठन बलबन द्वारा किया गया?
A. दीवान-ए-अर्ज B. गुप्तचर विभाग
C. A और B दोनों D. दीवान-ए-रियासत

**45.** बलबन दिल्ली का प्रथम सुल्तान था जिसने राजत्व से सम्बंधित सिद्धान्तों की स्थापना की। इस सिद्धान्त की स्थापना के पीछे बलबन का उद्देश्य था—
A. सुल्तान की सर्वोच्चता स्थापित कराना।
B. सुल्तान के दैवी स्वरूप का प्रदर्शन।
C. उपरोक्त (A) और (B) दोनों।
D. सुल्तान को उलेमाओं के नियंत्रण में रखना।

**46.** बलबन ने सुल्तान को 'नियाबते खुदाई' कहा जिसका अर्थ होता है—
A. पृथ्वी पर अल्लाह का प्रतिनिधि।
B. पृथ्वी पर ईश्वर का प्रतिबिम्ब।
C. A और B दोनों।
D. पृथ्वी पर उलेमा का प्रतिनिधि।

**47.** बलबन के राजत्व सिद्धान्त का स्वरूप प्रभावित था—
A. टर्की से B. फारस से
C. चीन से D. उपर्युक्त कोई नहीं

**48.** बलबन के राजत्व सिद्धान्त की सम्पूर्ण जानकारी 'वसय' नामक संकलन में मिलती है, जिसका संकलन किया—
A. शिराज ने B. बरनी ने
C. खुसरो ने D. अफीक ने

**49.** बलबन ने खलीफा की राजनीतिक सत्ता को—
A. स्वीकार किया B. अस्वीकार किया
C. तटस्थ रहा D. उपर्युक्त में कोई नहीं

**50.** बलबन के राजत्व के बारे में निम्नलिखित कथनों में कौन सही है?
A. सुल्तान के पद को ईश्वर एवं निरंकुश सत्ता का प्रतीक बना दिया।
B. कुलीन और अकुलीन व्यक्तियों के विभेद पर बल दिया गया।
C. बलबन ने अपने राजत्व के सिद्धान्त का कठोरता से पालन किया।
D. उपर्युक्त सभी।

**51.** राजदरबार में अभिनन्दन के लिए बलबन द्वारा शुरु की गई प्रथा 'सिजदा' (घुटने पर सिर झुकाना) और 'पैबोस' (सुल्तान का पैर चूमना) किस परम्परा पर आधारित थी?

A. अफ्रीकी B. फारसी
C. यूनानी D. उपर्युक्त सभी

52. बलबन ने स्थापत्य कला में महत्वपूर्ण योगदान देते हुए शुद्ध इस्लामिक शैली पर आधारित निम्नलिखित में किसका निर्माण कराया—
A. मस्जिद B. मकबरा
C. किला (लाल महल) D. उपर्युक्त सभी

53. अपनी मृत्यु के समय बलबन ने निम्नलिखित में से किसे अपना उत्तराधिकारी घोषित किया था?
A. शहजादा मुहम्मद B. पौत्र कैखुसख
C. कैकुबाद D. बुगरा खाँ

54. कैकुबाद सम्भवतः दिल्ली सल्तनत का प्रथम सुल्तान था—
A. जो भोग विलासी प्रवृत्ति का था।
B. जो पिता के जीवित रहते हुए सुल्तान बना।
C. जो अल्पायु था।
D. उपर्युक्त सभी।

55. निम्नलिखित में कौन गुलाम वंश का अंतिम शासक था?
A. बुगरा खाँ B. कैखुसरव
C. कैकुबाद D. शम्सुद्दीन (क्यूमर्स)

56. किसकी हत्या कर जलालुद्दीन फिरोज खिलजी ने खिलजीवंश की नींव डाली?
A. क्यूमर्स B. कैकुबाद
C. मुहम्मद D. उपर्युक्त सभी

57. गुलाम वंश के पतन के कारणों में मुख्य कारण था—
A. उत्तराधिकार के ठोस नियम का अभाव।
B. सुल्तानों का विदेशी होना।
C. स्वेच्छाचारी सैनिक शासन।
D. उपर्युक्त सभी।

58. दिल्ली सल्तनत पर गुलाम वंश के शासकों ने कुल कितने वर्ष शासन किया?
A. 90 वर्ष B. 84 वर्ष
C. 80 वर्ष D. 86 वर्ष

59. गुलाम वंश के शासकों में किसने दृढ़ और कठोर सीमांत नीति का पालन किया?
A. इल्तुतमिश B. बलबन
C. रजिया D. नसीरुद्दीन महमूद

60. फ़ारसी परम्परा पर आधारित नौरोज त्यौहार मनाने की परम्परा गुलाम वंश के किस सुल्तान द्वारा शुरु की गई?
A. कुतुबुद्दीन ऐबक B. इल्तुतमिश
C. बलबन D. रजिया

61. गुलाम वंश के शासन काल में भारत की अधिकांश जनसंख्या थी—
A. हिन्दू B. मुसलमान
C. मंगोल D. फारसी

62. गुलाम वंश के शासन काल में अधिकांश भारतीय मुसलमान किस सम्प्रदाय के थे?
A. सुन्नी B. शिया
C. सूफी D. उपर्युक्त सभी

63. जलालुद्दीन फिरोज खिलजी ने एक नवीन राजवंश की स्थापना की जिसे कहा गया—
A. तुर्क वंश B. सैय्यद वंश
C. अफगान वंश D. खिलजी वंश

64. 'खिलजी' नामक स्थान जहाँ पर फिरोज खिलजी के पूर्वजों ने निवास किया था, कहाँ पर स्थित है?
A. अफगानिस्तान B. पाकिस्तान
C. ईरान D. भारत

65. जलालुद्दीन ने फिरोज खिलजी के सिंहासन पर अधिकार किया—
A. वंशानुगत आधार पर B. षड्यंत्र द्वारा
C. चुनाव द्वारा D. शक्ति के आधार पर

66. जलालुद्दीन फिरोज खिलजी को दिल्ली के किस सुल्तान ने 'शाइस्ताखां' की उपाधि तथा 'आरिज-ए-मुमालिक' का पद प्रदान किया—
A. क्यूसर्म B. कैकुबाद
C. बलबन D. नासिरुद्दीन महमूद

67. जलालुद्दीन ने अपनी प्रारंभिक राजधानी स्थापित की—
A. किलोखरी में B. लाहौर में
C. दिल्ली में D. बदायूँ में

68. 13 जून, 1290 को जलालुद्दीन ने अपना राज्याभिषेक करवाया—
A. बलबन के लाल महल में।

B. कैकुबाद द्वारा निर्मित किलोखरी के महल में।
C. लाहौर के किले में।
D. उपर्युक्त कहीं नहीं।

**69.** अलाउद्दीन ने छलपूर्वक जलालुद्दीन खिलजी की हत्या कहाँ पर करवा दी?
A. कड़ा
B. मानिकपुर
C. गंगा यमुना के संगम पर
D. उपर्युक्त कहीं नहीं

**70.** अलाउद्दीन खिलजी द्वारा जलालुद्दीन की हत्या की गई—
A. 20 जून, 1296 ई॰ B. 20 जुलाई, 1296 ई॰
C. 20 अगस्त, 1296 ई॰ D. 20 फरवरी, 1296 ई॰

**71.** अलाउद्दीन ने अपना राज्याभिषेक करवाया—
A. किलोखरी में B. लाल महल में
C. सीरी के किले में D. उपर्युक्त कहीं नहीं

**72.** अलाउद्दीन खिलजी का दिल्ली के तख्त पर कब राज्याभिषेक किया गया?
A. 1295 ई॰ B. 1296 ई॰
C. 1292 ई॰ D. 1297 ई॰

**73.** अलाउद्दीन खिलजी किस उपाधि के साथ सिंहासन पर बैठा?
A. सिकंदर-ए-सानी।
B. अबुल-मुजफ्फर सुल्तान अलाउद्दीन मुहम्मदशाह खिलजी।
C. यारिमन-उल-खिलाफत-नासिरी अमीरी-उल-मिमुनिन।
D. सुल्तान अलाउद्दीन खिलजी।

**74.** अपनी प्रारंभिक सफलताओं से उत्साहित अलाउद्दीन खिलजी ने निम्नलिखित में किन योजनाओं को क्रियान्वित करने की बात सोची?
A. विश्व विजय
B. नवीन धर्म की स्थापना
C. उपरोक्त (A) और (B) दोनों
D. खुद को खलीफा घोषित करना।

**75.** अलाउद्दीन ने अपने को किस महान योद्धा के समतुल्य सिद्ध करने का प्रयास किया?
A. अशोक B. कनिष्क
C. मुहम्मद गोरी D. सिकंदर

**76.** अलाउद्दीन खिलजी का राजत्व सिद्धान्त किस अवधारणा पर आधारित था?
A. राजत्व का कोई रक्त-सम्बन्धी नहीं होता।
B. राज्य का कल्याण एवं प्रजा का हित।
C. शासक स्वयं में एक कानून होता है।
D. उपर्युक्त सभी।

**77.** अलाउद्दीन खिलजी ने किसके सहयोग से अपना राजस्व सम्बन्धी सिद्धान्त निर्धारित किया?
A. अला-उल-मुल्क B. अमीर खुसरो
C. काजी मुगीसुद्दीन D. उपर्युक्त कोई नहीं

**78.** हिन्दुओं के प्रति अलाउद्दीन की नीति किस प्रकार की थी?
A. उदारता की B. कठोरता की
C. उदासीनता की D. उपर्युक्त कोई नहीं

**79.** सुल्तान बनाने से पूर्व अलाउद्दीन खिलजी द्वारा किया गया महत्वूपर्ण सैन्य अभियान था—
A. देवगिरि B. भिलसा
C. चंदेरी D. उपर्युक्त सभी

**80.** हिन्दू हिजड़ा मलिक कफूर जिसे कालांतर में अलाउद्दीन ने "मलिकनायब" का पद प्रदान किया किस सैन्य अभियान के समय पकड़ा गया?
A. जैसलमेर B. गुजरात
C. देवगिरि D. रणथम्भौर

**81.** निम्नलिखित में किसे 'हजार दीनारी' कहा गया?
A. जफर खाँ B. उलुग खाँ
C. मलिक कफूर D. राय कर्ण

**82.** रणथम्भौर पर अलाउद्दीन के आक्रमण के समय वहाँ का शासक कौन था?
A. राणा सांगा B. हम्मीर देव
C. राणा कुम्भा D. उपर्युक्त कोई नहीं

**83.** अलाउद्दीन के समय में मेवाड़ पर किस वंश के शासकों का शासन था
A. गुहिलौत B. राठौर
C. सिसौदिया D. चौहान

**84.** मेवाड़ के शासक रतन सिंह को परास्त कर अलाउद्दीन ने मेवाड़ का नाम बदल कर रख दिया–

A. चित्तौड़ B. खिज्राबाद

C. औरंगाबाद D. उपर्युक्त कोई नहीं

**85.** निम्नलिखित जोड़ों में कौन असत्य है?

A. गुजरात → 1298-1301 ई॰

B. चित्तौड → 1303 ई॰

C. रणथम्भौर → 1299-1301 ई॰

D. मालवा → 1300 ई॰

**86.** दक्षिण के जीते हुए राज्यों के प्रति अलाउद्दीन की नीति क्या थी?

A. उन्हें जीत कर दिल्ली सल्तनत में शामिल करना।

B. केवल अपनी सर्वोच्चता सिद्ध करना।

C. अपनी अधीनता स्वीकार कराकर वार्षिक कर वसूल करना।

D. उपर्युक्त सभी।

**87.** अलाउद्दीन के दक्षिण भारत के विजय अभियान का प्रमुख श्रेय किसे दिया जाता है?

A. नसरत खाँ B. मलिक कफूर

C. उलुंग खाँ D. उपर्युक्त सभी

**88.** दक्षिण में अलाउद्दीन के सैनिक अभियानों को आधार प्रदान किया–

A. माबर B. देवगिरी

C. तेलंगाना D. उपर्युक्त कोई नहीं

**89.** दक्षिण भारत में अलाउद्दीन ने प्रथम आक्रमण किया–

A. तेलंगाना B. देवगिरि

C. माबर D. होयरुहा

**90.** दक्षिण के निम्नलिखित शासकों में किसने अंत तक अलाउद्दीन की अधीनता स्वीकार नहीं की?

A. शंकरदेव B. सुन्दर

C. वीर पाण्ड्य D. उपर्युक्त कोई नहीं

**91.** चित्तौड़ अभियान में अलाउद्दीन के साथ जाने वाला व्यक्ति था–

A. सिराज B. अमीर खुसरो

C. बरनी D. उपर्युक्त कोई नहीं

**92.** अलाउद्दीन ने पैदावार का कितना हिस्सा लगान के रूप में वसूल किया?

A. $\frac{1}{4}$ B. $\frac{1}{3}$

C. $\frac{1}{2}$ D. $\frac{1}{5}$

**93.** अलाउद्दीन के समय में 'खालिसा भूमि' किसे कहा गया?

A. उस भूमि को जो बड़े इक्तादारों का अमीरों के पास थी।

B. उस भूमि को जहाँ लगान नकद के रूप में वसूल की जाती थी।

C. उस भूमि को जो राजभूमि या केन्द्र द्वारा नियंत्रित भूमि थी।

D. उपर्युक्त कोई नहीं।

**94.** अलाउद्दीन द्वारा लगाया गया नवीन कर कौन था?

A. मकान कर B. चराई कर

C. A और B दोनों D. सिंचाई कर

**95.** अलाउद्दीन की बाजार नियंत्रण व्यवस्था की जानकारी किन इतिहासकारों के विवरण में मिलता है?

A. बरनी B. अमीर खुसरो

C. इब्नबतूता D. उपर्युक्त कोई नहीं

**96.** खाद्यान्नों की बिक्री हेतु अलाउद्दीन खिलजी स्थापित बाजार को कहा गया–

A. शहना-ए-मंडी B. सरा-ए-अदल

C. राजकीय बाजार D. उपर्युक्त कोई नहीं

**97.** अलाउद्दीन खिलजी की बाजार नियंत्रण व्यवस्था का मुख्य उद्देश्य क्या था?

A. जन कल्याण।

B. एक निश्चित और नकद वेतन पर अपने सैनिकों को संतुष्ट करना।

C. वस्तुओं के मूल्य को मनमाने ढंग से बढ़ने से रोकना।

D. अवैध व्यापारिक क्रिया-कलापों को प्रतिबंधित करना।

**98.** अलाउद्दीन की बाजार-व्यवस्था का कोई लाभ नहीं मिला–

A. कारीगरों को B. व्यापारियों को

C. किसानों को D. उपर्युक्त सभी

**99.** अलाउद्दीन के सैन्य सुधारों के बारे में निम्नलिखित में कौन-सा कथन असत्य है?
A. केन्द्र में एक बड़ी स्थायी सेना का गठन किया।
B. अपने सैनिकों को नगद में वेतन प्रदान किया।
C. सैनिकों की भर्ती सेना मंत्री 'आरीज-ए-मामलिक' द्वारा की जाने लगी।
D. आरीज-ए-मामलिक नामक पदाधिकारी की नियुक्ति सुल्तान ने की।

**100.** अलाउद्दीन के राज दरबार में सरंक्षण पाने वाले विद्वान थे—
A. बरनी B. अमीर खुसरो
C. हसन D. B और C दोनों

**101.** अलाउद्दीन के किस पुत्र ने स्वयं को 'इस्लाम धर्म का सर्वोच्च प्रधान', स्वर्ग तथा पृथ्वी के अधिजाति का खलीफा घोषित किया?
A. कुतुबुद्दीन मुबारक खिलजी।
B. शिहाबुद्दीन मुबारक खिलजी।
C. खिज्र खाँ।
D. उपर्युक्त कोई नहीं।

**102.** मुबारक खाँ को अच्छा लगता था—
A. कुरान का पाठ करना।
B. सूफी संतों एवं विद्वानों की सेवा करना।
C. नग्न स्त्री-पुरुष के बीच में रहना।
D. सुरा और सुन्दरियों में डूबे रहना।

**103.** कुतुबुद्दीन मुबारक खिलजी द्वारा निम्नलिखित में कौन-सी उपाधि धारण की गई?
A. अल-इमान B. उल-इमान
C. खलाफत उल-लह D. उपर्युक्त सभी

**104.** तुगलक वंश के शासकों ने कब से कब तक दिल्ली सल्तनत पर शासन किया?
A. 1320-1413 ई॰ B. 1320-1412 ई॰
C. 1320-1425 ई॰ D. उपर्युक्त कोई नहीं

**105.** खुसरो खाँ की मृत्यु के बाद गाजी मलिक किस उपाधि के साथ दिल्ली का सुल्तान बना?
A. गाजी गयासुद्दीन मलिक
B. गाजी वेग तुगलक
C. गयासुद्दीन तुगलक शाह
D. उपर्युक्त सभी

**106.** गयासुद्दीन तुगलक के नाम में प्रयुक्त 'तुगलक' शब्द सूचक था—
A. किसी नस्ल अथवा वंश का।
B. सुल्तान का व्यक्तिगत नाम था।
C. मुवारक खिलजी द्वारा प्राप्त सम्मान सूचक उपाधि।
D. उपर्युक्त कोई नहीं।

**107.** निम्नलिखित में किस स्थान के सैन्य अभियान से वापस आते समय रास्ते में एक दुर्घटना में सुल्तान (गसासुद्दीन) की मृत्यु हो गयी?
A. देवगिरी B. जाजनगर
C. बंगाल D. गुजरात

**108.** "दिल्ली अभी दूर है" प्रसिद्ध ऐतिहासिक कथन किसका है?
A. अमिर खुसरो B. गयासुद्दीन
C. निजामुद्दीन औलिया D. उपर्युक्त कोई नहीं

**109.** मुहम्मद तुगलक को और किस नाम से जाना जाता था?
A. उलुग खाँ B. जौना खाँ
C. A और B दोनों D. मुहम्मद खाँ

**110.** निम्नलिखित ग्रंथों में किससे तुगलक वंश के इतिहास की जानकारी नहीं मिलती?
A. तुगलकनामा B. किताबुलहिंद
C. रेहला D. फतूहाते फिरोजशाही

**111.** निम्नलिखित कथन कि "मुहम्मद तुगलक में पागलपन का कुछ अंश था।" किस इतिहासकार का है?
A. डॉ॰ ईश्वरी प्रसाद B. हैवेल
C. एलफिन्सटन D. लेनपूल

**112.** मुहम्मद-बिन तुगलक ने शासन के कार्यों में उलेमा वर्ग के—
A. हस्तक्षेप को स्वीकार किया।
B. हस्तक्षेप को स्वीकार नहीं किया।
C. सलाह लिया परन्तु कार्य अपनी इच्छानुसार किया।
D. उपर्युक्त कोई नहीं।

**113.** मुहम्मद तुगलक नवीन प्रयोग करने वाला एक महत्वाकांक्षी शासक था। इसने अनेक नवीन योजनाओं को जन्म दिया, जिनमें सर्वाधिक विवादित योजना थी—

A. सांकेतिक मुद्रा का प्रचलन।
B. राजधानी परिवर्तन।
C. दोआब में कर-वृद्धि।
D. राजस्व में सुधार।

**114.** सुल्तान मुहम्मद तुगलक द्वारा देवगिरी का नाम 'दौलताबाद' रखा गया। दौलताबाद से पूर्व देवगिरी का क्या नाम था?
A. कुतुबाबाद B. मुबारक पुर
C. देवगिरी D. उपर्युक्त सभी

**115.** मुहम्मद तुगलक को सांकेतिक मुद्रा चलाने की प्रेरणा कहाँ से मिली?
A. चीन B. ईरान
C. A और B दोनों D. मिस्र

**116.** मुहम्मद तुगलक के शासन काल में एक मात्र मंगोल आक्रमण 1327 ई॰ में हुआ। इस आक्रमण का नेतृत्व किस मंगोल नेता ने किया?
A. अलाउद्दीन तर्माशीरीन B. तर्गी खाँ
C. इकबाल बंद D. कादर खाँ

**117.** सल्तनतकालीन शासकों में सर्वाधिक विद्रोह किसके समय में हुआ?
A. अलाउद्दीन खिलजी B. इल्तुतमिश
C. मुहम्मद तुगलक D. फिरोज तुगलक

**118.** मुहम्मद तुगलक के समय दिल्ली सल्तनत से सबसे पहले स्वतंत्र होने वाला क्षेत्र निम्नलिखित में कौन था?
A. माबर B. विजयनगर
C. बहमनी D. बंगाल

**119.** मुहम्मद बिन तुगलक के साम्राज्य की सीमाएँ विशाल थी। इस समय कुल प्रांतों की संख्या थी—
A. 20 B. 15
C. 23 D. 18

**120.** 20 मार्च, 1351 को मुहम्मद तुगलक की मृत्यु किसके समीप हुई?
A. देवगिरी B. वारंगल
C. कांगड़ा D. थट्टा

**121.** सुल्तान मुहम्मद तुगलक की मृत्यु पर यह कथन कि "सुल्तान को उसकी प्रजा से और प्रजा को अपने सुल्तान से मुक्ति मिल गई" किसके द्वारा कहा गया है?
A. बरनी B. बदायूँनी
C. इब्नबतूता D. अमीर खुसरो

**122.** किस जैन संत एवं विद्वान को मुहम्मद तुगलक ने अपने राजदरबार में सम्मानित किया?
A. जिन प्रभु सूरी B. हेमचन्द्र सूरी
C. जिन चन्द्र सूरी D. उपर्युक्त सभी

**123.** मुहम्मद तुगलक द्वारा चलाये गये नवीनतम् स्वर्ण सिक्के को कहा गया—
A. तुगलक दीनार B. इब्नबतूता दीनार
C. मुहरे D. टंका

**124.** मुहम्मद तुगलक द्वारा बनवाये गये किस नगर को 'चौथी दिल्ली' के नाम से जाना गया?
A. आदिलाबाद B. तुगलकाबाद
C. जहाँपना नगर D. उपर्युक्त में कोई नहीं

**125.** मुहम्मद बिन तुगलक को उनकी बहुमुखी प्रतिभा के कारण कुछ इतिहासकारों ने अपने युग का कहा—
A. अरस्तु B. लॉक
C. रूसो D. हॉब्स

**126.** 23 मार्च, 1351 को कहाँ पर फिरोज का राज्याभिषेक हुआ?
A. दिल्ली B. थट्टा
C. गुजरात D. मुल्तान

**127.** फिरोज तुगलक ने इस्लामी कानून को आधार बना कर जनता से कितने प्रकार का कर वसूल किया?
A. 4 B. 24
C. 5 D. 6

**128.** फिरोज ने जजिया कर वसूली के दायरे में किस नये वर्ग को शामिल किया?
A. शिया मुस्लिमों को B. भिखारियों को
C. ब्राह्मणों को D. समस्त हिन्दुओं को

**129.** उलेमा वर्ग की सलाह पर फिरोज ने एक नया कर लगाया जिसे कहा गया—
A. सिंचाई कर।
B. हिन्दुओं पर लगने वाला तीर्थ यात्रा कर।
C. वेश्यावृत्ति पर कर।

D. उपर्युक्त सभी।

**130.** फिरोज द्वारा स्थापित 'दारुलशफा' या 'शफाखाना' विभाग किस कार्य से सम्बन्धित था?

A. मुफ्त चिकित्सा B. मुफ्त न्याय
C. धार्मिक दान D. उपर्युक्त कोई नहीं

**131.** फिरोज की धार्मिक नीति थी—

A. धर्मान्धता और असहिष्णुता की।
B. भाई-चारे और सहिष्णुता की।
C. उदासीनता की।
D. उपर्युक्त सभी।

**132.** अपनी आत्म कथा में फिरोज ने हिन्दुओं को किस नाम से सम्बोधित किया है?

A. काफिर B. जिम्मी
C. A और B दोनों D. उपर्युक्त कोई नहीं

**133.** फिरोज के बारे में कौन-सा कथन सही है?

A. सुल्तान ने हिन्दू मंदिरों को तुड़वाया, हिन्दू मेलों पर प्रतिबंध लगाया।
B. सुल्तान ने शिया, सूफी मुन्हीदियो, महदवियों आदि की धार्मिक पुस्तकों को जलवा दिया।
C. सुल्तान धार्मिक भवना से प्रेरित होकर अपने महल के सभी भित्ति चित्रों को नष्ट करवा दिया।
D. उपर्युक्त सभी।

**134.** फिरोज तुगलक द्वारा किये गये सैन्य अभियानों का उद्देश्य था—

A. साम्राज्य विस्तार।
B. साम्राज्य के विघटन को रोकने के लिए।
C. केवल विद्रोहों को कुचलने के लिए।
D. उपर्युक्त सभी।

**135.** सल्तनत से स्वतंत्र हुए किस राज्य पर फिरोज तुगलक ने सर्वप्रथम आक्रमण किया?

A. बहमनी B. विजयनगर
C. बंगाल D. जाजनगर

**136.** बंगाल आक्रमण के समय फिरोज ने किस नए नगर की स्थापना की?

A. जौनपुर B. फिरोजपुर
C. हिसार D. तिरहुत

**137.** फिरोज का अंतिम सैन्य अभियान था—

A. बहमनियों के विरुद्ध।
B. विजयनगर के शासकों के विरुद्ध।
C. थट्टा (सिंध) के जाम बाबनियों के विरुद्ध।
D. उपर्युक्त कोई नहीं।

**138.** अपने किस सैन्य अभियान की सफलता के बाद सुल्तान फिरोज तुगलक ने अपने सिक्कों पर फतहखाँ का नाम भी खुदवाया?

A. बंगाल B. जौनपुर
C. जाजनगर D. थट्टा

**139.** फिरोज के शासन काल में हुए विद्रोहों का क्रम था—

A. कटेहर, गुजरात, इटावा
B. इटावा, कटेहर, गुजरात
C. गुजरात, इटावा, कटेहर
D. गुजरात, कटेहर, इटावा

**140.** निम्नलिखित जोड़ो में कौन सुमेलित नहीं है?

A. गुजरात-दामगानी B. कटेहर-खड़कू
C. इटावा-जमींदार D. बदायूँ-शम्सुद्दीन

**141.** फिरोज द्वारा आधा और एक चौथाई पीतल वाले तांबे और चाँदी मिश्रित सिक्के चलाये गये जिन्हें कहा गया—

A. अद्धा B. विख
C. A और B दोनों D. उपर्युक्त कोई नहीं

**142.** फिरोज द्वारा संरक्षण प्राप्त विद्वान थे—

A. जियाउदीन बरनी B. शम्स-ए-सिराज अफीफ
C. A और B दोनों D. फरिश्ता

**143.** फिरोज तुगलक स्वयं ही विद्वान था। उसने फारसी भाषा में अपनी आत्मकथा लिखी जिसे कहा गया—

A. तारीख-ए-फिरोजशाही B. सीरत-ए-फिरोजशाही
C. फतूहात-ए-फिरोजशाही D. फतवा-ए-जहाँदारी

**144.** सुलतान फिरोज की मृत्यु हुई—

A. 20 सितम्बर, 1388 ई॰ B. 20 अक्टूबर, 1388 ई॰
C. 20 सितम्बर, 1389 ई॰ D. 21 मई, 1388 ई॰

**145.** 1388 ई॰ में फिरोज तुगलक की मृत्यु के बाद सल्तनत का अगला शासक हुआ—

A. फतहखाँ B. जफरखाँ
C. तुगलकशाह D. अबूबक्र

**146.** तुगलक वंश के किस शासक के शासन काल में तैमूरों ने भारत पर आक्रमण किया?
A. अलाउद्दीन सिकंदरशाह B. अबूबक्र
C. नासिरुद्दीन महमूद D. मासिरुद्दीन मुहम्मद

**147.** तुगलक वंश का अंतिम शासक कौन था?
A. नासिरुद्दीन महमूद B. मासिरुद्दीन मुहम्मद
C. खिज्र खाँ D. उपर्युक्त कोई नहीं

**148.** तैमूर लंग किस वंश का था?
A. अफगान B. तुर्क
C. मंगोल D. बरलास

**149.** तैमूर भारत आया—
A. 1398 ई॰ में B. 1399 ई॰ में
C. 1397 ई॰ में D. 1298 ई॰ में

**150.** तैमूर ने अपने द्वारा विजित किन क्षेत्रों का सुबेदार खिज्र खाँ को नियुक्त किया?
A. दीपालपुर B. लाहौर
C. मुलतान D. उपर्युक्त सभी

**151.** तुगलक वंश के पतन के कारणों में कौन सही है?
A. साम्राज्य की विशालता।
B. राष्ट्रीयता का पूर्ण अभाव।
C. स्वेच्छाचारी एवं निरकुंश राजतंत्र।
D. उपर्युक्त सभी।

**152.** सैय्यद वंश का संस्थापक कौन था?
A. दौलत खाँ B. खिज्र खाँ
C. शाहरूख खाँ D. मुबारक शाह

**153.** दिल्ली पर अधिकार करने के लिए खिज्र खाँ को किससे लड़ना पड़ा?
A. नासिरुद्दीन महमूद तुगलक
B. मल्लू इकबाल खाँ
C. मुबारक शाह
D. दौलत खाँ

**154.** सैय्यद वंश के शासकों ने दिल्ली पर कितने वर्ष शासन किया?
A. 35 वर्ष B. 37 वर्ष
C. 40 वर्ष D. 20 वर्ष

**155.** खिज्र खाँ ने 'सुल्तान' की उपाधि न धारण कर किस उपाधि के साथ शासन कार्य का संचालन किया?
A. सुबेदार B. बादशाह
C. रैयत-ए-आला D. उपर्युक्त कोई नहीं

**156.** खिज्र खाँ द्वारा किये गये सैन्य अभियानों का उद्देश्य था—
A. राज्य विस्तार।
B. विद्रोहों पर नियंत्रण।
C. सल्तनत की सत्ता को मजबूत करना।
D. (B) और (C) दोनों।

**157.** लोदी वंश का संस्थापक किसे माना जाता है?
A. दौलत खाँ लोदी B. बहलोल लोदी
C. सिकंदर लोदी D. उपर्युक्त कोई नहीं

**158.** सैय्यद वंश के किस शासक के जीवनकाल में ही बहलोल ने दिल्ली पर अधिकार कर लिया?
A. अलाउद्दीन आलमशाह B. मुबारक शाह
C. मुहम्मद शाह D. सरवरउलमुल्क

**159.** लोदी वंश का संस्थापक बहलोल अफगान जाति का था। वह अफगानी की किस शाखा से सम्बन्धित था?
A. बरलास B. शाहूखेल
C. शेख D. उपर्युक्त कोई नहीं

**160.** सुल्तान बनने से पहले बहलोल लोदी किस प्रांत का सुबेदार था?
A. सरहिन्द B. पंजाब
C. बदायूँ D. मुल्तान

**161.** 13 अप्रैल, 1451 ई॰ को बहलोल किस उपाधि के साथ दिल्ली के सिंहासन पर बैठा और अपने नाम का खुतबा पढ़वाया?
A. बहलोल-ए-आजम लोदी
B. बहलोल शाह गाजी
C. बहलोल लोदी
D. उपर्युक्त कोई नहीं

**162.** बहलोल लोदी के शासन काल की महत्वपूर्ण सफलता थी—
A. जौनपुर राज्य का सल्तनत में विलय।
B. विद्रोही सरदारों का पूर्ण दमन।
C. दिल्ली सल्तनत की पतनोन्मुख प्रतिष्ठा को पुनः संवारने का प्रयास।
D. उपर्युक्त सभी।

**163.** बहलोल लोदी का अंतिम आक्रमण किसके विरुद्ध था?

A. ग्वालियर B. जौनपुर
C. कालपी D. मालवा

**164.** बहलोल ने ज़ौनपुर को जीतकर किसे वहाँ का राज्यपाल बनाया?

A. निजाम खाँ B. मुबारक खाँ नुहानी
C. बारबक शाह D. कुर्बान फरमूली

**165.** जुलाई, 1489 में बहलोल लोदी की मृत्यु किस स्थान पर हुई?

A. ग्वालियर B. मियाँवली
C. कालपी D. धौलपुर

**166.** बहलोल अफगान सरदारों को क्या कह कर पुकारता था?

A. पुत्र B. मकसद-ए-आली
C. रैयत-ए-आला D. उपर्युक्त कोई नहीं

**167.** बहलोल लोदी द्वारा चलाया गया कौन-सा सिक्का अकबर के समय तक चलता रहा?

A. इलाही सिक्का B. अफगानी सिक्का
C. बहलोली सिक्का D. उपर्युक्त कोई नहीं

**168.** सिकंदर लोदी की माँ जो एक हिन्दू (सुनार) महिला थी, का नाम था—

A. जैबन्द B. बीबी जैला
C. भाग्यवती D. उपर्युक्त कोई नहीं

**169.** सिकंदर लोदी को सिंहासन पर बैठने से पूर्व और बाद में अपने किन प्रतिद्वन्दियों से संघर्ष करना पड़ा?

A. बारबक शाह B. आजम हुमायूँ
C. ईसाखां लोदी D. उपर्युक्त सभी

**170.** सिकंदर के सैन्य अभियान का उद्देश्य था—

A. राज्य विस्तार।
B. विद्रोही सरदारों का दमन।
C. अन्य सरदारों को सल्तनत के अधीन करना।
D. उपर्युक्त सभी।

**171.** निम्नलिखित में किसे अंतिम रूप में जीतकर सिकंदर ने अपने राज्य की सीमाओं में शामिल किया?

A. ग्वालियर B. धौलपुर
C. बिहार D. मालवा

**172.** सिकंदर का समकालीन ग्वालियर का शासक कौन था?

A. मानसिंह तोमर B. विक्रमजीत सिंह तोमर
C. राय मानिकदेव D. उपर्युक्त कोई नहीं

**173.** सिकंदर लोदी द्वारा नवीन नगर आगरा की नींव कब डाली गयी?

A. 1504 ई० B. 1503 ई०
C. 1505 ई० D. 1502 ई०

**174.** सिकंदर लोदी द्वारा फारसी भाषा में अनुवादित ग्रंथ "फरहंगे सिकंदरी" सम्बन्धित था—

A. ज्योतिषशास्त्र से B. रसायनशास्त्र से
C. खगोलशास्त्र से D. आयुर्वेदशास्त्र से

**175.** निम्नलिखित वाद्ययंत्रों में सिकंदर लोदी किसे सुनने का शौकीन था?

A. तबला B. वीणा
C. शहनाई D. सितार

**176.** सिकंदर के समय में किस महत्वपूर्ण संगीत की पुस्तक की रचना हुई?

A. लज्जत-ए-सिकंदरी B. मानकौतूहल
C. रागदर्पण D. उपर्युक्त कोई नहीं

**177.** निम्नलिखित में किस स्थान पर सिकंदर लोदी की 21 नवम्बर, 1517 को मृत्यु हुई?

A. बयाना B. ग्वालियर
C. आगरा D. दिल्ली

**178.** निम्नलिखित में किसे इब्राहिम लोदी ने पूर्ण रूप से जीता?

A. मालवा B. ग्वालियर
C. मेवाड़ D. बंगाल

**179.** निम्नलिखित में किसे पराजित कर इब्राहीम ने ग्वालियर को जीता?

A. मेदिनी राय B. राजा मानसिंह
C. विक्रमजीत सिंह D. उपर्युक्त सभी

**180.** 1525 में बाबर भारत आने पर सर्वप्रथम अधिकार किया—

A. सिंध B. पंजाब
C. कश्मीर D. मुल्तान

**181.** पानीपत के मैदान में बाबर और इब्राहीम लोदी की सेनाओं के मध्य 'पानीपत का प्रथम युद्ध' हुआ?
A. 20 अप्रैल, 1526 B. 19 अप्रैल, 1526
C. 21 अप्रैल, 1526 D. 18 अप्रैल, 1526

**182.** इस युद्ध में बाबर द्वारा भारत में सर्वप्रथम प्रयोग किया गया–
A. तोपों का B. गोला बारूदों का
C. बंदूकों का D. उपर्युक्त सभी

**183.** बाबर पानीपत के युद्ध में किन युद्ध पद्धतियों का सहारा लेकर अपनी स्थिति मजबूत कर लिया?
A. तुलगमा B. रूमी
C. A और B दोनों D. कोतल

**184.** इस युद्ध में बाबर ने किस कुशल तोपचियों का प्रयोग किया?
A. उस्ताद अली B. मुस्तफा
C. A और B दोनों D. रूमी खाँ

**185.** इब्राहीम लोदी के बारे में यह किसने लिखा कि "वह मृत्युपर्यन्त लड़ा और एक सैनिक की भांति मारा गया"?
A. नियामतुल्ला B. फरिश्ता
C. बदायूंनी D. अहमद यादगार

**186.** लोदी वंश के पतन के कारणों में महत्वपूर्ण कारण था–
A. इब्राहीम का व्यक्तित्व।
B. अमीरों का चारित्रिक पतन।
C. मुगल सेना की बहादुरी।
D. उपर्युक्त सभी।

## उत्तरमाला

| 1 | 2 | 3 | 4 | 5 | 6 | 7 | 8 | 9 | 10 |
|---|---|---|---|---|---|---|---|---|---|
| B | D | C | A | A | C | B | C | B | A |
| **11** | **12** | **13** | **14** | **15** | **16** | **17** | **18** | **19** | **20** |
| D | A | B | B | C | A | B | A | C | B |
| **21** | **22** | **23** | **24** | **25** | **26** | **27** | **28** | **29** | **30** |
| B | C | B | C | A | B | C | C | C | C |
| **31** | **32** | **33** | **34** | **35** | **36** | **37** | **38** | **39** | **40** |
| B | A | D | B | C | B | D | C | A | C |
| **41** | **42** | **43** | **44** | **45** | **46** | **47** | **48** | **49** | **50** |
| B | C | B | C | A | C | B | B | A | D |
| **51** | **52** | **53** | **54** | **55** | **56** | **57** | **58** | **59** | **60** |
| B | B | B | B | D | A | C | B | B | C |
| **61** | **62** | **63** | **64** | **65** | **66** | **67** | **68** | **69** | **70** |
| A | A | D | A | C | B | A | B | B | B |
| **71** | **72** | **73** | **74** | **75** | **76** | **77** | **78** | **79** | **80** |
| B | B | B | C | D | D | C | B | D | B |
| **81** | **82** | **83** | **84** | **85** | **86** | **87** | **88** | **89** | **90** |
| C | B | A | B | D | C | B | B | A | A |
| **91** | **92** | **93** | **94** | **95** | **96** | **97** | **98** | **99** | **100** |
| B | C | C | C | D | A | B | C | D | D |
| **101** | **102** | **103** | **104** | **105** | **106** | **107** | **108** | **109** | **110** |
| A | C | D | A | C | B | C | C | C | B |
| **111** | **112** | **113** | **114** | **115** | **116** | **117** | **118** | **119** | **120** |
| C | B | B | A | C | A | C | A | C | D |

| 121 | 122 | 123 | 124 | 125 | 126 | 127 | 128 | 129 | 130 |
|---|---|---|---|---|---|---|---|---|---|
| B | A | B | C | A | B | A | C | A | A |
| 131 | 132 | 133 | 134 | 135 | 136 | 137 | 138 | 139 | 140 |
| A | A | D | B | C | A | C | A | C | D |
| 141 | 142 | 143 | 144 | 145 | 146 | 147 | 148 | 149 | 150 |
| C | C | C | A | C | C | A | B | A | B |
| 151 | 152 | 153 | 154 | 155 | 156 | 157 | 158 | 159 | 160 |
| D | B | D | B | C | D | B | A | B | A |
| 161 | 162 | 163 | 164 | 165 | 166 | 167 | 168 | 169 | 170 |
| B | A | A | C | B | B | C | A | D | D |
| 171 | 172 | 173 | 174 | 175 | 176 | 177 | 178 | 179 | 180 |
| C | A | A | D | C | A | C | B | C | B |
| 181 | 182 | 183 | 184 | 185 | 186 | | | | |
| C | A | C | C | B | A | | | | |

# वस्तुनिष्ठ प्रश्न–III

**1.** दिल्ली सल्तनत राज्य था–
A. धर्म निरपेक्ष B. धर्म प्रधान
C. सर्व धर्म समभाव D. उपर्युक्त सभी

**2.** सल्तनत कालीन सुल्तानों की सत्ता का वास्तविक स्रोत होता था–
A. खलीफा का समर्थन
B. जन समर्थन
C. सैन्य सामर्थ्य
D. उलेमाओं द्वारा सुल्तान की सत्ता के प्रति मान्यता या सम्मान।

**3.** सल्तनत काल में उत्तराधिकार का सामान्य नियम था–
A. ज्येष्ठाधिकार नियम के अनुसार
B. जन्म की वरीयता के आधार पर
C. सुल्तान द्वारा चुना गया
D. अमीरों की इच्छा और गद्दी के लिए दावेदार व्यक्ति की अपनी शक्ति एवं क्षमता या योग्यता।

**4.** सल्तनत कालीन अमीर वर्ग में मुख्यतः किस जाति के लोग शामिल थे?
A. तुर्क B. अफगान
C. पठान D. राजपूत

**5.** निम्नलिखित सल्तनत कालीन अमीरों में कौन सर्वप्रथम एक सर्व शक्तिशाली वर्ग था?
A. तुर्कान-ए-चाहलगनी B. जलाली अमीर
C. अमीरान-ए-सादाह D. उपर्युक्त में से कोई नहीं

**6.** सल्तनत कालीन सुल्तानों के प्रशासनिक कार्यों में सहयोग के लिए एक 'मंत्रिपरिषद' होती थी जिसे कहा जाता था–
A. मंत्रिमंडल B. मजलिस-ए-खलवत
C. मजलिस-ए-खास D. सलाहकार परिषद्

**7.** किस सल्तनत कालीन राजवंश के अन्तर्गत 'विजारत' अपने चरमोत्कर्ष पर था?
A. इल्बारी वंश में B. खिलजी वंश में
C. तुगलक वंश में D. लोदी वंश में

**8.** सल्तनत कालीन केन्द्रीय शासन व्यवस्था में सर्वोच्च एवं असाधारण पदासीन अधिकारी होता था–
A. वजीर
B. नाइब या नायाब-ए-मुल्क
C. मजलिस-ए-खलवत का अध्यक्ष
D. उपर्युक्त में से कोई नहीं

**9.** सल्तनत काल में 'सद्र-उस-सुदुर' सम्बन्धित था–
A. धर्म विभाग से
B. न्याय विभाग से

C. राजस्व विभाग से
D. उपर्युक्त में से कोई नहीं

**10.** निम्नलिखित जोड़ो में कौन असत्य है।
A. दीवान-ए-बंदगान — दास विभाग
B. दीवान-ए-अमीरकोही — कृषि विभाग
C. दीवान-ए-रिसालत — विदेश विभाग
D. दीवान-ए-वकूफ — आय व्यय के कागजों की देखभाल करने वाला विभाग।

**11.** 'दीवान-ए-रियासत' विभाग की स्थापना किस सुल्तान द्वारा की गई?
A. अलाउद्दीन खिलजी B. बलबन
C. इल्तुतमिश D. फिरोज तुगलक

**12.** 'दीवान-ए-इस्तिहाक' विभाग की स्थापना फिरोज तुगलक द्वारा की गई। यह विभाग सम्बद्ध था—
A. रोजगार विभाग से
B. पेंशन विभाग से
C. मुफ्त चिकित्सा विभाग से
D. उपर्युक्त में से कोई नहीं

**13.** वरिद-ए-मुमालिक प्रधान अधिकारी होता था—
A. पत्राचार विभाग का
B. सूचना सम्प्रेषण विभाग का
C. गुप्तचर विभाग का
D. उपर्युक्त सभी

**14.** 'अमीर-ए-बहर' विभाग था—
A. नौका विभाग B. घुड़सवार विभाग
C. तोप विभाग D. उपर्युक्त सभी

**15.** प्रान्तों या इक्ताओ के गर्वनर को कहा जाता था—
A. वली/नाइब B. मुफ्ती
C. नाजिम D. उपर्युक्त सभी

**16.** सल्तनत काल में इक्ता से छोटी इकाई कही जाती थी—
A. परगना B. शिक
C. जिला D. उपर्युक्त सभी

**17.** सल्तनत काल में शासन की सबसे छोटी इकाई होती थी—
A. करबा B. गांव
C. नगर D. उपर्युक्त कोई नहीं

**18.** 'इक्ता व्यवस्था' की शुरुआत किस सल्तनत कालीन सुल्तान ने किया?
A. कुतुबुद्दीन ऐबक B. इल्तुतमिश
C. अलाउद्दीन खिलजी D. फिरोज तुगलक

**19.** 'इक्ता' या 'अक्ता' किस भाषा का शब्द था?
A. फारसी B. तुर्की
C. अरबी D. उर्दू

**20.** सल्तनत कालीन सैन्य व्यवस्था मुख्य रूप में किस प्रतिरूप पर गठित की गई थी?
A. अरबी B. मंगोल
C. तुर्की D. उपर्युक्त सभी

**21.** सल्तनत कालीन सैन्य व्यवस्था का शुभारम्भ किसके द्वारा किया गया?
A. मुहम्मद गोरी B. इल्तुतमिश
C. कुतुबुद्दीन ऐबक D. बलबन

**22.** किस सुल्तान के समय में केन्द्रीय सेना को 'हश्म-ए-कल्ब' या 'कल्ब-ए-सुल्तानी' कहा गया?
A. इल्तुतमिश B. कुतुबुद्दीन ऐबक
C. बलबन D. अलाउद्दीन खिलजी

**23.** निम्नलिखित सल्तनत कालीन सैन्य अधिकारियों में कौन सर्वोच्च था?
A. अमीर B. बली
C. खान D. मलिक

**24.** 'दीवान-ए-आरिज' (सैन्य विभाग) का प्रधान होता था—
A. आरिज-ए-मामलिक B. बली
C. खान D. सुल्तान

**25.** 'खास-खेल' सल्तनत काल में कहा जाता था—
A. सुल्तान के सैनिकों को।
B. इक्तादारों के सैनिकों को।
C. अमीरों के सैनिकों को।
D. उपर्युक्त कोई नहीं।

**26.** सल्तनत कालीन सेना का सर्वाधिक महत्वपूर्ण अंग कौन था?
A. हस्ति सेना B. पैदल सेना
C. अश्वरोही सेना D. तोपखाना

**27.** सामन्तों या प्रांतपतियों की सेना को सल्तनत काल में कहा जाता था—

A. हश्म-ए-अतरफ B. हश्म-ए-कल्ब
C. कल्ब-ए-वली D. उपर्युक्त कोई नहीं

**28.** सैनिक सुधारों की दृष्टि से किस सल्तनत कालीन सुल्तान का काल सर्वोत्कृष्ट माना जाता है?
A. इल्तुतमिश B. अलाउद्दीन खिलजी
C. बलबन D. फिरोज तुगलक

**29.** सल्तनत युग की राजस्व नीति आधारित थी–
A. शिया विधिविज्ञों की हनीफी शाखा।
B. सुन्नी विधिविज्ञों की हनीफी शाखा।
C. (A) और (B) दोनों।
D. उपर्युक्त कोई नहीं।

**30.** जजिया कर वसूल किया जाता था–
A. समस्त प्रजा से B. गैर-मुसलमानों से
C. मुसलमानों से D. ब्राह्मणों से

**31.** सर्वप्रथम भारत में किसके द्वारा जजिया कर की वसूली की गई?
A. कुतुबुद्दीन ऐबक B. इल्तुतमिश
C. मुहम्मद बिन कासिम D. अलाउद्दीन खिलजी

**32.** आधुनिक मुस्लिम विद्वान जजिया कर को मानते है, एक–
A. धार्मिक कर B. धर्म निरपेक्ष कर
C. जातीय कर D. उपर्युक्त कोई नहीं

**33.** सल्तनत कालीन सुल्तानों में किसने 'मकान कर' एवं 'चारागाह कर' की वसूली की?
A. गयासुद्दीन तुगलक B. जलालुद्दीन खिलजी
C. अलाउद्दीन खिलजी D. फिरोज तुगलक

**34.** निम्नलिखित में कौन-सी भूमि सुल्तान के प्रत्यक्ष नियत्रंण में रहती थी?
A. इक्ता भूमि B. खालिसा भूमि
C. मदद्-ए-माशा D. उपर्युक्त सभी

**35.** सल्तनत काल में भू-राजस्व निर्धारण की निम्नलिखित में से कौन सी प्रणाली प्रचलित नहीं थी?
A. बटाई
B. कनकूत
C. मसाहत
D. कबूलियत या इकरारनामा

**36.** किस सल्तनत कालीन सुल्तान ने उपज का आधा हिस्सा लगान के रूप में वसूल किया?
A. अलाउद्दीन खिलजी B. मुहम्मद तुगलक
C. फिरोज तुगलक D. सिकंदर लोदी

**37.** सल्तनत काल में भूमि की पैमाइश हेतु निम्नलिखित में किस नाम या संज्ञा का प्रयोग किया गया?
A. सिकंदरी गज B. मसाहत
C. कंकूत D. मुक्ताई

**38.** सल्तनत काल में लगान निर्धारण की मिश्रित प्रणाली को कहा गया?
A. कंकूत B. मुक्ताई
C. बटाई D. मसाहत

**39.** किस सल्तनत कालीन सुल्तान ने सर्वप्रथम नहर निर्माण की दिशा में प्रयास किया?
A. अलाउद्दीन खिलजी B. गयासुद्दीन खिलजी
C. फिरोज तुगलक D. उपर्युक्त कोई नहीं

**40.** फिरोजशाह तुगलक द्वारा बनाई गई नहरों का उल्लेख कहाँ मिलता है–
A. सीरत-ए-फिरोज शाही B. फतुहाते फिरोज शाही
C. तारीखे फिरोज शाही D. दलाइले फिरोज शाही

**41.** दिल्ली सल्तनत के किन सुल्तानों द्वारा भूमि की पैमाइश करायी गई?
A. अलाउद्दीन खिलजी B. मुहम्मद तुगलक
C. सिकन्दर लोदी D. उपर्युक्त सभी

**42.** सल्तनत कालीन किस वंश के शासकों ने भूमि की नाप की इकाई के रूप में 'सिकन्दरी गज' का प्रयोग किया–
A. खिलजी वंश B. तुगलक वंश
C. सैय्यद वंश D. लोदी वंश

**43.** सल्तनत काल में 'बर हुक्म हासिल' का अर्थ क्या था?
A. अतिरिक्त उपज B. वास्तविक उपज
C. अनुमानित उपज D. कम उपज

**44.** सल्तनत कालीन उद्योगों में सबसे बड़ा उद्योग था–
A. हथियार निर्माण उद्योग B. सूती वस्त्र उद्योग
C. A और B दोनों D. दस्तकारी उद्योग

**45.** भारत में सर्वप्रथम 'चर्खे' के प्रयोग का प्रमाण किस समय मिलता है?
A. ग्यारहवीं सदी  B. बारहवीं सदी
C. तेरहवीं सदी  D. चौदहवीं सदी

**46.** मध्यकाल में सर्राफों का मुख्य कार्य होता था–
A. मुद्रा की जाँच
B. विनिमय पत्रों को जारी करना
C. (A) और (B) दोनों
D. सिक्के जारी करना

**47.** सल्तनत कालीन सिक्कों में सबसे महत्वपूर्ण सिक्का निम्नलिखित में कौन होता था?
A. टंका  B. जीतल
C. शशगानी  D. बहलोली

**48.** चांदी निर्मित सिक्का 'टंका' का प्रचलन किसने करवाया?
A. बलबन  B. फिरोज तुगलक
C. सिकन्दर लोदी  D. इल्तुतमिश

**49.** एक सल्तनत कालीन टंके में कितने जीतल होते थे ?
A. 50  B. 64
C. 75  D. 46-48

**50.** सल्तनत काल में 'अरबक्स विधि' किसे कहा गया?
A. अलंकरण की संयुक्त विधि को।
B. निर्माण (भवन) की संयुक्त विधि।
C. मकबरा निर्माण की नवीन तकनीक को।
D. किलों के निर्माण में प्रयुक्त विधि को।

**51.** सल्तनत काल में निर्मित प्रथम इमारत कौन थी?
A. अढ़ाई दिन का झोपड़ा।
B. कुवव्त-उल-इस्लाम मस्जिद।
C. कुतुब मीनार।
D. मुहम्मद गोरी का मकबरा।

**52.** कुतुबुद्दीन ऐबक ने 1197 में किसके स्मृति में 'कुव्वत-उल-इस्लाम मस्जिद' का निर्माण कराया?
A. तराईन के द्वितीय युद्ध में पृथ्वी राज चौहान के पराजय की स्मृति में।
B. भारत में मुस्लिम राज्य की स्थापना की स्मृति में।
C. A और B दोनों।
D. उपर्युक्त कोई नहीं।

**53.** निम्नलिखित निर्माण कार्यों में किससे कुतुबुद्दीन ऐबक सम्बन्धित नहीं है?
A. कुब्वत-उल-इस्लाम
B. अढ़ाई दिन का झोपड़ा
C. कुतुब मीनार
D. सुल्तान गढ़ी का मकबरा

**54.** अढ़ाई दिन का झोपड़ा स्थित है–
A. दिल्ली  B. अजमेर
C. लाहौर  D. काबुल

**55.** निम्नलिखित में किसे सल्तनत काल का प्रथम मकबरा माना जाता है?
A. इल्तुतमिश का मकबरा
B. ऐबक का मकबरा
C. सुल्तान गढ़ी का मकबरा
D. उपर्युक्त कोई नहीं

**56.** भारत में 'मकबरा निर्माण शैली' का जन्मदाता किसे माना जाता है?
A. ऐबक  B. इल्तुतमिश
C. बलबन  D. रजिया

**57.** 'लाल महल' नामक किले का निर्माण किसने करवाया?
A. बलबन  B. रजिया
C. नासिरुद्दीन महमूद  D. इनमें से कोई नहीं

**58.** निम्नलिखित इमारतों में किसका निर्माण मुहम्मद तुगलक द्वारा करवाया गया?
A. जहाँपनाह नगर  B. आदिलाबाद का किला
C. बारहखम्भा  D. उपर्युक्त सभी

**59.** फिरोज शाह तुगलक ने टोपरा और मेरठ से लाये गये अशोक के स्तम्भ को कहाँ पर स्थापित कराया?
A. फतेहाबाद  B. हिसार
C. फिरोजशाह कोटला  D. फिरोजाबाद

**60.** निम्नलिखित मस्जिदों में किसका निर्माण फिरोज तुगलक ने नहीं करवाया?
A. खिर्की मस्जिद  B. काली मस्जिद
C. बेगमपुरी मस्जिद  D. मोठ की मस्जिद

**61.** सल्तनत काल में प्राथमिक शिक्षा कहाँ प्रदान की जाती थी?

A. मकतब B. मदरसा
C. मस्ज़िद D. उपर्युक्त सभी

**62.** तुर्की सुल्तानों ने किस भाषा को राजाश्रय प्रदान किया ?

A. अरबी B. तुर्की
C. फारसी D. B और C दोनों

**63.** 'किताबुलहिन्द' या 'तारिख-उल-हिन्द' ग्रंथ का लेखक किसे माना जाता है?

A. अलबरुनी B. अमीर खुसरो
C. बरनी D. मीर मुहम्मद मासूम

**64.** निम्नलिखित विद्वानों में किसे संस्कृत का भी ज्ञान था?

A. अमीर खुसरो B. जियाउद्दीन बरनी
C. अलबरुनी D. नुरुद्दीन मुहम्मद

**65.** अमीर खुसरो का जन्म हुआ था—

A. एटा (उ॰प्र॰) B. जबलपुर
C. नागौर (राजस्थान) D. गजनी

**66.** अमीर खुसरो का बचपन का नाम क्या था?

A. फरीद B. अबुल हसन
C. जौना खाँ D. उपर्युक्त में कोई नहीं।

**67.** दिल्ली सल्तनत के किस सुल्तान के समय में अमीर खुसरो दिल्ली आया?

A. बलबन
B. नासिरुद्दीन खिलजी
C. अलाद्दीन खिलजी
D. जलालुद्दीन फिरोज खिलजी

**68.** अमीर खुसरो निम्नलिखित सूफी संतों में किसका शिष्य था?

A. शेख ख्वाजा
B. शेख बहाउद्दीन जकारिया का
C. निजामुद्दीन औलिया का
D. उपर्युक्त कोई नहीं

**69.** निम्नलिखित सल्तनतकालीन सुल्तानों में किसका संरक्षण अमीर खुसरो को प्राप्त नहीं था?

A. बलबन B. अलाउद्दीन खिलजी
C. गयासुद्दीन तुगलक D. मुहम्मद बिन तुगलक

**70.** संगीत के क्षेत्र में अमीर खुसरो को किस वाद्य यंत्र का आविष्कारक माना जाता है?

A. सितार B. वीणा
C. तम्बूरा D. उपर्युक्त सभी

**71.** किन प्राचीन वाद्य यंत्रों के संयोग से अमीर खुसरो ने 'सितार' का आविष्कार किया?

A. तम्बूरा B. भारतीय वीणा
C. A और B दोनों D. शहनाई

**72.** निम्नलिखित में किसकी रचना अमीर खुसरो ने नहीं की?

A. तुगलकनामा B. नूहसिपेहर
C. बश्त-विहिश्त D. मासीर-ए-सादात

**73.** निम्नलिखित में किसकी रचना अलबरूनी ने नहीं की?

A. कुव्वत-उल-तारीख B. सनाए-मुहम्मदी
C. मासीर-ए-सआदत D. तारिखा-ए-मुबारकशाही

**74.** निम्नलिखित जोड़ो में कौन असत्य है?

A. तबकात-ए-नासिरी — मिनहाज-उस-सिराज
B. जैन-उल-अखवार — अबूसईद
C. तारीख-ए-फिरोजशाही — शम्स-ए-शिराज अफीफ
D. ताजुल मासिर — बरनी

**75.** किस सल्तनत कालीन विद्वान ने सर्वप्रथम हिन्दी शब्दों एवं मुहावरों का प्रयोग अपनी रचनाओं में किया?

A. जियाउद्दीन बरनी B. अमीर खुसरो
C. अलबरुनी D. उपर्युक्त कोई नहीं

**76.** निम्नलिखित ग्रंथों में किसे आत्म कथा के रूप में लिखा गया है?

A. सीरत-ए-फिरोज शाही
B. फतुहात-ए-फिरोजशाही
C. तबकात-ए-नासिरी
D. उपर्युक्त सभी

**77.** अजमेर के महान संत मोइनुद्दीन चिश्ती के कथनों का संग्रह है—

A. फवाइदससालिकन B. दलैल-अल-अरफिन
C. अफजालूस-शवाहिद D. उपर्युक्त कोई नहीं

**78.** 'मसनवी' को हिन्दी में लिखने की प्रथा किस सुल्तान के समय में शुरु हुई–
A. अलाउद्दीन खिलजी B. मुहम्मद तुगलक
C. सिकंदरी लोदी D. बलबन

**79.** निम्नलिखित में किसे *'तूतिये हिंद'* (भारत का तोता) की उपाधि मिली?
A. गोपाल नायक B. बैजू–बावरा
C. अमीर खुसरो D. उपर्युक्त कोई नहीं

**80.** निम्नलिखित संगीत के विद्वानों में किसे सल्तनत काल में *'बिहारी बुलबुल'* की उपाधि मिली?
A. विद्यापति B. चिंतामणि
C. बैजू बावरा D. भक्शू

**81.** 'दीवान' कहा जाता था–
A. कविताओं के संग्रह को B. कव्वाली के संग्रह को
C. गजलों के संग्रह को D. उपर्युक्त सभी

**82.** दिल्ली सल्तनत का वह कौन प्रथम सुल्तान था जिसने दक्षिण भारत पर आक्रमण किया?
A. इल्तुतमिश
B. जलालुद्दीन फिरोज खिलजी
C. अलाउद्दीन खिलजी
D. मुहम्मद तुगलक

**83.** मध्यकालीन इतिहास का प्रथम 'कल्याणकारी 'निरकुंश शासक' (Behevolent Despot) किसे माना जाता है?
A. अलाउद्दीन खिलजी B. फिरोज तुगलक
C. मुहम्मद तुगलक D. कुतुबुद्दीन ऐबक

**84.** सर्वप्रथम घोड़ों को दागने की प्रथा किसके द्वारा शुरु की गई?
A. इल्तुतमिश B. बलबन
C. अलाउद्दीन खिलजी D. अकबर

**85.** दिल्ली के तख्त पर बैठने वाला प्रथम भारतीय मुस्लिम शासक कौन था?
A. खुसरो खाँ B. खिज्र खाँ
C. मलिक सरदार D. उपर्युक्त कोई नहीं

**86.** दिल्ली सल्तनत का प्रथम सम्प्रभु या प्रभुता सम्पन्न शासक कौन था?
A. इल्तुतमिश B. कुतुबुद्दीन ऐबक
C. अलाउद्दीन D. बलबन

**87.** खड़ी बोली हिन्दी या आधुनिक हिन्दी गद्य का जन्मदाता किसे माना जाता है?
A. अमीर खुसरो B. रामानंद
C. मलिक मुहम्मद जायसी D. रसखान

**88.** दिल्ली सल्तनत के किस शासक ने दक्षिण के विजय को पूरा किया?
A. अलाउद्दीन खिलजी B. मुहम्मद तुगलक
C. बलबन D. सिकंदर लोदी

**89.** अमीर खुसरो को किस गायन शैली का जन्मदाता माना जाता है?
A. ध्रुपद B. खयाल
C. कव्वाली D. उपर्युक्त सभी

**90.** निम्नलिखित मुस्लिम लेखकों में कौन संस्कृत भाषा का भी प्रकांड विद्वान था?
A. अमीर खुसरो B. अलबरुनी
C. बरनी D. अमीर हसन देहलवी

**91.** दिल्ली सल्तनत के किस सुल्तान ने अपने कर्मचारियों को रिश्वत देकर भ्रष्टाचार को बढ़ावा दिया?
A. फिरोज तुगलक B. नासिरुद्दीन महमूद
C. खिज्र खाँ D. रुकनुद्दीन फिरोज

**92.** सल्तनत युग में दिल्ली के तख्त पर शासन करने वाला अंतिम राजवंश कौन था–
A. सैय्यद B. तुगलक
C. लोदी D. उपर्युक्त कोई नहीं

**93.** मूल्य नियंत्रण व्यवस्था के कारण किसे 'कश्मीर का अलाउद्दीन खिलजी' कहा गया?
A. शम्सुद्दीन शाह B. सिकंदर शाह
C. जैनुल अबादीन D. सिहाबुद्दीन

**94.** मध्य कालीन भारत का प्रथम हिन्दू राज्य कौन था?
A. माबर B. देवगिरी
C. विजयनगर D. उपर्युक्त सभी

**95.** सल्तनत काल में खालसा भूमि की देखभाल के लिए शिकदार नामक पदाधिकारी की नियुक्ति किसने की?
A. इल्तुतमिश B. बलबन
C. अलाउद्दीन खिलजी D. रजिया

**96.** किस दिल्ली सल्तनत काल के सुल्तान ने भूमि अनुदान की परम्परा को समाप्त कर दिया?

A. बलबन B. इल्तुतमिश

C. अलाउद्दीन खिलजी D. उपर्युक्त कोई नहीं

**97.** मालवा को सर्वप्रथम किसने जीता?

A. इल्तुतमिश B. अकबर

C. बलबन D. अलाउद्दीन खिलजी

**98.** मुहम्मद गोरी ने किस युद्ध में पृथ्वीराज को पराजित कर कैद कर लिया?

A. तराइन के प्रथम युद्ध में।

B. तराइन के दूसरे युद्ध में।

C. पानीपत के पहले युद्ध में।

D. रणथम्भौर के युद्ध में।

**99.** 'इक्ता' का अर्थ है वह भूमि—

A. जो सैनिक सेना के बदले दी जाती थी।

B. दान में दी जाती थी।

C. इजारेदारी के लिए दी जाती थी।

D. खालसा भूमि के रूप में सुरक्षित थी।

**100.** अलाउद्दीन के बाजार नियन्त्रण से कौन-सा अधिकारी सम्बन्धित नहीं है

A. दीवान-ए-रियासत B. वरीद-ए-मंडी

C. शहना-ए-मंडी D. दरोगा-ए-मंडी

**101.** दीवान-ए-इंशा विभाग सम्बन्धित हैं?

A. धर्म प्रचार से B. पत्राचार से

C. सड़कों के निर्माण से D. शिक्षा से

**102.** निम्नलिखित शासको में सबसे कम समय तक शासन करने वाला शासक है—

A. रजिया B. रुकनुद्दीन फिरोज

C. नसिरुद्दीन महमूद D. कुतुबुद्दीन ऐबक

**103.** सैय्यद वंश का सर्वाधिक योग्य शासक कौन था?

A. मुबारक शाह B. खिज्र खाँ

C. मुहम्मद शाह D. अलाउद्दीन आलम शाह

**104.** मुहम्मद तुगलक का वास्तविक नाम क्या था?

A. एतिमाद खाँ B. जौना खाँ

C. जूना खाँ D. मुजीब खाँ

**105.** मुहम्मद तुगलक की दूसरी राजधानी थी—

A. होशंगाबाद B. दौलताबाद

C. गुलबर्गा D. मांडू

**106.** 13वीं और 14वीं शताब्दियों में भारतीय किसान निम्नांकित की खेती नहीं करते थे?

A. गेहूँ B. जौ

C. चना D. मक्का

**107.** किस शासक ने स्वयं को खलीफा घोषित किया?

A. बलबन B. अलाउद्दीन खिलजी

C. मुहम्मद बिन तुगलक D. मुबारक खिलजी

**108.** इल्तुतमिश की प्रथम उपलब्धि क्या थी—

A. गजनी से संबंध विच्छेद करके दिल्ली के स्वतंत्र रूप की स्थापना।

B. सिन्ध विजय।

C. बंगाल विजय।

D. इक्ता प्रशासन।

**109.** गुलाम वंश के प्रशासन का स्वरूप था—

A. धार्मिक B. सैनिक

C. सैनिक तथा नस्लीय D. धार्मिक तथा नस्लीय

**110.** दिल्ली सुल्तानों में सबसे श्रेष्ठ विद्वान था—

A. इल्तुतमिश B. मुबारक खिलजी

C. मुहम्मद बिन तुगलक D. सिकन्दर लोदी

**111.** दिल्ली के किस सुल्तान के समय में अनेक संस्कृत ग्रन्थों का फारसी में अनुवाद किया गया—

A. बलबन B. जलालुद्दीन खिलजी

C. फिरोज शाह तुगलक D. बहलोल लोदी

**112.** सल्तनत कालीन करों में से कौन-सा-कर धार्मिक था—

A. जकात B. जजिया

C. खिराज D. खुम्स

**113.** भू-राजस्व की दर किसके राज्य काल में सर्वाधिक थी?

A. गियासुद्दीन बलबन B. अलाउद्दीन खिलजी

C. गयासुदीन तुगलक D. मुहम्मद बिन तुगलक

**114.** जय पाल किस वंश का था?

A. चंदेल वंश B. हिन्दुशाही वंश

C. प्रतिहार वंश D. परमार वंश

**115.** मुस्लिम अक्रमणकारियों के विरुद्ध हिन्दु शासकों के पतन का मुख्य कारण था—

A. जाति व्यवस्था का दोष।
B. धार्मिक संघर्ष।
C. राजनीतिक एकता का अभाव।
D. सेना की दुर्बलता।

**116.** निम्नलिखित में से कौन सी नगरी लोदी सुल्तानों की राजधानी थी?
A. आगरा B. लाहौर
C. दिल्ली D. फिरोजाबाद

**117.** दिल्ली सल्तनत का प्रथम वैधानिक सुल्तान कौन था?
A. कुतुबुद्दीन ऐबक B. इल्तुतमिश
C. मोहम्मद गोरी D. बलबन

**118.** निम्नलिखित में से किस सुल्तान ने द्वितीय सिकन्दर का विरूद धारण किया?
A. बलबन B. मोहम्मद-बिन-तुगलक
C. अलाउद्दीन खिलजी D. फिरोज तुगलक

**119.** फिरोज तुगलक ने–
A. हिन्दुओं के प्रति उदार नीति अपनायी।
B. जागीर प्रथा को पुनस्थापित किया।
C. सिन्ध को खोया।
D. मंगोलों से युद्ध किया।

**120.** अमीर खुसरो समकालीन था?
A. बलबन का
B. अलाउद्दीन खिलजी का
C. गयासुद्दीन तुगलक
D. उपर्युक्त सभी का

**121.** सिंचाई के लिए अनेक नहरें किसने बनवाई?
A. बलबन B. अलाउद्दीन खिलजी
C. मुहम्मद तुगलक D. फिरोज तुगलक

## उत्तरमाला

| 1 | 2 | 3 | 4 | 5 | 6 | 7 | 8 | 9 | 10 |
|---|---|---|---|---|---|---|---|---|---|
| B | C | D | A | A | B | C | B | A | B |
| 11 | 12 | 13 | 14 | 15 | 16 | 17 | 18 | 19 | 20 |
| A | B | C | A | D | B | B | B | C | C |
| 21 | 22 | 23 | 24 | 25 | 26 | 27 | 28 | 29 | 30 |
| B | A | C | A | A | C | A | B | B | B |
| 31 | 32 | 33 | 34 | 35 | 36 | 37 | 38 | 39 | 40 |
| C | B | C | B | D | A | B | B | B | A |
| 41 | 42 | 43 | 44 | 45 | 46 | 47 | 48 | 49 | 50 |
| D | D | B | B | D | C | B | D | D | A |
| 51 | 52 | 53 | 54 | 55 | 56 | 57 | 58 | 59 | 60 |
| B | A | D | B | C | A | A | D | C | D |
| 61 | 62 | 63 | 64 | 65 | 66 | 67 | 68 | 69 | 70 |
| A | C | A | C | A | B | B | C | D | A |
| 71 | 72 | 73 | 74 | 75 | 76 | 77 | 78 | 79 | 80 |
| C | D | D | D | B | B | B | B | C | B |
| 81 | 82 | 83 | 84 | 85 | 86 | 87 | 88 | 89 | 90 |
| A | C | B | C | A | A | A | B | B | B |
| 91 | 92 | 93 | 94 | 95 | 96 | 97 | 98 | 99 | 100 |
| A | C | C | C | B | B | D | B | A | B |
| 101 | 102 | 103 | 104 | 105 | 106 | 107 | 108 | 109 | 110 |
| B | B | A | B | B | D | D | A | C | C |
| 111 | 112 | 113 | 114 | 115 | 116 | 117 | 118 | 119 | 120 |
| C | A | B | B | C | A | B | C | B | D |
| 121 | | | | | | | | | |
| D | | | | | | | | | |

# 9. मुगल साम्राज्य

- मुगल वंश का संस्थापक बाबर (1526-1530) था। वह मध्य एशिया स्थित फरगना का शासक था। बाबर एवं बाद के मुगल शासक तुर्क सुन्नी मुसलमान थे। बाबर ने मुगल वंश की स्थापना के साथ ही पद-पादशाही की स्थापना की, जिसके तहत शासक को बादशाह कहा जाता था।
- बाबर अपने पिता की तरफ से तैमूर (तुर्क) का तथा माता की तरफ से चंगेज खां (मंगोल) का वंशज था। उसके पिता का नाम उमरशेख मिर्जा तथा माता का नाम कुतलुगनिगार खानम था।
- बाबर द्वारा भारत पर पांच बार आक्रमण किया गया। भारत पर उसने पहला आक्रमण 1519 में किया, परंतु उसका प्रथम महत्त्वपूर्ण आक्रमण 1526 में हुआ।

| बाबर द्वारा लड़े गए प्रमुख युद्ध |
|---|
| **1. पानीपत का प्रथम युद्ध (1526):** इसमें बाबर ने इब्राहिम लोदी को हराकर भारत में मुगल वंश की स्थापना की। |
| **2. खानवा का युद्ध (1527):** इसमें बाबर ने राणा सांगा को हराया। |
| **3. चंदेरी का युद्ध (1528):** इसमें बाबर ने मेदिनी राय को हराया। |
| **4. घाघरा का युद्ध (1529):** इसमें बाबर ने अफगान सरदार महमूद लोदी को पराजित किया। |
| **नोट-** खानवा युद्ध में विजय के बाद बाबर ने **'गाजी'** की उपाधि धारण की। |

- पानीपत के प्रथम युद्ध में बाबर ने पहली बार तुगलमा युद्ध नीति एवं तोपखाने का प्रयोग किया था। उस्ताद अली एवं मुस्तफा बाबर के दो प्रसिद्ध तोपची थे जिन्होंने इस युद्ध में भाग लिया था।
- बाबर को मुबईयान नामक पद्यशैली का जन्मदाता माना जाता है। उसने तुर्की भाषा में अपनी आत्मकथा 'तुजुक-ए-बाबरी' लिखी जिसे बाद में अब्दुर्रहीम खानखाना ने फारसी में 'बाबरनामा' के नाम से अनुवादित किया।
- बाबर का उत्तराधिकारी हुमायूं (1530-1556) था। दिल्ली की गद्दी पर बैठने से पहले हुमायूं बदख्शां का सूबेदार था। अपने राज्याभिषेक के बाद हुमायूं ने अपना राज्य अपने तीन (भाईयों कामरान, असकरी एवं हिंदाल) में बांट दिया जो कि उसकी सबसे बड़ी राजनीतिक भूल साबित हुई।
- हुमायूं ने दिल्ली के निकट **'दीन पनाह'** नगर की स्थापना (1533) की।
- हुमायूं का प्रमुख शत्रु शेरशाह सूरी था। जिसने उसे चौसा के युद्ध (1539) में परास्त किया और 1540 ई. में कन्नौज (बिलग्राम) के युद्ध में पराजित करके भारत से बाहर चले जाने के लिए बाध्य कर दिया।
- अपने निर्वासन काल के दौरान हुमायूं प्रारंभ में अमरकोट के राणा वीरसाल के यहां तथा अंततः ईरान के शाह के यहां रहा।
- निर्वासन के समय हुमायूं ने हिंदाल के आध्यात्मिक गुरु फारसवासी शिया मीर बाबा दोस्त ऊर्फ मीर अली की पुत्री हमीदाबानो बेगम से 29 अगस्त, 1541 को निकाह कर लिया। कालांतर में हमीदा से ही अकबर जैसे महान सम्राट का जन्म हुआ।
- हुमायूं ने 1555 में पंजाब के सूरी शासक सिकंदर को पराजित कर पुनः दिल्ली की गद्दी पर बैठा। जनवरी, 1556 में दीन पनाह भवन में स्थित पुस्तकालय की सीढ़ियों से गिरने के कारण उसकी मृत्यु हो गई।
- हुमायूं द्वारा लड़े गए चार प्रमुंख युद्धों का क्रम है– देवरा (1531), चौसा (1539), बिलग्राम (1540) एवं संरहिंद का युद्ध (1555)।
- सूर साम्राज्य का संस्थापक अफगान वंशीय शेरशाह सूरी (1540-1545) था। **शेरशाह द्वारा स्थापित अफगान साम्राज्य भारत में द्वितीय अफगान साम्राज्य था। जबकि प्रथम अफगान साम्राज्य कि स्थापना बहलोल लोदी के द्वारा की गई थी।** बहलोल लोदी का पौत्र इब्राहिम लोदी प्रथम अफगान साम्राज्य का अंतिम शासक था जिसे पानीपत के प्रथम युद्ध (1526) में बाबर ने पराजित कर मुगल वंश की स्थापना की थी।

- शेरशाह का प्रारंभिक नाम 'फरीद खां' था। उसे शेरखान की उपाधि बाबर खान लोहानी ने दी थी। शेरशाह के पिता हसन खां जौनपुर के एक छोटे जमींदार थे।
- शेरशाह ने बड़ा होने पर अपने पिता द्वारा सासाराम, खवासपुर के परगने को प्राप्त किया जो उसके अधिकार में 1497 से लेकर 1518 तक रहा।
- शेरशाह ने अपने अधिकारों की रक्षा एवं शक्ति के विस्तार के लिए बिहार के सुल्तान मुहम्मद शाह नुहानी के यहां नौकरी कर ली।
- 1539 में चौसा का एवं 1540 में बिलग्राम/कन्नौज का युद्ध जीतने के बाद वह दिल्ली की गद्दी पर बैठा । उत्तर भारत में सूरवंश के द्वितीय अफगान साम्राज्य के संस्थापक शेर खाँ ने अपने राज्याभिषेक के समय 'शेरशाह' की उपाधि ग्रहण की। आगे चलकर उसने इसी नाम से खुतबे पढ़वाए एवं सिक्के ढलवाए।
- शेरशाह जिस समय दिल्ली की गद्दी पर बैठा उसके साम्राज्य की सीमाएं पश्चिम में कन्नौज से लेकर पूरब में असम की पहाड़ियों एवं चटगांव तथा उत्तर में हिमालय से लेकर दक्षिण में झारखंड की पहाड़ियों एवं बंगाल की खाड़ी तक फैली हुई थी।
- शेरशाह के शासनकाल का महत्त्व उसके द्वारा किए गए प्रशासनिक सुधारों को लेकर है। सत्ता में आने के बाद उसके समक्ष सबसे बड़ा प्रश्न नवस्थापित साम्राज्य को सुदृढ़ एवं स्थायी बनाने का था। इसके लिए दो बातें आवश्यक थी–**प्रथम,** नवस्थापित वंश के लिए प्रजा में निष्ठा एवं समर्थन की भावना का विकास करना तथा **द्वितीय,** एक सुदृढ़ प्रशासनतंत्र को संगठित करना।
- शेरशाह की प्रशासनिक प्रणाली में निरंतरता, पुनरोद्धार एवं परिवर्तन तीनों ही लक्षण दिखाई पड़ते हैं। केंद्रीय प्रशासन को चलाने के लिए चार विभाग थे–
  1. **दीवाने वजारतः** लगान एवं वित्त-संबंधी मामलों से संबद्ध इस विभाग का प्रमुख वजीर होता था।
  2. **दीवाने-अर्जः** यह सैन्य विभाग था तथा इसका प्रमुख आरिज होता था।
  3. **दीवाने इंशाः** इसकी प्रकृति सचिवालय जैसी थी। इस विभाग का प्रमुख दबीर होता था।
  4. **दीवाने रिसालतः** यह धार्मिक मामलों से संबद्ध विभाग था। इसका प्रमुख सद्र कहलाता था। इसी के अधीन दीवाने-कजा था जिसका प्रमुख काजी होता था और जो न्यायिक मामलों को देखता था।
- शेरशाह के प्रांतीय प्रशासन के बारे में विस्तृत जानकारी नहीं मिलती। किन्तु कुछ स्त्रोतों के अनुसार प्रांतों के शीर्षस्थ अधिकारी कहीं हाकिम कहीं अमीन या फौजदार कहलाते थे।
- शेरशाह ने सरकार एवं परगना स्तर पर स्थानीय प्रशासन को पहली बार समरूपी ढंग से संगठित किया।
- प्रत्येक सरकार में दो अधिकारी होते थे। इन अधिकारियों के नाम इस प्रकार हैं–
  1. **शिकदारे-शिकदरानः** यह कानून-व्यवस्था बनाए रखने के लिए जवाबदेह था।
  2. **मुंसिफे-मुंसिफानः** यह लगान संबंधी मुकदमों की देख-रेख करता था।
- प्रत्येक परगना में तीन अधिकारी होते थे। इन अधिकारियों के नाम इस प्रकार हैं–
  1. **शिकदारः** इसकी नियुक्ति कानून-व्यवस्था बनाए रखने के लिए की गई थी।
  2. **अमीनः** यह लगान वसूली का कार्य करता था।
  3. **मुंसिफः** मुकदमों की देख-रेख की जिम्मेवारी इसी अधिकारी की थी।
- शेरशाह ने सेना में भी सुधार किया किंतु उसके सैनिक सुधारों में कोई मौलिकता नहीं थी, बल्कि उसने अलाउद्दीन के सुधारों की ही पुनरावृत्ति की थी। उसके सैन्य प्रशासन की मुख्य विशेषताएं निम्नलिखित हैं–
  1. स्थायी केंद्रीय सेना का निर्माण, जिससे सामंतों की सैनिक शक्ति एवं सुल्तान की उन पर निर्भरता समाप्त हुई।
  2. सैनिकों को नकद वेतन देने की व्यवस्था, जिससे जागीरदारो की शक्ति नियंत्रित हुई।
  3. घोड़ों को दागने और सैनिकों का हुलिया रखने की व्यवस्था, जिससे सेना की कार्यक्षमता में वृद्धि हुई और सैनिकों की राज्य के साथ धोखेबाजी की संभावना समाप्त हुई।
- शेरशाह के सुधारों में सबसे अधिक महत्त्व राजस्व संबंधी सुधारों को दिया जाता है। उसने जब्त प्रणाली को लागू किया जिसके अंतर्गत् लगान का निर्धारण भूमि की माप

के आधार पर किया जाता था। उसने उपज का $\frac{1}{3}$ भाग लगान के रूप में निर्धारित किया, लेकिन इसके पूर्व कृषि योग्य भूमि को तीन श्रेणियों में विभक्त कर दिया गया- उत्तम, मध्यम एवं निम्न । किसानों को लगान नकदी या अनाज किसी एक माध्यम से देने की छूट दी गई ।

- शेरशाह का शासनकाल आर्थिक सुधारों के लिए भी उल्लेखनीय है। उसने राज्य में एक समान मुद्रा प्रणाली एवं माप-तौल के उपकरणों को लागू किया। उसने पुराने घटिया सिक्कों की जगह पर शुद्ध सोने-चाँदी के सिक्के जारी किए एवं रुपए के छोटे हिस्सों के लिए भी सिक्के बनवाए। वाणिज्य-व्यापार को प्रोत्साहन देने के लिए चुंगियों की दर निर्धारित की गई, राहदारी जैसे करों को समाप्त करके केवल दो स्थानों पर चुंगी लेने का प्रबंध किया गया। ये दो स्थान निम्न प्रकार के थे–
  1. उत्पादन या आयात केन्द्र पर
  2. विक्रय स्थल पर
- व्यापार की उन्नति के लिए शेरशाह द्वारा सड़कों के निर्माण एवं यात्रियों के आवास एवं सुरक्षा का भी पूरा-पूरा घ्यान दिया गया। इस कार्य हेतु उसने अनेक सरायों एवं सड़कों का निर्माण करवाया।
- स्थापत्य कला के क्षेत्र में शेरशाह का योगदान निःसंदेह अविस्मरणीय है। उसके द्वारा सासाराम में झील के अंदर ऊंचे टीले पर निर्मित करवाया गया स्वयं के मकबरा को पूर्वकालीन स्थापत्य कला की पराकाष्ठा तथा नवीन शैली के प्रारंभ का द्योतक माना जाता है।
- शेरशाह ने रोहतासगढ़ के दुर्ग एवं कन्नौज के स्थान पर 'शेरसूर' नामक नगर बसाया और साथ ही 1541 में उसने पाटलिपुत्र को 'पटना' के नाम से पुनः स्थापित किया।
- शेरशाह की मृत्यु के बाद उसका पुत्र इस्लामशाह शासक बना। उसके लगभग एक दशक लंबे शासनकाल में विद्रोह और उपद्रव की समस्या सदैव बनी रही। इस्लामशाह की मृत्यु के बाद पुनः एक बार उत्तराधिकार का संघर्ष छिड़ा। इसका लाभ उठाकर हुमायूं ने भारत में पुनः प्रवेश किया और दिसंबर 1555 में मच्छीवाड़ा के युद्ध में अपना खोया हुआ साम्राज्य वापस प्राप्त कर लिया।
- अकबर (1556-1605) का जन्म हुमायूं के प्रवासकाल के दौरान 1542 में अमरकोट के राणा वीरसाल के महल में हुआ। अकबर की मां का नाम हमीदाबानो बेगम था।
- अकबर का राज्याभिषेक फरवरी, 1556 को पंजाब के कलानौर नामक स्थान पर हुआ। उसने 1560 तक बैरम खां के संरक्षण में शासन किया। सिंहासन पर बैठते ही अकबर ने बैरम खां की सहायता से 1556 में पानीपत के द्वितीय युद्ध में हेमू 'विक्रमादित्य' को हराया।
- अकबर बैरम खां के संरक्षण से मुक्त होकर (1561 में) अपने पहले सैन्य अभियान में मालवा के शासक बाजबहादुर को पराजित किया।
- 1575 में 'हल्दीघाटी' के प्रसिद्ध युद्ध में अकबर के सेनापति राजा मानसिंह ने मेवाड़ के शासक महाराणा प्रताप को पराजित किया।
- अकबर ने आगरा से कुछ दूरी (लगभग 36 किमी) पर 1575 में फतेहपुर सीकरी नामक नगर की स्थापना की और उसमें प्रवेश के लिए 'बुलंद दरवाजा' बनवाया। बुलंद दरवाजा अकबर ने गुजरात जीतने के उपलक्ष्य में बनवाया था। फतेहपुर सीकरी में ही धार्मिक परिचर्चा हेतु उसने इबादतखाने की स्थापना की ।
- अकबर ने सभी धर्मों के उत्तम सिद्धांतों को लेकर दीन-ए-इलाही या तौहीद-ए-इलाही नामक नए धर्म की स्थापना की। इस धर्म का पुरोहित अकबर था। दीन-ए-इलाही को स्वीकारने वाला प्रथम एवं अंतिम हिंदू शासक बीरबल था।
- अकबर के दरबार में नवरत्न के नाम से प्रसिद्ध नौ प्रमुख व्यक्ति थे–
  1. बीरबल, 2. मानसिंह, 3. फैजी, 4. टोडरमल, 5. अब्दुर्रहीम खानखाना, 6. अबुल फजल, 7. तानसेन, 8. मुल्ला दो प्याजा, 9. भगवान दास ।
- अकबर के पुत्र सलीम के विद्रोह के कारण अकबर के अंतिम दिन दुःखदायी रहे। 1605 में अकबर की मृत्यु हो गई।

**अकबर के कुछ महत्त्वपूर्ण कार्य**

| क्र.स. | कार्य | वर्ष |
|---|---|---|
| 1. | दासप्रथा का अंत | 1562 |
| 2. | हरमदल से मुक्ति | 1562 |
| 3. | तीर्थयात्रा कर की समाप्ति | 1563 |
| 4. | जजिया कर की समाप्ति | 1564 |

| | | |
|---|---|---|
| 5. | इबादतखाने की स्थापना | 1575 |
| 6. | मजहर की घोषणा | 1579 |
| 7. | दीन-ए-इलाही की स्थापना | 1582 |
| 8. | इलाही संवत् की शुरुआत | 1583 |
| 9. | राजधानी लाहौर स्थानांतरित | 1585 |

- जहांगीर (1605-16027) के बचपन का नाम सलीम था। अकबर के उत्तराधिकारी के रूप में नवंबर, 1605 को नुरुद्दीन मुहम्मद जहांगीर बादशाह गाजी की उपाधि धारण कर गद्दी पर बैठा।
- जहांगीर को न्याय की जंजीर के लिए याद किया जाता है। यह जंजीर सोने की बनी थी, जो आगरे के किले के शाहबुर्ज एवं यमुना-तट पर स्थित पत्थर के खंभे में टंगवाई गई थी।
- सिंहासन पर बैठते ही जहांगीर को अपने बड़े पुत्र खुसरो के विद्रोह (1605) का सामना करना पड़ा। जहांगीर ने उसे पकड़वा कर अंधा करवा दिया। सिखों के 5वें गुरु, गुरु अर्जुनदेव को शाहजादे खुसरो की सहायता करने के कारण जहांगीर ने फांसी लगवा दी।
- जहांगीर के शासनकाल में मुगल चित्रकला चरमोत्कर्ष पर थी।
- जहांगीर ने फारसी में अपनी आत्मकथा 'तुजक-ए-जहांगीरी' की रचना की । इसी के शासनकाल में कंधार मुगलों के हाथ से (1622 में) निकल गया और इस पर ईरान के शाह अब्बास ने अधिकार कर लिया।
- जहांगीर के काल में ही प्रथम अंग्रेज मिशन कैप्टन हाकिंस के नेतृत्व में मुगल दरबार में आया (1608-1611) जो व्यापारिक अनुमति प्राप्त नहीं कर सका। सर टॉमस रो के नेतृत्व में दूसरा मिशन भारत आया (1615-1618) जो व्यापारिक अनुमति प्राप्त करने में सफल रहा। इसी के शासनकाल में अंग्रेजों ने सूरत में प्रथम व्यापार केंद्र की स्थापना की। 1627 में जहांगीर की मृत्यु हो गई ।
- जहांगीर के बाद उसका पुत्र शाहजहां (1627-1657) मुगल सिंहासन पर बैठा। शाहजहां (खुर्रम) का विवाह आसफ खां की पुत्री अरजुमंदबानो बेगम से हुआ, जिसे शाहजहां ने मलिका-ए-जमानी की उपाधि प्रदान की । 1631 में प्रसव पीड़ा के कारण उसकी मृत्यु हो गई।
- शाहजहां ने दिल्ली के निकट शाहजहांनाबाद नगर की स्थापना की और राजधानी आगरा से इस स्थान पर परिवर्तित की। इसे आजकल पुरानी दिल्ली के नाम से जाना जाता है। इसी में उसने सुरक्षा दुर्ग का निर्माण कराया जिसे 'लाल किला' या 'किला मुबारक' के नाम से जाना जाता है। उसने इसी किले में दीवान-ए-आम व दीवान-ए-खास का निर्माण करवाया।
- शाहजहां ने स्वयं अपना व अपनी बेगम मुमताज महल का मकबरा आगरा में बनवाया जो 'ताजमहल' के नाम से प्रसिद्ध है। ताजमहल का वास्तुविद् उस्ताद ईशा खां था। इसके निर्माण में प्रयुक्त होने वाला संगमरमर राजस्थान के मकराना से मंगवाया गया था।
- ताजमहल के अतिरिक्त शाहजहां ने आगरा में मोती मस्जिद तथा दिल्ली में जामा मस्जिद का निर्माण करवाया। शाहजहां के शासनकाल को द्वितीय स्वर्णकाल के नाम से जाना जाता है।
- शाहजहां के पुत्र दारा शिकोह, शुजा, औरंगजेब व मुराद में उसके बीमार होने पर उत्तराधिकार प्राप्त करने के लिए युद्ध शुरू हो गया।
- 1658 में औरंगजेब ने विजय प्राप्त करते हुए राजधानी पर अधिकार कर लिया तथा शाहजहां को गिरफ्तार कर आगरे के किले में कैद कर दिया जहां 1666 में शाहजहां की मृत्यु हो गई।
- औरंगजेब (1658-1707) सिंहासन पर बैठने के पूर्व दक्कन का गवर्नर था।
- आगरा पर कब्जा कर जल्दीबाजी में औरंगजेब ने अपना राज्याभिषेक 'अबुल मुजफ्फर औरंगजेब बहादुर आलमगीर' की उपाधि से 31 जुलाई, 1658 को करवाया।
- औरंगजेब ने देवराई के युद्ध में सफल होने के बाद मई, 1659 को दिल्ली में प्रवेश किया और शाहजहाँ के शानदार महल में जून, 1659 में दूसरी बार राज्याभिषेक करवाया।
- सम्राट बनने के उपरांत औरंगजेब ने जनता के आर्थिक कष्टों के निवारण हेतु 'राहदारी' (आंतरिक पारगमन शुल्क) और 'पानदारी' (व्यापारिक चुंगियों) आदि को समाप्त कर दिया।
- औरंगजेब ने उलेमा वर्ग की सलाह के अनुसार इस्लामी ढंग से शासन किया। वह सुन्नी धर्म को मानता था, उसे **जिन्दापीर** कहा जाता था। उसने झरोखा दर्शन की प्रथा एवं नवरोज मनाने पर रोक लगा दी ।

- औरंगजेब ने हिन्दू त्योहारों को सार्वजनिक रूप से मनाए जाने पर प्रतिबंध लगा दिया। उसने राज्य में सार्वजनिक रूप से नृत्य तथा संगीत पर भी प्रतिबंध लगा दिया यद्यपि व्यक्तिगत जीवन में वह एक कुशल वीणा वादक था।
- औरंगजेब के समय में मुगल साम्राज्य क्षेत्रफल की दृष्टि से चरमोत्कर्ष पर था। यह काबुल से लेकर चटगांव तक तथा कश्मीर से लेकर कावेरी नदी तक विस्तृत था।
- औरंगजेब ने अपनी बेगम के आग्रह पर ताजमहल की प्रतिकृति का निर्माण करवाया जिसे बीवी का मकबरा या द्वितीय ताजमहल के नाम से जाना जाता है। यह औरंगाबाद में स्थित है।
- 1707 में औरंगजेब की मृत्यु हो गई। उसका मकबरा औरंगाबाद में स्थित है।

**उत्तरवर्ती मुगल शासक**

| शासक | शासनकाल |
|---|---|
| • बहादुरशाह I | 1707-1712 |
| • जहांदारशाह | 1712-1713 |
| • फर्रूखसियर | 1713-1719 |
| • मोहम्मद शाह 'रंगीला' | 1719-1748 |
| • अहमदशाह | 1748-1754 |
| • आलमगीर II | 1754-1759 |
| • शाहआलम II | 1759-1806 |
| • अकबर II | 1806-1837 |
| • बहादुरशाह II | 1837-1857 |

**नोंटः**

1. जहांदारशाह ने व्यापारिक गतिविधियों के उद्देश्य से अंग्रेजों के लिए 'फरमान' पर हस्ताक्षर किए।
2. मोहम्मद शाह 'रंगीला' को मिश्र के राजा नादिरशाह ने करनाल के युद्ध (1739) में हराया था और मयूर सिंहासन और कोहिनूर हीरा भारत से ले गया था।
3. शाहआलम II ने अवध के नवाब शुजाउद्दौला और बंगाल के नवाब मीर कासिम क साथ मिलकर (1764) में अंग्रेजों के विरुद्ध बक्सर का युद्ध लड़ा था, परन्तु उसे पराजय का मुंह देखना पड़ा।
4. अकबर II ने 1833 में राजा राममोहन राय को अपनी पेंशन बढवाने के लिए इंग्लैंड भेजा।
5. बहादुरशाह II (जफर) जो कि अंतिम मुगल सम्राट था ने 1857 के विद्रोह का केन्द्रीय नेतृत्वकर्त्ता था। विद्रोह के दमन के बाद बहादुरशाह II को पत्नी जीनत महल के साथ वर्मा के रंगून स्थित मांडले जेल में रखा गया। उसकी मृत्यु वहीं हुई एवं उसका मकबरा रंगून में ही स्थित है।

- मुगलकालीन शासन व्यवस्था अत्यधिक केंद्रीकृत नौकरशाही व्यवस्था थी। इसमें भारतीय व विदेशी (अरबी-फारसी) तत्त्वों का सम्मिश्रण था।
- मुगल साम्राज्य के संस्थापक बाबर ने दिल्ली सल्तनत के सुल्तानों से अलग 'पादशाह' की उपाधि ग्रहण की। पादशाह का शाब्दिक अर्थ है 'ऐसा स्वामी या शक्तिशाली राजा जिसे अपदस्थ ने किया जा सके।
- मुगलकाल में सम्राट को प्रशासनिक कार्यों में सहायता करने के लिए एक मंत्रिपरिषद् थी। मंत्रिपरिषद् को विजारत कहा जाता था।
- बाबर के शासनकाल में वजीर का पद काफी महत्त्वपूर्ण था। वह राज्य का प्रधानमंत्री होता था। सम्राट के बाद शासन कार्यों को संचालित करने वाला सबसे महत्त्वपूर्ण अधिकारी वकील था। जिसके कर्त्तव्यों को अकबर ने दीवान, मीरबख्शी, सद्र-उस-सद्र एवं मीर समां में विभाजित कर दिया।
- मुगलकालीन प्रमुख प्रशासनिक अधिकारियों के कार्यों का विवरण इस प्रकार है—
  1. **दीवान/वजीरः** यह राजस्व एवं वित्त विभाग का प्रमुख था। दीवान के निरीक्षण के अंतर्गत् अनेक विभाग कार्यरत थे।
  2. **मीरबख्शीः** यह सैन्य विभाग का प्रमुख अधिकारी था। सैन्य विभाग से संबद्ध अनेक कार्य इसके पास होते थे।
  3. **सद्र-उस-सद्र या सुदूरः** यह धार्मिक मामलों, धार्मिक धन-सम्पत्ति एवं दान विभाग का प्रधान होता था। शरीमत की रक्षा करना इसका प्रमुख कर्त्तव्य था। सद्र दान में दी गई लगानहीन भूमि का भी निरीक्षण करता था। इस भूमि को **'सयूरगूल'** या **'मदद-ए-माश'** कहा जाता था।
  4. **मीर समांः** यह सम्राट के घरेलू विभागों का प्रधान होता था। सम्राट के दैनिक व्यय, भोजन एवं भंडार का निरीक्षण भी इसके द्वारा किया जाता था।

- अकबर के शासनकाल में सर्वप्रथम प्रांतीय प्रशासन हेतु नया आधार प्रस्तुत किया गया। अकबर के समय सूबों की संख्या 15 थी। जहांगीर के समय भी सूबों की संख्या 15 थी। शाहजहां और औरंगजेब के समय सूबों की संख्या क्रमशः 18 और 20 हो गई।
- प्रशासन की दृष्टि से मुगल साम्राज्य का विभाजन सूबों में, सूबे सरकार में, सरकार परगना या महल में बंटे थे, परगने से जिले या दस्तूर बने थे जिसके अंतर्गत् ग्राम होते थे जो प्रशासन की सबसे छोटी इकाई होती थी, जिसे मावदा या दीह कहते थे। मावदा के अंतर्गत् छोटी-छोटी बस्तियों को नागला कहा जाता था।
- शाहजहां के शासनकाल में सरकार एवं परगना के मध्य चकला नाम की एक नई इकाई की स्थापना की गई थी।
- मुगलकालीन सामाजिक जीवन के संबंध में अधिक विस्तृत सूचनांए उपलब्ध हैं। नगरीय जीवन के संबंध में मुख्यतः यूरोपीय यात्रियों के वृतांत, व्यापारिक कंपनियों के विपत्र तथा ग्रामीण जीवन के संबंध में मुगल प्रशासनिक दस्तावेज इस सूचना की प्राप्ति में सहायक हैं।
- मुगलकालीन समाज की संरचना सल्तनतकाल से बहुत भिन्न नहीं थी, सिवाय इसके कि इस काल में जैनों की स्थिति में कुछ परिवर्तन आए थे, सिक्ख एक नए और महत्त्वपूर्ण सम्प्रदाय के रूप में उभरे एवं ईसाइयों की संख्या भी बढ़ी थी। हिन्दू समाज में पूर्ववत् जाति पर आधारित विभाजन बने रहे।
- भक्ति आंदोलन के प्रभाव में जाति-प्रथा का खंडन करने वाले संतों का पदार्पण भी हुआ। उनके द्वारा नए संप्रदायों की स्थापना भी हुई जिनके सदस्य जाति-प्रथा के सिद्धांतों को नहीं मानते थे परंतु इसका प्रभाव अत्यंत सीमित रहा।
- मुस्लिम समाज का स्वरूप भी पूर्ववत् बना रहा केवल विदेशी मुसलमानों में ईरानियों की संख्या और प्रभाव में उल्लेखनीय वृद्धि हुई।
- मुगलकाल में समाज में महिलाओं की स्थिति पहले की तुलना में सुधरी थी। इस काल में अनेक विदूषी और प्रभावशाली महिलाओं की चर्चा मिलती है, जो हिन्दू और मुस्लिम दोनों वर्गों से संबद्ध थी। यथा– जहांआरा, नूरजहां, गुलबदन बेगम, चाँदबीबी, दुर्गावती और ताराबाई। परंतु सामान्यतः महिलाओं को अनेक असुविधाओं का सामना करना पड़ता था।
- दासों की स्थिति में इस काल में और गिरावट आइ। दासों को अब मात्र सेवक के रूप में अथवा घरेलू काम-काज के सहायक के रूप में प्रयोग किया जाने लगा।
- मुगलकाल में शिक्षा के क्षेत्र में विशेष प्रगति हुई। सबसे महत्त्वपूर्ण परिवर्तन यह आया कि मदरसों के पाठ्यक्रम में धर्म के अतिरिक्त गणित, दर्शन एवं साहित्य आदि का महत्त्व बढ़ा।
- हिन्दू और मुस्लिम समाज के बीच संपर्क से एक मिली-जुली परंपरा का प्रारंभ हुआ।
- इस काल में भी ग्रामीण अर्थव्यवस्था में कृषि की प्रधानता पूर्ववत बनी रही, जबकि नगरीय जीवन में व्यापार एवं शिल्प-उत्पादन की स्थिति पहले की तुलना में अधिक समुन्नत रही।
- खान-पान में भौगोलिक प्रभाव देखने को इस काल में भी मिलता है।

**मुगलकालीन प्रमुख अधिकारी एवं कार्य**

| पद | कार्य |
|---|---|
| सूबेदार | प्रांतों में शांति स्थापित करना |
| दीवान | प्रांतीय राजस्व का प्रधान |
| बख्शी | प्रांतीय सैन्य प्रधान |
| फौजदार | जिले का प्रधान फौज अधिकारी |
| अमिल या अमलगुजार | जिले का प्रमुख राजस्व अधिकारी |
| कोतवाल | नगर प्रधान |
| शिकदार | परगने का प्रमुख अधिकारी |
| आमिल | ग्राम में कृषकों से प्रत्यक्ष संबंध बनाना एवं लगान निर्धारित करना |

- मुगलकाल के राजस्व के स्त्रोत मुख्यतः दो भागों में बंटे थे– केंद्रीय एवं स्थानीय।
- केंद्रीय आय के महत्त्वपूर्ण स्त्रोत थे- भू-राजस्व, चुंगी, टकसाल, उत्तराधिकारी के अभाव में प्राप्त आय, उपहार, नमक पर कर एवं प्रत्येक व्यक्ति पर लगने वाला व्यक्ति कर। इन सब में भू-राजस्व सर्वाधिक महत्त्वपूर्ण स्त्रोत था। वास्तविक कृषि उत्पाद या फसल में राज्य के अंश को माल या खराज के रूप में परिभाषित किया जाता था।
- भूमिकर के विभाजन के आधार पर मुगल साम्राज्य की समस्त भूमि 3 वर्गों में विभाजित थी–

1. **खालसा भूमिः** प्रत्यक्ष रूप से बादशाह के नियंत्रण में।
2. **जागीर भूमिः** तनख्वाह के बदले दी जाने वाली भूमि।
3. **सयूरगल या मदद-ए-माशः** अनुदान में दी गई लगानहीन भूमि। **इसे मिल्क भी कहा जाता था।**

- अकबर ने भी शेरशाह द्वारा भू-राजस्व हेतु अपनाई जाने वाली पद्धति **'राई'** (कर निर्धारण प्रणाली) का उपयोग किया। अकबर ने 1573 में करोड़ी नामक अधिकारी की नियुक्ति की । इसे अपने क्षेत्र से एक करोड़ दाम वसूल करना होता था।
- 1580 में अकबर ने **दहसाला नाम** की नवीन कर प्रणाली प्रारंभ की । इस व्यवस्था को **'टोडरमल बंदोबस्त'** भी कहा जाता है। इस व्यवस्था के अंतर्गत् भूमि को चार भागों में बांटा गया–

1. **पोलजः** इसमें नियमित रूप से खेती होती थी।
2. **परतीः** इस भूमि पर एक या दो वर्ष के अंतराल पर खेती की जाती थी।
3. **चाचरः** इस पर तीन-चार वर्षों के अंतराल पर खेती की जाती थी।
4. **बंजरः** यह खेती योग्य भूमि नहीं थी, इस पर लगान नहीं वसूला जाता था।

- टोडरमल ने 1570-71 में खालसा भूमि पर भू-राजस्व की नवीन प्रणाली जब्ती प्रारंभ की। इस प्रणाली में भूमि की पैमाइश एवं खेतों की मूल वास्तविक पैदावार को आंकने के आधार पर कर की दरों को निर्धारित किया जाता था।
- लगान निर्धारण की अन्य प्रणाली 'बंटाई' या 'गल्ला बख्शी' मुगलकाल की सर्वाधिक प्राचीन प्रचलित प्रणाली थी।
- औरंगजेब ने अपने शासनकाल में नस्क प्रणाली को अपनाया और भू-राजस्व की राशि को उपज का आधा कर दिया।
- **मुगलकाल में कृषक तीन वर्गो में विभाजित थे–**

1. **खुदकाश्त :** ये किसान उसी गांव की भूमि पर खेती करते थे जहाँ के वे निवासी थे।
2. **पादीकाश्त :** ये दूसरे गाँव जाकर कृषि कार्य करते थे।
3. **मुजारियन :** ये किराये पर भूमि लेकर कृषि करने वाले कृषक थे।

- मुगल सेना चार भागों में विभक्त थी– 1. पैदल सेना, 2. घुड़सवार सेना, 3. तोपखाना और 4. हाथी सेना।
- मुगलकालीन सैन्य व्यवस्था पूर्णतः मनसबादारी प्रथा पर आधारित थे। इसे अकबर ने प्रारंभ किया था। 10 से 500 तक मनसब प्राप्त करनेवाले मनसबदार, 500 से 2500 तक मनसब प्राप्त करनेवाले उमरा तथा 2500 से ऊपर तक मनसब प्राप्त करनेवाले अमीर-ए-आजम कहलाते थे।
- मनसबदारी व्यवस्था में जात से व्यक्ति के वेतन एवं प्रतिष्ठा का तथा सवार पद से घुड़सवार दस्तों की संख्या का ज्ञान होता था।

  जहांगीर ने सवार पद में दुअस्पा एवं सिंह-अस्पा की व्यवस्था की ।
- मुगलकालीन अर्थव्यवस्था का आधार चाँदी का रुपया था। इस काल में मुख्यतः तीन प्रकार के धातु के सिक्के– सोने की मुहर, चाँदी का रुपया एवं तांबे के दाम प्रचलन में थे।
- अकबर ने अपने शासनकाल में 'मुहर' नामक सिक्का चलाया।
- आना सिक्के का प्रचलन शाहजहां ने करवाया।
- औरंगजेब के समय में रुपए की सर्वाधिक ढलाई हुई ।

**18वीं शताब्दी के स्वायत्त राज्य**

| राज्य | संस्थापक |
|---|---|
| अवध | सआदत खां बुरहानुल मुल्क |
| हैदराबाद(दक्कन) | चिनकिलिच खां या निज़ामुल मुल्क |
| रूहेलखंड | वीर दाउद एवं अली मुहम्मद खां |
| बंगाल | मुर्शिद कुली खां |
| कर्नाटक | सादुतुल्ला |
| भरतपुर (जाट राज्य) | चूरामन एवं बदन सिंहे |

# वस्तुनिष्ठ प्रश्न–I

**1.** भारत में मुगल साम्राज्य का संस्थापक किसे माना जाता है?

A. बाबर  B. अकबर
C. हुमायूँ  D. उपर्युक्त कोई नहीं

**2.** पानीपत के प्रथम युद्ध में किस सल्तनतकालीन शासक को परास्त कर बाबर ने भारत में मुगल सत्ता की स्थापना की?

A. सिकंदर लोदी  B. इब्राहिम लोदी
C. खिज्र खाँ  D. बहलोल लोदी

**3.** जहीरुद्दीन मुहम्मद बाबर का जन्म 14 फरवरी, 1483 में निम्नलिखित में किस स्थान पर हुआ?

A. अजमेर  B. लाहौर
C. फरगाना  D. ईरान

**4.** बाबर था—

A. मंगोल  B. अफगान
C. चगताई तुर्क  D. उपर्युक्त कोई नहीं

**5.** अपने पिता की ओर से बाबर किसका वंशज था?

A. तैमूर का  B. मंगोल का
C. अफगान  D. उपर्युक्त सभी

**6.** माँ की ओर से बाबर किसका वंशज था?

A. तुर्क  B. अफगान
C. मंगोल  D. तैमूर

**7.** बाबर ने भारत पर प्रथम आक्रमण कब किया जिसे इतिहासकारों ने वास्तविक अभियान माना?

A. 1519 ई॰ में  B. 1505 ई॰ में
C. 1507 ई॰ में  D. 1510 ई॰ में

**8.** बाबर का भारत पर प्रथम सैन्य अभियान किसके विरुद्ध था?

A. लोदियों के  B. युसुफजाइयों के
C. पंजाब के विरुद्ध  D. उपर्युक्त सभी

**9.** 1519 से 1524 ई॰ के बीच बाबर ने किस भारतीय प्रदेशों या क्षेत्रों को जीता?

A. बाजौर, भेरा
B. सियालकोट और सैय्यदपुर
C. लाहौर
D. उपर्युक्त सभी

**10.** निम्नलिखित में किसके द्वारा बाबर को भारत पर आक्रमण करने के लिए आमंत्रित किया गया?

A. दौलत खाँ लोदी  B. आलम खाँ लोदी
C. A और B दोनों  D. दिलावर खाँ लोदी

**11.** पानीपत का प्रथम युद्ध कब लड़ा गया?

A. 20 अप्रैल, 1526  B. 21 अप्रैल, 1526
C. 21 मार्च, 1526  D. 23 मार्च, 1526

**12.** पानीपत के युद्ध में बाबर की सफलता में महत्वपूर्ण योगदान दिया—

A. नवीन 'तुलगमा' युद्ध नीति
B. तोपखाने का प्रयोग
C. सेनापति की योग्यता
D. उपर्युक्त सभी

**13.** पानीपत के युद्ध में बाबर के किन तोपचियों ने तोपों का संचालन किया?

A. उस्ताद अली  B. मुस्तफा
C. A और B दोनों  D. रुमी खाँ

**14.** पानीपत की विजय के बाद बाबर ने सर्वप्रथम अपने नाम का 'खुतबा' कहाँ पर पढ़वाया?

A. आगरा  B. दिल्ली
C. पंजाब  D. काबुल

**15.** मेवाड़ के राणा सांगा और बाबर के बीच हुए युद्ध को किस नाम से जाना जाता है?

A. हल्दी घाटी का युद्ध
B. पानीपत का द्वितीय युद्ध
C. खानवा का युद्ध
D. चौसा का युद्ध

**16.** वर्तमान समय में खानवा स्थित है।

A. फतेहपुर सिकरी  B. आगरा
C. सोनीपत  D. दिल्ली

**17.** 'खानवा का युद्ध'; जिसे जीतने के बाद बाबर की विजयों को भारत में स्थायित्व प्राप्त हुआ; कब लड़ा गया?

A. 16 मार्च, 1526  B. 16 मार्च, 1527
C. 21 मार्च, 1527  D. 16 मार्च, 1528

**18.** खानवा के युद्ध में राणा सांगा बुरी तरह पराजित हुआ। बाबर ने इस युद्ध में विजय के बाद कौन सी उपाधि धारण की?

A. गाजी B. बादशाह
C. मिर्जा D. उपर्युक्त सभी

**19.** बाबर ने चंदेरी के युद्ध में किसे पराजित किया?

A. संग्राम सिंह B. मेदिनी राय
C. A और B D. विब्बत

**20.** बाबर द्वारा भारत में लड़ी गई अंतिम लड़ाई

A. घाघरा की लड़ाई B. चंदेरी की लड़ाई
C. खानवा की लड़ाई D. उपर्युक्त कोई नहीं

**21.** 26 दिसम्बर, 1530 को बाबर की आगरा में मृत्यु हो गयी। उसे निम्नलिखित में कहाँ पर दफनाया गया?

A. आगरा B. दिल्ली
C. काबुल D. कंधार

**22.** बाबर में अपनी 'मिर्जा' की पैतृक उपाधि को त्याग कर कब 'बादशाह' की उपाधि धारण की?

A. 1507 ई॰ B. 1519 ई॰
C. 1526 ई॰ D. 1529 ई॰

**23.** बाबर ने किससे तुलगमा युद्ध नीति सीखी?

A. इरानियों से B. अफगानों से
C. उजवेगों से D. मंगोलों से

**24.** बाबर ने अपनी आत्मकथा 'तुजुक-ए-बाबरी' की रचना किस भाषा में की?

A. अरबी B. तुर्की
C. फारसी D. उर्दू

**25.** बाबर की किस रचना को 'खत-ए-बाबरी' के नाम से जाना जाता है?

A. रिसाला-ए-उसज B. रिसाला-ए-वालीदिया
C. दीवान-ए-बाबरी D. बाबरनामा

**26.** 'बाबर सिर्फ एक सैनिक था साम्राज्य निर्माता नहीं। यह कथन किसका है?

A. स्मिथ B. इलियट
C. लेनपूल D. वेवरिज

**27.** बाबर ने अपने चार पुत्रों, हुमायूँ, असकरी हिन्दाल और कामरान में किसे अपना उत्तराधिकारी बनाया?

A. हुमायूँ B. हिन्दाल
C. असकरी D. कामरान

**28.** हुमायूँ को निम्नलिखित में किससे संघर्ष करना पड़ा?

A. अपने भाईयों से
B. मिर्जा वर्ग के सरदारों से
C. अफगानों से
D. उपर्युक्त सभी

**29.** हुमायूँ ने गृहयुद्ध से बचने के लिए अपने भाईयों में एक विस्तृत भू-प्रदेश बाँट दिया।
निम्नलिखित युग्मों में कौन सुमेलित नहीं है?

A. असकरी – संभल
B. हिन्दाल – मेवात
C. कामरान – काबुल, कांधार
D. उपर्युक्त सभी

**30.** निम्नलिखित में कौन हुमायूँ के प्रबल और प्रमुख शत्रु थे?

A. अफगान B. मिर्जा वर्ग
C. कामरान D. उपर्युक्त सभी

**31.** हुमायूँ ने प्रथम सैन्य अभियान के तहत आक्रमण किया–

A. चुनार पर B. कालिंजर पर
C. मालवा पर D. गुजरात पर

**32.** हुमायूँ के आक्रमण के समय कलिंजर का शासक कौन था।

A. बहादुरशाह B. शेर खाँ
C. प्रताप रुद्रदेव D. उपर्युक्त कोई नहीं

**33.** 'चौसा का युद्ध' जो हुमायूँ के पतन का कारण बना कब लड़ा गया?

A. 20 जून, 1539 B. 26 जून, 1539
C. 26 मार्च, 1539 D. 26 अगस्त, 1539

**34.** चौसा का मैदान निम्नलिखित में किस नदी के किनारे स्थित था?

A. गोमती B. गंगा
C. कर्मनासा D. सोन

**35.** निम्नलिखित युद्धों में किसने हुमायूँ के भाग्य का अंत कर दिया और अन्नतः उसे भारत से निर्वासित होकर ईरान जाना पड़ा?

A. बिलग्राम का युद्ध B. चौसा का युद्ध
C. मच्छीवार का युद्ध D. उपर्युक्त सभी

**36.** हुमायूँ को अपने किन दो सैनिक अभियानों के समय की गई भूलों के परिणामस्वरूप अपना साम्राज्य शेरशाहसूरी के हाथों खोना पड़ा?
A. मालवा और चुनार B. गुजरात और मालवा
C. गुजरात और बंगाल D. चुनार और मालवा

**37.** हुमायूँ की असफलता के प्रमुख कारण क्या थे?
A. राजनीतिक भूलें
B. चारित्रिक दुर्बलता
C. शेरशाह की महत्त्वाकांक्षा एवं कुशल सेनापतित्व
D. उपर्युक्त सभी

**38.** हुमायूँ ने निर्वासित जीवन व्यतीत किया–
A. 1540–1545 ई॰ B. 1540-1555 ई॰
C. 1543–1555 ई॰ D. 1550–1555 ई॰

**39.** हुमायूँ ने निम्नलिखित में किसकी सैन्य सहायता से पुनः भारत को जीतने का प्रयास किया?
A. सिंध के शासक शाह हुसैन।
B. अमरकोट के राणा वीरसाल।
C. ईरान के शाह तहमास्म।
D. उपर्युक्त सभी।

**40.** निम्नलिखित युद्धों में किसने अफगानों की सत्ता को भारत में समाप्त कर दिया?
A. मच्छवीरा
B. सरहिन्द का युद्ध
C. मालवा युद्ध
D. पानीपत का द्वितीय युद्ध

**41.** दूसरी बार कब हुमायूँ का दिल्ली में राज्याभिषेक हुआ था?
A. 11 जुलाई 1545 ई॰ B. 15 जुलाई, 1555
C. 23 जुलाई, 1555 D. 20 जुलाई, 1545

**42.** हुमायूँ द्वारा लड़े गये किस युद्ध में उसके अल्पायु पुत्र अकबर और बैरम खाँ ने भी हिस्सा लिया?
A. चौसा युद्ध B. बिलग्राम का युद्ध
C. सरहिन्द का युद्ध D. मच्छवीरा का युद्ध

**43.** शेरशाह को भारत में 'द्वितीय अफगान राज' का संस्थापक माना जाता है। यह सम्मान उसे किसे पराजित करने पर मिला?
A. दौलत खाँ लोदी B. हुमायूँ
C. बाबर D. उपर्युक्त कोई नहीं

**44.** शेरशाह के जीवन एवं उनके कार्य कलापों से सम्बन्धित पुस्तक 'तारिख-ए-शेरशाही' की रचना किसने की?
A. निजामुद्दीन अहमद B. खाफी खाँ
C. अब्बास खाँ शेरवानी D. बदायूँनी

**45.** निम्नलिखित में किस स्थान पर फरीद का 1472 ई॰ में जन्म हुआ?
A. रोहड़ी (अफगानिस्तान) B. बजवाड़ा (पंजाब)
C. नारनौल D. सामली (शिमला)

**46.** निम्नलिखित में किसने फरीद को एक शेर को मारने के उपलक्ष्य में शेर खाँ की उपाधि प्रदान की?
A. जमाल खाँ B. बहार खाँ लोहानी
C. इब्राहिम लोदी D. उपर्युक्त कोई नहीं

**47.** 'हजरते आला की उपाधि के साथ शेर खाँ कहाँ का शासक बना?
A. दक्षिणी बिहार B. बंगाल
C. चुनार D. आगरा

**48.** निम्नलिखित युद्धों में किसे जीतने के बाद शेर खाँ 'शेरशाह-सुल्तान-ए-आदिल' की उपाधि के साथ भारत का सुल्तान बना?
A. बिलग्राम का युद्ध B. चौसा का युद्ध
C. रोहतासगढ़ का युद्ध D. उपर्युक्त सभी

**49.** मालवा के शासक कादिरशाह के अधिकार से किन किलों को शेरशाह ने छीना?
A. सारंगपुर B. माडुँ
C. उज्जैन D. उपर्युक्त सभी

**50.** शेरशाह की निम्नलिखित विजयों में किस विजय को इतिहासकार 'शेरशाह के नाम पर सबसे बड़ा धब्बा' (Despist blot on Sher Sah's memory) बताते हैं?
A. रणथम्भौर B. मुल्तान
C. रायसीन D. मारवाड़

**51.** रायसीन के दुर्ग को जिसे शेरशाह ने चालाकी और धोखे से जीता उसका तत्कालीन शासक कौन था?
A. पूरनमल B. मालदेव
C. कुम्भा D. विक्रमाजीत सिंह

**52.** शेरशाह के समय राजपूताना के अनेक छोटे-छोटे राज्यों में सर्वाधिक शक्तिशाली राज्य था–
A. मारवाड़ B. मेवाड़
C. अजमेर D. A और B दोनों

**53.** शेरशाह का अंतिम सैन्य अभियान कौन था?
A. रणथम्भौर
B. बुन्देलखण्ड
C. मेवाड़
D. उपर्युक्त कोई नहीं

**54.** निम्नलिखित में किस किले पर आक्रमण के समय हुए एक विस्फोट में 22 मई, 1545 को शेरशाह की मृत्यु हो गई?
A. चित्तौड़
B. सीवान
C. रोहतासगढ़
D. कालिंजर

**55.** निम्नलिखित प्रदेशों में कौन शेरशाह के साम्राज्य की सीमाओं के अर्न्तगत शामिल नहीं थे?
A. असम
B. कश्मीर
C. गुजरात
D. उपर्युक्त सभी

**56.** शेरशाह का राज्य किस प्रकार का था?
A. केन्द्रीयकृत लोक कल्याणकारी
B. केन्द्रीयकृत निरंकुशतंत्र
C. केन्द्रीयकृत धार्मिक राज्य
D. उपर्युक्त कोई नहीं

**57.** शेरशाह के समय सबसे बड़ी प्रशासनिक इकाई थी–
A. प्रांत या सूबा
B. सरकार
C. इक्ता
D. उपर्युक्त सभी

**58.** शेरशाह के प्रांतीय व्यवस्था का आदर्श राज्य कौन था?
A. लाहौर
B. मालवा
C. जौनपुर
D. मुल्तान

**59.** निम्नलिखित शेरशाह कालीन किन प्रांतों में पूर्वकालीन सूबेदारी व्यवस्था ही लागू थी?
A. मालवा
B. लाहौर
C. अजमेर
D. उपर्युक्त सभी

**60.** शेरशाह की लगान व्यवस्था मुख्यतः थी–
A. जमींदारी
B. रैय्यतवाड़ी
C. महालवाड़ी
D. उपर्युक्त सभी

**61.** शेरशाह के समय में लगान निर्धारित करने के लिए किस प्रणाली का प्रचलन था?
A. गल्ला-बक्शी
B. नश्क, मुकतई या कनकुत
C. नकद, जब्ती अथवा जमाई
D. उपर्युक्त सभी

**62.** शेरशाह के समय में लगान के दरों की एक नई प्रणाली निकाली गई जिसे कहा गया–
A. रायी
B. जरीबान
C. बीघेवार
D. जिन्सवार

**63.** शेरशाह के समय औसत पैदावार का कितना हिस्सा लगान के रूप में वसूल किया गया?
A. $\frac{1}{3}$ भाग
B. $\frac{1}{2}$ भाग
C. $\frac{1}{3}$ से $\frac{1}{2}$ भाग
D. $\frac{1}{4}$ से $\frac{1}{2}$ भाग

**64.** शेरशाह ने किन धातुओं के सिक्के ढलवाये?
A. चांदी
B. सोना
C. तांबा
D. उपर्युक्त सभी

**65.** 'रुपये' का प्रचलन करवाने वाला पहला शासक शेरशाह ही था। शेरशाह द्वारा चलवाया गया 178 ग्रेन का रुपया किस धातु से निर्मित था?
A. चांदी
B. सोना
C. तांबा
D. कागज

**66.** शेरशाह के समय में स्वर्ण निर्मित सिक्कों को कहा गया–
A. मोहर
B. टंका
C. अशर्फी
D. उपर्युक्त कोई नहीं

**67.** शेरशाह ने अपने द्वारा चलाये गये सिक्कों पर टकसाल और सुल्तान का नाम किस भाषा और लिपि में खुदवाया?
A. अरबी भाषा और नागरी लिपि।
B. फारसी भाषा और नागरी लिपि।
C. तुर्की भाषा और नागरी लिपि।
D. उपर्युक्त कोई नहीं।

**68.** शेरशाह के समय में कुल टकसालों की संख्या कितनी थी?
A. 25
B. 20
C. 23
D. 22

**69.** निम्नलिखित में कौन विद्वान शेरशाह के समकालीन था?
A. तुलसीदास
B. मलिक मुहम्मद जायसी
C. बिहारी
D. रसखान

**70.** 'बुद्धिमत्ता और अनुभव में शेरशाह दूसरा हैदर था। यह कथन किसका है?
A. कीन B. अब्बास खाँ सरवानी
C. डॉ॰ कानूनगो D. डॉ॰ आर॰ पी॰ त्रिपाठी

**71.** अकबर का जन्म अक्टूबर, 1542 को कहाँ पर हुआ?
A. आगरा B. दिल्ली
C. अमरकोट D. ईरान

**72.** हुमायूँ के किस भाई के संरक्षण में अकबर का लालन पालन हुआ?
A. हिन्दाल B. कामरान
C. असकरी D. उपर्युक्त सभी

**73.** 9 वर्ष की अल्पायु में अकबर निम्नलिखित में कहाँ का सूबेदार बना?
A. कलानौर B. काबुल
C. गजनी D. लाहौर

**74.** हुमायूँ की मृत्यु के समय अकबर किस सैन्य अभियान में व्यस्त था?
A. पंजाब में सिकन्दर सूर के विरुद्ध।
B. दिल्ली के निकटवर्ती क्षेत्रों में हेमू के विरुद्ध।
C. काबुल के कामरान के विरुद्ध।
D. उपर्युक्त कोई नहीं।

**75.** निम्नलिखित में अकबर द्वारा किसे जीतने के बाद 1555 ई॰ हुमायूँ ने उसे 'युवराज' घोषित किया?
A. पानीपत का द्वितीय युद्ध
B. सरहिन्द
C. काबुल
D. उपर्युक्त कोई नहीं

**76.** अकबर का राज्याभिषेक 14 फरवरी, 1556 को किसके सरक्षंण में हुआ?
A. बैरम खाँ B. हमीदा बानू
C. शम्सुद्दीन खान D. माहम अनगा

**77.** तेरह वर्ष की आयु में अकबर का राज्याभिषेक निम्नलिखित में किस स्थान पर हुआ?
A. सरहिन्द B. आगरा
C. कलानौर D. दिल्ली

**78.** राज्याभिषेक के बाद अकबर के लिए पहला संकट उत्पन्न किया—
A. अमीरों ने B. अफगानों ने
C. राजपूतों ने D. उपर्युक्त सभी

**79.** सर्वप्रथम बैरम खाँ किस मुगल बादशाह की सेवा में शामिल हुआ?
A. बाबर B. हुमायूँ
C. अकबर D. शेरशाह

**80.** 'पानीपत का द्वितीय युद्ध' जिसमें अन्ततः हेमू की पराजय हुई, कब लड़ा गया?
A. 5 नवम्बर, 1555 B. 15 नवम्बर, 1556
C. 5 नवम्बर, 1556 D. 10 जनवरी, 1556

**81.** दिल्ली को हेमू से बचाने के लिए अकबर (बैरम खाँ ने नेतृत्व में) और हेमू के बीच लड़ी गई प्रसिद्ध लड़ाई को किस नाम से जाना जाता है?
A. हल्दी घाटी का युद्ध
B. पानीपत का द्वितीय युद्ध
C. खानवा का द्वितीय युद्ध
D. उपर्युक्त कोई नहीं

**82.** हेमू उर्फ हेमराज किस कुल था?
A. धूसर वैश्य B. ब्राह्मण
C. क्षत्रिय D. शूद्र

**83.** मृत्यु के पूर्व बैरम खाँ और मुगल सेना के मध्य एक युद्ध हुआ जिसे कहा गया—
A. तिलवाड़ा का युद्ध B. करनाल का युद्ध
C. सरहिन्द का युद्ध D. पाटन का युद्ध

**84.** तथाकथित पर्दा-शासन का प्रभाव अकबर के जीवन में कब से कब तक रहा?
A. 1556-60 ई॰ B. 1560-62 ई॰
C. 1560-64 ई॰ D. 1560-65 ई॰

**85.** अकबर द्वारा जीते गये प्रदेशों में कौन सही नहीं है?
A. मालवा-1561-62 ई॰ B. चुनार-1561 ई॰
C. गोंडवाना-1564 ई॰ D. अहमदनगर-1601 ई॰

**86.** अकबर का समकालीन मालवा का शासक कौन था?
A. बाज ब्रहादुर B. भारमल
C. जयमल D. सुरजन हाड़ा

**87.** निम्नलिखित जोड़ों में कौन सुमेलित नहीं है?
A. मालवा – आधाम खाँ
B. चुनार – आसफ खाँ
C. गोंडवाना – अब्बदुला खाँ
D. आमेर – अकबर

**88.** निम्नलिखित राजस्थानी राजपूत राज्यों में किसने स्वेच्छा से अकबर की अधीनता स्वीकार कर ली?
A. आमेर B. मेड़ता
C. रणथम्भौर D. कालिंजर

**89.** मेवाड़ के राजा उदय सिंह के अधीन किस सामान्त का मेड़ता पर अधिकार था?
A. जयपाल B. देवदास
C. फचा D. उपर्युक्त कोई नहीं

**90.** हल्दी घाटी के युद्ध के समय मेवाड़ का शासक कौन था?
A. उदय सिंह B. मान सिंह
C. राणा प्रताप सिंह D. राणा अमर सिंह

**91.** हल्दी घाटी के युद्ध में मुगल सेना का नेतृत्व किसने किया?
A. अकबर B. मानसिंह
C. आसफ खां D. B और C

**92.** निम्नलिखित में कौन राजस्थानी राज्य अकबर के अधिकार में नहीं था।
A. प्रतापगढ़ B. बाँसवाड़ा
C. डुँगरपुर D. उपर्युक्त सभी

**93.** निम्नलिखित में किससे अकबर के वैवाहिक सम्बन्ध थे?
A. आमेर B. बीकानेर
C. जैसलमेर D. उपर्युक्त सभी

**94.** 1572 ई॰ में अकबर ने निम्नलिखित में किसे पराजित कर 'अहमदाबाद' पर अधिकार कर लिया?
A. मुजफ्फर खाँ तृतीय
B. इतमाद खाँ
C. A और B दोनों
D. इब्राहिम मिर्जा

**95.** अकबर ने गुजरात अभियान के समय ही—
A. पहली बार समुद्र का दर्शन किया।
B. पुर्तगालियों से पहली बार मिला।
C. A और B दोनों।
D. तम्बाकू का प्रयोग किया।

**96.** उत्तर-पश्चिम सीमा प्रांत में अकबर की अत्यधिक महत्वपूर्ण विजय कौन थी?
A. काबुल B. सिंध
C. कंधार D. बलूचिस्तान

**97.** अकबर की समकालीन दक्कनी रियासतों में किसने बिना युद्ध किये ही अकबर की अधीनता को स्वीकार कर लिया?
A. खानदेश B. अहमदनगर
C. बीजापुर D. गोल कुण्डा

**98.** अकबर की अंतिम विजय कौन थी?
A. बुरहानपुर B. गोलकुण्डा
C. असीरगढ़ D. बीजापुर

**99.** 1601 ई॰ में आसीरगढ़ को जीतने के बाद अकबर ने खानदेश का नया नामकरण किया—
A. दानदेश B. फतहदेश
C. मुगल देश D. उपर्युक्त कोई नहीं

**100.** अकबर के शासन काल में भारत आने वाले यूरोपीय लोग कौन थे?
A. पुर्तगाली B. डच
C. अंग्रेज D. उपर्युक्त सभी

**101.** 25 अक्टूबर, 1605 को मुगल सम्राट अकबर की निम्नलिखित में किस बीमारी से मृत्यु हो गई?
A. अतिसार B. पीलिया
C. हैजा D. चेचक

**102.** अकबर ने इबादतखाने की स्थापना कहाँ पर करवायी?
A. आगरा B. अजमेर
C. फतेहपुर सीकरी D. दिल्ली

**103.** अकबर की धार्मिक नीति का प्रथम चरण उसकी 'सुलहकुल' की नीति के कारण प्रसिद्ध रहा। अकबर की 'सुलहकुल' की नीति उसके किन आदर्शों का प्रतिफल थी?
A. उसकी धार्मिक सहिष्णुता।
B. उसकी राजनीतिक उदारता।
C. उसके सांस्कृतिक समन्वयवादी दृष्टिकोण।
D. उपरोक्त सभी।

**104.** मुगल सम्राट अकबर ने जैनाचार्य हरिविजय सूरी को किस उपाधि से सम्मानित किया?

A. जगत गुरु  B. युग-प्रधान
C. शांतिदूत  D. उपर्युक्त कोई नहीं।

**105.** अकबर ने हिन्दू धर्म के किस सिद्धांत को अपनाया?

A. पुनर्जन्म  B. कर्मवाद
C. A और B दोनों  D. उपर्युक्त कोई नहीं

**106.** निम्नलिखित सिख गुरुओं में किसे सम्राट अकबर ने अमृतसर में मंदिर निर्माण के लिए 500 बीघे जमीन दान में दिया?

A. राम दास  B. अर्जुन देव
C. अमर दास  D. हर गोविन्द

**107.** अकबर ने दीन-ए-इलाही (ईश्वर का धर्म) या तौहिद-ए-इलाही (देवी एकेश्वरवाद) की स्थापना कब की?

A. 1581 ई॰  B. 1583 ई॰
C. 1582 ई॰  D. 1580 ई॰

**108.** अकबर के 'दीन-ए-इलाही' धर्म का मुख्य पुरोहित कौन था?

A. बीरबल  B. अकबर
C. अबुल फजल  D. उपरोक्त कोई नहीं

**109.** अकबर के 'दीन-ए-इलाही' धर्म को स्वीकार करने वाला हिन्दू था?

A. टोडरमल  B. बीरबल
C. मानसिंह  D. भगवानदास

**110.** 1584 ई॰ में अकबर ने किस संवत के प्रचलन को बंद कर सौर वर्ष के प्रयोग को शुरु करवाया?

A. इलाही संवत  B. हिजरी संवत
C. शक संवत  D. विक्रम संवत

**111.** निम्नलिखित में किसकी अकबर द्वारा उपासना की गयी?

A. कृष्ण  B. प्रकाश के स्रोत सूर्य
C. शिव  D. उपर्युक्त कोई नहीं

**112.** नवरत्नों में अकबर का सर्वाधिक प्रिय कौन था?

A. बीरबल  B. अबुल फजल
C. तानसेन  D. टोडरमल

**113.** निम्नलिखित में किसे अकबर ने कविप्रिय या कविराज की उपाधि प्रदान की?

A. अबुल फजल  B. फैजी
C. तानसेन  D. बीरबल

**114.** किसे अकबर ने 'अमीर-अल-उमरा' की उपाधि प्रदान की?

A. मान सिंह  B. भगवान दास
C. अब्दुर्रहीम  D. मुल्ला दो प्याजा

**115.** निम्नलिखित में किसने अकबर के काल को मुगल साम्राज्य का स्वर्ण काल कहा?

A. लेनपूल  B. मेलिसन
C. बुल्जले हेग  D. स्मिथ

**116.** निम्नलिखित यूरोपीय यात्रियों में किसने अकबर के समय भारत की यात्रा की?

A. फादर मोंसेरात  B. फादर एक्काविया
C. रॉल्फ फिंच  D. उपर्युक्त सभी

**117.** अपनी पत्नियों में किसे सलीम ने शाहबेगम की उपाधि प्रदान की?

A. नूरजहाँ  B. जोधाबाई
C. मानबाई  D. उपर्युक्त कोई नहीं

**118.** अकबर की मृत्यु के बाद जहाँगीर का राज्याभिषेक कब हुआ?

A. 10 अक्टूबर, 1605 ई॰
B. 3 नवम्बर, 1605 ई॰
C. 3 मई, 1605 ई॰
D. 24 अक्टूबर, 1605 ई॰

**119.** राज्याभिषेक के समय जहाँगीर ने उपाधि ग्रहण की—

A. नुरुद्दीन मुहम्मद जहाँगीर
B. नुरद्दीन 'मुहम्मद जहाँगीर बादशाह' गाजी
C. बादशाह मुहम्मद जहाँगीर गाजी
D. उपर्युक्त कोई नहीं

**120.** जहाँगीर का राज्याभिषेक कहाँ पर हुआ?

A. आगरा  B. दिल्ली
C. इलाहाबाद  D. काबुल

**121.** 1306 ई॰ में जहाँगीर के किस पुत्र ने उसके विरुद्ध विद्रोह किया?

A. खुसरो  B. खुर्रम
C. शहरयार  D. परवेज

**122.** जहाँगीर के समकालीन किस सिख गुरु ने शहजादा खुसरो की विद्रोह के समय मदद की?

A. रामदास B. हरगोविन्द
C. अर्जुन देव D. हर राय

**123.** जहांगीर के सैन्य अभियानों की महत्वपूर्ण उपलब्धि थी–

A. मेवाड़ की विजय B. दक्कन की विजय
C. कंधार की विजय D. उपर्युक्त सभी

**124.** निम्नलिखित में किसकी सेवा में मलिक अम्बर था?

A. अहमद नगर B. बीजापुर
C. गोल कुण्डा D. खानदेश

**125.** 1622 ई॰ में कंधार को मुगलों से किसने जीता?

A. पर्शिया B. अफगानिस्तान
C. तुर्की D. उपर्युक्त कोई नहीं

**126.** 1611 ई॰ में जहाँगीर ने नूरजहाँ से विवाह किया? विवाह से पूर्व नूरजहाँ का नाम था?

A. नूरमहल B. मेहरुन्निसा
C. अनारकली D. उपर्युक्त सभी

**127.** जहाँगीर के समय हुए विद्रोहों में किस विद्रोही ने बादशाह जहाँगीर को ही अपना बंदी बना लिया?

A. खुसरो खाँ B. खुर्रम खाँ
C. महावत खाँ D. उपर्युक्त कोई नहीं

**128.** जहाँगीर के शासनकाल में भारत यात्रा पर आये किस एकमात्र यूरोपीय यात्री ने अपने वर्णन में अनारकली और जहाँगीर के प्रेम प्रसंग का उल्लेख किया है?

A. विलियम फिंच B. एडवर्ड टैरी
C. सर टामस रो D. विलियम हाकिन्स

**129.** जहाँगीर के समकालीन विद्वानों में कौन शामिल है?

A. नियामतुल्ला B. नजीब खाँ
C. अब्दुला हक देहलवी D. उपर्युक्त सभी

**130.** जहाँगीर के समय निम्नलिखित ग्रंथों में किसकी रचना हुई जिसे होमर, शेक्सपियर और मिल्टन की रचनाओं के समकक्ष रखा गया?

A. रामचरित मानस B. गीत गोविन्द
C. सुर सागर D. उपर्युक्त कोई नहीं

**131.** निम्नलिखित में किसे जीतने के बाद खुर्रम को जहाँगीर ने शाहजहाँ की उपाधि प्रदान की?

A. कांगड़ा B. अहमदनगर
C. मेवाड़ D. कंधार

**132.** जहाँगीर की मृत्यु के समय शाहजहाँ कहाँ पर था?

A. पश्चिमोत्तर भारत में B. उड़ीसा में
C. दक्षिण में D. मेवाड़ में

**133.** जहाँगीर की मृत्यु के तत्काल बाद शाहजहाँ राजधानी आगरा की ओर चल पड़ा। मार्ग में किस स्थान पर उसने स्वयं को बादशाह घोषित किया?

A. बुरहानपुर B. दौलताबाद
C. लाहौर D. खालिपुर

**134.** शाहजहाँ के विरुद्ध किस बुंदेला सरदार ने विद्रोह किया?

A. बीर सिंह B. जुझार सिंह
C. विक्रमादित्य D. उपर्युक्त सभी

**135.** 1628-29 ई॰ में किस मुगल सेनापति ने जुझार सिंह को आत्म समर्पण के लिए मजबूर किया?

A. आसफ खाँ B. औरंगजेब
C. महावत खाँ D. खानजहाँ लोदी

**136.** शाहजहाँ का निम्नलिखित में किस सिख गुरु से संघर्ष हुआ?

A. हरेराम B. हर किशन
C. हरगोविन्द D. उपर्युक्त कोई नहीं

**137.** शाहजहाँ ने दक्कन के निम्नलिखित राज्यों में किसे जीतकर पूरी तरह मुगल साम्राज्य का हिस्सा बना दिया?

A. गोलकुण्डा B. अहमदनगर
C. बीजापुर D. बरार

**138.** शाहजहाँ में अपने किस पुत्र को 1636 ई॰ में दक्कन की सुबेदारी सौंपी?

A. दाराशिकोह B. औरंगजेब
C. मुराद D. शुजा

**139.** औरंगजेब ने मुगलों के दक्षिण सूबों की राजधानी किसे बनाया?

A. इलिचपुर B. बुरहानपुर
C. औरंगाबाद D. दौलताबाद

**140.** 1645 ई॰ में औरंगजेब से दक्कन की सुबेदारी छीनकर उसे निम्नलिखित में कहाँ का सुबेदार बनाया गया?

A. गुजरात B. कंधार
C. मालवा D. ग्वालियर

**141.** औरंगजेब ने दक्कन की लगान-व्यवस्था और अर्थव्यवस्था को सुधारने में किसकी सहायता ली?

A. मुर्शीद कुली खाँ B. अलीवर्दी खाँ
C. मीर जुमला D. उपर्युक्त कोई नहीं

**142.** निम्नलिखित में किसे जीतने में शाहजहाँ सफल नहीं हुआ?

A. कंधार B. बल्ख
C. काबुल D. उपर्युक्त कोई नहीं

**143.** शाहजहाँ ने अपने पुत्रों में किसे मध्य एशिया सैन्य अभियान के लिए भेजा?

A. मुराद B. औरंगजेब
C. दारा शिकोह D. उपर्युक्त सभी

**144.** शाहजहाँ ने अपने बच्चों में किसे उसकी विद्वता उदारता और दयालुता के कारण 'शाहइकबाल' की उपाधि प्रदान की?

A. मुराद B. शुजा
C. जहांआरा D. दाराशिकोह

**145.** 3 नवम्बर, 1618 ई॰ को औरंगजेब का जन्म निम्नलिखित में कहां पर हुआ?

A. खजुआ (इलाहाबाद) B. दोहद (उज्जैन)
C. मुल्तान D. सिंध

**146.** औरंगजेब की न्याय प्रियता के बारे में किसने लिखा कि 'महान मुगल (औरंगजेब) न्याय का सागर है।'

A. एलफिस्टन B. ओविंगटन
C. खफी खाँ D. डॉ॰ ईश्वरी प्रसाद

**147.** मुगल राजसिंहासन पर आसीन होने के बाद सर्वप्रथम औरंगजेब ने सैन्य अभियान किया–

A. असम के विरुद्ध B. बीजापुर के विरुद्ध
C. मेवाड़ के विरुद्ध D. मराठों के विरुद्ध

**148.** बादशाह के रूप में औरंगजेब को दक्कन की तत्कालीन किन शक्तियों का सामना करना पड़ा?

A. बीजापुर B. गोलकुण्डा
C. मराठे D. उपर्युक्त सभी

**149.** औरंगजेब ने गोलकुण्डा को कब मुगल साम्राज्य में मिलाया?

A. 1686 ई॰ B. 1687 ई॰
C. 1685 ई॰ D. 1688 ई॰

**150.** मुगलों से शिवाजी का पहला संघर्ष कब हुआ?

A. 1657 ई॰ B. 1656 ई॰
C. 1665 ई॰ D. 1658 ई॰

**151.** मुगलों (औरंगजेब) से शिवाजी की पहली भिड़न्त कहाँ पर हुई?

A. अहमदनगर B. बीजापुर
C. गोलकुण्डा D. उपर्युक्त कोई नहीं

**152.** निम्नलिखित में किसे पराजित करने में शिवाजी सफल नहीं हो सका?

A. अफजल खाँ B. शाइस्ता खाँ
C. मिर्जा राजा जयसिंह D. खाने जहाँ

**153.** शिवाजी औरंगजेब से मिलने आगरा कब गया?

A. 1666 ई॰ B. 1665 ई॰
C. 1667 ई॰ D. 1680 ई॰

**154.** "मराठा स्वतंत्रता संग्राम ने औरंगजेब की कमर तोड़ दी और दक्षिण ही उसकी कब्रगाह बन गयी।" यह कथन किसका है?

A. खफी खाँ B. एलफिंस्टन
C. लेनपूल D. यदुनाथ सरकार

**155.** औरंगजेब ने निम्नलिखित परम्पराओं (मुसलमानों में प्रचलित) में किसे प्रतिबंधित कर दिया?

A. सिक्कों पर कलमा खुदवाना।
B. पारसी त्योहार नैरोज (नव वर्ष) का आयोजन।
C. झरोखा दर्शन एवं तुलादान।
D. उपर्युक्त सभी।

**156.** औरंगजेब ने अपने शासन काल के किस वर्ष दरबार में संगीत और नाच गाने पर प्रतिबंध लगाया?

A. ग्यारहवें B. बारहवें
C. तेरहवें D. दसवें

**157.** औरंगजेब के समय में निम्नलिखित में कौन जजिया कर से मुक्त था

A. स्त्री
B. गुलाम

C. 14 वर्ष से कम आयु के बच्चे।
D. उपर्युक्त सभी।

**158.** उत्तर भारत में औरंगजेब के विरुद्ध प्रथम संगठित विद्रोह किया गया–
A. सतनामियों के द्वारा B. जाटों के द्वारा
C. बुंदेलों के द्वारा D. मराठों के द्वारा

**159.** 1669 ई० में मथुरा के जाटों ने किसके नेतृत्व में औरंगजेब के विरुद्ध विद्रोह किया?
A. चूड़ामन B. गोकुल
C. राजराम D. उपर्युक्त सभी

**160.** निम्नलिखित जाट नेताओं में किसने 1688 ई० में सिकंदरा स्थित अकबर के मकबरे में लूटपाट की?
A. चूड़ामन B. राजाराम
C. गोकुल D. उपर्युक्त कोई नहीं

**161.** सिक्ख सम्प्रदाय का निर्माण किस काल में हुआ?
A. मुगल काल में
B. सल्तनत काल में
C. उत्तरोत्तर मुगल काल में
D. उपर्युक्त कोई नहीं

**162.** सिक्खों के प्रथम गुरु नानक किस मुगल बादशाह के समकालीन थे?
A. बाबर B. हुमायूँ
C. A और B दोनों D. अकबर

**163.** 1540 ई० में अंगद और हुमायूँ की मुलाकात निम्नलिखित में कहाँ पर हुई?
A. पंजाब B. लाहौर
C. मुल्तान D. दिल्ली

**164.** निम्नलिखित गुरुओं में कौन वैष्णव सम्प्रदाय का अनुयायी था?
A. रामदास B. अमरदास
C. अर्जुन D. अंगद

**165.** निम्नलिखित गुरुओं में किसने सिक्खों के लिए हिन्दुओं से अलग विवाह प्रणाली 'लवन' की शुरुआत करवायी?
A. अर्जुन B. रामदास
C. अगंद D. अमरदास

**166.** गुरु अमरदास से गोइन्दवाल में किस मुगल सम्राट ने भेंट की?
A. अकबर B. हुमायूँ
C. जहाँगीर D. उपर्युक्त कोई नहीं

**167.** निम्नलिखित सिक्ख गुरुओं में किसके समय में गुरु पद पैतृक बन गया?
A. गुरु अर्जुन B. गुरु रामदास
C. गुरु हरगोविन्द D. गुरु हर राम

**168.** तरनतारन नामक नगर की स्थापना किस सिक्ख गुरु द्वारा की गयी?
A. गुरु अमरदास B. गुरु रामदास
C. गुरु गोविन्दसिंह D. गुरु अर्जुनदेव

**169.** किस सिक्ख गुरु द्वारा सिक्ख ग्रन्थ "आदि ग्रंथ" का संकलन किया गया?
A. गुरु अमरदास B. गुरु हरगोविन्द
C. गुरु अर्जुन देव D. उपर्युक्त कोई नहीं

**170.** किस सिक्ख गुरु ने धर्म के रक्षार्थ सिक्खों को सैनिक बनाने का कार्य प्रारम्भ किया?
A. गुरु हरराम B. गुरु हरगोविन्द
C. गुरु हरकिशन D. गुरु अर्जुन देव

**171.** गुरु हरगोविन्द को दो वर्ष तक किस मुगल बादशाह ने जुर्माना न देने के कारण कैद में रखा?
A. शाहजहाँ B. जहाँगीर
C. अकबर D. उपर्युक्त कोई नहीं

**172.** निम्नलिखित में किसने आनंदपुर नगर की स्थापना की?
A. गुरु गोविन्द सिंह B. गुरु तेग बहादुर
C. गुरु हरिकिशन D. उपर्युक्त कोई नहीं

**173.** गुरु तेग बहादुर को किसने 'बाकला दे बाबा' कहा?
A. गुरु गोविन्द B. गुरु हरराय
C. गुरु हरकिशन D. उपर्युक्त कोई नहीं

**174.** किस सिक्ख गुरु ने अपने को सच्चा पादशाह कहा?
A. गुरु तेग बहादुर B. गुरु हरकिशन
C. गुरु गोविंद सिंह D. बंदा वैरागी

**175.** सिक्खों को एक सैनिक सम्प्रदाय 'खालसा' में परिवर्तित करने का श्रेय किसे दिया जाता है?
A. गुरु अरमदास B. गुरु हरगोविन्द
C. गुरु गोविन्द सिंह D. गुरु तेग बहादुर

**176.** गुरु गोविन्द सिंह द्वारा निम्नलिखित में किस प्रथा की शुरुआत की गयी?

A. समस्त सिक्खों को खालसा पुकारा।

B. प्रत्येक सिक्ख के नाम के आगे सिंह लगाने को कहा।

C. सिक्खों को केश, कंघा, कृपाण, कच्छा और कड़ा धारण करने को कहा।

D. उपर्युक्त में सभी।

**177.** गुरु गोविन्द सिंह के दो पुत्रों को किस मुगल बादशाह ने जिन्दा दीवार में चिनवा दिया?

A. बहादुरशाह प्रथम B. औरंगजेब

C. जहांदार शाह D. उपर्युक्त कोई नहीं

**178.** आदि ग्रंथ को किसके समय में 'गुरु ग्रन्थ' कहा जाने लगा?

A. बंदा वैरागी B. रणजीत सिंह

C. गुरु गोविन्द सिंह D. उपर्युक्त कोई नहीं

**179.** निम्नलिखित में किसने गुरु की गद्दी की प्रथा समाप्त करते हुए गुरुबानी को ही गुरु का स्थान प्रदान किया?

A. गुरु गोविन्द सिंह B. रणजीत सिंह

C. बंदा बहादुर D. गुरु तेग बहादुर

**180.** 'दशम पादशाह' नामक ग्रंथ में किस सिक्ख गुरु के विचारों को संकलित किया गया है?

A. गुरु अर्जुनदेव B. गुरु रामदास

C. गुरु तेग बहादुर D. गुरु गोविन्द सिंह

## उत्तरमाला

| | | | | | | | | | |
|---|---|---|---|---|---|---|---|---|---|
| **1** | **2** | **3** | **4** | **5** | **6** | **7** | **8** | **9** | **10** |
| A | B | C | C | A | C | A | B | D | C |
| **11** | **12** | **13** | **14** | **15** | **16** | **17** | **18** | **19** | **20** |
| A | B | C | B | C | A | B | A | B | A |
| **21** | **22** | **23** | **24** | **25** | **26** | **27** | **28** | **29** | **30** |
| C | A | C | B | A | C | A | D | D | A |
| **31** | **32** | **33** | **34** | **35** | **36** | **37** | **38** | **39** | **40** |
| B | C | B | C | A | C | D | B | C | B |
| **41** | **42** | **43** | **44** | **45** | **46** | **47** | **48** | **49** | **50** |
| C | C | B | C | C | B | A | B | D | C |
| **51** | **52** | **53** | **54** | **55** | **56** | **57** | **58** | **59** | **60** |
| A | D | B | D | D | B | B | C | D | B |
| **61** | **62** | **63** | **64** | **65** | **66** | **67** | **68** | **69** | **70** |
| D | A | A | D | A | C | A | C | B | B |
| **71** | **72** | **73** | **74** | **75** | **76** | **77** | **78** | **79** | **80** |
| C | C | C | A | B | A | C | B | B | C |
| **81** | **82** | **83** | **84** | **85** | **86** | **87** | **88** | **89** | **90** |
| B | A | A | C | D | A | C | A | A | C |
| **91** | **92** | **93** | **94** | **95** | **96** | **97** | **98** | **99** | **100** |
| B | D | D | C | C | C | A | C | A | D |
| **101** | **102** | **103** | **104** | **105** | **106** | **107** | **108** | **109** | **110** |
| A | C | D | A | C | A | C | C | B | B |
| **111** | **112** | **113** | **114** | **115** | **116** | **117** | **118** | **119** | **120** |
| B | A | D | B | A | D | C | B | B | A |
| **121** | **122** | **123** | **124** | **125** | **126** | **127** | **128** | **129** | **130** |
| A | C | A | A | A | B | C | A | D | A |

| 131 | 132 | 133 | 134 | 135 | 136 | 137 | 138 | 139 | 140 |
|---|---|---|---|---|---|---|---|---|---|
| B | C | C | B | C | C | B | B | C | A |
| 141 | 142 | 143 | 144 | 145 | 146 | 147 | 148 | 149 | 150 |
| A | A | C | D | B | B | A | D | B | B |
| 151 | 152 | 153 | 154 | 155 | 156 | 157 | 158 | 159 | 160 |
| A | C | A | C | D | A | D | B | B | B |
| 161 | 162 | 163 | 164 | 165 | 166 | 167 | 168 | 169 | 170 |
| A | C | A | B | B | A | B | D | C | B |
| 171 | 172 | 173 | 174 | 175 | 176 | 177 | 178 | 179 | 180 |
| B | B | C | D | C | D | B | C | A | D |

## वस्तुनिष्ठ प्रश्न–II

**1.** मुगल प्रशासन के बारे में कौन सा कथन सही नहीं है?
A. मुगल शासन व्यवस्था मुख्यतः एक सैनिक शासन था।
B. यह एक केन्द्रीभूत निरंकुशवाद या एकतंत्रवाद था।
C. सम्राट इस्लामी परम्पराओं के पालन के लिए बाध्य था।
D. सम्राट द्वारा मंत्रियों की सलाह को मानना आवश्यक नहीं था।

**2.** किस मुगल सम्राट के शासन काल में वजीर के स्थान पर नियुक्त वकील को सर्वाधिक प्रधानता प्राप्त हुई?
A. जहाँगीर B. बाबर
C. अकबर D. शाहजहाँ

**3.** 'दीवान-ए-वजीरात-ए कुल' का मुख्य कार्य होता था—
A. पदाधिकारियों की नियुक्ति एवं बर्खास्तगी।
B. राजस्व एवं वित्तीय मामलों का प्रबंधन।
C. बादशाह का मुख्य परामर्शदाता।
D. उपर्युक्त सभी।—

**4.** मुगलकालीन प्रधानमंत्री अपने में और किन नामों को समेटे रहता था?
A. वकील B. वजीर
C. दीवान D. उपर्युक्त सभी

**5.** मुगलकाल के 'वाकिया-ए-नवीस' का कार्य होता था?
A. सभी तरह के पत्र व्यवहार करना।
B. घटने वाली घटनाओं का विवरण रखना।
C. A और B दोनो।
D. गुप्तचर विभाग का मुखिया।

**6.** मुगलकाल में उलेमा पर कड़ी निगरानी रखता था—
A. बादशाह B. सद्र-उस-सद्र
C. काजी-उल-कुजात D. उपर्युक्त कोई नहीं

**7.** सद्र-उस-सद्र का प्रमुख कार्य होता था—
A. दान-पुण्य की व्यवस्था, विद्वानों को कर मुक्त भूमि दान में देना।
B. धार्मिक शिक्षा की व्यवस्था।
C. न्याय विभाग पर निगरानी।
D. उपर्युक्त सभी।

**8.** सद्र-उस-सद्र का पद किस मुगल बादशाह के समय में प्रभावहीन हो गया था?
A. अकबर B. शाहजहाँ
C. औरंगजेब D. जहाँगीर

**9.** प्रजा के नैतिक आचरण की देखभाल करने वाले अधिकारी मुहतसिब की नियुक्ति किस मुगल बादशाह द्वारा की गयी?
A. अकबर B. जहाँगीर
C. औरंगजेब D. शाहजहाँ

**10.** निम्नलिखित में किसे मुगल सम्राट अकबर के शासन काल में मंत्री का ओहदा प्राप्त नहीं था?
A. काजी-उल-कुजात B. दीवान
C. मीरबक्शी D. मीर समा/खाने समा

**11.** मुगल काल में 'मीर आतिश' होता था—
A. नौसेना का प्रधान।
B. हस्ति सेना का प्रधान।
C. तोपखाने का प्रधान।
D. घुड़सवार सेना का प्रधान।

**12.** अवरोही क्रम में दी गई मुगल साम्राज्य की प्रशासकीय इकाइयों में कौन सही है?
A. सूबा, आमिल, सरकार B. सूबा, मुक्ता, परगना
C. शिक, सरकार, परगना D. सूबा, सरकार, परगना

**13.** मुगल साम्राज्य को प्रांतों में विभाजित करने वाला प्रथम मुगल सम्राट कौन था?
A. बाबर B. हुमायूँ
C. अकबर D. जहाँगीर

**14.** 1580 ई० में मुगल सम्राट अकबर ने समूचे साम्राज्य को कुल कितने सूबों में बाँटा?
A. 12 B. 15
C. 20 D. 22

**15.** जहाँगीर के शासल काल में निम्नलिखित में से किसे जीतकर लाहौर सूबे में मिला दिया गया?
A. कांगड़ा B. मेवाड़
C. मुल्तान D. सिन्ध

**16.** निम्नलिखित में किसे मुगलकाल में सूबे का दर्जा नहीं प्राप्त था?
A. इलाहाबाद B. बदायूँ
C. थट्टा D. उड़ीसा

**17.** निम्न में औरंगजेब द्वारा जीते गये सूबे थे—
A. बीजापुर B. गोलकुण्डा
C. असम D. A और B दोनों

**18.** मुगलकाल में प्रांतीय शासन के प्रधान को निम्नलिखित में किस नाम से जाना जाता था?
A. सूबेदार B. नाजिम
C. सिपहसालार D. उपर्युक्त सभी

**19.** निम्नलिखित विशेष अधिकारों में कौन प्रांतीय सूबेदारों को प्राप्त नहीं था?
A. दरबार लगाना B. उपाधि प्रदान करना
C. झरोखा-दर्शन देना D. उपर्युक्त सभी

**20.** प्रांतीय बख्शी किसके अधीन काम करता था।
A. सम्राट B. सूबेदार
C. मीर बक्शी D. दीवान

**21.** मुगलकाल में सूबे का विभाजन 'सरकार' में हुआ था। सरकार का प्रधान अधिकारी होता था—
A. फौजदार B. आमिल
C. कोतवाल D. शिकदार

**22.** सरकार का प्रधान सूबेदार किसके द्वारा नियुक्त किया जाता था?
A. बादशाह B. सूबेदार
C. दीवान D. उपर्युक्त कोई नहीं

**23.** मुगलकाल में सरकारों का विभाजन 'परगना' या 'महाल' में हुआ था जिसका मुखिया होता था—
A. शिकदार B. अमीन
C. कानूनगो D. फौतदार

**24.** परगने के अधिकारियों में कौन लगान, भूमि और कृषि से जुड़े सभी कागजात की तैयार करता था?
A. कारकुन B. कानूनगो
C. फौतदार D. आमिल

**25.** मुगलकाल में 'मावदा' या 'दीह' किसे कहा जाता था?
A. परगने को B. गांव को
C. छोटी बस्ती को D. उपर्युक्त कोई नहीं

**26.** मुगलों के समय में छोटी-छोटी बस्तियों को कहा जाता था—
A. चकला B. नागला
C. दीह D. मावदा

**27.** परगना और सरकार के मध्य एक नवीन इकाई 'चकला' का निर्माण किस मुगल बादशाह ने किया?
A. अकबर B. जहाँगीर
C. शाहजहाँ D. औरंगजेब

**28.** राजपुत्रों को सर्वप्रथम अमीर वर्ग में किस मुगल बादशाह के समय में शामिल किया गया?
A. बाबर B. हुमायूँ
C. अकबर D. जहाँगीर

**29.** मुगलकाल में जागीरदारी संस्था की नींव डालने का श्रेय किसे दिया जाता है?
A. अकबर B. जहाँगीर
C. शाहजहाँ D. औरंगजेब

**30.** 'जागीरदार' के मनसबदार थे—
A. जिन्हें वेतन नकद में मिलता था।
B. जिन्हें वेतन नकद में न मिलकर निश्चित भू-क्षेत्र के रूप से मिलता था।
C. जो मुगलकाल में जागीरों के मालिक होते थे।
D. उपर्युक्त कोई नहीं।

**31.** किस मुगल शासक के समय में जागीरें साम्राज्य का एक बड़ा हिस्सा बन गई?

A. अकबर B. औरंगजेब
C. जहाँगीर D. शाहजहाँ

**32.** अबुल फजल ने मुगलकालीन जमीदारों की सम्मिलित सेना की कुल संख्या कितनी बतायी?

A. 44 लाख B. 40 लाख
C. 5 लाख D. 20 लाख

**33.** मध्यकालीन भारत में 'खराज' की वसूली की जाती थी—

A. भूमि से।
B. भूमि पर पैदा होने वाली उपज से।
C. A और B दोनों।
D. उपर्युक्त कोई नहीं।

**34.** "शाहजहाँ का शासनकाल कृषकों के लिए शांति का युग था।" उपर्युक्त कथन किसका है?

A. बर्नियर B. मोरलैण्ड
C. लेनपूल D. अब्दुल हमीद लाहौरी

**35.** शाल और गलीचा उद्योग किस मुगल शासक के शासन काल में अपने उत्कर्ष पर था?

A. अकबर B. जहाँगीर
C. शाहजहाँ D. औरंगजेब

**36.** निम्नलिखित किस स्थान पर मुगलकाल में सर्वाधिक ब्याज दरें थी?

A. आगरा B. बनारस
C. गोलकुण्डा D. अहमदाबाद

**37.** निम्नांकित विद्वानों में कौन अकबर का मुखर आलोचक था?

A. फैजी B. मुल्ला दाऊद
C. बदायूँनी D. उपर्युक्त कोई नहीं

**38.** निम्नलिखित कौन इतिहासकार शाहजहाँ के दरबार से संबंधित नहीं था?

A. इनायत खाँ B. खफी खाँ
C. मुहम्मद सालेह D. अमीकजवीनी

**39.** किसके शासनकाल में भारत में तम्बाकू की खेती प्रारंभ हुई?

A. हुमायूँ B. अकबर
C. जहाँगीर D. शाहजहाँ

**40.** मुगल साम्राज्य में नील उत्पादन का सर्वाधिक प्रसिद्ध क्षेत्र कौन था?

A. बयाना B. कोरोमंडल
C. गुजरात D. लाहौर

**41.** मुगलकाल में किन करों की वसूली 'अव्वाब' के नाम से की जाती थी?

A. स्थानीय करों की B. भू-राजस्व की
C. व्यापारिक करों की D. धार्मिक करों की

**42.** मुगलकाल में 'खालसा भूमि' के अन्तर्गत कुल भूमि का कितना प्रतिशत हिस्सा शामिल था?

A. 30 प्रतिशत B. 40 प्रतिशत
C. 20 प्रतिशत D. 25 प्रतिशत

**43.** मुगलकाल में भूमि की मिल्कियत का अधिकार किसके पास सुरक्षित था?

A. बादशाह B. काश्तकार
C. जमींदार D. जागीरदार

**44.** 'नानकार' और 'बंथ' है—

A. सिंचाई यंत्र B. लगान मुक्त भूमि
C. बुवाई यंत्र D. उपर्युक्त कोई नहीं

**45.** वह प्रथम मुगल बादशाह कौन था जिसे मध्ययुग की श्रेष्ठतम लगान व्यवस्था का जन्मदाता माना जाता है?

A. अकबर B. हुमायूँ
C. जहाँगीर D. औरंगजेब

**46.** अकबर ने समूचे उत्तर भारत में 'करोड़ी' नामक नये अधिकारी की नियुक्ति कब की?

A. 1561 ई॰ में B. 1564 ई॰ में
C. 1573 ई॰ में D. 1580 ई॰ में

**47.** टोडरमल द्वारा जाब्ती अथवा दहसाला प्रणाली को कब लागू किया गया?

A. 1570-71 ई॰ B. 1585 ई॰
C. 1580 ई॰ D. 1582 ई॰

**48.** मुगलकाल में किसानों से कितना प्रतिशत हिस्सा उत्पादन का लगान के रूप में वसूल किया जाता था?

A. $\frac{1}{4}$ B. $\frac{1}{3}$
C. $\frac{1}{2}$ D. $\frac{1}{5}$

**49.** अकबर के समय में 'दहसाला-व्यवस्था' निम्नलिखित में कहाँ पर लागू नहीं था?
A. इलाहाबाद B. बिहार
C. मालवा D. काबुल

**50.** मुगलकाल में एक बीघा में कितना विस्वा होता था?
A. 20 विस्वा B. 15 विस्वा
C. 16 विस्वा D. 22 विस्वा

**51.** किस मुगल बादशाह ने भू-राजस्व वसूली की 'इजारेदारी-प्रथा' (ठेके पर देने) की शुरुआत की?
A. जहाँगीर B. शाहजहाँ
C. औरंगजेब D. उपर्युक्त कोई नहीं

**52.** मुगलकाल में निम्नलिखित खाद्य पदार्थों में किसकी कीमत गेहूँ से अधिक थी?
A. नमक B. जौं
C. ज्वार D. मोठ

**53.** निम्नलिखित में किस स्थान पर पैदा होने वाला गेहूँ बाहर के देशों को निर्यात किया जाता था?
A. दिल्ली B. मालवा
C. बंगाल D. उपर्युक्त सभी

**54.** भारत में सर्वप्रथम पुर्तगालियों द्वारा तम्बाकू की फसल भारत कब लाई गई?
A. 1604-1605 ई० B. 1620-25 ई०
C. 1598-1600 ई० D. 1600-1602 ई०

**55.** अबुल फजल ने निम्नलिखित नगरों में किसे आदर्श और समृद्ध नगर की संज्ञा दी?
A. आगरा B. अहमदाबाद
C. फतेहपुर सीकरी D. बनारस

**56.** मुगलकाल में किन महत्वपूर्ण वस्तुओं का विदेशों को निर्यात होता था?
A. लाख B. सूती
C. चीनी, शोरा D. उपर्युक्त सभी

**57.** मुगलकाल का मुख्य व्यवसाय क्या था?
A. लौह उद्योग B. सूती कपड़ा
C. चमड़ा उद्योग D. पत्थर तथा काष्ठ उद्योग

**58.** निम्नलिखित जोड़ों में कौन एक सुमेलित नहीं है?
A. ढ़ाका – मलमल
B. कश्मीर और लाहौर – शाल और गलीचा
C. कोरोमंडल तट, बिहार – शोरा
D. आगरा, अहमदाबाद – हीरे

**59.** "तसर" एक प्रकार का कपड़ा था, जो मुख्यतः पाया जाता था–
A. बंगाल B. ढ़ाका
C. उड़ीसा D. असम

**60.** निम्नलिखित व्यापारियों में किसे मुगलकाल का सबसे धनी व्यक्ति माना जाता है?
A. मीर जुमला B. मलयचेट्टी
C. विरजी वोहरा D. अब्दुल गफूर

**61.** विरजी वोहरा निवासी था–
A. सूरत B. दिल्ली
C. बालासोर D. बंगाल

**62.** मुगलकाल में माप का सबसे बड़ा पैमाना होता था–
A. मन B. सेर
C. दाम D. खरवार

**63.** अकबर के समय में 1 मन कितने सेर के बराबर होता था?
A. 20 सेर B. 16 सेर
C. 40 सेर D. उपर्युक्त कोई नहीं

**64.** मुगलकाल में खाद्यानों के माप के लिए 'खरवार' नामक इकाई का प्रयोग देश के किस भाग में किया जाता था?
A. उत्तर-पश्चिम क्षेत्र B. उत्तर भारत
C. दक्षिण भारत D. पूर्वी भारत

**65.** मुगलकालीन मुद्रा के बारे में सही नहीं है?
A. मुहर-स्वर्ण B. रुपया-चांदी
C. दाम-तांबा D. टंका-पोटीन

**66.** निम्नलिखित मुगलकालीन सिक्कों में कौन मुगल अर्थव्यवस्था के आधार थे?
A. रुपया B. मुहर
C. दाम D. टंका

**67.** अकबर द्वारा चलाया गया सबसे बड़े आकार का स्वर्ण सिक्का कहलाया—

A. जलाली B. शंसब
C. मुहर D. इलाही

**68.** मुगल काल में स्वर्ण निर्मित सर्वाधिक प्रचलित सिक्का था—

A. इलाही B. शंसब
C. मुहर D. उपर्युक्त कोई नहीं

**69.** 'फलूस' सिक्का निर्मित था—

A. स्वर्ण B. चांदी
C. तांबा D. उपर्युक्त सभी

**70.** किस मुगल बादशाह ने रुपया और दाम के मध्य 'आना' सिक्के का प्रचलन करवाया?

A. शाहजहाँ B. औरंगजेब
C. जहाँगीर D. अकबर

**71.** मुगलकालीन टकसाल किस अधिकारी के नियंत्रण में होता था?

A. मीरसमा B. चौधरी
C. कोतवाल D. रोजिनदार

**72.** किस मुगल बादशाह ने सर्वप्रथम सिक्कों पर अपनी आकृति खुदवाई?

A. अकबर B. जहाँगीर
C. शाहजहाँ D. औरंगजेब

**73.** किस मुगल बादशाह ने सर्वप्रथम सिक्के जारी करवाये?

A. अकबर B. जहाँगीर
C. शाहजहाँ D. औरंगजेब

**74.** 'जलाली रुपया' जिसे अकबर ने चलवाया था। वह था—

A. चौकोर आकार का B. आयताकार
C. गोलाकार D. वर्गाकार

**75.** मुगलकाल में मुद्रा की शुद्धता की परख कौन करता था?

A. मुहतसिब B. सर्राफ
C. दीवान D. चौधरी

**76.** मुगलकाल में "हुन्डी" जो एक आज्ञा पत्र होता था का प्रयोग किया जाता था—

A. एक स्थान से दूसरे स्थान पर रकम भेजने के लिए
B. वस्तुओं के खरीद-फरोख्त के लिए
C. साहूकारों से ऋण के लिए
D. उपर्युक्त सभी

**77.** 'मनसब' किस भाषा का शब्द है?

A. अरबी B. फारसी
C. तुर्की D. उपर्युक्त कोई

**78.** 'मनसब' का शब्दिक अर्थ है—

A. पद B. श्रेणी
C. A और B दोनों D. प्रतिष्ठा

**79.** 'मनसबदारी' व्यवस्था जो भारत में किसी न किसी रूप में पहले से प्रचलित थी को संस्थागत रूप देने का श्रेय किसे दिया जाता है?

A. बाबर B. अकबर
C. जहाँगीर D. शाहजहाँ

**80.** मुगलकाल में मनसब किन्हें प्रदान किया गया?

A. केवल सैन्य अधिकारियों को।
B. केवल अमीरों को।
C. राज्य के सभी कर्मचारियों को।
D. उन अमीरों, अधिकारियों एवं सामान्य लोगों को जिन्हें बादशाह सम्मानित करना चाहता था।

**81.** मुगलकाल में 5,000 जात से ऊँचे मनसब प्रदान किये जाते थे—

A. केवल शाही परिवार के सदस्यों को।
B. योग्य सेनानायकों एवं अमीरों को।
C. बादशाह के निकट सम्बन्धियों को।
D. A और B दोनों।

**82.** अकबर के समय में सम्पूर्ण 'मनसब' कितनी श्रेणियों में विभाजित था?

A. 33 B. 66
C. 65 D. 35

**83.** किस मुगल बादशाह के समय में सर्वाधिक मनसबें प्रदान की गई?

A. अकबर B. जहाँगीर
C. शाहजहाँ D. औरंगजेब

**84.** मुगलों की सैनिक व्यवस्था को सुचारु रूप से संगठित करने का श्रेय किस बादशाह को दिया जाता है?
A. बाबर B. हुमायूँ
C. अकबर D. औरंगजेब

**85.** किस मुगल बादशाह को भारत में सफल तोपखाने के प्रयोग का श्रेय दिया जाता है?
A. बाबर B. अकबर
C. हुमायूँ D. उपर्युक्त कोई नहीं

**86.** निम्नलिखित मुगल शासकों में किसने सैनिकों का हुलिया (चेहरा) रखने और घोड़ों को दागने की प्रथा शुरु की?
A. बाबर B. अकबर
C. जहाँगीर D. औरंगजेब

**87.** मुगल सेना का श्रेष्ठतम भाग था–
A. हस्ति सेना B. पदाति सेना
C. घुड़सवार सेना D. तोपखाना

**88.** 'आहशाम' और 'सेहबंदी' सैनिक मुगल सेना के किस हिस्से में शामिल थे?
A. हस्ति सेना B. घुड़सवार सेना
C. तोपखाना D. पदाति सेना

**89.** मुगल सेना के निम्नलिखित सैनिकों में कौन सर्वाधिक वेतन भोगी होता था?
A. अहदी B. वारगीर
C. दाखिली D. उपर्युक्त सभी

**90.** मुगल सेना के किस हिस्से में विदेशियों (पुर्तगीज, तुर्क), को भर्ती किया गया?
A. नौ सेना B. तोपखाना
C. घुड़सवार D. उपर्युक्त सभी

**91.** निम्नलिखित इतिहासकारों में किसने 'मुगल स्थापत्य कला को' कला की रानी कहा?
A. फर्ग्युसन B. पर्सी ब्राउन
C. मार्शल D. स्मिथ

**92.** मुगल साम्राज्य का संस्थापक बाबर निम्नलिखित इमारतों में किससे प्रभावित हुआ?
A. शेरशाह के मकबरे।
B. ग्वालियर के किले (राजा मानसिंह)।
C. अदीन मस्जिद।
D. अटाला मस्जिद।

**93.** निम्नलिखित इमारतों में किसका निर्माण मुगल सम्राट हुमायूँ ने करवाया था?
A. पुराना किला (दिल्ली)।
B. दीनपनाह (दिल्ली)।
C. शेरशाह का किला (सहसराम)।
D. उपर्युक्त सभी।

**94.** 'किला-ए-कुहना मस्जिद' का निर्माण निम्नलिखित में किसके द्वारा करवाया गया?
A. अकबर B. बाबर
C. शेरशाह D. जहाँगीर

**95.** मुगल सम्राट अकबर के समय में निर्मित प्रथम इमारत है–
A. हुमायूँ का मकबरा (दिल्ली)।
B. जहाँगीरी महल।
C. अटक को किला।
D. फतेहपुर सीकरी।

**96.** संगमरमर से निर्मित दोहरी गुम्बद वाला मुगलकाल का प्रथम मकबरा–
A. अकबर का मकबरा।
B. शेख सलीम चिश्ती का मकबरा।
C. इस्लाम का मकबरा।
D. हुमायूँ का मकबरा।

**97.** निम्नलिखित में किसे जीतने के बाद अकबर ने सीकरी का नाम फतेहपुर (जीत का शहर) सीकरी रखा?
A. मेवाड़ B. दिल्ली
C. गुजरात D. उपर्युक्त

**98.** सिकन्दरा स्थित अकबर के मकबरे का निर्माण किसके द्वारा करवाया गया?
A. अकबर B. जहाँगीर
C. शाहजहाँ D. उपर्युक्त कोई नहीं

**99.** मुगल स्थापत्य से सम्बंधित पित्रादुरा (Pietra Dura) कहते थे–
A. इमारतों की दीवारों पर चित्रित फारसी विषय के भित्ति चित्र को।

B. संगमरमर के पत्थर पर जवाहरात से ही गई जड़ावट।
C. मुगल इमारतों पर की गई रंगाई को।
D. उपर्युक्त कोई नहीं।

**100.** निम्नलिखित मुगलकालीन भवनों में किसमें सर्वप्रथम पित्रादुरा का प्रयोग किया गया?
A. हुमायूँ के मकबरे में।
B. अकबर के मकबरे में।
C. एतमादुद्दौला के मकबरे में।
D. आगरा स्थित मोती मस्ज़िद में।

**101.** मुगल स्थापत्य कला का वह प्रथम निर्माण कार्य कौन था जिसका निर्माण पूरी तरह सफेद बेदाग संगमरमर से हुआ?
A. हुमायूँ का मकबरा।
B. एतमादुद्दौला का मकबरा।
C. ताजमहल।
D. मोती मस्ज़िद।

**102.** आगरा स्थित एतमाद्दुदौला के मकबरे का निर्माण निम्नलिखित में किसने करवाया?
A. नूरजहाँ B. जहाँगीर
C. शाहजहाँ D. उपर्युक्त कोई नहीं

**103.** किस इतिहासकार ने शाहजहाँ के काल को मुगल स्थापत्य कला के स्वर्ण काल की संज्ञा दी?
A. डॉ॰ आशीर्वादी लाल B. एलफिंस्टन
C. वर्नियर D. लेनपूल

**104.** किस मुगल बादशाह ने प्रसिद्ध 'तख्त-ए-ताउस' (मयूर सिहांसन) का निर्माण कराया?
A. अकबर B. औरंगजेब
C. बाबर D. शाहजहाँ

**105.** निम्नलिखित इमारतों में किसका निर्माण शाहजहाँ ने नहीं करवाया?
A. मुसम्मन बुर्ज B. जामा मस्जिद
C. शाहजहाँनाबाद D. जहाँगीर का मकबरा

**106.** लाल किले के किस हिस्से में विश्व प्रसिद्ध तख्त-ए-ताउस को रखा जाता था।
A. दीवाने खासे B. हीरा महल
C. शीश महल D. दीवाने आम

**107.** निम्नलिखित में किस इमारत का निर्माण औरंगजेब ने नहीं करवाया था।
A. औरंगाबाद में स्वयं का मकबरा।
B. औरंगाबाद में पत्नी रबिया-उद-दुर्रानी का मकबरा।
C. मुसम्मन बुर्ज।
D. बादशाही मस्ज़िद (लाहौर)।

**108.** निम्नलिखित मुगलकालीन मकबरों में से बीवी का मकबरा कहा गया?
A. नूरजहाँ का मकबरा।
B. मुमताज महल का मकबरा।
C. रबिया-उर-दुर्रानी का मकबरा।
D. उपर्युक्त कोई नहीं।

**109.** काश्मीर स्थित 'निशात बाग' और 'शालीमार बाग' की स्थापना किस मुगल बादशाह द्वारा की गई?
A. जहाँगीर B. अकबर
C. शाहजहाँ D. औरंगजेब

**110.** भारत में विशिष्ट फारसी चित्रकला शैली को जन्म देने का श्रेय निम्नलिखित में किसे दिया जाता है?
A. बाबर B. हुमायूँ
C. अकबर D. जहाँगीर

**111.** निम्नलिखित चित्रकारों में किसे 'पूर्व का रैफैल' कहा जाता है?
A. अब्दुर्समद B. बिहजाद
C. मीर सैय्यद अली D. दोस्त मुहम्मद

**112.** निम्नलिखित में किसके सहयोग से बादशाह अकबर ने भारत में चित्रकला का एक पृथक विभाग स्थापित किया?
A. अब्दुर्समद B. फारुख बेग
C. मीर सैय्यदअली D. दसवंत

**113.** मुख्य रूप से मुगल चित्रकला विषय में बनाया गया है—
A. दरबारी जीवन B. धार्मिक जीवन
C. प्राकृतिक जीवन D. A और C दोनों

**114.** अकबर द्वारा मुगल चित्रकला को महत्वपूर्ण योगदान था—
A. रूप चित्रकारी।
B. भित्ति चित्रकारी।

C. पौराणिक चित्रकारी।

D. प्राकृतिक चित्रों का चित्रांकन।

**115.** अकबर ने निम्नलिखित चित्रकारों में किसे राज्य का अग्रणी चित्रकार बनाया?

A. दसवंत B. बसावन
C. केशव D. फारूखबेग

**116.** जहाँगीर के समय में मुगल चित्रकला में किस तरह के चित्रों के चित्रांकन में वृद्धि हुई?

A. भित्ति चित्रकारी B. रूप या व्यक्ति चित्रकारी
C. पौराणिक चित्रकारी D. धार्मिक चित्रकारी

**117.** निम्नलिखित चित्रकारों में किसकी सहायता से जहाँगीर ने आगरा में 'चित्रणशाला' की स्थापना की?

A. हेरात के आगा रजा खां
B. अबुलहसन
C. मुहम्मद नादिर
D. मुहम्मद मुराद

**118.** जहाँगीर के समय का सर्वोत्कृष्ट चित्रकार कौन था?

A. विशनदास B. उस्ताद मंसूर
C. अबुलहसन D. मनोहर

**119.** जहाँगीर ने अपने किस चित्रकार को 'नादिर-उल-अस्त्र' की उपाधि प्रदान की?

A. विशनदास B. मनोहर
C. उस्ताद मंसूर D. अबूलहसन

**120.** निम्नलिखित चित्रकारों में कौन जहाँगीर का प्रिय चित्रकार था?

A. अबुल हसन B. विशनदास
C. उस्ताद मंसूर D. उपर्युक्त कोई नहीं

**121.** 'नदिरुजुमा' की उपाधि ग्रहण करने वाला जहाँगीर के समय का चित्रकार कौन था?

A. गोवर्धन B. दौलत
C. अबुल हसन D. उस्ताद मंसूर

**122.** "जहाँगीर के साथ मुगल चित्रकला की वास्तविक आत्मा पतनोन्मुख हो गई।" उपर्युक्त कथन किस इतिहासकार का है?

A. स्मिथ B. फर्ग्युसन
C. पर्सी ब्राउन D. मार्शल

**123.** मुगल सम्राट शाहजहाँ के समय चित्रकला के किस क्षेत्र में उन्नति हुई?

A. रेखाकंन B. बॉर्डर निर्माण
C. A और B दोनों D. उपर्युक्त कोई नहीं

**124.** शाहजहाँ के समय का प्रसिद्ध चित्रकार कौन था?

A. फकीर उल्ला B. मीर हाशिम
C. अनुप D. उपर्युक्त सभी

**125.** मुगलकालीन चित्रकला का स्वर्णकाल माना जाता है?

A. जहाँगीर के काल को B. औरंगजेब के काल को
C. अकबर के काल को D. शाहजहाँ के काल को

**126.** मुगल चित्रकला का अंतिम महान शाही संरक्षक कौन था?

A. दारा शिकोह B. शाह आलम
C. औरंगजेब D. शाहजहाँ

**127.** अकबर के दरबार का तानसेन के बाद दूसरा महत्वपूर्ण गायक कौन था?

A. बाबा रामदास B. बाबा सूरदास
C. बैजू बाबरा D. लाल कलावंत

**128.** तानसेन के बारे में किसने लिखा कि उस जैसा गायक हजार वर्षों में भी कोई नहीं हुआ था?

A. फैजी B. अबुल फजल
C. गिजाली D. मिर्जा हैदर दोगलत

**129.** अकबर ने किसे "महापात्र" की उपाधि प्रदान की?

A. नरहरि B. अब्दुर्रहीम
C. विट्ठलनाथ D. बीरबल

**130.** उर्दू भाषा का जन्म कब हुआ?

A. सल्तनतकाल में।
B. मुगलकाल में।
C. उत्तरोत्तर मुगलकाल में।
D. उपरोक्त कोई नहीं।

**131.** निम्नलिखित मुगलकालीन चित्रकारों में किसने मानसिक रूप से विक्षिप्त होने के कारण आत्महत्या कर ली थी—

A. दसवंत B. विशनदास
C. बसावन D. मंसूर

**132.** निम्नलिखित में किस चित्रकला शैली को पहाड़ी चित्रकला के अन्र्तगत शामिल किया जाता है?

A. कांगड़ा B. बसौली
C. बुंदी D. A और B दोनों

**133.** संगीत कला की दृष्टि से किस मुगल बादशाह का शासन सर्वोत्तम कहा जाता है?

A. हुमायूँ B. जहाँगीर
C. अकबर D. शाहजहाँ

**134.** अकबर के दरबार के सर्वश्रेष्ठ संगीतज्ञ 'तानसेन' का मूल नाम क्या था?

A. स्वामी हरिदास B. रामतनु पाण्डे
C. मकरन्द पाण्डे D. लाल कलावंत

**135.** अबुल फजल के 'आइन-ए-अकबरी' में कुल कितने गायकों का उल्लेख किया गया है?

A. 30 B. 36
C. 18 D. उपर्युक्त कोई नहीं

**136.** निम्नलिखित वाद्य यंत्रों में किसको बजाने में अकबर को निपुणता हासिल थी?

A. वीणा B. नक्कारा
C. पखावज D. सितार

**137.** निम्नलिखित में किसके अविष्कार का श्रेय तानसेन को प्रदान किया जाता है?

A. मियां की टोड़ी, मियाँ की मल्हार, मियां का सांरग (राग)।
B. रुद्र वीणा (वाद्ययंत्र)।
C. दरबारी कांहरा (राग)।
D. उपर्युक्त सभी।

**138.** मुगल शासकों में सर्वाधिक विद्वान शासक कौन था?

A. अकबर B. बाबर
C. हुमायूँ D. जहाँगीर

**139.** अबुल फजल ने किसके बारे में लिखा कि "वह संगीत, विज्ञान एवं हिन्दी गीत में अपने समय का सर्वश्रेष्ठ व्यक्ति था?

A. तानसेन B. हरिदास
C. बाज बहादुर D. रामदास

**140.** निम्नलिखित मुगल सम्राटों में किसे हिन्दी गीतों का रचयिता माना जाता है?

A. बाबर B. जहाँगीर
C. शाहजहाँ D. औरंगजेब

**141.** निम्नलिखित में किसे जहाँगीर ने 'आनंद खाँ' की उपाधि प्रदान की?

A. शौकी B. विलास खाँ
C. छतर खाँ D. खुर्रमदाद

**142.** शाहजहाँ ने निम्नलिखित में किसे 'गुन समन्दर' की उपाधि प्रदान की?

A. लाल खाँ B. विलास खाँ
C. सुख सेन D. सुरसेन

**143.** मुगल बादशाह औरंगजेब का यह कथन कि "इसे ले जाकर इतना गहरा दफनाओं कि फिर ऊपर नहीं आये" किससे सम्बन्धित है?

A. चित्रकारी B. इतिहास लेखन
C. संगीत D. उपर्युक्त सभी

**144.** किस वर्ष औरंगजेब ने अपने दरबार से सभी संगीतज्ञों को बर्खास्त किया?

A. 1679 ई॰ B. 1688 ई॰
C. 1695 ई॰ D. 1705 ई॰

**145.** निम्नलिखित मुगल बादशाहों में कौन कुशल 'वीणा वादक' था

A. अकबर B. जहाँगीर
C. शाहजहाँ D. औरंगजेब

**146.** निम्नलिखित में किसके द्वारा 'बाबरनामा' का अनुवाद अंग्रेजी में किया गया?

A. श्रीमती बैवरीज B. एलफिन्सटन
C. लेनपूल D. मौलिसन

**147.** निम्नलिखित में किसने तुर्की भाषा के मूल ग्रंथ 'बाबरनामा' का अनुवाद फारसी में किया?

A. अबुल फजल B. अर्ब्दुरहीम खानखाना
C. श्रीमती बैवरिज D. निजामुद्दीन अहमद

**148.** निम्नलिखित भाषाओं में किसे मुगलों ने अपनी राजकीय भाषा बनाया?

A. उर्दू B. तुर्की
C. फारसी D. हिन्दी

**149.** निम्नलिखित में किसे हुमायूँ ने 'अमीर-ए-अकबर' की उपाधि प्रदान की?
A. मिर्जा हैदर दोगलत B. गुलबदन बेगम
C. खोंदमीर D. उपर्युक्त कोई नहीं

**150.** निम्नलिखित मुगल बादशाहों में कौन अनपढ़ था?
A. अकबर B. औरंगजेब
C. जहाँगीर D. शाहजहाँ

**151.** अकबर के समय का सर्वाधिक प्रसिद्ध और विद्वान फारसी लेखक कौन था?
A. बदायूँनी B. मुल्ला दाऊद
C. अबुल फजल D. फैजी

**152.** अबुल फजल की प्रसिद्ध कृति 'आइन-ए-अकबरी' में मुख्यतः किस विषय का उल्लेख है?
A. शासन प्रणाली।
B. हिन्दुस्तान की तत्कालीन समस्त जातियों।
C. ऋतु, फसलों, प्राकृतिक सौन्दर्य।
D. अकबर की व्यक्तिगत धार्मिक नीतियों।

**153.** निम्नलिखित में किसे अकबर के समय की प्रथम ऐतिहासिक कृति माना जाता है?
A. नाफाइस-उल-मासिर B. तारिख-ए-अल्फी
C. मुंतखाब-उल-तवारीख D. आइन-ए-अकबरी

**154.** 'तुजुक-ए-जहाँगीरी' का लेखक किसे माना जाता है?
A. जहाँगीर B. मोतमिद खाँ
C. A और B दोनों D. निगाम तुल्ला

**155.** निम्नलिखित में किस प्रसिद्ध ग्रंथ कर्त्ता को अकबर ने "जरी कलम" की उपाधि से सम्मानित किया?
A. मुहम्मद हुसैन B. मुहम्मद हुसैन नाजरि
C. सैय्यद जमालुद्दीन D. फैजी

**156.** निम्नलिखित में किसे शाहजहाँ ने अपना 'राजकवि' नियुक्त किया?
A. कजवीनी B. मोहम्मद सालेह
C. अबु तालिब कालिम D. अब्दुल हमीद लाहौरी

**157.** रामायण का फारसी अनुवाद किसने किया?
A. अबुल फजल B. बदायूँनी
C. फैजी D. टोडरमल

**158.** निम्नलिखित में किसने अकबर के समय का इतिहास संस्कृत भाषा में लिखा?
A. महेश ठाकुर B. पद्म सुन्दर
C. पंडित जगन्नाथ D. सिद्ध चन्द्र जैन

**159.** अकबर के पहले हिन्दी भाषा में लिखा गया महत्वूपर्ण ग्रंथ था—
A. पद्मावत B. युगावत
C. A और B दोनों D. अष्टछाप

**160.** हिन्दी को राजकीय सरंक्षण प्रदान करने वाला प्रथम बादशाह—
A. शेरशाह सूरी B. हुमायूँ
C. अकबर D. जहाँगीर

**161.** मुगल सम्राट अकबर ने निम्नलिखित हिन्दी विद्वानों में किसे 'कविप्रिय' की उपाधि प्रदान की?
A. बीरबल B. अर्ब्दुरहीम खान खाना
C. राजा भगवानदास D. सूरदास

## उत्तरमाला

| 1 | 2 | 3 | 4 | 5 | 6 | 7 | 8 | 9 | 10 |
|---|---|---|---|---|---|---|---|---|---|
| C | C | B | D | C | A | D | A | D | D |
| 11 | 12 | 13 | 14 | 15 | 16 | 17 | 18 | 19 | 20 |
| C | D | C | A | A | B | D | D | D | C |
| 21 | 22 | 23 | 24 | 25 | 26 | 27 | 28 | 29 | 30 |
| A | A | A | B | B | B | C | C | A | B |
| 31 | 32 | 33 | 34 | 35 | 36 | 37 | 38 | 39 | 40 |
| B | A | B | B | A | C | C | C | C | A |
| 41 | 42 | 43 | 44 | 45 | 46 | 47 | 48 | 49 | 50 |
| A | C | B | B | A | C | C | B | D | A |

| 51 | 52 | 53 | 54 | 55 | 56 | 57 | 58 | 59 | 60 |
|---|---|---|---|---|---|---|---|---|---|
| B | A | B | A | B | D | B | D | C | C |
| **61** | **62** | **63** | **64** | **65** | **66** | **67** | **68** | **69** | **70** |
| A | A | C | A | D | A | B | A | C | A |
| **71** | **72** | **73** | **74** | **75** | **76** | **77** | **78** | **79** | **80** |
| B | B | A | A | B | A | C | B | B | D |
| **81** | **82** | **83** | **84** | **85** | **86** | **87** | **88** | **89** | **90** |
| D | A | D | C | A | B | C | D | A | B |
| **91** | **92** | **93** | **94** | **95** | **96** | **97** | **98** | **99** | **100** |
| D | B | B | C | A | D | C | B | B | C |
| **101** | **102** | **103** | **104** | **105** | **106** | **107** | **108** | **109** | **110** |
| B | A | A | D | D | D | C | C | C | B |
| **111** | **112** | **113** | **114** | **115** | **116** | **117** | **118** | **119** | **120** |
| B | A | B | B | A | B | A | A | C | A |
| **121** | **122** | **123** | **124** | **125** | **126** | **127** | **128** | **129** | **130** |
| C | C | C | D | A | C | A | B | A | A |
| **131** | **132** | **133** | **134** | **135** | **136** | **137** | **138** | **139** | **140** |
| A | D | C | D | B | B | D | B | C | B |
| **141** | **142** | **143** | **144** | **145** | **146** | **147** | **148** | **149** | **150** |
| A | A | C | B | D | A | B | C | C | A |
| **151** | **152** | **153** | **154** | **155** | **156** | **157** | **158** | **159** | **160** |
| C | A | A | C | A | D | B | A | C | C |
| **161** | | | | | | | | | |
| A | | | | | | | | | |

# 10. मध्यकाल में समाज एवं संस्कृति (भक्ति आंदोलन व सूफीमत के विशेष संदर्भ में)

- 1206 से 1526 तक दिल्ली सल्तनत का अस्तित्व बना रहा। इस राज्य पर पहले तुर्क फिर अफगान शासकों की सत्ता रही। इनके नेतृत्व में जहां राजनैतिक व प्रशासनिक क्षेत्र में नई विशेषताओं का विकास हुआ वहीं सांस्कृतिक और सामाजिक जीवन के क्षेत्र में भी परिवर्तन उल्लेखनीय आए।
- इस काल में सभी परिवर्तनों के पीछे एक ही प्रेरक शक्ति थी, इस्लाम और हिन्दू धर्म का पारस्परिक संपर्क और इसके फलस्वरूप प्रभावों का आदान-प्रदान। इस्लाम के प्रभाव से हिन्दू संस्कृति और समाज का रूप बदला तो हिन्दू धर्म के प्रभावाधीन मुसलमानों के सामाजिक संस्कारों एवं सांस्कृतिक संस्थाओं में परिवर्तन आए।
- इस्लाम धर्म और इस्लामी संस्कृति से भारत का संपर्क तीन पृथक और स्पष्ट चरणों में निर्धारित किया जा सकता है–

  **प्रथम चरणः** इस चरण में 8वीं शताब्दी के आरंभ में सिंध में अरब शासन की स्थापना के कारण दोनों के बीच एक संपर्क बना जो महत्त्वपूर्ण तो था परंतु चिरस्थायी नहीं।

  **द्वितीय चरणः** इस चरण में 11वीं शताब्दी के आरंभ में अलबेरूनी और विभिन्न सूफी संतों की गतिविधियों से प्रथम चरण के संपर्क का पुनरोद्धार हुआ और इसे एक स्थायित्व प्राप्त हुआ।

  **तृतीय चरणः** इस चरण में 13वी शताब्दी के आरंभ में सल्तनत की स्थापना के पश्चात् इस्लामी एवं भारतीय संस्कृति के समन्वय के परिणाम प्रकट होने लगे।
- मध्यकाल में सर्वप्रथम इस्लाम के प्रभावाधीन हिन्दू धर्म में एकेश्वरवाद की भावना की पुनरावृत्ति हुई। हिन्दू धर्म में एकेश्वरवाद की भावना के बीज तो उपस्थित थे मगर गुप्तकाल से हिन्दू धर्म का जो क्लासिकी रूप विकसित हुआ था उसमें बहुदेववाद, मूर्तिपूजा, कर्मकांडों की प्रधानता आदि जैसी विशेषताएं आ गई थी जो सामंती काल में अपने पराकाष्ठा तक पहुंच गई थीं।
- हिन्दू समाज में ऊंच-नीच का भेदभाव, ब्राह्मणों का वर्चस्व, अस्पृश्यता के सिद्धांत आदि का प्रभाव पूर्णतः बना हुआ था। इस्लाम का अडिग एकेश्वरवादी सिद्धांत और समानता एवं बंधुत्व का उपदेश तत्कालीन परिस्थितियों में भारतीय समाज में एक नई चेतना देने में सहायक हुआ। इसका स्पष्ट प्रभाव मध्यकालीन भक्ति आंदोलन के विकास में देखा जा सकता हैं।
- स्थापत्य कला के क्षेत्र में भी इस काल में एक नई मिश्रित शैली का विकास हुआ जिसमें इस्लामी परंपराओं से भारतीय कला प्रभावित हुई।
- इसके अतिरिक्त तुर्क शासकों व सैनिकों एवं सूफी संतों ने फारसी अरबी और तुर्की शब्दों के प्रयोग से भारत की अनेक क्षेत्रीय बोलियों को समृद्ध बनाया और इस सम्मिश्रण से एक नई भाषा उर्दू की उत्पत्ति भारत में हुई।
- भारतीय परिस्थितियों ने इस्लाम को भी प्रभावित किया। इस्लाम में रूढ़िवादी विचारधारा के विपरीत एक उदार दृष्टिकोण का विकास रहस्यवादी विचारधारा के रूप में 8वीं सदी से ही मध्य एशिया के क्षेत्र में आरंभ हो चुका था। भारत में हिन्दू धर्म और बौद्ध दर्शन के प्रभावाधीन इस रहस्यवादी विचारधारा के स्वरूप में और भी परिवर्तन आए और कुछ ऐसी नई विशेषताएं विकसित हुई जिन्होंने भारतीय सूफीवाद की विशिष्टं पहचान प्रस्तुत की।
- भक्ति आंदोलन की शुरुआत 12वीं सदी के लगभग दक्षिण भारत में हुई।
- भक्ति आंदोलन के संतो ने जातिवाद की निंदा की, कर्मकांडों तथा यज्ञों का परित्याग करने पर बल दिया। महिलाओं के सशक्तीकरण को बल दिया तथा आम बोलचाल की भाषा में लोगों तक अपने संदेश पहुंचाए।
- **भक्ति आंदोलन के प्रमुख संत :**

1. **आचार्य रामानुजः** इन्हें इस आंदोलन का प्रवर्तक माना जाता है। रामानुज का आविर्भाव 12वीं सदी में तमिलनाडु में हुआ। वे सगुण ईश्वर में विश्वास करते थे।

2. **रामानंदः** इन्हें भक्ति आंदोलन को दक्षिण भारत से उत्तर भारत में लाने का श्रेय है। रामनंद ने सभी जातियों को अपना शिष्य बनाकर जाति-प्रथा पर कड़ा प्रहार किया। उनके शिष्यों में कबीर (जूलाहा), सेना (नाई), रैदास (चमार) आदि थे। उन्होंने एकेश्वरवाद पर बल देते हुए राम की उपासना की बात कही। **संभवतः हिन्दी में उपदेश देने वाले रामानंद प्रथम वैष्णव संत थे।**
3. **कबीरः** काशी के एक जुलाहे परिवार में जन्में कबीर (1440-1518) भक्ति आंदोलन के संचालको में से एक थे। वे रामानंद के शिष्य तथा निर्गुण ब्रह्म के उपासक थे। वे सामाजिक कुरीतियों, अंधविश्वास, साम्प्रदायिकता तथा छूआछूत के घोर विरोधी थे।

**भक्ति आंदोलन के प्रमुख संत व उनके सिद्धांत**

| संत/प्रवर्तक | सिद्धांत/मत |
|---|---|
| 1. शंकराचार्य | अद्वैतवाद |
| 2. रामानुज | विशिष्टाद्वैतवाद |
| 3. निम्बार्क | द्वैत-अद्वैतवाद |
| 4. माधवाचार्य | द्वैतवाद |
| 5. रामानंद | रामभक्ति |
| 6. तुकाराम | वरकारी पंथ |
| 7. भास्कराचार्य | भेदाभेदवाद |
| 8. श्रीकंठ | शैव विशिष्टाद्वैत |
| 9. बलदेव | अचिंत्य भेदाभेदवाद |
| 10 श्रपति | वीरशैव विशिष्टाद्वैत |
| 11. विज्ञान भिक्षु | अविभागाद्वैत |

4. **मीराबाई :** यह मेड़ता के राठौर रत्नसिंह की पुत्री तथा राणा सांगा के बड़े पुत्र राजकुमार भोजराज की पत्नी थी। वे कृष्ण की उपासिका थीं उन्होंने घूम-घूम कर सर्वत्र कृष्ण भक्ति का प्रचार-प्रसार किया।
5. **चैतन्यः** बंगाल के नदिया में जन्में चैतन्य (1486-1533) कृष्ण के उपासक थे। उन्होंने कर्मकांड, बाह्य आडंबर का विरोध किया तथा प्रेम एवं भक्ति पर विशेष बल दिया। **चैतन्य के अनुयायी उन्हें विष्णु का अवतार मानते थे।** भक्ति आंदोलन में उन्होंने **'संकीर्तन प्रणाली'** को प्रचलित किया। वे **'गौरांग महाप्रभु'** के नाम से जाने जाते थे और **'अंचिंत्य भेदाभेदवाद'** के प्रवर्तक थे।
6. **गुरुनानकः** गुरुनानक (1469-1539) का जन्म तलवंडी (आधुनिक ननकाना–पाकिस्तान) में हुआ। उन्होंने जाति-प्रथा, बाह्य आडंबर, ब्राह्मणों-मुल्लाओं की श्रेष्ठता का विरोध किया। उनके गीतों-कविताओं का संकलन आदि-गंथ में हुआ है।
7. **नामदेवः** महाराष्ट्र में धार्मिक आंदोलन के प्रमुख नामदेव जाति-प्रथा, वाह्य आडंबर एवं अंधविश्वास के कट्टर विरोधी थे। उन्होंने महाराष्ट्र भक्ति आंदोलन और उत्तर के एकेश्वरवाद आंदोलन के बीच कड़ी का कार्य किया।
8. **एकनाथः** एकनाथ की गणना महाराष्ट्र के महान विद्वानों एवं समाज सुधारकों के रूप में की जाती है। ये **'बरकारी संप्रदाय'** से संबद्ध थे। उन्होने अनेक गीतात्मक कविताओं (अभंगों) की रचना की।
9. **ज्ञानदेवः** निर्गुण संत ज्ञानदेव महाराष्ट्र में भक्ति आंदोलन के संस्थापक थे जिसे 'महाराष्ट्र धर्म' कहा गया। वे विठोबा के पुजारी थे। भागवत् गीता पर भाष्य **'ज्ञानेश्वरी गीता'** की रचना करने के कारण उन्हें **'ज्ञानदेव'** की उपाधि मिली।

- सूफीमत, इस्लाम धर्म में उदार, रहस्यवादी और संश्लेषणात्मक प्रवृत्तियों का प्रतिनिधित्व करनेवाली विचारधारा है।
- भारत मे सूफियों का आगमन महमूद गजनवी के अभियानों के समय से देखा जाता है। आरंभिक महत्त्वपूर्ण संतों में शेख अली बिन उस्मान अल-हुजवीरी का नाम लिया जाता है जो 11वीं सदी के आरंभिक वर्षों में लाहौर में आकर बसे। उन्होंने सूफीमत से संबद्ध पहली प्रसिद्ध रचना भारत में लिखी जो **'कुश्फुल'** महजूब' के नाम से जानी गई। इसी के बाद मुल्तान, सेहवान आदि नगरों में और गुजरात के तटीय क्षेत्र में भी सूफियों का आगमन हुआ। किन्तु इनका प्रभाव सीमित रहा।
- मोहम्मद गौरी के अभियानों (12वीं सदी के अंत में ) के काल में सूफियों का भारत में प्रसार हुआ। उनके संगठित समुदाय या सिलसिले भारत में संगठित होने लगें।
- सूफी संप्रदायों का मुख्य विभाजन दो श्रेणियों में किया गया हैं' **बा-शरा** अर्थात् वह जो शरीयत की प्रधानता को स्वीकार करते थे और उसके आदेशों का उल्लंघन नहीं करते थे, **बे-शरा**, अर्थात् वह जो शरीयत की प्रधानता को नहीं मानते थे और शरीयत के आदेशों की भी अनदेखी करते थे। ऐसे लोग **'मजजूब'** कहलाते थे।

- भारत में अधिक लोकप्रिय संप्रदाय बा-शरा से ही जुड़े थे। बे-शरा में मलंग, कलंदर और सदा सुहागन आदि के नाम आते हैं।

**प्रमुख सूफी संप्रदाय एवं उनके संस्थापक**

| | संप्रदाय/सिलसिला | संस्थापक |
|---|---|---|
| 1. | चिश्ती संप्रदाय | शेख मोईनुद्दीन चिश्ती |
| 2. | सुहरावर्दी संप्रदाय | बहाउद्दीन जकारिया(भारत में) |
| 3. | फिरदौसी संप्रदाय | शेख बदरूद्दीन |
| 4. | सत्तारी संप्रदाय | शाह अब्दुल्ला सत्तारी |
| 5. | कादिरी संप्रदाय | शेख अब्दुर कादिर जिलानी |
| 6. | नक्शबंदी सिलसिला | ख्वाजा वाकी विल्लाह |
| 7. | महादवी संप्रदाय | सैयद मुहम्मद माधी |
| 8. | रोशनिया संप्रदाय | मियां बयाजिद अंसारी |
| 9. | कलंदरी संप्रदाय | नजीमुद्दीन कलंदर |
| 10. | मलामती संप्रदाय | जून नून |
| 11. | मदारी संप्रदाय | शाह मदार |
| 12. | उबैसी संप्रदाय | अबुसुल करनी |

- सूफी संत शांति, अहिंसा, धार्मिक सहिष्णुता एवं मानव के प्रति प्रेम की भावना पर विशेष बल देते थे।
- सूफीमत में धार्मिक गुरु **'पीर'** एवं शिष्य **'मुरीद'** कहलाते थे। प्रत्येक पीर अपना एक अनुचर नामांकित करता था जिसे **'वली'** कहा जाता था।
- सूफीमत 12 सिलसिलों/वर्गों में बंटा था, जिनमे निम्न प्रमुख थे–

**1. चिश्ती सिलसिलाः** इसके संस्थापक ख्वाजा मोईनुद्दीन चिश्ती (अजमेर) थे।

- अन्य प्रसिद्ध संत निजामुद्दीन औलिया, सलीम चिश्ती आदि थे।
- 'तोता-ए-हिन्द' के नाम से मशहूर अमीर खुसरो एवं प्रसिद्ध इतिहासकार बरनी चिश्ती सिलसिले के अनुयायी थे।
- चिश्ती सिलसिला दिल्ली तथा दोआब क्षेत्र में प्रसिद्ध था।

**2. सुहरावर्दी सिलसिलाः** इसके संस्थापक शिहाबुद्दीन सुहरावर्दी तथा हमीदउद्दीन नागौरी थे।

- यह सिलसिला पंजाब एवं सिंध में प्रसिद्ध था।
- इस सिलसिले के संत बड़े जागीरदार थे और उनके राज्य के साथ धनिष्ठ संबंध थे।

**3. फिरदौसी सिलसिलाः** इसके संस्थापक शेख बदरूद्दीन थे।

- यह सिलसिला सुहरावर्दी सिलसिले की एक शाखा थी।
- यह मुख्यतः बिहार और बंगाल में फैली हुई थी।
- सरफुद्दीन याह्या मनेरी इस शाखा के प्रमुख संत थे।

**4. कादिरी सिलसिलाः** इसके संस्थापक शेख अब्दुर कादिर जिलानी थे।

- यह इस्लाम में प्रथम रहस्यवादी पंथ था।
- भारत में इसकी स्थापना का श्रेय सैय्यद मोहम्मद जिलानी को जाता है।

**5. नक्शबंदी सिलसिलाः** इसकी स्थापना ख्वाजा वाकी विल्लाह ने की थी।

- शेख अहमद सरहिंदी इस सिलसिला के महत्त्वपूर्ण संत थे जो अकबर और जहांगीर के समकालीन थे।
- इस सिलसिला के लोगों को नक्शबंदी इसलिए कहा गया कि ये लोग आध्यात्मिक तत्त्वों से संबंधित तरह-तरह के नक्शे बनाकर उसमें रंग भरते थे।

# वस्तुनिष्ठ प्रश्न–I

**1.** 15वीं एवं 16वीं शताब्दी में जिन धार्मिक आंदोलन का भारत भूमि पर उदय हुआ, उनमें प्रमुख थे–

A. भक्ति आन्दोलन B. सूफी आन्दोलन
C. A और B दोनों D. इस्लामिक आंदोलन

**2.** सूफी और भक्ति आन्दोलन जैसे समानान्तर धार्मिक आन्दोलन ने तत्कालीन भारतीय समाज को निम्नलिखित बुराइयों में किससे मुक्त कराया?

A. सैद्धांतिक विश्वास
B. कर्मकाण्ड एवं जातिवाद

C. साम्प्रदायिक घृणा
D. उपरोक्त सभी

**3.** मध्ययुगीन सूफी आंदोलन के बारे में कौन-सा कथन सही नहीं है?
A. यह इस्लाम धर्म का ही शान्तिपूर्ण अभियान था।
B. यह धर्म मानव मात्र की समानता पर बल देता था।
C. इसका उद्देश्य विश्व बंधुत्व के उच्च आदर्शों पर चलने के लिए उपदेश भी देना था।
D. उपर्युक्त कोई नहीं।

**4.** भारत में सूफी आंदोलन की शुरुआत किस शताब्दी के आस-पास मानी जाती है?
A. बारहवीं B. पन्द्रहवीं
C. तेरहवीं D. चौदहवीं

**5.** फारस में सूफी आन्दोलन की शुरुआत कब हुई?
A. 500 ई० B. 800 ई० पू०
C. 1100 ई० D. 9वीं शताब्दी

**6.** भारत में सूफी मत के विकास में निम्नलिखित में किस धर्म का योगदान महत्वपूर्ण था?
A. हिन्दू धर्म B. बौद्ध धर्म
C. जैन धर्म D. उपर्युक्त सभी

**7.** निम्नलिखित में किसे प्रारम्भिक सूफी सन्त माना जाता है?
A. रबिया (महिला) B. मंसूर-बिन्-हल्लाज
C. A और B दोनों D. ख्वाजा मुईनुद्दीन चिश्ती

**8.** निम्नलिखित सूफी संतों में किसने स्वयं को 'अनवहक' (मैं ईश्वर हूँ) घोषित किया?
A. रबिया B. मंसूर-बिन-हल्लाज
C. ख्वाजा मुईनुद्दीन चिश्ती D. उपर्युक्त कोई नहीं

**9.** किसी सूफी सिलसिले द्वारा नामित उत्तराधिकारी को कहा जाता था—
A. मुरीद B. पीर
C. वली D. खानकाह

**10.** निम्नलिखित जोड़ो में कौन सही नहीं है?
A. खानकाह – सूफी संतों का आश्रम
B. मुरीद – सूफी गुरु का शिष्य
C. महदी – मोक्षदाता
D. पीर – पैगम्बर मुहम्मद का उत्तराधिकारी

**11.** सूफी साधकों को ईश्वर प्राप्ति अथवा 'वस्ल' के लिए कितनी अवस्थाओं से गुजरना होता था?
A. 10 B. 15
C. 20 D. 5

**12.** सूफी सम्प्रदाय के जुड़ा 'समा' शब्द सूचक है—
A. ईश्वर के प्रति आत्मसर्मपण
B. संगीतमय इबादत
C. आचरण की शुद्धता
D. उपर्युक्त कोई नही

**13.** गुरु नानक के धर्म की संकल्पना क्या था?
A. अति व्यावहारिक
B. नैतिक
C. उपरोक्त A और B दोनों
D. नितान्त आध्यात्मिक

**14.** अपने प्रारंभिक दिनों में सर्वप्रथम सूफी आंदोलन कहाँ फला-फूलो?
A. बल्ख (खुरासान) B. मिस्र
C. इराक D. उपर्युक्त सभी

**15.** भारतीय संदर्भ में अबुल फजल द्वारा कुल कितने सूफी सिलसिलों का उल्लेख किया गया?
A. 10 B. 15
C. 14 D. 20

**16.** भारत में चिश्ती सिलसिले की स्थापना किसके द्वारा की गई?
A. ख्वाजामुईनुद्दीन चिश्ती।
B. ख्वाजा अबूअब्दाल चिश्ती।
C. शेख निजामुद्दीन औलिया।
D. ख्वाजा कुतुबुद्दीन बख्यितयार काकी।

**17.** भारत भूमि पर स्थापित अति महत्वपूर्ण सिलसिले थे—
A. चिश्ती B. सुहरावर्दी
C. A और B दोनों D. नक्शबंदी

**18.** भारत में किस सूफी सिलसिले को सर्वाधिक लोकप्रियता मिली?
A. कादिरी B. चिश्ती
C. सुहरावर्दी D. उपर्युक्त सभी

**19.** चिश्ती सिलसिले का मुख्य केन्द्र था–

A. नार-नौला B. हांसी
C. सरवर D. अजमेर

**20.** निम्नलिखित सूफी संतों में किसे 'चिराग-ए-दिल्ली' के नाम से जाना जाता था?

A. शेख हमीदुद्दीन
B. शेख नासिरुद्दीन
C. कुतुबुद्दीन बख्तियार काकी
D. उपर्युक्त कोई नहीं

**21.** निम्नलिखित सूफी संतों में किसका यह प्रसिद्ध कथन है कि 'हनुज देहली दूरअस्त'?

A. ख्वाजा मुइनुद्दीन चिश्ती
B. निजामुद्दीन औलिया
C. बहाउद्दीन जकारिया
D. सैय्यद रुमी कलन्दर

**22.** निजामुद्दीन औलिया ने किस सूफी संत को 'आइना-ए-हिन्द' (भारत दर्पण) कहा?

A. शेख सलीम चिश्ती
B. बाबा फरीद
C. शेख सिराजुद्दीन उस्मानी
D. उपर्युक्त कोई नहीं

**23.** चिश्ती सम्प्रदाय की हिन्दुओं के किस दर्शन में आस्था थी?

A. अद्वैत सिद्धान्त B. द्वैत सिद्धान्त
C. विशिष्टाद्वैत D. उपर्युक्त सभी

**24.** निम्नलिखित सूफी संतों में किसकी रचनाओं को प्रसिद्ध ग्रंथ 'गुरुग्रन्थ साहिब' में संकलित किया गया हैं?

A. निजामुद्दीन औलिया
B. बहाउद्दीन जकारिया
C. ख्वाजा फरीदुद्दीन गज-ए-शकर
D. उपर्युक्त कोई नहीं

**25.** कादिरी सिलसिले का प्रथम संस्थापक किसे माना जाता है?

A. शाह नियागत उल्ला
B. शेख मुहीउद्दीन कादिर जिलानी
C. शेख अब्दुल कादिर
D. शेख मूसा

**26.** कादिरी सम्प्रदाय का कौन संत मुगल सम्राट जहाँगीर और शाहजहाँ का समकालीन था?

A. शेख अब्दुल कादिर
B. शेर मीर मुहम्मद (मियाँ मीर)
C. शेख मूसा
D. शेख मुल्लाशाह बदख्शी

**27.** निम्नलिखित कादिरी सम्प्रदाय के संतो में कौन मुगल शहजादा दारा शिकोह का गुरु थे?

A. शेख मुल्लाशाह बदख्शी।
B. शेख मुहीउद्दीन कादिर जिलानी।
C. मियाँमीर।
D. उपर्युक्त कोई नहीं।

**28.** सुहरावर्दी सूफी सिलसिले का आदि संस्थापक था–

A. शेख बहानुद्दीन जकारिया।
B. शेख जियाउद्दीन अबुलजीव।
C. जलालुद्दीन सुर्ख बुखारी।
D. उपर्युक्त कोई नहीं।

**29.** सुहरावर्दी सिलसिले का मुख्यालय कहाँ पर स्थित था?

A. अजमेर B. मुल्तान
C. बंगाल D. बिहार

**30.** इस्लाम में सबसे पहला रहस्यवादी पंथ कादिरी की स्थापना किसके द्वारा की गई?

A. शेख अब्दुल कादिर B. सैय्यद मुहम्मद गिलानी
C. मियाँमीर D. उपर्युक्त कोई नहीं

**31.** लोदी काल में भारत में किस सूफी सिलसिले की स्थापना की गई?

A. सुहरावर्दी B. शत्तारी
C. कादिरी D. नक्शबंदी

**32.** शत्तारी सिलसिले के महत्वपूर्ण संत थे–

A. वाजी-अल-दीन B. शाह अब्दुला
C. मुहम्मद गौस D. उपर्युक्त सभी

**33.** शत्तारी सिलसिले के संत मुहम्मद गौस का निम्नलिखित में किसके घनिष्ठ सम्बन्ध था?

A. हुमायूँ B. तानसेन
C. A और B दोनों D. उपर्युक्त कोई नहीं।

**34.** भारत में फिरदौस सिलसिला की स्थापना किसके द्वारा की गई?

A. बदरुद्दीन B. शेख हुसैन बल्खी
C. शेख अहमद सरहिन्दी D. उपर्युक्त कोई नहीं

**35.** शेख अहमद सरहिन्दी, जो एक महान सूफी संत था, किस मुगल बादशाहों का समकालीन था?

A. अकबर B. जहाँगीर
C. A और B D. शाहजहाँ

**36.** ऋषि आंदोलन की निम्नलिखित में कहाँ पर स्थापना हुई?

A. बंगाल B. काश्मीर
C. मुल्तान D. लाहौर

**37.** काश्मीर का ऋषि आंदोलन प्रभावित था।

A. बौद्ध धर्म B. शैव धर्म
C. जैन धर्म D. इस्लाम धर्म

**38.** प्रथम मुगल बादशाह बाबर के प्रयासों से किस सूफी सिलसिले का भारत में प्रचलन हुआ?

A. सुहरावर्दी B. कादिरी
C. नक्शबंदी D. चिश्तिया

**39.** 8वीं से 9वीं संदी तक धार्मिक सुधारों का केन्द्र बना रहा—

A. दक्षिण भारत B. उत्तर भारत
C. पश्चिम D. पूर्वी भारत

**40.** निम्नलिखित दार्शनिक सिद्धान्तों में किसका प्रतिपादन रामानुजाचार्य द्वारा किया गया?

A. अद्वैतदर्शन B. द्वैताद्वैत
C. विशिष्टाद्वैत D. शुद्वादैत

**41.** रामानुज ने मोक्ष के लिए उपदेश दिया—

A. कर्म B. ज्ञान
C. भक्ति D. उपर्युक्त सभी

**42.** निम्नलिखित में कौन सुमेलित नहीं है?

| | संत | — | जन्म स्थान |
|---|---|---|---|
| A. | रामानुज | — | तमिलनाडु |
| B. | निम्बकाचार्य | — | बेलारी (तमिलनाडु) |
| C. | मानक | — | पंजाब |
| D. | माधवाचार्य | — | काशी |

**43.** निम्नलिखित में से किसे 'सुदर्शन चक्र' का अवतार माना गया?

A. माधवाचार्य B. निम्बकाचार्य
C. बल्लभाचार्य D. भास्कराचार्य

**44.** निम्नलिखित में कौन सुमेलित हैं?

A. शकंराचार्य — रुद्र सम्प्रदाय
B. बल्लभाचार्य — स्मृति सम्प्रदाय
C. माधवाचार्य — ब्रह्य अथवा स्वतंत्रास्व तंत्रवाद
D. रविदास — श्री सम्प्रदाय

**45.** भक्ति आंदोलन को दक्षिण भारत से उत्तर भारत में लाने का श्रय किसे दिया जाता है?

A. रामानुज B. रामानंद
C. कबीर D. माधवाचार्य

**46.** वह भक्तिकालीन संत कौन था जिसके एक नाई, एक कसाई, एक मोची, एक जुलाहे सहित बारह शिष्य थे?

A. कबीर B. रामानंद
C. नानक D. चैतन्य

**47.** अपने उपदेशों के लिए कि भक्ति कालीन संत ने सर्वप्रथम हिन्दी भाषा का प्रयोग किया?

A. कबीर B. नानक
C. बल्लभाचार्य D. रामानंद

**48.** निम्नलिखित भक्ति संतों में किसने 'कुरान' और 'वेद' दोनों की आलोचना की?

A. नानक B. कबीर
C. रामानंद D. उपर्युक्त सभी

**49.** कबीर पैदा हुए थे—

A. इलाहाबाद B. मगहर
C. काशी D. मथुरा

**50.** 'कबीर पंथ' के संस्थापक थे—

A. कबीरदास B. कबीर के अनुयायी
C. दादू D. उपर्युक्त सभी

**51.** कबीर की शिक्षाओं को किस ग्रंथ में संग्रहीत किया गया?

A. साखी B. सबद
C. रमैनी D. बीजक

**52.** कबीर को दिल्ली सलतनत के किस सुल्तान का समकालीन माना जाता है?

A. मुबारकशाह B. सिकंदर लोदी
C. इब्राहीम लोदी D. खिज्र खाँ

**53.** निम्नलिखित गुरुओं में कौन कबीर का समकालीन था–

A. नानक B. ज्ञानेश्वर
C. तुकाराम D. उपर्युक्त सभी

**54.** नानक किस सूफी संत से प्रभावित थे?

A. बाबा फरीद
B. शेख निजामुद्दीन औलिया
C. सलीम चिश्ती
D. उपर्युक्त कोई नहीं

**55.** नानक के शिष्यों को कहा गया–

A. नानकवादी B. सिख
C. गुरुवाणी D. उपर्युक्त कोई नहीं

**56.** 'ब्रह्म' या 'परब्रह्म' सम्प्रदाय की स्थापना किसके द्वारा की गयी?

A. रैदास B. माधव
C. बल्लभ D. दादू

**57.** दादू दयाल के शिष्यों में शामिल थे–

A. सुंदरदास B. रज्जव
C. मलुकदास D. उपर्युक्त सभी

**58.** भक्ति आंदोलन के महान संतों में एक चैतन्य किसके उपासक थे–

A. कृष्ण B. सगुण राम
C. निर्गुण राम D. काली मां

**59.** निम्नलिखित स्वतंत्र बंगाल के सुलतानों में चैतन्य किसके समकालीन थे?

A. अलाउद्दीन हुसैनशाह B. शम्सुद्दीन इलियासशाह
C. गयासुद्दीन आजमशाह D. नुसरतशाह

**60.** निम्नलिखित शासकों में कौन चैतन्य महाप्रभु का शिष्य था?

A. अलाउद्दीन हुसैन शाह
B. नुसरतशाह
C. गजपति नरेश प्रतापरुद्र देव
D. उपर्युक्त सभी

**61.** चैतन्य द्वारा स्थापित सम्प्रदाय को कहा गया–

A. गोसाई सम्प्रदाय B. वरकरी सम्प्रदाय
C. रोशनिया सम्प्रदाय D. राधा कृष्ण सम्प्रदाय

**62.** निम्नलिखित में चैतन्य को किसका अवतार माना जाता था?

A. विष्णु B. कृष्ण
C. A और B दोनों D. बलराम

**63.** कृष्ण भक्ति शाखा के महान संत बल्लभाचार्य का जन्म कहाँ हुआ?

A. बनारस B. इलाहाबाद
C. मथुरा D. पटना

**64.** किस भक्तिकालीन संत ने 'वाणियाँ' से प्रर्थनाओं और कविताओं की रचना की?

A. चैतन्य B. नामदेव
C. कबीर D. दादू

**65.** उत्तर भारत के प्रमुख अध्यात्मवादी (रहस्यवादी) संत थे–

A. मीराबाई B. सूरदास
C. तुलसीदास D. उपर्युक्त सभी

**66.** 'राधा बल्लभ सम्प्रदाय' के संस्थापक थे–

A. बल्लभाचार्य B. विट्ठलनाथ
C. हितहरवंश D. माधवाचार्य

**67.** सूरदास ने भक्ति गीतों के लिए किस भाषा का प्रयोग किया?

A. ब्रजभाषा B. अवधी
C. मैथिली D. हिन्दी

**68.** निम्नलिखित में सूरदास किस के समकालीन थे?

A. चैतन्य B. मीराबाई
C. बल्लभाचार्य D. विट्ठल नाथ

**69.** तुलसी किस मुगल बादशाह के समकालीन थे?

A. बाबर B. अकबर
C. जहाँगीर D. शाहजहाँ

**70.** महाराष्ट्र के प्रारम्भिक भक्ति संतों में किसकी गणना की जाती है?

A. संत ज्ञानेश्वर B. नामदेव
C. तुका राम D. रामदास

**71.** ज्ञानेश्वर ने मराठी भाषा में "गीता" पर किस शीर्षक से टीका लिखी?

A. अम्रतानुभव  B. जंगदेव प्रसंग
C. ज्ञानेश्वरी  D. उपर्युक्त कोई नहीं

**72.** महाराष्ट्र के किस भक्ति संत को 'दक्षिण का कबीर' कहा जाता है?

A. तुकाराम  B. नामदेव
C. रामदास  D. एकनाथ

**73.** महाराष्ट्र में किसके द्वारा 'वरकरी सम्प्रदाय' की स्थापना की गई?

A. तुकाराम  B. नामदेव
C. ज्ञानेश्वर  D. उपर्युक्त सभी

**74.** निम्नलिखित में कौन शिवाजी का समकालीन महाराष्ट्र का संत था?

A. तुकाराम  B. रामदास
C. A और B दोनों  D. नामदेव

**75.** निम्नलिखित जोड़ों में कौन सही सुमेलित नहीं हैं?

A. शंकर देव — असम
B. नरसी मेहता — गुजरात
C. लालगिरी या लालवेग — बीकानेर
D. बल्लभाचार्य — पुरी

**76.** 'असम के चैतन्य' के रूप में प्रसिद्ध हुए—

A. शंकर देव  B. माधव कदाली
C. रुद्र कदाली  D. उपर्युक्त कोई नहीं

**77.** महात्मा गांधी द्वारा गाये जाने वाले भजन 'वैष्णव जन तो तेनी कहिये' का रचयिता निम्नलिखित में कौन संत था?

A. शंकर  B. नरसी मेहता
C. कबीर  D. दादू

**78.** महाराष्ट्र में "धरकरी सम्प्रदाय" की स्थापना किसने की?

A. रामदास  B. तुकाराम
C. नामदेव  D. एकनाथ

**79.** भारत में योग को सीधे अपनाने वाला एकमात्र सूफी सम्प्रदाय था—

A. सत्तारी  B. कादिरी
C. सुहरावर्दी  D. चिश्ती

**80.** कबीर के उपदेशों का मूल उद्देश्य क्या था?

A. सभी जातियों एवं धर्मों में एकता का बढ़ावा देना।
B. प्रेम धर्म का प्रचार करना।
C. A और B दोनों।
D. एकेश्वरवाद का प्रचार करना।

## उत्तरमाला

| 1 | 2 | 3 | 4 | 5 | 6 | 7 | 8 | 9 | 10 |
|---|---|---|---|---|---|---|---|---|---|
| C | D | D | A | D | C | C | B | C | D |
| **11** | **12** | **13** | **14** | **15** | **16** | **17** | **18** | **19** | **20** |
| A | B | C | D | C | A | C | B | D | B |
| **21** | **22** | **23** | **24** | **25** | **26** | **27** | **28** | **29** | **30** |
| B | C | A | C | B | B | A | B | B | A |
| **31** | **32** | **33** | **34** | **35** | **36** | **37** | **38** | **39** | **40** |
| B | C | C | A | C | B | B | C | A | C |
| **41** | **42** | **43** | **44** | **45** | **46** | **47** | **48** | **49** | **50** |
| D | D | B | C | B | B | D | B | C | B |
| **51** | **52** | **53** | **54** | **55** | **56** | **57** | **58** | **59** | **60** |
| D | B | A | A | B | D | D | A | A | C |
| **61** | **62** | **63** | **64** | **65** | **66** | **67** | **68** | **69** | **70** |
| A | C | A | D | D | C | A | C | B | A |
| **71** | **72** | **73** | **74** | **75** | **76** | **77** | **78** | **79** | **80** |
| C | A | A | C | D | A | B | A | A | C |

# 11. यूरोपियों का आगमन और ब्रिटिश सत्ता की स्थापना

- भारत में आने वाले यूरोपीय मुख्यतः व्यापारी थे। प्रारंभ में वे व्यापारी के रूप में आए लेकिन यहां की तत्कालीन परिस्थितियों ने उन्हें अपने आर्थिक हितों की पूर्ति के लिए अपना राज्य स्थापित करने के लिए प्रेरित किया।
- भारत में आने वाले यूरोपियों में **पुर्तगाली** प्रथम थे। 1498 में **वास्को-डि-गामा** के भारत आगमन से पुर्तगालियों एवं भारत के मध्य व्यापार के क्षेत्र में एक नए युग का शुभारंभ हुआ। इसके बाद धीरे-धीरे पुर्तगालियों का भारत आने का क्रम जारी हो गया।
- 20 मई, 1498 में वास्को-डि-गामा ने भारत के पश्चिमी तट पर स्थित कालीकट बंदरगाह पहुँचकर भारत एवं यूरोप के मध्य नए समुद्री मार्ग की खोज की।
- **फ्रांसिस्को द अल्मेडा** भारत में प्रथम पुर्तगाली वायसराय बनकर 1505 में आया। इसने सामुद्रिक नीति को अधिक महत्त्व दिया तथा हिन्द महासागर में पुर्तगालियों की स्थिति को मजबूत करने का प्रयत्न किया। वह 1509 तक भारत में रहा।
- अल्मेडा के बाद अल्फांसो द अल्बुकर्क 1509 में पुर्तगालियों का वायसराय बनकर भारत आया। उसने 1510 में बीजापुर के शासक यूसूफ आदिलशाह से गोवा को छीनकर अपने अधिकार में कर लिया। पुर्तगालियों की आबादी को बढ़ाने के उद्देश्य से अल्बुकर्क ने भारतीय स्त्रियों से विवाह को प्रोत्साहन दिया। **भारत में पुर्तगाली साम्राज्य का वास्तविक संस्थापक अल्बुकर्क को माना जाता है।**
- पुर्तगालियों ने गोवा को अपनी सत्ता एवं संस्कृति के महत्त्वपूर्ण केंद्र के रूप में स्थापित किया।
- पुर्तगालियों ने अपनी व्यापारिक कोठी (फैक्ट्री) कोचीन में खोली।
- अपने शक्ति के विस्तार के साथ ही पुर्तगालियों ने भारतीय राजनीति में भी हस्तक्षेप करना प्रारंभ कर दिया। फलतः कालीकट के राजा से इनकी शत्रुता बढ़ी।
- पुर्तगालियों के भारत आगमन से तंबाकू की खेती, जहाज निर्माण एवं प्रिंटिग प्रेस का सूत्रपात (1556) हुआ।
- पुर्तगालियों की ही तरह **डच** भी भारत में व्यापार के लिए आए थे। दक्षिण-पूर्व एशिया के मसाला बाजारों में सीधा प्रवेश प्राप्त करना ही डचों का महत्त्वपूर्ण उद्देश्य था। डच लोग हॉलैंड के निवासी थे। भारत में **'डच ईस्ट इंडिया कंपनी'** की स्थापना 1602 में हुई।
- 1596 में भारत आनेवाला **प्रथम डच नागरिक** कारनेलिस डेहस्तमान था।
- भारत में डचों की महत्त्वपूर्ण व्यापारिक कोठियां थी– मुसलीपट्टम (1605), पुलीकट (1610), सूरत (1616), विमलीपट्टम, चिनसुरा, कासिम बाजार, कड़ा नगर, पटना, बालासोर, नागपट्टम, कोचीन आदि।
- डच लोग मुख्यतः मसाले, नील, कच्चे रेशम, शीशा, चावल व अफीम का व्यापार भारत से करते थे।
- डचों का भारत में अंतिम रूप से पतन 1759 में अंग्रेजों एवं डचों के मध्य हुए 'वेदरा के युद्ध' से हुआ।

**यूरोपीय व्यापारिक कंपनियाँ**

| कंपनी | स्थापना वर्ष |
|---|---|
| पुर्तगाली ईस्ट इंडिया कंपनी | 1498 ई. |
| अंग्रेजी ईस्ट इंडिया कंपनी | 1600 ई. |
| डच ईस्ट इंडिया कंपनी | 1602 ई. |
| डैनिश ईस्ट इंडिया कंपनी | 1616 ई. |
| फ्रांसीसी ईस्ट इंडिया कंपनी | 1664 ई. |
| स्वीडिश ईस्ट इंडिया कंपनी | 1731 ई. |

- ईस्ट इंडिया कंपनी की स्थापना (1600 ई.) ब्रिटिश सरकार द्वारा कुछ व्यापारियों को चार्टर प्रदान करने के साथ हुई।
- जेम्स प्रथम के राजदूत टॉमस रो ने जहांगीर से सूरत में व्यापारिक कोठी (फैक्ट्री) खोलने तथा व्यापार करने की आज्ञा प्राप्त कर ली थी।

- अंग्रेजों द्वारा प्रथम व्यापारिक कोठी सूरत में 1608 में खोली गई। 1611 ई. दक्षिण-पश्चिम समुद्रतट पर सर्वप्रथम अंग्रेजों ने मुसलीपट्टम में व्यापारिक कोठी की स्थापना की।
- बम्बई (अब मुम्बई), सूरत, मद्रास तथा हुगली को शामिल करके अंग्रेजों ने इन्हें प्रेसीडेंसी शहर बना दिया।
- 1698 में अंग्रेजी ईस्ट इंडिया कंपनी ने तीन गांव– सुतानाटी, कोलिकत्ता, एवं गोविंदपुर की जमींदारी 1200 रुपए भुगतान कर प्राप्त की और यहां पर फोर्ट विलियम का निर्माण किया। कालांतर में यही कलकत्ता (अब कोलकाता) नगर कहलाया, जिसकी नींव जॉब चॉर्नाक ने रखी।
- 1757 में प्लासी के युद्ध में क्लाइव ने बंगाल के नवाब सिराजुद्दौला को हराकर भारत में अंग्रेजी राज्य की नींव रखी।
- बक्सर के युद्ध (1764) में अंग्रेजों ने शहआलम II (मुगल सम्राट), शुजाउद्दौला (अवध का नवाब) और मीर कासिम (बंगाल का नवाब) की संयुक्त सेनाओं को हराकर अंग्रेजी साम्राज्य को दिल्ली तक विस्तृत कर दिया।
- 1818 में अंग्रेजों ने मराठा शक्ति को पूर्णतया समाप्त कर दिया तथा 1849 के चिलियानवाला के युद्ध में सिख शक्ति का अंत करके पंजाब समेत पूरे भारत को अपने राज्य में मिला लिया।
- डेनमार्क की डैनिश ईस्ट इंडिया कंपनी की स्थापना 1616 में हुई थी। इस कंपनी ने त्रावणकोर (तमिलनाडु) और सेरामपुर (बंगाल) में अपनी व्यापारिक कोठियां स्थापित की थी।
- 1845 में डेनों ने अपनी भारतीय वाणिज्यिक कंपनी को अंग्रेजों को बेच दिया।
- भारत में सबसे अंत मे **फ्रांसीसियों** का प्रवेश हुआ। भारत में प्रथम फ्रांसीसी कोठी फ्रैंकों कैरों द्वारा सूरत में 1648 में स्थापित की गई।
- फ्रांसिस मार्टिन ने 1674 में पांडिचेरी (अब पुडुचेरी) की स्थापना की।
- 1742 में डूप्ले नामक फ्रेंच गवर्नर भारत में आया। वह बहुत महत्त्वाकांक्षी था परंतु वांडीवाश के युद्ध (1760) में उसे क्लाइव के कारण अंग्रेजों से पराजय देखनी पड़ी। अंग्रेजी सेना का नेतृत्व सर आयर कूट के हाथ में था।
- प्रथम कर्नाटक युद्ध (1746-48) ऑस्ट्रिया के उत्तराधिकार युद्ध से प्रभावित था। 1748 में हुई ए-ला-शापेल की संधि के द्वारा ऑस्ट्रिया का उत्तराधिकार युद्ध समाप्त हो गया और इसी संधि के तहत प्रथम कर्नाटक युद्ध समाप्त हो गया।
- द्वितीय कर्नाटक युद्ध (1749-54) में फ्रांसीसी गवर्नर डूप्ले की हार हुई। उसे वापस बुला लिया गया और उसकी जगह पर **गोडेहू** को भारत में अगला फ्रांसीसी गवर्नर बनाया गया। पांडिचेरी की संधि (जनवरी, 1755) के तहत युद्ध समाप्त हुआ।
- कर्नाटक का तीसरा युद्ध (1756-63) यूरोप में सप्तवर्षीय युद्ध का ही अंश था। पेरिस की संधि होने पर यह युद्ध समाप्त हुआ।
- 1761 में अंग्रेजों ने पांडिचेरी को फ्रांसीसियों से छीन लिया।
- पेरिस संधि (1763) के द्वारा अंग्रेजों ने चंद्रनगर को छोड़कर शेष अन्य प्रदेशों को लौटा दिया, जो 1749 तक फ्रांसीसी कब्जे में थे, ये प्रदेश भारत की आजादी तक फ्रांसीसियों के कब्जे में रहे।
- 1761 में हैदरअली ने मैसूर में हिन्दू शासक के ऊपर नियंत्रण स्थापित कर लिया। वह सैनिक एवं राजनीतिक योग्यता में अद्वितीय था। फ्रांसीसियों के साथ उसके अच्छे संबंध थे। उसकी योग्यता, कूटनीतिक सूझबूझ एवं सैनिक कुशलता से मराठे, निजाम एवं अंग्रेज ईर्ष्या रखते थे। हैदरअली ने अंग्रेजों से भी सहयोग मांगा किन्तु अंग्रेज इसके लिए तैयार नहीं हुए क्योंकि इससे उनकी राजनीतिक महत्त्वाकांक्षा पूरी नहीं होती।
- द्वितीय आंगल-मैसूर (1781-84) युद्ध के दौरान 1782 में हैदरअली की मृत्यु हो गई।
- हैदरअली का उत्तराधिकारी उसका पुत्र टीपू सुल्तान था। टीपू ने 1787 में अपनी राजधानी श्रीरंगपट्टनम में 'पादशाह' की उपाधि धारण की।

| आंग्ल-मैसूर युद्ध के समय बंगाल के अंग्रेज गवर्नर जनरल | | |
|---|---|---|
| युद्ध | समय | गवर्नर जनरल |
| प्रथम आंग्ल-मैसूर युद्ध | 1767-64 | ..... |
| द्वितीय आंग्ल-मैसूर युद्ध | 1780-84 | लॉर्ड वारेन हेस्टिंग्स |
| तृतीय आंग्ल-मैसूर युद्ध | 1790-92 | लॉर्ड कार्नवालिस |
| चतुर्थ आंग्ल-मैसूर युद्ध | 1799 | लॉर्ड वेलेजली |

- चतुर्थ आंग्ल-मैसूर युद्ध के दौरान 1799 में टीपू की मृत्यु हो गई।

| आंग्ल-मैसूर युद्ध से संबद्ध महत्त्वपूर्ण संधियां | | | |
|---|---|---|---|
| युद्ध | संधि | वर्ष | शासक |
| प्रथम आंग्ल-मैसूर युद्ध | मद्रास की संधि | 1769 | हैदरअली |
| द्वितीय आंग्ल-मैसूर युद्ध | मंगलौर की संधि | 1784 | टीपू सुल्तान |
| तृतीय आंग्ल-मैसूर युद्ध | श्रीरंगपट्टम की संधि | 1792 | टीपू सुल्तान |

- रणजीत सिंह सिखों के 12 मिसलों में से एक मिसल **'सुकर चकिया'** से संबंधित थे। इन्होंने 1797 में रावी एवं चिनाब के प्रदेशों के प्रशासन का कार्यभार संभाला। अफगानिस्तान के शासक जमानशाह ने 1798-99 में पंजाब पर आक्रमण कर दिया। आक्रमण के बाद वापस जाते हुए जमानशाह की कुछ तोपे चिनाब नदी में गिर गई जिसे रणजीत सिंह ने निकलवाकर उसके पास भिजवा दिया। इस सेवा के बदले जमानशाह ने रणजीत सिंह को लाहौर का शासक नियुक्त किया।
- अपना प्रभाव बढ़ाने के लिए रणजीत सिंह ने कुछ सिख मिसलों से वैवाहिक संबंध स्थापित किए। 1805 में उसने अमृतसर एवं जम्मू पर अधिकार कर लिया। अब पंजाब की राजनैतिक राजधानी (लाहौर) तथा धार्मिक राजधानी (अमृतसर) दोनों ही रणजीत सिंह के अधीन आ गई।
- यूरोप में इस समय फ्रांस का नेपोलियन अपने चरमोत्कर्ष पर था। तत्कालीन राजनैतिक परिस्थितियों में उसका प्रभाव भारत पर न पड़े इसके लिए गर्वनर जनरल मिंटों ने पंजाब, ईरान व अफगानिस्तान में अपने दूत भेजे।
- 25 अप्रैल, 1809 को चार्ल्स मैटकाफ और महाराजा रणजीत सिंह के मध्य 'अमृतसर की संधि' सम्पन्न हुई। संधि की शर्तों के अनुसार, सतलज नदी के पूर्वी तट के क्षेत्र अंग्रेजों के अधिकार में आ गए। चूंकि नेपोलियन की सत्ता कमजोर हो गई थी और ईरान का इंग्लैंड से संबंध सुधर चुका था इसलिए इन स्थितियों में रणजीत सिंह के लिए यह संधि आवश्यक हो गई थी।
- रणजीत सिंह का प्रशासन भी महत्त्वपूर्ण था। उसकी सरकार को 'सरकार खालसा' कहा जाता था।
- उसने गरुनानक और गुरु गोविंदसिंह के नाम के सिक्के चलाएं। अपने प्रशासन में बिना भेदाभाव के सभी वर्गों को जगह दी।
- रणजीत सिंह के राजस्व का मुख्य स्त्रोत भू-राजस्व था। राज्य की ओर से लगान उपज का $\frac{2}{5}$ से $\frac{1}{3}$ भाग लिया जाता था।
- रणजीत सिंह का राज्य चार सूबों– पेशावर, कश्मीर, मुल्तान और लाहौर में बंटा था। न्याय प्रशासन के क्षेत्र में राजधानी में **'अदालत उल आला'** (आधुनिक उच्च न्यायालय के समान) खोला गया, जिसके निर्णय उच्च अधिकारी किया करते थे।
- रणजीत सिंह ने अपनी सैन्य व्यवस्था पर भी विशेष ध्यान दिया। उसने अपने सैनिकों को फ्रांसीसी सैनिकों से

प्रशिक्षित करवाया। सेना में तोपखाने को भी महत्त्व दिया गया। उसकी सेना में दो प्रकार के घुड़सवार थे– 1. घुड़चढ़खास और 2. मिसलदार।

- 7 जून, 1839 में रणजीत सिंह की मृत्यु हो गई।
- प्रथम आंग्ल-सिख युद्ध (1845-46) के अंतर्गत् कुल पांच लड़ाइयाँ लड़ी गईं। इन लड़ाइयों में सबसे अंतिम अर्थात् पांचवी सबराओं की लड़ाई (10 फरवरी, 1846) निर्णायक सिद्ध हुई। युद्ध का परिणाम अंग्रेजों के पक्ष में रहा।
- प्रथम आंग्ल-सिख युद्ध के परिणामस्वरूप दो संधियाँ हुई- लाहौर की संधि (9 मार्च, 1846) और भैरोवाल की संधि (दिसंबर,1846)।
- द्वितीय आंग्ल-सिख युद्ध (1848-49) मुल्तान विद्रोह का तात्कालिक परिणाम था। इस युद्ध के अंतर्गत दो लड़ाइयां–**पहली** चिलियानवाला की लड़ाई सिख नेता शेर सिंह एवं अंग्रेज कमांडर गफ के मध्य तथा **दूसरी** गुजरात के चिनाब नदी के किनारे चार्ल्स नेपियर के नेतृत्व में अंग्रेजो ने 21 फरवरी, 1849 को लड़ी। इसमें सिख बुरी तरह पराजित हुए।
- 29 मार्च, 1849 की डलहौजी की घोषणा द्वारा संपूर्ण पंजाब का विलय अंग्रेजी राज्यों में कर लिया गया। महाराजा दलीप सिंह को 50,000 पौंड की वार्षिक पेंशन दे दी गई और उसे शिक्षा प्राप्त करने के लिए इंग्लैंड भेज दिया गया। सिख राज्य का प्रसिद्ध हीरा कोहिनूर को महारानी विक्टोरिया को भेज दिया गया।

## वस्तुनिष्ठ प्रश्न–I

**1.** 15वीं सदी के अंतिम चरण और 16वीं सदी के प्रारंभ में यूरोपियनों के भारत आगमन के लिए उत्तरदायी कारण क्या थे?

A. शक्तिशाली नौ सेना।
B. नवीनतम् भौगोलिक खोज।
C. उनकी सरकारों का समर्थन।
D. उपरोक्त सभी।

**2.** यूरोपीय व्यापारिक कंपनियों के भारत आगमन का क्रम क्या है?

A. पुर्तगाली, ब्रिटिश, डच, फ्रांसीसी।
B. पुर्तगाली, फ्रांसीसी, डच, ब्रिटिश।
C. पुर्तगाली, डच, ब्रिटिश, फ्रांसीसी।
D. ब्रिटिश, पुर्तगाली, डच, फ्रांसीसी।

**3.** व्यापारिक उद्देश्य से भारत आने वाला प्रथम यूरोपीय कौन था?

A. अल्वारेज कैब्राल B. वास्कोडिगामा
C. हेनरीक D. इनमें से कोई नहीं

**4.** वास्कोडिगामा भारत में सर्वप्रथम किस बंदरगाह पर पहुँचा?

A. कालीकट B. कोचीन
C. विशाखापट्टनम D. गोवा

**5.** निम्नलिखित किस स्थान पर पुर्तगालियों ने अपनी प्रथम फैक्ट्री का निर्माण किया?

A. सूरत B. कोचीन
C. गोवा D. केन्नोर

**6.** वास्कोडिगामा प्रथम बार भारत कब आया था?

A. 21 अप्रैल, 1498 B. 21 मई, 1498
C. 20 जून, 1498 D. 21 जुलाई, 1498

**7.** भारत पहुँचने पर वास्कोडिगामा का स्वागत किसने किया?

A. कालीकट का शासक जमोरिन।
B. कालीकट के स्थानीय व्यापारी।
C. कालीकट स्थित मुगल सूबेदार ने।
D. उपरोक्त सभी।

**8.** वास्कोडिगामा को कालीकट पहुँचने पर किसके विरोध ा का सामना करना पड़ा?

A. मुगल सूबेदारों का।
B. कालीकट के निवासियों का।
C. अरब व्यापारियों का।
D. उपरोक्त सभी का।

**9.** द्वितीय पुर्तगाली अभियान 1500 ई॰ में किसके नेतृत्व में कालीकट आया?

A. वास्कोडिगामा
B. अल्बुकर्क
C. अल्वारेज कैब्राल
D. फ्रांसिस्को–डी–अल्मीडा

**10.** दूसरी बार वास्कोडिगामा कालीकट कब आया?
A. 1500 ई॰ में B. 1502 ई॰ में
C. 1501 ई॰ में D. 1503 ई॰ में

**11.** पुर्तगालियों ने गोवा पर अधिकार कब किया?
A. 1505 ई॰ में B. 1509 ई॰ में
C. 1510 ई॰ में D. 1508 ई॰ में

**12.** भारत में वास्तविक रूप से पुर्तगाली साम्राज्य की स्थापना किसने की?
A. अल्फांसो–डी–अल्बुकर्क।
B. फ्रांसिस्को–डी–अलमीडा।
C. नुनो–डी–कुन्हा।
D. इनमें से कोई नहीं।

**13.** पुर्तगालियों द्वारा यूरोप और भारत के बीच एक सीधा समुद्री मार्ग खोजने के पीछे क्या उद्देश्य था?
A. व्यापार करना।
B. ईसाई धर्म का प्रचार करना।
C. पुर्तगाली साम्राज्य की स्थापना करना।
D. उपरोक्त A और B दोनों।

**14.** भारत में प्रथम पुर्तगाली वायसराय कौन था?
A. फ्रांसिस्को–डी–अलमीडा
B. अल्फांसो डी–अल्बुकर्क
C. नुनो–डी–कुन्हा
D. जोवा–डी–कैस्ट्रो

**15.** गोवा भारत में पुर्तगाली राज्य की औपचारिक राजधानी कब बनी?
A. 1510 ई॰ में B. 1520 ई॰ में
C. 1525 ई॰ में D. 1530 ई॰ में

**16.** किस पुर्तगीज गवर्नर ने बीजापुर के शासक युसूफ आदिलशाह को पराजित करके गोवा को जीता?
A. अल्फांसो–डी–अल्बुकर्क।
B. फ्रांसिस्को–डी–अल्मीड़ा।
C. नुनो–डी–कुन्हा।
D. इनमें से कोई नहीं।

**17.** निम्नलिखित में से कौन–सा कार्य अल्बुकर्क द्वारा किया गया?
A. विजय नगर से मैत्रीपूर्ण सम्बन्ध।
B. दक्षिण–पश्चिम समुद्र तट पर पुर्तगाली नौशक्ति के प्रभाव को बढ़ाया।
C. भारतीयों को अपनी सेना में भर्ती किया।
D. उपरोक्त सभी।

**18.** पुर्तगालियों को सर्वप्रथम किस मुगल बादशाह के विरोध का सामना करना पड़ा?
A. बाबर B. अकबर
C. जहाँगीर D. शाहजहाँ

**19.** भारत में पुर्तगालियों का व्यापारिक लक्ष्य क्या था?
A. कालीमिर्च एवं अन्य कीमती मसालों के व्यापार पर एकाधिकार।
B. वस्त्र एवं मसालों के व्यापार में एकाधिकार।
C. भारत के समुद्री व्यापार पर से अरबों के प्रभाव को समाप्त करना।
D. उपरोक्त सभी।

**20.** पुर्तगालियों की महत्वपूर्ण देन क्या है?
A. प्रिन्टिंग प्रेस की स्थापना।
B. तम्बाकू की खेती।
C. जहाज निर्माण उद्योग की स्थापना।
D. उपरोक्त सभी।

**21.** 1632 ई॰ में शाहजहाँ ने किस पुर्तगाली बस्ती पर आक्रमण कर उसे नष्ट कर दिया?
A. कोचीन B. हुगली
C. गोवा D. कालीकट

**22.** भारत में ईसाई धर्म के प्रचार में महत्वपूर्ण भूमिका निभाई–
A. नुनो–डी–कुन्हा B. जोवा–डी–कैस्ट्रो
C. सेन्ट फ्रांसिस जेवियर D. इनमें से कोई नहीं

**23.** औरंगजेब ने किस पुर्तगाली बस्ती पर अधिकार कर लिया था?
A. कोचीन B. चटगाँव
C. सतगाँव D. हुगली

**24.** भारत में "डच ईस्ट इंडिया कंपनी" की स्थापना कब हुई?

A. 1600 ई॰ में B. 1601 ई॰ में
C. 1602 ई॰ में D. 1605 ई॰ में

**25.** डचों ने भारत में अपनी प्रथम बस्ती कहाँ पर बसायी?
A. मच्छलीपट्टनम B. कोचीन
C. सूरत D. पुलीकट

**26.** डचों द्वारा भारत में निम्नलिखित में से किस वस्तु का निर्यात नहीं किया जाता था?
A. शोरा B. चीनी
C. नील D. सूती वस्त्र

**27.** डच भारत में मुख्य रूप से किस चीज का व्यापार करते थे?
A. सूती वस्त्र B. मसाले
C. नील D. शोरा

**28.** डचों ने मलय जलडमरूमध्य एवं इंडोनेशिया द्वीप समूह से किसे निष्कासित कर अपने प्रभाव में वृद्धि की?
A. पुर्तगालियों को B. अंग्रेजों को
C. फ्रांसीसियों को D. इनमें से कोई नहीं

**29.** निम्नांकित किस बन्दरगाह से डच लोग नील का निर्यात करते थे?
A. सूरत B. पुलीकट
C. मच्छलीपट्टनम् D. बिल्मीपट्टनम

**30.** कोरोमण्डल समुद्रतटीय क्षेत्र में डचों ने मुख्यतः किस वस्तु का निर्यात किया।
A. सूती वस्त्र B. नील
C. मसाले D. अफीम

**31.** डचों ने अपने स्वर्ण निर्मित ''पैगोडा'' सिक्के कहाँ से जारी किए?
A. पुलीकट B. बालासोर
C. कालीकट D. सूरत

**32.** निम्नांकित किस युद्ध में अंग्रेजों से पराजित होने के बाद डचों का अस्तित्व भारत में समाप्त होने लगा?
A. सेंट टोमे का युद्ध B. वेदरा का युद्ध
C. वाण्डीवाश का युद्ध D. इनमें से कोई नहीं

**33.** वेदरा का युद्ध डचों और अंग्रेजों के बीच कब हुआ?
A. 1705 ई॰ B. 1759 ई॰
C. 1760 ई॰ D. 1765 ई॰

**34.** ''डच ईस्ट इंडिया कंपनी'' की सम्पूर्ण प्रशासनिक एवं व्यापारिक गतिविधि का नियंत्रण होता था–
A. हालैण्ड की सरकार द्वारा।
B. कंपनी के संचालक सदस्यों द्वारा।
C. उपरोक्त दोनों।
D. इनमें से कोई नहीं।

**35.** 1599 ई॰ में ब्रिटेन में पूर्व के साथ व्यापार के लिए निम्नलिखित में किस संस्था का गठन किया गया?
A. ईस्ट इंडिया कम्पनी B. मर्चेन्ट्स एडवेन्चर
C. मर्चेन्ट्स ग्रुप D. उपरोक्त कोई नहीं

**36.** ''ईस्ट इंडिया कंपनी'' का तात्कालिक उद्देश्य क्या था?
A. सूरत में एक व्यापारिक कोठी की स्थापना।
B. पूर्वी द्वीप समूह से मसाले तथा कालीमिर्च की प्राप्ति।
C. भारतीय बाजारों में ब्रिटेन से लाए गए माल को खपाना।
D. उपरोक्त सभी।

**37.** भारत में आने वाला प्रथम अंग्रेज कौन था?
A. कैप्टन हॉकिन्स B. सर टामस मुनरो
C. उपरोक्त दोनों D. जौन मिल्डेन हॉल

**38.** कैप्टन हौकिन्स 1608 ई॰ में किसके पत्र के साथ भारत आया?
A. जेम्स प्रथम।
B. प्रिन्स चार्ल्स।
C. महारानी एजिलावेथ।
D. ईस्ट इंडिया कंपनी के डायरेक्टर।

**39.** जेम्स प्रथम के पत्र के साथ कैप्टन हौकिन्स ने आगरा में किस मुगल बादशाह से मुलाकात की?
A. अकबर B. जहाँगीर
C. शाहजहाँ D. इनमें से कोई नहीं

**40.** अंग्रेजों ने अपना प्रथम कारखाना कहाँ पर स्थापित किया?
A. हुगली B. स्वाल्ली
C. सूरत D. मच्छलीपट्टनम्

**41.** निम्नलिखित में से किसने सूरत बंदरगाह को पुर्तगालियों के एकाधिकार से मुक्त कराके वहाँ पर स्थायी अंग्रेज कारखाने की स्थापना की?
A. कैप्टन मिडल्टन B. कैप्टन वेस्ट
C. जॉन मिल्डेन हॉल D. इनमें से कोई नहीं

**42.** निम्नांकित में कौन तुर्की भाषा का ज्ञाता था?
A. सर टामस रो B. कैप्टन मिडल्टन
C. कैप्टन वेस्ट D. कैप्टन हौकिन्स

**43.** सम्राट जेम्स प्रथम के राजपूत के रूप में जहाँगीर के दरबार में कौन आया?
A. सर टामस रो B. कैप्टन हौकिन्स
C. सर जौन सुर्मन D. थौमस एल्डवर्थ

**44.** दक्षिण में अंग्रेजों ने अपनी प्रथम फैक्ट्री कहाँ पर स्थापित की?
A. मद्रास B. अर्मागांव
C. विशाखापट्टनम D. मच्छलीपट्टनम्

**45.** 1639 ई० में अंग्रेजों ने मद्रास को पट्टे पर किससे प्राप्त किया?
A. चंदगिरि के राजा B. पाण्डिचेरी के राजा
C. गोलकुण्डा के सुल्तान D. मैसूर के राजा

**46.** पूर्वी भारत में अंग्रेजों ने अपना प्रथम कारखाना कहाँ स्थापित किया?
A. हुगली (बंगाल) B. पटना (बिहार)
C. कासिम बाजार (बंगाल) D. बालासोर (उड़ीसा)

**47.** अंग्रेजों ने अपने पहले किलेबन्द कारखाने की स्थापना कहाँ पर की?
A. मद्रास B. हुगली
C. सूरत D. मच्छलीपट्टनम्

**48.** मद्रास के किलेबन्द कारखाने को किस नाम से जाना गया?
A. सेंट जार्ज B. फोर्ट विलियम
C. फोर्ट मिल्डेन हौल D. फोर्ट सेंट जार्ज

**49.** निम्नलिखित में किसे बम्बई नगर का संस्थापक माना जाता है?
A. जौब चारनाक B. चार्ल्स द्वितीय
C. गेराल्ड औंगियार D. इनमें से कोई नहीं

**50.** अंग्रेजों ने सर्वप्रथम कहाँ पर अपने सिक्के ढ़ालने के लिए टकसाल की स्थापना की?
A. मद्रास B. बम्बई
C. हुगली D. सूरत

**51.** 1632 ई० को अंग्रेजों ने एक "सुनहरा फरमान" प्राप्त किया–
A. चन्द्रगिरि के राजा द्वारा।
B. गोलकुण्डा के सुल्तान द्वारा।
C. मैसूर के राजा द्वारा।
D. इनमें से कोई नहीं।

**52.** किस कारण पुर्तगालियों ने अंग्रेजों को बम्बई सौंप दिया?
A. मैड्रिड संधि में हुए एक समझौते के तहत।
B. अंग्रेजों के नियंत्रण से हुगली को पुनः प्राप्त करने के कारण।
C. युद्ध में हार जाने के कारण।
D. इनमें से कोई नहीं।

**53.** अंग्रेजों को बंगाल में सीमित व्यापार करने की अनुमति सर्वप्रथम किस मुगल बादशाह ने दी?
A. शाहजहाँ B. अकबर
C. जहाँगीर D. औरंगजेब

**54.** अंग्रेजों द्वारा बंगाल में प्रथम कारखाना कहाँ स्थापित किया गया?
A. पटना B. हुगली
C. चटगाँव D. कासिम बाजार

**55.** मुगल सम्राट औरंगजेब और "ईस्ट इंडिया कम्पनी" के बीच प्रथम मुठभेड़ कब हुई?
A. 1686 ई० B. 1680 ई०
C. 1688 ई० D. 1690 ई०

**56.** निम्नलिखित में कौन बंगाल का प्रथम अंग्रेज गवर्नर था?
A. विलियम हीथ B. जॉब चारनाक
C. विलियम हैंजेज D. इनमें से कोई नहीं

**57.** जौब चारनाक ने 1690 ई० ने कहाँ पर एक व्यापारिक कोठी की स्थापना की?
A. गोविन्दपुर B. सुतानटी
C. चटगाँव D. कलकत्ता

**58.** निम्नांकित किस स्थापन पर जौब चारनाक ने आधुनिक कोलकाता की नींव डाली?
A. गोविन्दपुर B. सुतानटी
C. कालिकाता D. उपरोक्त सभी

**59.** भारत में रहने वाले सभी यूरोपीयनों को गिरफ्तार करने का आदेश किस मुगल बादशाह द्वारा दिया गया?
A. शाहजहाँ B. औरंगजेब

C. अकबर D. फर्रूखसियर

**60.** 1700 ई॰ में स्थापित ''फोर्ट विलियम'' का प्रथम गवर्नर किसे बनाया गया?
A. सर चार्ल्स नेपियर B. जौब चारनाक
C. सर जौन गेयर D. सर चार्ल्स आयर

**61.** ब्रिटिश संसद ने किस वर्ष एक अधिनियम पारित कर इंगलैण्ड की सभी प्रजा को भारत के साथ व्यापार करने का समान अधिकार प्रदान किया?
A. 1699 ई॰ B. 1694 ई॰
C. 1698 ई॰ D. 1700 ई॰

**62.** सुतानटी, कालिकाता और गोविन्दपुर की जमींदारी ''ईस्ट इंडिया कम्पनी'' को निम्नलिखित में से किस जमींदार से प्राप्त हुई?
A. इब्राहिम खाँ B. शाइस्ता खाँ
C. शोभा सिंह D. इनमें से कोई नहीं

**63.** फर्रूखसियर द्वारा कंपनी को दिए गए व्यापारिक महाधिकार पत्र को किसने ''कम्पनी का मैग्नाकार्टा'' कहा?
A. सुर्मन B. ख्वाजा सेहूर्द
C. औरर्म D. एडवर्ड स्टीफेन

**64.** अंग्रेज बंगाल से मुख्यतः किस चीज का निर्यात करते थे?
A. रेशम B. शोरा
C. सूती वस्त्र D. उपरोक्त सभी

**65.** अंग्रेजों ने भारत में अपने व्यापार की शुरूआत में सर्वाधिक किस वस्तु को लेना शुरू किया?
A. वस्त्र B. कालीमिर्च
C. नील D. शोरा

**66.** भारत में फ्रांसीसी व्यापारिक कंपनी की स्थापना कब हुई?
A. 1664 ई॰ B. 1665 ई॰
C. 1668 ई॰ D. 1660 ई॰

**67.** फ्रांसीसियों ने भारत में अपनी पहली व्यापारिक कोठी कहाँ पर स्थापित की?
A. मच्छलीपट्टनम् B. चन्द्रनगर
C. सूरत D. पांडिचेरी

**68.** सूरत में किसके नेतृत्व में फ्रांसीसी व्यापारिक कोठी की स्थापना की गयी?
A. फ्रैंको कैरो B. कोलबर्ट
C. रिचलू D. मैर्कारा

**69.** भारत में फ्रांसीसी कम्पनी की स्थापना के समय फ्रांस का सम्राट कौन था?
A. लुई बारहवाँ B. लुई तेरहवाँ
C. लुई चौदहवाँ D. लुई पन्द्रहवाँ

**70.** निम्नांकित फ्रांसीसी व्यापारिक कोठियों में कौन अपने स्थापना वर्ष से सुमेलित नहीं है?
A. सूरत – 1668 ई॰
B. सानथोमी – 1681 ई॰
C. पांडिचेरी – 1673 ई॰
D. मच्छलीपट्टनम् – 1669 ई॰

**71.** फ्रांसीसियों ने 1674 ई॰ में किससे चन्द्रनगर को प्राप्त किया?
A. गोलकुंडा के सुल्तान।
B. बीजापुर के आदिलशाही सुल्तान।
C. शाइस्ता खाँ।
D. शेरखाँ लोदी।

**72.** फ्रांसीसियों द्वारा चन्द्रनगर में व्यापारिक कोठी की स्थापना कब की गयी?
A. 1674 ई॰ B. 1690-92 ई॰
C. 1680-82 ई॰ D. 1674-75 ई॰

**73.** निम्नांकित में से किसने ''पर्दुचरी'' गाँव को प्राप्त कर वहाँ पर पांडिचेरी नगर की नींव डाली?
A. बेलांग द लेस्पिने B. फ्रैंको मार्टिन
C. उपरोक्त दोनों D. फ्रैंको कैरो

**74.** निम्नांकित किस फ्रांसीसी फैक्ट्री में ''फोर्ट लुई'' की स्थापना की गयी?
A. पांडिचेरी B. मद्रास
C. चन्द्रनगर D. सैनथोमी

**75.** पांडिचेरी में ''फोर्ट लुई'' की स्थापना किसने की?
A. मार्टिन B. डूप्ले
C. देस लैंद्स D. ड्यूमा

**76.** 1693 ई॰ में पांडिचेरी को फ्रांसीसियों से किसने छीन लिया?
A. डचों ने B. अंग्रेजों ने
C. मुगलों ने D. पुर्तगालियों ने

**77.** 1697 ई॰ में ''रिजविक संधि'' किन दो देशों के बीच सम्पन्न हुई?
A. फ्रांसीसी और अंग्रेज।
B. फ्रांसीसी और डच।
C. फ्रांसीसी और पुर्तगीज।
D. अंग्रेज और डच।

**78.** निम्नांकित में कौन बंगाल की सर्वश्रेष्ठ व्यापारिक कोठी थी?
A. ढाका B. हुगली
C. चन्द्रनगर D. मुर्शिदाबाद

**79.** भारत में आंग्ल और फ्रांसीसी संघर्ष का प्रमुख कारण क्या था?
A. राजनीतिक नियंत्रण।
B. व्यापारिक एकाधिकार को प्राप्त करना।
C. उपरोक्त दोनों।
D. पुरानी शत्रुता।

**80.** अंग्रेजों और फ्रांसीसियों के मध्य भारत में हुए संघर्ष को किस नाम से जाना गया?
A. कर्नाटक युद्ध B. आंग्ल–फ्रांसीसी युद्ध
C. सप्तवर्षीय युद्ध D. इनमें से कोई नहीं

**81.** प्रथम कर्नाटक युद्ध कब शुरू हुआ?
A. 1745 ई॰ B. 1746 ई॰
C. 1740 ई॰ D. 1749 ई॰

**82.** द्वितीय कर्नाटक युद्ध कब से कब तक लड़ गया?
A. 1748–1752 ई॰ B. 1749–1752 ई॰
C. 1749–1755 ई॰ D. 1749–1754 ई॰

**83.** प्रथम कर्नाटक युद्ध के समय फ्रांसीसी बस्ती पांडिचेरी का गवर्नर कौन था?
A. लावूर्दने B. डूप्ले
C. मार्टिन D. ड्यूमा

**84.** भारत में लड़ा गया प्रथम कर्नाटक युद्ध निम्नलिखित में किस युद्ध का विस्तार मात्र था?
A. सप्तवर्षीय युद्ध का।
B. सेन्टथोमी के युद्ध का।
C. वेदरा के युद्ध का।
D. आस्ट्रिया में शुरू हुए उत्तराधिकार के युद्ध का।

**85.** प्रथम कर्नाटक युद्ध के समय ''सेंटथोमी'' नामक युद्ध किन दो शक्तियों के बीच लड़ा गया?
A. फ्रांसीसी एवं कर्नाटक के नवाब।
B. फ्रांसीसी एवं अंग्रेज।
C. अंग्रेज एवं कर्नाटक के नवाब।
D. मैसूर एवं कर्नाटक के नवाब।

**86.** द्वितीय कर्नाटक के युद्ध में अंग्रेजों द्वारा एक समर्थित पक्ष कौन थे?
A. अनवारूद्दीन
B. नासिर जंग कर्नाटक
C. मुहम्मद अली कर्नाटक
D. उपरोक्त सभी

**87.** डूप्ले के वापस जाने के बाद किसे अगला फ्रांसीसी गवर्नर बना कर भारत भेजा गया?
A. काउंट डी लाली B. गोदेहो
C. हेनरी मार्टिन D. इनमें से कोई नहीं

**88.** 1757 ई॰ में शुरू हुए तृतीय कर्नाटक युद्ध का तात्कालिक कारण क्या था?
A. क्लाइव द्वारा पांडिचेरी पर आक्रमण।
B. लाली द्वारा अंग्रेजी बस्ती सेंट फोर्ड डेविड पर अधिकार।
C. अंग्रेज सेनानायक वाट्सन और क्लाइव द्वारा फ्रांसीसी बस्ती चन्द्रनगर पर कब्जा।
D. इनमें से कोई नहीं।

**89.** फ्रांसीसी बस्ती ''पांडिचेरी'' ने कब अंग्रेजों के समक्ष आत्मसमर्पण किया?
A. 16 जनवरी, 1761 ई॰ B. 22 जनवरी, 1760 ई॰
C. 20 जनवरी, 1761 ई॰ D. 22 मार्च, 1761 ई॰

**90.** अंग्रेजों और फ्रांसीसियों के मध्य निर्णायक '' वांडिवाश की लड़ाई'' कब लड़ी गयी?
A. 22 जनवरी, 1760 ई॰ B. 22 मई, 1765 ई॰
C. 22 मई, 1761 ई॰ D. 22 जनवरी, 1765 ई॰

**91.** वांडिवाश के युद्ध में अंग्रेजी सेना निम्नलिखित में किसके नेतृत्व में लड़ी?
A. क्लाइव B. सर आयरकूट
C. वाट्सन D. चार्ल्स नेपियर

**92.** भारत में फ्रांसीसी कंपनी की असफलता के तीन प्रधान कारणों में कौन शामिल नहीं है?

A. नाविक शक्ति की दुर्बलता।
B. आर्थिक दुर्बलता।
C. फ्रांस की सरकारी नीति।
D. देशी नरेशों का सहयोग न मिलना।

**93.** "ब्लू वाटर पौलिसी किस भारतीय यूरोपीय व्यापारिक कंपनी की नीति थी?

A. पुर्तगाली  B. डच
C. अंग्रेज  D. फ्रेंच

**94.** भारत में यूरोपीय व्यापारिक कारखाने वस्तुतः क्या थे?

A. उत्पादन केन्द्र।
B. किले बन्द यूरोपीय नगर।
C. किलेबन्द व्यापारिक केन्द्र।
D. गोदाम।

**95.** पूर्वी जगत में व्यापार के उद्देश्य से आने वाली किस यूरोपीय जाति का व्यापार केवल चीन तक ही सीमित था?

A. अंग्रेज  B. डेनिस
C. डच  D. पुर्तगाली

**96.** बंगाल के किस बन्दरगाह को पुर्तगीजों द्वारा "पोर्टोग्राण्डे" या महान बन्दरगाह कहा गया?

A. चन्द्रनगर  B. हुगली
C. चिनसुरा  D. चटगाँव

**97.** निम्नांकित में कौन सुमेलित नहीं है?

A. प्रथम कर्नाटक युद्ध → 1746-48 ई०
B. द्वितीय कर्नाटक युद्ध → 1749-54 ई०
C. तृतीय कर्नाटक युद्ध → 1757-63 ई०
D. चतुर्थ कर्नाटक युद्ध → 1770-75 ई०

**98.** निम्नांकित व्यापारिक केन्द्रों में कौन भारतीय और यूरोपीय व्यापारियों के मिलन–स्थल के रूप में प्रसिद्ध था?

A. सूरत  B. हुगली
C. मच्छलीपट्टनम्  D. बम्बई

**99.** मालाबार क्षेत्र में पुर्तगालियों ने अपना प्रथम कारखाना कहाँ खोला?

A. गोवा  B. कालीकट
C. कोचीन  D. दमन

**100.** भारत में डेनिस कंपनी का प्रमुख व्यापारिक केन्द्र कहाँ था?

A. सूरत  B. माही
C. सेरामपुर  D. चन्द्रनगर

**101.** डेनमार्क की "डेनिस ईस्ट इंडिया कंपनी" का भारत आगमन कब हुआ?

A. 1609 ई०  B. 1615 ई०
C. 1616 ई०  D. 1620 ई०

**102.** भारत आने बाली यूरोपीय वाणिज्यिक कंपनियों में कौन व्यापार और वाणिज्य से अधिक धर्म प्रचार में रूचि लेती थी?

A. पुर्तगाली  B. डच
C. अंग्रेज  D. डेनिस

**103.** 17 वीं सदी के प्रारंभिक दिनों में यूरोपीय व्यापारिक कंपनियों के बीच वाणिज्यिक प्रतिद्वन्दिता के कारण त्रिकोणीय संघर्ष हुआ। निम्नांकित में से कौन इस संघर्ष में शामिल नहीं था?

A. फ्रांसीसी  B. अंग्रेज
C. डच  D. पुर्तगाली

**104.** 1845 ई० में "डेनिस ईस्ट इंडिया कंपनी" को निम्नलिखित में से किस व्यापारिक कंपनी ने खरीद लिया?

A. डच कंपनी।
B. पुर्तगाली कंपनी।
C. फ्रांसीसी कंपनी।
D. अंग्रेज ईस्ट इंडिया कंपनी।

**105.** बंगाल में डचों ने प्रथम केन्द्र कहाँ स्थापित किया था?

A. चिनसुरा में  B. श्रीरामपुर में
C. बालासोर में  D. कलकत्ता में

**106.** वास्कोडिगामा कालीकट किस वर्ष पहुँचा था?

A. 1490 ई० में  B. 1492 ई० में
C. 1496 ई० में  D. 1498 ई० में

**107.** फोर्ट विलियम किस राज्य में स्थित है?

A. केरल  B. प. बंगाल
C. तमिलनाडु  D. महाराष्ट्र

**108.** बीजापुर के सुल्तान से गोवा को छीनने वाला प्रथम यूरोपीय कौन था?

A. अल्बुकर्क B. आस्टिन
C. वास्कोडिगामा D. इनमें से कोई नहीं

**109.** भारत में फ्रांसीसियों की पहली बस्ती कहाँ पर स्थापित हुई?
A. हुगली B. सूरत
C. पांडिचेरी D. चन्द्रनगर

**110.** मद्रास नगर का संस्थापक कौन था?
A. राबर्ट क्लाइव B. फ्रेंसिस डे
C. गेब्रिएल बॉउटन D. स्ट्रेंशम मास्टर

**111.** इंगलिश ईस्ट इण्डिया कंपनी की भारत में प्रथम प्रेसीडेन्सी कहाँ स्थापित की गयी थी?
A. मद्रास B. सूरत
C. मच्छलीपट्टनम् D. हुगली

**112.** इन्टरलोपर (Interloper) कौन थे?
A. मुगल साम्राज्य अधिकारी।
B. अवैध एवं अनधिकृत रूप से व्यापार करने वाले अंग्रेज व्यापारी।
C. हिन्द महासागर में पुर्तगाली सामुद्रिक लुटेरे।
D. इनमें से कोई नहीं।

**113.** अंग्रेजो ने पूर्वी भारत में अपनी प्रथम फैक्ट्री कहाँ स्थापित की?
A. उड़ीसा B. बंगाल
C. बिहार D. असम

**114.** डचों की वाणिज्यिक गतिविधियाँ कहाँ केन्द्रीभूत थीं?
A. श्रीलंका।
B. बंगाल की खाड़ी।
C. इंडोनेशिया के मसाला उत्पादक द्वीप।
D. भारत का पश्चिमी तट।

**115.** 17वीं शताब्दी में ईस्ट इण्डिया कम्पनी का एक गवर्नर, जो "भारत में स्थायी, विशाल एवं शक्तिशाली अंग्रेजी साम्राज्य की स्थापना का इच्छुक" था?
A. सर जोसिआ चाइल्ड B. राबर्ट क्लाइव
C. जौब चारनॉक D. सर जॉन चाइल्ड

## उत्तरमाला

| | | | | | | | | | |
|---|---|---|---|---|---|---|---|---|---|
| **1** D | **2** C | **3** B | **4** A | **5** B | **6** B | **7** A | **8** C | **9** C | **10** B |
| **11** C | **12** A | **13** D | **14** A | **15** D | **16** A | **17** D | **18** D | **19** A | **20** D |
| **21** B | **22** C | **23** B | **24** C | **25** A | **26** B | **27** A | **28** A | **29** C | **30** A |
| **31** A | **32** B | **33** B | **34** A | **35** B | **36** B | **37** A | **38** A | **39** B | **40** C |
| **41** B | **42** D | **43** A | **44** D | **45** A | **46** D | **47** A | **48** D | **49** C | **50** B |
| **51** B | **52** D | **53** A | **54** B | **55** A | **56** C | **57** B | **58** D | **59** B | **60** D |
| **61** B | **62** A | **63** C | **64** D | **65** C | **66** A | **67** C | **68** A | **69** C | **70** B |
| **71** C | **72** B | **73** C | **74** A | **75** D | **76** A | **77** B | **78** C | **79** C | **80** A |
| **81** B | **82** D | **83** B | **84** D | **85** A | **86** D | **87** B | **88** C | **89** A | **90** A |
| **91** B | **92** D | **93** A | **94** C | **95** B | **96** D | **97** D | **98** A | **99** B | **100** C |
| **101** C | **102** D | **103** A | **104** C | **105** C | **106** D | **107** B | **108** A | **109** B | **110** C |
| **111** B | **112** B | **113** A | **114** C | **115** A | | | | | |

# वस्तुनिष्ठ प्रश्न–II

1. निम्नलिखित में किसकी सूबेदारी के समय बंगाल स्वतंत्र हुआ?
   A. मुर्शीद कुली खाँ B. सरफराज
   C. अलीवर्दी खाँ D. शुजाउद्दीन
2. 1712 ई॰ में मुर्शीद कुली खाँ ने जिस मुगल सेना को पराजित किया, उसका नेतृत्व कौन कर रहा था?
   A. अलीवर्दी खाँ B. सरफराज खाँ
   C. रसीद खाँ D. शुजात खाँ
3. विहार का नवाब अलीवर्दी खाँ 1740 ई॰ में "गिरिया के युद्ध" में किसे पराजित कर बंगाल का नवाब बना?
   A. मुर्शीद कुली खाँ B. शुजाउद्दीन
   C. सरफराज खाँ D. इनमें से कोई नहीं
4. भू–राजस्व वसूली के लिए मुर्शीद कुली ने बढ़ावा दिया–
   A. बटाई–प्रणाली को B. कंकूत प्रणाली को
   C. इजारेदारी प्रथा को D. उपरोक्त सभी
5. 1727 ई॰ में मुर्शीद कुली की मृत्यु के बाद बंगाल का अगला नवाब कौन बना?
   A. शुजाउद्दीन B. सिराजुद्दौला
   C. सरफराज खाँ D. अलीवर्दी खाँ
6. बंगाल के किस नवाब के समय में मुगल सम्राट मुहम्मदशाह ने विहार को बंगाल में शामिल कर दिया?
   A. मुर्शीद कुली B. सरफराज
   C. अलीवर्दी D. शुजाउद्दीन
7. अलीवर्दी खाँ ने बंगाल में अंग्रेजों और फ्रांसीसियों को क्रमशः उनकी किस बस्ती की किलेबन्दी का विरोध किया?
   A. चिनसुरा, चन्द्रनगर B. कलकत्ता, चन्द्रनगर
   C. हुगली, चन्द्रनगर D. ढाका, हुगली
8. 1742-51 के बीच अलीवर्दी खां को कई बार संघर्ष करना पड़ा–
   A. अंग्रेजों से B. मराठों से
   C. मुगल से D. फ्रांसीसियों से
9. बंगाल की राजधानी को ढाका से मुर्शिदाबाद हस्तांतरित किसने किया?
   A. अलीवर्दी खाँ B. शुजाउददौला
   C. सिराजुद्दौला D. मुर्शीद कुली खाँ
10. 18 वीं शताब्दी के बंगाल में शामिल था–
    A. आधुनिक बांग्लादेश B. विहार और उड़ीसा
    C. आधुनिक प. बंगाल D. उपरोक्त सभी
11. कंपनी द्वारा दस्तक के प्रयोग पर आपत्ति जताने वाला बंगाल का प्रथम नवाब कौन था?
    A. शुजाउद्दीन B. सिराजुद्दौला
    C. मुर्शीद कुली खाँ D. अलीवर्दी खाँ
12. 18 वीं शताब्दी में बंगाल के किस नवाब ने मुगल दरबार को दी जाने वाली कर की राशि घटा दी?
    A. अलीवर्दी खाँ B. मुर्शीद कुली खाँ
    C. शुजाउद्दीन D. सिराजुद्दौला
13. अलीवर्दी खाँ की मृत्यु के बाद बंगाल का अगला नवाब कौन हुआ जिसे अंग्रेजों से संघर्ष करना पड़ा?
    A. सिराजुद्दौला B. मीर जाफर
    C. मीर कासिम D. निजामुद्दौला
14. किस नवाब के शासन काल में बंगाल सुख और समृद्धि के चरमोत्कर्ष तक पहुंच गया?
    A. मुर्शीद कुली खाँ B. अलीवर्दी खाँ
    C. शुजाउद्दीन D. उपरोक्त सभी
15. सिराजुद्दौला बंगाल का नवाब कब बना?
    A. 1756 ई॰ में B. 1755 ई॰ में
    C. 1750 ई॰ में D. 1757 ई॰ में
16. 1717 ई॰ में किस मुगल सम्राट द्वारा "दस्तक" की सुविधा अंग्रेजी ईस्ट इंडिया कंपनी को प्रदान किया गया?
    A. अहमदशाह B. फर्रूखसियर
    C. मुहम्मदशाह D. जहाँदारशाह
17. सिराजुद्दौला द्वारा फोर्ट विलियम पर कब अधिकार किया गया?
    A. 20 जून, 1756 B. 20 मई, 1756
    C. 21 जून, 1756 D. 21 मई, 1756

**18.** ''दस्तक'' से कंपनी के अभिकर्त्ताओं को निम्नलिखित में कौन–सी सुविधा प्राप्त हुई?
A. ''दस्तक'' द्वारा कंपनी को अपने सामान ऊँची कीमत पर बेचने के अधिकार मिल गए।
B. बिना चुंगी दिए प्रान्त के अन्दर व्यापार करने की सुविधा।
C. उपरोक्त दोनों
D. इनमें से कोई नहीं

**19.** काल कोठरी (ब्लैक होल) की घटना कब घटी?
A. 20 मई, 1756 B. 20 जून, 1756
C. 19 जून, 1756 D. 21 जून, 1756

**20.** सिराजुद्दौला ने निम्नलिखित में किसका नाम बदलकर ''अलीनगर'' रख दिया?
A. कासिमबाजार B. फुल्टा
C. मुर्शिदाबाद D. कलकत्ता

**21.** अंग्रेजों ने बंगाल में अपनी प्रथम टकसाल कहाँ पर खोली?
A. कलकत्ता B. कासिम बाजार
C. हुगली D. मुर्शिदाबाद

**22.** फोर्ट विलियम पर अधिकार करने के बाद सिराज ने कलकत्ता को किसके हाथों में सौंप दिया?
A. जगत सेठ B. शौकत जंग
C. मानिक चंद D. मीर जाफर

**23.** प्लासी युद्ध का तात्कालिक कारण क्या था?
A. अंग्रेजों द्वारा सिराजउद्दौला के विरोधियों के साथ सिराज को हटाने के षड्यंत्र की रचना।
B. अंग्रेजों द्वारा 1757 ई॰ में फ्रांसीसी बस्ती चन्द्रनगर पर अधिकार।
C. उपरोक्त दोनों।
D. सिराज द्वारा फ्रांसीसियों के साथ दोस्ती।

**24.** प्लासी के युद्ध में सिराज की सेना का सेनापति कौन था?
A. मीर मदन B. मोहन लाल
C. मुइनुद्दीन D. मीर जाफर

**25.** सिराजउद्दौला के पतन का प्रमुख कारण क्या था?
A. उसके दरबारियों का षडयंत्र।
B. अंग्रेजों द्वारा अपनायी गयी श्रेष्ठ युद्ध नीति।
C. अंग्रेजों द्वारा नव–अर्जित विश्वास एवं शक्ति।
D. उसमें शक्ति और निर्णय क्षमता का अभाव था।

**26.** निम्नलिखित में किसे ''कर्नल क्लाइव का सियार'' कहा जाता है?
A. अमीनचन्द B. मानिक चन्द
C. मीर जाफर D. जगत सेठ

**27.** प्लासी के युद्ध के बाद बंगाल का नवाब बनाने का वायदा अंग्रेजों ने किससे किया था?
A. मीर कासिम B. घसीटी बेगम
C. जगत सेठ D. मीर जाफर

**28.** प्लासी का युद्ध कब हुआ था?
A. 22 जून, 1757 B. 23 जून, 1757
C. 25 जून, 1757 D. 28 जून, 1757

**29.** ''ब्लैक होल'' की घटना कहाँ पर घटी?
A. कलकत्ता B. अलीनगर
C. मुंगेर D. मुर्शिदाबाद

**30.** ''प्लासी में क्लाइव की सफलता ने बंगाल में युद्ध तथा राजनीति का एक अत्यन्त विस्तृत क्षेत्र अंग्रेजों के लिए खोल दिया।'' – यह कथन किसका है?
A. सर यदुनाथ सरकार B. डॉ॰ दीनानाथ वर्मा
C. डॉ॰ ईश्वरी प्रसाद D. अल्फ्रेड लायल

**31.** निम्नलिखित में कौन सही सुमेलित है?
A. राय दुर्लभ – बिहार का सूबेदार।
B. मीरमदन – मीर जाफर का दीवान।
C. जगत सेठ – बंगाल का प्रसिद्ध सेठ।
D. राम नारायण – सिराज का सेनापति।

**32.** ''23 जून, 1757 को भारत में मध्यकालीन युग का अन्त हो गया, और आधुनिक युग का शुभारम्भ हुआ।'' – यह कथन किसका है?
A. सर यदुनाथ सरकार B. डॉ॰ ईश्वरी प्रसाद
C. के.एम. पणिक्कर D. डॉ॰ दत्त

**33.** सिराजुद्दौला के साथ विश्वासघात करने वाला मानिक चन्द था–
A. बंगाल का एक धनी सौदागर।
B. कलकत्ता का प्रभारी अधिकारी।
C. बिहार का दीवान।
D. इनमें से कोई नहीं।

**34.** "प्लासी एक सौदा था, जिसमें बंगाल के धनी लोगों और मीर जाफर ने नवाब को अंग्रेजों के हाथों बेच दिया।" — यह कथन किसका है?

A. के.एम. पणिक्कर B. अल्फ्रेड लॉयल
C. डॉ॰ दत्त D. डॉ॰ ईश्वरी प्रसाद

**35.** प्लासी के बाद बंगाल में अंग्रेजी सत्ता की स्थापना की दिशा में अंग्रेजों द्वारा जीता गया दूसरा महत्वपूर्ण युद्ध कौन था?

A. वांडिवाश का युद्ध B. बक्सर का युद्ध
C. वेदरा का युद्ध D. इनमें से कोई नहीं

**36.** मीरजाफर ने अपने दामाद मीर कासिम के पक्ष में बंगाल के नवाब का पद कब त्याग दिया?

A. अक्टूबर, 1769 B. अक्टूबर, 1760
C. नवम्बर, 1759 D. दिसम्बर, 1759

**37.** मीर कासिम ने अपनी राजधानी को मुर्शिदाबाद से कहाँ पर स्थानान्तरित किया?

A. पूर्णियाँ B. चटगाँव
C. कलकत्ता D. मुंगेर

**38.** मीर कासिम ने निम्नांकित किस स्थान पर तोपों तथा बन्दूकों के निर्माण के लिए कारखाना लगाया?

A. पूर्णियाँ B. रंगपुर
C. मुंगेर D. मुर्शिदाबाद

**39.** मीर कासिम के शासनकाल को किस इतिहासकार ने "खुली और बेशर्म लूट का काल" कहा?

A. पर्सिवल स्पीयर B. के.एम. पणिक्कर
C. एडवर्ड थाम्पसन D. जी.टी. गैरेट

**40.** अंग्रेजों एवं मीर कासिम के बीच संघर्ष का क्या कारण बना?

A. मुंगेर की किलेबन्दी।
B. मीर कासिम द्वारा 1762 ई॰ में भारतीय व्यापारियों को अंग्रेजों की तरह बिना चुंगी दिए व्यापार करने की छूट।
C. मीर कासिम का स्वतंत्र शासकों जैसा व्यवहार।
D. इनमें से कोई नहीं।

**41.** अंग्रेजों और मीर कासिम के बीच "कटवा का युद्ध" कब लड़ा गया?

A. 20 जुलाई, 1764 B. 18 जुलाई, 1763
C. 19 जुलाई, 1763 D. 22 जुलाई, 1764

**42.** मीर जाफर को बंगाल के नवाब का पद पुनः कब प्राप्त हुआ?

A. 1762 B. 1763
C. 1764 D. 1765

**43.** 1763 ई॰ में मीरकासिम द्वारा बनाए गए सैन्य गठबन्धन में कौन शामिल नहीं था?

A. मीरकासिम B. शाहआलम द्वितीय
C. निजाम D. शुजाउद्दौला

**44.** बक्सर का ऐतिहासिक युद्ध कब लड़ा गया?

A. 22 मई, 1764 B. 23 जून, 1764
C. 22 जून, 1764 D. 22 अक्टूबर, 1764

**45.** बक्सर–युद्ध (1764 ई॰) में मीरकासिम की संयुक्त सेना के पराजय का प्रमुख कारण क्या था?

A. शाहआलम का छिपे रूप में अंग्रेजों से मिले रहना।
B. युद्ध के लिए पर्याप्त तैयारी की कमी।
C. भारतीय सेना तथा राजव्यवस्था में अन्तर्निहित दोष।
D. उपरोक्त सभी।

**46.** बक्सर युद्ध में अंग्रेजी सेना का सेनापति कौन था?

A. एडम्स B. हेक्टर मुनरो
C. क्लाइव D. नेपियर

**47.** बक्सर का युद्ध ऐतिहासिक दृष्टि से प्लासी के युद्ध से अधिक महत्वपूर्ण था, क्योंकि—

A. इससे दो तत्कालीन प्रमुख भारतीय शक्तियों की संयुक्त सेना के विरूद्ध अंग्रेजी सेना की श्रेष्ठता सिद्ध हुई।
B. इससे अवध अंग्रेजों की कृपा पर आश्रित हो गया।
C. इससे बंगाल, बिहार तथा उड़ीसा पर अंग्रेजों का पूर्ण प्रभुत्व स्थापित हो गया।
D. उपरोक्त सभी।

**48.** मीरजाफर ने क्लाइव द्वारा किए उपकारों का बदला किस रूप में चुकाया?

A. उसे 24 परगने की जमींदारी सौंप कर।
B. उसे मुगल सम्राट से "उमरा" की पदवी दिलवाकर।

C. उपरोक्त दोनों।

D. इनमें से कोई नहीं।

**49.** 1744 ई. में क्लाइव किस रूप में मद्रास पहुँचा?

A. बेरोजगार  B. क्लर्क
C. सेनापति  D. कप्तान

**50.** क्लाइव किस रूप में सर्वप्रथम बंगाल पहुँचा?

A. सिपाही  B. सेनापति
C. क्लर्क  D. बंगाल के गवर्नर

**51.** क्लाइव पहली बार बंगाल का गवर्नर कब बना?

A. 1757  B. 1753
C. 1750  D. 1760

**52.** 1765 ई. में कलकत्ता पहुँचने पर क्लाइव ने सर्वप्रथम किसके साथ संधि की?

A. मुगल बादशाह शाहआलम द्वितीय।

B. अवध के नवाब।

C. बंगाल के नवाब।

D. मराठों से।

**53.** रॉबर्ट क्लाइव अपने द्वितीय कार्यकाल में किस उद्देश्य से बंगाल आया?

A. प्रशासनिक सुधार।

B. नैतिक प्रभुत्व की स्थापना।

C. वित्तीय सुधार।

D. इनमें से कोई नहीं।

**54.** अपने द्वितीय कार्यकाल में क्लाइव ने निम्नलिखित में किससे संधि की?

A. अवध के नवाब शुजाउद्दौला।

B. मुगल सम्राट शाह आलम द्वितीय।

C. बंगाल के नवाब।

D. उपरोक्त सभी।

**55.** 16 अगस्त, 1765 को इलाहाबाद की दूसरी संधि क्लाइव तथा अवध के किस नवाब के मध्य सम्पन्न हुई?

A. सफदर जंग  B. असफाउदौला
C. वाजिद अली शाह  D. शुजाउद्दौला

**56.** क्लाइव के दूसरे कार्यकाल में कंपनी को बंगाल में निजामत और दीवानी दोनों का अधिकार प्राप्त हो गया। निजामत अधिकारों के अन्तर्गत क्या शामिल था?

A. शांति व्यवस्था बनाना।

B. बाह्य आक्रमणों से रक्षा, विदेशी मामले।

C. फौजदारी मामले, न्याय देने के अधिकार।

D. उपरोक्त सभी।

**57.** कंपनी को प्राप्त दीवानी अधिकारों में शामिल था—

A. सूबों से लगान वसूलना।

B. दीवानी के मामले निपटाना।

C. उपरोक्त दोनों।

D. इनमें से कोई नहीं।

**58.** बंगाल में प्रारंभ हुए "द्वैध शासन व्यवस्था" की विशेषताएँ क्या थी?

A. प्रशासन का अंग्रेज नियंत्रकों तथा भारतीय प्रतिनिधियों में विभाजन।

B. कम्पनी द्वारा दीवान के रूप में राजस्व वसूलना।

C. कंपनी ने अपनी शक्तियों का प्रयोग प्रत्यक्ष रूप से न करके नायब सूबेदार के माध्यम से किया।

D. उपरोक्त सभी।

**59.** द्वैध शासन के तहत बंगाल और बिहार का नायब दीवान क्रमशः नियुक्त किया गया—

A. मुहम्मद रजा खाँ, नन्द कुमार।

B. मुहम्मद रजा खाँ, राजा सिताब राय।

C. रामनारायण राजा सिताब राय।

D. इनमें से कोई नहीं।

**60.** द्वैध–शासन के महत्वपूर्ण दोषों में शामिल है—

A. उद्योग–धंधों का नष्ट होना, व्यापार को भारी क्षति।

B. जनता को असहनीय कष्ट।

C. कर्मचारियों के मनमानी से अत्याचार में वृद्धि।

D. उपरोक्त सभी।

**61.** निम्नलिखित कौन सा विद्रोह क्लाइव के समय में हुआ था?

A. श्वेत विद्रोह  B. सिपाहियों का विद्रोह
C. किसानों का विद्रोह  D. व्यापारियों का विद्रोह

62. क्लाइव के समय हुए "श्वेत विद्रोह" का क्या कारण था?
A. अंग्रेज व्यापारियों से कुछ विशेष व्यापारिक सुविधाओं को वापस लेने के कारण।
B. शांतिकाल में मिलने वाले दुहरे भत्ते की समाप्ति।
C. उपरोक्त दोनों।
D. इनमें से कोई नहीं।

63. "सोसायटी ऑफ ट्रेड" को किस वस्तु के व्यापार का एकाधिकार प्राप्त था?
A. तम्बाकू B. सुपारी
C. नमक D. उपरोक्त सभी

64. इंगलैण्ड वापस लौटने पर क्लाइव को किस उपाधि से सम्मानित किया गया?
A. लॉर्ड
B. सर
C. नाइटहुड
D. ब्रिटिश साम्राज्य का शेर

65. क्लाइव अपने द्वितीय कार्यकाल की समाप्ति के बाद कब इंगलैण्ड वापस गया?
A. 1763 ई॰ B. 1767 ई॰
C. 1768 ई॰ D. 1769 ई॰

66. निम्नलिखित वाक्यों में कौन क्लाइव से संबंधित नहीं है?
A. उसने शाहआलम को इलाहाबाद दिया।
B. उसने मुगल सम्राट से दीवानी प्राप्त की।
C. उसने मीर कासिम को बक्सर के युद्ध में पराजित किया।
D. उसने नवाब को अवध वापस कर दिया।

67. बक्सर के युद्ध के समय बंगाल का नवाब कौन था?
A. मीरकासिम B. मीरजाफर
C. निजामुद्दौला D. इनमें से कोई नहीं

68. बंगाल का अंतिम नवाब कौन था?
A. सैफुद्दौला B. निजामुद्दौला
C. मुबारकउद्दौला D. इनमें से कोई नहीं

69. बंगाल में प्राप्त वह कौन सी प्रमुख बस्ती थी जिसका यहाँ से मुख्यतः निर्यात किया जाता था?
A. नील
B. शोरा
C. रेशमी और सूतीवस्त्र
D. उपरोक्त **B** और **C** दोनों

70. द्वैध शासन प्रणाली के बारे में निम्नलिखित कथनों में कौन *असत्य* है?
A. किसानों पर अत्याचार हुए।
B. कंपनी के कर्मचारी धनवान हो गए।
C. कंपनी की राजनीतिक स्थिति कमजोर हुई।
D. व्यक्तिगत व्यापार के दोष चरम सीमा पर पहुँचे।

71. कलकत्ता की स्थापना से पहले बंगाल में अंग्रेजों की विशालतम् बस्ती कौन थी?
A. कासिम बाजार B. हुगली
C. चिनसुरा D. मुर्शिदाबाद

72. बंगाल वाणिज्यिक दृष्टिकोण से एक महत्वपूर्ण सूबा था जहाँ पर—
A. समृद्ध एवं विस्तीर्ण भीतरी प्रदेश थे।
B. समुद्री यातायात के लिए उत्तम स्थल थे।
C. यूरोप में अधिक मांग वाली वस्तुएँ उपलब्ध थी।
D. उपरोक्त सभी।

73. बंगाल, बिहार एवं उड़ीसा में कंपनी को मुफ्त व्यापार की अनुमति किसने दी?
A. मीरकासिम B. मीर जाफर
C. सिराज D. अलीवर्दी खाँ

74. बंगाल का वह कौन नवाब था जो इजारेदार कहलाने वाले अपने प्रतिनिधियों के माध्यम से रैय्यतों से सीधे राजस्व एकत्र करता था?
A. मुर्शीद कुली खाँ B. मीर कासिम
C. अलीवर्दी खाँ D. सिराजुद्दौला

75. बंगाल के वाणिज्यिक महत्व की दृष्टि से निम्नलिखित में से कौन—सा एक कारण अंग्रेजों के लिए सहायक नही था?
A. समृद्ध और विस्तीर्ण भीतरी प्रदेश।

B. सुव्यवस्थित स्थानीय वाणिज्यिक संस्थाएँ।
C. समुद्री यातायात के लिए उत्तम स्थल।
D. यूरोप में अत्यधिक मांग वाली वस्तुओं की सुलभता।

**76.** प्लासी–युद्ध से पूर्व अंग्रेजों के साथ मिलकर नवाब के विरूद्ध षड्यंत्र किसने किया?
A. बंगाल के महाजन जगत सेठ ने।
B. नवाब के मीर बख्शी मीर जाफर ने।
C. कलकत्ता के प्रभारी अधिकारी मानिक चन्द ने।
D. उपरोक्त सभी।

**77.** अंग्रेजों ने किस आधार पर मीर जाफर को गद्दी से हटाए जाने को न्यायसंगत ठहराया?
A. उसकी अकर्मण्यता एवं शक्ति हीनता।
B. उसकी शासन के प्रति सामान्य–जन असन्तोष।
C. उपरोक्त A और B दोनों।
D. इनमें से कोई नहीं।

**78.** 1760 में बंगाल की क्रान्ति को किस सन्दर्भ में उल्लिखित किया गया है?
A. बंगाल से डचों का निष्कासन।
B. बंगाल में आधुनिक युग का शुभारम्भ।
C. कम्पनी के वाणिज्यिक स्वरूप का अंत।
D. मीर जाफर को हटाकर मीरकासिम को नवाब बनाना।

**79.** बंगाल का प्रथम गवर्नर जनरल कौन था?
A. वारेन हेस्टिंग्स B. लॉर्ड हेस्टिंग्स
C. रॉबर्ट क्लाइव D. लॉर्ड कार्नवालिस

**80.** बंगाल के बाद अंग्रेजों ने और किस अन्य राज्य–शासन में कर–मुक्त व्यापारिक विशेषाधिकार प्राप्त किए?
A. बनारस के राजा
B. हैदराबाद के निजाम
C. अवध के नवाब
D. भरतपुर के जाट

## उत्तरमाला

| 1 | 2 | 3 | 4 | 5 | 6 | 7 | 8 | 9 | 10 |
|---|---|---|---|---|---|---|---|---|---|
| A | C | C | C | A | D | B | B | D | D |
| **11** | **12** | **13** | **14** | **15** | **16** | **17** | **18** | **19** | **20** |
| C | A | A | D | A | B | A | B | B | D |
| **21** | **22** | **23** | **24** | **25** | **26** | **27** | **28** | **29** | **30** |
| A | C | B | D | D | C | D | B | A | D |
| **31** | **32** | **33** | **34** | **35** | **36** | **37** | **38** | **39** | **40** |
| C | A | B | A | C | B | D | C | A | B |
| **41** | **42** | **43** | **44** | **45** | **46** | **47** | **48** | **49** | **50** |
| C | B | C | D | C | B | D | C | B | B |
| **51** | **52** | **53** | **54** | **55** | **56** | **57** | **58** | **59** | **60** |
| D | A | B | D | D | D | C | D | B | D |
| **61** | **62** | **63** | **64** | **65** | **66** | **67** | **68** | **69** | **70** |
| A | B | D | A | B | C | B | C | D | C |
| **71** | **72** | **73** | **74** | **75** | **76** | **77** | **78** | **79** | **80** |
| B | D | B | A | B | D | C | D | A | C |

# वस्तुनिष्ठ प्रश्न–III

1. उत्तरवर्ती मुगल बादशाहों का शासन काल कब से कब तक रहा?
A. 1707-1800 ई० B. 1707-1803 ई०
C. 1707-1806 ई० D. 1707-1857 ई०

2. बहादुरशाह प्रथम की उपाधि के साथ मुगल सिंहासन पर बैठने वाला राजकुमार था–
A. आजम B. मुअज्जम
C. कामबख्श D. अकबर

3. औरंगजेब की मृत्यु के समय उसके पुत्रों के अधिकार वाले क्षेत्र से संबंधित कौन–सा जोड़ा सुमेलित नहीं है?
A. मुअज्जम – काबुल
B. आजम – गुजरात
C. कामबख्श – बीजापुर
D. मुअज्जम – आगरा

4. बहादुरशाह की शान्ति और समझौते की नीति प्रारंभ में निम्नलिखित में से किससे संबंध सुधारने में सफल हुई?
A. मराठों B. सिखों
C. राजपूतों D. बुन्देलों

5. बहादुरशाह का वह कौन–सा कार्य था, जिसे उसकी महान कूटनीतिक चाल कहा जा सकता है?
A. मुगलों की कैद से शम्भाजी के पुत्र शाहू को मुक्त करना।
B. जजिया कर को समाप्त कर देना।
C. सिखों के विरूद्ध कठोर सैनिक कदम।
D. मुगल दरबार में सभी गुटों को प्रसन्न करने का प्रयास।

6. बहादुरशाह और जहाँदारशाह के शासन काल में सर्वाधिक शक्तिशाली था–
A. असद खाँ B. कुकुलताश खाँ
C. जुल्फिकार खाँ D. सैयद अब्दुल्ला खाँ

7. निम्नलिखित किसकी सहायता से जहाँदारशाह सिंहासनारूढ़ हुआ था?
A. जुल्फिकार खाँ B. असद खाँ
C. दाउद खाँ D. चिनकिलिच खाँ

8. सैयद बन्धुओं के पतन के षडयंत्र में निम्नलिखित में से किसने भाग नहीं लिया?
A. मुहम्मद शाह B. असद खाँ
C. निजाम–उल–मुल्क D. सआदत खाँ

9. लाल कुँअर नामक वेश्या किसके शासन काल में मुगल साम्राज्य की कर्त्ता–धर्ता बन गयी?
A. जहाँदारशाह B. मुहम्मदशाह
C. आलमगीर द्वितीय D. शाह आलम–II

10. फरवरी 1739 में मुगल सम्राट मुहम्मदशाह और नादिरशाह की सेनाओं के मध्य कहाँ युद्ध हुआ था?
A. दिल्ली B. लाहौर
C. करनाल D. पानीपत

11. किसके शासनकाल में सैयद बन्धु शक्तिशाली बन गए?
A. बहादुरशाह B. फर्रूखसियर
C. जहाँदारशाह D. मुहम्मद शाह

12. सैयद बन्धुओं ने कितने मुगल सम्राटों को सिंहासनारूढ़ और सिंहासनच्युत किया था?
A. दो B. तीन
C. चार D. पाँच

13. उत्तरवर्ती मुगल सम्राट शाहआलम-II किस नाम से प्रसिद्ध था?
A. शाहजहाँ B. कामबख्श
C. अली गौहर D. आलमगीर

14. पानीपत के तृतीय युद्ध के समय मुगल सम्राट कौन था?
A. शाहजहाँ द्वितीय B. आलमगीर द्वितीय
C. शाहआलम D. अहमदशाह

15. बंगाल का मुगल सूबेदार मुर्शिद कुली खाँ मूलतः कौन था?
A. एक फारसी
B. एक इराकी
C. एक अफगानी
D. एक दक्षिण भारतीय ब्राह्मण

**16.** किसके शासन के साथ बंगाल की सूबेदारी आनुवंशिक हो गयी?
A. मुर्शिद कुली खाँ B. अलीवर्दी खाँ
C. शुजाउद्दीन खाँ D. सिराज–उद्–दौला

**17.** किस सम्राट के शासन काल में शासन पर राजमाता उधम बाई और उसके प्रेमी का नियंत्रण था?
A. मुहम्मदशाह B. आलमगीर द्वितीय
C. अहमदशाह D. शाह आलम द्वितीय

**18.** 1760 ई० में दिल्ली के लाल किले के दीवान–ए–खास की छत से चाँदी की परत उतारकर किसने उससे 9 लाख रु० के सिक्के ढ़लवाए?
A. अहमदशाह अब्दाली B. सदाशिवराव भाऊ
C. नादिरशाह D. गुलाम कादिर

**19.** 1761 से 1770 ई० तक दिल्ली का सर्वोच्च तानाशाह कौन था?
A. अहमदशाह अब्दाली B. जावेद खाँ
C. नजीब खाँ D. दत्ताजी सिन्धिया

**20.** किस मुगल सम्राट के शासन काल में स्वायत राज्यों के उदय की प्रवृति सबसे मुखर हुई और यह प्रक्रिया क्रमशः तीव्र होती गयी?
A. बहादुरशाह प्रथम B. फर्रूखसियर
C. मुहम्मदशाह D. अहमदशाह

**21.** निम्नांकित में किसके विरूद्ध बहादुरशाह ने कठोर सैनिक कदम उठाया?
A. शाहू B. बन्दा बहादुर
C. अजीत सिंह D. जयसिंह

**22.** लौहगढ़ किले का निर्माण किसके द्वारा हुआ?
A. बहादुरशाह B. बन्दा बहादुर
C. गुरू गोविन्द सिंह D. इनमें से कोई नहीं

**23.** बन्दा बहादुर के खिलाफ सैन्य अभियान में किसने मुगल बादशाह बहादुरशाह का साथ दिया?
A. बुन्देला सरदार छत्रसाल
B. जाट सरदार चूरामन
C. मराठा छत्रपति शाहू
D. आमेर के राजा जयसिंह

**24.** बहादुरशाह प्रथम की मृत्यु के बाद उसके पुत्रों में किसे सिंहासन प्राप्त हुआ?
A. अजीम–उस–शान B. जहाँदारशाह
C. रफी–उश–शान D. जहानशाह

**25.** जहाँदार शाह को और किस नाम से पुकारा जाता था?
A. लम्पट मूर्ख B. रंगीला
C. घृणित कायर D. इनमें से कोई नहीं

**26.** फर्रूखसियर ने किसकी सहायता से जहाँदार शाह को अपदस्थ कर मरवा दिया?
A. जुल्फिकार खाँ B. सैयद बन्धु
C. चिनकिलिच खाँ D. इरादत खाँ

**27.** सैयद बन्धु कौन थे?
A. सैयद हुसैन अली खाँ, अब्दुल्ला खाँ।
B. मुहम्मद अमीन खाँ, चिनकिलिच खाँ।
C. सैयद हुसैन अली खाँ, मुहम्मद अमीन खाँ।
D. इनमें से कोई नहीं।

**28.** सैयद बन्धुओं में किसे फर्रूखसियर ने वजीर का पद दिया?
A. सैयद अब्दुल्ला B. हुसैन अली खाँ
C. उपरोक्त दोनों D. इनमें से कोई नहीं

**29.** उत्तर मुगल कालीन इतिहास में किन्हें "नृपनिर्माता" के रूप में जाना जाता है?
A. चिनकिलिच खाँ B. जुल्फिकार खाँ
C. सैयद बन्धु D. असद खाँ

**30.** फर्रूखसियर ने दक्कन की सूबेदारी किसे सौंपी?
A. चिनकिलिच खाँ B. मुहम्मद अमीन खाँ
C. जुल्फिकार खाँ D. सैयद हुसैन अली

**31.** चिनकिलिच खाँ मूलतः किस गुट का सदस्य था?
A. तूरानी B. ईरानी
C. भारतीय D. इनमें से कोई नहीं

**32.** निम्नलिखित में किसकी हत्या फर्रूखसियर ने करवायी?
A. सैयद बन्धु B. जुल्फिकार खाँ
C. चिनकिलिच खाँ D. अमीन खाँ

**33.** सैयद बन्धु थे–
A. तूरानी B. हिन्दुस्तानी मुसलमान
C. ईरानी D. इनमें से कोई नहीं

**34.** सैयद बन्धुओं ने किसके विरूद्ध सैन्य अभियान कर उसे पराजित किया?

A. मारवाड़ के शासक अजीत सिंह।
B. आमेर के शासक जय सिंह।
C. मराठा पेशवा बालाजी विश्वनाथ।
D. जाट नेता चूरामन।

35. निम्नांकित में किसकी हत्या फर्रूखसियर के समय में की गयी?
A. तेग बहादुर B. बन्दाबहादुर
C. गुरु गोबिन्द सिंह D. नवाब कपूर सिंह

36. सैयद बन्धुओं ने किसके सहयोग से सम्राट फर्रूखसियर की हत्या करवा दी?
A. जाट नेता चूरामन
B. मारवाड़ के अजीत सिंह
C. मराठा पेशवा बालाजी विश्वनाथ
D. उपरोक्त सभी

37. निम्नलिखित में से कौन शाहजहाँ द्वितीय के नाम से मुगल सिंहासन पर बैठा?
A. रफी–उद्–दरजात B. रफी–उद्–दौला
C. रफी–उस–शान D. इनमें से कोई नहीं

38. ''मुहम्मदशाह'' की उपाधि से मुगल सिंहासन पर किसे बैठाया गया?
A. रफी–उस–शान B. अजीजुद्दीन
C. रौशन अख्तर D. खुजिस्ता अख्तर

39. मुहम्मदशाह ने ''आसफजाह'' की उपाधि किसे प्रदान की?
A. निजाम–उल मुल्क B. मुहम्मद अमीन खाँ
C. कमरूद्दीन खाँ D. उपरोक्त कोई नहीं

40. नादिरशाह ने भारत पर कब आक्रमण किया?
A. 1735 ई॰ B. 1739 ई॰
C. 1747 ई॰ D. 1797 ई॰

41. अहमदशाह अब्दाली ने किस मुगल बादशाह के शासन काल में दिल्ली पर आक्रमण किया?
A. अहमदशाह B. आलमगीर द्वितीय
C. शाहआलम-II D. मुहम्मदशाह

42. अहमदशाह अब्दाली का भारत पर प्रथम आक्रमण कब हुआ?
A. 1750 ई॰ B. 1757 ई॰
C. 1748 ई॰ D. 1735 ई॰

43. निम्नलिखित में किसे ''दुर्रे–दुर्रानी'' (युग का मोती) कहा गया?
A. निजाम–उल–मुल्क B. अहमदशाह अब्दाली
C. नादिरशाह D. सैयद बन्धु

44. निम्नलिखित में किसे मुगल बादशाह अहमदशाह ने अपना वजीर नियुक्त किया?
A. बुरहान–उल–मुल्क B. सफदरजंग
C. मुइन–उल–मुल्क D. सआदत खाँ

45. 1748-1759 ई॰ तक अहमदशाह अब्दाली ने भारत पर कितनी बार आक्रमण किया?
A. 2 B. 4
C. 6 D. 5

46. मुगल बादशाह आलमगीर द्वितीय के समय किस प्रान्त का सूबेदार एक महिला को बनाया गया था?
A. मालवा B. आगरा
C. पंजाब D. लाहौर

47. अहमदशाह अब्दाली का भारत में अंतिम विजय युद्ध किस नाम से जाना जाता है?
A. करनाल का युद्ध B. दिल्ली का युद्ध
C. शकूर खेड़ा का युद्ध D. पानीपत का युद्ध

48. 1761 ई॰ में दिल्ली छोड़ते समय अहमदशाह अब्दाली ने दिल्ली की हुकूमत किसे सौंपी?
A. नजीबुद्दौला B. शाहजहाँ तृतीय
C. शाहआलम द्वितीय D. अकबर द्वितीय

49. निम्नलिखि किस युद्ध में शाह आलम–II ने भाग लिया था?
A. पलासी का युद्ध B. बक्सर युद्ध
C. पानीपत का युद्ध D. इनमें से कोई नहीं

50. सन् 1771-72 ई॰ में शाहआलम–II किसके सहयोग से पुनः सत्तासीन हुआ?
A. अहमदशाह अब्दाली B. हैक्टर मुनरो
C. महाद जी सिन्धिया D. मीरकासिम

51. अंग्रेजों के संरक्षण में बनने वाला प्रथम मुगल बादशाह कौन था?
A. शाहआलम तृतीय B. अकबर द्वितीय
C. बहादुरशाह द्वितीय D. उपरोक्त कोई नहीं

52. मुगल साम्राज्य का अन्तिम बादशाह किसे माना जाता है?

A. शाहआलम तृतीय  B. बहादुरशाह 'जफर'
C. बहादुरशाह 'तृतीय'  D. अकबर द्वितीय

**53.** निम्नलिखित मुगल बादशाहों में किसके समय में अंग्रेजों ने दिल्ली पर अधिकार कर लिया?
A. बहादुरशाह द्वितीय  B. आलमगीर द्वितीय
C. शाहआलम द्वितीय  D. अकबर द्वितीय

**54.** पानीपत के तीसरे युद्ध (1761 ई॰) के समय मुगल बादशाह कौन था?
A. अहमदशाह  B. आलमगीर द्वितीय
C. शाहआलम द्वितीय  D. अकबर द्वितीय

**55.** निम्नलिखित में किसे "ईरान का नेपोलियन" कहा गया?
A. नादिरशाह  B. नजीब–उद्–दौला
C. अहमदशाह अब्दाली  D. चिनकिलिच खाँ

**56.** अहमदशाह अब्दाली द्वारा भारत पर किए गए कुल आक्रमणों की संख्या–
A. 8  B. 15
C. 6  D. 4

**57.** किस मुगल बादशाह को "रंगीला" कहा गया?
A. मुहम्मदशाह  B. अहमदशाह
C. फर्रुखसियर  D. आलमगीर द्वितीय

**58.** कौन–सा मुगल बादशाह "जफर" के उपनाम से उर्दू भाषा में कविताएँ लिखता था?
A. बहादुरशाह द्वितीय  B. अकबर द्वितीय
C. शाहआलम द्वितीय  D. उपरोक्त कोई नहीं

**59.** 1722 ई॰ में स्वतंत्र अवध प्रान्त की स्थापना किसने की?
A. आसफ जाह निजाम–उल–मुल्क
B. सआदत खाँ बुरहान–उल–मुल्क
C. सफदर जंग
D. शुजाउद्दौला

**60.** सआदत खाँ किस गुट का था–
A. ईरानी  B. तूरानी
C. अफगानी  D. हिन्दुस्तानी

**61.** सआदत खाँ के बाद अवध का अगला शासन कौन हुआ?
A. सफदर जंग  B. शुजाउद्दौला
C. वाजिद अली शाह  D. इनमें से कोई नहीं

**62.** अवध के किस नवाब को मुगल साम्राज्य का वजीर नियुक्त किया गया?
A. सआदत खाँ  B. शुजाउद्दौला
C. सफदर जंग  D. उपरोक्त सभी

**63.** मुगल बादशाह ने सफदरजंग के वजीर के पद से कब बर्खास्त किया?
A. 1753 ई॰  B. 1750 ई॰
C. 1755 ई॰  D. 1760 ई॰

**64.** सफदर जंग के समय लखनऊ किसके केन्द्र के रूप में विकसित हुआ?
A. कला और साहित्य के केन्द्र के रूप में।
B. हस्तशिल्प के महत्वपूर्ण केन्द्र के रूप में।
C. स्थापत्यकला के केन्द्र के रूप में।
D. सभ्यता और संस्कृति के केन्द्र के रूप में।

**65.** अवध, हैदराबाद तथा बंगाल के संस्थापकों में निम्नांकित कौन–सा गुण सामान्य था?
A. कूटनीतिक निपुणता।
B. अत्यधिक सैन्य कुशलता।
C. उच्च वैयक्तिक नैतिकता।
D. उपरोक्त सभी।

**66.** अवध के किस नवाब ने अपनी सरकार का सबसे उच्च पद एक हिन्दू महाराज नवाब राय को दिया?
A. सआदत खाँ  B. सफदर जंग
C. शुजाउद्दौला  D. उपरोक्त कोई नहीं

**67.** अवध के किस नवाब ने अपनी राजधानी फैजाबाद से लखनऊ स्थानान्तरित किया?
A. वाजिद अली शाह  B. शुजाउद्दौला
C. असफाउद्दौला  D. सफदरजंग

**68.** अवध का अन्तिम नवाब कौन था?
A. शुजाउद्दौला  B. असफाउद्दौला
C. वाजिद अलीशाह  D. उपरोक्त कोई नहीं

**69.** किसके समय में ब्रिटिश ईस्ट इंडिया कम्पनी ने अवध को अपने साम्राज्य में मिला लिया?
A. असफाउद्दौला  B. वाजिद अलीशाह
C. शुजाउद्दौला  D. उपरोक्त कोई नहीं

**70.** बंगाल के किस नवाब ने ढाका से मुर्शिदाबाद में अपनी राजधानी स्थानान्तरित की?

A. मुर्शिद अली खाँ B. शुजाउद्दीन
C. अली वर्दी खाँ D. सिराजुद्दौला

**71.** नादिर शाह के हाथों अपमान से बचने के लिए आत्महत्या करने वाला अवध का नवाब था–
A. सफदरजंग B. सआदत खाँ
C. शुजाउद्दौला D. आसफ उद्दौला

**72.** स्वतंत्र हैदराबाद राज्य की स्थापना किसने की?
A. सादुतुल्ला खाँ B. मुजफ्फर जंग
C. निजाम–उल–मुल्क D. जुल्फिकार खाँ

**73.** किस मुगल बादशाह ने निजाम–उल–मुल्क को "आसफजाह" की उपाधि प्रदान की?
A. मुहम्मदशाह B. अहमदशाह
C. आलमगीर–II D. शाहआलम–II

**74.** निजाम–उल–मुल्क ने निम्नलिखित में किसे दक्कन का दीवान बनाया?
A. नासिर जंग B. पूरनचन्द
C. मीर जुमला D. मुबारिज खाँ

**75.** निजाम–उल–मुल्क ने निम्नलिखित में किसे शकूर खेड़ा के युद्ध में पराजित कर दक्कन की सूबेदारी छीनी?
A. मुजफ्फरजंग B. हुसैन अली खाँ
C. मुबारिज खाँ D. उपरोक्त कोई नहीं

**76.** हैदराबाद के शासन निजाम अली और अंग्रेजों के मध्य विवाद का मुख्य मुद्दा क्या था?
A. अंग्रेजों द्वारा निजाम के विरोधियों को संरक्षण।
B. कर्नाटक पर अधिकार।
C. गुंटुर की सरकार।
D. उपरोक्त सभी।

**77.** निम्नलिखित में किसे स्वतंत्र कर्नाटक राज्य का संस्थापक माना जाता है?
A. नवाब सादुतुल्ला खाँ B. दोस्त अली
C. सफदर अली D. फैजुल अली

**78.** सादुतुल्ला खाँ ने निम्नलिखित में किसे कर्नाटक की राजधानी बनाया?
A. मच्छली पट्टनम् B. आरकाट
C. गुंटुर D. उपरोक्त कोई नहीं

**79.** विज्ञान और कला के महान केन्द्र के रूप में किसने "जयपुर" की स्थापना की?
A. रामसिंह B. अभय सिंह
C. सवाई जय सिंह D. उपरोक्त कोई नहीं

**80.** आमेर के राजा जय सिंह को किस मुगलशासक ने "मिर्जा राजा सवाई" की पदवी प्रदान की?
A. फर्रूखसियर B. अहमदशाह
C. जहाँदारशाह D. मुहम्मदशाह

**81.** आधुनिक उपकरणों से युक्त वेधशालाओं का निर्माण निम्नलिखित में कहाँ पर जयसिंह द्वारा करवाया गया?
1. मथुरा 2. उज्जैन
3. जयपुर 4. दिल्ली
A. 1, 2 B. 2, 3
C. 1, 3, 4 D. 1, 2, 3, 4

**82.** अठारहवीं सदी का वह कौन हिन्दू–शासक था जिसने दो अश्वमेघ यज्ञों का आयोजन करवाया था?
A. मेवाड़ के राणा जगत सिंह।
B. आमेर के राजा जय सिंह (सवाई)।
C. मारवाड़ के राजा अभय सिंह।
D. उपरोक्त कोई नहीं।

**83.** "जिजमुहम्मद शाही" नाम से सवाई राजा जयसिंह ने तैयार करवाया–
A. रेखागणित के तत्व का फारसी में अनुवाद।
B. सारणियों का एक ऐसा सेट जिससे खगोल शास्त्र संबंधी पर्यवेक्षण में सहायता मिलती थी।
C. सारणियों का ऐसा सेट जिससे दिन और तारीख का ज्ञान होता था।
D. उपरोक्त कोई नहीं।

**84.** 18 वीं सदी के राजपूत शासकों में कौन महान विधिवेत्ता, खगोल शास्त्री, नगर–नियोजक, नगर–संस्थापक एवं वैज्ञानिक था?
A. सवाई राजा जय सिंह।
B. मारवाड़ के अजीत सिंह।
C. मेवाड़ के राणा जगत सिंह।
D. सरदार सूरजमल।

**85.** भरतपुर में जाट राज्य की स्थापना किसने की?
A. गोकुल
B. राजाराम

C. चूड़ामन एवं बदन सिंह
D. सूरजमल

**86.** निम्नांकित किस जाट नेता को "जाटों का प्लेटो" कहा जाता है?
A. राजाराम  B. चूड़ामन
C. सूरजमल  D. बदन सिंह

**87.** रूहेलखण्ड का संस्थापक कौन था?
A. नजीब खाँ  B. हाफिज रहमत खाँ
C. अली मुहम्मद खाँ  D. फैजुल्ला खाँ

**88.** कौन–सा रूहेला सरदार अहमदशाह अब्दाली का विश्वासपात्र था?
A. रहत अली  B. वीर दाउद
C. अली मुहम्मद खाँ  D. नजीब–उद–दौला

**89.** बंगश पठानों ने 1714 ई॰ में एक स्वतंत्र राज्य की स्थापना किसके नेतृत्व में की?
A. अहमद खाँ बंगश
B. मुहम्मद खाँ बंगश
C. उपरोक्त A और B दोनों
D. कायम खाँ बंगश

**90.** पंजाब के मुगल सूबेदार ने निम्नलिखित में किसे जमींदार और नवाब के रूप में स्वीकार किया?
A. छज्जा सिंह  B. कपूर सिंह
C. जस्सा सिंह  D. गुलाब सिंह

**91.** निम्नांकित किसके नेतृत्व में "दल खालसा" का निर्माण हुआ?
A. नवाब कपूर सिंह  B. जस्सा सिंह
C. छज्जा सिंह  D. जय सिंह

**92.** नवाब कपूर सिंह के बाद "दल खालसा" का नेतृत्व किसने किया?
A. जस्सा सिंह रामगढ़िया
B. जस्सा सिंह अहलूवालिया
C. सरदार संगत सिंह
D. गुलाब सिंह

**93.** किस सिख सरदार के समय में "दल खालसा" 12 स्वतंत्र मिसलों में विभाजित हो गया?
A. सरदार संगत सिंह
B. सरदार गुलाब सिंह
C. जस्सा सिंह अहलूवालिया
D. जस्सा सिंह रामगढ़िया

**94.** सिख मिसलों से संबंधित "गुरूमत्त" था–
A. मिसलों का केन्द्रीय संगठन।
B. सिख गुरुओं की आध्यात्मिक परामर्श।
C. उपरोक्त A और B दोनों।
D. बारह मिसलों में सर्वश्रेष्ठ।

**95.** सिख मिसलों की सेना का प्रमुख अंग क्या था?
A. घुड़सवार सेना  B. पैदल सेना
C. तोपखाना  D. मिली–जुली सेना

**96.** किस मिसल को "आधुनिक पंजाब" के निर्माण का श्रेय दिया जाता है?
A. फुलकियाँ  B. सुकर चकिया
C. डले वालियाँ  D. सिंह पुरिया

**97.** रणजीत सिंह सिखों के किस मिसल से संबंधित थे?
A. रामगढ़िया  B. अहलूवालिया
C. सुकरचकिया  D. शहीदी

**98.** रणजीत सिंह को लाहौर की सूबेदारी किसके द्वारा प्रदान की गयी?
A. अंग्रेज गवर्नर वेलेजली
B. अहमदशाह अब्दाली
C. जमानशाह
D. पिता महा सिंह

**99.** रणजीत सिंह ने अपनी राजधानी कहाँ बनाया?
A. लाहौर  B. मुल्तान
C. अमृतसर  D. अटक

**100.** रणजीत सिंह और किसके बीच 1809 ई॰ में "अमृतसर की संधि" हुई?
A. काबुल के शासक जमान शाह
B. फ्रांसीसियों
C. ईस्ट इंडिया कंपनी
D. पेशवा बाजीराव द्वितीय

**101.** "अमृतसर की संधि" (1809 ई॰) का वास्तविक महत्व था–
A. पंजाब में शान्ति और समृद्धि के युग की शुरूआत।
B. अंग्रेजों के साथ मैत्रीपूर्ण संबंध में प्रगाढ़ता।

C. रणजीत सिंह सिखों के निर्विवाद नेता बन गए।
D. रणजीत सिंह की साम्राज्यवादी नीति की राजनीतिक सीमा निर्धारण का अधिकार कंपनी को प्राप्त हो गया।

**102.** रणजीत सिंह द्वारा जीते गए क्षेत्रों को कालक्रमेण सजाइए–
A. अमृतसर, कांगड़ा, अटक, मुल्तान, कश्मीर
B. अमृतसर, अटक, कांगड़ा, कश्मीर, मुल्तान
C. मुल्तान, अमृतसर, कश्मीर, कांगड़ा, अटक
D. अमृतसर, अटक, कांगड़ा, कश्मीर, मुल्तान

**103.** रणजीत सिंह ने किससे कोहिनूर हीरा प्राप्त किया?
A. जमानशाह B. शाहशुजा
C. शाहआलम–II D. दोस्त मुहम्मद

**104.** रणजीत सिंह का प्रधान सेनापति कौन था?
A. गुलाब सिंह B. हीरा सिंह
C. हरि सिंह नौला D. उपरोक्त कोई नहीं

**105.** रणजीत सिंह के सर्वाधिक विश्वसनीय मंत्रियों में शामिल थे–
A. हरि सिंह नौला
B. वित्त मंत्री दीनानाथ
C. फकीर अजीजुद्दीन
D. उपरोक्त B और C दोनों

**106.** रणजीत सिंह ने अपने शासन के अंतिम दिनों में भू–राजस्व की किस प्रणाली को अपनाया?
A. कंकूत B. नस्क
C. जाब्ती D. बटाई

**107.** दिसम्बर, 1846 को सम्पन्न "भैरोवाल की संधि" की शर्तों में निम्नलिखित क्या शामिल था?
A. महाराज दिलीप सिंह के बालिग होने तक लाहौर में एक ब्रिटिश सेना का प्रवास।
B. लाहौर के प्रशासन के लिए ब्रिटिश रेजिडेंट के अधीन 8 सदस्यीय सिख परिषद् का गठन।
C. महारानी जिंदन को 48,000 रु. की वार्षिक पेंशन के साथ शेखपुरा भेजा गया।
D. उपरोक्त सभी।

**108.** द्वितीय आंग्ल–सिख युद्ध में सिख सेना का नेतृत्व किसने किया?
A. मूलराज B. शेर सिंह
C. छत्तर सिंह D. उपरोक्त सभी

**109.** द्वितीय आंग्ल–सिख युद्ध के समय लड़े गए किस युद्ध को "तोपों के युद्ध" के नाम से जाना गया?
A. वुड्डेवाल का युद्ध
B. चिलियानवाला का युद्ध
C. गुजरात का युद्ध
D. उपरोक्त कोई नहीं

**110.** अंतिम रूप से पंजाब को ब्रिटिश साम्राज्य में कब मिलाया गया?
A. 30 जनवरी, 1849 B. 30 मार्च, 1849
C. 30 दिसम्बर, 1849 D. 30 मार्च, 1850

**111.** किस गुरु के नेतृत्व में सिख एक राजनीतिक सैनिक शक्ति बन गए?
A. गुरू हर राय B. गुरू हर किशन
C. गुरू तेग बहादुर D. गुरू गोविन्द सिंह

**112.** सिख गुरूओं की परम्परा समाप्त हो जाने पर सिख धर्म में आध्यात्मिक अधिकार किसे सौंपा गया?
A. सिख गुरूओं की वाणी को।
B. ग्रंथ साहिब को।
C. दीक्षा समारोह को।
D. सर्वशक्तिमान ईश्वर को।

**113.** रणजीत सिंह की सेना का कौन–सा अंग सिख सेना का आदर्श ब्रिगेड था?
A. फौज–ए–आम B. फौज–ए–खास
C. फौज–ए–कवायद D. फौज–ए–हिन्द

**114.** निम्नलिखित कौन–सा तत्व रणजीत सिंह के लाहौर दरबाद या उनके साम्राज्य की शक्ति का आधार स्तम्भ नहीं था?
A. स्वयं रणजीत सिंह का व्यक्तित्व।
B. समन्वय और धार्मिक सहिष्णुता का सिद्धान्त।
C. उन्नत व्यापार और वाणिज्य।
D. सुसंगठित एवं सुप्रशिक्षित सेना।

**115.** प्रथम आंग्ल–सिख युद्ध में सिख सेना की पराजय का प्रमुख कारण क्या था?
A. संसाधनों की कमी।
B. उचित संगठन और प्रशिक्षण की कमी।
C. सिख सेनापतियों की उत्साहहीनता और विश्वासघात।
D. अंग्रेजों का बेहतर तोपखाना।

**116.** द्वितीय आंग्ल–सिख युद्ध का निर्णायक युद्ध कहाँ लड़ा गया था?
A. वुड्डवाल B. चिलियानवाला
C. रामनगर D. गुजरात

**117.** मैसूर पर हैदर अली के शासन से पूर्व किस वंश के शासकों ने शासन किया?
A. चिक्का वंश B. वाडियार वंश
C. नानराज वंश D. उपरोक्त में कोई नहीं

**118.** हैदर अली मैसूर का वास्तविक शासक कब बना?
A. 1760 ई॰ B. 1761 ई॰
C. 1765 ई॰ D. 1759 ई॰

**119.** निम्नांकित किस स्थान पर हैदर अली ने तोपखाने की स्थापना की?
A. श्री रंग पट्टनम् B. बेदनूर
C. डिंडीगुल D. मंगलोर

**120.** हैदर अली ने किसके सहयोग से तोपखाने की स्थापना की?
A. अंग्रेज B. फ्रांसीसी
C. रूसी D. अरबों

**121.** हैदर अली और ब्रिटिश ईस्ट इंडिया कंपनी के मध्य उत्पन्न हुए मतभेद के लिए जिम्मेदार कारक थे–
A. फ्रांसीसियों के साथ हैदर अली की मित्रता।
B. हैदरअली और कर्नाटक के नवाब के बीच शत्रुता।
C. निजाम और मराठों के साथ हैदर अली की संधि।
D. हैदर अली का कम समय में शक्तिशाली होना।

**122.** प्रथम आंग्ल–मैसूर युद्ध से पूर्व सम्पन्न त्रिपक्षीय संधि में कौन शामिल नहीं था?
A. निजाम B. मराठे
C. अंग्रेज D. फ्रांसीसी

**123.** प्रथम आंग्ल–मैसूर युद्ध (1767-69) का क्या परिणाम हुआ?
A. अंग्रेजों ने हैदर अली को पूर्णतः परास्त कर दिया।
B. हैदर अली पराजित तो कर दिया गया लेकिन उसे पूर्णतया कुचला नहीं जा सका।
C. संधि की शर्तें वस्तुतः हैदर अली ने निर्धारित की।
D. हैदर अली ने अंग्रेजों, मराठों और निजाम को पूर्णतः परास्त कर दिया।

**124.** निम्नलिखित में कौन–सा हैदर अली का एक उल्लेखनीय गुण नहीं था?
A. दृढ़ निश्चय B. सराहनीय साहस
C. कुशाग्र बुद्धि D. पांडित्यपूर्ण विद्वता

**125.** द्वितीय आंग्ल–मैसूर युद्ध के समय किसके साथ मिलकर हैदर अली ने एक संयुक्त मोर्चे का गठन किया?
A. मराठों B. निजाम
C. उपरोक्त दोनों D. फ्रांसीसी

**126.** नवम्बर, 1781 ई॰ में हैदर अली अंग्रेजी सेना से कहाँ पर पराजित हुआ?
A. मंगलोर B. डिंडीगुल
C. बेदनूर D. पोर्टोनोवा

**127.** किस युद्ध में घायल हो जाने के कारण हैदर अली की मृत्यु हो गयी?
A. मंगलोर के युद्ध में B. बेदनूर के युद्ध में
C. मद्रास के युद्ध में D. पोर्टोनोवा के युद्ध में

**128.** मंगलोर की संधि (1784 ई॰) किसके बीच हुई थी?
A. हैदर अली और अंग्रेज।
B. टीपू सुल्तान और अंग्रेज।
C. निजाम, हैदरअली और अंग्रेज।
D. उपरोक्त कोई नहीं।

**129.** मंगलोर की संधि की शर्तों में शामिल था–
A. अंग्रेज और टीपू ने एक दूसरे के जीते हुए प्रदेश वापस किया।
B. टीपू द्वारा एक करोड़ रु॰ युद्ध हर्जाना के रूप में दिए जाने पर सहमति।
C. अंग्रेजों ने बेदनूर का आधा हिस्सा टीपू को वापस दे दिया।
D. उपरोक्त सभी।

**130.** निम्नांकित किस दृष्टिकोण से टीपू अपने पिता हैदर अली के समकक्ष था?
A. नैतिक चरित्र
B. राजनीतिक दूरदर्शिता
C. शौर्य और साहस
D. योग्य शासक

**131.** टीपू ने वर्षों तथा महीनों के हिन्दू नाम के स्थान पर किस भाषा के नामों का प्रयोग किया?

A. उर्दू B. फारसी

C. कन्नड़ D. अरबी

**132.** निम्नलिखित कौन–सा नवीन प्रयोग टीपू सुल्तान द्वारा नहीं किया गया?

A. नवीन भू–बन्दोबस्त योजना का प्रचलन।

B. नवीन मुद्रा प्रणाली।

C. माप तौल की नयी व्यवस्था।

D. नवीन संवत् का प्रचलन।

**133.** किस क्रांति से प्रभावित होकर टीपू ने श्रीरंगपट्टनम् में "जैकोबिन क्लब" की स्थापना की?

A. रूसी क्रान्ति B. अमरीकन क्रान्ति

C. फ्रांसीसी क्रान्ति D. उपरोक्त सभी

**134.** निम्नलिखित किस स्थान पर टीपू ने पोत निर्माण के घाट (Dock Yard) का निर्माण करवाया?

A. मंगलोर B. वाजिदाबाद

C. मोलीदाबाद D. उपरोक्त सभी

**135.** टीपू द्वारा श्रीरंगपटनम में स्वतंत्रता का वृक्ष लगाए जाने का क्या राजनीतिक महत्व था?

A. यह फ्रांस और टीपू की मैत्री का प्रतीक था।

B. इससे उनकी स्वतंत्रता की भावना प्रदर्शित होती थी।

C. इसका उद्देश्य सेना में सैन्य उत्साह को बनाए रखना था।

D. उपरोक्त सभी।

## उत्तरमाला

| 1 | 2 | 3 | 4 | 5 | 6 | 7 | 8 | 9 | 10 |
|---|---|---|---|---|---|---|---|---|---|
| B | B | D | C | A | C | A | B | A | C |
| 11 | 12 | 13 | 14 | 15 | 16 | 17 | 18 | 19 | 20 |
| B | C | C | A | D | C | C | B | C | C |
| 21 | 22 | 23 | 24 | 25 | 26 | 27 | 28 | 29 | 30 |
| B | C | B | B | A | B | A | A | C | A |
| 31 | 32 | 33 | 34 | 35 | 36 | 37 | 38 | 39 | 40 |
| A | B | B | A | B | C | B | C | A | B |
| 41 | 42 | 43 | 44 | 45 | 46 | 47 | 48 | 49 | 50 |
| D | C | B | B | D | C | D | C | B | C |
| 51 | 52 | 53 | 54 | 55 | 56 | 57 | 58 | 59 | 60 |
| B | B | D | C | A | A | A | A | B | A |
| 61 | 62 | 63 | 64 | 65 | 66 | 67 | 68 | 69 | 70 |
| A | C | A | B | C | B | C | C | B | A |
| 71 | 72 | 73 | 74 | 75 | 76 | 77 | 78 | 79 | 80 |
| B | C | A | B | C | C | C | B | C | C |
| 81 | 82 | 83 | 84 | 85 | 86 | 87 | 88 | 89 | 90 |
| D | B | B | A | C | C | C | D | B | B |
| 91 | 92 | 93 | 94 | 95 | 96 | 97 | 98 | 99 | 100 |
| A | B | C | C | A | B | C | C | A | C |
| 101 | 102 | 103 | 104 | 105 | 106 | 107 | 108 | 109 | 110 |
| D | A | B | C | D | A | D | D | C | B |
| 111 | 112 | 113 | 114 | 115 | 116 | 117 | 118 | 119 | 120 |
| D | B | B | C | C | D | B | B | C | B |
| 121 | 122 | 123 | 124 | 125 | 126 | 127 | 128 | 129 | 130 |
| C | D | C | D | C | D | D | B | A | B |
| 131 | 132 | 133 | 134 | 135 | | | | | |
| D | A | C | D | A | | | | | |

# वस्तुनिष्ठ प्रश्न–IV

**1.** शिवाजी के जीवन पर निम्नलिखित में से किसका सर्वाधिक गहरा प्रभाव पड़ा था?

A. दादाजी कोण्डदेव B. जीजाबाई
C. शाहजी भोंसले D. जाधव राव

**2.** दादाजी कोण्डदेव कौन थे?

A. शिवाजी के पिता।
B. शिवाजी के अभिभावक शिक्षक।
C. पूना के पेशवा।
D. शिवाजी के मामा।

**3.** शिवाजी के आध्यात्मिक गुरू कौन थे?

A. तुकाराम B. एकनाथ
C. समर्थ गुरू रामदास D. दादाजी कोण्डदेव

**4.** किस मराठा सन्त ने अपने देशवासियों के मन को अत्यधिक प्रभावित किया और उन्हें सामाजिक सुधार और राष्ट्रीय पुनरूत्थान के लिए प्रेरित किया?

A. एकनाथ B. वामन पण्डित
C. समर्थ रामदास D. तुकानाथ

**5.** मराठों ने गुरिल्ला युद्ध–प्रणाली का कुशल प्रशिक्षण संभवतः किससे प्राप्त किया था?

A. गोलकुण्डा के मीर जुमला।
B. मलिक काफूर।
C. मीर जाफर।
D. अहमद नगर के अबीसीनियायी मंत्री मलिक अम्बर।

**6.** शिवाजी ने अपने प्रारंभिक सैन्य अभियान किसके विरूद्ध प्रारम्भ किए थे?

A. जंजीरा के सीदियों।
B. बीजापुर के सुल्तान।
C. मुगल सम्राट।
D. अहमद नगर के सुल्तान।

**7.** शिवाजी ने अपने द्वारा विजित किस किले के निकट रायगढ़ के किले का निर्माण कराया, जो बाद में उसकी राजधानी बना?

A. सूपा B. जंजीरा
C. पुरन्धर D. तोर्णा

**8.** सूरत पर किए गए दो हमलों (1664 और 1670 ई०) से शिवाजी को क्या मुख्य लाभ हुआ?

A. मुगल सेनाओं का उत्साह भंग।
B. पर्याप्त लूट के माल की प्राप्ति।
C. अंग्रेजों की फैक्ट्री पर अधिकार।
D. उपरोक्त कोई नहीं।

**9.** "पुरन्धर की संधि" (1665 ई०) का तात्कालिक उद्देश्य क्या था?

A. शिवाजी को पराजय के अपमान से मुक्त करना और उनका सद्भाव अर्जित करना।
B. शिवाजी को धोखे में डालना।
C. शिवाजी को मुगलों की कठपुतली बनाना।
D. शिवाजी और बीजापुर के सुल्तान के मध्य कलह का बीज बोना।

**10.** शिवाजी ने अपना अन्तिम और सबसे लम्बा सैनिक अभियान किसके विरूद्ध किया था?

A. कर्नाटक और तमिलनाडु।
B. बीजापुर और गोलकुण्डा।
C. उपरोक्त A और B दोनों।
D. जंजीरा तथा जिंजी।

**11.** शिवाजी की सर्वाधिक गौरवशाली उपलब्धि क्या थी?

A. मराठों को शक्तिशाली राष्ट्र के रूप में संगठित करना।
B. बिना किसी बाह्य सहायता के अपनी सैन्य एवं राज्य व्यवस्था की स्वयं स्थापना।
C. मराठा राष्ट्र की उन्नति में धर्म का निर्णायक शक्ति के रूप में उपयोग।
D. वैयक्तिक नैतिकता का उच्चादर्श प्रस्तुत करना।

**12.** शिवाजी की प्रशासन–व्यवस्था को मुख्यतः किस प्रशासनिक व्यवस्था से ग्रहण किया गया था?

A. मुगल साम्राज्य।
B. विजय नगर का साम्राज्य।
C. अहमद नगर के निजामशाही राज्य।
D. उपरोक्त B और C दोनों।

**13.** शिवाजी के अष्टप्रधान का कौन मंत्री प्रशासनिक दायित्वों के निर्वाह के साथ–साथ सेनानायक के रूप में कार्य नहीं करता था?
A. पेशवा या प्रधानमंत्री।
B. पंडित राव या राजपुरोहित।
C. आमात्य या वित्तमंत्री
D. सचिव या गृह सचिव

**14.** अष्टप्रधान में से किसे गुरूनवीस या चिटनिस अविहित किया जाता था?
A. सचिव B. आमात्य
C. सुमन्त D. पंडित राव

**15.** अष्टप्रधान का कौन मंत्री गुप्तचर विभाग का प्रमुख होता था?
A. सुमन्त
B. मंत्री
C. सचिव
D. सेनापति या सर–ए–नौबत

**16.** शिवाजी द्वारा शुरू की गयी राजस्व प्रणाल में राजस्व वसूली किसके माध्यम से की जाती थी?
A. देशमुखों के माध्यम से।
B. भू–राजस्व की वसूली का ठेका देकर।
C. सीधे राजकीय अधिकारियों द्वारा राजस्व की वसूली।
D. उपरोक्त सभी।

**17.** मराठा राज्य में भूमि के माप की इकाई क्या थी?
A. तनब B. काठी
C. दफ्तरी बीघा D. जरीब

**18.** शिवाजी के राज्य में ग्रामों से भू–राजस्व की वसूली का उत्तरदायित्व किसका था?
A. कुलकर्णी B. पटेल (पाटिल)
C. सिलहदार D. मिरासदार

**19.** भूमि के उत्पादन में भू–राजस्व के रूप में मराठा राज्य का कितना हिस्सा होता था?
A. 35 प्रतिशत B. 25 प्रतिशत
C. 16 प्रतिशत D. 40 प्रतिशत

**20.** मिरासदार कौन थे?
A. जागीरदार।
B. वे लोग जिन्हें लगान–मुक्त भूमि अनुदान दिया जाता था।
C. सेनानायक।
D. भूमि पर आनुवंशिक अधिकार का उपभोग करने वाले लोग।

**21.** शिवाजी द्वारा गठित शक्तिशाली नौसैनिक बेड़े को कहाँ तैनात किया गया था?
A. सूरत B. कोलाबा
C. सालसत्ती D. बसीन

**22.** शम्भाजी ने औरंगजेब को किस प्रकार से चुनौती दी थी?
A. मुगल सेनाओं को परेशान करके।
B. मुगल किलों पर अधिकार करके।
C. नव–विजित मुगल प्रदेशों से बलात चौथ और सरदेशमुखी वसूल करके।
D. औरंगजेब के विद्रोही पुत्र अकबर को शरण प्रदान करके।

**23.** मुगलों द्वारा रायगढ़ पर अधिकार कर लेने के उपरान्त मराठा साम्राजय की अगली राजधानी कहाँ स्थापित की गयी?
A. सतारा B. पुणे
C. जिंजी D. कोल्हापुर

**24.** मुगलों ने राजाराम को आठ वर्षों तक किस किले में घेरेबन्दी में रखा था?
A. पुरन्धर B. सतारा
C. जिंजी D. कोल्हापुर

**25.** राजाराम की मृत्यु के बाद उनकी विधवा ताराबाई ने किसके नाम से शासन किया?
A. शम्भाजी के पुत्र शाहू।
B. अपने पुत्र शम्भाजी द्वितीय।
C. अपने अल्पवयस्क पुत्र शिवाजी द्वितीय।
D. शिवाजी प्रथम।

**26.** छत्रपति शाहू के राज्य की राजधानी कहाँ स्थित थी?
A. कोल्हापुर B. सतारा
C. पूना D. जिंजी

**27.** किस मराठा सम्राट के शासनकाल में पेशवा शक्तिशाली हुए?
A. रामराजा B. शाहू द्वितीय
C. प्रताप सिंह D. शाहू

**28.** पेशवाओं के राजवंश का संस्थापक कौन था?
A. बालाजी विश्वनाथ B. बालाजी बाजीराव
C. परशुराम त्र्यम्बक D. रामचन्द्र पन्त

**29.** पेशवा बाजीराव प्रथम का वह सबसे प्रमुख शत्रु कौन था जिसकी शक्ति का दमन करने के लिए वह आजीवन व्यस्त रहे?
A. निजाम–उल–मुल्क B. हैदरअली
C. सैयद बन्धु D. मुहम्मद शाह

**30.** पेशवा बाजीराव प्रथम के काल में निम्नलिखित किस प्रदेश को विजित नहीं किया गया?
A. मालवा B. उड़ीसा
C. गुजरात D. बुन्देलखंड

**31.** पेशवा कौन थे?
A. देवगिरि के यादवों के वंशज।
B. मालवी ब्राह्मण।
C. कोंकण के चितपावन ब्राह्मण।
D. देवगिरि के ब्राह्मणों के वंशज।

**32.** पेशवा द्वारा नियंत्रित मराठा राज्य–संघ किस घटना के उपरान्त पाँच स्वतंत्र राज्यों में विभाजित हो गया?
A. पानीपत का तृतीय युद्ध (1761 ई.)।
B. शाहू की मृत्यु (1749 ई.)।
C. महाराष्ट्र का ब्रिटिश साम्राज्य में विलय (1848 ई.)।
D. बाजीराव प्रथम की मृत्यु (1740 ई.)।

**33.** वृहत्तर महाराष्ट्र का संस्थापक और सैन्य प्रतिभा में शिवाजी के बाद दूसरा स्थान प्राप्त करने वाला व्यक्ति था–
A. नाना फड़नवीस B. महादजी सिंधिया
C. शाहू D. बाजीराव प्रथम

**34.** निम्नांकित में कौन नाना साहब के नाम से प्रसिद्ध थे?
A. नाना फड़नवीस B. बाजीराव द्वितीय
C. बालाजी बाजीराव D. बाजीराव प्रथम

**35.** मराठा शक्ति किसके पेशवा काल में अपनी पराकष्ठा पर पहुँच गयी थी?
A. बाला जी द्वितीय B. नारायण राव
C. बाजीराव प्रथम D. माधवराव प्रथम

**36.** पानीपत के तृतीय युद्ध के उपरान्त किस पेशवा ने मराठा साम्राज्य की पुनर्स्थापना की?
A. रघुनाथ राव B. माधवराव प्रथम
C. बालाजी द्वितीय D. बालाजी बाजीराव

**37.** किस पेशवा के काल में अंग्रेजों ने पेशवा के पद को समाप्त कर दिया?
A. नारायण राव B. बाजीराव द्वितीय
C. रघुनाथ राव D. माधवराव प्रथम

**38.** मराठा प्रशासन में नाना फड़नवीस की क्या भूमिका थी?
A. पेशवा B. प्रतिनिधि
C. महालेखाकार D. सेनापति

**39.** "हुजूर दफ्तर" क्या था?
A. न्यायाधीश का कार्यालय।
B. पुणे में पेशवा का सचिवालय।
C. मामलतदार का कार्यालय।
D. सतारा में छत्रपति का दरबार।

**40.** मामलतदार का क्या उत्तरदायित्व होता था?
A. पुलिस प्रशासन।
B. राजस्व प्रशासन।
C. जिला प्रशासन के समस्त विभाग।
D. दीवानी और फौजदारी न्याय।

**41.** पानीपत के तृतीय युद्ध के समय पेशवा थे–
A. बालाजी बाजीराव B. माधवराव प्रथम
C. बालाजी द्वितीय D. बाजीराव प्रथम

**42.** कामविष्कार के नियंत्रण में कौन–सा प्रदेश होता था?
A. सरकार B. परगना
C. सूबा D. प्रान्त

**43.** वसूल की गयी ''चौथ'' का अधिकांश भाग किसे प्राप्त होता था?
A. पेशवा B. मराठा सरदार
C. पन्त सचिव D. छत्रपति

**44.** पेशवा बाजीराव प्रथम की सर्वाधिक बड़ी उपलब्धि क्या थी?
A. 1737-38 में उत्तर भारत में सैनिक अभियान।
B. 1736 में मेवाड़ को वार्षिक कर–राशि देने के लिए बाध्य करना।
C. 1732 में निजाम को पराजित करके मालवा पर अधिकार।

D. 1739 में पुर्तगालियों से सालसत्ती और बसीन छीन लेना।

45. पानीपत के तृतीय युद्ध से पूर्व मराठे कुछ समय के लिए किसका समर्थन प्राप्त कर सके?
A. सिखों B. जाटों
C. राजपूतों D. रूहेलों

46. पानीपत के तृतीय युद्ध में मराठा सेनाओं का वास्तविक नेतृत्व किसके हाथों में था?
A. विश्वास राव B. मल्हार राव होल्कर
C. नाना फड़नवीस D. सदाशिव राव भाऊ

47. पानीपत के तृतीय युद्ध में मराठों की पराजय का तात्कालिक लाभ किसे प्राप्त हुआ?
A. अंग्रेजों B. अहमदशाह अब्दाली
C. राजपूतों और सिखों D. शाहआलम द्वितीय

48. मराठा इतिहास में सर्वाधिक कुख्यात चरित्र वाला व्यक्ति कौन था?
A. ताराबाई B. रघुनाथ राव
C. सदाशिव राव भाऊ D. विश्वास राव

49. अंग्रेजों के साथ सहायक संधि पर हस्ताक्षर करने वाला अन्तिम मराठा सरदार कौन था?
A. भोंसले B. सिंधिया
C. होल्कर D. पेशवा

50. पानीपत के तृतीय युद्ध में मराठा तोपखाने का प्रधान सेनापति कौन था?
A. इब्राहम खाँ गार्दी B. विश्वास राव
C. मल्हार राव होल्कर D. सदाशिव राव भाऊ

51. पानीपत के तृतीय युद्ध में मराठा तोपखाने का प्रधान सेनानायक कौन था?
A. दत्ताजी पिंगले B. काशीराज पण्डित
C. खाफी खाँ D. हरचरण दास

52. अठारहवीं शताब्दी में मराठा नौसेना का किसने विकास किया?
A. सिन्धिया B. आंगरिया
C. सिद्दी D. गायकवाड़

53. "पेशवा की इतनी शीघ्र मृत्यु पानीपत के युद्ध क्षेत्र में मराठों की पराजय से कहीं अधिक घातक थी" — यह कथन किस पेशवा के बारे में कहा गया है?
A. माधव राव B. माधव राव नारायण
C. बाजीराव प्रथम D. बालाजी बाजीराव

54. दो मराठा राजवंश जो लगातार एक–दूसरे के शत्रु बने रहे, वे थे–
A. होल्कर और सिंधिया।
B. होल्कर और गायकवाड़।
C. गायकवाड़ और दाभाड़े।
D. सिन्धिया और भोंसले।

55. किस व्यवस्था या परिवर्तन ने " संगठित मराठा साम्राज्य को असंगठित समूहों में परिवर्तित कर दिया?"
A. मराठा राज्यसंघ।
B. चौथ और सरदेशमुखी की वसूली।
C. सरंजामी व्यवस्था।
D. छत्रपति की कमजोर स्थिति।

56. पेशवाओं की भू–राजस्व नीति किस सिद्धान्त पर आधारित थी?
A. करदाताओं की समृद्धि का विकास करने।
B. कर निर्धारण में उदारता और करों की वसूली में कठोरता।
C. कृषकों से अधिकाधिक राजस्व वसूल करने पर।
D. इनमें से कोई नहीं।

57. शिवाजी के पूर्वज किस वंश के थे?
A. शाहवंश B. यादव वंश
C. भोंसले वंश D. कुर्म क्षत्रिय

58. शिवाजी के पिता शाहजी भोंसले निम्नलिखित किस राज्य में कार्यरत थे?
A. अहमद नगर के निजामशाही राज्य।
B. गोलकुंडा के कुतुबशाही राज्य।
C. बीजापुर के आदिलशाही राज्य।
D. उपरोक्त कोई नहीं।

59. 1627 ई॰ में शिवाजी का जन्म कहाँ पर हुआ था?
A. शिवनेर B. पुरन्दर
C. बीजापुर D. अहमदनगर

60. शिवाजी ने 1643 ई॰ में किस दुर्ग को जीता?
A. चाकन का दुर्ग B. सिंहगढ़ का दुर्ग
C. पुरन्दर का दुर्ग D. तोरण का दुर्ग

**61.** शिवाजी ने अजेय पुरंदर के किले को किससे छीना?
A. चंद्रराव मोरे B. नीलोजी नीलकंठ
C. हनुमंत राव मोरे D. इनमें से कोई नहीं

**62.** शिवाजी द्वारा जीता गया जावल प्रदेश किसके अधिकार में था?
A. मुगलों के B. नीलोजी नीलकंठ
C. बीजापुर के सुल्तान D. चन्द्रराव मोरे

**63.** मुगलों से शिवाजी की प्रथम भिड़न्त कब हुई?
A. 1660 ई॰ B. 1665 ई॰
C. 1657 ई॰ D. 1656 ई॰

**64.** शिवाजी की मुगलों से प्रथम मुठभेड़ के समय दक्कन का मुगल गवर्नर कौन था?
A. शाइस्ता खाँ B. औरंगजेब
C. दारा शिकोह D. अफजल खाँ

**65.** शिवाजी को मारने के लिए बीजापुर ने अपने किस प्रसिद्ध सरदार को भेजा?
A. शाइस्ता खाँ B. अब्दुल्ला भटारी
C. अफजल खाँ D. इनमें से कोई नहीं

**66.** 1660 ई॰ में मुगलों ने शिवाजी के दमन के लिए अपने किस सरदार को नियुक्त किया?
A. तालब खाँ B. जसवन्त सिंह
C. जयसिंह D. शाइस्ता खाँ

**67.** शिवाजी तथा मुगल सूबेदार जयसिंह के मध्य "पुरन्दर की संधि" कब हुई?
A. 20 जनवरी, 1665 B. 22 ज़ुलाई, 1665
C. 22 जून, 1665 D. 8 जून, 1665

**68.** शिवाजी ने अपने राज्याभिषेक के समय किन उपाधियों को धारण किया?
A. छत्रपति B. हैंदव धर्मोद्धारक
C. गौ ब्राह्मण प्रतिपालक D. उपरोक्त सभी

**69.** शिवाजी ने अपनी जीवन का अंतिम सैन्य अभियान किस वर्ष किया?
A. 1677 ई॰ B. 1679 ई॰
C. 1680 ई॰ D. 1678 ई॰

**70.** शिवाजी का अंतिम सैन्य अभियान किसके विरूद्ध था?
A. बीजापुर B. मुगलों के विरूद्ध
C. बीजापुरी कर्नाटक D. जंजीरा तथा जिंजी

**71.** शिवाजी के जीवन का सबसे लम्बा सैन्य अभियान था—
A. बीजापुरी कर्नाटक का सैन्य अभियान ।
B. सूरत के विरूद्ध सैन्य अभियान।
C. अहमदनगर का सैन्य अभियान।
D. पुरन्दर के युद्ध के समय।

**72.** शिवाजी के राज्य में किलों की कुल संख्या कितनी थी?
A. 250 B. 225
C. 275 D. 240

**73.** शिवाजी की मृत्यु कब हुई?
A. अप्रैल, 1680 B. जून, 1680
C. अगस्त, 1680 D. जुलाई, 1680

**74.** निम्नलिखित में शिवाजी का प्रधान सेनापति क्रमशः कौन था?
A. प्रताप राव गूजर, हंसाजी मोहिते।
B. प्रताव राव गूजर, मोरोपंत पिंगले।
C. तानाजी मालसुरे, हंसाजी मोहिते।
D. इनमें से कोई नहीं।

**75.** शिवाजी का राज्याभिषेक किसने करवाया था?
A. निश्चलपुरी गोस्वामी B. हंसाजी मोहिते
C. पंडित गंगाभट्ट D. इनमें से कोई नहीं

**76.** "अष्ट प्रधान" का रूप क्या था?
A. सलाहकार परिषद् B. वैधानिक परिषद्
C. स्वायत्तशासी परिषद् D. इनमें से कोई नहीं

**77.** शिवाजी के "अष्ट प्रधान" में सर्वश्रेष्ठ स्थान किसे प्राप्त था?
A. प्रधानमंत्री B. पेशवा
C. न्यायाधीश D. सेनापति

**78.** शिवाजी का राज्य कुल कितने प्रान्तों में विभाजित था?
A. 4 B. 3
C. 5 D. 2

**79.** शिवाजी के अव्यवस्थित कहे जाने वाले प्रान्त में शामिल था—
A. आषनी, जिंजी, बगलाना, कोली प्रदेश।
B. आषनी, जिंजी, बगलाना, बेलारी।
C. आषनी, जिंजी, बेलारी, अंसी।
D. आषनी, कोंकण, कल्याण, बम्बई।

**80.** शिवाजी के प्रान्तों का शासक क्या कहलाता था?
A. राजप्रतिनिधि B. देशाधिकारी
C. महाधिकारी D. महानायक

**81.** शिवाजी की नियमित और व्यक्तिगत सेना क्या कहलाती थी?
A. पागा B. सिलहदार
C. अहदी D. इनमें से कोई नहीं

**82.** "पागा" सेना संबंधित थी–
A. पदाति सेना B. अश्वारोही सेना
C. तोपखाना से D. हस्ति सेना से

**83.** शिवाजी के समय में पागा शाही घुड़सवारों को क्या कहा जाता था?
A. सबनिस B. अहदी
C. बरगीर D. सिलदार

**84.** निम्नलिखित घुड़सवारों में किसे अपने लिए शस्त्र और घोड़े स्वयं ही खरीदने होते थे?
A. सिलदार B. अहदी
C. बरगीर D. इनमें से कोई नहीं

**85.** शिवाजी की राजस्व प्रणाली प्रेरित थी–
A. अकबर की राजस्व प्रणाली से।
B. शेरशाह की राजस्व प्रणाली से।
C. मलिक अम्बर की राजस्व प्रणाली से।
D. उपरोक्त सभी।

**86.** शिवाजी की लगान–व्यवस्था किस प्रकार की थी?
A. जमींदारी B. रैयतवाड़ी
C. इजारेदारी D. महालवाड़ी

**87.** निम्नांकित किस प्रथा पर शिवाजी ने प्रतिबन्ध लगाया?
A. जागीरदारी प्रथा B. जमींदारी प्रथा
C. उपरोक्त दोनों D. महालवाड़ी प्रथा

**88.** शिवाजी ने 1679 ई॰ में निम्नांकित किसके नेतृत्व में व्यापक भू–सर्वेक्षण करवाया?
A. दत्ताजी पंत B. अन्नाजी दत्तो
C. हंसाजी मोहिते D. मोरो पन्त पिंगले

**89.** शिवाजी के समय भूमि की सबसे बड़ी इकाई क्या थी?
A. चावर B. विश्वा
C. बीघा D. छड़ी

**90.** शिवाजी के राज्य में "तर्फ" का लगान अधिकारी कौन होता था?
A. कारकुन B. मिरासदार
C. पटेल D. सूबेदार (मुखिया)

**91.** शिवाजी के समय में प्रान्त का लगान अधिकारी क्या कहलाता था?
A. कारकुन B. सूबेदार
C. कुलकर्णी D. इनमें से कोई नहीं

**92.** शिवाजी ने अपनी आय का मुख्य साधन किसे बनाया?
A. चौथ B. सरदेशमुखी
C. उपरोक्त दोनों D. भू–राजस्व

**93.** निम्नलिखित किन शासकों से शिवाजी की तुलना की जाती है?
A. लुई चौदहवें (फ्रांस)।
B. फ्रेडरिक महान (प्रशा)।
C. प्रिन्स चार्ल्स (इंगलैण्ड)।
D. उपरोक्त A और B दोनों।

**94.** शिवाजी ने निम्नलिखित किस भाषा को अपनी राजभाषा बनाया?
A. संस्कृत B. मराठी
C. हिन्दी D. उर्दू

**95.** शिवाजी के बारे में किसने कहा कि "वे अपने स्वप्न को महाराष्ट्र तक सीमित न रखकर समूचे भारत में हिन्दू साम्राज्य की स्थापना करना चाहते थे?"
A. ग्राण्ट डफ B. सर यदुनाथ सरकार
C. रानाडे D. सरदेसाई

**96.** शिवाजी की मृत्यु के बाद उनके किन पुत्रों में उत्तराधिकार के लिए संघर्ष हुआ?
A. शम्भा जी तथा राजाराम।
B. राजाराम तथा शिवाजी द्वितीय।
C. शम्भा जी तथा शिवाजी द्वितीय।
D. इनमें से कोई नहीं।

**97.** शम्भा जी का शासन काल क्या था?
A. 1680-90 ई॰ B. 1680-89 ई॰
C. 1680-87 ई॰ D. 1680-85 ई॰

**98.** निम्नलिखित में से किसकी मृत्यु के बाद का मराठा इतिहास "मराठा स्वतंत्रता–संग्राम" के नाम से जाना जाता है?
A. राजा राम B. शाहजी भोंसले
C. शिवाजी D. शम्भा जी

**99.** मुगलों के आक्रमण के समय राजाराम रायगढ़ को छोड़कर कहाँ चला गया?
A. सतारा B. विशालगढ़
C. कोल्हापुर D. जिंजी

**100.** ''कवि कलश'' किसका सलाहकार था?
A. शम्भा जी B. राजाराम
C. ताराबाई D. येशूबाई

**101.** ''खेड़ा का युद्ध'' कब लड़ा गया?
A. जनवरी, 1708 B. अक्टूबर, 1707
C. सितम्बर, 1705 D. मार्च, 1708

**102.** शाहू से पराजित होने के बाद ताराबाई ने अपनी गतिविधियाँ कहाँ से जारी रखीं?
A. कोल्हापुर B. जिंजी
C. सतारा D. रायगढ़

**103.** शिवाजी द्वितीय की मृत्यु के बाद कोल्हापुर का अगला शासक कौन हुआ?
A. शाहू B. शम्भाजी द्वितीय
C. राजबाई D. बालाजी विश्वनाथ

**104.** निम्नलिखित मराठा शासकों में किसके समय में पेशवा का पद शक्तिशाली हुआ?
A. शाहू B. शाहू द्वितीय
C. रामराजा D. शिवाजी

**105.** छत्रपति शाहू ने किसे अपने राज्य की राजधानी बनाया?
A. पूना B. रायगढ़
C. कोल्हापुर D. सतारा

**106.** शकूरखेड़ा के युद्ध में पेशवा बाजीराव प्रथम ने किसकी सहायता की?
A. निजाम–उल–मुल्क B. सैयद बन्धु
C. मुबारिज खाँ D. मुहम्मद शाह

**107.** मराठा राज्य–संघ के प्रति पेशवा बाजीराव प्रथम का दृष्टिकोण कैसा था?
A. मैत्रीपूर्ण और उदारवादी।
B. कठोर और अनुशासनात्मक।
C. उपरोक्त A और B दोनों।
D. इनमें से कोई नहीं।

**108.** निम्नांकित किस संधि के बाद पेशवा का पद आनुवंशिक हो गया?
A. संगोला की संधि B. सालबाई की संधि
C. देवगावँ की संधि D. राक्षस–भुवन की संधि

**109.** पानीपत के तीसरे युद्ध में मराठाओं की पराजय का तात्कालिक लाभ किसे हुआ?
A. राजपूतों और सिखों को।
B. अंग्रेजों को।
C. मुगल सम्राट शाह आलम द्वितीय को।
D. अवध के सूबेदार शुजाउद्दौला को।

**110.** पानीपत के तृतीय युद्ध का आँखों देखा विवरण किस इतिहासकार ने प्रस्तुत किया?
A. हरचरण दास B. दत्ताजी पिंगले
C. काशीराज पंडित D. इनमें से कोई नहीं

**111.** पेशवा नारायणराव की हत्या किस ने करवायी थी?
A. नाना फड़नवीस B. महादजी सिंधिया
C. काशीचरण पंडित D. इनमें से कोई नहीं

**112.** रघुनाथ राव और अंग्रेजों के बीच ''सूरत की संधि'' हुई थी–
A. 30 अगस्त, 1773 B. 7 मार्च, 1975
C. 10 जनवरी, 1775 D. 7 अप्रैल, 1776

**113.** सूरत की संधि को कहाँ की अंग्रेज परिषद् ने अस्वीकार कर दिया?
A. कलकत्ता परिषद् B. सूरत परिषद्
C. मद्रास परिषद् D. इनमें से कोई नहीं

**114.** प्रथम आंग्ल–मराठा युद्ध के समय भारत का गवर्नर–जनरल कौन था?
A. लार्ड क्लाइव B. कार्नवालिस
C. लार्ड वेलेजली D. वारेन हेस्टिंग्स

**115.** सालबाई की संधि कब सम्पन्न हुई?
A. 17 मई, 1782 B. 15 मई, 1782
C. 10 मई, 1981 D. 8 अप्रैल, 1780

**116.** सालबाई की संधि को किसने ''आपत्तिकाल की सफल शांतिवार्त्ता'' कहा?
A. महादजी सिंधिया B. वारेन हेस्टिंग्स
C. कर्नल कौकबर्न D. इनमें से कोई नहीं

**117.** किस पेशवा के अन्तर्गत मराठा दिल्ली की राजनीति में हस्तक्षेप करने लगे?
A. बाजीराव B. बालाजी बाजीराव
C. बाजीराव द्वितीय D. बालाजी विश्वनाथ

**118.** बाजीराव द्वितीय का मुख्य सलाहकार कौन था?
A. दौलतराव सिंधिया  B. रघुनाथ राव
C. यशवन्त राव होल्कर  D. इनमें से कोई नहीं

**119.** अंग्रेजों और बाजीराव द्वितीय के मध्य "वसीन की संधि" कब सम्पन्न हुई?
A. 16 दिसम्बर, 1801
B. 16 दिसम्बर, 1802
C. 31 दिसम्बर, 1802
D. 26 दिसम्बर, 1802

**120.** अंग्रेजों के साथ सहायक संधि करने वाला प्रथम मराठा सरदार कौन था?
A. सिंधिया
B. होल्कर
C. गायकवाड़
D. पेशवा बाजीराव द्वितीय

# उत्तरमाला

| 1 | 2 | 3 | 4 | 5 | 6 | 7 | 8 | 9 | 10 |
|---|---|---|---|---|---|---|---|---|---|
| A | B | C | C | D | A | D | B | D | A |
| **11** | **12** | **13** | **14** | **15** | **16** | **17** | **18** | **19** | **20** |
| A | D | B | A | B | C | B | B | D | D |
| **21** | **22** | **23** | **24** | **25** | **26** | **27** | **28** | **29** | **30** |
| B | D | A | C | C | B | D | A | A | B |
| **31** | **32** | **33** | **34** | **35** | **36** | **37** | **38** | **39** | **40** |
| C | A | D | C | A | B | B | C | B | C |
| **41** | **42** | **43** | **44** | **45** | **46** | **47** | **48** | **49** | **50** |
| A | B | B | A | B | D | A | B | C | A |
| **51** | **52** | **53** | **54** | **55** | **56** | **57** | **58** | **59** | **60** |
| B | B | A | A | C | A | A | A | A | B |
| **61** | **62** | **63** | **64** | **65** | **66** | **67** | **68** | **69** | **70** |
| B | D | C | B | C | D | C | D | A | C |
| **71** | **72** | **73** | **74** | **75** | **76** | **77** | **78** | **79** | **80** |
| A | D | A | A | C | A | B | A | C | B |
| **81** | **82** | **83** | **84** | **85** | **86** | **87** | **88** | **89** | **90** |
| A | B | C | A | C | B | C | D | A | A |
| **91** | **92** | **93** | **94** | **95** | **96** | **97** | **98** | **99** | **100** |
| B | C | D | B | D | A | B | D | B | A |
| **101** | **102** | **103** | **104** | **105** | **106** | **107** | **108** | **109** | **110** |
| B | A | B | A | D | A | B | A | B | C |
| **111** | **112** | **113** | **114** | **115** | **116** | **117** | **118** | **119** | **120** |
| C | B | A | D | A | B | B | A | C | D |

# 12. ब्रिटिश शासन का भारतीय अर्थव्यवस्था पर प्रभाव

- 17वीं सदी में भारत विश्व में औद्योगिक वस्तुओं के उत्पादन का प्रमुख देश था। यहां से मुख्यतः सूती और रेशमी कपड़ों, मसालों, नील, शक्कर, औषधियां, कीमती रत्न और दस्तकारी की वस्तुओं का बाहर के देशों में निर्यात किया जाता था।
- मुगल बादशाह की मृत्यु के बाद भारत में ऐसे अनेक कारण सक्रिय हो गए जिससे यहां का व्यापार-वाणिज्य प्रभावित हुआ एवं उसमें गिरावट का दौर शुरू हो गया।
- उत्तरकालीन मुगल शासकों द्वारा तत्कालीन यूरोपीय व्यापारियों को दी गई उदारतापूर्वक रियायतों ने स्वदेशी व्यापारियों के हितों को नुकसान पहुंचाया जिससे यहां के घरेलू उद्योग प्रभावित हुए।
- प्लासी युद्ध (1757) और बक्सर युद्ध (1764) के बाद अंग्रेजों ने बंगाल की समृद्धि पर अपना पूरा अधिकार जमा लिया। फलतः भारतीय अर्थव्यवस्था अधिशेष (Surplus) और आत्मानिर्भरता की अर्थव्यवस्था से औपनिवेशिक अर्थव्यवस्था में परिवर्तित हो गइं।
- प्लासी के युद्ध के बाद बंगाल के अंतर्देशीय व्यापार में अग्रेजों की भागीदारी बढ़ गई। ईस्ट इंडिया कंपनी के कर्मचारियों ने उन वस्तुओं के व्यापार पर अधिकार कर लिया, जिनका व्यापार उनके लिए प्रतिबंधित था।
- बंगाल की विजय से पूर्व ब्रिटिश सरकार ने अपने कपडा उद्योग के संरक्षण के लिए अनेक कदम उठाए।
- भारतीय अर्थव्यवस्था को ब्रिटिश औपनिवेशिक अर्थव्यवस्था में परिवर्तित करने के पीछे अंग्रेजों का मुख्य उद्देश्य था अपने उद्योग के लिए सस्ता कच्चा माल प्राप्त करना और अपने उत्पादों को भारतीय बाजार में ऊंची कीमतों पर बेचना।
- भारत में ब्रिटिश उपनिवेशवाद मुख्यतः तीन चरणों से गुजरा। ये चरण इस प्रकार हैं–

  1. वाणिज्यिक चरण – 1757-1813
  2. औद्योगिक मुक्त व्यापार – 1813-1858
  3. वित्तीय पूंजीवाद – 1860 के बाद

- उपनिवेशवाद के **प्रथम चरण** की शुरुआत प्लासी युद्ध के बाद होती है। इस चरण में ईस्ट इंडिया कंपनी ने भारतीय व्यापार पर पूर्ण रूप से कब्जा कर लिया।
- 1757 के बाद कंपनी द्वारा भारत से निर्यात किए जानेवाले माल के बदले कुछ भी नहीं लौटाया गया, इस तरह प्रतिवर्ष भारतीय माल और संपत्ति का दोहन होता रहा, परिणामस्वरूप इंग्लैंड अधिक अमीर और भारत अधिक गरीब होता गया।
- भारत की लूट और इंग्लैंड में पूंजी संचय का ही परिणाम था कि इंग्लैंड औद्योगिक क्रांति के दौर से गुजरा।
- औपनिवेशिक काल से पूर्व भारतीय अर्थव्यवस्था कृषिजन्य अर्थव्यवस्था थी। लेकिन अंग्रेजों न यहां परंपरागत कृषि ढांचे को नष्ट कर दिया और अपने लाभ के लिए भू-राजस्व निर्धारण और संग्रहण के नए तरीके लागू किए। इन्होंने अनेक भू-धारण पद्धतियां (Land Tenure System) लागू की जिनमें मुख्य थीं- स्थायी बंदोबस्त् या जमींदारी व्यवस्था, रैय्यतवाड़ी एवं महालवाड़ी व्यवस्था।
- **स्थायी भूमि बंदोबस्त या जमींदारी व्यवस्था-**

1. इसके अंतर्गत् पूरे ब्रिटिश भारत के क्षेत्रफल का लगभग 19% हिस्सा शामिल था। यह व्यवस्था बंगाल, बिहार, उड़ीसा तथा उत्तर प्रदेश के वाराणसी तथा उत्तरी कर्नाटक के क्षेत्रों में लागू थी।
2. इस व्यवस्था के अंतर्गत् जमींदार जिन्हें भू-स्वामी के रूप में मान्यता प्राप्त थी, को अपने क्षेत्रों में भू-राजस्व की वसूली कर दसवां अथवा ग्यारवां हिस्सा अपने पास रखना होता था और शेष हिस्सा कंपनी के पास जमा कराना होता था।

- **रैय्यतवाडी व्यवस्था**

  1. भारत में भू-राजस्व वसूली हेतु अंग्रेजों द्वारा लागू की गई यह दूसरी व्यवस्था थी। इस व्यवस्था के तहत कुल ब्रिटिश भारत के भू-क्षेत्र का 51% हिस्सा शामिल था। थामस मुनरों और कैप्टन रीड को इस व्यवस्था का जन्मदाता माना जाता है।
  2. 1792 में इस व्यवस्था को सर्वप्रथम तमिलनाडु के 'बारामहल' जिले में लागू किया गया। तमिलनाडु

के अलावा यह व्यवस्था मद्रास, मुम्बई के कुछ हिस्से, पूर्वी बंगाल, असम (अब असोम), कुर्ग के कुछ हिस्से में लागू की गई।

3. इस व्यवस्था में कृषक ही भू-स्वामी होता था जिसे भूमि की कुल उपज का 55% से 33% के बीच लगान कंपनी को अदा करना होता था।
4. इस व्यवस्था में लगान की वसूली कठोरता से की जाती थी तथा लगान की दर भी काफी ऊंची थी। परिणामतः कृषक महाजनों की चंगुल में फंसता गया जो कालांतर में महाजन और किसानों के मध्य संघर्ष का कारण बना।

- **महालवाड़ी व्यवस्था**
  1. यह व्यवस्था ब्रिटिश भारत के कुल क्षेत्रफल के 30% हिस्से पर लागू थी। इस व्यवस्था के तहत दक्कन के कुछ जिले, उत्तर भारत (संयुक्त प्रांत) आगरा, अवध, मध्य प्रांत तथा पंजाब के कुछ हिस्से शामिल थे।
  2. इस व्यवस्था में भू-राजस्व का निर्धारण 'महाल' या समूचे ग्राम के उत्पादन के आधार पर किया जाता था और महाल के समस्त कृषक भू-स्वामियों के भू-राजस्व का निर्धारण संयुक्त रूप से किया जाता था, जिसमें गांव के लोग अपने मुखिया या प्रतिनिधियों के द्वारा एक निर्धारित समय सीमा के अंदर लगान की अदायगी की जिम्मेदारी अपने ऊपर लेते थे।
  3. इस व्यवस्था में लगान का निर्धारण अनुमान पर आधारित था और इसकी विसंगतियों का लाभ उठाकर कंपनी के अधिकारी अपनी जेब भरने लगे। फलतः ग्रामीण समुदाय का विखंडन परिणाम के रूप में सामने आया। सामाजिक दृष्टि से विनाशकारी एवं आर्थिक दृष्टि से यह व्यवस्था विफल सिद्ध हुई।
- उपनिवेशवाद का **दूसरा चरण** जिसे औद्योगिक मुक्त व्यापार **(1813-58)** का चरण कहा जाता है। इस चरण में भारत को ब्रिटिश माल के आयात का मुक्त बाजार बना दिया गया।
- ब्रिटिश उपनिवेशवाद के इस चरण में भारत का उपयोग ब्रिटेन की मशीन निर्मित वस्तुओं के एक बाजार के रूप में तथा ब्रिटेन पर निर्भर एक ऐसे उपनिवेश के रूप में किया गया जो ब्रिटेन के उद्योग के लिए कच्चे माल और खाद्यानों का उत्पादन एवं पूर्ति करे।
- 1800 से 1850 के बीच के काल को अनौद्योगिकरण (Deindustrialization) के नाम से जाना जाता है। अनौद्योगीकरण के इस दौर में जहां ब्रिटेन औद्योगिक क्रांति के दौर से गुजर रहा था वहीं भारत में औद्योगिक पतन का दौर चल रहा था।
- ब्रिटेन में औद्योगिक क्रांति के इस दौर में भारतीय परंपरागत हस्तशिल्प उद्योग का ह्रास हुआ। जिसका सर्वाधिक दुष्प्रभाव यह हुआ कि देश की अर्थव्यवस्था अधिकाधिक विदेशी अर्थव्यवस्था के आधिपत्य में आ गई।
- भारत में ब्रिटिश उपनिवेशवाद का **तृतीय चरण** को वित्तीय पूंजीवाद (1860 के बाद) के नाम से जाना जाता है।
- 1857 का विद्रोह औपनिवेशिक नीतियों के विरुद्ध भारतीय लोगों विशेष रूप से किसानों के रोष की सशक्त अभिव्यक्ति थी, विद्रोह के बाद ब्रिटेन और भारत के रूढ़िवादी प्रतिक्रियावादी तत्त्वों में मेल-मिलाप हो गया।
- इन तत्त्वों की वाणिज्यिक और सामाजिक आवश्यकताओं की पूर्ति के लिए सड़कों और रेलों, डाक और तार, बैंक तथा अन्य सेवाओं का विकास प्रारम्भ हुआ, जिसमें अंग्रेजों को पूँजी निवेश के अवसर मिले।
- औपनिवेशिक काल के **तृतीय चरण** में सर्वाधिक पूंजी निवेश सार्वजनिक ऋण के क्षेत्र में किया गया।
- ब्रिटिश पूंजी निवेश का दूसरा महत्त्वपूर्ण क्षेत्र भारत में 'रेल-निर्माण' था। रेलवे का निर्माण **'लाभ का गारंटी'** व्यवस्था पर आधारित था अर्थात् रेल निर्माण में ब्रिटेन का कोई पूंजीपति जितनी पूंजी लगाता था उस पर सरकार से पांच प्रतिशत ब्याज की गारंटी मिलती थी।
- अंग्रेजों द्वारा भारत में रेल निर्माण का प्रधान उद्देश्य था भारत के कच्चे माल को देश के अंदर के हिस्सों से बंदरगाहों तक ले जाना।
- रेलवे निर्माण का दूसरा उद्देश्य था सेना को दूर-दराज के क्षेत्रों तक पहुंचाना ताकि ब्रिटिश शासकों के प्रति होने वाले किसी भी विद्रोह को सरलता से कुचला जा सके।
- भारत में रेल निर्माण की दिशा में प्रथम प्रयास 1846 में लॉर्ड डलहौजी द्वारा किया गया। प्रथम रेलवे लाइन को

1853 में मुंबई से थाणे (थाने) के बीच डलहौजी के समय में बिछाया गया।

- भारत मे रेलवे लाइन का **सर्वाधिक विस्तार** कर्जन के समय हुआ।
- ब्रिटिश औपनिवेशिक काल के तृतीय चरण में भारतीयों द्वारा भी कुछ उद्योगों में यथा- सूती वस्त्र, जुट उद्योग एवं लौह उद्योग में पूंजी लगाई गई।
- भारतीय उद्योगों में सूती वस्त्र पहला उद्योग था जिसमें भारतीयों द्वारा पूंजी लगाई गई। इस समय गुजरात व मुम्बई का महत्त्वपूर्ण सूती वस्त्र के केंद्र के रूप में विकास हुआ।
- भारत में प्रथम सूती मिल मुंबई (1853) में एवं प्रथम जूट मिल बंगाल के सिरसा (1853) में भारतीयों द्वारा शुरू की गई।
- भारतीय औद्योगीकरण की दिशा में भारतीय पूंजी से निर्मित 'टाटा आयरन एंड स्टील कं. (1907) एक अन्य महत्त्वपूर्ण प्रयास था।
- भारत की बढ़ती हुई निर्धनता की कीमत पर अपने को संपन्न बनाने के लिए ब्रिटेन द्वारा भारत के कच्चे माल, संसाधनों और धन के निरंतर लूटमार की पृष्ठभूमि को दादाभाई नौरोजी ने धन का निष्कासन (Drain of Wealth) कहा।
- भारतीय धन के निष्कासन की ओर लोगों का ध्यान आकर्षित करने के लिए इस दिशा में प्रथम प्रयास दादा-भाई नौरोजी ने किया।
- भारतीय इतिहास का सर्वाधिक भयंकर अकाल 1876-78 में मद्रास, मैसूर, हैदराबाद, महाराष्ट्र, पश्चिमी संयुक्त प्रांत और पंजाब में पड़ा।

## वस्तुनिष्ठ प्रश्न–I

**1.** भारत में ब्रिटिश उपनिवेशवाद की स्थापना कब हुई?
A. 1600 ई॰ B. 1717 ई॰
C. 1764 ई॰ D. 1757 ई॰

**2.** निम्नलिखित में से किसने भारत में औपनिवेशिक साम्राज्य को तीन चरणों में विभाजित किया?
A. रजनी पाम दत्त B. कार्ल मार्क्स
C. दादा भाई नौरोजी D. आर.सी. दत्त

**3.** निम्नांकित किस पुस्तक में भारत की औपनिवेशिक अर्थव्यवस्था के विभिन्न चरणों का उल्लेख मिलता है?
A. इंडिया टुडे।
B. इंगलैण्ड डेब्ट टू इंडिया।
C. दास कैपिटल।
D. पावर्टी एण्ड अनब्रिटिश रूल इन इंडिया।

**4.** अठारहवीं सदी में ब्रिटेन को अपनी राष्ट्रीय आय का लगभग कितना प्रतिशत हिस्सा भारत से प्राप्त होने वाली आय से मिलता था?
A. एक प्रतिशत B. दो प्रतिशत
C. तीन प्रतिशत D. पाँच प्रतिशत

**5.** निम्नांकित में कौन–सा ''औपनिवेशिक लूट का काल'' माना जाता है?
A. 1757–1772 को B. 1757–1813 को
C. 1757 को D. इनमें से कोई नहीं

**6.** निम्नलिखित में किस घटना के बाद भारत में ब्रिटिश उपनिवेशवाद के प्रथम चरण वाणिज्यवाद की शुरुआत हुई?
A. प्लासी का युद्ध (1757)।
B. बक्सर का युद्ध (1764)।
C. बंगाल में द्वैध शासन (1765)।
D. ईस्ट इंडिया कंपनी को फर्रूखसियर द्वारा प्राप्त फरमान (1717)।

**7.** लंकाशायर में निर्मित सूती वस्त्रों का भारत में पहली बार कब प्रचलन हुआ?
A. 1815 ई॰ B. 1858 ई॰
C. 1786 ई॰ D. 1833 ई॰

**8.** भारत में ब्रिटिश उपनिवेशवाद के प्रथम चरण को किसने ''खुली और बेशर्म लूट का काल'' कहा?
A. पर्सिवल स्पीयर B. एडम स्मिथ
C. जी. गैरेट D. एडवर्ड थाम्सन

**9.** ब्रिटिश उपनिवेशवाद के विभिन्न चरणों में कौन एक सही नहीं है?
A. वित्तीय पूंजीवाद B. वाणिज्यवाद
C. वाणिज्यिक पूंजीवाद D. साम्यवाद

10. "धन निष्कासन" (Drawing of wealth) का सिद्धान्त सर्वप्रथम किसके द्वारा प्रस्तुत किया गया?
A. एम.जी. रानाडे B. दादा भाई नौरोजी
C. रजनी पाम दत्त D. जार्ज डिग्वी

11. दादा भाई नौरोजी ने अपने किस लेख में सर्वप्रथम "धन के निष्कासन के सिद्धान्त" को प्रतिपादित किया?
A. इंग्लैण्ड्स डेब्ट टू इंडिया।
B. ऑन दी कॉमर्स ऑफ इंडिया।
C. पॉवर्टी एण्ड अनब्रिटिश रूल इन इंडिया।
D. दी वान्ट्स एण्ड मीन्स ऑफ इंडिया।

12. दादा भाई नौरोजी ने "धन के निष्कासन का सिद्धान्त सर्वप्रथम कब दिया?
A. मई, 1867 B. जून, 1897
C. जुलाई, 1867 D. जुलाई, 1870

13. निम्नलिखित पुस्तकों में किसमें "धन के निष्कासन" पर प्रकाश डाला गया है?
A. दास कैपिटल।
B. हिन्द स्वराज्य।
C. इकोनोमिक हिस्ट्री ऑफ इंडिया।
D. इनमें से कोई नहीं।

14. भारत में ब्रिटेन को हो रहे धन के निष्कासन को किसने "अनिष्टों का अनिष्ट" (Evil of all evils) की संज्ञा दी?
A. गोपाल कृष्ण गोखले
B. पं॰ जवाहर लाल नेहरू
C. एम.जी. रानाडे
D. दादा भाई नौरोजी

15. "धन का बहिर्गमन बहते हुए घाव की तरह है।" — यह कथन किसका है?
A. रमेश चन्द्र दत्त B. रजनी पाम दत्त
C. दादा भाई नौरोजी D. महादेव रानाडे

16. भारतीय राष्ट्रीय कांग्रेस ने अपने किस अधिवेशन में सर्वप्रथम "धन के बहिर्गमन का सिद्धान्त" को स्वीकार किया?
A. बम्बई (1885 ई॰) B. लखनऊ (1916ई॰)
C. कलकत्ता (1885 ई॰) D. सूरत (1907 ई॰)

17. "ब्रिटिश शासन भारत से निकलने वाले खून का एक दरिया है।" — यह कथन किसका है?
A. दादा भाई नौरोजी B. आर.सी. दत्त
C. एम.जी. रानाडे D. इनमें से कोई नहीं

18. 1765 से 1772 ई॰ तक बंगाल में कंपनी के राज्य को किसने "डाकुओं का राज्य" कहा?
A. एडम स्मिथ B. के.एम. पन्निकर
C. आर.सी. दत्त D. इनमें से कोई नहीं

19. निम्नलिखित में किस चार्टर एक्ट के तहत "कंपनी" का भारत में व्यापारिक एकाधिकार समाप्त कर दिया गया?
A. 1813 के चार्टर एक्ट के तहत।
B. 1833 के चार्टर एक्ट के तहत।
C. 1853 के चार्टर एक्ट के तहत।
D. इनमें से कोई नहीं।

20. "वाणिज्यवाद" के अंतिम चरण की महत्वपूर्ण घटना है—
A. ब्रिटेन की औद्योगिक क्रान्ति।
B. कंपनी का व्यापारिक एकाधिकार समाप्त।
C. धन का बहिर्गमन।
D. एक नवीन कंपनी का भारत में आगमन।

21. सन् 1901 ई॰ में "इम्पीरियल लेजिस्लेटिव काउंसिल" के समक्ष सर्वप्रथम किस राष्ट्रवादी नेता द्वारा "धन के निष्कासन" का सिद्धान्त प्रस्तुत किया गया?
A. बाल गंगाधर तिलक B. एम.जी. रानाडे
C. गोपाल कृष्ण गोखले D. बदरूद्दीन तैयब जी

22. निम्नलिखित में कौन सा भारतीय अनौद्योगिकीकरण (Deindustrialization) का काल माना जाता है?
A. 1813 से 1858 ई॰ B. 1757 से 1800 ई॰
C. 1757 से 1813 ई॰ D. 1800 से 1850 ई॰

23. भारत में ईस्ट इंडिया कंपनी की समस्त व्यापारिक गतिविधियों को कब प्रतिबन्धित कर दिया गया?
A. 1813 ई॰ B. 1858 ई॰
C. 1833 ई॰ D. 1909 ई॰

24. मुक्त व्यापार पूंजीवाद काल में अंग्रेजों ने भारत का किस रूप में प्रयोग किया?
A. एक बड़े बाजार के रूप में।
B. कच्चे माल के आपूर्तिकर्त्ता उपनिवेश के रूप में।
C. खाद्यान्न के आपूर्तिकर्त्ता उपनिवेश के रूप में।
D. उपरोक्त सभी।

**25.** भारतीय अनौद्योगिकीकरण के दौर में ब्रिटेन में औद्योगिक क्रांति हुई। निम्नलिखित किस कारण ने ब्रिटेन की औद्योगिक क्रांति में महत्वपूर्ण भूमिका निभाई?

A. वस्तुओं की अत्यधिक माँग।
B. नवीनतम् आविष्कार।
C. भारत की लूट से संचित पूँजी।
D. उपरोक्त सभी।

**26.** 1813 ई॰ के बाद मुक्त व्यापार का सबसे पहला प्रहार सहने वाला भारतीय उद्योग कौन था?

A. कपड़ा उद्योग B. नील उद्योग
C. चाय उद्योग D. जूट उद्योग

**27.** ब्रिटेन द्वारा आर्थिक शोषण से पूर्व भारत विश्व के समृद्धतम देशों में से एक था। भारत की समृद्धि का प्रमुख कारण क्या था?

A. हथकरघा उद्योग।
B. सूती वस्त्र।
C. उपरोक्त A और B दोनों।
D. विशाल खनिज भण्डार।

**28.** निम्नलिखित यूरोपीय देशों में किसने न तो भारतीय सूती वस्त्र पर अधिक मात्रा में आयात शुल्क लगाया और न ही आयात को प्रतिबन्धित किया?

A. पुर्तगाल B. फ्रांस
C. जर्मनी D. हॉलैण्ड

**29.** ब्रिटिश सरकार ने भारत के प्रति अपनी औद्योगिक नीति को बदलते हुए कब यह घोषणा की कि ''हमारी सच्ची इच्छा भारत में उद्योगों के शांतिपूर्ण विकास को प्रोत्साहित करना है?

A. 1858 B. 1833
C. 1813 D. 1853

**30.** भारत में ब्रिटिश पूँजी निवेश का मुख्य केन्द्र क्या था?

A. रेलवे।
B. सार्वजनिक ऋण।
C. बैंकिंग, जहाजरानी।
D. कोयले एवं लोहे की खानें।

**31.** 1858 के बाद भारत में ब्रिटिश पूंजी का व्यापक पैमाने पर भारत में विनियोजन हुआ। निम्नलिखित क्षेत्रों में किसमें ब्रिटिश पूंजी का विनियोजन किया गया था?

A. रेल निर्माण B. सरकार को ऋण
C. सिंचाई परियोजना D. उपरोक्त सभी

**32.** भारत में रेलवे की योजना बनाने वाला प्रथम गवर्नर जनरल कौन था?

A. लार्ड हार्डिंग B. लार्ड कर्जन
C. लार्ड मेयो D. लार्ड डलहौजी

**33.** भारत में ब्रिटिश सरकार द्वारा संचार साधनों के विकास में सर्वप्रथम किस क्षेत्र का विकास किया गया?

A. रेलवे B. डाक–तार
C. जी.टी. रोड D. नौ परिवहन

**34.** किस गवर्नर जनरल ने सर्वप्रथम रेलवे नेटवर्क की योजना को अंतिम रूप देकर उस पर कार्य प्रारम्भ किया?

A. डलहौजी B. वेलेजली
C. कर्जन D. क्लाइव

**35.** अंग्रेजी सरकार द्वारा भारत को पहुँचायी गयी ''दोहरी क्षति' थी–

A. हस्तकला उद्योग और कृषि क्षेत्र दोनों का विनाश।
B. भारतीय उद्योग एवं व्यापार दोनों का विनाश।
C. भारतीय दस्तकारी तथा उद्योगों का विनाश, साथ ही भारत के औद्योगिक विकास की जान–बूझकर उपेक्षा।
D. उपरोक्त सभी।

**36.** निम्नलिखित किस उद्योग में भारतीयों की प्रारंभिक हिस्सेदारी अधिक थी?

A. जूट उद्योग B. नील उद्योग
C. शक्कर उद्योग D. सूती वस्त्र उद्योग

**37.** निम्नलिखित में किसके द्वारा ब्रिटिश औद्योगिक नीति का सही मूल्यांकन किया जा सकता है?

A. अनौद्योगिकीकरण की नीति।
B. कुण्ठित विकास की नीति।
C. अर्थव्यवस्था के औपनिवेशीकरण की नीति।
D. इनमें से कोई नहीं।

**38.** ब्रिटिश उपनिवेशवाद के तीसरे चरण में ब्रिटिश सरकार द्वारा कितने प्रकार की बैंकिंग व्यवस्था शुरू की गयी?

A. एक B. दो
C. तीन D. चार

**39.** बैंकिंग व्यवस्था में सबसे निचले स्तर पर कार्य करने वाली बैंक कौन थी?
A. इंडियन ज्वाइंट–स्टॉक बैंक।
B. रेलवे के विस्तार।
C. मूल्य में अधिक वृद्धि।
D. उपरोक्त सभी।

**40.** भारतीय उद्योगों, मुख्यतः ग्रामीण उद्योगों के पतन के लिए जिम्मेदार कारण क्या था?
A. जनसंख्या में अधिक वृद्धि।
B. रेलवे का विस्तार।
C. मूल्य में अधिक वृद्धि।
D. उपरोक्त सभी।

**41.** भारतीय पूंजी ने सर्वप्रथम किस उद्योग में अपना प्रभाव जमाया?
A. नील उद्योग B. जूट उद्योग
C. शक्कर उद्योग D. सूती वस्त्र उद्योग

**42.** अंग्रेजों की वित्तीय नीति का भारत में किस वर्ग को फायदा मिला?
A. बैंकरों B. साहूकारों
C. व्यापारियों D. उपरोक्त सभी

**43.** भारतीय पूंजी से भारत में प्रथम सूती वस्त्र मिल की स्थापना कब हुई?
A. 1850 ई॰ B. 1851 ई॰
C. 1855 ई॰ D. 1860 ई॰

**44.** प्रथम कपड़ा मिल की स्थापना का श्रेय किसे प्राप्त है?
A. सेठ जमनालाल B. कावास जी नानाभाई
C. अम्बालाल साराभाई D. इनमें से कोई नहीं

**45.** भारत में "बगीचा–उद्योग" का शुभारम्भ कब हुआ?
A. 1850-60 के दशक में।
B. 1890-1900 के दशक में।
C. 1875-85 के दशक में।
D. इनमें से कोई नहीं।

**46.** जमशेद जी द्वारा "टाटा आयरन स्टील कम्पनी" की स्थापना कब की गयी?
A. 1900 ई॰ B. 1905 ई॰
C. 1907 ई॰ D. 1910 ई॰

**47.** 1855 ई॰ में भारत की प्रथम जूट मिल की स्थापना कहां हुई थी?
A. सिरसा (बंगाल) B. बम्बई
C. चटगाँव (बंगाल) D. अहमदाबाद

**48.** प्रथम विश्वयुद्ध के समय किस भारतीय उद्योगपति को सर्वाधिक लाभ हुआ?
A. बिड़ला B. लाला श्रीराम
C. जबशेद जी टाटा D. कावास जी नानाभाई

**49.** निम्नलिखित युग्मों में कौन सुमेलित नहीं है?
A. प्रथम जूट कारखाना–1885।
B. हीरागढ़ पेपर मिल–1907।
C. प्रथम चाय बागान–1835।
D. टाटा हाइड्रो इलेक्ट्रीकल पावर सप्लाई कंपनी–1910।

**50.** 1916 ई॰ में नियुक्त प्रथम "औद्योगिक आयोग" के अध्यक्ष थे–
A. सर थॉमस हालैण्ड B. जे.एच. हीटले
C. सर कॉलिन स्कौट D. टामस राबर्टसन

**51.** निम्नांकित किस घटना ने 20वीं सदी के भारतीय उद्योगों को कुछ समय के लिए स्वर्ण युग में पहुँचा दिया?
A. प्रथम विश्वयुद्ध।
B. स्वदेशी आन्दोलन।
C. औद्योगिक आयोग का गठन।
D. उपरोक्त कोई नहीं।

**52.** 1921 ई॰ में गठित "राजस्व आयोग" के अध्यक्ष कौन थे?
A. के.सी. नियोगी B. विश्वेसरैया
C. सर जार्ज कैम्पबेल D. इब्राहीम रहमतुल्ला

**53.** निम्नांकित में कौन सर्वाधिक प्राचीन बैंक है?
A. पंजाब नेशनल बैंक B. बैंक ऑफ मैसूर
C. ज्वाइंट स्टॉक बैंक D. स्टेट बैंक ऑफ इंडिया

**54.** द्वितीय विश्वयुद्ध के समय किसे विकसित और समृद्ध होने का अवसर मिला?
A. भारतीय व्यापारियों को।
B. भारतीय पूँजीवाद को।
C. भारतीय बैंकों को।
D. उपरोक्त सभी।

**55.** निम्नलिखित में कब भारतीय उद्योगों ने महत्वपूर्ण प्रगति की?

A. 1929–39 ई॰ B. 1881–1910 ई॰
C. 1900–1919 ई॰ D. 1910–1920 ई॰

**56.** भारत में पहली बार राष्ट्रीय आय के अनुमान का प्रयास किसने किया?
A. दादा भाई नौरोजी B. विलियम डिग्बी
C. डॉ. बी.के.आर.बी. राव D. लार्ड कर्जन

**57.** वैज्ञानिक ढंग से भारत की प्रतिव्यक्ति आय निकालने वाला प्रथम व्यक्ति कौन था?
A. डॉ॰ विलियम डिग्बी B. दादा भाई नौरोजी
C. डॉ॰ वी.के.आर.बी. राव D. आर.सी. दत्त

**58.** वाणिज्यीकरण का सर्वाधिक प्रभाव पड़ा—
A. चाय
B. रबड़
C. उपरोक्त A और B दोनों
D. कपास

**59.** भारतीय कृषि का वाणिज्यीकरण कब हुआ?
A. 19 वीं सदी के उत्तरार्द्ध।
B. 19 वीं सदी के पूर्वार्द्ध।
C. 20 वीं सदी के पूर्वार्द्ध।
D. इनमें से कोई नहीं।

**60.** अंग्रेजी शासन के अधीन भारत की बढ़ती हुई निर्धनता की पुष्टि निम्नांकित किस तथ्य से होती है?
A. किसानों की बढ़ती हुई ऋणग्रस्तता।
B. बार–बार पड़ने वाले अकाल एवं उनके विनाशकारी परिणाग।
C. भारत की बढ़ती हुई जनसंख्या।
D. उपरोक्त सभी।

**61.** भारत में दस्तकारी उद्योग के विनाश का परिणाम हुआ—
A. खेती योग्य भूमि पर जनसंख्या का भार बढ़ा।
B. देश के ग्रामीणीकरण में वृद्धि।
C. उपरोक्त A और B दोनों।
D. मशीनीकरण का विकास।

**62.** निम्नलिखित में किसके उत्पादन के लिए अंग्रेजों ने भारतीय को मजबूर किया?
A. नील
B. अफीम
C. उपरोक्त A और B दोनों
D. चाय

**63.** सन 1890-1947 ई॰ तक के काल को "कृषि की स्थिरता का काल" किसने कहा?
A. खम्बाटा B. वी.के.आर.बी. राव
C. डिग्बी D. डेनियल थारनर

**64.** ब्रिटिश ईस्ट इंडिया कंपनी को बंगाल, बिहार और उड़ीसा की दीवानी कब प्राप्त हुई?
A. 1651 ई॰ B. 1757 ई॰
C. 1765 ई॰ D. 1764 ई॰

**65.** बंगाल में लगान वसूली का अधिकार मिलने के बाद कंपनी के सर्वप्रथम लगान वसूली किस पद्धति द्वारा की?
A. रैय्यतवाड़ी B. इजारेदारी
C. महालवाड़ी D. स्थायी बन्दोबस्त

**66.** इजारेदारी के लिए बोली लगाने की प्रथा की शुरूआत किस गवर्नर जनरल द्वारा की गयी?
A. लार्ड क्लाइव B. वेलेजली
C. कार्नवालिस D. वारेन हेस्टिंग्स

**67.** भू–राजस्व वसूली हेतु बोली लगाने की प्रणाली प्रारम्भ में कितने वर्षों के लिए निश्चित की गयी थी?
A. एक वर्ष B. दो वर्ष
C. पांच वर्ष D. दस वर्ष

**68.** बंगला में भू–राजस्व का स्थायी बन्दोबस्त किसने किया?
A. वेलेजली B. लार्ड कार्नवालिस
C. लार्ड हेस्टिंग्स D. इनमें से कोई नहीं

**69.** स्थायी बन्दोबस्त व्यवस्था के अन्तर्गत भू–स्वामित्व का अधिकार किसे प्रदान किया गया?
A. जमींदार B. मुखिया
C. काश्तकार D. नवाब

**70.** लार्ड कार्नवालिस ने भूमि से जुड़े नियमों की समीक्षा के लिए किसके नेतृत्व में कमेटी गठित की?
A. मार्टिन बर्ड B. टामस मुनरो
C. सर जान शोर D. इनमें से कोई नहीं

**71.** निम्नलिखित में किसके साथ स्थायी बन्दोबस्त किया गया?
A. किसानों के साथ।
B. जमींदारों के साथ।

C. ग्रामीण समुदाय के साथ।
D. उपरोक्त सभी।

**72.** स्थायी भूमि बन्दोबस्त से सरकार को कौन–सा लाभ प्राप्त हुआ?
A. सरकार की आय का हिस्सा निश्चित हो गया।
B. राजस्व–वसूली के लिए कर्मचारियों की नियुक्ति से मुक्ति मिल गयी।
C. सरकार को जमींदारों के रूप में एक निष्ठावान सहयोगी मिल गया।
D. उपरोक्त सभी।

**73.** स्थायी भूमि बन्दोबस्त के अन्तर्गत कुल कृषि योग्य भूमि का कितना प्रतिशत हिस्सा शामिल था?
A. 10 प्रतिशत B. 15 प्रतिशत
C. 20 प्रतिशत D. 19 प्रतिशत

**74.** स्थायी भूमि बन्दोबस्त के क्षेत्र में शामिल था—
A. बंगाल, विहार, उड़ीसा, बनारस तथा उत्तरी कर्नाटक।
B. बंगाल, बिहार, उड़ीसा, बम्बई, बनारस।
C. बंगाल, बिहार, पंजाब, उड़ीसा, बनारस।
D. बंगाल, बिहार, उड़ीसा, मद्रास, उत्तरी कर्नाटक।

**75.** निम्नलिखित अर्थशास्त्रियों में किसने स्थायी बन्दोबस्त की प्रशंसा की?
A. आर.पी. दत्त B. आर.सी. दत्त
C. दादाभाई नौरोजी D. वी.के.आर.वी. राव

**76.** निम्नलिखित में किस कानून के तहत जमींदारों को लगान निश्चित समय पर न दे पाने के कारण भूमि के स्वामित्व से बेदखल कर दिया जाता था?
A. बंगाल टेनेन्सी एक्ट।
B. बंगाल एक्यूसन ऑफ टेनेन्सी एक्ट।
C. सूर्यास्त कानून।
D. इनमें से कोई नहीं।

**77.** रैय्यतवाड़ी बंदोबस्त की व्यवस्था को शुरू करने का श्रेय किसे दिया जाता है?
A. कैप्टन रीड।
B. टामस मुनरो।
C. उपरोक्त A और B दोनों।
D. सर जान शोर।

**78.** रैय्यतवाड़ी व्यवस्था सर्वप्रथम कहाँ पर शुरू की गयी?
A. मद्रास B. बम्बई
C. कर्नाटक D. संयुक्त प्रान्त

**79.** रैय्यतवाड़ी बन्दोबस्त निम्नलिखित में किसके साथ किया गया?
A. जमींदार B. मजदूर
C. किसान D. मुखिया

**80.** रैय्यतवाड़ी व्यवस्था लागू थी—
A. मद्रास, बनारस, बम्बई, पूर्वी बंगाल, असम।
B. मद्रास, बम्बई के कुछ हिस्से, पूर्वी बंगाल, असम, कुर्ग।
C. तमिलनाडु, बम्बई के कुछ हिस्से, पूर्वी बंगाल, कुर्ग।
D. मद्रास, सूरत, पूर्वी बंगाल, असम, कुर्ग।

**81.** रैय्यतवाड़ी व्यवस्था के अन्तर्गत कुल कृषि योग्य भूमि का कितना प्रतिशत भाग शामिल था?
A. 50 B. 55
C. 40 D. 51

**82.** रैय्यतवाड़ी व्यवस्था के अर्न्तगत किसानों से कुल उत्पादन का कितना प्रतिशत भाग भू–राजस्व के रूप में वसूल किया जाता था?
A. 55 से 33% B. 50 से 40%
C. 50 से 75% D. इनमें से कोई नहीं

**83.** ब्रिटिश भारत के नियंत्रण वाले किस हिस्से में रैय्यतवाड़ी व्यवस्था लागू थी?
A. बरार
B. बर्मा
C. उपरोक्त A और B दोनों
D. पंजाब

**84.** रैय्यतवाड़ी व्यब्स्था ने दो वर्गों में संघर्ष को जन्म दिया—
A. भू–स्वामी और असामी काश्तकारों के बीच।
B. काश्तकारों और भू–राजस्व वसूल करने वालों के बीच।
C. ऋणदाता साहूकारों और कृषक कर्जदारों के बीच।
D. इनमें से कोई नहीं।

**85.** रैय्यतवाड़ी व्यवस्था को लागू करने का उद्देश्य क्या था?
A. राजस्व की नियमित वसूली।
B. रैय्यतों की स्थिति में सुधार।
C. उपरोक्त (A) और (B) दोनों।

D. अधिक मात्रा में धन का दोहन करना।

**86.** महालवारी व्यवस्था को सर्वप्रथम कहाँ पर लागू किया गया?

A. आगरा और अवध B. पंजाब
C. मध्य प्रान्त D. उपरोक्त

**87.** महालवारी व्यवस्था किन क्षेत्रों में प्रचलन में थी?

A. संयुक्त प्रान्त, आगरा, अवध।
B. मध्य प्रान्त।
C. पंजाब।
D. उपरोक्त सभी।

**88.** "महालवारी व्यवस्था" किन क्षेत्रों में प्रचलन में थी?

A. 30 प्रतिशत B. 35 प्रतिशत
C. 25 प्रतिशत D. 20 प्रतिशत

**89.** निम्नलिखित किस स्थान पर भू–राजस्व की ताल्लुकेदारी व्यवस्था प्रचलन में थी?

A. दक्कन B. बंगाल
C. अवध D. पंजाब

**90.** ब्रिटिश औपनिवेशिक काल में किसानों की गरीबी का मुख्य कारण क्या था?

A. उपजाऊ भूमि की कमी।
B. आधुनिक तकनीक का अभाव।
C. भू राजस्व की अधिक दर।
D. उपरोक्त सभी।

**91.** कृषि–दासता का मुख्य कारण क्या था?

A. नकली हस्ताक्षर।
B. भू–राजस्व की अधिक वसूली।
C. झूठी लेख पद्धति।
D. भू–राजस्व की अदायगी के लिये गए ऋण पर लगने वाली ऊँची ब्याज–दर।

**92.** "कमिऔटी प्रथा" का प्रचलन निम्नलिखित में कहाँ पर था?

A. उड़ीसा B. बिहार
C. उपरोक्त दोनों D. अवध

**93.** कमिया लोगों को अपने मालिक के यहाँ कार्य करने के बदले प्राप्त होता था–

A. अनाज B. भोजन
C. रूपया D. कुछ भी नहीं

**94.** 19वीं सदी में भारत में पड़ने वाले अकालों के लिए जिम्मेदार कारण क्या थे?

A. यातायात के साधनों का अभाव।
B. ब्रिटिश औद्योगिक नीति।
C. ब्रिटिश कृषि नीति।
D. उपरोक्त (B) और (A) दोनों।

**95.** निम्नलिखित में से किस भू–राजस्व बंदोबस्त क्षेत्र में खेतिहरों से गैर–खेतिहरों को भूमि का व्यापक स्तर पर हस्तांतरण हुआ?

A. ताल्लुकेदारी B. महालवारी
C. रैय्यतवाड़ी D. जमींदारी

**96.** निम्नलिखित में किसे उत्तर भारत में भूमिकर व्यवस्था का प्रवर्त्तक माना जाता है?

A. टामस मुनरो B. कैप्टन रीड
C. मार्टिन बर्ड D. कार्नवालिस

**97.** निम्नलिखित में से किस भू राजस्व व्यवस्था ने जनता और शासन के बीच गहरे संबंधों की स्थापना की?

A. ताल्लुकेदारी B. जमींदारी
C. रैय्यतवाड़ी D. महालवारी

**98.** 1938 ई॰ में भारत में वित्तीय प्रशासन का सर्वोपरि नियंत्रण निम्नांकित में निहित था?

A. ब्रिटिश पार्लियामेण्ट।
B. भारत में सुप्रीम गवर्नमेण्ट।
C. इंगलैण्ड में बोर्ड ऑफ कन्ट्रोल।
D. सेक्रेटरी ऑफ स्टेट।

**99.** अंग्रेजों के काम में कौन–सा उद्योग धंधा नहीं था?

A. जूट B. सूती कपड़ा
C. कोयला D. मशीन के पुर्जे

**100.** भारत में ब्रिटिश शासन काल में विदेशी पूँजी का निवेश किस उद्योग में हुआ?

A. जूट उद्योग B. रेलवे
C. कोयला D. सूती वस्त्र

**101.** 1938 में स्थापित भारत की प्रथम राजनीतिक संस्था "लैण्ड होल्डर्स सोसायटी" की स्थापना के क्या उद्देश्य थे?

A. जमींदार वर्ग के हितों की रक्षा करना।
B. किसानों के हितों की रक्षा करना।

C. अंग्रेजों के शोषण की नीति के खिलाफ आवाज उठाना।

D. इनमें से कोई नहीं।

**102.** 19वीं शताब्दी का एक अकाल, जिसे "आपदा का महासागर" कहा गया था—

A. 1868–69 में राजपूताना में अकाल।

B. 1866–67 में मद्रास प्रेसीडेन्सी में अकाल।

C. 1866–67 में उड़ीसा में अकाल।

D. 1860–61 में बंगाल में अकाल।

**103.** सन् 1834 ई॰ में किसने कहा था कि "सूती वस्त्र बुनकरों के कंकाल भारत के मैदानों को बदरंग कर रहे हैं।"

A. राजा राम मोहन राय B. विलियम बैंटिक

C. दादाभाई नौरोजी D. रमेश चन्द्र दत्त

**104.** भारत में यूरोपीय व्यापारियों ने किस व्यापार पर लगभग पूर्ण एकाधिकार की स्थापना की?

A. आयात व्यापार।

B. वस्त्रों के निर्यात।

C. कृषि उत्पादों के निर्यात।

D. नमक के उत्पादन और विडम।

**105.** आन्तरिक व्यापार पर ब्रिटिश एकाधिकार से सर्वाधिक लाभ किसे प्राप्त हुआ?

A. कम्पनी को।

B. कम्पनी के कर्मचारियों को।

C. ब्रिटिश सरकार को।

D. कम्पनी के गुमाश्तों या कर्मचारियों को।

**106.** निम्नांकित किन उद्योगों में भारतीयों की प्रारम्भ से ही हिस्सेदारी अधिक थी?

A. सूती कपड़ा उद्योग B. कोयला

C. जूट D. शक्कर

**107.** अंग्रेजों ने किस वर्ष के बाद बंगाल के धन का व्यापक रूप से दोहन और बहिर्गमन करना प्रारम्भ कर दिया?

A. 1757 ई॰ B. 1765 ई॰

C. 1770 ई॰ D. 1793 ई॰

**108.** 18वीं सदी में भारत औद्योगिक माल का विश्व में सबसे बड़ा उत्पादक देश था और उसके मुख्य निर्यातों में शामिल थे—

A. सूती और रेशमी वस्त्र B. चीनी और औषधियाँ

C. नील और मसाले D. सभी प्रकार के मसाले

**109.** ब्रिटिश शासन काल में बंगाल के मध्यम वर्ग का सर्वाधिक महत्वपूर्ण अंग निम्नलिखित में से कौन था?

A. व्यापारी B. जमींदार

C. साहूकार D. उद्योगपति

**110.** ब्रिटिश शासकों ने भारत की बढ़ती हुई गरीबी के लिए किसे उत्तरदायी ठहराया?

A. भारत की बढ़ती हुई जनसंख्या और उसके आकार को।

B. उत्पादन के आदिम तरीकों को।

C. रूढ़िवादी सामाजिक मान्यताओं एवं विश्वासों को।

D. पूँजी निवेश के लिए बहुत सीमित साधनों को।

## उत्तरमाला

| 1 | 2 | 3 | 4 | 5 | 6 | 7 | 8 | 9 | 10 |
|---|---|---|---|---|---|---|---|---|---|
| D | C | A | B | B | A | C | A | D | B |
| **11** | **12** | **13** | **14** | **15** | **16** | **17** | **18** | **19** | **20** |
| A | A | C | D | A | C | A | B | A | B |
| **21** | **22** | **23** | **24** | **25** | **26** | **27** | **28** | **29** | **30** |
| C | D | C | D | C | A | C | D | A | B |
| **31** | **32** | **33** | **34** | **35** | **36** | **37** | **38** | **39** | **40** |
| D | A | C | A | C | D | A | D | A | B |

| 41 | 42 | 43 | 44 | 45 | 46 | 47 | 48 | 49 | 50 |
|---|---|---|---|---|---|---|---|---|---|
| C | D | D | B | A | C | A | C | B | A |
| 51 | 52 | 53 | 54 | 55 | 56 | 57 | 58 | 59 | 60 |
| A | D | A | B | A | A | C | C | A | B |
| 61 | 62 | 63 | 64 | 65 | 66 | 67 | 68 | 69 | 70 |
| C | C | D | C | B | D | C | B | A | C |
| 71 | 72 | 73 | 74 | 75 | 76 | 77 | 78 | 79 | 80 |
| B | D | D | A | B | C | C | A | C | B |
| 81 | 82 | 83 | 84 | 85 | 86 | 87 | 88 | 89 | 90 |
| D | A | C | C | C | A | D | A | C | C |
| 91 | 92 | 93 | 94 | 95 | 96 | 97 | 98 | 99 | 100 |
| D | C | A | D | C | C | C | A | D | B |
| 101 | 102 | 103 | 104 | 105 | 106 | 107 | 108 | 109 | 110 |
| A | C | B | A | B | A | A | D | B | A |

# 13. सामाजिक-धार्मिक आंदोलन एवं राष्ट्रवाद का उदय

- 19वीं सदी में भारत में सामाजिक एवं सांस्कृतिक जागरण के लिए अनेक कारण उत्तरदायी थे, जिसमें प्रथम कारण भारत में अंग्रेजी शासन की स्थापना थी।
- अंग्रेजी शासन की स्थापना ने भारत के राजनीतिक, आर्थिक, सामाजिक एवं सांस्कृतिक जीवन को गहराई से प्रभावित किया, परिणामस्वरूप बौद्धिक विकास के लिए अनुकूल परिस्थितियां बनी।
- सामाजिक एवं सांस्कृतिक सुधार हेतु जिम्मेदार अन्य कारणों में प्राच्यवादियों द्वारा भारत के अतीत को वैभवशाली बताना था। प्राच्यवादियों में प्रमुख थे सर विलियम जोंस, जेम्स प्रिंसेप, चार्ल्स विल्किन तथा मैक्समूलर।
- उत्कृष्ट रचनात्मक साहित्य ने भी भारत के सुधार आंदोलनों के प्रसार, में महत्त्वपूर्ण भूमिका निभाई।
- ईसाई धर्म प्रचारको द्वारा यह दुष्प्रचार करना कि भारत में ईसाई धर्म के प्रचार से ब्रिटिश साम्राज्य के हितों का संवर्द्धन होगा जैसे कारकों से भी सुधार आंदोलन को बल मिला।
- राजा राममोहन राय प्रथम भारतीय थे जिन्होंने **सबसे पहले** भारतीय समाज में व्याप्त मध्ययुगीन बुराइयों के विरोध में आंदोलन चलाया।
- हिन्दू धर्म का प्रथम सुधार आंदोलन **ब्रह्म समाज** नामक संस्था द्वारा शुरू किया गया। इस संस्था की स्थापना 20 अगस्त, 1828 में कोलकाता ( अब कलकत्ता) में राजा राममोहन राय द्वारा की गई थी।
- ब्रह्मसमाज का उद्देश्य, तत्कालीन हिन्दू समाज में व्याप्त बुराइयों जैसे सती-प्रथा, बहु-विवाह, वेश्यागमन, जातिवाद, अस्पृश्यता आदि को समाप्त करना था।
- कालांतर में देवेन्द्रनाथ टैगोर (1818-1905) ने ब्रह्म समाज को आगे बढ़ाया और उन्होंने तीर्थयात्रा, मूर्तिपूजा, कर्मकांड आदि की आलोचना की।
- राजा राममोहन राय ने अपने समय में भारतीय समाज में व्याप्त तमाम बुराइयों में से सर्वाधिक प्रखर आंदोलन सती प्रथा के विरुद्ध चलाया। उन्हीं के प्रयास से कानून बनाकर 1829 में सती-प्रथा को प्रतिबंधित कर दिया गया।
- आगे चलकर ब्रह्मसमाज दो भागों-आदि ब्रह्म समाज (1866) और साधारण ब्रह्म समाज (1878) में बंट गया।
- राजा राममोहन राय की कुछ महत्त्वपूर्ण कृतियां इस प्रकार हैं- तुहफर्तुल-मुवाहिद्दीन, गिफ्ट टू मोनोथेइस्ट्स और प्रीसेप्ट्रस ऑफ जीसस आदि।

**सामाजिक सुधार अधिनियमः एक नजर में**

| अधिनियम | वर्ष | गवर्नर जनरल | विषय |
|---|---|---|---|
| 1. सती-प्रथा प्रतिबंध | 1829 | लॉर्ड विलियम बैंटिंक | सती-प्रथा पर पूर्ण प्रतिबंध |
| 2. शिशुवध प्रतिबंध | 1785-1804 | वेलेजली | शिशु हत्या पर प्रतिबंध |
| 3. हिन्दू विधवा पुनर्विवाह | 1856 | लॉर्ड कैनिंग | विधवा विवाह की अनुमति |
| 4. नैटिव मैरिज एक्ट | 1872 | नार्थब्रुक | अंतर्जातीय विवाह |
| 5. एज ऑफ कंसेट एक्ट | 1891 | लैंसडाउन | विवाह की आयु 12 वर्ष लड़की के लिए निर्धारित |
| 6. शारदा एक्ट | 1930 | इरविन | विवाह की आयु 18 वर्ष लड़के के लिए निर्धारित |
| 7. दास-प्रथा पर प्रतिबंध | 1843 | एलनबरो | 1833 के चार्टर अधिनियम द्वारा 1843 में दासता को प्रतिबंधित कर दिया गया। |

- महादेव गोविंद रानाडे को पश्चिम भारत में सांस्कृतिक पुनर्जागरण का अग्रदूत कहा जाता है।
- आचार्य केशवचंद्र सेन (आदि ब्रह्मसमाज के संस्थापक) की महाराष्ट्र यात्रा से प्रभावित होकर महादेवी गोविंद रानाडे और डॉ. आत्माराम पाण्डुरंग 1867 में बम्बई में **'प्रार्थना समाज'** की स्थापना की। जी. आर. भंडारकर भी इस समाज के अग्रणी नेताओं में से थे।
- रानाडे ने 1871 में **'सार्वजनिक समाज'** की स्थापना की। इन्हें अपनी प्रचंड मेघाशक्ति के कारण **'महाराष्ट्र का सुकरात'** भी कहा जाता है।
- भारतीयों में शिक्षा प्रसार के उद्देश्य से रानाडे ने 1884 में **'डक्कन एजूकेशन सोसाइटी'** की स्थापना की। इस सोसाइटी को बाद में **'पूना फर्ग्युसन कॉलेज'** नाम दिया गया।
- मद्रास (अब चेन्नई) में वेद समाज की स्थापना **के. श्रीधरलू नायडू** द्वारा केशवचंद्र सेन के मद्रास यात्रा के दौरान उनसे प्रभावित होकर की गई थी।
- 1871 में वेद समाज **'दक्षिण के ब्रह्म समाज'** के रूप में अस्तित्व में आया।
- **आर्य समाज** की स्थापना स्वामी दयानंद सरस्वती द्वारा 1875 में मुम्बई में की गई। कुछ वर्ष के बाद आर्य समाज का मुख्यालय लाहौर में स्थापित किया गया।
- आर्य समाज की स्थापना का उद्देश्य था– वैदिक धर्म को पुनः शुद्ध रूप में स्थापित करना, भारत को सामाजिक, धार्मिक व राजनीतिक रूप से एक सूत्र में बांधना तथा भारतीय सभ्यता और संस्कृति पर पड़ने वाले पाश्चात्य प्रभाव को रोकना।
- दयानंद सरस्वती ने **'वेदों की ओर लौटो'** का नारा देते हुए वेदों को **'भारत का आधार स्तंभ'** बताया। उनका विश्वास था कि हिन्दू धर्म और वेद जिन पर भारत का पुरातन समाज टिका था, शाश्वत अपरिवर्तनीय, धर्मातीत तथा दैवीय है।
- स्वामी दयानंद ने पुराणों की प्रमाणिकता को अस्वीकार किया तथा कहा कि पुराण ही हिन्दू धर्म में मूर्तिपूजा जैसी कुरीतियों तथा अन्य अंधविश्वासों के लिए उत्तरदायी है।
- स्वामी दयानंद सरस्वती ऐसे पहले सुधारक थे, जिन्होंने बचाव के स्थान पर प्रहार की रणनीति अपनाई।
- स्वामी दयानंद ऐसे पहले सुधारक थे जिन्होंने शूद्र तथा स्त्री को वेद पढ़ने, ऊंची शिक्षा प्राप्त करने तथा यज्ञोपवीत, धारण करने के पक्ष में आंदोलन चलायां।
- आर्य समाज द्वारा चलाया गया **' शुद्धि आंदोलन '** और **'गौ रक्षा आंदोलन '** काफी विवादास्पद रहा। गायों की रक्षा हेतु आर्य समाज ने 1822 में **'गौ रक्षिणी सभा'** की स्थापना की।
- **श्रीमति ऐनी बेसेंट** के अनुसार, स्वामी दयानंद सरस्वती ऐसे पहले व्यक्ति थे जिन्होंने कहा कि **'भारत भारतवासियों के लिए है'।**
- स्वामी दयानंद द्वारा लिखी गई महत्त्वपूर्ण रचनाएं हैं– सत्यार्थ प्रकाश (1874, संस्कृत), पाखंड खंडन (1863), वेदभाष्य भूमिका (1876), ऋग्वेद भाष्य (1877), अद्वैत मत का खंडन (1873), पंच महायज्ञ विधि (1875), बल्लभाचार्य मत खंडन (1875)।
- वेलेंटाइन चिरोल ने अपनी पुस्तक **इंडियन अनरेस्ट** में आर्य समाज को भारतीय अशांति का जन्मदाता कहा है।
- **यंग बंगाल आंदोलन** की 1828 में स्थापना बंगाल में हेनरी विवियन डेरोजियो द्वारा की गई।
- इस आंदोलन का उद्देश्य था-प्रेस की स्वतंत्रता, जमींदारों द्वारा किए जा रहे अत्याचारों से रैय्यत की सुरक्षा, सरकारी नौकरियों में ऊंचे वेतनमान के अंतर्गत भारतीय लोगों को नौकरी दिलवाना आदि।
- इस आंदोलन के समर्थक लोग पाश्चात्य सभ्यता से अधिक प्रभावित थे।
- विवियन डेरोजियो ने अपने शिष्यों एवं अनुयायिओं को स्वतंत्र विवेक से सोचने, मुक्ति, समानता तथा स्वतंत्रता से प्रेम करने एवं सत्य की पूजा करने का पाठ पढ़ाया। आत्म विस्तार एवं समाज सुधार हेतु डेरोजियो ने Academic Association और Society for the Acquisition of General Knowledge की स्थापना की। उसे आधुनिक भारत का **'प्रथम राष्ट्र कवि'** माना जाता है।
- **रामकृष्ण मिशन** की स्थापना स्वामी विवेकानंद द्वारा 1896-97 में बेलूर (कोलकात्ता) में की गई । सर्वप्रथम इसकी स्थापना कोलकात्ता के समीप बराह नगर में की गई तत्पश्चात् बेलूर में मिशन की स्थापना की गई।

- इस संस्था का उद्देश्य था मानव समाज के हित के लिए रामकृष्ण देव ने जिन सब तत्त्वों की व्याख्या की है तथा कार्य रूप में उनके जीवन में जो तत्त्व प्रतिपादित, हुए हैं उनका प्रचार तथा मनुष्य की शारीरिक, मानसिक व परमार्थिक उन्नति के लिए जिस प्रकार सब तत्त्वों का प्रयोग हो सकें उन विषयों में सहायता करना।

**धार्मिक तथा सामाजिक सुधार आंदोलनः एक नजर में**

| संस्था | स्थान | संस्थापक |
|---|---|---|
| आत्मीय सभा | बंगाल | राजा राममोहन राय, |
| राधास्वामी सत्संग | आगरा | देवेन्द्रनाथ टैगोर |
| रहनुमाई मजदायसन समाज | मुम्बई | नौरोजी फरदोनजी, दादाभाई नौरोजी, एस०.एस०. बंगाली |
| हिन्दू कॉलेज | कोलकात्ता | डेविड हेयर |
| ब्रह्म समाज | बंगाल | राजा राममोहन राय |
| मुहम्मडन लिटरेरी सोसाइटी | कोलकात्ता | राजा राममोहन राय |
| यंग बंगाल आंदोलन | बंगाल | हेनरी विवियन डिरोजियो |
| आदि ब्रह्म समाज | कोलकात्ता | केशव चंद्र सेन |
| साइंटिफिक इंडिया पैट्रियाटिक एसोसिएशन | – | सर सैय्यद अहमद खां |
| साधारण ब्रह्म समाज | कोलकात्ता | विश्वनाथ शास्त्री |
| ब्रह्म समाज ऑफ साउथ इंडिया | मद्रास (चेन्नई) | श्री घरेलू नायडू |
| राजामुंद्री सामाजिक सुधार आंदोलन | दक्षिण में | बीरेशलिंगम |
| तत्वबोधिनी सभा | बंगाल | देवेन्द्रनाथ टैगोर |
| मानव धर्म सभा | पश्चिम भारत में | मंचाराम |
| प्रार्थना समाज | महाराष्ट्र | महादेव गोविन्द रानाडे |
| परमहंस मण्डली | 19वीं सदी में | गोपाल हरिदेशमुख |
| आर्य समाज | मुम्बई | स्वामी दयानंद सरस्वती |
| दीनबंधु सार्वजनिक सभा | – | ज्योतिबा फुले |
| दयानंद एंग्लो वैदिक कॉलेज | पूरे भारत में | हंसराज और लाला लाजपत राय |
| विधवा आश्रम | पूना | प्रो० डी० के० कर्वे |
| गुरुकुल | हरिद्वार | स्वामी श्रद्धानंद, मुंशीराम लेखराम |
| भारतीय महिला विश्वविद्यालय | मुम्बई | प्रो० डी० के० कर्वे |
| रामकृष्ण मठ | कोलकात्ता | स्वामी विवेकानंद |
| वायकोम सत्याग्रह | केरल | नारायण गुरु, एन. कुमारन, टी.के, माधवन, के. पी. मेनन |
| थियोसोफिकल 'सोसाइटी' | अमेरिका | मैडम ब्लावट्स्की |
| थियोसोफिकल 'सोसाइटी, | अड्यार(मद्रास) | मैडम ब्लावट्स्की |
| गुरुवायूर सत्याग्रह | केरल | के. केलप्पण |
| सेन्ट्रल हिन्दू कॉलेज | बनारस | ऐनी बेसेन्ट |
| अखिल भारतीय अस्पृश्यता निवारण संघ | 1933 | महात्मा गांधी |

| | | |
|---|---|---|
| मुस्लिम एंगलो ओरियन्टल स्कूल | अलीगढ़ | सर सैय्यद अहमद खां |
| अखिल भारतीय दलित वर्ग | – | बी० आर० अम्बेडकर |
| डिप्रेस्ड क्लासेज मिशन सोसाइटी | – | वी० आर० शिन्दे |
| देवबंद स्कूल | सहारनपुर | मुहम्मद कासिम ननौत्वी, रशीद अहमद गंगोही |
| आत्मसम्मान आंदोलन | दक्षिण | ई० वी० रामास्वामी नायकर |
| अहमदिया आंदोलन | कादिया (पंजाब) | गुलाम अहमद |
| जस्टिस पार्टी | दक्षिण | मुदलियाद, टी० एम०, नायकर, पी० टी० चेन्नी |
| नामधारी अंदोलन | पंजाब | रामसिंह |

- रामकृष्ण जी ने भारतीय विचार एवं संस्कृति में अपनी पूर्ण आस्था जताई। वे सभी धर्मो में सत्यता के अंश को मानते थे। उन्होंने मूर्तिपूजा को ईश्वर प्राप्ति का साधन अवश्य माना परंतु चिन्ह एवं कर्मकांड की तुलना में आत्मशुद्धि पर अधिक बल दिया।
- रामकृष्ण की शिक्षाओं के प्रचार-प्रसार का श्रेय उनके योग्य शिष्य विवेकानंद जी को मिला।
- 1893 में स्वामी विवेकानंद ने शिकागों में हुई धर्म संसद में भाग लेकर पाश्चात्य जगत को भारतीय संस्कृति एवं दर्शन से अवगत कराया। धर्म संसद में स्वामीजी ने अपने भाषण में भौतिकवाद एवं अध्यात्मवाद के मध्य संतुलन बनाने की बात कही।
- स्वामी विवेकानंद ने पूरे संसार के लिए एक ऐसी संस्कृति की कल्पना की जो पश्चिमी देशों के भौतिकवाद एवं पूर्वी देशों के अध्यात्मवाद के मध्य संतुलन स्थापित कर संपूर्ण विश्व को खुशियां प्रदान कर सके।
- एक समाज सुधारक के रूप में स्वामी विवेकानंद ने यह माना कि ईश्वर तथा मुक्ति के अनेक रास्ते हैं और मानव की सेवा ईश्वर की सेवा है क्योंकि मानव ईश्वर का ही रूप है।
- 1875 में अमेरिका के न्यूयॉर्क में रूसी महिला श्रीमती एच. पी. ब्लावट्स्की और अमेरिकी कर्नल एच. एस. ऑल्काट ने **'थियोसोफिकल सोसाइटी'** की स्थापना की। 1886 में उन्होंने अपनी सोसाइटी का मुख्यालय मद्रास नगर के निकट एक बस्ती **अड्यार** में स्थापित किया।
- इस सोसाइटी की स्थापना सभी प्राच्य धर्मो का तुलनात्मक अध्ययन करने के उद्देश्य से किया गया था। इस सोसाइटी ने हिन्दू धर्म को विश्व का सर्वाधिक गूढ़ एवं अध्यात्मिक धर्म माना।
- इस संस्था के समर्थक लोग ईश्वर के ज्ञान को आत्मिक हर्षोन्माद (Spiritual ecstasy) एवं अंतर्ज्ञान (Intuition) द्वारा प्राप्त करने का प्रयास करते थे।
- थियोसॉफिस्टों ने पुनर्जन्म एवं कर्म में अपनी आस्था जतायी तथा सांख्य एवं उपनिषद् से प्रेरणा ग्रहण की।
- इस संस्था ने हिंदूत्व, जरथ्रुस्ट्र (पारसी मत) तथा बौद्ध मत जैसे प्राचीन धर्मों को पुर्नस्थापित करने का प्रयास किया।
- यह सोसाइटी जाति-पांति, संप्रदाय या लिंग भेद किए बिना मनुष्य के सार्वभौमिक बंधुत्व का प्रचार करती थी। साथ ही भारतीयों में राष्ट्रीय गौरव की भावना विकसित करने में भी इस आंदोलन की महत्त्वपूर्ण भूमिका रही।
- कर्नल अल्काट की मृत्यु के बाद मिसेज ऐनी बेसेंट (1847-1933) इसकी अध्यक्ष बनी और यह आंदोलन काफी लोकप्रिय बना। ऐनी बेसेंट ने 1898 में बनारस में **'सेंट्रल हिंदू कॉलेज'** की नीव डाली। यही आगे चलकर 1916 में **'बनारस हिन्दू विश्वविद्यालय'** बन गया।
- इस्लाम धर्म में विद्यमान कुरीतियों को दूर करने के लिए 19वीं सदी में अनेक सुधारवादी आंदोलन हुए। उनमें **'अलीगढ़ आंदोलन'** सबसे प्रमुख था। इसके संस्थापक कर सैय्यद अहमद खां थे। इनके सहयोगियों में प्रमुख थें – नजीर अहमद, चिराग अली, अल्ताफ हुसैन, मौलाना शिबली नुमानी आदि।

- सर सैय्यद अहमद खां ने मुसलमानों के दृष्टिकोण को आधुनिक बनाने के उद्देश्य से पाश्चात्य शिक्षा की ओर आकर्षित किया, उन्होंने अपने समर्थकों से ब्रिटिश शासन की अधीनता को स्वीकार करने के लिए कहा।
- सर सैयद अहमद खां ने इस्लाम मे व्याप्त बुराइयों को दूर करने का भी प्रयास किया। उन्होंने **'पीरी मुरादी'** प्रथा को खत्म करने की वकालत की। अपने विचारों का प्रसार उन्होंने **'तहजीवे-उल-अखलाक'** नामक पत्रिका द्वारा किया।
- सर सैयद अहमद खां प्रारंभ में हिन्दू-मुस्लिम एकता के हिमायती थे, किंतु बाद में हिंदुओं और कांग्रेस के प्रबल शत्रु बन गए।
- **मुहम्मद कासिम ननौत्ती एवं रशीद अहमद गंगोही ने** 1867 में देवबंद (सहारनपुर, उ० प्र०) में इस्लामी मदरसे की स्थापना की। इस मदरसे से कुरान एवं हदीस की शुद्ध शिक्षा का प्रसार करने तथा विदेशी शासकों के खिलाफ 'जिहाद' का नारा देने के उद्देश्य से **'दारूल-उलूम या देवबंद आंदोलन'** की शुरुआत हुई।
- देवबंद आंदोलन का उद्देश्य था–मुस्लिम संप्रदाय के लिए धार्मिक नेता तैयार किए जाएं, विद्यालय के पाठ्यक्रमों में अग्रेजी शिक्षा एवं पश्चिमी संस्कृति को प्रतिबंधित किया जाए, मुस्लिम संप्रदाय का नैतिक एवं धार्मिक पुनरुद्धार, अंग्रेजी सरकार के साथ असहयोग।
- अलीगढ़ आंदोलन के संस्थापक सैयद अहमद के प्रति देवबंद आंदोलन में घृणा थी क्योंकि उन्होंने अंग्रेजों के प्रति निष्ठा जताते हुए धर्मशास्त्रों की नई परिभाषा देने का प्रयास किया था।
- देवबंद आंदोलन के समर्थकों में शिवलीनुमानी (1857-1914) फारसी और अरबी के प्रतिष्ठित विद्वान एवं लेखक थे। वे परंपरागत मुस्लिम शिक्षा प्रणाली में सुधार लाने के लिए औपचारिक शिक्षा के स्थान पर अंग्रेजी भाषा तथा यूरोपीय विज्ञान को शामिल करने के समर्थक थे।
- सिखों में धार्मिक आंदोलन की शुरुआत 19वीं सदी में अमृतसर में **'खालसा कॉलेज'** की स्थापना से हुई। **'खालसा दीवान'** के नाम से भी प्रसिद्ध इस संस्था ने पंजाब में ढेर सारे गुरुद्वारे एवं स्कूल एवं कॉलेजों की स्थापना की थी।
- अकाली आंदोलन (1920) ने गुरुद्वारों में प्रबंध सुधार के लिए महंतों के खिलाफ अहिंसक, असहयोग सत्याग्रह आंदोलन शुरू किया। 1922 के सिख गुरुद्वारा अधिनियम इस आंदोलन के कारण ही बन सका। 1925 में इस अधिनियम में संशोधन किया गया।
- पारसियों की सामजिक एवं धार्मिक अवस्था में पुनरुद्धार करने के लिए 1851 में **'रहनुमाए माजदायासन सभा'** की स्थापना की गई।
- इस संस्था के संस्थापक सदस्य थे– नौरोज फरदोनजी, दादाभाई नौरोजी, आर.के कामा एवं एस. एस नौरोजी बंगाली ।
- इस संस्था ने **'रास्त गोफ्तर'** (सत्यवादी) नामक पत्रिका का प्रकाशन किया। संस्था ने पारसी समुदायों की स्त्रियों के कल्याण के लिए बहुत सारे कार्य किए। कालांतर में भारतीय समाज का पारसी समुदाय पाश्चात्य सभ्यता के सर्वाधिक नजदीक पहुँच गया।
- बीसवीं शताब्दी में अखिल भारतीय और प्रांतीय स्तर पर कई सुधार आंदोलनों की शुरुआत हुई। इन आंदोलनों में वायकोम सत्याग्रह, गुरूवायूर सत्याग्रह तथा निम्न जाति आंदोलन मुख्य हैं।
- उन्नसवीं शताब्दी का काल भारत में राष्ट्रीयता के जन्म का काल माना जाता है। सामाजिक-धार्मिक सुधार आंदोलन, आधुनिक पाश्चात्य शिक्षा का प्रसार, प्रेस की भूमिका, मध्यमवर्ग का उदय तथा ब्रिटिश शासन के आर्थिक परिणाम ने भारत में राष्ट्रवादी आकांक्षा को जन्म दिया।
- राष्ट्रवादी चेतना के कारण ही उन्नीसवीं सदी के अंतिम चरण में भारत के महानगरों में अनेक राजनीतिक संगठनों का गठन हुआ। जिसमें पाश्चात्य शिक्षा में शिक्षित लोग संगठित होकर राजनीतिक विकास के समान कार्यक्रमों पर विचार-विमर्श करते थे।
- राष्ट्रवादी चेतना जैसी प्रवृत्ति का चमोत्कर्ष 1885 में **'भारतीय राष्ट्रीय कांग्रेस'** के रूप में सामने आया, जिसने संगठित राष्ट्रवादी आंदोलन के औपचारिक आरंभ का श्रीगणेश किया।

# वस्तुनिष्ठ प्रश्न–I

**1.** निम्नलिखित में किसे भारतीय समाज के "पुनर्जागरण का संदेशवाहक" माना जाता है?
A. लार्ड विलियम बैंटिक B. स्वामी विवेकानन्द
C. राजा राम मोहन राय D. ईश्वरचन्द्र विद्यासागर

**2.** बंगाल में अंग्रेजी शिक्षा प्राप्त युवाओं की प्रथम पीढ़ी को सुकरात की तरह किसने प्रभावित किया?
A. अरविन्द घोष
B. राजा राम मोहन राय
C. रवीन्द्रनाथ टैगोर
D. हेनरी विवियन डेरोजियो

**3.** भारत के धार्मिक–सामाजिक मामलों के प्रति प्रारम्भ में ब्रिटिश सरकार की नीति क्या थी?
A. आवश्यक सुधार
B. सुविचारित निन्दा
C. गंभीर हस्तक्षेप
D. सद्भावनापूर्ण तटस्थता

**4.** राजा राममोहन राय को "राजा" की उपाधि किसके द्वारा प्रदान की गयी?
A. कंपनी सरकार द्वारा
B. बहादुर शाह जफर द्वारा
C. अकबर द्वितीय द्वारा
D. पैतृक उपाधि द्वारा

**5.** निम्नलिखित में किससे राममोहन राय संबंधित नहीं थे?
A. मिरातुल अखबार B. संवाद कौमुदी
C. प्रीसेप्ट ऑफ जीसस D. सोमप्रकाश

**6.** सामाजिक सुधार के क्षेत्र में राजा राममोहन राय का कौन–सा महत्वपूर्ण योगदान था?
A. विधवा विवाह का विरोध
B. सती प्रथा का समर्थन
C. जाति–पाँति का विरोध
D. पाश्चात्य शिक्षा का समर्थन

**7.** गवर्नर–जनरल बैंटिक के समय में निम्नलिखित में कौन–सा सुधार कार्य नहीं किया गया?
A. दास–प्रथा की समाप्ति।
B. सती प्रथा पर प्रतिबन्ध।
C. ठगी प्रथा की समाप्ति।
D. धर्मांतरण के कारण होने वाली निर्योग्यताओं का निवारण।

**8.** राजा राममोहन राय की प्रथम रचना कौन है?
A. एकेश्वरवादियों का उपहार
B. मिरातुल अखबार
C. संवाद कौमुदी
D. प्रीसेप्ट्स ऑफ जीसस

**9.** राजा राममोहन राय द्वारा "ब्रह्म समाज" की स्थापना कब की गयी?
A. 1927 B. 1827
C. 1828 D. 1829

**10.** ब्रह्म समाज के उद्देश्यों में क्या शामिल नहीं था?
A. मूर्तिपूजा का विरोध
B. पुरोहितवाद का विरोध
C. अवतारवाद का खंडन
D. बहुदेववाद का समर्थन

**11.** राजा राममोहन राय को "राय रायाँ" की उपाधि कहाँ से मिली?
A. बंगाल के नवाब B. मुगल बादशाह द्वारा
C. बंगाल के गवर्नर द्वारा D. पैतृक उपाधि द्वारा।

**12.** किस क्रान्ति की सफलता पर राजा राम मोहनराय ने 1823 ई॰ में एक सार्वजनिक भोज का आयोजन किया?
A. नेपुल्स की क्रान्ति
B. रूसी क्रान्ति
C. स्पेनिश अमरीकी क्रान्ति
D. फ्रांसीसी क्रान्ति

**13.** राजा राम मोहन राय को "युगदूत" की उपाधि किसने प्रदान की?
A. महात्मा गांधी B. जवाहर लाल नेहरू
C. सुभाष चन्द्र बोस D. रवीन्द्रनाथ टैगोर

**14.** राजा राममोहन राय की मृत्यु के बाद ''ब्रह्म समाज'' को अपना नेतृत्व प्रदान करने वाला था—
A. आचार्य केशव चन्द्र सेन
B. द्वारकानाथ टैगोर
C. देवेन्द्र नाथ टैगोर
D. रामचन्द्र विद्या वागीश

**15.** ''तत्व बोधिनी सभा'' की स्थापना किसने की?
A. देवेन्द्रनाथ टैगोर B. आचार्य केशव चन्द्र
C. ज्योतिबा फूले D. द्वारकानाथ टैगोर

**16.** ''तत्वबोधिनी स्कूल'' की स्थापना कब हुई?
A. 1830 B. 1839
C. 1833 D. 1836

**17.** देवेन्द्र नाथ टैगोर ने ब्रह्म समाज की सदस्यता कब ग्रहण की?
A. दिसम्बर, 1843 B. फरवरी, 1833
C. दिसम्बर, 1829 D. इनमें से कोई नहीं

**18.** ''तत्चबोधिनी स्कूल'' के सदस्यों में कौन शामिल नहीं था?
A. ईश्वर चन्द्र विद्यासागर
B. राजेन्द्र लाल मित्र
C. ताराचन्द्र चक्रवर्ती
D. केशव चन्द्र सेन

**19.** ''इण्डियन मिरर'' का सम्पादन किसने किया?
A. आचार्य केशव चन्द्र सेन
B. देवेन्द्र नाथ टैगोर
C. ईश्वर चन्द्र विद्यासागर
D. उपरोक्त कोई नहीं

**20.** केशव चन्द्र सेन को ''ब्रह्म समाज'' का आचार्य किसने नियुक्त किया?
A. द्वारका नाथ टैगोर B. देवेन्द्र नाथ टैगोर
C. राजा राम मोहन राय D. उपरोक्त कोई नहीं

**21.** ''संगत सभा'' (मैत्री संघ) की स्थापना किसके द्वारा की गयी?
A. देवेन्द्र नाथ टैगोर B. द्वारकानाथ टैगोर
C. केशव चन्द्र सेन D. रामचन्द्र विद्या वागीश

**22.** ''ब्रह्म समाज'' को अखिल भारतीय स्तर के रूप में विकसित करने का श्रेय है—
A. राजा राममोहन राय
B. आचार्य केशवचन्द्र सेन
C. देवेन्द्र नाथ टैगोर
D. महादेव गोविन्द रानाडे

**23.** ''ब्रह्म समाज'' से जुड़े किस पाक्षिक पत्र को अंग्रेजी का प्रथम दैनिक समाचार पत्र होने का सम्मान प्राप्त हुआ?
A. हिन्दू B. इण्डियन मिरर
C. अमृत बाजार पत्रिका D. संजीवनी

**24.** ''ब्रह्म समाज'' में फूट पड़ने के कारण ''भारतीय ब्रह्म समाज'' नामक नए संगठन की स्थापना किसने की?
A. आचार्य केशवचन्द्र सेन
B. देवेन्द्र नाथ टैगोर
C. द्वारिका नाथ टैगोर
D. उपरोक्त कोई नहीं

**25.** विभाजन के पश्चात देवेन्द्र नाथ टैगोर के नेतृत्व वाले पुराने ब्रह्म समाज को किस नाम से जाना गया?
A. साधारण ब्रह्म समाज B. आदि ब्रह्म समाज
C. भारतीय ब्रह्म समाज D. ब्रह्म समाज

**26.** निम्नलिखित किस कारण से ''ब्रह्म समाज'' में फूट पड़ी?
A. बालविवाह
B. वेदों की अकाट्यता
C. उपासना में भक्तिभाव को लेकर
D. देवत्व की एकात्मकता

**27.** आचार्य केशव चन्द्र सेन के प्रयास से ''वेद समाज'' की स्थापना कहाँ पर हुई?
A. बम्बई B. कलकत्ता
C. मद्रास D. लाहौर

**28.** केशव चन्द्र सेन के अनुयायियों ने ''भारतीय ब्रह्म समाज'' से अलग होकर किस संस्था की स्थापना की?
A. प्रार्थना सभा B. तत्वबोधिनी सभा
C. साधारण ब्रह्म समाज D. नवब्रह्म समाज

**29.** ''प्रार्थना समाज'' की स्थापना किसके द्वारा की गयी?
A. डॉ. आत्माराम पांडुरंग
B. महादेव गोविन्द रानाडे
C. उपरोक्त दोनों
D. आर.जी. भण्डारकर

**30.** प्रार्थन समाज की स्थापना कब हुई थी?
A. 1865 B. 1867
C. 1870 D. 1871

**31.** पश्चिमी भारत में सांस्कृतिक पुनर्जागरण के अग्रदूत'' के रूप में किसे जाना जाता है?
A. स्वामी दयानन्द सरस्वती
B. केशव चन्द्र
C. ज्योतिबा फुले
D. महादेव गोविन्द रानाडे

**32.** ''प्रार्थना समाज'' का प्रमुख उद्देश्य था–
A. जातीय कट्टरता का विरोध।
B. विवाह की आयु में विरोध।
C. विधवा विवाह एवं स्त्री शिक्षा को प्रोत्साहन।
D. उपरोक्त सभी।

**33.** रानाडे द्वारा किस दर्शन को मान्यता प्रदान की गयी?
A. वेदान्तवादी B. सर्वेश्वरवादी
C. रहस्यवादी D. भक्तिवादी

**34.** रानाडे ने किसके सहयोग से ''विधवा आश्रम संघ'' की स्थापना की?
A. ईश्वर चन्द्र विद्यासागर
B. आर.जी. भण्डारकर
C. डी.के. कर्वे
D. विष्णु शास्त्री

**35.** ''युवा बंगाल आन्दोलन'' का प्रवर्त्तक किसे माना जाता है?
A. राजा राममोहन राय
B. हेनरी विवियन डेरोजियो
C. सुरेन्द्र नाथ बनर्जी
D. ईश्वर चन्द्र विद्यासागर

**36.** ''दक्कन एजुकेशन सोसाइटी की स्थापना 1884 ई॰ में किसके द्वारा की गयी?
A. गोपाल कृष्ण गोखले B. बाल गंगाधर तिलक
C. एम.जी. रानाडे D. उपरोक्त कोई नहीं

**37.** 1873 ई॰ में किसके द्वारा सत्य शोधक समाज की स्थापना की गयी?
A. गोपाल हरि देशमुख B. बाल शास्त्री जांबेकर
C. विष्णु शास्त्री बापट D. ज्योतिबा फुले

**38.** निम्नलिखित किस राष्ट्रवादी नेता ने डेरोजियों को ''बंगाल में आधुनिक सभ्यता के अग्रदूत'' के रूप में सम्बोधित किया?
A. सुरेन्द्र नाथ बनर्जी
B. सुभाष चन्द्र बोस
C. ईश्वर चन्द्र विद्यासागर
D. बाल गंगाधर तिलक

**39.** डेरोजियो को निम्नलिखित किस क्रान्ति ने सर्वाधिक प्रभावित किया?
A. फ्रांसीसी क्रान्ति B. अमरीकन क्रान्ति
C. रूसी क्रान्ति D. उपरोक्त कोई नहीं

**40.** ''गुलामगिरी'' किसकी रचना है?
A. रानाडे B. ज्योतिबा फुले
C. डेरोजियो D. बाल शास्त्री जांभेकर

**41.** ''ब्रह्म समाज'' को आध्यात्मिक रूप से किसने विकसित किया?
A. रानाडे B. भंडारकर
C. देवेन्द्र नाथ टैगोर D. केशव चन्द्र सेन

**42.** स्वामी विवेकानन्द ने किस क्षेत्र में अधिक कार्य नहीं किया?
A. धार्मिक B. राजनीतिक
C. सामाजिक D. सांस्कृतिक

**43.** आर्य समाज और रामकृष्ण मिशन की शिक्षाओं में प्रमुख अन्तर क्या है?
A. कर्म ही पूजा
B. मूर्ति पूजा के तिषग में
C. सांसारिक दुनिया के विषय में
D. कोई अन्तर नहीं है

**44.** थियोसोफिकल सोसायटी यद्यपि अमरीका में स्थापित हुई, किन्तु बाद में भारत में इसका मुख्यालय क्यों बना?
A. भारत में इसके समर्थकों की संख्या अधिक थी।
B. भारतीय दर्शन एवं संस्कृति से प्रभावित होकर।
C. यह हिन्दू लोगों के लिए थी।
D. यह भारत में ही विकसित हो सकती थी।

**45.** ''दुर्बलता किसी भी रूप में हो वह एक अभिशाप है।'' यह कथन किसका है?
A. स्वामी विवेकानन्द B. रामकृष्ण परमहंस

C. स्वामी दयानन्द D. राजा राम मोहन राय

**46.** "मैं एक जाति, एक धर्म और एक ईश्वर में विश्वास करता हूँ।" यह कथन किसका है?

A. स्वामी विवेकानन्द B. राजा राममोहन राय
C. नारायण गुरू D. स्वामी दयानन्द

**47.** "मोहम्मडन ऐंग्लो ओरिएन्टल कालेज" की स्थापना किसने की?

A. मोहम्मद अली जिन्ना B. शौकत अली
C. अबुल कलाम आजाद D. सर सैयद अहमद खाँ

**48.** नवीन हिन्दूवाद के प्रणेता थे–

A. दयानन्द सरस्वती B. राममोहन राय
C. केशव चन्द्र सेन D. विवेकानन्द

**49.** रामकृष्ण मिशन की स्थापना किसने की?

A. स्वामी विवेकानन्द B. रामकृष्ण परमहंस
C. राममोहन राय D. विनोबा भावे

**50.** निम्नलिखित में कौन–सा युग्म सही सुमेलित नहीं है?

| *व्यक्ति* | | *प्रतिष्ठापित संस्था* |
|---|---|---|
| A. ज्योतिबा फुले | – | सत्य शोधक समाज |
| B. सी.आर. रेड्डी | – | प्रजा मित्र मण्डली |
| C. आत्माराम पाण्डुरंग | – | प्रार्थना समाज |
| D. भीमराव अम्बेडकर | – | ऑल इण्डिया डिप्रेस्ड क्लासेज एसोसिएशन |

**51.** स्वामी दयानन्द सरस्वती ने आर्य समाज की स्थापना कहाँ पर की थी?

A. कलकत्ता B. दिल्ली
C. लाहौर D. बम्बई

**52.** अलीगढ़ मुस्लिम विश्वविद्यालय का संस्थापक कौन था?

A. मो॰ इकबाल B. मो॰ अली जिन्ना
C. सैयद अहमद खाँ D. मौलाना आजाद

**53.** निम्नलिखित किस घटना से ईश्वर चन्द्र विद्यासागर का घनिष्ठ संबंध था?

A. सती प्रथा B. पर्दा प्रथा
C. विधवा विवाह D. शिशु वध

**54.** "वेदों की ओर चलो" – किसने कहा था?

A. राजा राममोहन राय
B. स्वामी दयानन्द सरस्वती
C. स्वामी विवेकानन्द
D. रामकृष्ण परमहंस

**55.** लाहौर में "दयानन्द एंग्लो वैदिक कॉलेज" की स्थापना किसने की थी?

A. लाला हंसराज B. लाला लाजपत राय
C. गुरू दत्त D. स्वामी श्रद्धानन्द

**56.** बनारस स्थित सेन्ट्रल हिन्दू स्कूल की स्थापना किसने की थी?

A. मदन मोहन मालवीय
B. श्रीमती एनी बेसेन्ट
C. भगवान दास
D. स्वामी श्रद्धानन्द

**57.** 1861 ई॰ में आगरा में राधास्वामी सत्संग की स्थापना किसने की?

A. राम अयोध्या प्रसाद जी
B. स्वामी शिवदयाल सिंह जी
C. पं॰ ब्रह्मशंकर मिश्र जी
D. गोपाल कृष्ण गोखले

**58.** 1906 ई॰ में बम्बई में प्रथम भारतीय महिला विश्वविद्यालय की स्थापना किसने की थी?

A. आत्माराम पाण्डुरंग
B. महादेव गोविन्द रानाडे
C. आर.जी. भण्डारकर
D. डी.के. कर्वे

**59.** हंटर कमीशन ने किसके विकास पर विशेष जोर दिया?

A. प्राथमिक शिक्षा B. उच्च शिक्षा
C. तकनीकी शिक्षा D. स्त्री शिक्षा

**60.** सती प्रथा समाप्ति का विरोध करने वाला भारतीय नेता कौन था?

A. राधाकान्त देव B. राजा राममोहन राय
C. देवेन्द्र नाथ टैगोर D. केशव चन्द्र सेन

**61.** हिन्दू धर्म को नवीन, आधुनिक और सरल बनाने का श्रेय किसको है?

A. प्रार्थना समाज
B. आर्य समाज
C. ब्रह्म समाज
D. थियोसॉफिकल सोसायटी

**62.** स्वामी विवेकानन्द ने सर्वधर्म सम्मेलन में किस वर्ष हिस्सा लिया?

A. 1896 B. 1899
C. 1893 D. 1883

**63.** स्वामी दयानन्द सरस्वती का जन्म कहाँ हुआ था?

A. महाराष्ट्र B. गुजरात
C. बंगाल D. मद्रास

**64.** स्वामी दयानन्द के बचपन का क्या नाम था?

A. नरेन्द्रनाथ B. दयाशंकर
C. मूलशंकर D. हरिदास

**65.** दयानन्द सरस्वती के गुरू कौन थे?

A. स्वामी विरजानन्द B. स्वामी पूर्णानन्द
C. स्वामी सहजानन्द D. उपरोक्त कोई नहीं

**66.** दयानन्द सरस्वती ने "आर्य समाज" की स्थापना कब की थी?

A. 1874 B. 1875
C. 1876 D. 1877

**67.** आर्य समाज की किस योजना ने भारत में साम्प्रदायिकता को जन्म दिया?

A. शुद्धि आन्दोलन B. पाखण्ड
C. अस्पृश्यता उन्मूलन D. पशुबलि निषेध

**68.** आर्य समाज द्वारा चलाए गए "शुद्धि आन्दोलन" का उद्देश्य क्या था?

A. अन्य धर्म से लोगों को हिन्दू धर्म में लाने का प्रयास।
B. अस्पृश्य लोगों को आर्य श्रेष्ठ जन से दूर रखना।
C. लोगों को अपने जीवन में नैतिकता और शुचिता लाने के लिए प्रेरित करना।
D. उपरोक्त सभी।

**69.** आर्य समाज के सर्वाधिक प्रभाव वाला क्षेत्र था–

A. बम्बई B. दिल्ली
C. लाहौर D. पंजाब

**70.** हरिद्वार में "गुरुकुल कांगड़ी" की स्थापना कब की गयी?

A. 1888 ई॰ B. 1902 ई॰
C. 1905 ई॰ D. 1920 ई॰

**71.** "दक्षिणेश्वर के संत" के रूप में किसे जाना जाता है?

A. संत ज्ञानेश्वर B. चैतन्य महाप्रभु
C. रामकृष्ण परमहंस D. स्वामी विवेकानन्द

**72.** "स्वामी दयानन्द प्रथम व्यक्ति थे जिन्होंने कहा कि भारत भारतवासियों के लिए है।" — यह कथन किसका है?

A. एनी बेसेन्ट B. सुभाष चन्द्र बोस
C. महात्मा गाँधी D. लाला लाजपत राय

**73.** अपने अमरीका प्रवास के दौरान स्वामी विवेकानन्द ने स्थापना की–

A. वेदान्त सभा B. धर्म सभा
C. रामकृष्ण मठ D. उपरोक्त कोई नहीं

**74.** स्वामी विवेकानन्द ने रामकृष्ण मिशन की स्थापना कब की?

A. 1898 ई॰ B. 1897 ई॰
C. 1896 ई॰ D. 1895 ई॰

**75.** स्वामी विवेकानन्द ने सर्वाधिक जोर दिया–

A. शिक्षा के प्रसार पर
B. मानव सेवा पर
C. मानव के नैतिक बल पर
D. उपरोक्त सभी

**76.** स्वामी विवेकानन्द को "आधुनिक राष्ट्रीय आन्दोलन का आध्यात्मिक पिता" किसने कहा?

A. सुभाष चन्द्र बोस B. रवीन्द्र नाथ टैगोर
C. महात्मा गाँधी D. जवाहर लाल नेहरू

**77.** "थियोसोफिकल सोसायटी" की स्थापना कहाँ पर की गयी?

A. न्यूयॉर्क B. शिकागो
C. आड्यार D. ब्रिटेन

**78.** थियोसोफिकल सोसायटी का अन्तर्राष्ट्रीय मुख्यालय कहाँ स्थित है?

A. न्यूयॉर्क B. अड्यार (मद्रास)
C. लन्दन D. सैन्फ्रांसिस्को

**79.** एनी बेसेन्ट थियोसोफिकल सोसायटी की अध्यक्षा कब बनीं?

A. 1907 ई॰ B. 1882 ई॰
C. 1889 ई॰ D. 1902 ई॰

**80.** "लोकहितवादी" के नाम से किस सुधारक को जाना जाता है?

A. महादेव गोविन्द रानाडे

B. गोपाल कृष्ण गोखले
C. गोपाल हरि देशमुख
D. पंडित रमाबाई

**81.** "परमहंस मण्डली" की स्थापना किसने की?
A. आत्माराम पाण्डुरंग B. आर.जी. भण्डारकर
C. गोपाल हरि देशमुख D. उपरोक्त कोई नहीं

**82.** "देश प्रेम धर्म है और धर्म भारत के प्रति प्रेम है।" — यह कथन किसका है?
A. स्वामी विवेकानन्द B. बंकिम चन्द्र चटर्जी
C. एम.जी. रानाडे D. बाल गंगाधर तिलक

**83.** निम्नलिखित में कौन सुमेलित नहीं है?
A. भारत स्त्री मण्डल — सरला बाला देवी
B. सेवा समिति — पं. हृदयनाथ कुंजरू
C. भारत महिला संघ — रमाबाई पाण्डेय
D. भारतीय सुधार संघ — केशव चन्द्र सेन

**84.** छुआछूत के खिलाफ आवाज उठाने वाला प्रथम राष्ट्रीय नेता कौन था?
A. बाल गंगाधर तिलक B. महात्मा गाँधी
C. रामास्वामी नायकर D. डॉ. बी.आर. अम्बेडकर

**85.** कांग्रेस ने छुआछूत के खिलाफ अपने किस वर्ष अधिवेशन में एक प्रस्ताव पारित किया था?
A. 1916 B. 1917
C. 1920 D. 1932

**86.** निम्नलिखित में किसने "वायकोम सत्याग्रह" को नेतृत्व प्रदान किया?
A. के.पी. केशवमेनन
B. ई.वी. रामास्वामी नायकर
C. उपरोक्त दोनों
D. टी.के. माधवन

**87.** केरल का "योगक्षेम संगठन" था—
A. निम्न जाति के एझवा और पुलैया का
B. उच्च जाति के नम्बूदरी ब्राह्मणों का
C. नायर जाति
D. उपरोक्त कोई नहीं

**88.** अखिल भारतीय हरिजन संघ (1932 ई॰) की स्थापना किसने की?
A. बी.आर. अम्बेडकर B. महात्मा गाँधी
C. बी.आर. शिन्दे D. ज्योतिबा फुले

**89.** "बहिष्कृत भारत" नामक पत्र का सम्पादक कौन था?
A. बी.आर. अम्बेडकर B. ज्योतिबा फुले
C. महात्मा गाँधी D. उपरोक्त कोई नहीं

**90.** निम्नलिखित किस आन्दोलन में गाँधी जी ने मध्यस्थ की भूमिका निभाई?
A. वायकोम सत्याग्रह B. गुरूवायूर सत्याग्रह
C. अरव्पिपुरम् आन्दोलन D. उपरोक्त कोई नहीं

**91.** मुसलमानों में वास्तविक सुधार हेतु " अहमदिया आन्दोलन" कब चलाया गया?
A. 1889 ई॰ B. 1875 ई॰
C. 1890 ई॰ D. 1868 ई॰

**92.** निम्नलिखित कौन-सी रचना सर सैयद अहमद खाँ की है?
A. "तहजीब उल अखलाक"
B. "राजभक्त मुसलमान"
C. "तफसीर उल कुरान"
D. उपरोक्त सभी

**93.** अहमदिया आन्दोलन की स्थापना कहाँ हुई?
A. पंजाब में B. लाहौर में
C. सहारनपुर में D. अमृतसर में

**94.** पंजाब में "नामधारी आन्दोलन" का संस्थापक कौन था?
A. भगत जवाहरमल B. बालक सिंह
C. राम सिंह D. शिवदयाल सिंह

**95.** पंजाब में "निरंकारी आंदोलन" के प्रवर्त्तक कौन थे?
A. बालक सिंह B. बाबा दयाल सिंह
C. खड्ग सिंह D. तेग बहादुर

**96.** पंजाब में "अकाली आन्दोलन" की शुरूआत कब हुई?
A. 1920 ई॰ B. 1925 ई॰
C. 1910 ई॰ D. 1922 ई॰

**97.** "रहनुमाई माजदायासन सभा" ने अपने विचारों के प्रचार के लिए किसका प्रकाशन किया?
A. जामे जमशेद B. राफ्त गोफ्तार
C. उपरोक्त दोनों D. रहनुमाई

**98.** भारत में किसकी प्रेरणा से महिला आन्दोलन शुरू हुआ?

A. रमाबाई रानाडे
B. हीराबाई टाटा
C. श्रीमती एनी बेसेन्ट
D. श्रीमती राधा बाई सुब्बारायन

99. स्त्री शिक्षा की दिशा में प्रथम प्रयास किसके द्वारा किया गया?
A. डी.के. कर्वे
B. ईश्वर चन्द्र विद्यासागर
C. बहरामजी मालाबारी
D. इसाई मिशनरीज

100. निम्नलिखित में कौन सुमेलित नहीं है?
A. सिविल मैरिज एक्ट – 1872
B. दासता अवैध घोषित – 1843
C. कलकत्ता तरूण स्त्री सभा – 1819
D. हिन्दू विधवा पुनर्विवाह अधिनियम – 1859

101. "आर्य महिला समाज" की स्थापना किसके द्वारा की गयी?
A. रमाबाई रानाडे B. सिस्टर निवेदिता
C. सरोजनी नायडू D. एनी बेसेन्ट

102. किस समाज सुधारक को " आधुनिक ऋषि" के नाम से पुकारा गया?
A. स्वामी विवेकानन्द
B. राजा राम मोहन राय
C. एम.जी. रानाडे
D. ईश्वर चन्द्र विद्यासागर

103. 1889 ई॰ में रमाबाई ने विधवाओं के लिए "शारदा आश्रम" की स्थापना कहाँ पर की?
A. पूना B. बम्बई
C. आगरा D. मद्रास

104. आधुनिक भारत का "प्रथम राष्ट्रवादी कवि" किसे माना जाता है?
A. रवीन्द्र नाथ टैगोर
B. हेनरी विवियन डेरोजियो
C. बंकिम चन्द्र चटर्जी
D. मुहम्मद इकबाल

105. "आधुनिक भारत का पिता" किसे कहा जाता है?
A. महात्मा गाँधी B. राजा राममोहन राय
C. डॉ॰ भीमराव अम्बेडकर D. उपरोक्त कोई नहीं

106. उन्नीसवीं शताब्दी के उत्तरार्द्ध में "नवहिन्दवाद" का श्रेष्ठ प्रतिनिधि किसे माना जाता है?
A. स्वामी विवेकानन्द B. बंकिम चन्द्र चटर्जी
C. राजा राम मोहन राय D. रामकृष्ण परमहंस

107. "यूरोप के एक अच्छे पुस्तकालय की एक आलमारी का तख्ता, भारत और अरब के समस्त साहित्य से अधिक मूल्यवान है।" उपरोक्त कथन किसका है?
A. लार्ड ऑकलैण्ड B. लार्ड मैकॉले
C. लार्ड कर्जन D. लार्ड डलहौजी

108. भारत में शिक्षा परिषद् की स्थापना कब हुई?
A. 1835 ई॰ B. 1842 ई॰
C. 1833 ई॰ D. 1838 ई॰

109. भारत में विश्वविद्यालयों की स्थापना किसकी सिफारिशों पर हुई?
A. चार्ल्सवुड डिस्पैच
B. विश्वविद्यालय अधिनियम
C. हंटर आयोग
D. उपरोक्त कोई नहीं

110. शिक्षा पर प्रस्तुत किस सिफारिश को "भारतीय शिक्षा का मैग्नाकार्टा" कहा जाता है?
A. हंटर आयोग
B. चार्ल्स वुड डिस्पैच
C. विश्वविद्यालय अधिनियम
D. वर्धा योजना

111. महिला शिक्षा के पक्ष में सर्वप्रथम सिफारिशें प्रस्तुत की–
A. हर्टोग समिति B. सैडलर आयोग
C. वुड डिस्पैच D. हंटर आयोग

112. निम्नलिखित में कौन सुमेलित नहीं है?
A. वुड डिस्पैच – लार्ड डलहौजी।
B. हंटर आयोग – लार्ड रिपन।
C. विश्वविद्यालय अधिनियम – लार्ड एल्गिन।
D. सैडलर आयोग – लार्ड चेम्सफोर्ड।

113. पहली बार कलकत्ता, बम्बई तथा मद्रास प्रेसीडेंन्सी में एक–एक विश्वविद्यालय की स्थापना की गयी–
A. विश्वविद्यालय अधिनियम द्वारा।
B. चार्ल्स वुड डिस्पैच द्वारा।
C. सैडलर आयोग की रिपोर्ट द्वारा।

D. हंटर आयोग की सिफारिश पर।

**114.** भारत में सर्वप्रथम मुद्रणालय स्थापित करने का श्रेय किसे दिया जाता है?
A. पुर्तगालियों को B. अंग्रेजों को
C. डचों को D. फ्रांसीसियों को

**115.** भारत से प्रकाशित होने वाला प्रथम समाचार पत्र कौन था?
A. कलकत्ता B. बंगाल गजट
C. इंग्लिश मैन D. अमृत बाजार पत्रिका

**116.** बंगाली भाषा का पहला मासिक पत्र किसे माना जाता है?
A. दिग्दर्शन B. संवाद कौमुदी
C. संजीवनी D. समाचार दर्पण

**117.** किसी भारतीय द्वारा सम्पादित, प्रकाशित तथा संचालित प्रथम भारतीय समाचार पत्र था–
A. मीरात–उल–अखबार B. संवाद कौमुदी
C. दिग्दर्शन D. संजीवनी

**118.** भारत की प्रथम राष्ट्रीय समाचार एजेन्सी कौन थी?
A. द इण्डियन रिव्यू।
B. द फ्री प्रेस ऑफ इण्डिया।
C. द एसोसिएटेड प्रेस ऑफ इण्डिया।
D. उपर्युक्त कोई नहीं।

**119.** निम्नलिखित में किसे हिन्दी का प्रथम पत्र माना जाता है?
A. हिन्दुस्तान B. उदन्ड मार्तण्ड
C. आज D. हिन्दी प्रदीप

**120.** निम्नलिखित किस अखबार को प्रतिबन्धित करने के उद्देश्य से "वर्नाकुलर प्रेस एक्ट" लाया गया?
A. सोम प्रकाश B. अमृत बाजार पत्रिका
C. भारत मिहिर D. उपरोक्त सभी

**121.** 1921 ई. में सरकार ने किसके नेतृत्व में एक "प्रेस कमेटी" नियुक्त की?
A. चार्ल्स मेटकैफ B. श्री गुरूदास बनर्जी
C. सत्येन्द्र प्रसन्न सिंह D. तेज बहादुर सप्रू

**122.** निम्नलिखित में किसे "भारतीय समाचार–पत्रों का मुक्ति दाता" माना जाता है?
A. लार्ड विलियम बैंटिक B. चार्ल्स मेटकॉफ
C. लार्ड मैकाले D. लार्ड रिपन

**123.** भारत में स्वतंत्र तथा तटस्थ पत्रकारिता का जन्मदाता किसे माना जाता है?
A. चार्ल्स मेटकॉफ
B. जेम्स ऑगस्टस हिक्की
C. सिल्क बर्किंघम
D. उपरोक्त (B) और (C) दोनों

**124.** "भारतीय पत्रकारिता का राजकुमार" किसे कहा जाता है?
A. बाल गंगाधर तिलक B. सुरेन्द्र नाथ बनर्जी
C. क्रिस्टोदास पाल D. चार्ल्स मेटकॉफ

**125.** पत्रकार के कर्त्तव्य का निर्वहन करते हुए जेल जाने वाला प्रथम भारतीय कौन था?
A. बाल गंगाधर तिलक B. दादाभाई नौरोजी
C. मोतीलाल घोष D. सुरेन्द्र नाथ बनर्जी

**126.** निम्नलिखित में किसका सम्पादन महात्मा गाँधी ने किया?
A. हरिजन B. यंग इण्डिया
C. नवजीवन D. उपरोक्त सभी

**127.** निम्नलिखित युग्मों में कौन सुमेलित नहीं है?
A. केसरी – 1881
B. अमृत बाजार पत्रिका – 1878
C. यंग इण्डिया – 1919
D. पायनियर – 1914

## उत्तरमाला

| 1 | 2 | 3 | 4 | 5 | 6 | 7 | 8 | 9 | 10 |
|---|---|---|---|---|---|---|---|---|---|
| C | D | D | C | D | D | A | A | C | D |
| **11** | **12** | **13** | **14** | **15** | **16** | **17** | **18** | **19** | **20** |
| A | C | C | B | A | B | A | D | A | B |

| 21 | 22 | 23 | 24 | 25 | 26 | 27 | 28 | 29 | 30 |
|---|---|---|---|---|---|---|---|---|---|
| C | B | B | A | B | B | C | C | C | B |
| 31 | 32 | 33 | 34 | 35 | 36 | 37 | 38 | 39 | 40 |
| D | D | D | C | B | C | D | A | A | B |
| 41 | 42 | 43 | 44 | 45 | 46 | 47 | 48 | 49 | 50 |
| C | B | B | B | A | C | D | D | A | B |
| 51 | 52 | 53 | 54 | 55 | 56 | 57 | 58 | 59 | 60 |
| D | C | C | B | A | B | B | D | B | A |
| 61 | 62 | 63 | 64 | 65 | 66 | 67 | 68 | 69 | 70 |
| B | C | B | C | A | B | A | A | D | B |
| 71 | 72 | 73 | 74 | 75 | 76 | 77 | 78 | 79 | 80 |
| C | A | A | C | B | A | A | B | A | C |
| 81 | 82 | 83 | 84 | 85 | 86 | 87 | 88 | 89 | 90 |
| C | B | C | B | B | C | B | B | A | A |
| 91 | 92 | 93 | 94 | 95 | 96 | 97 | 98 | 99 | 100 |
| A | D | A | C | B | A | B | A | D | D |
| 101 | 102 | 103 | 104 | 105 | 106 | 107 | 108 | 109 | 110 |
| A | C | B | B | B | A | B | B | A | B |
| 111 | 112 | 113 | 114 | 115 | 116 | 117 | 118 | 119 | 120 |
| C | C | B | A | B | A | B | C | B | D |
| 121 | 122 | 123 | 124 | 125 | 126 | 127 | | | |
| D | B | D | C | A | D | D | | | |

# 14. 1857 का विद्रोह

- 1857 की महान क्रांति लॉर्ड कैनिंग के गवर्नर-जनरल के रूप में शासन करने के दौरान हुई थी । इस विद्रोह का आरंभ 10 मई, 1857 को मेरठ में हुआ, जो धीरे-धीरे कानपुर, बरेली, झांसी, दिल्ली, अवध आदि स्थानों पर फैल गया।
- इस क्रांति की शुरुआत तो सैन्य विद्रोह के रूप में हुई परंतु कालांतर में उसका स्वरूप बदल कर ब्रिटिश सत्ता के विरुद्ध एक जनव्यापी विद्रोह के रूप में हो गया, जिसे भारत का पहला स्वतंत्रता संग्राम कहा गया।
- 1857 के विद्रोह के प्रकृति के बारे में विद्वानों ने अलग-अलग मत प्रकट किए हैं।

**1857 की क्रांति के प्रकृति के संवंध में इतिहासकारों के मत**

| मत | इतिहासकार |
|---|---|
| 1. यह पूर्णतया सिपाही विद्रोह था | सर जॉन लारेंस, सीले |
| 2. यह स्वतंत्रता संग्राम था | डॉ. ईश्वरी प्रसाद |
| 3. यह एक सामंतवादी प्रतिक्रिया थी | मिस्टर के. |
| 4. यह जनक्रांति थी | डॉ. रामविलास शर्मा |
| 5. यह राष्ट्रीय विद्रोह था | डिजरायली |
| 6. यह अंग्रेजों के विरुद्ध हिन्दू-मुसलमानों का षडयंत्र था | जेम्स आउट्रम, डब्ल्यू टेलर |
| 7. यह ईसाई धर्म के विरुद्ध एक धर्म युद्ध था | एल०. आर०. रीज |
| 8. यह सभ्यता एवं बर्बरता का संघर्ष था | टी. आर. होम्स |
| 9. यह विद्रोह राष्ट्रीय स्वतंत्रता के लिए सुनियोजित युद्ध था | वीर सावरकर, अशोक मेहता |
| 10. 1857का विद्रोह स्वतंत्रता संग्राम नहीं था | आर. सी . मजूमदार |
| 11. 1857 का विद्रोह केवल एक सैनिक विद्रोह था, जिसका तात्कालिक कारण चर्बीयुक्त कारतूस था | पी. राबर्ट्स |

- 1857 के विद्रोह के राजनैतिक कारणों में सर्वाधिक महत्त्वपूर्ण कारण के रूप में डलहौजी की **'गोद निषेध प्रथा'** या **'हड़प नीति'** को माना जाता है। डलहौजी ने अपनी इस नीति के तहत सतारा, नागपुर, संभलपुर, झांसी, बरार आदि राज्यों पर अधिकार कर लिया, जिसके परिणामस्वरूप इन राजवंशों में अंग्रेजी हुकूमत के खिलाफ असंतोष व्याप्त हो गया।
- इस क्रांती के लिए जिम्मेदार आर्थिक कारण इस प्रकार हैं– भारतीयों के धन का निष्कासन तीव्र गति से इंग्लैंड की ओर हुआ। मुक्त व्यापार तथा अंग्रेजी वस्त्रों के भारत के बाजारों में अधिक मात्रा में आ जाने के कारण उसका प्रभाव यहां के लघु एवं कुटीर उद्योग पर पड़ा और वे नष्ट हो गए।
- लॉर्ड विलियम बैंटिंक ने अपने शासनकाल में बहुत-सी माफी तथा इनाम की भूमि को छीन लिया, जिसका प्रभाव यह हुआ कि अनेक भारतीय जमींदार दरिद्र एवं कंगाल हो गए और इस तरह इन जमींदारों में अंग्रेजी सत्ता के खिलाफ असंतोष व्याप्त हो गया।
- कृषि के क्षेत्र में अंग्रेजों की गलत नीतियों के कारण भारतीय किसानों की स्थिति अत्यंत दयानीय हो गई।
- धर्म के मामले में ब्रिटिश सत्ता सैद्धांतिक रूप से तटस्थ थी, पर उसने ईसाई धर्म के प्रचार में अपना पूर्ण सहयोग दिया। ईसाई मिशनरियों का दृष्टिकोण भारत के प्रति बड़ा तिरस्कारपूर्ण था, उसका एकमात्र उद्देश्य भारत में अपनी सर्वोच्चता प्रदर्शित करना था। 1850 में पास किए गए 'धार्मिक निर्योग्यता अधिनियम (Emancipation

Act) द्वारा हिन्दू रीति-रिवाजों में परिवर्तन लाया गया। अंग्रेजों की इस नीति ने हिन्दूओं व मुसलमानों में कंपनी के प्रति शंका भर दी।

- अंग्रेजों की अनेक नीतियां तथा कार्य ऐसे थे जिनसे भारतीयों में असंतोष की भावना पनपी। बैंटिंक ने अपने शासनकाल में सती-प्रथा, बाल हत्या, नर हत्या आदि पर प्रतिबंध लगाकर तथा डलहौजी ने विधवा विवाह को मान्यता देकर रूढ़िवादी भारतीयों के अंदर असंतोष को भर दिया।
- शिक्षा के क्षेत्र में अंग्रेजों ने पाश्चात्य सभ्यता, संस्कृति, भाषा एवं साहित्य के विकास पर अधिक ध्यान दिया। ऐसे समय में भारतीय सभ्यता, संस्कृति, भाषा एवं साहित्य के विकास के क्षेत्र में कंपनी सरकार द्वारा कोई विशेष परिवर्तन न किए जाने के कारण भारतीय बौद्धिक वर्ग अंग्रेजों के विरुद्ध हो गया।
- लगान वसूली एवं विद्रोहों को कुचलने में अपनाई जानेवाली अमानवीय एवं कठोर नीतियों ने भारतीयों के अंदर ब्रिटिश सत्ता के खिलाफ घृणा एवं द्वेष भर दिया।
- 1857 के विद्रोह में सैन्य असंतोष की भूमिका को नकारा नहीं जा सकता। लॉर्ड डलहौजी के समय तीन सैनिक विद्रोह हो चुके थे। 1857 में कैनिंग द्वारा पारित सामान्य सेवा भर्ती अधिनियम सैनिकों में बहुत अप्रिय रहा। इस अधिनियम के अनुसार बंगाल के सभी सैनिकों को सरकार जहां चाहे वहां कार्य करवा सकती थी। 1854 के डाकघर अधिनियम से सैनिकों की निःशुल्क डाक सुविधा समाप्त हो गई।
- 1857 के विद्रोह का तात्कालिक कारण नए एनफील्ड रायफल का प्रयोग जिसमें चर्बीयुक्त कारतूस का प्रयोग किया जाता था । ऐसा कहा जाता है कि एनफील्ड रायफल के कारतूस में गाय और सूअर की चर्बी होती थी जिसे गोली चलाने से पहले दांत से काटना पड़ता था, इससे हिन्दू और मुस्लिम दोनों सम्प्रदायों में रोष व्याप्त हो गया।

**1857 के विद्रोह की प्रमुख घटनाएं**

| विद्रोह के केंद्र | विद्रोह के भारतीय नायक | विद्रोह का समय | विद्रोह दबाने वाले ब्रिटिश नायक | विद्रोह दबाने का समय |
|---|---|---|---|---|
| 1. दिल्ली | बहादुरशाह जफर एवं बख्त खां (सैन्य नेतृत्व) | 11,12 मई, 1857 | निकलसन, हडसन | 21 सितंबर, 1857 |
| 2. कानपुर | नाना साहब एवं तात्या टोपे | 5 जून, 1857 | कैंपबेल | 6 सितंबर, 1857 |
| 3. लखनऊ | बेगम हजरत महल | 4 जून, 1857 | कैंपबेल | मार्च, 1858 |
| 4. झांसी, ग्वालियर | रानी लक्ष्मीबाई एवं तात्या टोपे | जून, 1857 | ह्यूरोज | 3 अप्रैल, 1858 |
| 5. इलाहाबाद, बनारस | लियाकत अली | 1857 | कर्नल नील | 1858 |
| 6. जगदीशपुर (बिहार) | कुंअर सिंह | अगस्त, 1857 | विलियम टेलर, मेजर विंसेट आयर | 1858 |
| 7. बरेली | खान बहादुर खां | 1857 | ......... | 1858 |
| 8. फैजाबाद | मौलवी अहमदउल्ला | 1857 | ......... | 1858 |
| 9. फतेहपुर | अजीमुल्ला | 1857 | जनरल रेनर्ड | 1858 |

- विद्रोह की समाप्ति के बाद 1858 में ब्रिटिश संसद ने एक कानून पारित कर ईस्ट इंडिया के अस्तित्व को समाप्त कर दिया और अब भारत पर शासन का पूरा अधिकार महारानी के हाथों में आ गया।
- इंग्लैंड में 1858 के अधिनियम के तहत एक 'भारतीय राज्य सचिव', की व्यवस्था की गई, जिसकी सहायता के लिए 15 सदस्यों की एक 'मंत्रणा परिषद्' बनाई गई।

- स्थानीय लोगों को उनके गौरव एवं अधिकारों को पुनः वापस करने की बात कही गई और साथ ही धार्मिक शोषण खत्म करने एवं सेवाओं में बिना भेदभाव के नियुक्ति की बात की गई।
- सेना पुनर्गठन के आधार पर यूरोपीय सैनिकों की संख्या को बढ़ाया गया। अब सेना में भारतीयों एवं अंग्रेजों का अनुपात 2:1 का हो गया। उच्च जाति के लोगों में से सैनिकों की भर्ती बंद कर दी गई।
- 1858 के अधिनियम के तहत ही भारत में गवर्नर-जनरल के पद में परिवर्तन कर उसे 'वायसराय' का पद बना दिया गया।
- विद्रोह के परिणामस्वरूप भारतीयों में राष्ट्रीय एकता की भावना का विकास हुआ और हिन्दू-मुस्लिम एकता ने जोर पकड़ना शुरू किया, जिसका कालांतर में राष्ट्रीय आंदोलन में अच्छा योगदान रहा।
- भारतीयों के प्रशासन में प्रतिनिधित्व के क्षेत्र में अल्प प्रयास के तहत 1861 का भारतीय परिषद् अधिनियम को पारित किया गया।
- यह विद्रोह स्थानीय, असंगठित एवं सीमित था। मुंबई एवं मद्रास (चेन्नई) की सेनाएं तथा नर्मदा नदी के दक्षिण राज्यों ने विद्रोह में अंग्रेजों का समर्थन किया।
- अच्छे साधन एवं धनाभाव के कारण भी यह विद्रोह असफल रहा। अंग्रेजी अस्त्र-शस्त्र के समक्ष भारतीय अस्त्र-शस्त्र बौने साबित हुए।
- 1857 के विद्रोह के प्रति 'शिक्षित वर्ग' पूर्ण रूप से उदासीन रहा।
- इस विद्रोह में राष्ट्रीय भावना का सही मायने में अभाव था क्योंकि भारतीय समाज के सभी वर्गों का सहयोग इस विद्रोह को नहीं मिल सका।

**ब्रिटिश शासनकाल के प्रमुख विद्रोहः एक नजर में**

| वर्ष | विद्रोह | प्रमुख क्षेत्र | नेतृत्वकर्त्ता |
|---|---|---|---|
| 1760-1800 | सन्यासी विद्रोह | बंगाल, बिहार | द्विजनारायण, केना सरकार |
| 1766-1772 | चुआर विद्रोह | मिदनापुर, बाकुंडा | दुर्जन सिंह |
| 1772-1790 | पालिगार विद्रोह | तमिलनाडु | वी. पी. कट्टालाम्मान |
| 1805 | थम्पी विद्रोह | त्रावनकोर | दीवान वेलुथंपी |
| 1817 | पाइक विद्रोह | उड़ीसा | बख्सी जगबंध |
| 1818-20 | बघेरा विद्रोह | ओखा मंडल | बघेरा सरदार |
| 1819-31 | कच्छ विद्रोह | कच्छ | राजा भारमल |
| 1822-29 | रमोसी विद्रोह | सतारा | चितर सिंह |
| 1824 | रानी चेनम्मा का विद्रोह | कित्तूर | चेनम्मा |
| 1825-27 | पागलपंथी विद्रोह | असम | टीपू (गारो) |
| 1825 | भील विद्रोह | महाराष्ट्र | सेवरम |
| 1828-30 | अहोम विद्रोह | असम | गोमधम कुंवर |
| 1829-48 | गडकारी सैनिक विद्रोह | कोल्हापुर | ............. |
| 1831 | बारिसाल विद्रोह | बंगाल | टीटू, मीर |
| 1831-32 | कोल विद्रोह | छोटानागपुर | विन्दराय मानकी |
| 1832-33 | खासी विद्रोह | जयन्तिया व गारो पहाड़ी | राजा तीरत सिंह |
| 1838-48 | फराजी विद्रोह | फरीदपुर(बंगाल) | दादू मियां |
| 1840-45 | कूका विद्रोह-1 | पंजाब | भगत जवाहरमल |
| 1855-56 | संथाल विद्रोह | राजमहल क्षेत्र (झारखंड) | सीद्धो व कान्हू |
| 1859-60 | नील विद्रोह | बंगाल | दिगम्बर व विष्णु विश्वास |

| | | | |
|---|---|---|---|
| 1872 | कूका विद्रोह-2 | पंजाब | रामसिंह कूका |
| 1873-76 | पावना विद्रोह | पावना | ईशानचंद्र राय |
| 1879 | कृषक विद्रोह | पूणे | वासुदेव बलवंत फड़के |
| 1899 | मुण्डा विद्रोह | रांची | बिरसा मुण्डा |
| 1917 | चंपारन नील आंदोलन | चंपारन | महात्मा गाँधी |
| 1918 | खेड़ा कृषक आंदोलन | खेड़ा | महात्मा गाँधी |
| 1919 | नाई-धोबी बंद आंदोलन | प्रतापगढ़ | बाबा रामचंद्र |
| 1920 | अवध किसान आंदोलन | प्रतापगढ़ | बाबा रामचंद्र |
| 1921 | गोपला कृषक विद्रोह | मालाबार (केरल) | लियाकत अली मुंसी |
| 1921 | एका कृषक आंदोलन | पूर्वी उ. प्र. | मदारी पासी |
| 1921 | चिराला-पिराला आंदोलन | गन्टूर | दग्गिराजा गोपाल कृष्ण |
| 1924 | कोल बारा कोम आंदोलन | केरल | के.पी. के. मेनन |
| 1930 | मणिपुर विद्रोह | मणिपुर | रानी गेडिनल्यू |
| 1930 | चटगाँव शास्त्रागार आंदोलन | चटगाँव | सुर्यसेन |
| 1931-32 | गुरूवायूर आंदोलन | केरल | तिरुंभावु सुब्रह्मण्यम |
| 1941 | सतारा नागरिक विद्रोह | सतारा (महाराष्ट्र) | वाई. वी. चव्हाण, एवं अच्युत पटवर्द्धन |
| 1942 | बलिया नागरिक विद्रोह | बलिया (उ. प्र.) | चितू पाण्डे |
| 1946 | नौसेना विद्रोह | बंबई | – |
| 1946 | तेभागा कृषक आंदोलन | (बंगाल) | मुंहम्मद दानेश एवं नियाकत अली |
| 1946 | बेहरामपुर नागरिक विद्रोह | बेहरामपुर (असम) | भागेश्वरी देवी फुकन |

## वस्तुनिष्ठ प्रश्न–I

**1.** अंग्रेजी सेना के भारतीय सिपाहियों ने पहली बार कब अपने अंग्रेज सैन्य अधिकारियों के विरुद्ध विद्रोह किया?

A. बक्सर के युद्ध (1764 ई॰) के समय।

B. प्रथम आंग्ल अफगान युद्ध के समय।

C. प्लासी के युद्ध के समय (1757 ई॰)।

D. 1857 की क्रांति के समय।

**2.** निम्नलिखित सैन्य–विद्रोहों में कौन सुमेलित नहीं है?

A. वेल्लोर मठ विद्रोह – 1806 ई॰

B. गोविन्दगढ़ विद्रोह – 1825 ई॰

C. बैरकपुर विद्रोह – 1824 ई॰

D. शोलापुर विद्रोह – 1838 ई॰

**3.** 1844-45 का गदकरी विद्रोह किनके विरूद्ध था?

A. साहूकारों

B. अंग्रेजी सरकार

C. कोल्हापुर के महाराजा

D. उपरोक्त (B) और (C) दोनों

**4.** ब्रिटिश सेना में सेवारत भारतीय सैनिकों का पहला सैनिक विद्रोह कहाँ हुआ?

A. पटना B. बैरकपुर

C. वेल्लोर D. मेरठ

**5.** निम्नलिखित में कौन–सा स्थान 1857 के विद्रोह का केन्द्र बिन्दु नहीं था?

A. बरेली B. झाँसी

C. आरा D. मद्रास

**6.** 1857 के शुरू में अशान्ति के प्रथम संकेत कहाँ दिखाई दिए?

A. अवध B. बंगाल
C. मेरठ D. बिहार

**7.** कानपुर में कत्लेआम के लिए कौन उत्तरदायी थे?

A. नाना साहिब B. तांत्या टोपे
C. अजीमुल्लाह D. नाना के सैनिक

**8.** विद्रोह के किस मुख्य केन्द्र पर अंग्रेजों ने सर्वप्रथम पुनः अधिकार किया?

A. दिल्ली B. झाँसी
C. कानपुर D. लखनऊ

**9.** राजस्थान में के विद्रोह का सर्वाधिक महत्वपूर्ण केन्द्र कौन था?

A. नसीराबाद B. कोटा
C. अजमेर D. जैसलमेर

**10.** झाँसी में अफसरों की अवज्ञा करने तथा हिंसा एवं कत्ल करने के लिए सिपाहियों को किसने उकसाया?

A. रानी लक्ष्मीबाई B. दामोदर राव
C. लक्ष्मण राव D. तांत्या टोपे

**11.** अप्रैल, 1858 में किस विद्रोही की गिरफ्तारी के साथ विद्रोह को समाप्त हुआ माना जा सकता है?

A. कुँवर सिंह B. नाना साहिब
C. बेगम हजरत महल D. तांत्या टोपे

**12.** उड़ीसा तथा छोटानागपुर से विद्रोह में भाग लेने वाले अधिकांश लोग थे?

A. आदिम जनजातियाँ B. भूतपूर्व शासक
C. भू–स्वामी D. उपरोक्त सभी

**13.** निम्नलिखित में किन वर्गों ने 1857 के विद्रोह का समर्थन नहीं किया?

A. किसान और दस्तकार
B. नवोदित मध्यम वर्ग
C. देशी राज्यों के शासक
D. अभिजात वर्ग और जमींदार

**14.** उत्तर प्रदेश में 1857 के विद्रोह के अधिकांश असैनिक नेता किस वर्ग से संबंधित थे?

A. भू–स्वामी B. शासक
C. किसान D. व्यवसायी

**15.** 1857 के विद्रोह को निम्नलिखित किस स्थान पर मौलवियों एवं पंडितों ने समान रूप से प्रोत्साहन किया?

A. असम B. राजस्थान
C. बिहार D. बंगाल

**16.** 1857 के विद्रोह का वह कौन नेता था जिसने विद्रोह के दौरान फ्रांस के सम्राट नेपोलियन तृतीय को तीन पत्र भेजे?

A. सम्राट बहादुरशाह द्वितीय
B. तांत्या टोपे
C. नाना साहिब
D. रानी लक्ष्मीबाई

**17.** 1857 के विद्रोह को राष्ट्रीय स्वतंत्रता संग्राम कहना उपयुक्त नहीं है, क्योंकि–

A. 1857 में भारत राजनीतिक दृष्टि से एक राज्य नहीं था।
B. सामान्य मातृभूमि के प्रति निष्ठा रखने की बजाय विद्रोह के नेता अपनी व्यक्तिगत निष्ठाओं से अधिक प्रेरित थे।
C. उपरोक्त (A) और (B) दोनों।
D. "राष्ट्रीय" और "राष्ट्रवाद" शब्दों से लोग अभी तक अनभिज्ञ थे।

**18.** असम में 1857 के विद्रोह का नेता कौन था?

A. दीवान मणिराम दत्त B. पुरन्दर सिंह
C. पिलाली बरूआ D. कंडार पेशेवर सिंह

**19.** 1857 के विद्रोह के दौरान कंपनी के प्रति निष्ठावान नहीं रहने वाले शासक थे–

A. बंगाल के जमींदार
B. कश्मीर का राजा गुलाब सिंह
C. डूंगरपुर का महाराजा जसवंत सिंह
D. सतलज के इस पार के सिख सरदार

**20.** 10 मई, 1857 को सैनिकों ने कहाँ विद्रोह शुरू किया?

A. कानपुर B. मेरठ
C. लखनऊ D. बैरकपुर

**21.** मुगल सम्राट बहादुर शाह द्वितीय को "हिन्दुस्तान का शहंशाह" घोषित करने का राजनैतिक महत्व यह था कि–

A. यह मुगल साम्राज्य की पुनर्स्थापना का द्योतक था।

B. यह भारत से ब्रिटिश शासन के अन्त का प्रतीक था।
C. सम्राट बहादुर शाह द्वितीय विद्रोहियों की एकता का केन्द्र–बिन्दु बन गया।
D. इनमें से कोई नहीं।

**22.** अंग्रेजी सेना के कमान्डर सर हग रोज ने 1857 के विद्रोह के दौरान किसे "विद्रोहियों का सर्वोत्तम और सबसे बहादुर नेता" बताया था?
A. रानी लक्ष्मीबाई B. कुँवर सिंह
C. नाना साहिब D. तांत्या टोपे

**23.** निम्नांकित किस देशी राज्य को गवर्नर–जनरल डलहौजी ने उसके क्षेत्र या पेंशनों से वंचित किया था?
A. सतारा B. ग्वालियर
C. मैसूर D. नागपुर

**24.** मद्रास और बम्बई में उत्तर भारत के प्रान्तों की भांति 1857 का विद्रोह क्यों नहीं हुआ?
A. रैयतवारी बन्दोबस्त ने इस क्षेत्र को नेतृत्वविहीन कर दिया था।
B. ये प्रान्त विलय और विजय की ब्रिटिश नीति से मुक्त रहे।
C. उनके प्रशासक अपेक्षाकृत अधिक सहिष्णु और प्रबुद्ध थे।
D. इनमें से कोई नहीं।

**25.** लार्ड डलहौजी ने निम्नलिखित में से किस कार्य के द्वारा मुगल सम्राट बहादुरशाह द्वितीय की बची–खुची प्रतिष्ठा को समाप्त कर दिया?
A. उसके शाही पद को समाप्त कर दिया गया।
B. उसकी पेंशन कम कर दी गयी।
C. उसे लालकिला खाली करने और अपेक्षाकृत साधारण स्थान पर चले जाने के लिए कहा गया।
D. उसके अंगरक्षकों को हटाने को कहा गया।

**26.** निम्नांकित कौन–सा आदिवासी आन्दोलन, राष्ट्रीय आन्दोलन से प्रभावित नहीं था?
A. ताना भगत आन्दोलन
B. मुण्डा विद्रोह
C. रानी गैडिनलियु का आन्दोलन
D. रम्पा विद्रोह

**27.** "1857 का विद्रोह एक राष्ट्रीय विद्रोह था न कि एक सैनिक विद्रोह।" – यह कथन किसका है?
A. लार्ड कैनिंग B. डिजरायली
C. लार्ड एलनबरो D. लार्ड डलहौजी

**28.** दिल्ली में सम्राट बहादुर शाह द्वितीय की सेना का सेनानायक कौन था?
A. बाबू कुँवर सिंह B. खान बहादुर खाँ
C. जनरल बख्त खाँ D. अजीमुल्लाह

**29.** लखनऊ में विद्रोह का नेतृत्व किसने किया?
A. तांत्या टोपे B. बिरजिस कादर
C. मौलवी अहमुदल्ला D. बेगम हजरत महल

**30.** रूहेलखण्ड में 1857 के विद्रोह का नेता कौन था?
A. खान बहादुर खाँ B. मुहम्मद हसन खाँ
C. राजा बेनी माधो सिंह D. शहजादा फिरोज खाँ

**31.** बिहार में 1857 के विद्रोह का प्रमुख नेता कौन था?
A. अमरसिंह B. कुँवर सिंह
C. पीर अली D. इमादुद्दीन

**32.** यह कहा जाता है कि "जीवित जूलियस सीजर की तुलना में मृत जूलियस सीजर कहीं अधिक शक्तिशाली था।" 1857 के विद्रोह के बारे में भी यही कहा जा सकता है, क्योंकि–
A. यह भारत में उदीयमान राष्ट्रवार का ज्वलंत उदाहरण बना रहा।
B. इसके कारण भारतीय लोगों ने विदेशी शासकों का विश्वास खो दिया।
C. उपरोक्त (A) और (B) दोनों
D. यह भारत में महान अंग्रेजी साम्राज्य को चुनौती का प्रतीक बन गया।

**33.** यह कथन किसका है कि – "इस निष्कर्ष से बचना कठिन है कि तथाकथित पहला स्वतंत्रता संग्राम न तो पहला था, न ही राष्ट्रीय और न ही स्वतंत्रता संग्राम।"
A. डॉ॰ ताराचन्द B. डॉ॰ के.के. दत्ता
C. डॉ. आर.सी. मजूमदार D. इनमें से कोई नहीं

**34.** 1857 के विद्रोह की सबसे बड़ी मूल कमजोरी यह थी कि–
A. समूचे आन्दोलन का कोई आधुनिक, एकीकृत और प्रगतिशील कार्यक्रम नहीं था।

B. इसकी कोई योजना, कार्यक्रम और धन की व्यवस्था नहीं थी।

C. विद्रोही, समकालीन वैज्ञानिक प्रगति के महत्व से अवगत नही थे।

D. विद्रोहियों को शत्रु की राजनीतिक व्यवस्था के स्वरूप की जानकारी नहीं थी।

**35.** 1857 के विद्रोह के दौरान सम्राट बहादुरशाह का सबसे अधिक विश्वसनीय परामर्शदाता था–

A. शहजादा जवाँ बख्त B. हकीम अहसानउल्ला
C. शहजादा बख्त खाँ D. बेगम जीनत महल

**36.** रानी लक्ष्मीबाई ने किसकी सहायता से ग्वालियर पर अधिकार किया?

A. तांत्या टोपे
B. राव साहिब
C. उपरोक्त (A) और (B) दोनों
D. नाना साहिब

**37.** ब्रिटिश सेनाओं की दिल्ली पर विजय के बाद ब्रिटिश सेनाओं के सेनानायक जनरल हडसन का सर्वाधिक क्रूर कार्य क्या था?

A. बहादुर शाह के तीनों बेटों की गोली मार कर हत्या कर देना।
B. बहादुर शाह के बेटों को नंगा किया।
C. दिल्ली की जनता को आतंकित करना।
D. इनमें से कोई नहीं।

**38.** 1857 के विद्रोह का तात्कालिक परिणाम क्या हुआ?

A. ईस्ट इंडिया कंपनी का अंत।
B. ब्रिटिश ताज ने भारत के शासन को अपने हाथों में ले लिया।
C. शासक और प्रजा दोनों में अविश्वास की भावना बढ़ी।
D. उपरोक्त सभी।

**39.** दक्षिण भारत के किस राजा ने अंग्रेजों के विरूद्ध विद्रोह नहीं किया?

A. विजयनगरम् के राजा B. त्रावणकोर के राजा
C. कुर्ग के राजवीर राजा D. केरल के वर्मा राजा

**40.** 19वीं शताब्दी का वह कौन–सा आन्दोलन था जो 1857 के विद्रोह की तुलना में कहीं अधिक सुनियोजित, सुसंगठित और एकजुट था?

A. दक्षिण के विद्रोह B. संन्यासी विद्रोह
C. वहाबी आन्दोलन D. मुंडा विद्रोह

**41.** 19वीं सदी में नील आन्दोलनों ने किसके उत्पीड़न के विरूद्ध अपना आक्रोश व्यक्त किया?

A. सरकार B. नील उत्पादकों
C. जमींदारों D. साहूकारों

**42.** 1836-1854 के दौरान मालाबार के मोपला विद्रोह किसके विरूद्ध किए गए थे?

A. साहूकारों।
B. भू–स्वामियों।
C. ब्रिटिश सरकार के राजस्व अधिकारियों।
D. विदेशी बागान मालिकों।

**43.** दीनबन्धु मित्र ने "नील–दर्पण" नामक नाटक में किन लोगों के उत्पीड़न का सजीव चित्रण किया है?

A. दस्तकारों।
B. आम जनता।
C. हथकरघा।
D. नील की खेती करने वाले किसानों।

**44.** एक आदिवासी नेता, जिसे ईश्वर का अवतार और जगत पिता (धरती आबा) माना जाता था–

A. कान्हू संथाल B. जोरिया भगत
C. बिरसा मुण्डा D. रूप नायक

**45.** "पागलपंथी सम्प्रदाय" का नेता कौन था?

A. टीपू B. करम शाह
C. हाजी शरैतुल्ला D. दूदू मियाँ

**46.** "वहाबी आन्दोलन" का नेता कौन था?

A. मुहम्मद अब्दुल वहाब
B. वलीउल्ला
C. सैयद अहमद रायबरेलवी
D. अब्दुल अजीज

**47.** सन् 1826 ई॰ में किस नगर को वहाबी आन्दोलन का प्रधान केन्द्र बनाय गया?

A. कन्धार B. चरसद्दा
C. क्वेटा D. पेशावर

**48.** वहाबी और कूका आन्दोलन के मध्य क्या समानता थी?

A. धर्मान्धता
B. हिंसात्मक तरीकों का प्रयोग

C. उपरोक्त (A) और (B) दोनों
D. कसाइयों के विरूद्ध घृणा

**49.** निम्नलिखित किस युद्ध में लड़ते हुए सैयद अहमद राय बरेलवी मारे गए?
A. अमृतसर के युद्ध B. चरसद्दास के युद्ध
C. अटक के युद्ध D. बालाकोट के युद्ध

**50.** निम्नलिखित में किसने 1857 ई॰ के विद्रोह को सैनिक विद्रोह नहीं कहा?
A. मालसेन B. लारेन्स
C. जेम्स आउट्रम D. पी.ई. राबर्ट्स

**51.** 1857 ई॰ की क्रांति को निम्नलिखित में किसने "भारत का प्रथम स्वतंत्रता संघर्ष" की संज्ञा दी?
A. वी.डी. सावरकर B. तांत्या टोपे
C. भगत सिंह D. उपरोक्त सभी

**52.** निम्नलिखित में किसने 1857 ई॰ की क्रांति को स्वतंत्रता संग्राम की संज्ञा नहीं दी?
A. आर.सी. मजूमदार B. वी.डी. सावरकर
C. अशोक मेहता D. डा॰ एस.एन. सेन

**53.** टी.आर. होम्स ने 1857 ई॰ के विद्रोह को संज्ञा दी—
A. बर्बरता और सभ्यता के बीच में युद्ध।
B. धर्मान्धों का ईसाइयों के विरुद्ध युद्ध।
C. हिन्दू–मुस्लिम षड्यंत्र।
D. उपरोक्त सभी।

**54.** निम्नलिखित में किसे डलहौजी ने हड़पनीति द्वारा ब्रिटिश साम्राज्य में नहीं मिलाया?
A. सतारा B. अवध
C. सम्भलपुर D. झाँसी

**55.** 1857 ई॰ के विद्रोह का तात्कालिक कारण क्या था?
A. चरबी लगे कारतूसों का प्रयोग।
B. डलहौजी की हड़प नीति।
C. भारतीय सिपाहियों के प्रति उपेक्षापूर्ण व्यवहार।
D. उपरोक्त सभी।

**56.** 1857 के विद्रोह से पूर्व ब्रिटिश कंपनी की सेना में भारतीय तथा यूरोपीय सिपाहियों का अनुपात क्या था?
A. 6 : 1 B. 4 : 1
C. 7 : 2 D. 8 : 1

**57.** निम्नलिखित में किसने यह घोषणा की कि बहादुरशाह द्वितीय के बाद मुगल बादशाह सम्राट नहीं, राजा कहलाएँगे?
A. डलहौजी B. कैनिंग
C. महारानी विक्टोरिया D. विलियम बैंटिक

**58.** निम्नलिखित किस अधिनियम के द्वारा ईसाई मिशनरियों को भारत में धर्म प्रचार की अनुमति प्राप्त हुई?
A. 1813 के चार्टर एक्ट द्वारा।
B. 1853 के चार्टर एक्ट द्वारा।
C. 1833 के चार्टर एक्ट द्वारा।
D. पिट्स इंडिया एक्ट द्वारा।

**59.** चरबी युक्त कारतूस के प्रयोग का पहली बार विरोध कहाँ पर हुआ?
A. मेरठ B. कानपुर
C. वेल्लोर D. बैरकपुर

**60.** चरबी युक्त कारतूसों का प्रयोग किया जाता था—
A. ब्राउन बैस में।
B. ए.के 47 में।
C. ए.के. 56 में।
D. नई एनफील्ड राइफल में।

**61.** बैरकपुर छावनी के सिपाहियों ने सर्वप्रथम कब चरबी युक्त कारतूसों के प्रयोग से इंकार कर दिया?
A. 23 जनवरी, 1857 B. 21 मई, 1857
C. 14 फरवरी, 1857 D. 29 मार्च, 1857

**62.** 1857 के विद्रोह की भूमिका बनाने में किसने महत्वपूर्ण योगदान दिया?
A. नाना साहब B. रगोजी बापू
C. अजीमुल्ला खाँ D. उपरोक्त सभी

**63.** 1857 के विद्रोह का प्रतीक था—
A. कमल B. रोटी
C. गुलाब D. कमल एवं रोटी दोनों

**64.** निम्नलिखित में किस तिथि को विद्रोह के दिन के रूप में निश्चित किया गया था?
A. 10 मई, 1857 B. 10 मई, 1857
C. 11 मई, 1857 D. 21 मई, 1857

**65.** 29 मार्च, 1857 को बैरकपुर छावनी में विद्रोह करके मंगल पाण्डे ने किसकी हत्या की?
A. लेफ्टिनेंट बाग।
B. लेफ्टिनेंट जनरल ह्यूसन।
C. उपरोक्त (A) और (B) दोनों।
D. कैप्टन डगलस।

**66.** मंगल पाण्डे किस रेजीमेन्ट का सिपाही था?
A. 34 वीं एन.आई. रेजिमेंट।
B. 20 वीं एन.आई. रेजिमेंट।
C. 32 वीं एन.आई. रेजिमेंट।
D. इनमें से कोई नहीं।

**67.** 10 मई, 1857 को विद्रोह की शुरूआत किसने की?
A. लाइट कैवेलरी की तीसरी रेजीमेंट के घुड़सवार सैनिकों ने।
B. तोपखाना सैन्य टुकड़ी ने।
C. 34 वीं पैदल सैन्य टुकड़ी ने।
D. उपरोक्त सभी।

**68.** 11 मई, को दिल्ली पर अधिकार करके विद्रोहियों ने गदर का नेता किसे घोषित किया?
A. बहादुर शाह प्रथम B. नाना साहिब
C. बहादुर शाह द्वितीय D. तांत्या टोपे

**69.** 1857 के विद्रोह को कालक्रमेण कीजिए—
A. मेरठ, दिल्ली, लखनऊ, कानपुर, झाँसी।
B. मेरठ, कानपुर, दिल्ली, लखनऊ, झाँसी।
C. मेरठ, दिल्ली, कानपुर, झाँसी, लखनऊ।
D. मेरठ, कानपुर, लखनऊ, दिल्ली, झाँसी।

**70.** विद्रोही नेताओं में कौन "धोंधू पंत" के नाम से प्रसिद्ध था?
A. तांत्या टोपे B. नाना साहब
C. कुँवर सिंह D. बहादुर शाह

**71.** 1857 ई॰ के विद्रोह में हिस्सा लेने वाले सर्वाधिक सिपाही किस प्रान्त के थे?
A. बिहार B. बंगाल
C. अवध D. राजस्थान

**72.** निम्नांकित युग्मों में कौन सुमेलित नहीं है?
A. जगदीशपुर — कुँवर सिंह
B. कानपुर — नाना साहिब
C. झाँसी — रानी लक्ष्मीबाई
D. ग्वालियर — दौलत राव सिंधिया

**73.** निम्नलिखित नेताओं में किसका वास्तविक नाम रामचन्द्र पांडुरंग था?
A. नाना साहब B. कुँवर सिंह
C. तांत्या टोपे D. मंगल पाण्डेय

**74.** निम्नलिखित में किसने विद्रोह में हिस्सा नहीं लिया?
A. व्यापारी B. पढ़े—लिखे लोग
C. भारतीय शासक वर्ग D. उपरोक्त सभी

**75.** अंग्रेजों ने सर्वप्रथम विद्रोह के किस महत्वपूर्ण केन्द्र पर अधिकार किया?
A. कानपुर B. दिल्ली
C. मेरठ D. झाँसी

**76.** निम्नलिखित विद्रोही नेताओं में किसने सर्वाधिक लम्बे समय तक अंग्रेजों से संघर्ष किया?
A. नाना साहब B. लक्ष्मीबाई
C. तांत्या टोपे D. कुँवर सिंह

**77.** अंग्रेजों ने किसके नेतृत्व में दिल्ली पर अधिकार किया?
A. हड्सन B. कर्नल नील
C. ह्यूरोज D. कैम्पबेल

**78.** निम्नलिखित युग्मों में कौन सुमेलित नहीं है?
A. सर कैम्पबेल — कानपुर
B. विंसेट आयर — बरेली
C. ह्यूरोज — लखनऊ
D. कर्नल नील — इलाहाबाद

**79.** समूचे भारत में हुए विद्रोहों में वह अकेला वीर विद्रोही नेता कौन था, जिसने अंग्रेजों को अनेकों बार पराजित किया?
A. तांत्या टोपे B. कुँवर सिंह
C. नाना साहब D. लक्ष्मी बाई

**80.** झाँसी में विद्रोह का दमन करने वाला अंग्रेज सेना नायक कौन था?
A. हेनरी लारेंस B. कौलिन कैम्पबेल
C. जनरल ह्यूरोज D. उपरोक्त सभी

**81.** रानी लक्ष्मीबाई के बारे में यह कथन किसका है— "भारतीय क्रांतिकारियों में यहाँ सोई हुई औरत अकेली मर्द है।"
A. जनरल ह्यूरोज B. तांत्या टोपे
C. विरजिस कादर D. बहादुर शाह द्वितीय

**83.** "यदि विद्रोहियों में एक भी योग्य होता तो हम सदा के लिए हार जाते" — यह कथन किसका है?
A. मैल्सन B. कैनिंग
C. जान लारेंस D. हेनरी लारेंस

**84.** निम्नलिखित रजवाड़ों में किसने विद्रोह के समय अंग्रेजों का साथ दिया?
A. पटियाला, जींद B. ग्वालियर
C. हैदराबाद D. उपरोक्त सभी

**85.** 7 अप्रैल, 1859 को सोते हुए तांत्या टोपे को धोखे से किसने गिरफ्तार करवा दिया?
A. मान सिंह B. गंगाधर
C. रहमत अली D. इनमें से कोई नहीं

**86.** निम्नलिखित किस स्थान पर भव्य दरबार का आयोजन हुआ, जिसमें 1 नवम्बर, 1858 को महारानी विक्टोरिया का घोषणा पत्र पढ़ कर सुनाया गया?
A. आगरा B. इलाहाबाद
C. दिल्ली D. बम्बई

**87.** महारानी विक्टोरिया के घोषणा पत्र को किसने पढ़ कर सुनाया?
A. भारत सचिव ने B. रानी के दूत ने
C. लार्ड कैनिंग ने D. स्वयं महारानी ने

**88.** निम्नलिखित किस अधिनियम द्वारा भारत में कम्पनी का शासन समाप्त हो गया?
A. पिट्स इंडिया एक्ट द्वारा।
B. 1833 के चार्टर एक्ट द्वारा।
C. भारत सरकार अधिनियम, 1858 द्वारा।
D. रेगुलेटिंग एक्ट, 1774 द्वारा।

**89.** 1857 ई॰ के विद्रोह को किसने सबसे पहले ''सैनिक विद्रोह'' कहा?
A. अर्ल स्टेनले B. टी.आर. होम्स
C. सर जान लारेंस D. सीले

**90.** बिहार का कौन–सा क्षेत्र 1857 ई॰ के विद्रोह से प्रभावित था?
A. पटना, दानापुर, शाहाबाद, जगदीशपुर, छोटानागपुर।
B. जगदीशपुर, पटना, गया, छोटानागपुर, शाहाबाद, दानापुर।
C. पटना, दानापुर, गया, जगदीशपुर, छोटानागपुर।
D. जगदीशपुर, छोटानागपुर, गया, शाहाबाद, दानापुर।

**91.** नागरिक विद्रोह की शुरूआत सर्वप्रथम कहाँ से हुई?
A. बंगाल B. बिहार
C. उपरोक्त दोनों D. पंजाब

**92.** ''आनन्दमठ'' उपन्यास किस विद्रोह पर आधारित है?
A. नील विद्रोह B. संन्यासी विद्रोह
C. फकीर विद्रोह D. चुआर विद्रोह

**93.** ''आनन्द मठ'' की रचना किसने की?
A. बंकिमचन्द चटर्जी
B. रवीन्द्रनाथ टैगोर
C. शरत्चन्द चट्टोपाध्याय
D. इनमें से कोई नहीं

**94.** ''फकीर विद्रोह'' कहाँ पर सक्रिय था?
A. बिहार B. उड़ीसा
C. बंगाल D. छोटानागपुर

**95.** ''फकीर विद्रोंह'' का नेतृत्व किसने किया?
A. मजनूम शाह B. भवानी पाठक
C. चिराग अली शाह D. देवी चौधरानी

**96.** ''पाइक'' कौन थे?
A. विद्रोही जमींदारों की सेना के सदस्य।
B. अंग्रेजों के किसान।
C. उड़ीसा के किसान।
D. इनमें से कोई नहीं।

**97.** दीवान वेलूपंथी ने निम्नांकित किस विद्रोह को अपना नेतृत्व प्रदान किया?
A. विजयनगर के विद्रोह B. सतारा के विद्रोह
C. त्रावणकोर के विद्रोह D. कोल्हापुर के विद्रोह

**98.** 1824 में हुए ''कित्तूर विद्रोह'' का नेतृत्व किसने किया?
A. बालक सिंह B. चेन्नमा
C. रायप्पा D. धनंजय

**99.** ''गडकरी विद्रोह'' का नेता कौन था?
A. दाजी कृष्ण पंडित B. नरसप्पा
C. दौलतराव घोरपड़े D. इनमें से कोई नहीं

**100.** दक्षिण भारत में हुए अंग्रेजों के विरूद्ध सबसे बड़ा विद्रोह था—
A. पायक विद्रोह
B. त्रावणकोर का विद्रोह
C. कुर्ग विद्रोह
D. पायगारों का विद्रोह

**101.** निम्नांकित में कौन सुमेलित नहीं है?
A. रामोसी विद्रोह — पश्चिमी घाट

B. अहोम विद्रोह – असम
C. गडकरी विद्रोह – दक्षिण भारत
D. चुआर विद्रोह – बंगाल, बिहार

**102.** सैयद अहमद की मृत्यु के बाद वहाबी आन्दोलन का प्रमुख केन्द्र बना–
A. लाहौर B. पंजाब
C. पटना D. पेशावर

**103.** आदिवासी विद्रोहों में सर्वाधिक जबरदस्त विद्रोह कौन था?
A. संथाल विद्रोह B. मुंडा विद्रोह
C. कोल विद्रोह D. रंपा विद्रोह

**104.** संथाल विद्रोह का नेता कौन था?
A. तीरथ सिंह B. मधुकर शाह
C. सीधू–कान्हू D. चक्र विशोई

**105.** सिधू–कान्हू ने किस अंग्रेज सेना नायक को पराजित किया था?
A. मेलकोम B. कर्नल नील
C. मेजर बरो D. ह्यूरोज

**106.** निम्नलिखित किस विद्रोह को "उल्गुलान" के नाम से जाना जाता था?
A. संथाल विद्रोह B. मुंडा विद्रोह
C. भील विद्रोह D. खोंड विद्रोह

**107.** किसके नेतृत्व में खासी विद्रोह हुआ?
A. सरदार तीरत सिंह B. गंजन कोर्कू
C. गोमधर कुँवर D. इनमें से कोई नहीं

**108.** निम्नांकित कौन–सा विद्रोह 1816-1832 ई॰ तक चला?
A. खासी विद्रोह B. कोल विद्रोह
C. नयकड विद्रोह D. कच्छ विद्रोह

**109.** ओराँव जनजाति द्वारा 1914 ई॰ में किए गए विद्रोह का नेता कौन था?
A. ताना भगत B. जतरा भगत
C. बलराम भगत D. देवमेनिया भगत

**110.** 1836-1854 ई॰ के बीच किस जनजाति ने करीब 22 बार विद्रोह किया?
A. कोल B. भील
C. संथाल D. मोपला

**111.** आदिवासी विद्रोह के समय "दिकुओं" के नाम से संबोधित किया गया–
A. अंग्रेजों को B. साहूकारों को
C. गैर आदिवासियों को D. इनमें से कोई नहीं

**112.** 1857 ई॰ के विद्रोह की समाप्ति के बाद होने वाला प्रथम किसान आन्दोलन कौन–सा था?
A. नील विद्रोह B. पावना विद्रोह
C. मोपला विद्रोह D. फड़के विद्रोह

**113.** "कूका आन्दोलन" का नेता कौन था?
A. बालक सिंह B. राम सिंह
C. भगत जवाहर मल D. उपरोक्त सभी

**114.** कूका आन्दोलन का मुख्यालय कहाँ पर था?
A. अमृतसर B. पेशावर
C. हाजरा D. लाहौर

**115.** अपनी आर्थिक माँगों के लिए किसानों द्वारा किए जाने वाले संघर्ष में सर्वाधिक जुझारू तथा सबसे बड़े पैमाने पर फैलने वाला आन्दोलन कौन था?
A. मोपला विद्रोह B. कूका विद्राह
C. पावना विद्रोह D. नील आन्दोलन

**116.** नील आन्दोलन की शुरूआत बंगाल के किस स्थान से हुई?
A. ढाका B. गोबिन्दपुर
C. पावना D. दिनाजपुर

**117.** "नील दर्पण" नामक उपन्यास की रचना किसने की?
A. दीनबन्धु मित्र B. रविन्द्रनाथ टैगोर
C. बंकिमचन्द्र चटर्जी D. हरिशचन्द्र मुखर्जी

**118.** नील आन्दोलन के समर्थन में किस राष्ट्रवादी अखबार ने लेख लिखे?
A. हिन्दू पैट्रियॉट B. संजीवनी
C. नील दर्पण D. अमृत बाजार पत्रिका

**119.** हिन्दू पैट्रियॉट अखबार का सम्पादक कौन था?
A. हरिश्चन्द्र B. दीनबन्धु मित्र
C. बंकिम चन्द्र चटर्जी D. रविन्द्रनाथ टैगोर

**120.** निम्नलिखित अंग्रेज अधिकारियों में किसने पावना विद्रोह की माँगों का समर्थन किया?
A. मेजर बरो B. जनरल आउट्रम
C. ले॰ गवर्नर कैम्पबेल D. इनमें से कोई नहीं

**121.** किसान आन्दोलनों के समय किसे "बुलोटीदार" कहा गया?
A. ऋण देने वाले महाजन।
B. जमींदार।
C. गाँव की प्रजा।
D. गाँव के काश्तकार।

**122.** निम्नलिखित किस स्थान पर फड़के किसान आन्दोलन हुआ?
A. महाराष्ट्र B. बिहार
C. बंगाल D. कर्नाटक

**123.** 20वीं सदी के किसान आंदोलनों को राष्ट्रीय आन्दोलन के साथ जोड़ने का श्रेय किस दिया जाता है—
A. सुरेन्द्र नाथ बनर्जी B. महात्मा गाँधी
C. मदन मोहन मालवीय D. सरदार पटेल

**124.** गाँधी जी के नेतृत्व में होने वाला प्रथम किसान आन्दोलन कौन था?
A. चम्पारण B. खेड़ा
C. राजकोट D. बारदोली

**125.** चंपारण के किसानों का नेतृत्व करने के लिए गाँधी जी को चंपारण आने का निमंत्रण किसने दिया?
A. राजेन्द्र प्रसाद B. नरहरि पारेख
C. राजकुमार शुक्ल D. महादेव देसाई

**126.** "तिनकठिया पद्धति" के तहत चंपारण के किसानों को कृषि जन्य क्षेत्र के कितने प्रतिशत भाग पर नील की खेती करनी पड़ती थी?
A. 3/25वें भाग B. 3/10वें भाग
C. 2/20वें भाग D. 3/20वें भाग

**127.** अवध में किसानों को संगठित करने में महत्वपूर्ण भूमिका किसने निभाई?
A. कांग्रेस
B. उदारवादी नेताओं ने
C. लैंड होल्डर्स सोसायटी
D. होम रूल लीग

**128.** 1919 ई॰ में "नाई–धोबी बन्द" आन्दोलन कहाँ पर चलाया गया?
A. इलाहाबाद B. प्रतापगढ़
C. फतेहपुर D. कानपुर

**129.** बारदोली कहाँ स्थित है?
A. गुजरात B. बिहार
C. महाराष्ट्र D. पंजाब

**130.** बारदोली के किसानों ने भू–राजस्व की प्रस्तावित वृद्धि के विरोध में किसके नेतृत्व में आन्दोलन किया?
A. महात्मा गाँधी
B. दयालजी मेहता
C. सरदार वल्लभ भाई पटेल
D. भूलाभाई पटेल

**131.** बारदोली सत्याग्रह के समय बललभ भाई पटेल को किसके द्वारा "सरदार" की उपाधि प्रदान की गयी?
A. गाँधी जी द्वारा।
B. बारदोली के किसानों द्वारा।
C. बारदोली की महिलाओं द्वारा।
D. मीठू बेन पेटिट द्वारा।

**132.** 1946 ई॰ का " तेभागा किसान आंदोलन" कहाँ हुआ?
A. अवध B. बिहार
C. गुजरात D. बंगाल

**133.** निम्नलिखित में किसके नेतृत्व में "तेभागा आन्दोलन" चलाया गया?
A. कम्पाराम सिंह
B. भवन सिंह
C. उपरोक्त (A) और (B) दोनों
D. तेज सिंह

**134.** "चौकीदार टैक्स" देने के निरोध में किसान कहाँ आन्दोलित हुए?
A. बंगाल B. बिहार
C. महाराष्ट्र D. इनमें से कोई नहीं

**135.** "अखिल भारतीय किसान सभा" का गठन कब हुआ?
A. 1920 B. 1936
C. 1935 D. 1921

**136.** लखनऊ में हुए "अखिल भारतीय किसान सभा" की प्रथम बैठक की अध्यक्षता किसने की?
A. एन॰जी॰ रंगा
B. लाला लाजपत राय
C. स्वामी सहजानन्द सरस्वती
D. इन्दुलाल याज्ञनिक

**137.** बिहार में ''प्रांतीय किसान सभा'' की स्थापना किसने की?
A. स्वामी सहजानन्द सरस्वती
B. आचार्य नरेन्द्र देव
C. राजेन्द्र प्रसाद
D. जय प्रकाश नारायण

**138.** निम्नलिखित में किसे आंशिक रूप से भारत का प्रथम मजदूर संगठन माना जाता है?
A. मद्रास मजदूर संघ।
B. क्लर्क यूनियन वम्वई।
C. बम्बई मिल हैंड्स एसोसिएशन।
D. अखिल भारतीय ट्रेड यूनियन कांग्रेस।

**139.** प्रथम कारखाना अधिनियम किस गवर्नर–जनरल के समय में लाया गया?
A. लार्ड रिपन B. लार्ड डलहौजी
C. लार्ड कर्जन D. लार्ड लैंसडाउन

**140.** भारत में मजदूर वर्ग की प्रथम संगठित हड़ताल कब हुई?
A. 1880 B. 1892
C. 1902 D. 1899

## उत्तरमाला

| 1 | 2 | 3 | 4 | 5 | 6 | 7 | 8 | 9 | 10 |
|---|---|---|---|---|---|---|---|---|---|
| A | B | D | C | D | B | D | A | B | C |
| **11** | **12** | **13** | **14** | **15** | **16** | **17** | **18** | **19** | **20** |
| D | D | B | A | C | C | C | A | C | B |
| **21** | **22** | **23** | **24** | **25** | **26** | **27** | **28** | **29** | **30** |
| C | A | B | A | C | D | B | C | D | A |
| **31** | **32** | **33** | **34** | **35** | **36** | **37** | **38** | **39** | **40** |
| B | D | C | A | B | C | A | D | B | C |
| **41** | **42** | **43** | **44** | **45** | **46** | **47** | **48** | **49** | **50** |
| B | B | D | C | A | C | B | C | D | C |
| **51** | **52** | **53** | **54** | **55** | **56** | **57** | **58** | **59** | **60** |
| A | A | A | B | A | A | B | C | D | D |
| **61** | **62** | **63** | **64** | **65** | **66** | **67** | **68** | **69** | **70** |
| A | C | D | B | C | A | A | C | A | B |
| **71** | **72** | **73** | **74** | **75** | **76** | **77** | **78** | **79** | **80** |
| C | D | C | D | B | D | A | C | B | C |
| **81** | **82** | **83** | **84** | **85** | **86** | **87** | **88** | **89** | **90** |
| A | D | C | D | A | B | C | C | A | A |
| **91** | **92** | **93** | **94** | **95** | **96** | **97** | **98** | **99** | **100** |
| C | B | A | C | A | A | C | B | A | D |
| **101** | **102** | **103** | **104** | **105** | **106** | **107** | **108** | **109** | **110** |
| C | C | A | C | C | B | A | B | B | C |
| **111** | **112** | **113** | **114** | **115** | **116** | **117** | **118** | **119** | **120** |
| C | A | B | C | D | B | A | A | A | C |
| **121** | **122** | **123** | **124** | **125** | **126** | **127** | **128** | **129** | **130** |
| C | A | B | A | C | D | D | B | A | D |
| **131** | **132** | **133** | **134** | **135** | **136** | **137** | **138** | **139** | **140** |
| C | D | C | B | B | C | A | C | A | D |

# 15. भारतीय स्वतंत्रता संघर्ष आंदोलन (1885-1947)

- भारतीय स्वतंत्रता आंदोलन को मुख्यतः तीन चरणों में विभाजित किया जा सकता है–
  1. प्रथम चरण (1885-1905)
  2. द्वितीय चरण (1905-1919)
  3. तृतीय चरण (1919-1947)
- भारतीय राष्ट्रीय आंदोलन के **प्रथम चरण** की मुख्य घटना भारतीय राष्ट्रीय कांग्रेस की स्थापना थी। अस्पष्ट लक्ष्यों के साथ स्थापित इस संस्था का प्रतिनिधित्व शिक्षित मध्यमवर्गीय बुद्विजीवी वर्ग कर रहा था जो पश्चिम की उदारवादी एवं अतिवादी विचारधारा से प्रेरित था।
- भारतीय राष्ट्रीय आंदोलन के **द्वितीय चरण** में कांग्रेस ने परिपक्व होने के साथ अपने उद्देश्यों और सीमाओं का विस्तार कर लिया था। अब यह संस्था सामाजिक, आर्थिक, राजनीतिक तथा सांस्कृतिक विकास के लिए प्रयत्नशील थी, आंदोलन के इस चरण में कांग्रेस में उग्रवादी गुट का सृजन हुआ।
- राष्ट्रवादी आंदोलन का **तृतीय एवं अंतिम चरण** पूरी तरह गांधीजी के नेतृत्व में रहा। इस चरण में कांग्रेस ने **'पूर्ण स्वराज'** को प्राप्त करने के लक्ष्य पर कार्य किया। राष्ट्रीय आंदोलन के तृतीय चरण को **'गांधीयुग'** के नाम से भी जाना जाता है।

**भारतीय राष्ट्रीय कांग्रेस की स्थापना से पूर्व स्थापित प्रमुख राजनीतिक संस्थाए**

| संस्था | स्थापना वर्ष | स्थान |
|---|---|---|
| 1. हिंदू कॉलेज | 1817 | कोलकात्ता |
| 2. साधारण ज्ञान सभा | 1838 | बंगाल |
| 3. लैंड होल्डर्स सोसाइटी | 1838 | कोलकात्ता |
| 4. ब्रिटिश इंडियन एसोसिएशन | 1851 | कोलकात्ता |
| 5. इंडियन एसोसिएशन | 1876 | कोलकात्ता (इल्बर्ट हॉल) |
| 6. बंबई प्रेसीडेंसी एसोसिएशन | 1885 | मुम्बई |
| 7. पूना सार्वजनिक सभा | 1870 | पूना |
| 8. इंडिया लीग | 1875 | बंगाल |

- नोट :
  1. ब्रिटिश इंडियन एसोसिएशन भारत के राजनीतिक अधिकारों की मांग करने वाली प्रथम संस्था थी।
  2. कांग्रेस के पूर्ववर्ती संगठनों में इंडियन एसोसिएशन सबसे महत्त्वपूर्ण था।

- भारतीय राष्ट्रीय कांग्रेस की स्थापना संभवतः अंग्रेजी सरकार के एक अवकाश प्राप्त अंग्रेज अधिकारी ए. ओ. ह्यूम द्वारा 1885 में की गई।
- ह्यूम ने 1884 में **भारतीय राष्ट्रीय संघ** की स्थापना की थी। जिसका प्रथम अधिवेशन 28 दिसंबर, 1885 को मुंबई स्थित गोकुलदास तेजपाल संस्कृत विद्यालय में आयोजित किया गया था। इसी सम्मेलन में दादाभाई नौरोजी के सुझाव पर भारतीय राष्ट्रीय संघ का नाम बदलकर **'भारतीय राष्ट्रीय कांग्रेस'** रख दिया गया।
- भारतीय राष्ट्रीय कांग्रेस का पहला अध्यक्ष होने का गौरव व्योमेश चंद्र बनर्जी को प्राप्त हुआ।
- 1885 में भारतीय कांग्रेस की स्थापना के साथ ही इस पर उदारवादी राष्ट्रीय नेताओं का वर्चस्व हो गया। तत्कालीन उदारवादी नेताओं में प्रमुख थे– दादाभाई नौरोजी, महादेव गोविंद रानाडे, फिरोजशाह मेहता, सुरेंद्रनाथ बनर्जी, दीनशावाचा, व्योमेश चंद्र बनर्जी, गोपाल कृष्ण गोखले, पं. मदन मोहन मालवीय आदि।

- कांग्रेस की स्थापना के आरंभिक 20 वर्षों (1885-1905) में उसकी नीति अत्यंत उदार थी, इसीलिए इस काल को कांग्रेस के इतिहास में उदारवादी राष्ट्रीयता का काल माना जाता है।
- कांग्रेस के उदारवादी नेताओं का मानना था कि संवैधानिक तरीके से ही देश को स्वतंत्र कराया जा सकता है। ये नेता प्रार्थना पत्रों, प्रतिवेदनों, स्मरण पत्रों एवं शिष्टमंडलो के द्वारा सरकार के सामने अपनी मांगों को रखते थे। इस काल में कांग्रेस ने देश की स्वतंत्रता की मांग नहीं की अपितु कुछ रियायते मांगी।

**राष्ट्रीय आंदोलन के प्रथम चरण में हुए महत्त्वपूर्ण कांग्रेस के अधिवेशन**

| वर्ष | स्थान | सदस्य | अध्यक्ष |
|---|---|---|---|
| 1885 | मुंबई | 72 | व्योमेश चंद्र बनर्जी |
| 1886 | कोलकात्ता | 434 | दादाभाई नौरोजी |
| 1887 | मद्रास (चेन्नई) | 607 | बद्रुद्दीन तैय्यबजी |
| 1888 | इलाहाबाद | 1,248 | जार्ज यूल |

**नोटः**

1. कांग्रेस की अध्यक्षता करनेवाले प्रथम मुस्लिम अध्यक्ष बद्रुद्दीन तैय्यबजी थे।
2. कांग्रेस की अध्यक्षता करनेवाला प्रथम अंग्रेज जार्ज यूल (1888) था।

- राष्ट्रीय आंदोलन के इस चरण अर्थात् द्वितीय चरण को नव-राष्ट्रवाद या उग्रवाद के उदय का काल माना गया है, इसी समय स्वदेशी आंदोलन तथा क्रांतिकारी आतंकवाद की शुरुआत हुई।
- कांग्रेस के प्रारंभिक उदारवादी नीतियों से उग्रवादी कहे जाने वाले नेताओं का शीघ्र की मोहभंग हो गया और उन्होंने कांग्रेस के उदारवादी नेताओं की अनुनय-विनय की प्रवृत्ति को 'राजनीतिक भिक्षावृत्ति' (Political Mendicancy) की संज्ञा दे डाली।
- कांग्रेस के उग्रवादी तथा अतिवादी कहे जाने वाले नेताओं में प्रमुख थे–बाल गंगाधर तिलक (महाराष्ट्र), अरविंद घोष और विपिन चंद्रपाल (बंगाल), लाला लाजपत राय (पंजाब)।
- भारत में उग्रवाद को जन्म देने वाले कारणों में **प्रमुख कारण** इस प्रकार थे–
  1. सरकार की जनता को भड़काने वाली नीतियां जैसे– व्यवसाय पर से उत्पाद शुल्क की वापसी (1896), विश्वविद्यालय अधिनियम (1904), बंगाल विभाजन (1905) आदि।
  2. अंतर्राष्ट्रीय घटनांए जैसे– मिश्र, फारस, टर्की की जनता को अपने स्वतंत्रता संघर्ष में मिली सफलताएं।
  3. देशी समाचार-पत्रों ने भी उग्रवाद को पनपने में योगदान दिया, बंगवासी (कोलकात्ता), केसरी (पुणे) और काल जैसे समाचार-पत्रों ने कांग्रेस के उदारवादी, राजनीति की कड़ी आलोचना की।
  4. राष्ट्रीय आंदोलन के इस चरण में कुछ सुधारवादी नेता और विचारकों ने भी जैसे– विवेकानंद, तिलक, अरविंद घोष आदि ने भी उग्रवाद के मार्ग को प्रशस्त किया।
  5. भारत में उग्रवाद की मशाल जलाने का श्रेय तिलक को दिया जाता है। इन्होंने राष्ट्रीय चेतना को जगाने के उद्देश्य से धार्मिक रूढ़िवाद का सहारा लिया। तिलक ने 1884 में गणपति महोत्सव, 1886 में शिवाजी महोत्सव की शुरुआत करवाई।
- भारत में उग्रवाद आंदोलन का नेतृत्व करने वाले चार प्रमुख कांग्रेसी नेताओं–बाल गंगाधर तिलक, लाला लाजपत राय, विपिन चंद्रपाल एवं अरविंद घोष ने स्वराज्य प्राप्ति को ही अपना प्रमुख लक्ष्य एवं उद्देश्य बनाया।
- तिलक ने नारा दिया कि 'स्वराज्य मेरा जन्म सिद्ध अधिकार है, मैं इसे लेकर रहूँगा'।
- अरविंद घोष ने कहा कि 'राजनीतिक स्वतंत्रता, एक राष्ट्र का जीवन श्वास हैं। बिना राजनीतिक स्वतंत्रता के सामाजिक तथा शैक्षणिक सुधार, औद्योगिक प्रसार, एक जाति की उन्नति आदि की बातें सोचना मूर्खता की चरम सीमा है।'

| प्रमुख क्रांतिकारी आतंकवादी संस्थायें: एक नज़र में | | |
|---|---|---|
| **संस्था** | **स्थान** | **संस्थापक** |
| युगांतर (1906) | कोलकात्ता | बारीन्द्र कुमार घोष, भूपेन्द्र नाथ दत्त |
| भारत स्वशासन समिति तथा इंडिया हाऊस (1905) | लंदन | श्याम जी कृष्णवर्मा |
| अंजुमाने मोहिब्बाने बतन | लाहौर | लाहौर सरदार अजीत सिंह |
| इंडियन सोसाइटी | पेरिस | मैडम भीकाजी कामा |
| हिंदुस्तान ऐसोसिएशन ऑफ दि पेसिफिक कोस्ट | पौर्टलैंड | सोहन सिंह भाकना |
| 'गदर' या 'युगांतर आश्रम' | सैन फांसिस्को | सोहन सिंह भाकना, लाला हरदयाल |
| हिन्दुस्तान सोशलिस्ट रिपब्लिकन एसोसिएशन (दिसम्बर 1928) | दिल्ली | चंद्रशेखर आजाद |
| 'विद्रोही संगठन' | चटगाँव | सूर्यसेन |
| भारतीय गणतंत्र सेना | चटगाँव | सूर्यसेन |
| भारत नौजवान सभा | पंजाब | भगत सिंह, छबीलदास और यशपाल |
| लाहौर छात्र संघ | पंजाब | सुखदेव तथा भगतसिंह |

- उदारवादी दल के नेता जहां ब्रिटिश साम्राज्य के तहत 'औपनिवेशिक स्वशासन' चाहते थे वहीं उग्रवादी नेताओं का मानना था कि ब्रिटिश शासन का अंत कर ही हम स्वराज्य या स्वशासन प्राप्त कर सकते हैं।
- उग्रवादी नेता अहिंसात्मक प्रतिरोध, सामूहिक आंदोलन एवं आत्म बलिदान में विश्वास करते थे।
- उग्रवादी नेताओं ने विदेशी माल का बहिष्कार, स्वदेशी गाल को अंगीकार कर राष्ट्रीय शिक्षा तथा सत्याग्रह पर बल दिया। उदारवादी नेता स्वदेशी एवं बहिष्कार आंदोलन को बंगाल तक ही सीमित रखना चाहते थे और बहिष्कार आंदोलन विदेशी माल के बहिष्कार तक ही सीमित रखना चाहते थे किंतु उग्रवादी नेता इन आंदोलनों का प्रसार देश के विस्तृत क्षेत्र में चाहते थे।
- राष्ट्रीय आंदोलन के इस चरण में **'क्रांतिकारी आतंकवाद'** का उदय हुआ। कांग्रेस के उदारवादियों की संवैधानिक कार्य पद्धति से निराश तथा उग्रवादी आदर्शवाद से प्रेरित अनेक भारतीय युवकों ने क्रांति के मार्ग को चुना।
- क्रांतिकारी आतंकवाद के **प्रथम चरण** (1905-15) में क्रांतिकारियों ने ब्रिटिश हुकूमत के दिलों में दहशत फैलाकर उन्हें भारत से भगाने की योजना के तहत आयरिश आतंकवादियों तथा रूसी निहलिस्टों के सिद्धांत पर चलने का निश्चय किया।
- इस समय में क्रांतिकारी आतंकवाद के प्रमुख केंद्र थे बंगाल, पंजाब और महाराष्ट्र।
- क्रांतिकारी आतंकवाद के प्रथम चरण में क्रांतिकारियों में दो भिन्न विचारधारा के लोग सक्रिय थे। **एक वर्ग** का मानना था कि ब्रिटिश सरकार से सशस्त्र संघर्ष करने के लिए भारतीय सेना और यदि संभव हो अंग्रेज विरोधी ताकतों से मदद ली जाए। **दूसरा वर्ग** हिंसात्मक गतिविधियों द्वारा क्रांतिकारी नेताओं के विरुद्ध अंग्रेजी अफसरों और पुलिसवालों को सूचना देने वालों की हत्या तक सीमित रहना चाहते थे।
- भारत में क्रांतिकारी गतिविधियों की शुरुआत 1897 में महाराष्ट्र से माना जाता है।
- देश में आतंकवादी गतिविधियों पर सरकार द्वारा प्रतिबंध लगाए जाने के कारण कुछ क्रांतिकारी नेताओं ने विदेशी धरती से आतंकवादी क्रिया-कलापों को जारी रखा।
- क्रांतिकारी आतंकवाद के प्रथम चरण के समय ही काबुल (अफगानिस्तान) में राजा महेंद्र प्रताप ने जर्मनी के सहयोग से दिसंबर 1915 में अंतरिम भारत की स्थापना की।

- क्रांतिकारी आतंकवाद के प्रथम चरण में अनेक भारतीय U.S.A और कनाडा में बस गए थे। इन लोगों ने वहाँ से समाचार-पत्रों का प्रकाशन किया।
- नवंबर, 1913 में **सोहन सिंह माकना** ने **'हिन्दुस्तान एसोसिएशन ऑफ अमेरिका'** की स्थापना की, इस संस्था ने कालांतर में अंग्रेजी, उर्दू, मराठी और पंजाबी में एक साथ **गदर** या **हिन्दुस्तान गदर** (1857 के विद्रोह की स्मृति में ) का प्रकाशन किया।
- लॉर्ड कर्जन का गवर्नर जनरल काल भारत में ब्रिटिश साम्राज्यवाद का उच्चतम बिंदु था। इनके विभिन्न प्रशासकीय कार्यों में जिस कार्य का सर्वाधिक विरोध हुआ और जो सबसे विवादास्पद कार्य था बंगाल का विभाजन (1905)।
- लॉर्ड कर्जन का बंगाल विभाजन का मुख्य उद्देश्य था राष्ट्रीय चेतना के बौद्धिक केंद्र को नष्ट करना ।
- राष्ट्रीय कांग्रेस के कोलकात्ता अधिवेशन (1906) में ही दादाभाई नौरोजी ने पहली बार **'स्वराज'** शब्द का उल्लेख किया। इस अधिवेशन की अध्यक्षता दादाभाई नौरोजी ने की थी।
- 1907 में सूरत में आयोजित कांग्रेस के वार्षिक अधिवेशन में उदारवादियों और उग्रवादियों में अध्यक्ष पद को लेकर हुए विवाद के कारण कांग्रेस में विभाजन हो गया। यह विवाद 1905 में वाराणसी के कांग्रेस अधिवेशन से ही शुरू हुआ था।
- उग्रवादी/उग्रपंथी जहां लाला लाजपत राय को कांग्रेस के सूरत अधिवेशन का अध्यक्ष बनाना चाहते थे, वहीं उदारवादी रासबिहारी बोस को कांग्रेस का अध्यक्ष बनाना चाहते थे। अंततः रामबिहारी बोस अध्यक्ष बनने में सफल हुए।
- बंगाल विभाजन हिन्दू और मुसलमानों के बीच सांप्रदायिक फूट डालने का सबसे बड़ा कारण बना। बंगाल विभाजन की घोषणा के बाद ही 1 अक्टूबर, 1906 को आगा खां के नेतृत्व में मुसलमानों का एक शिष्टमंडल तत्कालीन वायसराय लॉर्ड मिंटों से शिमला में मिला।
- लॉर्ड कर्जन के बाद लॉर्ड मिंटो भारत के गवर्नर जनरल बने एवं जॉन मार्ले ने भारत सचिव का पद संभाला। इन्होंने सुधारों का 'भारतीय परिषद् एक्ट' 1909 पारित किया जिसे 'मार्ले-मिंटो' सुधार कहा जाता है।
- 1909 के मार्ले-मिंटो सुधार का उद्देश्य था कांग्रेस के नरम अथवा उदारवादी नेताओं को प्रसन्न करना और सांप्रदायिकता की भावना को दृढ़ करके उग्रवाद तथा क्रांतिकारी राष्ट्रवाद की शक्तियों का दमन करना।
- दिसंबर 1911 में ब्रिटिश सम्राट जार्ज पंचम और महारानी मेरी के भारत आगमन पर उनके स्वागत हेतु दिल्ली में एक दरबार का आयोजन किया गया।
- दिल्ली दरबार में ही 12 दिसंबर, 1911 को सम्राट ने बंगाल विभाजन को रद्द घोषित किया, साथ ही कोलकात्ता की जगह दिल्ली को भारत की नई राजधानी बनाया गया।
- 23 दिसंबर, 1912 को वायसराय हार्डिंग पर दिल्ली में आयोजित एक समारोह में बम फेंका गया जिसमें वे घायल हो गए।
- प्रथम विश्व युद्ध के दौरान वायसराय लॉर्ड हार्डिंग की बुद्धिमता एवं सहानुभूतिपूर्ण रवैये के कारण भारत ने ब्रिटेन का पूर्ण समर्थन किया।
- कामागाटामारू प्रकरण (1914) कनाडा में भारतीयों के प्रवेश से संबंधित विवाद था।
- 1916 में लखनऊ में हुआ कांग्रेस का सम्मेलन दो घटनाओं के कारणों से अत्यधिक महत्त्वपूर्ण था–
  1. उग्रवादियों को जिन्हें पिछले नौ वर्ष से कांग्रेस से निष्कासित कर दिया गया था, का एक बार फिर कांग्रेस में पुनर्प्रवेश तथा 2. मुस्लिम लीग और कांग्रेस के बीच ऐतिहासिक समझौता।
- तिलक और ऐनी बेसेंट द्वारा क्रमशः जून एवं सितंबर, 1916 में होमरूल (स्वशासन) लीग ऑंदोलन की शुरुआत की गई।
- प्रथम विश्व युद्ध की समाप्ति के बाद मांटेग्यू घोषणा द्वारा भारत में उत्तरदायी सरकार की स्थापना की बात कही गई।
- राष्ट्रीय आंदोलन का तीसरा चरण (1919-47) गाँधी युग के नाम से जाना जाता है।
- जिस समय गांधीजी भारत आए उस समय प्रथम महायुद्ध का दौर चल रहा था, जिन्होंने सरकार के युद्ध प्रयासों में मदद की, जिसके लिए सरकार ने उन्हें **'कैसरे हिन्द'** सम्मान से सम्मानित किया।
- गांधीजी ने भारत आने पर 1915 में अहमदाबाद के समीप साबरमती नदी के तट पर सत्याग्रह आश्रम की स्थापना की।

- भारत में 1917 से 1918 के बीच गांधीजी ने तीन संघर्ष- चंपारण और खेड़ा का किसान आंदोलन तथा अहमदाबाद के मजदूर आंदोलन का सफल नेतृत्व किया।
- चंपारण सत्याग्रह (1917) के समय ही पहली बार गांधीजी ने भारत में सत्याग्रह करने की धमकी दी थी। चंपारण सत्याग्रह के सफल नेतृत्व के बाद ही रवींद्रनाथ टैगोर ने गांधीजी को पहली बार **'महात्मा'** कहा ।
- खेड़ा सत्याग्रह (1918) भारत में गांधीजी द्वारा चलाया गया पहला वास्तविक किसान सत्याग्रह था।
- अहमदाबाद के मिल मजदूरों और मिल मालिकों के बीच फरवरी-मार्च 1918 को प्लेग बोनस को लेकर विवाद आरंभ हो गया। अंततः गांधीजी को हस्तक्षेप करना पड़ा और मिल मालिक मजदूरों की मांगों के अनुसार प्लेग बोनस (35%) देने के लिए राजी हो गए।
- अहमदाबाद मिल मजदूर आंदोलन के दौरान ही सर्वप्रथम गांधीजी ने भूख हड़ताल को हथियार बनाया।
- रौलेट एक्ट (1919) के द्वारा अंग्रेजी सरकार जिसको चाहे जब तक चाहे, बिना मुकदमा चलाए जेल में बंद रख सकती थी। इसीलिए इस कानून को **'बिना वकील, बिना अपील, बिना दलील का कानून'** कहा गया।
- रौलेट एक्ट को भारतीय जनता ने **'काला कानून'** कहकर आलोचना की।
- गांधीजी ने रौलेट एक्ट की आलोचना करते हुए इसके विरुद्ध सत्याग्रह करने के लिए सत्याग्रह सभा की स्थापना की।
- अमृतसर में गांधीजी के सत्याग्रह के समर्थन में सभाएं आयोजित की गई। इन सभाओं में पंजाब के लोकप्रिय नेता 'सैफुद्दीन किचलू' तथा डॉ. सत्यपाल ' को भाषण देने से रोका गया तथा 10 अप्रैल, 1919 को गिरफ्तार कर लिया गया। 13 अप्रैल, 1919 को इन दोनों नेताओं की गिरफ्तारी के विरोध में जलियांवाला बाग में एक सभा आयोजित की गई । सभा स्थल पर उपस्थित अंग्रेज जनरल माइकल डायर ने बिना कोई पूर्व सूचना या चेतावनी के भीड़ पर गोली चलवा दी जिसमें लगभग 1000 लोग मारे गए और 1200 से अधिक घायल हुए।
- दीनबधु सी. एफ. एंड्रूज ने इस हत्याकांड को जानबूझ कर की गई क्रूर हत्या की संज्ञा दी ।
- जलियांवाला बाग हत्याकांड के विरोध में रवींद्रनाथ टैगोर ने **'नाइट'** की उपाधि लौटा दी । वायसराय की कार्यकारिणी के सदस्य शंकर नायर ने त्यागपत्र दे दिया।
- जलियांवाला बाग हत्याकांड की जांच के लिए सरकार ने हंटर कमीशन की नियुक्ति की।
- हंटर कमीशन की रिपोर्ट को गांधीजी ने **'पन्ने दर पन्ने निर्लज्ज सरकारी लीपापोती'** की संज्ञा दी।
- कांग्रेस ने जलियांवाला बाग हत्याकांड की जांच हेतु मदन मोहन मालवीय की अध्यक्षता में एक समिति की नियुक्ति की। इस समिति के अन्य सदस्य थे– मोतीलाल नेहरू, सी.आर. दास, तैय्यब जी और जयकर आदि।
- प्रथम विश्व युद्ध के बाद ब्रिटेन एवं तुर्की के बीच होने वाली **'सेवर्स की संधि'** से तुर्की के सुल्तान के सभी अधिकार छिन गए और एक प्रकार से तुर्की राज्य छिन्न-भिन्न हो गया। संसार भर के मुसलमान तुर्की के सुल्तान को अपना खलीफा मानते थे। इस प्रकार ब्रिटिश सरकार पर तुर्की के साथ की जाने वाली संधियों में न्यायोचित व्यवहार सुनिश्चित करने के लिए पर्याप्त दबाव डालने के उद्देश्य से भारतीय मुसलमानों के एक बहुसंख्यक वर्ग ने राष्ट्रीय स्तर पर जिस आंदोलन का सूत्रपात किया वह **'खिलाफत आंदोलन' (1919-22)** के नाम से जाना गया।
- गांधीजी ने हिन्दू-मुस्लिम एकता के लिए उपर्युक्त अवसर समझकर खिलाफत आंदोलन का समर्थन किया। 23 नवंबर, 1919 को दिल्ली में आयोजित 'अखिल भारतीय खिलाफत कमेटी' के अधिवेशन की अध्यक्षता गांधीजी ने की।
- कोलकात्ता में कांग्रेस के विशेष अधिवेशन (1920) में पास हुआ असयोग आंदोलन संबंधी प्रस्ताव को दिसंबर 1920 में नागपुर में हुए कांग्रेस के वार्षिक अधिवेशन में पुष्टि कर दी गई।
- कांग्रेस के नागपुर अधिवेशन का विशेष महत्त्व है क्योंकि इस अधिवेशन में असहयोग आंदोलन के प्रस्ताव की पुष्टि के साथ ही दो और महत्त्वपूर्ण निर्णय लिए गए– 1. कांग्रेस ने अब ब्रिटिश साम्राज्य के भीतर स्वशासन का अपना लक्ष्य त्यागकर ब्रिटिश साम्राज्य के भीतर और आवश्यक हो तो उसके बाहर स्वराज का लक्ष्य घोषित किया। 2. कांग्रेस द्वारा रचनात्मक कार्यक्रमों की एक सूची तैयार की गई।

- असहयोग आंदोलन (1920-22) संबंधी प्रस्तावों की मुख्य बातें इस प्रकार थीं–
  1. सरकारी उपाधि एवं अवैतनिक सरकारी पदों का परित्याग।
  2. सरकार द्वारा आयोजित कार्यक्रमों एवं उत्सवों का बहिष्कार।
  3. सरकारी स्कूलों एवं कॉलेजों का बहिष्कार।
  4. वकीलों द्वारा न्यायालय का बहिष्कार।
  5. विदेशी वस्तुओं का बहिष्कार।
- 5 फरवरी, 1922 को चौरी-चौरा कांड के कारण गांधीजी ने असयोग आंदोलन को स्थगित कर दिया। अब गांधीजी रचनात्मक कार्यो पर जोर दे रहे थे।
- गांधीजी द्वारा असहयोग आंदोलन स्थगित करने से नाराज इनके कुछ सहयोगियों ने 'स्वराज दल' नामक संगठन की 1923 में स्थापना की।

**विदेशों में भारतीय क्रान्तिकारी संगठनः एक नजर में**

| स्थापना वर्ष | संगठन | संस्थापक | देश |
|---|---|---|---|
| 1904 ई. | इंडिया हाऊस | श्यामजी कृष्ण वर्मा | लंदन (इंग्लैंड) |
| 1906 ई. | अभिनव भारत | वी. डी. सावरकर | लंदन (इंग्लैंड) |
| 1907 इ. | इण्डिया इंडिपेंडेंस लीग | तारकनाथ दास | अमेरिका |
| 1913 ई. | गदर पार्टी | लाला हरदयाल, रामचन्द्र एवं बरकतुल्ला | सेन फ्रांसिस्को (अमेरिका) |
| 1914 ई. | इंडिया इंडिपेंडेंस लीग | लाला हरदयाल एवं वीरेंद्रनाथ चट्टोपाध्याय | बर्लिन (जर्मनी) |
| 1915 ई. | स्वतंत्र भारत की अस्थाई सरकार | राजा महेंद्रप्रताप | काबुल (अफगानिस्तान) |
| 1930 ई. | इण्डिया इंडिपेंडेंस लीग | रासबिहारी बोस | टोकियो (जापान) |
| 1942 ई. | इंडियन नेशनल आर्मी (आजाद हिन्द फौज) | रास बिहारी बोस | टोकियो (जापान) |
| नोटः 1943 ई. में आजाद हिंद फौज़ का पुनर्गठन सिंगापुर में नेताजी सुभाषचंद्र बोस ने किया था। | | | |

- 1922 में अचानक गांधीजी द्वारा असहयोग आंदोलन समाप्त कर दिए जाने के बाद देश में किसी भी राजनीतिक गतिविधियों के अभाव में उत्साही युवक निराशा में पुनः क्रांतिकारी गतिविधियों की ओर मुड़ गए। यह क्रांतिकारी आतंकवाद का द्वितीय चरण (1924-34) था।
- रूस, चीन आयरलैंड, तुर्की, मिश्र आदि में होने वाले क्रांति आंदोलनों से प्रेरित युवाओं ने हिंसा के द्वारा ब्रिटिश साम्राज्य को उखाड़ फेंकने की अपनी नीति पर पुनः सक्रिय हो गए।
- द्वितीय चरण में क्रांतिकारी आतंकवाद दो धाराओं में विकसित हुआ, एक पंजाब, उत्तर प्रदेश एवं बिहार तथा दूसरा बंगाल में।
- उत्तर भारत के महत्त्वपूर्ण नेताओं में शामिल थे– सचींद्र नाथ सान्याल, राम प्रसाद बिस्मिल तथा चंद्रशेखर आजाद।
- क्रांतिकारी आतंकवाद के द्वितीय चरण में सान्याल की पुस्तक **बंदी जीवन** (हिन्दी एवं गुरुमुखी में) ने अनेक युवाओं को क्रांति के प्रति आकर्षित किया।
- अक्टूबर 1924 में सचीन्द्र नाथ सान्याल, राम प्रसाद बिस्मिल, चंद्रशेखर आजाद ने कानपुर में क्रांतिकारी संस्था **हिन्दुस्तान रिपब्लिकन एसोसिएशन**(H.R.A) की स्थापना की। **'काकोरी कांड'** H.R.A द्वारा ही किया गया था।
- चंद्रशेखर आजाद के नेतृत्व में सितंबर 1928 को दिल्ली के फिरोजशाह कोटला मैदान में, **हिन्दुस्तान सोशलिस्ट रिपब्लिकन एसोसिएशन'** (H.S.R.A.) की स्थापना की गई।
- साइमन कमीशन के विरोध के समय लालाजी पर लाठियों से प्रहार करने वाले सहायक पुलिस अधीक्षक **सैण्डर्स** (लाहौर) की 30 अक्टूबर, 1928 को भगत सिंह, चंद्रशेखर आजाद, राजगुरु द्वारा की गई हत्या पहली H.S.R.A की क्रांतिकारी गतिविधि थी।

- क्रांतिकारी आतंकवाद के दूसरे चरण में बंगाल में अनुशीलन और युगांतर जैसी क्रांतिकारी संस्थाए एक बार पुनः सक्रिय हो गई।
- बंगाल में **सूर्यसेन** जो गांधी जी के असयोग आंदोलन के प्रमुख नेता थे, ने **'इंडियन रिपब्लिकन आर्मी'** (I.R.A.) की स्थापना की।
- सूर्यसेन द्वारा स्थापित **I.R.A** के चटगांव शाखा के सदस्यों मे अनंत सिंह, अंबिका चक्रवर्ती, लोकीनाथ, गणेश घोष, आनंद गुप्त जैसे नवयुवक और प्रीतिलता वाडेदर तथा कल्पना दत्त जैसी नवयुवतियां थी।
- सूर्यसेन के नेतृत्य में I.R.A के सदस्यों ने चटगाँव शस्त्रागार पर आक्रमण कर हथियारों पर कब्जा कर लिया। इसी समय 65 सदस्यीय क्रांतिकारी दल के समक्ष सूर्यसेन ने इन्कलाब जिन्दाबाद के नारों के बीच तिरंगा झंडा फहारा कर **'अरथायी क्रांतिकारी सरकार'** का गठन किया जिसके राष्ट्रपति सूर्यसेन बने।
- 1919 के भारत शासन अधिनियम में कहा गया था कि इसके पारित होने के दस वर्ष बाद एक संवैधानिक आयोग की नियुक्ति की जाएगी, जो इस बात की जांच करेगा कि अधिनियम व्यवहार में कहां तक सफल रहा है तथा भारत उत्तरदायी शासन की दिशा में कहां तक प्रगति करने की स्थिति में है।
- नियत समय से पहले ही सर जॉन साइमन की अध्यक्षता में गठित सात सदस्यीय इस आयोग में किसी भारतीय को शामिल नहीं किया गया था। अतः कांग्रेस ने इसका विरोध किया । इस कमीशन का पूरे भारत में विरोध किया गया।
- नेहरू रिपोर्ट (1928) भारत सचिव द्वारा कांग्रेसी नेताओं को दी गई चुनौती का परिणाम था। साइमन कमीशन के विरोध एवं बहिष्कार से पूर्व ही 1925 में भारत सचिव ने कांग्रेसी नेताओं के समक्ष चुनौती रखी कि वे एक ऐसा संविधान का मसविदा तैयार करें जो सभी दलों को मान्य हो।
- संविधान का मसविदा तैयार करने हेतु दो सर्वदलीय सम्मेलनों का क्रमशः फरवरी, 1928 (दिल्ली) और मई, 1928 (मुंबई) में आयोजन किया गया। द्वितीय सर्वदलीय सम्मेलन में पं. मोतीलाल नेहरू की अध्यक्षता में एक सात सदस्यीय समिति की स्थापना की गई।
- पं. मोतीलाल नेहरू की अध्यक्षता में जिस समिति ने अपनी रिपोर्ट प्रस्तुत (अगस्त, 1928) की उसे नेहरू रिपोर्ट कहा गया।
- मुस्लिम लीग के नेता मुहम्मद अली जिन्ना ने नेहरू रिपोर्ट में मुसलमानों के लिए पृथक निर्वाचक मंडल की सुविधा न दिए जाने के कारण मुसलमानों की 14 मांगों की जो सूची जारी की उसे जिन्ना का चौदह सूत्री फार्मूला कहा गया।
- कांग्रेस के ऐतिहासिक लाहौर अधिवेशन (1929) की अध्यक्षता पं. जवाहरलाल नेहरू ने की। इस अधिवेशन में पारित किए गए कुछ ऐतिहासिक प्रस्ताव निम्न प्रकार हैं–
  1. नेहरू रिपोर्ट को निरस्त घोषित कर दिया गया।
  2. पूर्ण स्वराज्य का लक्ष्य निर्धारित किया गया।
  3. कांग्रेस कार्यकारिणी को सविनय अवज्ञा आंदोलन शुरू करने का अधिकार दिया गया।
- सविनय अवज्ञा आंदोलन शुरू करने से पूर्व गांधीजी ने इसे टालने का पूरा प्रयास किया लेकिन तत्कालीन वायसराय से वह अपनी न्यायोचित मांगों (11सूत्री) को भी नहीं मनवा सके।
- तत्कालीन वायसराय के समक्ष गांधीजी द्वारा प्रस्तुत 11सूत्री मांग में प्रमुख मांगे इस प्रकार थी–
  1. सेना खर्च तथा सिविल सेवा के वेतनों में पचास प्रतिशत कटौती।
  2. पूर्ण शराब बंदी।
  3. राजनैतिक कैदियों की रिहाई।
  4. भारतीयों को आत्मरक्षार्थ हथियार रखने का लाइसेंस।
  5. रुपए का विनियम दर एक सीलिंग चार पेंस के बराबर किया जाए।
  6. लगान में 50% की कटौती।
  7. नमक पर सरकारी इजारेदारी तथा नमक कर को समाप्त करना।
  8. नशीली वस्तुओं के क्रय-विक्रय पर प्रतिबंध।
- गांधीजी ने अपनी 11सूत्री मांगों को न माने जाने पर सविनय अवज्ञा आंदोलन के तहत 12 मार्च, 1930 को ऐतिहासिक नमक सत्याग्रह की शरुआत की।
- गांधीजी साबरमती आश्रम से अपने कुछ चुने हुए अनुयायिओं के साथ "डांडी मार्च" किया और 5 अप्रैल, 1930 को डांडी समुंद्रतट पर पहुंचकर सांकेतिक रूप

से नमक कानून को तोड़ा । यहीं से सविनय अवज्ञा आंदोलन की शुरुआत हुई।

- सविनय अवज्ञा आंदोलन के **मुख्य कार्यक्रम** इस प्रकार थे–
  1. नमक कानून तथा ब्रिटिश कानूनों का उल्लंघन।
  2. कानूनी अदालतों, सरकारी विद्यालयों, कॉलेजों एवं सरकारी समारोहों का बहिष्कार।
  3. भू-राजस्व, लगान तथा अन्य करों की अदायगी पर रोक।
  4. शराब तथा अन्य मादक पदार्थों का विक्रय करने वाली दुकानों पर शांतिपर्ण धरना।
  5. विदेशी वस्तुओं एवं कपड़ों का बहिष्कार।
  6. सरकारी नौकरियों से त्यागपत्र।
- सविनय अवज्ञा आंदोलन गांधीजी के नेतृत्व में पूरे भारत में फैल गया।
- समुद्रतटीय राज्यों में भी नमक यात्रा का आयोजन किया गया।
- पश्चिमोत्तर प्रांत में मुसलमानों ने **खान अब्दुल गफ्फार खां (सीमांत गांधी )** के नेतृत्व में सविनय अवज्ञा आंदोंलन चलाया। यहां के काबालियों ने गांधीजी को इस आंदोलन के दौरान ही **मलंग बाबा** कहा।
- इस आंदोलन को कुचलने के लिए सरकार ने दमन चक्र का सहारा लिया और अनेक राष्ट्रीय नेताओं को गिरफ्तार कर जेल में बंद कर दिया गया। जून, 1930 को कांग्रेस और उससे संबद्ध संगठनों को गैरकानूनी घोषित कर दिया गया।
- सविनय अवज्ञा आंदोलन के दौरान **बिहार** एवं **गुजरात** के कुछ क्षेत्रों में कर न अदायगी आंदोलन चलाया गया।
- बिहार के कुछ जिलों में **चौकीदार कर न अदा करने** का आंदोलन चलाया गया।
- इसी समय मध्य प्रांत, महाराष्ट्र, कर्नाटक एवं वर्तमान झारखंड में कड़े वन नियमों के विरुद्ध **'वन सत्याग्रह '** चलाया गया।
- **प्रथम गोलमेज सम्मेलन** 12 नवंबर, 1930 से 13 जनवरी 1931 तक लंदन में आयोजित किया गया। यह ऐसी पहली वार्ता थी जिसमें ब्रिटिश शासकों द्वारा भारतीयों को बाराबर का दर्जा दिया गया। इस सम्मेलन में कांग्रेस ने भाग नहीं लिया।
- सविनय अवज्ञा आंदोलन की समाप्ति के लिए गांधी एवं इरविन के मध्य 5 मार्च,1931 को एक समझौता हुआ। इस समझौते को गांधी-इरविन समझौते के नाम से जाना जाता है। इस समझौते की मुख्य बातें निम्न थी–
  1. गांधी के नेतृत्व में कांग्रेस सविनय अवज्ञा आंदोलन समाप्त करने के लिए तैयार हो गई।
  2. कांग्रेस इस आधार पर दूसरे गोलमेज सम्मेलन में हिस्सा लेने के लिए तैयार हो गई कि सम्मेलन पेश किया जाने वाला संवैधानिक सुधार संधीय व्यवस्था, उत्तरदायित्व पूर्ण शासन तथा भारत के हित को देखते हुए प्रतिरक्षा, वैदेशिक मामालें, अल्पसंख्यकों से जुड़े मामलें आदि के बारे में सुरक्षात्मक या आत्मरक्षात्मक व्यवस्था पर आधारित होगा।
  3. राजनैतिक बंदियों की रिहाई जिनका संबंध हिंसा से न हो।
  4. विदेशी कपड़ों और शराब की दुकानों पर शांतिपूर्ण धरना देने का अधिकार।
  5. समुद्रतटीय प्रदेशों में बिना कर दिए नमक बनाने की अनुमति ।
- **दूसरा गोलमेज सम्मेलन** लंदन में 7 सितंबर, 1931 से 1 दिसंबर, 1931 तक चला। इसमें गांधीजी कांग्रेस के एकमात्र प्रतिनिधि के रूप में शामिल हुए।
- दूसरा गोलमेज सम्मेलन साम्प्रदायिक समस्या पर विवाद के कारण पूरी तरह असफल रहा। दलित नेता भीमराव अंबेडकर ने दलितों के लिए पृथक निर्वाचक मंडल की सुविधा की मांग की जिसे गांधीजी ने अस्वीकार कर दिया।
- 1 जनवरी, 1932 को कांग्रेस कार्य समिति ने सविनय अवज्ञा को दुबारा शुरू करने का निर्णय लिया। आंदोलन शुरू होने के ठीक बाद कांग्रेस के चोटी के नेताओं को गिरफ्तार कर लिया गया।
- ब्रिटिश प्रधानमंत्री रैम्जे मैकडोनाल्ड ने 16 अगस्त, 1932 को विभिन्न संप्रदायों के प्रतिनिधित्व के विषय पर एक पंचाट जारी किया जिसे **सांप्रदायिक पंचाट** (कम्युनल एवार्ड) कहा गया।
- **सांप्रदायिक पंचाट** में पृथक निर्वाचक पद्धति को न केवल मुसलमानों के लिए जारी रखा गया बल्कि इसे दलित वर्गों पर भी लागू कर दिया गया।

- गांधीजी ने दलित वर्ग की पृथक निर्वाचक मंडल की सुविधा दिए जाने का विरोध किया और जेल में 20 सितंबर, 1932 को आमरण अनशन शुरू कर दिया। अंततः **पूना समझौता** (26 सितंबर, 1932) द्वारा दलित वर्गों के लिए पृथक निर्वाचक मंडल व्यवस्था को समाप्त कर दिया गया। यह समझौता गांधीजी और अंबेडकर के मध्य हुआ।
- सितंबर, 1932 में गांधीजी ने हरिजन कल्याण हेतु **'अखिल भारतीय छूआछूत विरोधी लीग'** की स्थापना की तथा हरिजन नामक साप्ताहिक पत्र का प्रकाशन किया।
- 17 नवंबर, 1932 से 24 दिसंबर, 1932 तक लंदन में **तृतीय गोलमेज सम्मेलन** का आयोजन किया गया। कांग्रेस ने इस सम्मेलन का बहिष्कार किया। इस सम्मेलन का ठोस परिणाम **भारत सरकार अधिनियम 1935** था।
- भारत सरकार अधिनियम 1935 की मुख्य बातें इस प्रकार थीं–
  1. भारत के लिए एक संघ स्थापित करने की योजना जिसमें ब्रिटिश भारत के प्रांत और उन देशी रियायतों को शामिल होना था जो इसमें स्वेच्छा से शामिल होना चाहें।
  2. इस अधिनियम द्वारा प्रांतों में लागू द्वैध शासन (1919 के अनुसार) को अब केंद्र में लागू कर दिया गया।
  3. इस अधिनियम में केंद्रीय प्रशासनिक क्षेत्र को आरक्षित और हस्तांरित दो भागों में बांटा गया।
- 1937 के प्रांतीय विधानमंडलों का चुनाव 1935 के अधिनियम के तहत हुआ। इस चुनाव में कुल 6 प्रांतों में कांग्रेसी सरकारें बनी । बंगाल में मुस्लिम लीग एवं पंजाब में मुस्लिम लीग तथा यूनियनिस्ट पार्टी ने संयुक्त सरकार का गठन किया।
- द्वितीय विश्व युद्ध के दौरान कांग्रेस शासित प्रदेश मंत्रिमंडलों ने त्यागपत्र (5 नवंबर, 1939) दे दिया।
- कांग्रेस शासित प्रदेश मंत्रिमंडलों का त्यागपत्र देने का मुख्य कारण यह था कि तत्कालीन वायसराय ने भारतीयों की बिना अनुमति के यह घोषणा कर दी थी भारत भी जर्मनी के विरुद्ध ब्रिटेन के साथ युद्ध में शामिल है।
- कांग्रेसी मंत्रियों के त्यागपत्र के बाद मुस्लिम लीग ने दलित नेता भीमराव अंबेडकर के साथ 22 दिसंबर, 1939 को **मुक्ति दिवस** मनाया।
- कांग्रेस ने द्वितीय विश्व युद्ध में समर्थन के बदले 'भारत को स्वतंत्र राष्ट्र' घोषित किए जाने का प्रस्ताव रखा।
- मार्च, 1940 को कांग्रेस ने अपने रामगढ़ (झारखंड) में आयोजित वार्षिक अधिवेशन में एक प्रस्ताव पारित कर सरकार से कहा कि यदि वह केंद्र में एक **'अंतरिम राष्ट्रीय सरकार'** गठित करे तो कांग्रेस द्वितीय विश्वयुद्ध में सरकार का सहयोग कर सकती है।
- कांग्रेस के इस प्रस्ताव के जबाब में तत्कालीन वायसराय लॉर्ड लिनलिथगों ने 8 अगस्त, 1940 को **अगस्त प्रस्ताव** प्रस्तुत किया।
- अगस्त प्रस्ताव में कांग्रेस की अंतरिम सरकार गठित करने की मांग को अस्वीकार करते हुए एक वैकल्पिक प्रस्ताव पेश किया गया जिसकी मुख्य बातें इस प्रकार थीं–
  1. डोमेनियन स्टेट।
  2. युद्ध के बाद एक प्रतिनिधि मूलक संविधान निर्मात्री संस्था का गठन।
  3. एक सलाहकार परिषद् का गठन।
- अगस्त प्रस्ताव को पूरी तरह अस्वीकार करते हुए कांग्रेस ने **व्यक्तिगत सत्याग्रह** गांधीजी के नेतृत्व में शुरू करने का निर्णय लिया। यह सत्याग्रह ब्रिटिश सरकार की भारत नीति के प्रति नैतिक विरोध की प्रतीकात्मक अभिव्यक्ति थी।
- व्यक्तिगत सत्याग्रह की शुरुआत **17 अक्टूबर, 1940** को हुई। प्रथम सत्याग्रह के रूप में महात्मा गांधी ने विनोवा भावे को मनोमति किया। दूसरे सत्याग्रही पं. जवाहरलाल नेहरू थे।
- भारत को तत्काल द्वितीय विश्वयुद्ध में शामिल करने के लिए ब्रिटिश प्रधानमंत्री चर्चिल ने कैबिनेट मंत्री **'स्टैफोर्ड क्रिप्स'** के नेतृत्व में सदभावना मिशन मार्च, 1942 में भारत भेजा। **'क्रिप्स मिशन'** नाम से चर्चित इस मिशन ने निम्न प्रस्ताव पेश किए–
  1. युद्ध के बाद भारत को डोमेनियन स्टेट का दर्जा देना।
  2. युद्ध के बाद एक संविधान निर्मात्री परिषद् बनाने का वादा किया गया जिसके कुछ सदस्य प्रांतीय विधायिकाओं से तथा कुछ शासकों द्वारा नामांकित करने का प्रावधान।

3. पाकिस्तान की मांग के लिए इस व्यवस्था के तहत गुजांइश बनाई गई कि यदि किसी प्रांत को नया संविधान स्वीकार्य नहीं होता है तो वह अपने भविष्य के लिए ब्रिटेन से अलग समझौता करेगा।

- कांग्रेस और मुस्लिम लीग दोनों ने क्रिप्स प्रस्तावों को अस्वीकार कर दिया।
- **महात्मा गांधी** ने क्रिप्स प्रस्ताव को **'उत्तर-तिथीय चेक'** (Post-Dated Cheque) तथा किसी और ने (संभवतः जवाहारलाल नेहरू ) इसमें **'ऐसे बैंक के नाम जो टूट रहा है'** जोड़ा।
- भारत छोड़ों आंदोलन (1942) को अगस्त क्रांति के नाम से भी जाना जाता है। यह आंदोलन भारतीय स्वतंत्रता की अंतिम लड़ाई थी। इस आंदोलन में गांधीजी ने **'करो या मरो'** का नारा दिया।
- 7 अगस्त, 1942 को बंबई के ऐतिहासिक ग्वालिया टैंक मैदान में अखिल भारतीय कांग्रेस कमेटी की वार्षिक बैठक मौलाना अबुल कलाम आजाद की अध्यक्षता में हुई। इस बैठक में भारत छोड़ो आंदोलन के वर्धा प्रस्ताव (14 जुलाई, 1942) की पुष्टि कर दी गई।
- बंबई कांग्रेस ने भी भारत छोड़ो-प्रस्ताव को थोड़े-बहुत संशोधन के बाद 8 अगस्त, 1942 को पास कर दिया।
- भारत छोड़ों आंदोलन राष्ट्रीय स्वतंत्रता संघर्ष का प्रथम आंदोलन था जो नेतृत्वविहीनता की स्थिति में भी अपने उद्देश्य को पूरा कर सका।
- भारत छोड़ो आंदोलन के 9 अगस्त, 1942 को शुरू होते ही गांधीजी तथा अन्य चोटी के कांग्रेस नेताओं को गिरफ्तार कर लिया गया। गांधीजी को गिरफ्तार कर सरोजनी नायडू सहित आगा खां पैलेस में रखा गया।
- सरकार ने कांग्रेस का गैरकानूनी घोषित करते हुए उसकी संपति को जब्त कर लिया।
- 1942 के आंदोलन का सर्वाधिक प्रभाव बंगाल, बिहार, उत्तर-प्रदेश, मद्रास और बंबई में था लेकिन पूरे देश की हिस्सेदारी इसमें अवश्य थी।
- भारत छोड़ो आंदोलन के समय देश के कई इलाकों में ब्रिटिश शासन समाप्त हो गया और समानांतर सरकारे स्थापित की गई।

**भारत छोड़ो आंदोलन के दौरान समानांतर सरकारें: एक नजर में**

| स्थान | राज्य | नेतृत्वकर्त्ता/नेता |
|---|---|---|
| बलिया | उ.प्र. | चितू पांडे |
| तामलुक (मिदनापुर) | बंगाल | ............ |
| सतारा | महाराष्ट्र | वाई. पी. चव्हाण, नाना पाटिल |

- **नोटः**
  1. सर्वप्रथम बलिया में सामानांतर सरकार की स्थापना हुई।
  2. तामलुक के सामानांतर सरकार को जातीय सरकार भी कहा जाता है। यहां की सरकार ने एक सशस्त्र विद्युत वाहिनी का गठन किया। यह सरकार 17 दिसंबर, 1942 से 1 सितंबर, 1944 तक चली।
  3. सतारा की सामानांतर सरकार सर्वाधिक दीर्घजीवी (1945) थी।

- इस आंदोलन के दौरान जय प्रकाश नारायण, राम-मनोहर लोहिया, अच्युत पटवर्धन, अरूणा आसफ अली आदि ने भूमिगत रहते हुए आंदोलन को नेतृत्व प्रदान किया।
- गिरफ्तारी से बचे नेता वी. एम. खाकर, राममनोहर लोहिया, उषा मेहता, नादिमान अब्रवाद, प्रिंटर आदि ने आंदोलन के समय भूमिगत कांग्रेस रेडियों का संचालन किया।
- इस आंदोलन के दौरान कांग्रेस की सूचनाओं के प्रसारण के लिए नासिक एवं बंबई में रेडियों स्टेशन स्थापित किए गए थे। 12 नवंबर, 1942 को सरकार द्वारा रेडियों स्टेशन को जब्त कर लिया गया।
- मुस्लिम लीग का जिन्ना गुट इस आंदोलन का विरोधी था क्योकि इनका विश्वास था कि अंग्रेजों के यहां से जाने के बाद यहां जंगल राज हो जाएगा।
- 23 मार्च, 1943 को मुस्लिम लीग ने 'पाकिस्तान दिवस' मनाने का आह्वान किया।
- मुस्लिम लीग ने दिसंबर, 1943 में कराची में हुए अधिवेशन में **'विभाजन करो और छोड़ों'** (Divide and Quit) का नारा दिया।

- 17 जनवरी, 1941 को सुभाषचंद्र बोस कलकत्ता से अचानक गायब हो गए, वे पेशावर व काबुल होते हुए रूस पहुंचे।
- द्वितीय विश्वयुद्ध में रूस के मित्र राष्ट्रों के गुट में शामिल हो जाने के कारण सुभाषचंद्र बोस को रूस से जर्मनी जाना पड़ा।
- जर्मनी में सुभाषचन्द्र बोस ने हिटलर से मुलाकात कर भारतीय स्वतंत्रता हेतु सहयोग मांगा। जर्मनी में ही भारतीयों द्वारा सुभाषचंद्र बोस को **'नेताजी'** की उपाधि दी गई।
- जर्मनी में सुभाषचंद्र बोस द्वारा **'फ्री इंडिया सेंटर'** की स्थापना की गई। उसी संस्था द्वारा सुभाष चन्द्र ने पहली बार **'जय हिंद'** का नारा दिया।
- मार्च, 1930 में टोकियों में रासबिहारी बोस ने इंडिया इंडिपेंडेस लीग की स्थापना की।
- ब्रिटिश भारतीय सेना के एक अधिकारी **मोहन सिंह** के दिमाग में सर्वप्रथम **आजाद हिंद फौज,** की स्थापना का विचार आया।
- मोहन सिंह ने जापान के समक्ष आत्मसमर्पण करने वाले ब्रिटिश भारतीय सैनिकों को लेकर मलाया में **आजाद हिंद फौज** का गठन 15 दिसंबर, 1941 को किया था।
- 7 जुलाई, 1943 को रासबिहारी बोस ने आजाद हिंद फौज की कमान सुभाषचंद्र बोस को सौंप दी। सभाषचन्द्र I.N.A. के सर्वोच्च सेनापति घोषित किए गए।
- 21 अक्टूबर, 1943 को सुभाषचन्द्र ने सिंगापुर में स्वतंत्र भारत की अस्थायी सरकार का गठन किया। इस सरकार का मुख्यालय रंगून में बनाया गया। अस्थायी सरकार को जर्मनी तथा जापान ने अपना समर्थन दिया।
- सुभाषचंद्र बोस ने लक्ष्मीबाई के नाम पर **'रानी झांसी रेजीमेंट'** महिलाओं के लिए स्थापित किया। आजाद हिंद फौज के तीन और ब्रिगेड का नाम क्रमशः सुभाष बिग्रेड, नेहरू **ब्रिगेड,** गांधी ब्रिगेड रखा गया।
- सैनिकों का आह्वान करते हुए सुभाष ने कहा **'तुम मुझे खून दो मैं तुझे आजादी दूंगा।**
- पहली बार सुभाष द्वारा ही गांधीजी के लिए **राष्ट्रपिता** शब्द का प्रयोग किया गया।
- अक्टूबर, 1943 को लिनलिथगो की जगह वेवेल भारत के वायसराय बन कर आए। इस समय्र भारत की स्थिति काफी तनावपूर्ण थी। वेवेल ने सामान्य स्थिति बनाने के लिए सर्वप्रथम भारत छोड़ो आंदोलन के नेताओं को रिहा कर दिया। साथ ही कांग्रेस पर लगे प्रतिबंध को समाप्त कर दिया।
- 14 जून, 1945 को लॉर्ड वेवेल ने **वेवेल योजना** प्रस्तुत की जिस पर विचार करने के लिए **शिमला में 25 जून, 1945** को एक सम्मेलन का आयोजन किया गया। यह सम्मेलन जिन्ना के हठधर्मिता के कारण स्थगित कर दिया गया।
- 1945 में आजद हिंद फौज के सिपाहियों द्वारा आत्मसमर्पण के बाद सरकार ने उन पर निष्ठा की शपथ (सरकार के प्रति) तोड़ने के आरोप में लाल किले में मुकदमा चलाने का निर्णय लिया।
- कांग्रेस ने आजाद हिंद फौज (I.N.A) के सिपाहियों को बचाने के लिए **'आजाद हिंद बचाव समिति'** की स्थापना की। बचाव पक्ष के वकीलों में भूलाभाई देसाई प्रमुख थे, उनका सहयोग करने के लिए तेजबहादुर सप्रू, काटजू, जवाहरलाल नेहरू ने भी अदालत में बहस की।
- 18 फरवरी, 1946 को रॉयल इंडियन नेवी के 'सिगनल्स प्रशिक्षण संस्थान' एस. एम. आई एस. तलवार ' के गैर कमीशंड अधिकारियों एवं सिपाहियों ने खराब भोजन, जातीय भेदभाव, कम वेतन, चरित्र पर टिप्पणी आदि कारणों से विद्रोह कर दिया। **25 फरवरी, 1946** को पटेल के आश्वासन के बाद विद्रोही सैनिकों ने आत्मसमर्पण कर दिया।
- जनवरी, 1946 में ब्रिटेन की लेबर पार्टी के नेता एटली ने भारतीय नेताओं से औपचारिक स्तर पर बातचीत करने के लिए एक संसदीय दल (कैबिनेट मिशन) को भारत भेजने का निर्णय लिया।
- 29 मार्च, 1946 को 'कैबिनेट मिशन' भारत आया। इसके सदस्यों में शामिल थे– सर स्टेफर्ड क्रिप्स, श्री ए. वी. अलेक्जेंडर तथा पैथिक लारेंस।
- भारत में कैबिनेट मिशन की घोषणा करते हुए पैथिक लारेंस ने कहा कि इसका उद्देश्य भारत के लिए संविधान तैयार करने के लिए शीघ्र ही एक कार्यप्रणाली तैयार करना तथा अंतरिम सरकार के लिए एक आवश्यक प्रबंध करना था।

- 16 अगस्त, 1946 को मुस्लिम लीग ने **'सीधी कार्यवाही दिवस' (Direct Action Day)** की शुरूआत कर दी। फलतः भयंकर सांप्रदायिक दंगे हुए।
- ब्रिटेन में श्रमिक दल के प्रधानमंत्री एटली ने हाऊस ऑफ कामन्स में 20 फरवरी, 1947 को ऐतिहासिक घोषणा करते हुए कहा कि 'अंग्रेज जून, 1948 के पहले ही उत्तरदायी लोगों को सत्ता हस्तांतरित करने के उपरांत भारत छोड़ देंगे।
- 22 मार्च, 1947 को भारत के 34वें और अंतिम ब्रिटिश गवर्नर जनरल लॉर्ड माउंटबेटन भारत आए जिनका एकमात्र उद्देश्य था, यथाशीघ्र भारत को पूर्ण स्वतंत्रता देना।
- 3 जून, 1947 को ब्रिटिश प्रधानमंत्री एटली ने हाऊस ऑफ कॉमन्स में विभाजन (3 जून योजना) की घोषणा की। इस योजना को माउंटबेटन योजना भी कहा जाता हैं। इस योजना के आधार पर ब्रिटिश संसद ने 18 जुलाई, 1947 को भारतीय स्वतंत्रता अधिनियम, 1947 को पास किया। इस उपबंध द्वारा ही 15 अगस्त, 1947 को भारत का विभाजन हुआ।
- भारतीय स्वतंत्रता अधिनियम (1947) की मुख्य बातें निम्न थी–
  1. 15 अगस्त, 1947 से भारत में भारत और पाकिस्तान नाम से डोमेनियम की स्थापना हो जाएगी।
  2. भारत के राज्य क्षेत्र में उन क्षेत्रों को छोड़कर जो पाकिस्तान में सम्मिलित होंगे, ब्रिटिश भारत के प्रांत सम्मिलित हेंगे।
  3. पाकिस्तान के राज्य क्षेत्र में पूर्वी बंगाल, पश्चिमी पंजाब, सिंध और उत्तर-पश्चिम सीमा प्रांत सम्मिलित होंगें। पूर्वीबंगाल प्रांत में असम का सिलहट जिला भी सम्मिलित होगा।
  4. देशी रजवाड़े दोनों में से भारत और पाकिस्तान किसी भी डोमेनियम (अधिराज्य) में सम्मिलित हो सकते हैं।
  5. प्रत्येक डोमेनियन के विधानमंडल को अपने अधिराज्य के लिए कानून बनाने का पूरा अधिकार होगा। 15 अगस्त, 1947 के बाद ब्रिटिश संसद द्वारा पारित कोई भी अधिनियम किसी भी डोमेनियन में वैध नहीं होगा।
  6. दोनों डोमेनियनों तथा प्रांतों का संचालन 1935 के अधिनियम के अनुसार (जहां तक संभव हो सके) उस समय तक चलाया जाएगा जब तक कि संबंधित संविधान सभा इसके लिए कोई संवैधानिक व्यवस्था नहीं कर लेती।
- 15 अगस्त, 1947 को भारतीय इतिहास के एक कालखंड का अंत हुआ दूसरे का आरंभ। 1200 वर्षों की ब्रिटिश दासता के बाद भारत ने प्रथम बार मुक्ति का अहसास किया।
- लॉर्ड माउंटबेटन को स्वतंत्र भारत का प्रथम गवर्नर जनरल नियुक्त किया गया तथा जवाहरलाल नेहरू को भारत का प्रथम प्रधानमंत्री बनाया गया।

## वस्तुनिष्ठ प्रश्न–I

**1.** भारतीय राष्ट्रीय कांग्रेस की स्थापना से पहले निम्नलिखित किस कारण भारत में सर्वाधिक जातीय विवाद की स्थिति उत्पन्न हुई?

A. सिविल सेवा में प्रवेश की आयु को लिटन द्वारा कम करना।

B. 1878 ई॰ का वर्नाकुलर एक्ट।

C. इल्बर्ट बिल विवाद।

D. उपरोक्त सभी।

**2.** राष्ट्रीय आन्दोलन का प्रथम चरण कब से कब तक माना जाता है?

A. 1857 से 1885 ई॰ B. 1885 से 1905 ई॰

C. 1905 से 1915 ई॰ D. 1905 से 1919 ई॰

**3.** निम्नलिखित में किसे भारत की प्रथम राजनीतिक संस्था माना जाता है?

A. मद्रास महाजन सभा।

B. लैंड होल्डर्स सोसायटी।

C. पूना सार्वजनिक सभा।

D. बंगाल ब्रिटिश इंडियन एसोसिएशन।

**4.** भारतीय राष्ट्रीय आन्दोलन के प्रथम चरण (1885 – 1905 ई॰) की महत्वपूर्ण घटना थी–

A. भारतीय राष्ट्रीय कांग्रेस की स्थापना।
B. उदारवादियों की उत्पत्ति।
C. महत्वपूर्ण सामाजिक सुधार अधिनियम।
D. स्वराज्य की मांग।

**5.** निम्नलिखित में कौन बम्बई प्रेसीडेन्सी एसोसिएशन से सम्बद्ध नहीं था?
A. फिरोजशाह मेहता B. बदरूद्दीन तैयब जी
C. दादाभाई नौरोजी D. के.टी. तैलंग

**6.** निम्नलिखित युग्मों में कौन सुमेलित नहीं है?
A. इंडियन एसोसिएशन – कलकत्ता।
B. लैंड होल्डर्स सोसाइटी – कलकत्ता।
C. ईस्ट इंडिया एसोसिएशन – बम्बई।
D. बंगाल ब्रिटिश इंडियन एसोसिएशन – कलकत्ता।

**7.** कांग्रेस की पूर्ववर्ती संगठनों में सर्वाधिक महत्वपूर्ण संस्था कौन थी?
A. इंडिया लीग।
B. इंडियन एसोसिएशन।
C. ईस्ट इंडिया एसोसिएशन।
D. पूना सार्वजनिक सभा।

**8.** ''इंडियन एसोसिएशन'' और राष्ट्रीय सम्मेलन'' के संस्थापकों में कौन शामिल नहीं था?
A. सुरेन्द्र नाथ बनर्जी
B. आनन्द मोहन बोस
C. उपरोक्त A और B दोनों
D. शिशिर कुमार घोष

**9.** निम्नलिखित किस संस्था को भारतीय राष्ट्रीय कांग्रेस का अग्रदूत माना जाता है?
A. इंडियन एसोसिएशन
B. राष्ट्रीय सम्मेलन
C. इंडियन नेशनल यूनियन
D. भारतीय कांग्रेस

**10.** किसके प्रयासों से ''भारतीय राष्ट्रीय कांग्रेस की स्थापना हुई?
A. दादाभाई नौरोजी B. ए॰ओ॰ ह्यूम
C. डब्ल्यू॰सी॰ बनर्जी D. जार्ज यूल

**11.** भारतीय राष्ट्रीय कांग्रेस का जन्म कब हुआ?
A. 27 अक्टूबर, 1885 ई॰ B. 28 अक्टूबर, 1885 ई॰
C. 28 दिसम्बर, 1885 ई॰ D. 31 दिसम्बर, 1885 ई॰

**12.** भारतीय राष्ट्रीय कांग्रेस की स्थापना कहाँ पर हुई थी?
A. बम्बई B. पुणे
C. कलकत्ता D. मद्रास

**13.** भारतीय राष्ट्रीय कांग्रेस के प्रथम अधिवेशन (1885 ई.) का अध्यक्ष कौन था?
A. ए॰ओ॰ ह्यूम B. डब्ल्यू॰सी॰ बनर्जी
C. सुरेन्द्र नाथ बनर्जी D. दादाभाई नौरोजी

**14.** कांग्रेस के प्रथम अधिवेशन (1885 ई॰) में भाग लेने वाले सदस्यों की संख्या थी–
A. 434 B. 607
C. 72 D. 205

**15.** किस उदारवादी महत्वपूर्ण राष्ट्रीय नेता ने कांग्रेस के प्रथम अधिवेशन में भाग नहीं लिया था?
A. सुरेन्द्र नाथ बनर्जी B. दादा भाई नौरोजी
C. फिरोजशाह मेहता D. बदरूदीन तैयब जी

**16.** लाला लाजपत राय ने कांग्रेस को किसके ''दिमाग की उपज'' बतलाया था?
A. ए॰ओ॰ ह्यूम
B. तत्कालीन भारत सचिव
C. लार्ड डफरिन
D. व्योमेश चन्द्र बनर्जी

**17.** कांग्रेस की स्थापना के तुरंत बाद इस पर किस गुट का अधिकार हो गया?
A. क्रान्तिकारी B. उग्रवादी
C. उदारवादी D. उपरोक्त कोई नहीं

**18.** भारतीय राष्ट्रीय कांग्रेस की ब्रिटिश समिति के अध्यक्ष (1889 ई॰ में) थे–
A. ए॰ओ॰ ह्यूम B. डब्ल्यू॰ बेडरबर्न
C. दादा भाई नौरोजी D. डब्ल्यू॰ डिग्बी

**19.** ''ह्यूम स्वतंत्रता के पुजारी थे।'' –यह कथन किसका है?
A. दादा भाई नौरोजी B. लाला लाजपत राय
C. व्योमेश चन्द्र बनर्जी D. लार्ड डफरिन

**20.** 1886 ई॰ में भारतीय राष्ट्रीय कांग्रेस का दूसरा अधिवेशन कहाँ पर हुआ?
A. कलकत्ता B. पूना
C. मद्रास D. इलाहाबाद

**21.** निम्नलिखित किस राष्ट्रीय नेता को उदारवादी नहीं माना जाता है?
A. सुरेन्द्रनाथ बनर्जी
B. लाला लाजपत राय
C. महादेव गोविन्द रानाडे
D. फिरोजशाह मेहता

**22.** भारतीय राष्ट्रीय कांग्रेस का प्रथम मुस्लिम अध्यक्ष कौन था?
A. बदरूद्दीन तैयब जी B. मौलाना मुहम्मद अली
C. नवाब सैयद मुहम्मद D. हकीम अजमल खाँ

**23.** कांग्रेस की स्थापना के प्रारंभिक दिनों में इसके प्रति सरकार का दृष्टिकोण कैसा था?
A. तटस्थता का B. समर्थन का
C. विरोध का D. स्वस्थ आलोचना

**24.** कांग्रेस का प्रथम अंग्रेज अध्यक्ष कौन था?
A. ए॰ ओ॰ ह्यूम B. लार्ड डफरिन
C. जार्ज यूल D. विलियम वेडरवर्न

**25.** सरकारी कर्मचारियों के कांग्रेस के अधिवेशनों में भाग लेने पर प्रतिबंध कब लगा?
A. 1888 B. 1890
C. 1900 D. 1905

**26.** कांग्रेस को "सूक्ष्मदर्शी अल्पसंख्यकों का प्रवक्ता" किसने कहा?
A. वायसराय डफरिन B. मुहम्मद अली जिन्ना
C. वायसराय कर्जन D. सर सैयद अहमद खाँ

**27.** निम्नलिखित कांग्रेस अधिवेशन स्थलों और वर्षों में कौन सुमेलित नहीं है?
A. 1892 – बम्बई B. 1887 – मद्रास
C. 1888 – इलाहाबाद D. 1890 – कलकत्ता

**28.** निम्नांकित किसकी जाँच हेतु सरकार ने "वैलबाई आयोग" की स्थापना की?
A. सैन्य खर्चों में वृद्धि।
B. सरकार द्वारा भारतीय व्यय की समीक्षा।
C. भारत सचिव को किस मद से वेतन दी जाए।
D. उपरोक्त कोई नहीं।

**29.** 1886 ई॰ में किसकी अध्यक्षता में प्रथम बार "लोक सेवा आयोग" की नियुक्ति की गयी है?
A. एचिसन B. ली वार्नर
C. हरकोर्ट बटलर D. ए॰ आर॰ आप्टन

**30.** 1888 ई॰ में इलाहाबाद अधिवेशन में किस अंग्रेज ने बाधा डालने का प्रयास किया?
A. लार्ड डफरिन।
B. ए॰ आर॰ आप्टन।
C. ले॰ गवर्नर आकलैंड काल्विन।
D. उपरोक्त कोई नहीं।

**31.** 1893 ई॰ में किसके प्रयासों से "मुहम्मडन एंग्लो-ओरिएंटल डिफेंस एसोसिएशन" की स्थापना हुई?
A. सर सैयद अहमद खाँ B. बदरुद्दीन तैयब जी
C. थ्योडेर बेक D. सलीमुल्ला खाँ

**32.** "कांग्रेस अपने पतन के कगार पर खड़ी है और भारत में रहते हुए मेरी एक प्रबल अभिलाषा है इसके शान्तिपूर्ण अन्त में सहयोग करना।" – यह कथन किसका है?
A. लार्ड डफरिन।
B. लार्ड कर्जन।
C. सर सैय्यद अहमद खाँ।
D. मुहम्मद अली जिन्ना।

**33.** कांग्रेस की "ब्रिटिश कमिटी" ने किस पत्र का सम्पादन किया?
A. युगान्तर
B. इंडिया
C. इंडिया सोशियोलोजिस्ट
D. उपरोक्त कोई नहीं

**34.** राष्ट्रीय आन्दोलन का द्वितीय चरण का काल क्या है?
A. 1885-1905 ई॰ B. 1905-1915 ई॰
C. 1919-1947 ई॰ D. 1905-1919 ई॰

**35.** किस अन्तर्राष्ट्रीय घटना ने भारत में उग्रवादी विचार को पनपने में मदद किया?
A. जापान द्वारा रूस को जीतना।
B. इथोपिया द्वारा इटली को जीतना।
C. आयरलैंड, रूस, मिस्त्र, तुर्की तथा चीन की घटनाएँ।
D. उपरोक्त सभी।

**36.** "कमजोरी पाप है, कमजोरी मृत्यु है। हे भगवान ! हमारा राष्ट्र कब स्वतंत्र होगा?"– यह कथन किसका है?

A. स्वामी विवेकानन्द B. लाला लाजपत राय
C. अरविन्द घोष D. बाल गंगाधर तिलक

**37.** उग्रवादी विचारधारा का पोषक सर्वाधिक प्रमुख नेता कौन था?
A. विपिन चन्द्र पाल B. बाल गंगाधर तिलक
C. अरविन्द घोष D. लाला लाजपत राय

**38.** कांग्रेस के मंच से सर्वप्रथम "स्वराज्य" का कार्यक्रम उसके किस अधिवेशन में प्रस्तुत किया गया?
A. कलकत्ता (1906) B. इलाहाबाद (1888)
C. वाराणसी (1905) D. कलकत्ता (1886)

**39.** निम्नलिखित में किसे "बम्बई त्रयी" के नाम से जाना जाता है?
A. बाल गंगाधर तिलक, गोखले, रानाडे।
B. फिरोजशाह मेहता, के॰टी॰ तैलंग, बदरुद्दीन तैयब जी।
C. तिलक, आर॰जी॰ भण्डारकर, के॰टी॰ तैलंग।
D. दादाभाई नौरोजी, तिलक, रानाडे।

**40.** स्वराज्य, स्वदेशी तथा बहिष्कार का नारा देने वाला प्रथम राष्ट्रवादी नेता था—
A. अश्विनी कुमार दत्त B. बाल गंगाधर तिलक
C. गोपाल कृष्ण गोखले D. दादा भाई नौरोजी

**41.** उग्रवाद काल की लोकप्रिय पत्रिकाएँ, जो अनेक कारणों से कांग्रेस की आलोचना करती थी—
A. केसरी B. बंगवासी
C. काल D. उपरोक्त सभी

**42.** उग्रवाद के तीन प्रमुख स्तम्भों में निम्नलिखित में से कौन एक शामिल नहीं है?
A. अरविन्द घोष B. विपिन चन्द्रपाल
C. लाला लाजपत राय D. बाल गंगाधर तिलक

**43.** "बहिष्कार" का उल्लेख सर्वप्रथम किस पत्रिका में किया गया?
A. बंगवासी B. संजीवनी
C. युगान्तर D. काल

**44.** बंगाल विभाजन की प्रक्रिया सर्वप्रथम कब प्रारंभ हुई?
A. जुलाई, 1905 B. दिसम्बर, 1903
C. अगस्त, 1905 D. जनवरी, 1903

**45.** बंगाल विभाजन के पीछे कर्जन का वास्तविक उद्देश्य क्या था?
A. बंगाल में पनप रही राष्ट्रवादी भावना को कुचलना।
B. हिन्दुओं और मुसलमानों में फूट ड़ालना।
C. बंगाल का अधिक सुरक्षित ढंग से आर्थिक दोहन करना।
D. उपरोक्त (A) और (B) दोनों।

**46.** असम का प्रथम विभाजन कब हुआ?
A. 1874 ई॰ B. 1884 ई॰
C. 1905 ई॰ D. 1903 ई॰

**47.** बंगाल विभाजन किस दिन से लागू हुआ?
A. 20 जुलाई, 1905 B. 16 अक्टूबर, 1905
C. 16 अगस्त, 1905 D. 20 अगस्त, 1905

**48.** समूचे बंगाल में किस दिन "शोक दिवस" के रूप में मनाया गया?
A. 16 अक्टूबर, 1905 B. 16 अगस्त, 1905
C. 7 अगस्त, 1905 D. 19 जुलाई, 1905

**49.** बंगाल विभाजन के बाद बने पूर्वी बंगाल में निम्नलिखित कौन शामिल नहीं था?
A. राजशाही B. चटगाँव
C. ढाका D. सम्भलपुर

**50.** बंगाल विभाजन के बाद किसने मुसलमानों का अपनी "प्रिय पत्नी" के रूप में उल्लेख किया?
A. एंड्रयू फेज़र B. लार्ड कर्जन
C. बैम फायल्डे फुल्लर D. रिजले

**51.** किसके सुझाव पर बंगाल में विभाजन दिवस को "राखी बन्धन दिवस" के रूप में मनाया गया?
A. रवीन्द्रनाथ टैगोर B. बाल गंगाधर तिलक
C. दादा भाई नौरोजी D. सुरेन्द्र नाथ बनर्जी

**52.** स्वदेशी आन्दोलन को फैलाने में किसने महत्वपूर्ण भूमिका निभाई?
A. विपिन चन्द्र पाल B. बाल गंगाधर तिलक
C. अरविन्द घोष D. लाला लाजपत राय

**53.** "भारतीय राष्ट्रीय कांग्रेस" का सर्वप्रथम विभाजन कहाँ पर हुआ था?
A. वाराणसी B. सूरत
C. बम्बई D. कलकता

**54.** निम्नलिखित किस उग्रवादी नेता ने कालान्तर में संन्यासी का जीवन अपनाया?
A. विपिन चन्द्र पाल B. अरविन्द घोष

C. लाला लाजपत राय D. बाल गंगाधर तिलक

**55.** सरकार के विरुद्ध लेख लिखने के लिए तिलक को 1908 ई॰ में कितने वर्ष की सजा सुनायी गयी?

A. 6 वर्ष B. 8 वर्ष

C. 9 वर्ष D. 5 वर्ष

**56.** 1905 के बंगाल विभाजन का समर्थन किसने किया?

A. ढाका के नवाब B. लियाकत हुसैन

C. अबुल रसूल D. उपरोक्त सभी

**57.** स्वदेशी आन्दोलन के किन नेताओं को 1908 ई॰ में देश से निकाल दिया गया?

A. कृष्ण कुमार मित्र B. अश्वनी कुमार दत्त

C. उपरोक्त दोनों D. बी॰जी॰ तिलक

**58.** स्वदेशी आन्दोलन से जुड़े नेताओं से संबंधित जोड़ों में कौन सही नहीं है?

A. पंजाब – अजीत सिंह

B. मद्रास – चिदम्बरम् पिल्लई

C. बंगाल – ब्योमेश चन्द्र बनर्जी

D. आंध्र – हरि सर्वोत्तम राव

**59.** "मुस्लिम लीग" की स्थापना किसके द्वारा की गयी?

A. आगा खाँ B. नवाब सलीमुल्ला खाँ

C. सर मोहम्मद इकबाल D. सर सैय्यद अहमद

**60.** मुस्लिम लीग ने अपने किस अधिवेशन में पृथक निर्वाचन मंडल की माँग की?

A. कँराची B. लाहौर

C. अमृतसर D. दिल्ली

**61.** निम्नलिखित किस पत्र का सम्पादन मौलाना अबुल कलाम आजाद ने किया था?

A. अलहिलाल B. अल बालाघ

C. गुबार-ए-खातिर D. उपरोक्त सभी

**62.** मार्ले-मिण्टो सुधार (1909 ई॰) का वास्तविक उद्देश्य क्या था?

A. भारत में एक उत्तरदायी सरकार की स्थापना की दिशा में प्रयास।

B. कांग्रेस के उदारवादी गुट को संतुष्ट करना।

C. भारत में साम्प्रदायिकता को उभारना।

D. क्रांतिकारी आन्दोलन को समाप्त करना।

**63.** मार्ले-मिण्टो सुधार द्वारा मुसलमानों को किस क्षेत्र में विशेष रियायत प्राप्त हुई?

A. सरकारी नौकरियों में।

B. सरकारी शिक्षण संस्थाओं में।

C. वायसराय की कार्यकारिणी परिषद् में।

D. निर्वाचन के क्षेत्र में।

**64.** कांग्रेस ने अपने किस अधिवेशन में मुसलमानों के पृथक निर्वाचन मण्डल का विरोध किया?

A. लाहौर अधिवेशन (1905)

B. इलाहाबाद अधिवेशन (1910)

C. कलकत्ता अधिवेशन (1911)

D. उपरोक्त कोई नहीं

**65.** दिसम्बर, 1911 में दिल्ली में आयोजित दरबार के समय भारत का गवर्नर जनरल कौन था?

A. लार्ड हार्डिंग B. लार्ड रीडिंग

C. लार्ड मिण्टो D. लार्ड चेम्सफोर्ड

**66.** दिल्ली को अंतिम रूप से भारत की राजधानी कब बनाया गया?

A. 1912 ई॰ B. 1911 ई॰

C. 1913 ई॰ D. 1915 ई॰

**67.** 1911 में आयोजित दिल्ली दरबार में सम्राट की ओर से हार्डिंग द्वारा की गयी महत्वपूर्ण घोषणा क्या थी?

A. बंगाल विभाजन को समाप्त करना।

B. राजधानी को कलकत्ता से दिल्ली स्थानान्तरित करना।

C. उड़ीसा और बिहार को बंगाल से पृथक करना।

D. उपरोक्त सभी।

**68.** लार्ड हार्डिंग पर दिल्ली के चाँदनी चौक पर कब बम फेंका गया?

A. 12 दिसम्बर, 1912 B. 23 दिसम्बर, 1912

C. 10 अक्टूबर, 1912 D. 8 नवम्बर, 1911

**69.** गवर्नर जनरल हार्डिंग पर बम फेंकने की योजना का सूत्रधार कौन था?

A. भाई परमानन्द B. प्रफुल्ल चाकी

C. रास बिहारी बोस D. सचीन्द्र सान्याल

**70.** क्रांतिकारी आन्दोलन का प्रथम चरण माना जाता है–

A. 1907-1917 ई॰ B. 1905-1909 ई॰

C. 1908-1917 ई॰ D. 1900-1905 ई॰

**71.** क्रांतिकारी आतंकवाद अपने प्रथम चरण में कहाँ पर सक्रिय था?

A. बंगाल B. पंजाब
C. महाराष्ट्र D. उपरोक्त सभी

**72.** "युगान्तर" का सम्पादक कौन था?
A. वारीन्द्र कुमार घोष
B. भूपेन्द्र नाथ दत्त
C. ब्रह्म बांधव उपाध्याय
D. उपरोक्त (A) और (B) दोनों

**73.** बंगाल में "अनुशीलन समिति" की स्थापना कब की गयी?
A. 24 मार्च, 1902 B. 25 दिसम्बर, 1905
C. 18 अक्टूबर, 1906 D. उपरोक्त में कोई नहीं

**74.** "अनुशीलन समिति" का संस्थापक था—
A. जतीन्द्र नाथ बनर्जी
B. वारीन्द्र कुमार घोष
C. भूपेन्द्र नाथ वसु
D. उपरोक्त (A) और (B) दोनों

**75.** मजिस्ट्रेट किंग्सफोर्ड की हत्या के उद्देश्य से उनकी गाड़ी पर बम किसने फेंका?
A. खुदी राम बोस B. प्रफुल्ल चाकी
C. उपरोक्त दोनों D. रास बिहारी बोस

**76.** "अलीपुर षड्यंत्र केस" के तहत किस पर मुकदमा चलाया गया?
A. अरविन्द घोष B. वारीन्द्र कुमार घोष
C. उपरोक्त दोनों D. भूपेन्द्र कुमार दत्त

**77.** निम्नलिखित किस स्थान पर किंग्सफोर्ड की हत्या का प्रयास किया गया?
A. मिदनापुर B. श्रीरामपुर
C. बारीसाल D. मुजफ्फरपुर

**78.** अलीपुर षड्यंत्र केस के सरकारी गवाह नरेन्द्र गोंसाई की हत्या किसने की?
A. कन्हाई लाल दत्त
B. सत्येन्द्र बोस
C. वारीन्द्र घोष
D. उपरोक्त A और B दोनों

**79.** "भवानी मन्दिर" और "वर्तमान रणनीति" नामक पुस्तकों की रचना किसने की?
A. वारीन्द्र घोष B. अरविन्द घोष
C. रास बिहारी बोस D. हेमचन्द्र

**80.** पूना के चापेकर बन्धुओं ने 1897 में किसकी हत्या कर दी थी?
A. कर्नल वायली
B. श्री रैण्ड (अध्यक्ष प्लेग समिति)
C. आर्यस्ट (डिस्ट्रिक्ट मजिस्ट्रेट)
D. इनमें से कोई नहीं

**81.** चापेकर बन्धुओं में कौन शामिल थे?
A. दामोदर हरि और बाल कृष्ण चापेकर।
B. दामोदर हरि और राम हरि चापेकर।
C. दामोदर हरि और गोपी कृष्ण चापेकर।
D. इनमें से कोई नहीं।

**82.** "अभिनव भारत समाज" की स्थापना हुई—
A. 1905 में B. 1859 में
C. 1906 में D. 1907 में

**83.** क्रांतिकारी संस्था "भारत माता समिति" की स्थापना कहाँ पर हुई?
A. पुणे B. शोलापुर
C. मद्रास D. बम्बई

**84.** पंजाब में क्रांतिकारी आतंकवाद को जन्म देने का श्रेय किसे दिया जाता है?
A. लाला लाजपत राय B. सरदार अजीत सिंह
C. सूफी अंबा प्रसाद D. उपरोक्त सभी

**85.** किस संस्था द्वारा "भारत माता" नामक अखबार निकाला गया?
A. अभिनव भारत B. अनुशीलन समिति
C. भारत माता समिति D. अंजुमने मोहिब्बाने

**86.** भारत से बाहर सर्वप्रथम कहाँ पर "अंतरिम भारत सरकार" की स्थापना की गयी?
A. जर्मनी B. अफगानिस्तान
C. टोकियो D. सिंगापुर

**87.** लंदन में "इंडिया होमरूल सोसायटी" की स्थापना किसके द्वारा हुई?
A. वी॰ डी॰ सावरकर B. श्याम जी कृष्ण वर्मा
C. लाला हरदयाल D. मदन लाल धींगरा

**88.** अफगानिस्तान में गठित "अंतरिम भारत सरकार" का प्रधानमंत्री कौन था?
A. राजा महेन्द्र प्रताप B. शमशेर सिंह
C. बरकतुल्ला D. डॉ॰ मथुरा सिंह

**89.** "गदर आन्दोलन" का प्रारंभ कहाँ हुआ?

A. न्यूयॉर्क B. कैलिफोर्निया

C. सैन फ्रांसिस्को D. सिएटल

**90.** गदर आन्दोलन का नेता कौन था?

A. सोहन सिंह B. लाला हरदयाल

C. भाई परमानन्द D. रामचन्द्र भारद्वाज

**91.** निम्नलिखित में किसे "मदर ऑफ रिवोल्युशन" (Mother of Revolution) के नाम से जाना जाता है?

A. श्रीमती एनी बेसेन्ट B. प्रीति लता वाडेदार

C. मैडम भीखाजी कामा D. सरोजनी नायडू

**92.** प्रथम विश्व युद्ध के समय भारतीय राष्ट्रवादी नेताओं का ब्रिटेन के प्रति क्या रूख था?

A. सहयोग का B. तटस्थता का

C. उदासीनता का D. असहयोग का

**93.** प्रथम विश्व युद्ध का काल क्या था?

A. 1914-1919 B. 1914-1916

C. 1914-1920 D. 1914-1918

**94.** कामागाटामारू प्रकरण के तहत जहाज ने कहाँ से कहाँ तक की यात्रा प्रारंभ की?

A. हांगकांग से वैंकूवर (कनाडा)

B. सिंगापुर से वैंकूवर

C. वैंकूवर से बजबज (कलकत्ता)

D. बजबज से वैंकूवर

**95.** सिंगापुर से वैंकूबर के लिए कामागाटामारू जहाज ने कब यात्रा प्रारंभ की?

A. 20 फरवरी, 1914 B. 28 मार्च, 1914

C. 26 अप्रैल, 1914 D. 28 जुलाई, 1914

**96.** "शोर कमिटी" का संबंध किस घटना से है?

A. प्रथम विश्व युद्ध B. सिंगापुर सैन्य विद्रोह

C. कामागाटामारु प्रकरण D. इनमें से कोई नहीं

**97.** सिंगापुर में सैन्य विद्रोह कब हुआ?

A. 15 जनवरी, 1915 B. 15 फरवरी, 1915

C. 15 फरवरी, 1914 D. 15 जून, 1915

**98.** रेशमी पत्र षड्यंत्र (Silk Letters Conspiracy) संबंधित था–

A. ब्रिटिश शासन के विरुद्ध मुसलमानों के लिए एक सामान्य विद्रोह की योजना।

B. भारतीय बाजारों में बिकने वाले ब्रिटिश रेशमी कपड़ों के बहिष्कार से।

C. ब्रिटिश सरकार के विरुद्ध कार्यवाही हेतु गुप्त प्रतीक।

D. उपरोक्त कोई नहीं।

**99.** कांग्रेस और मुस्लिम लीग के बीच लखनऊ समझौता कब हुआ?

A. दिसम्बर, 1915 B. दिसम्बर, 1916

C. जनवरी, 1916 D. नवम्बर, 1915

**100.** कांग्रेस के लखनऊ अधिवेशन (1916) की अध्यक्षता किसने की?

A. एनी बेसेन्ट

B. एस० पी० सिन्हा

C. मुहम्मद अली जिन्ना

D. अम्बिका चरण मजूमदार

**101.** 1916 में लखनऊ में हुआ कांग्रेस अधिवेशन किन घटनाओं के कारण महत्वपूर्ण रहा?

A. नौ वर्षों के बाद उग्रवादियों का पुनः कांग्रेस में प्रवेश।

B. कांग्रेस और मुस्लिम लीग में समझौता।

C. उपरोक्त दोनों।

D. होमरूल आन्दोलन से संबंधित प्रस्ताव पारित।

**102.** किस राष्ट्रवादी नेता ने कांग्रेस-लीग समझौते का विरोध किया?

A. मौलाना अबुल कलाम आजाद

B. मदन मोहन मालवीय

C. मुहम्मद अली जिन्ना

D. एनी बेसेन्ट

**103.** "होम रूल लीग" आन्दोलन की प्रेरणा कहाँ से ली गयी?

A. फ्रांस B. जापान

C. इथोपिया D. आयरलैंड

**104.** भारत में होमरूल आन्दोलन किसके द्वारा प्रारंभ किया गया?

A. बाल गंगाधर तिलक सरोजनी नायडू।

B. बाल गंगाधर तिलक, एनी बेसेन्ट।

C. एनी बेसेन्ट, मदन मोहन मालवीय।

D. एनी बेसेन्ट, सी०आर० दास।

**105.** तिलक ने "होमरूल लीग" की स्थापना कहाँ पर की?

A. बम्बई B. बेलगाँव (पुणे)

C. मैसूर D. बराबर

**106.** बाल गंगाधर तिलक ने होमरूल आन्दोलन कब शुरू किया?
A. 28 अप्रैल, 1916 B. 28 सितम्बर, 1915
C. 22 अप्रैल, 1917 D. 22 सितम्बर, 1916

**107.** एनी बेसेन्ट द्वारा होमरूल लीग आन्दोलन की शुरुआत मद्रास में कब की गयी?
A. सितम्बर, 1916 B. अक्टूबर, 1916
C. जून, 1916 D. सितम्बर, 1915

**108.** किसके "होमरूल लीग आन्दोलन" का स्वरूप अखिल भारतीय था?
A. एनी बेसेन्ट B. बाल गंगाधर तिलक
C. उपरोक्त दोनों D. इनमें से कोई नहीं

**109.** निम्नलिखित किस पुस्तक में वैलेंटाइन शिरोल ने तिलक का उल्लेख "भारतीय अशांति के जनक" के रूप में किया?
A. यंग इंडिया B. इंडियन अनरेस्ट
C. कौमनवील D. टेररिज्म इन इंडिया

**110.** मांन्टेग्यू घोषणा (1917) को कांग्रेस के किस गुट ने "भारत का मैग्नाकार्टा" कहा?
A. उदारवादी B. उग्रवादी
C. राष्ट्रवादी D. गाँधीवादी

**111.** मांटेग्यू रिपोर्ट (1917) पर विवाद के कारण कांग्रेस का दूसरा विभाजन कब हुआ?
A. 1916 ई० B. 1917 ई०
C. 1918 ई० D. 1919 ई०

**112.** मांटेग्यू घोषणा को किसने "सूर्य-विहीन उषा काल" की संज्ञा दी?
A. श्रीमती एनी बेसेन्ट B. बाल गंगाधर तिलक
C. मदन मोहन मालवीय D. मुहम्मद अली जिन्ना

**113.** राष्ट्रीय आन्दोलन का तीसरा चरण कब से कब तक माना जाता है?
A. 1919-1935 ई० B. 1919-1942 ई०
C. 1919-1947 ई० D. 1919-1948 ई०

**114.** महात्मा गाँधी दक्षिण अफ्रीका से भारत कब लौटे?
A. 1914 ई० B. 1915 ई०
C. 1916 ई० D. 1917 ई०

**115.** गाँधी जी ने साबरमती के तट पर "सत्याग्रह आश्रम" की स्थापना कब की?
A. जनवरी, 1915 B. मई, 1915
C. जून, 1915 D. फरवरी, 1915

**116.** महात्मा गाँधी ने पहली बार कांग्रेस के किस अधिवेशन में हिस्सा लिया था?
A. 1901 (कलकत्ता) B. 1915 (बम्बई)
C. 1916 (लखनऊ) D. 1917 (कलकत्ता)

**117.** गाँधी ने कांग्रेस के किस अधिवेशन में कांग्रेस की सदस्यता ग्रहण की?
A. 1915 के बम्बई अधिवेशन
B. 1920 के अहमदाबाद अधिवेशन
C. 1922 के गया अधिवेशन
D. 1916 के लखनऊ अधिवेशन

**118.** महात्मा गाँधी से जुड़ी निम्नलिखित घटनाओं को कालक्रमेण कीजिए—
1. चम्पारण सत्याग्रह
2. खेड़ा सत्याग्रह
3. साबरमती आश्रम की स्थापना
4. अहमदाबाद श्रमिक विवाद

A. 3, 1, 2, 4 B. 1, 2, 3, 4
C. 4, 3, 2, 1 D. 1, 2, 4, 3

**119.** गाँधी जी को "सत्याग्रह" की प्रेरणा निम्नांकित किस पुस्तक से मिली?
A. अनटू हिज लास्ट
B. सिविल डिसओबिडिएंस
C. इंडियन ओपिनियन
D. उपरोक्त कोई नहीं

**120.** गाँधी जी ने सत्याग्रह का सर्वप्रथम प्रयोग कहाँ किया?
A. दक्षिण अफ्रीका में B. चम्पारण में
C. खेड़ा में D. अहमदाबाद में

**121.** गाँधी जी को "महात्मा" कहकर सर्वप्रथम किसने सम्बोधित किया?
A. दादा भाई नौरोजी B. बाल गंगाधर तिलक
C. रवीन्द्र नाथ टैगोर D. सुभाष चन्द्र बोस

**122.** गाँधी जी द्वारा रचित सर्वप्रथम पुस्तक कौन है?
A. सर्वोदय
B. सत्य के साथ मेरे प्रयोग

C. हिन्द स्वराज्य
D. शांति और युद्ध में अहिंसा का प्रयोग

**123.** जालियाँवाला बाग हत्याकांड की घटना कब हुई थी?
A. 13 अप्रैल, 1919 B. 13 मार्च, 1919
C. 13 मई, 1919 D. 13 जून, 1919

**124.** किस भारतीय ने जालियाँवाला कांड के समय सेना की मदद की?
A. हंसराज B. चमनदीप
C. जगत नारायण D. उपरोक्त कोई नहीं

**125.** जालियाँ वाला बाग हत्याकांड के विरोध में "नाइटहुड" की उपाधि किसने वापस कर दी?
A. महात्मा गाँधी B. शंकरन नायर
C. तेज बहादुर सप्रू D. रवीन्द्र नाथ टैगोर

**126.** जालियाँवाला बाग हत्याकांड की जांच के लिए कांग्रेस द्वार गठित समिति का अध्यक्ष कौन था?
A. मदन मोहन मालवीय B. महात्मा गाँधी
C. मोती लाल नेहरू D. सी॰ आर॰ दास

**127.** अखिल भारतीय खिलाफत कमेटी का गठन कब हुआ?
A. सितम्बर, 1919 B. अगस्त, 1919
C. अक्टूबर, 1919 D. नवम्बर, 1919

**128.** गाँधी जी को अखिल भारतीय खिलाफत आन्दोलन का अध्यक्ष कब चुना गया?
A. 25 सितम्बर, 1919 B. 24 नवम्बर, 1919
C. 24 नवम्बर, 1920 D. 22 दिसम्बर, 1920

**129.** "असहयोग" का प्रस्ताव गाँधीजी द्वारा सर्वप्रथम कांग्रेस के किस विशेष अधिवेशन में लाया गया?
A. कलकत्ता (1920) B. नागपुर (1919)
C. बारदोली (1920) D. बम्बई (1919)

**130.** गाँधी जी के नेतृत्व में असहयोग आन्दोलन कब शुरू हुआ?
A. 1 अगस्त, 1920 B. 1 अक्टूबर, 1920
C. 1 अगस्त, 1921 D. 1 नवम्बर, 1920

**131.** असहयोग आन्दोलन के शुरुआती दिन ही किस महान राष्ट्रवादी नेता की मृत्यु हो गयी?
A. दादा भाई नौरोजी B. विपिन चन्द्र पाल
C. बाल गंगाधर तिलक D. गोपाल कृष्ण गोखले

**132.** असहयोग आन्दोलन के बहिष्कार कार्यक्रम में सर्वाधिक सफलता मिली—
A. अदालतों का बहिष्कार।
B. विदेशी कपड़ों का बहिष्कार।
C. शिक्षण संस्थाओं का बहिष्कार।
D. उपरोक्त सभी।

**133.** प्रिन्स ऑफ वेल्स का भारत आगमन कब हुआ?
A. 17 नवम्बर, 1921 B. 17 अक्टूबर, 1921
C. 17 दिसम्बर, 1921 D. 15 नवम्बर, 1921

**134.** असहयोग आन्दोलन के समय भारत का वायसराय कौन था?
A. लार्ड चेम्सफोर्ड B. लार्ड रीडिंग
C. लार्ड इरविन D. लार्ड विलिंगडन

**135.** चौरी-चौरा कांड कब हुआ?
A. 12 फरवरी, 1922 B. 5 फरवरी, 1922
C. 5 फरवरी, 1923 D. 12 फरवरी, 1921

**136.** मार्च, 1923 में स्वराज्य पार्टी की स्थापना कहाँ पर हुई?
A. दिल्ली B. बम्बई
C. इलाहाबाद D. लखनऊ

**137.** स्वराज्य पार्टी के संस्थापक थे—
A. पंडित मोतीलाल नेहरू
B. सी॰ आर॰ दास
C. बल्लभ भाई पटेल
D. उपरोक्त (A) और (B) दोनों

**138.** "हिन्दू महासभा" की स्थापना किसके द्वारा की गयी?
A. मदन मोहन मालवीय B. एन॰ सी॰ केलकर
C. लाला लाजपत राय D. के॰ बी॰ हेडगेवार

**139.** 1925 ई॰ में नागपुर में "राष्ट्रीय स्वयंसेवक संघ" की स्थापना किसने की?
A. के॰ वी॰ हेडगेवार B. मुंजे
C. एम॰ आर॰ जयकर D. श्री निवास शास्त्री

**140.** 1923 ई॰ का प्रसिद्ध "झण्डा सत्याग्रह" कहाँ पर हुआ था?
A. बम्बई B. सूरत
C. नागपुर D. वलसाड

**141.** "इन्कलाब जिन्दाबाद" का नारा सर्वप्रथम किस भारतीय क्रांतिकारी ने लगाया था?

A. सरदार अजीत सिंह B. सरदार भगत सिंह
C. सुखदेव D. सुभाष चन्द्र बोस

**142.** "क्रान्ति की तलवार में धार वैचारिक पत्थर पर रगड़ने से ही आती है।"— यह कथन किस प्रसिद्ध क्रान्तिकारी का है?
A. भगत सिंह B. राजेन्द्र लाहिड़ी
C. अजीत सिंह D. राम प्रसाद बिस्मिल

**143.** "द फिलौसफी ऑफ द बॉम्ब" (The Philosophy of the Bomb) नामक दस्तावेज किसके द्वारा जारी किया गया?
A. भगवती चरण बोहरा B. चन्द्रशेखर आजाद
C. शिव वर्मा D. यशपाल

**144.** 1922-28 ई॰ के बीच बंगाल में सर्वाधिक सक्रिय क्रान्तिकारी संगठन था—
A. अनुशीलन समिति
B. बंगाल स्वयं सेवक संघ
C. इण्डियन रिपब्लिक आर्मी
D. युगान्तर

**145.** 18 अप्रैल, 1930 को चटगाँव शस्त्रागार पर हमले का नेतृत्व किस क्रान्तिकारी ने किया?
A. अम्बिका चक्रवर्ती B. कल्पना दत्त
C. गणेश घोष D. सूर्य सेन

**146.** ब्रिटिश सरकार द्वारा साइमन कमीशन की घोषणा कब की गयी?
A. 3 फरवरी, 1928 B. 8 नवम्बर, 1927
C. दिसम्बर, 1927 D. अप्रैल, 1928

**147.** साइमन कमीशन भारत कब पहुँचा?
A. 5 फरवरी, 1928 B. 3 फरवरी, 1928
C. 3 मार्च, 1928 D. 5 अप्रैल, 1928

**148.** कांग्रेस के लाहौर अधिवेशन (1929 ई॰) की अध्यक्षता किसने की?
A. सुभाष चन्द्र बोस B. महात्मा गाँधी
C. सरदार पटेल D. पं॰ जवाहर लाल नेहरू

**149.** खान अब्दुल गफ्फार खाँ ने "खुदाई खिदमतगार" नामक संस्था की स्थापना कब की?
A. 1930 ई॰ B. 1931 ई॰
C. 1929 ई॰ D. 1928 ई॰

**150.** युवा नगा महिला गाडिनेल्यु को "रानी" की उपाधि किसने दी?
A. पं॰ जवाहर लाल नेहरू
B. महात्मा गाँधी
C. सुभाष चन्द्र बोस
D. उपरोक्त कोई नहीं

**151.** धरासणा में नमक कानून तोड़ने का कार्य किसके नेतृत्व में किया गया?
A. इमाम साहब B. मणि लाल
C. सरोजनी नायडू D. उपरोक्त सभी

**152.** निम्नलिखित में किसने प्रथम गोलमेज सम्मेलन में भाग नहीं लिया?
A. मुस्लिम लीग B. हिन्दू महासभा
C. दलित वर्ग D. कांग्रेस

**153.** कांग्रेस की ओर से द्वितीय गोलमेज सम्मेलन में किसने भाग लिया?
A. जवाहर लाल नेहरू B. सरदार पटेल
C. महात्मा गाँधी D. मोती लाल नेहरू

**154.** ब्रिटिश प्रधानमंत्री रैम्जे मैकडोनाल्ड ने कब "साम्प्रदायिक अधिनिर्णय" की घोषणा की?
A. 8 अगस्त, 1932 B. 16 अगस्त, 1932
C. 15 नवम्बर, 1932 D. 1 जनवरी, 1932

**155.** साम्प्रदायिक अधिनिर्णय में किस वर्ग के लोगों के पृथक निर्वाचन मंडल का प्रावधान था?
A. मुस्लिम B. सिख
C. इसाई D. दलित

**156.** गाँधी जी और अम्बेडकर के मध्य कब "पूना समझौता हुआ?"
A. 24 सितम्बर, 1932 B. 5 अक्टूबर, 1932
C. 26 सितम्बर, 1932 D. 22 सितम्बर, 1932

**157.** गाँधी जी ने 7 नवम्बर, 1933 को हरिजन यात्रा कहाँ से प्रारंभ की?
A. साबरमती आश्रम से
B. शांति निकेतन से
C. सत्याग्रह आश्रम (वर्धा) से
D. उपरोक्त कोई नहीं

**158.** सविनय अवज्ञा आन्दोलन के बाद गाँधीजी ने महत्व दिया—

A. सार्वजनिक जीवन से संन्यास को।
B. रचनात्मक कार्यों को।
C. सीमित मात्रा में हिंसा के प्रयोग को।
D. अंग्रेजों से समझौता करने को।

**159.** 1937 में हुए प्रान्तीय चुनावों में कांग्रेस को कुल 11 प्रान्तों में से कितने में पूर्ण बहुमत प्राप्त हुआ?
A. 5 B. 6
C. 7 D. 8

**160.** निम्नलिखित में कहाँ पर कांग्रेस को 1937 के प्रान्तीय चुनावों में बहुमत प्राप्त नहीं हो सका?
A. पंजाब B. बंगाल
C. सिन्ध D. उपरोक्त सभी

**161.** कांग्रेस मंत्रिमडलों के द्वारा इस्तीफा कब दिया गया?
A. सितम्बर, 1939 B. दिसम्बर, 1939
C. अक्टूबर, 1939 D. नवम्बर, 1939

**162.** कांग्रेस मंत्रिमंडल के त्यागपत्र के बाद मुस्लिम लीग ने कब "मुक्ति दिवस" मनाया?
A. 22 दिसम्बर, 1939 B. 16 नवम्बर, 1939
C. 15 जनवरी, 1939 D. उपरोक्त कोई नहीं

**163.** हरिपुरा कांग्रेस (1938) की अध्यक्षता करते हुए सुभाष चन्द्र बोस ने किसकी अध्यक्षता में "राष्ट्रीय योजना समिति" का गठन किया?
A. विश्वेश्वरैया
B. लाला श्रीराम
C. पं॰ जवाहर लाल नेहरू
D. उपरोक्त कोई नहीं

**164.** 1939 में त्रिपुरी अधिवेशन में सुभाष चन्द्रबोस ने गाँधी के किस उम्मीदवार को हराया?
A. डॉ॰ राजेन्द्र प्रसाद
B. सरदार बल्लभभाई पटेल
C. पट्टाभि सीता रमैय्या
D. जे॰ बी॰ कृपलानी

**165.** त्रिपुरी कांग्रेस (1939) में अध्यक्ष पद से सुभाष चन्द्रबोस के त्यागपत्र देने के बाद कौन कांग्रेस का अगला अध्यक्ष बना?
A. डॉ॰ राजेन्द्र प्रसाद B. सरदार पटेल
C. पट्टाभि सीता रमैया D. जे॰ बी॰ कृपलानी

**166.** कांग्रेस के अध्यक्ष पद से त्याग देने के बाद श्री सुभाष चन्द्र बोस ने क्या किया?
A. फारवर्ड ब्लॉक की स्थापना की।
B. वामपंथी एकजुटता समिति की स्थापना की।
C. प्रतिवाद दिवस मनाया।
D. उपरोक्त कोई नहीं।

**167.** अंग्रेजों के शासनकाल में भारत में कुल लगभग कितनी रियासतें थी?
A. 700 B. 600
C. 510 D. 730

**168.** गाँधी जी ने निम्नांकित किस रियासत की जनता के अधिकारों के समर्थन में अनशन किया?
A. राजकोट B. हैदराबाद
C. बड़ौदा D. पटियाला

**169.** "अखिल भारतीय राज्य जन सम्मेलन" का 1939 में अध्यक्ष किसे बनाया गया?
A. सरदार पटेल
B. डॉ॰ राजेन्द्र प्रसाद
C. पं॰ जवाहर लाल नेहरू
D. उपरोक्त कोई नहीं

**170.** कांग्रेस ने अपने किस अधिवेशन में सर्वप्रथम रियासतों में उत्तरदायी सरकार की माँग की?
A. लाहौर (1929) B. बेलगाँव (1924)
C. तिरुपति (1939) D. नागपुर (1920)

**171.** निम्नलिखित में कौन भारत की सबसे बड़ी रियासत थी?
A. हैदराबाद B. कश्मीर
C. ट्रावणकोर D. जूनागढ़

**172.** निम्नलिखित किस रियासत में "वंदेमातरम्" गीत गाने पर प्रतिबंध लगाने पर छात्रों द्वारा वंदेमातरम् आन्दोलन चलाया गया?
A. बड़ौदा B. हैदराबाद
C. जूनागढ़ D. कश्मीर

**173.** भारत की वह अंतिम रियासत कौन थी जिसे भारतीय सेना ने आक्रमण कर 13 सितम्बर, 1948 को भारतीय राज्य संघ में मिला लिया?
A. हैदराबाद B. जूनागढ़
C. कश्मीर D. ट्रावणकोर

**174.** अगस्त प्रस्ताव प्रस्तुत किया गया–
A. 8 अगस्त, 1940 B. 12 अगस्त, 1940
C. 2 अगस्त, 1940 D. 6 अगस्त, 1940

**175.** व्यक्तिगत सत्याग्रह की शुरुआत कब हुई?
A. 17 अक्टूबर, 1940 B. 17 नवम्बर, 1940
C. 17 दिसम्बर, 1940 D. 15 अक्टूबर, 1940

**176.** "व्यक्तिगत सत्याग्रह" करने वाले प्रथम सत्याग्रही कौन थे?
A. महात्मा गाँधी B. विनोबा भावे
C. सरदार पटेल D. पं० जवाहर लाल नेहरु

**177.** विनोबा भावे के गिरफ्तार हो जाने (17 अक्टूबर, 1940) के बाद महात्मा गाँधी ने किसे दूसरे सत्याग्रही के रूप में प्रस्तुत किया?
A. पं० जवाहर लाल नेहरु
B. डॉ० राजेन्द्र प्रसाद
C. जे० बी० कृपलानी
D. सरदार पटेल

**178.** "क्रिप्स मिशन" भारत कब आया था?
A. मार्च, 1942 B. अप्रैल, 1941
C. मई, 1942 D. उपरोक्त कोई नहीं

**179.** "क्रिप्स प्रस्ताव" को किस नेता ने "दिवालिया होने वाले बैंक के नाम जारी उत्तर-तिथीय चेक (Post-Dated Cheque)" कहा?
A. पं० जवाहर लाल नेहरू
B. महात्मा गाँधी
C. राजेन्द्र प्रसाद
D. सरदार बल्लभभाई पटेल

**180.** "आल इण्डिया ट्रेड यूनियन कांग्रेस" (AITUC) के प्रथम अध्यक्ष कौन थे?
A. एम० एम० जोशी B. जोसेफ बापटिस्ट
C. श्रीपाद अमृत डांगे D. लाला लाजपत राय

**181.** पहली बार भारतीय तिरंगा झण्डा कब फहराया गया?
A. 31 दिसम्बर, 1930 B. 31 दिसम्बर, 1929
C. 21 दिसम्बर, 1931 D. 26 जनवरी, 1930

**182.** पाकिस्तान का प्रस्ताव लीग के किस अधिवेशन में स्वीकार किया गया?
A. कराची B. लाहौर
C. दिल्ली D. सूरत

**183.** "आजाद हिन्द फौज" की बचाव समिति का निम्नलिखित में कौन सदस्य नहीं था?
A. जवाहर लाल नेहरू B. कैलाश नाथ काटजू
C. सरदार पटेल D. तेज बहादुर सप्रू

**184.** "अभिनव भारत" नामक संगठन की स्थापना किसने की?
A. लाला हरदयाल B. आर० डी० भण्डारकर
C. वी० डी० सावरकर D. भगत सिंह

**185.** निम्नलिखित में से कौन भारतीय राष्ट्रीय कांग्रेस का अध्यक्ष नहीं बन पाया?
A. सुरेन्द्र नाथ बनर्जी
B. सरदार बल्लभ भाई पटेल
C. बाल गंगाधर तिलक
D. गोपाल कृष्ण गोखले

**186.** मुस्लिम लीग द्वारा मुक्ति दिवस कब मनाया गया?
A. 1928 B. 1929
C. 1939 D. 1946

**187.** लार्ड हार्डिंग पर बम फेंकने वाले क्रान्तिकारी कौन थे?
A. रास बिहारी बोस B. खुदी राम बोस
C. मदन लाल धींगरा D. बटुकेश्वर दत्त

**188.** 1907 में कांग्रेस के अध्यक्ष कौन थे?
A. मोतीलाल नेहरू B. महात्मा गाँधी
C. सुरेन्द्र नाथ बनर्जी D. रासबिहारी घोष

**189.** "करो या मरो" का नारा किसने दिया?
A. तिलक B. महात्मा गाँधी
C. गोखले D. सुभाष चन्द्र बोस

**190.** निम्नलिखित में कौन "स्वराज्य पार्टी" का नेता नहीं था?
A. चक्रवर्ती राज गोपालाचारी
B. मोती लाल नेहरू
C. लाला लाजपत राय
D. चित्तरंजन दास

**191.** 1936 में अखिल भारतीय किसान सभा के अध्यक्ष कौन थे?
A. एन० जी० रंगा
B. स्वामी सहजानन्द सरस्वती
C. विद्यानन्द
D. बाबा रामचन्द्र

**192.** "पाकिस्तान" शब्द का रचयिता कौन था?
A. मो॰ अली जिन्ना B. सैय्यद अहमद खाँ
C. रहमत अली D. इकबाल

**193.** "वर्धा प्रस्ताव" का दूसरा नाम क्या है?
A. भारत छोड़ो आन्दोलन B. पूना समझौता
C. साम्प्रदायिक निर्वाचन D. उपरोक्त कोई नहीं

**194.** "भारत छोड़ो आन्दोलन" में गाँधीजी को कहाँ नजरबंद किया गया?
A. यरवदा जेल B. हजारीबाग जेल
C. अहमदनगर किला D. आगा खाँ महल

**195.** "भारत छोड़ो आन्दोलन" पर मुस्लिम लीग की क्या प्रतिक्रिया थी?
A. उपेक्षा B. सहयोग
C. विरोध D. अप्रत्यक्ष समर्थन

**196.** निम्नलिखित में से कौन मुख्य रूप से उदारवादियों का मुख पत्र था?
A. न्यू-इण्डिया B. लीडर
C. यंग इंडिया D. फ्री प्रेस जर्नल

**197.** "इण्डियन नेशनल कांग्रेस" की प्रथम महिला अध्यक्ष कौन थी?
A. नेलीसेन गुप्त B. सरोजनी नायडू
C. ऐनी बेसेन्ट D. राजकुमारी अमृतकौर

**198.** 1928 के बारदोली आन्दोलन का नेतृत्व किसने किया था?
A. गाँधी जी के अनुयायियों ने
B. कांग्रेस सोशलिस्ट पार्टी ने
C. वामपंथी दलों ने
D. किसान सभा ने

**199.** 1930 के दशक में बिहार के कृषक आन्दोलन के नेता कौन थे?
A. सी॰ आर॰ दास B. स्वामी सहजानन्द
C. मुजफ्फर अहमद D. डॉ॰ राजेन्द्र प्रसाद

**200.** 1946 में भारतीय नौसेना के नाविकों ने कहाँ पर विद्रोह किया था?
A. कलकत्ता में B. मद्रास में
C. विशाखापट्टनम में D. बम्बई में

**201.** वारीन्द्र कुमार घोष किससे संबंधित थे?
A. अनुशीलन समिति B. आदि ब्रह्म समाज
C. स्वदेश बांधव समिति D. साधना समाज

**202.** कांग्रेस ने किस गोलमेज सम्मेलन में भाग लिया?
A. प्रथम (1930) B. द्वितीय (1931)
C. तृतीय (1932) D. उपरोक्त सभी

**203.** कौन सी योजना भारतीय स्वतंत्रता का आधार बनी?
A. क्रिप्स योजना B. बैवेल योजना
C. माउन्टबेटन योजना D. उपरोक्त कोई नहीं

**204.** प्रारंभ में भारत की संविधान सभा के सदस्यों की संख्या कितनी थी?
A. 320 B. 360
C. 389 D. 410

**205.** संविधान सभा की प्रथम बैठक कब हुई?
A. 6 दिसम्बर, 1946 B. 9 दिसम्बर, 1946
C. 7 जुलाई, 1946 D. 11 दिसम्बर 1946

## उत्तरमाला

| 1 | 2 | 3 | 4 | 5 | 6 | 7 | 8 | 9 | 10 |
|---|---|---|---|---|---|---|---|---|---|
| C | B | B | A | C | C | B | C | C | B |
| **11** | **12** | **13** | **14** | **15** | **16** | **17** | **18** | **19** | **20** |
| C | A | B | C | A | C | C | B | B | A |
| **21** | **22** | **23** | **24** | **25** | **26** | **27** | **28** | **29** | **30** |
| B | A | A | C | B | A | A | B | A | C |
| **31** | **32** | **33** | **34** | **35** | **36** | **37** | **38** | **39** | **40** |
| C | B | B | D | D | A | B | A | B | B |
| **41** | **42** | **43** | **44** | **45** | **46** | **47** | **48** | **49** | **50** |
| D | A | B | B | D | A | B | A | D | C |

| 51 | 52 | 53 | 54 | 55 | 56 | 57 | 58 | 59 | 60 |
|---|---|---|---|---|---|---|---|---|---|
| A | B | B | B | A | A | C | C | B | C |
| 61 | 62 | 63 | 64 | 65 | 66 | 67 | 68 | 69 | 70 |
| A | C | D | A | A | A | D | B | C | A |
| 71 | 72 | 73 | 74 | 75 | 76 | 77 | 78 | 79 | 80 |
| D | D | A | D | C | C | D | D | A | B |
| 81 | 82 | 83 | 84 | 85 | 86 | 87 | 88 | 89 | 90 |
| A | D | C | D | D | B | B | C | C | B |
| 91 | 92 | 93 | 94 | 95 | 96 | 97 | 98 | 99 | 100 |
| C | A | A | B | B | C | B | A | B | D |
| 101 | 102 | 103 | 104 | 105 | 106 | 107 | 108 | 109 | 110 |
| C | B | D | B | B | A | A | A | B | A |
| 111 | 112 | 113 | 114 | 115 | 116 | 117 | 118 | 119 | 120 |
| C | B | C | B | C | A | A | A | B | A |
| 121 | 122 | 123 | 124 | 125 | 126 | 127 | 128 | 129 | 130 |
| C | C | A | A | D | A | A | B | A | A |
| 131 | 132 | 133 | 134 | 135 | 136 | 137 | 138 | 139 | 140 |
| C | B | A | B | B | C | D | A | A | C |
| 141 | 142 | 143 | 144 | 145 | 146 | 147 | 148 | 149 | 150 |
| B | A | A | C | D | B | B | D | C | A |
| 151 | 152 | 153 | 154 | 155 | 156 | 157 | 158 | 159 | 160 |
| D | D | C | B | D | C | C | B | A | D |
| 161 | 162 | 163 | 164 | 165 | 166 | 167 | 168 | 169 | 170 |
| D | A | C | C | A | A | B | A | C | D |
| 171 | 172 | 173 | 174 | 175 | 176 | 177 | 178 | 179 | 180 |
| A | B | A | A | A | B | A | A | B | D |
| 181 | 182 | 183 | 184 | 185 | 186 | 187 | 188 | 189 | 190 |
| B | B | C | C | C | C | A | D | B | C |
| 191 | 192 | 193 | 194 | 195 | 196 | 197 | 198 | 199 | 200 |
| B | C | A | D | C | B | C | A | B | D |
| 201 | 202 | 203 | 204 | 205 | | | | | |
| A | B | C | C | B | | | | | |

# 16. भारतीय संविधान (निर्माण, लक्षण एवं कार्य पद्धति)

- किसी भी देश के संविधान की रचना मात्र एक दिन की उपज नहीं होती है बल्कि संविधान एक सतत् विकास का परिणाम होता है। भारतीय संविधान के ऐतिहासिक विकास का काल सन् 1599 ई. से से शुरू होता है तथा उसी समय ब्रिटेन में ईस्ट इंडिया कंपनी की स्थापना भी हुई थी।
- ईस्ट इंडिया कंपनी की स्थापना 1599 ई. में हुई। महारानी एलिजाबेथ ने एक राजलेख द्वारा 15 वर्षों के लिए व्यापार का अधिकार दिया, जिसे 1599 ई. का चार्टर कहा जाता है।
- इस राजलेख द्वारा कंपनी को समस्त पूर्वी देशों में व्यापार का स्वामित्व सौंपा गया। कंपनी की समस्त शक्तियां 24 सदस्यीय परिषद् में निहित थी।
- 1726 के राजलेख द्वारा तत्कालीन कलकत्ता, मुम्बई तथा मद्रास प्रेसीडैंसी के गवर्नरों को विधि बनाने की शक्ति सौंपी गई।
- 1726 के चार्टर द्वारा भारत स्थित कंपनी को नियम, उपनियम तथा अध्यादेश जारी करने की शक्ति प्रदान की गई।

## 1773 का रेग्यूलेटिंग एक्ट

- इस एक्ट का उद्देश्य भारत में ईस्ट इंडिया कंपनी की गतिविधियों को ब्रिटिश सरकार की निगरानी में लाना था।
- कोर्ट ऑफ डायरेक्टर का कार्यकाल एक वर्ष के स्थान पर 4 वर्ष का हो गया।
- फोर्ट विलियम प्रेसीडेंसी बंगाल के प्रशासन को अब अंग्रेजी क्षेत्रों का गवर्नर-जनरल कहा जाने लगा।
- कलकत्ता में एक सुप्रिम कोर्ट की स्थापना की गई। बंगाल, बिहार एवं उड़ीसा तक इसका कार्य क्षेत्र था। सर एलीजा इंपे को मुख्य न्यायाधीश नियुक्त किया गया।
- बिना लाइसेंस प्राप्त किए कंपनी के कर्मचारियों को निजी व्यापार करने से प्रतिबंधित कर दिया गया।

## पिट्स इंडिया एक्ट (1784)

- भारत में गवर्नर-जनरल की कांउसिल के सदस्यों की संख्या तीन कर दी गई। मद्रास व मुम्बई की सरकारें पूरी तरह से बंगाल सरकार के अधीन हो गई।
- छः कमिश्नरों के एक बोर्ड का गठन हुआ जिसे भारत में अग्रेंजी अधिकृत क्षेत्रों पर नियंत्रण का पूरा अधिकार दे दिया गया।
- इस एक्ट द्वारा शासन की द्वैध प्रणाली एक कंपनी द्वारा और दूसरी संसदीय बोर्ड द्वारा बना दी गई।

### 1786 का एक्ट

- पिट द्वारा रखें गए उस एक्ट में गवर्नर जनरल को विशेष व्यवस्था में अपनी परिषद् के निर्णय को रद्द करने तथा अपने निर्णय लागू करने का अधिकार दिया गया।

### 1793 का चार्टर एक्ट

- कंपनी को भारत में व्यापार करने का अधिकार 20 वर्ष के लिए और बढ़ा दिया गया।
- अपनी परिषदों के निर्णय को रद्द करने का अधिकार सभी गवर्नर जनरलों को दे दिया गया।

### 1813 का चार्टर एक्ट

- कंपनी का भारतीय व्यापार पर एकाधिकार खत्म कर दिया गया, परंतु चीन के साथ व्यापार व चाय के व्यापार का एकाधिकार कंपनी के पास सुरक्षित रहा।
- कंपनी के भागीदारों (Share Holders) को भारतीय राजस्व से 10% लाभांश देने का निश्चय किया गया।
- भारतीयों के लिए एक लाख रु. वार्षिक शिक्षा में सुधार साहित्य में सुधार एवं पुनरुत्थान के लिए और भारतीय प्रदेशों में विज्ञान की प्रगति के लिए खर्च करने का प्रावधान किया गया।

## 1833 का चार्टर एक्ट

- इस अधिनियम द्वारा कंपनी का चीन के साथ व्यापारिक एकाधिकार समाप्त कर दिया गया।

- इस अधिनियम के द्वारा प्रशासन का विकेंद्रीकरण कर दिया गया। बंगाल के गवर्न-जनरल को अब भारत का गवर्नर-जनरल बना दिया गया।
- भारतीय कानूनों को संहिता बद्ध करने के लिए एक 'विधि कमीशन' बनाया गया।

## 1853 का चार्टर एक्ट

- इस अधिनियम के तहत कंपनी को ब्रिटिश सरकार की ओर से भारत क्षेत्र ट्रस्ट के रूप में रखने की तब तक आज्ञा दी गई जब तक कि ब्रिटिश संसद चाहे।
- इस एक्ट की सबसे बड़ी कमी यह थी कि भारतीयों को अपने विषय में कानून बनाने की अनुमति नहीं दी गई थी।

## 1858 का अधिनियम

- इस अधिनियम के लागू होने के बाद 1784 के पिट्स इंडिया एक्ट द्वारा स्थापित द्वैध शासन व्यवस्था पूर्णतः खत्म हो गई, देशी राजाओं का क्राउन से प्रत्यक्ष संबंध स्थापित हो गया।
- भारत का गवर्नर-जनरल अब भारत का वायसराय कहा जाने लगा।
- बोर्ड ऑफ डायरेक्टर एवं बोर्ड ऑफ कंट्रोल के समस्त अधिकार 'भारत सचिव' को सौंप दिए गए। भारत सचिव ब्रिटिश मंत्रिमंडल का एक सदस्य होता था, जिसकी सहायता के लिए 15 सदस्यीय भारतीय परिषद् का गठन किया गया।

## 1861 का अधिनियम

- यह पहला ऐसा अधिनियम था जिसमें विभागीय प्रणाली एवं मंत्रिमंडलीय प्रणाली की नींव रखी गई।
- इस अधिनियम द्वारा विधान परिषद् के अधिकार अत्यंत सीमित हो गए।

## 1909 का भारतीय परिषद् अधिनियम

- इस संविधान को मार्ले-मिंटों सुधार के नाम से भी जाना जाता है
- विधान परिषद् के अधिकारों में इस अधिनियम द्वारा वृद्धि हुई।
- मुसलमानों के लिए पृथक निर्वाचन क्षेत्रों की व्यवस्था की गई।

## 1919 का भारत सरकार अधिनियम

- इस अधिनियम को मांटैग्यु-चेम्सफोर्ड सुधार के नाम से भी जाना जाता है।
- इसमें साम्प्रदायिक निर्वाचन का दायरा बढ़ाकर सिखों तक सीमित कर दिया गया।
- प्रांतों में द्वैघ शासन लागू किया गया। प्रांतीय विषयों को दो भागों– आरक्षित एवं हस्तांतरित में बांटा गया।

## भारत सरकार अधिनियम, 1935

- केंद्र में द्वैघ शासन की व्यवस्था की गई। संघीय विषयों को दो भागों– संरक्षित व हस्तांतरित में बांटा गया।
- इसमें एक भारतीय संघ की व्यवस्था की गई।
- प्रांतों में द्वैघ शासन समाप्त कर प्रांतीय स्वायत्रता की व्यवस्था की गई।
- प्रांतों में मताधिकार का विस्तार किया गया और सांप्रदायिक निर्वाचन को और बढ़ाकर इसे हरिजनों तक विस्तृत कर दिया गया।
- विवादों के निपटारे के लिए संघीय न्यायालय अंतिम न्यायालय नहीं था। अंतिम न्यायालय प्रिवी कांउसिल थी।
- वर्मा को भारत से अलग कर दिया गया।
- इस अधिनियम के तहत इंडियन कांउसिल को खत्म कर दिया गया तथा रिजर्व बैंक ऑफ इंडिया (R.B.I.) की स्थापना की गई।

# वस्तुनिष्ट प्रश्न

**1.** मार्ले–मिंटो सुधार बिल किस वर्ष में पारित किया गया?

A. 1905 में B. 1909 में
C. 1911 में D. 1920 में

**2.** संविधान सभा में सदस्यों का चुनाव कैसे हुआ था?

A. सीधे जनता द्वारा
B. प्रांतीय समाओं द्वारा
C. भारतीय राष्ट्रीय कांग्रेस के नामांकन द्वारा
D. भारतीय राज्यों के शासकों से नामांकन द्वारा

**3.** निम्न का सही क्रम बनाएं–

1. रेग्यूलेरिंग एक्ट
2. सूरत की फूट

3. बंगाल विभाजन
4. मुस्लिम लीग की स्थापना

A. 1, 2, 3, 4
B. 1, 3, 4, 2
C. 1, 3, 2, 4
D. 1, 4, 3, 2

**4.** संविधान सभा ने भारतीय संविधान को अंतिम रूप कब दिया था?

A. 26 जनवरी, 1950 में
B. 26 नवंबर, 1949 में
C. 15 अगस्त, 1950 में
D. 15 अगस्त, 1949 में

**5.** संविधान सभा की अंतिम बैठक कब हुई?

A. 24 जनवरी, 1950 में
B. 26 जनवरी, 1950 में
C. 26 नवंबर, 1949 में
D. 26 दिसंबर, 1949 में

**6.** सरदार पटेल ने ब्रिटिश प्रांतों एवं रियासतों का एकीकरण करके भारत में कितने प्रकार के राज्यों का गठन किया था?

A. दो B. तीन
C. चार D. पाँच

**7.** संविधान सभा द्वारा किसे भारत का प्रथम राष्ट्रपति चुना गया था?

A. डॉ० राजेंद्र प्रसाद
B. चक्रवर्ती राजगोपालाचारी
C. डॉ० भीमराव अम्बेडकर
D. महात्मा गांधी

**8.** संपूर्ण संविधान निर्माण में कितना समय लगा था?

A. 1 वर्ष 2 माह 10 दिन
B. 1 वर्ष 6 माह 6 दिन
C. 2 वर्ष 4 माह 6 दिन
D. 2 वर्ष 11 माह 18 दिन

**9.** निम्न में से कौन उल्लेखनीय व्यक्ति संविधान सभा में सम्मिलित नहीं था?

A. डॉ० राजेंद्र प्रसाद B. महात्मा गाँधी
C. जवाहरलाल नेहरू D. डॉ० भीमराव अम्बेडकर

**10.** लॉर्ड माउंटबेटन के स्थान पर स्वतंत्र भारत के प्रथम भारतीय गवर्नर-जनरल कौन नियुक्त हुए थे?

A. डॉ० भीमराव अम्बेडकर
B. चक्रवर्ती राजगोपालाचारी
C. डॉ० राधाकृष्णन
D. डॉ० राजेंद्र प्रसाद

**11.** महिलाओं को भारतीय प्रशासनिक एवं पुलिस सेवा में प्रवेश कब मिला?

A. 17 जुलाई, 1948 में
B. 17 जुलाई, 1949 में
C. 15 अगस्त, 1947 में
D. 26 जनवरी, 1950 में

**12.** भारत सरकार ने योजना आयोग का गठन कब किया?

A. 26 जनवरी, 1950 में
B. 15 अगस्त, 1947 में
C. 15 मार्च, 1949 में
D. 15 मार्च, 1950 में

**13.** राष्ट्रीय विकास परिषद् (NDC) का गठन कब किया गया?

A. 6 अगस्त, 1952 में
B. 6 अगस्त, 1951 में
C. 15 अगस्त, 1951 में
D. 15 अगस्त, 1947 में

**14.** योजना आयोग के प्रथम अध्यक्ष थे–

A. पं. जवाहरलाल नेहरू
B. डॉ० भीमराव अम्बेडकर
C. सरदार पटेल
D. विश्वेश्वरैया

**15.** संसद ने जुलाई, 1956 में राज्य पुर्नगठन अधिनियम पारित कर भारत में कितने राज्य एवं केंद्रीय क्षेत्र बनाए थे?

A. 14 राज्य, 6 केंद्रीय क्षेत्र
B. 16 राज्य, 6 केंद्रीय क्षेत्र
C. 16 राज्य, 9 केंद्रीय क्षेत्र

**16.** सर्वोदय योजना 1950 में किसने प्रस्तुत की थी?
A. जय प्रकाश नारायण
B. विनोबा भावे
C. डॉ० राजेंद्र प्रसाद
D. राममनोहर लोहिया

**17.** भारत में **'दास प्रथा'** का उन्मूलन हुआ–
A. 1829 के अधिनियम द्वारा
B. 1833 के अधिनियम द्वारा
C. 1843 के अधिनियम द्वारा
D. 1858 के अधिनियम द्वारा

**18.** निम्न में से किस समिति के सुझाव पर 1908 एवं 1910 के अधिनियम रद्द किए गए?
A. रिपन समिति
B. क्रिस्टोदास पाल समिति
C. तेजबहादुर सप्रु
D. इनमें से कोई नहीं

**19.** सूची I और सूची-II को सुमेलित करते हुए दिए गए कूट से उत्तर चुनिए–

| **सूची-I** | **सूची-II** |
|---|---|
| *a.* 1878 वर्नाक्यूलर प्रेस एक्ट | 1. लार्ड चेम्सफोर्ड |
| *b.* 1904 का इंडियन यूनिवर्सिटीज एक्ट | 2. लार्ड कर्जन |
| *c.* 1909 का इंडियन काउंसिल एक्ट | 3. लार्ड लिटन |
| *d.* 1919 का रौलेट एक्ट | 4. लार्ड मिंटों |

| **कूट:** | *a* | *b* | *c* | *d* |
|---|---|---|---|---|
| A. | 1 | 4 | 3 | 2 |
| B. | 2 | 3 | 1 | 4 |
| C. | 3 | 2 | 1 | 4 |
| D. | 3 | 2 | 4 | 1 |

**20.** 1920 के अगस्त प्रस्ताव में क्या प्रस्ताव रखा गया था?
A. भारत में शनैः शनैः पूर्ण स्वतंत्रता
B. डोमिनियन स्टेटस
C. प्रांतीय स्वायत्रता
D. केंन्द्र में प्रतिनिधि सरकार

**21.** अंतिरिम सरकार का गठन (1946 में) हुआ इसमें पंडित जवाहरलाल नेहरू क्या थे?
A. प्रधानमंत्री
B. उपाध्यक्ष
C. मंत्री
D. सचिव

**22.** निम्न में से किस एक्ट द्वारा वायसराय को सदस्यों को नियमित करने और नियम बनाने का अधिकार मिला?
A. भारत परिषद् अधिनियम, 1858
B. भारत परिषद् अधिनियम, 1892
C. भारत परिषद् अधिनियम, 1861
D. इनमें से कोई नहीं

**23.** प्रांतों को स्वशासन किस अधिनियम से प्राप्त हुए थे?
A. 1947 के अधिनियम से
B. 1909 के अधिनियम से
C. 1935 के अधिनियम से
D. 1919 के अधिनियम से

**24.** 1774 में सर्वोच्च न्यायालय कहां गठित हुआ था?
A. मद्रास में
B. मुंम्बई में
C. कोलकाता में
D. दिल्ली में

**25.** किस एक्ट से नागरिक संस्थाओं को वैधानिक आधार प्राप्त हुआ था?
A. 1793 के चार्टर एक्ट से
B. रेग्युलेटिंग एक्ट से
C. पिट्स इंडिया एक्ट से
D. 1813 के चार्टर एक्ट से

**26.** केंद्र में द्विसदनीय व्यवस्था कब स्थापित की गई?
A. मांटेग्यू–चेम्सफोर्ड सुधारों से (1919)
B. मार्ले-मिटों सुधारों से (1909)
C. पिट्स इंडिया एक्ट से (1784)
D. रेग्युलेरिंग एक्ट से (1773)

**27.** किस एक्ट से बंगाल के गवर्नर–जनरल को भारत का गवर्नर-जनरल बना दिया गया?
A. 1793 के चार्टर एक्ट से
B. 1773 के चार्टर एक्ट से
C. 1833 के चार्टर एक्ट से
D. 1853 के चार्टर एक्ट से

**28.** द्वैघ शासन प्रणाली कब आरंभ हुई थी?

A. 1 अप्रैल, 1921 में

B. 1 अप्रैल, 1924 में

C. 1 अप्रैल, 1919 में

D. 1 अप्रैल, 1914 में

**29.** ब्रिटिश क्राउन का भारतीय रियासतों से प्रभुत्व समाप्त हुआ–

A. मार्ले-मिंटो सुधार द्वारा (1909)

B. मांडेग्यू- चेम्सफोर्ड सुधार द्वारा (1919)

C. भारत सरकार अधिनियम द्वारा (1935)

D. भारतीय स्वतंत्रता अधिनियम द्वारा (1947)

**30.** प्रांतीय स्वायत्रता कब लागु हुई?

A. 1937 में B. 1939 में

C. 1935 में D. 1919 में

## उत्तरमाला

| 1 | 2 | 3 | 4 | 5 | 6 | 7 | 8 | 9 | 10 |
|---|---|---|---|---|---|---|---|---|---|
| B | B | D | B | A | C | A | D | B | B |
| **11** | **12** | **13** | **14** | **15** | **16** | **17** | **18** | **19** | **20** |
| A | D | A | A | A | A | B | C | D | C |
| **21** | **22** | **23** | **24** | **25** | **26** | **27** | **28** | **29** | **30** |
| B | B | C | C | A | A | C | A | D | A |

# 17. विश्व का इतिहास

## मेसोपोटामिया की सभ्यता

- मेसोपोटामिया से इराक देश का बोध होता है।
- मेसोपोटामिया में सबसे पहले सुमेर की सभ्यता का विकास हुआ।
- सुमेर में पतेसी पुरोहित राजा को कहा जाता है।
- लगाश नगर की देवी को 'निनकसर्ग' कहा जाता है।
- हम्मूराबी ऐमोराईट राजवंश का शासक था।
- असीरिया का प्रमुख देवता असुर था।
- असीरिया ने मुख्यतः बेबीलोन की सभ्यता को अपनाया।
- सुमेर के समाज में सबसे अधिक प्रभाव पुरोहितों का था।
- सुमेर में आकाश देवता का नाम अनु था।
- असीरिया में गुलामों की पहचान के लिए कान बोध दिये जाते थे।

## मिस्त्र की सभ्यता

- मिस्त्र की सभ्यता का विकास नील नदी घाटी में हुआ।
- मिस्त्र की सभ्यता की खोज नेपोलियन ने की।
- मिस्त्रवासियों ने रथ और घोड़े का व्यवहार हिक्सयों से सीखा।
- अबूसिम्बत के मंदिर को मिस्त्र में उगते हुए 'सूर्य का मंदिर' कहा जाता है।
- मिस्त्र का पहला राजा मेनिरा था।
- मिस्त्र की स्थापत्य कला में पिरामिड का सर्वाधिक महत्त्व है।
- मिस्त्र में पेपीरस से कागज बनता है।
- पिरामिठ समाधि की तरह के थे।
- मिस्त्र को नील नदी की देन कहा जाता है।

## यूनान की स्थापना

- लाइकरगस ने स्पार्टा का संविधान तैयार किया था।
- सोलंग ने ऐथेंन्स में गिरवी प्रथा का अंत किया था।
- यूनान के इतिहास में पेरिक्लीज का शासनकाल स्वर्णयुग माना जाता है।
- सिकन्दर की पत्नी 'रेक्सोना', ईरान की राजकुमारी थी।
- राजनीतिकशास्त्र का जनक प्लटो को माना जाता है।
- यूनान में ओलम्पिक खेल जियस देवता के सम्मान में मनाया जाता था।
- एथेन्स के बाजार को एगोरा कहा जाता था।
- स्पार्टा में गुलामों को हिलॉट कहा जाता था।
- एथेन्स जियस की पुत्री थी।
- जियस देवताओं का राजा था।
- विश्व में सर्वप्रथम लोकतंत्र का प्रयोग यूनान में हुआ।

## रोम की सभ्यता

- रोम में '12 तरिव्तयों का कानून' बना।
- जुलियस सीजर को रोम के इतिहास में 'महान्' की उपाधि से विभूषित किया गया है।
- रोमनवासियों ने भवन निर्माण में कंक्रीट का प्रयोग आरंभ किया।
- ईसाई धर्म को रोम का राजधर्म कांस्टेनटाइन ने बनाया।
- ईसा मसीह का जन्म स्थान नजारथ है।
- हेनीनाल ने प्यूनिक युद्ध में बहुत अधिक नाम कमाया।
- लिवि रोम का प्रसिद्ध इतिहासकार था।
- रोम का सबसे बड़ा चिकित्सक गेलेन था।
- पुराने बाईबिल को इन्जिल कहते है।
- ईसा के उपदेश और उनकी जीवनगाथा नई बाइबलो (New Testament) में सुरक्षित है।

## मध्यकालीन विश्व

- ईसाई धर्म और चर्च का मध्ययुगीन सभ्यता और संस्कृति के विकास में बहुत बड़ा हाथ था।
- चर्च में सबसे ऊँचा स्थान पोप का होता है।
- धर्म के अतिरिक्त रोमन चर्च शिक्षा के केंन्द्र थे।
- ऑक्सफोर्ड विश्वविद्यालय 1168 ई. में स्थापित हुआ।
- कैटरबेरी टेत्स की रचना ज्योफ्री चौसर ने की।
- मध्ययुगीन यूरोप का सबसे प्रसिद्ध नगर कुस्तुनतुनिया था।
- कैरोलिंगियन सम्राज्य पवित्र रोमन सम्राज्य नाम से प्रसिद्ध हुआ।
- राजा शार्लमा फ्रैंक जाति का था।

## सामंतवाद

- सामंति व्यवस्था में सबसे बड़े सामंत को ड्यूक या अर्ल कहा जाता था।
- सामंत को अपने अधिपति से जागीर मिलने कि प्रथा को अभिषेक कहा जाता था।
- सामंतवाद ने राजा को निरंकुश बनने से रोका।
- सामंतवादी व्यवस्था में गांव कृषि योग्य भूमि को मेनर कहा जाता था।
- सामंतावदी व्यवस्था में कला और साहित्य का विकास हुआ।
- सामंत युग में समाज का संगठन पिरामिड के रूप में था।
- सामंतवाद से राजतंत्र कमजोर पड़ गया।
- मैग्नाकाटा से इंग्लैंड में वैधानिक शासन का सूत्रपात हुआ।

## अरब सभ्यता (इस्लाम धर्म का उदय)

- मुहम्मद साहब ने इस्लाम धर्म को चलाया।
- मुहम्मद साहब मक्का से मदींना 622 ई. में गए।
- मुहम्मद साहब की मृत्यु 632 ई. में हुई।
- इस्लाम में हिजरत की घटना मुहम्मद साहब का मक्का छोड़कर मदीना जाने को कहते है।
- मुहम्मद साहब के उपदेश हदीस ग्रंथ में संग्रहित है।
- मध्यकालीन विश्व का सबसे प्रख्यात विश्वविद्यालय काहिरा में था।
- हिजारी संवत् 622 ई. में आरंभ हुआ।
- अंसारी मदीना में मुहम्मद साहब के समर्थक को कहा जाता है।
- शाहनामा के रचियता फिरदौसी थे।
- अलबरूनी भारत महमूद गजनवी के साथ आया था।
- अरब राजनीति में सर्वोच्च स्थान खलीफा का था।
- मुहम्मद साहब के दिन-चर्चा का वर्णन सुन्नत में है।

## मध्यकालीन चीन

- सर्वप्रथम कागज के नोट का प्रचलन चीन में हुआ था।
- मंगोल क्रुरता के लिए प्रसिद्ध है।
- मंगोलो को अनुशासित चंगेज खाँ ने किया।
- मार्कोपोलो इटली का रहने वाला था।
- चीन के लोग बारूद को अर्गन औषधि कहते थे।
- तांग राजवंश का संस्थापक ताईसोन था।
- कुबलय खाँ चीन का शासक था।
- नांगवे चीन का एक प्रसिद्ध चित्रकार था।
- ताई-लो-पी चीन का एक महान कवि था।

## मध्यकालीन जापान

- जापान का प्राचीन धर्म शिन्तों था।
- जापान में योद्धा को समुराई कहते थे।
- 12वीं शदी के अन्त में शोगुन राजनीतिक सत्ता का उदय हुआ।
- जापान की पहली स्थायी राजधानी नारा में स्थापित की गयी।
- मध्यकालीन जापान की एक विशेष तरह की काव्य-शैली को हैकू कहा जाता था।
- काबुकि जापान की एक नाट्यशैली है।

## पुनर्जागरण

- कोपरनिकस ने यह सिद्ध किया कि पृथ्वी सूर्य के चारों ओर घूमति है।
- गुरुत्वाकर्षण का सिद्धान्त न्यूटन ने प्रतिपादित किया।
- कुस्तुनतुनिया का पतन 1453 ई. में हुआ था।
- पुनर्जागरण युग की सबसे बड़ी रचना यूटोपिया है।
- लियोनार्दो-द-विंची चित्रकार, मूर्तिकार तथा वैज्ञानिक था।
- पुनर्जागरण का केन्द्र इटली था।
- इटली में पुर्नजागरण का केंन्द्र फ्लोरेंस में था।
- मोनालिसा लियोनार्दो-द-विंची की कृति है।
- प्रिंस की रचना मैकियावेली ने की।
- पुनर्जागरण से आधुनिक युग का आरम्भ होता है।
- शेक्सपियर एक विश्वविख्यात नाटककार था।
- दूरबीन का आविष्कार गैलिलियों ने किया था।

## धर्मसुधार आंदोलन और उपनिवेशवाद

- मुक्ति-पत्र का विक्रय पादरी करता था।
- धर्म सुधार का प्रातःकालिन तारा जॉन विकलिफ को कहा जाता था।
- लोलार्ड्स जॉन विकलिफ के अनुयायी थे।
- मार्टिन लूथर जर्मनी का रहनेवाला था।
- जेसुइट संघ की स्थापना इगनासियस लोयोता ने की।
- चर्च के विरुद्ध हुए आंदोलन को धर्म सुधार आंदोलन कहते हैं।

- तत्वान्तरण के सिद्धांत का विरोध जॉन विकलिफ ने किया ।
- मुक्ति-पत्र विक्रय का मुख्य उद्देश्य धन प्राप्त करना था।
- प्रतिरोधी धर्म सुधार आंदोलन का उद्देश्य कैथोलिक धर्म में सुधार लाना था।
- जॉन टेटजल पोप का एजेंट था।
- बाईबिल का जर्मन भाषा में अनुवाद मर्टिन लूथर ने किया।

## औद्योगिक क्रांति

- औद्योगिक क्रांति इंग्लैंड में प्रारंभ हुई।
- रूस में औद्योगिक क्रांति हुई।
- फसलों का चक्रानक्रम पद्धति को टाउनशेंड ने शुरू किया।
- औद्योगिक क्रांति के पूर्व शक्ति का स्त्रोंत मानव श्रम एवं कुछ पशु था।
- औद्योगिक क्रांति के बाद शक्ति का स्त्रोंत वाष्प-शक्ति था।
- इंग्लैंड में सबसे पहले रेलगाड़ी 1830 में लिवरपूल से मैनचेस्टर तक चली।
- जनसंख्या में वृद्धि का प्रमुख कारण औद्योगिक क्रांति था।
- स्पीनिंग जेनी का आविष्कार जेम्स हारग्रीवस ने किया।
- एसिया में सर्वप्रथम औद्योगिक विकास जापान में हुआ।
- आर्कराइट का आविष्कार वाटरफ्रेम ने किया।
- बेकारी की समस्या का प्रमुख कारण औद्योगिक क्रांति की शुरुआत था।

## 1830 एवं 1848 ई. की यूरोपीय क्रांतियाँ

- पोलिगनेक एक कट्टर प्रतिक्रियावादी था।
- 1830 ई. का फ्रांसीसी क्रांति का नेता लाफेयत था।
- गीजो फांस का शासक लुई फिलिप का प्रधानमंत्री था।
- 'यूरोप की क्रातियों का वर्ष' 1848 ई. को कहा जाता है।
- इंग्लैंड में प्रथम सुधार अधिनियम 1832 ई. में पारित हुआ।
- मिस्टर स्मिथ के नाम से लुई फिलिप शासक जाना जाता था।
- नेपोलियन तृतीय ने स्वयं को फ्रांस का सम्राट 1852 ई. में घोषित किया।
- मेटरनिक वियना का चांसलर था।

## इटली का एकीकरण

- इटली के एकीकरण का श्रेय काबूर को दिया जाता है।
- कार्बोनरी की स्थापना गिबर्टी ने की।
- एकीकृत इटली का नवीन इतिहास 1870 ई. से शुरू हुआ।
- इटली का एकीकरण 1870 ई. में हुआ।
- काबोनरी इटली की एक बुक्स संस्था थी।
- मेजिनी का कथन है 'यदि समाज में क्रांति लानी है तो विद्रोह का नेतृत्व युवकों के हाथों में दे दो'।
- इटली के एकीकरण में मेजिनी को पैगम्बर कहा गया है।
- गैरीवाल्डी को तलवार के उपनाम से पुकारा जाता है।
- काबूर को राजनीतिज्ञ उपनाम से पुकारा जाता है।

## समाजवादी विचारधारा और आंदोलन

- फेबियन सोसाइटी की स्थापना 1884 ई. में इंग्लैड में हुई।
- स्वपनदर्शी समाजवाद का प्रर्वतक काल मार्क्स को कहा जाता है।
- लुई ब्लाँ फ्रास के समाजवादी विचारक थे।
- बिस्मार्क ने राज्य समाजवाद की स्थापना की।
- प्रथम इंटरनेशनल मजदूर संगठन है।
- प्रथम इंटरनेशनल की स्थापना 1864 ई. लंदन में हुई।
- द्वितीय इंटरनेशनल की स्थापना 1889 ई. में हुई।
- कार्ल मार्क्स की मृत्यु 1883 ई. में हुई।

## तुर्की

- 'यूरोप का मरीज' तुर्की देश का कहा जाता है।
- प्रथम विश्वयुद्ध के समय तुर्की धुरी-राष्ट्र के पक्ष में था।
- आधुनिक तुर्की का जनक मुस्तफा कमाल पाशा को कहा गया है।
- मुस्तफा कमाल पाशा का उपनाम आतातुर्क था।
- कमाल पाशा का जन्म 1880 ई. को सेलेनिका में हुआ।
- तुर्की में गणतंत्र की घोषणा 23 अक्टूबर 1923 ई. को की गई।
- मुस्तफा कमाल पाशा गणतांत्रिक राज्य तुर्की के राष्ट्रपति बने।
- इस्तामबुल कुस्तुनतुनिया का नया नाम है।
- प्रथम पंचवर्षीय योजना तुर्की में 1933 ई. में लागू की गई।

## इटली में फासीवाद का उदय

- फासीवाद का जन्म इटली में हुआ।
- मुसोलिनी को फासीवाद का जनक कहा जाता है।
- मुसोलिनी का जन्म 1833 ई. में रोमाना में हुआ ।
- फासिस्टवाद मुसोलिनी के दल का नाम था।
- ड्यूस मुसोलिनी को पुकारा जाता था।
- काली समीज फासीदल के स्व्यंसेवकों की पोशाक थी।
- इटली में फासीवाद का अंत 28 अप्रैल, 1945 ई. को हुआ।

## जर्मनी में नाजीवाद का उदय

- नाजीदवाद का जन्म जर्मनी में हुआ।
- हिटलर के नेतृत्व में नाजीदल का उदय हुआ।
- हिटलर का जन्म वोन में 20 अप्रैल, 1889 ई. को हुआ।
- वायमर गणतंत्र जर्मनी में नवस्थापित गणतंत्र का नाम था।
- हिटलर जर्मनी का प्रधानमंत्री 1933 ई. में बना।
- 'मेरा संघर्ष' (MEIN KAMF) हिटलर की रचना है।
- पोलैंड पर हिटलर ने 1 सितम्बर, 1939 ई. को आक्रमण किया।
- हिटलर ने आत्महत्या 30 अप्रैल, 1945 को की।

## प्रथम विश्व युद्ध

- प्रथम विश्वयुद्ध 1914 ई. में आरम्भ हुआ।
- प्रथम विश्वयुद्ध 1914-1918 ई. तक चला।
- प्रथम विश्वयुद्ध का तात्कालिक कारण था हंगरी के उत्तराधिकारी आर्क ड्यूक फ्रांसिस फार्डिनेंड की हत्या संरोजवों में।
- प्रथम विश्वयुद्ध में संयुक्त राज्य अमेरिका 6 अप्रैल 1917 ई. को शामिल हुआ।
- त्रिगुट समझौता में ऑस्ट्रिया, हंगरी एवं इटली शामिल थे।
- मिस्र राष्ट्र में इटली फ्रॉंस एवं ब्रिटेन आदि शामिल थे।
- वर्साय संधि 28 जून, 1919 ई. को पेरिस में आयोजित हुई।
- राष्ट्रसंघ की स्थापना 10 जनवरी, 1920 ई. को हुई।

## द्वितीय विश्व युद्ध

- द्वितीय विश्व युद्ध 1 सितम्बर, 1939 ई. को हुआ।
- द्वितीय विश्व युद्ध 1939 ई. से 1945 ई. तक चला।
- द्वितीय विश्वयुद्ध का तात्कालिक कारण जर्मनी का पोलैंड पर आक्रमण था।
- म्यूनिक समझौता 1938 ई. में हुआ।
- 'ग्रेट इकॉनमिक डिप्रेशन' 1930 ई. में हुआ।
- अमेरिका द्वितीय विश्वयुद्ध में 8 दिसम्बर, 1941 ई. को शामिल हुआ।
- द्वितीय विश्वयुद्ध में जर्मनी को पराजय का श्रेय रूस को दिया जाता है।
- अमेरिका ने जापान पर एटम बम 6 अगस्त, 1945 ई. को हिरोशिमा और नागासाकी पर 9 अगस्त, 1945 ई. को गिराया।
- द्वितीय विश्वयुद्ध 2 सितम्बर, 1945 ई. को समाप्त हुआ।

## वस्तुनिष्ठ प्रश्न

**1.** निम्न में से किसे पहले **'ईस्ट इण्डीज'** के नाम से जाना जाता था?

A. मलेशिया B. इंडोनेशिया
C. इराक D. मिश्र

**2.** डचों द्वारा इंडोशिया के क्षेत्र में लागू आर्थिक नीति को किस नाम से जाना जाता है?

A. कल्चर सिस्टम
B. इन्फ्रा स्ट्रक्चर
C. एथीकल पॉलिसी
D. लिंग्गाइजती सिस्टम

**3.** 20वीं सदी के प्रारंभ में इंडोनेशिया में स्वतंत्रता आंदोलन की भूमिका तैयार करने वाले कौन-कौन से कारक थे?

A. कल्चरल सिस्टम
B. डच शासकों की एकीकरण की नीति
C. एथीकस पॉलिसी का प्रभाव
D. इनमें से कोई नहीं

**4.** मलेशिया में सर्वप्रथम उपनिवेश की स्थापना निम्न में से किस विदेशी शक्ति द्वारा की गई?

A. पुर्तगाल B. डच
C. ब्रिटेन D. फ्रांस

**5.** ब्रिटिश सरकार ने मलेशिया को अपने शासन से कब मुक्त किया?
A. 15 अगस्त, 1947 में
B. 15 नवंबर, 1947 में
C. 11 अगस्त, 1955 में
D. 31 अगस्त, 1957 में

**6.** मलय भाषा में **'मरडेका'** का क्या अर्थ है?
A. स्वाधीनता B. अर्थव्यवस्था
C. संस्कृति D. इनमें से कोई नहीं

**7.** निम्न में से किसने अरब जगत के अलग खलीफा का विचार प्रकट किया?
A. मुहम्मद अली B. अब्दुल रहमान
C. अली वहाब D. फैजल रहमाम

**8.** अरब जगत में राष्ट्रवाद के उदय के लिए उत्तरदायी कारण कौन-कौन से थे?
A. वहाबी पंथ का प्रयास
B. पश्चिम से संपर्क
C. ईसाई मिश्नरियों का प्रभाव
D. इनमें से कोई नहीं

**9.** बौद्धिक जागरण के काल में अरब जगत की महिलाओं ने निम्न में से किस पत्रिका का संपादन किया।
A. यंग वोमेन ऑफ ईस्ट
B. यंग लेडी ऑफ ईस्ट
C. यंग मेड ऑफ ईस्ट
D. अरब वर्ल्ड एंड वोमेन

**10.** निम्न में से किसे अरब साहित्विकय चेतना तथा बौद्धिक जागरण का अग्रदूत माना जाता है?
A. अल बुखारी B. अल अरबी
C. अल इद्रीसी D. अल बुस्तानी

**11.** यंग अरब ऐसोसिएशन का गठन कहां पर का अध्ययन करने वाले अरबी विद्यार्थियों द्वारा किया गया था?
A. पेरिस B. ब्रिटेन
C. फ्रांस D. सिंगापुर

**12.** अरब लीग की स्थापना (काहिरा में) कब की गई?
A. मार्च, 1945 में B. मार्च, 1946 में
C. मार्च, 1947 में D. मार्च, 1948 में

**13.** सीरिया व लेबनान को स्वतंत्रता कब मिली?
A. 1944 में B. 1945 में
C. 1946 में D. 1947 में

**14.** निम्न में से किसके नेतृत्व में मिस्त्र में गणतंत्र की स्थापना हुई?
A. नासिर B. नगीस
C. नर्मेस D. निमहसी

**15.** ब्रदरहुड मूवमेंट (1910) किसने आरंभ किया?
A. इब्न सऊद B. सऊद अरबी
C. इब्न अल्लाह D. इनमें से कोई नहीं

**16.** स्वेज नहर का राष्ट्रीकरण (1956 में) किस मिश्र के राष्ट्रपति द्वारा किया गया?
A. नगीस B. नासिर
C. नमीस D. नामपेन्ह

**17.** निम्न में से किस आंदोलन के दौरान कीनिया के उग्र राष्ट्रवादियों ने बड़े पैमाने पर श्वेतों की हत्याएं की?
A. माउ-माउ आंदोलन B. मकाऊ आंदोलन
C. मेकांग आंदोलन D. गेगांग आंदोलन

**18.** **'यंग इटली'** नामक संगठन की स्थापना (1831) किसने की थीं?
A. मेजिनी B. गेरी बाल्डी
C. पीडमांट D. काबूर

**19.** रोम पर इटली के अधिकार के साथ ही इटली के एकीकरण का कार्य पूरा गया। यह कब की घटना है?
A. 1860 B. 1870
C. 1875 D. 1880

**20.** "इटली एक भोगौलिक अभिव्यक्ति मात्र है" यह कथन है–
A. मेजिनी का B. काबूर का
C. मेटरनिख का D. मेनिन का

**21.** 'प्लोम्बियर्स गुप्त समझौता' (1858) किसके मध्य हुआ था?
A. नेपोलियन व काबूर
B. नेपोलियन मेजिनी
C. नेपोलियन व मेनिन

D. नेपोलियन व मेटर निव

**22.** 'आंसिया रेजीम' (फ्रांसीसी शब्द में) से क्या तात्पर्य है?
A. पुरातन व्यवस्था B. आर्थिक व्यवस्था
C. आर्थिक नीति D. राजनीतिक व्यवस्था

**23.** फ्रांस में क्रांति के समय (1789) वहां का शासक कौन था?
A. लूई 14वां B. लूई 15वां
C. लूई 16वां D. लूई 17वां

**24.** फ्रांस के रीति-रिवाजों तथा निरंकुश राजतंत्र पर व्यंग्य वाली रचना-**'फारस के खत'** किसने लिखी थी?
A. रूसो B. दीदरो
C. मोंतेएक्यू D. वाल्टेयर

**25.** निम्न में से कौन फ्रांसीसी दार्शनिक नहीं है?
A. मोंतेएक्यू B. वाल्टेयर
C. रूसो D. पेन

**26.** **'नावल हलउस'** (Nouvek Heloise) नामक प्रसद्धि उपन्यास किसकी रचना है?
A. रूसो B. वाल्टेयर
C. मिल D. इनमें से कोई नहीं

**27.** रूसों की प्रसिद्ध कृति **'सामाजिक समझौता'** (Social Contact) कहां लिखी गई थी?
A. फांस में B. इटली में
C. इंग्लैंड में D. स्पेन में

**28.** फ्रांसीसी पुरातन व्यवस्था में कोर्वी क्या था?
A. बलात् श्रम B. नमक कर
C. रात्री प्रहरी कर D. एक प्रकार की भेंट

**29.** 'दि स्प्रिट ऑफ लॉज' के लेखक कौन थे?
A. माटेस्क्यू B. वाल्टेयर
C. दीदरो D. रूसो

**30.** फांस में **'क्रांति पंचांग'** कब प्रारंभ किया गया ?
A. 21 जून, 1792 में
B. 21 जूलाई, 1792 में
C. 21 अगस्त, 1792 में
D. 21 सितंबर, 1792 में

**31.** प्रसिद्ध मूर्तिकार माइकल एंजेलो कहां का निवासी था?
A. जर्मनी B. इंग्लैंड
C. पोलैंड D. इटली

**32.** पुनर्जागरण काल में जिस नई विद्या का जन्म हुआ उसमें सबसे प्रमुख क्या था?
A. मानववाद B. सामंतवाद
C. श्रमवाद D. विधानवाद

**33.** निम्न में से किस विद्वान ने **'आधुनिक यूरोप को यूनान की विरासत'** कहा है?
A. इरासमस B. फिशर
C. कोपरनिकस D. राबलै

**34.** पुनर्जागरण काल में प्रचलित शब्द **'नई विद्या'** (New Leanring ) से आश्य है–
A. वैज्ञानिक सोच B. मानववाद
C. धर्मनिरपेक्षता D. इसमें से कोई नहीं

**35.** पुनर्जागरण कालीन किस विद्वान को **'आधुनिक चाणक्य'** कहा जाता है?
A. मैकियावेली B. इरासमस
C. गटनबर्ग D. इनमें से कोई नहीं

**36.** निम्न में से किसे पुनर्जागरण काल का **'प्रथम यूरोपियन'** कहा जाता है?
A. राबलै B. इरासमस
C. हेनरी D. फ्लोरेंस

**37.** सामुद्रिक यात्राओं के प्रोत्साहक रूप में **'हेनरी द नेवीगेटर'** नाम से चर्चित, हेनरी कहां/का शासक था?
A. पुर्तगाल B. इटली
C. फ्रांस D. रूस

**38.** प्रोटेस्टैंट धर्म की औपचारिक उत्पत्ति कब हुई?
A. अप्रैल, 1529 में B. अप्रैल, 1539 में
C. अप्रैल, 1549 में D. अप्रैल, 1559 में

**39.** **'दी मार्निंग स्टार ऑफ रिफॉरमेशन'** किसे कहा जाता है?
A. जॉन वाइक्लिफ को B. जॉन हंस को
C. फ्लोरेंस को D. ज्विग्ली को

**40.** मार्टिन लूथर द्वारा धार्मिक सुधारों के लिए जारी **'95 प्रश्न'** (Ninety Five Question) मूलरूप से किस भाषा में लिखे गए थे?
A. जर्मन में B. लैटिन में
C. ग्रीक में D. अंग्रेजी में

**41.** निम्न में से किस धर्म सुधारक के अनुयायियों को **'लोलार्ड'** कहा जाता था?
A. काल्वैं के B. मुंत्जेर के
C. वाइक्लिफ के D. लूथर के

**42.** **'वाणिज्यवाद'** (Mercantilism) शब्द का प्रयोग सर्वप्रथम किस अर्थशास्त्री द्वारा किया गया थ?
A. एडम स्मिथ B. गुश्ताव स्मालर
C. एली हक्शर D. इनमें से कोई नहीं

**43.** वाणिज्यवाद के लिए प्रेरक तीन 'जी' (G) में से कौन शामिल नहीं था?
A. Gold B. Glory
C. God D. Germany

**44.** प्रसिद्ध पुस्तक 'राष्ट्र की संपदा' (Wealth of Nations) है?
A. एंटोनियो सिरा B. विलियम पैटी
C. एडम स्मिथ D. जे. एस. मिल

**45.** निम्न में से कौन-सा 'वाणिज्यवादी युद्ध' नहीं था?
A. स्पेन के उत्त्राधिकार का युद्ध
B. आस्ट्रिया के उत्तराधिकार का युद्ध
C. सप्रवर्षीय युद्ध
D. वाटरलू का युद्ध

**46.** 19वीं शताब्दी के पूर्वार्द्ध में निम्न में से किस एशियाई देश में **'शोगुन'** शासकों का राज्य था?
A. मलेशिया B. इंडोनेशिया
C. जापान D. चीन

**47.** जापान एवं अमेरिका के मध्य **'कानगावा की संधि'** कब हुई?
A. मार्च, 1854 B. अप्रैल, 1855
C. मार्च, 1864 D. अप्रैल, 1865

**48.** जापान में 1868 में प्रारम्भ आधुनिकीकरण के युग को क्या नाम दिया गया था?
A. मेई जी पुनःस्थापन
B. शोशुन पुनःस्थापन
C. टोकियो पुनःस्थापन
D. इनमें से कोई नहीं

**49.** जापान के किस शासक ने मेईजी की उपाधि धारण की थी?
A. मिकाडो B. मुत्सुहितो
C. फारमो D. सोबनो

**50.** **''मेईजी'** का शाब्दिक अर्थ क्या है?
A. प्रबुद्ध शासन
B. निरकुंश शासन
C. गणतंत्रात्मक शासन
D. इनमें से कोई नहीं

**51.** मेईजी शासन में जापान में किस धर्म को महत्त्व दिया गया?
A. बौद्ध धर्म को B. शिन्तों धर्म को
C. इस्लाम धर्म को D. पारसी धर्म को

**52.** प्रथम अफीम युद्ध में हारने के परिणामस्वरूप चीन ने कितने बंदरगाह व्यापार के लिए खोल दिए?
A. दो B. तीन
C. पांच D. सात

**53.** **''को-होग'** निम्न में से क्या थी?
A. चीनी व्यापारिक संस्था
B. चीनी मज़दूर संगठन
C. चीनी महिला संगठन
D. चीनी पत्रकार संघ

**54.** शिमोनेस्की संधि किसके मध्य हुई?
A. रूस-जापान B. चीन-जापान
C. भारत-जापान D. चीन-अमेरिका

**55.** डॉ० सनयात सेन द्वारा **'तुंग भेंग हुई'** की स्थापना (1905) कहां की गई?
A. रूस में B. चीन में
C. जापान में D. अमेरिका में

## उत्तरमाला

| 1 | 2 | 3 | 4 | 5 | 6 | 7 | 8 | 9 | 10 |
|---|---|---|---|---|---|---|---|---|---|
| B | A | D | A | D | A | B | D | C | D |
| **11** | **12** | **13** | **14** | **15** | **16** | **17** | **18** | **19** | **20** |
| A | A | A | B | A | B | A | A | B | C |
| **21** | **22** | **23** | **24** | **25** | **26** | **27** | **28** | **29** | **30** |
| A | A | C | D | D | A | C | A | A | D |
| **31** | **32** | **33** | **34** | **35** | **36** | **37** | **38** | **39** | **40** |
| D | A | B | D | A | B | A | A | A | B |
| **41** | **42** | **43** | **44** | **45** | **46** | **47** | **48** | **49** | **50** |
| C | A | D | C | D | C | A | A | B | A |
| **51** | **52** | **53** | **54** | **55** | | | | | |
| B | C | A | B | C | | | | | |